R&B

CHANDLER BROSSARD

Wacht auf!
Wir sind gleich da!

Aus dem Amerikanischen
von Bernhard Schmid

ROGNER & BERNHARD
BEI ZWEITAUSENDEINS

1. Auflage, Juni 2006.

Die Originalausgabe erschien 1971 unter dem Titel
Wake Up. We're Almost There.
bei Richard W. Baron Co., Inc., New York.

ISBN 10: 3-8077-1015-9
ISBN 13: 978-3-8077-1015-0
www.rogner-bernhard.de

Umschlag: Philippa Walz und Andreas Opiolka, Stuttgart.
Satz und Herstellung: Dieter Kohler GmbH, Wallerstein.
Schrift: Stone Serif ITC.
Druck und Einband: Kösel, Krugzell.
Printed in Germany.

Dieses Buch gibt es nur bei Zweitausendeins im Versand,
Postfach, D-60381 Frankfurt am Main,
Telefon 069-4208000, Fax 069-415003.
Internet www.Zweitausendeins.de, E-Mail Service@Zweitausendeins.de.
Oder in den Zweitausendeins-Läden in Berlin, Düsseldorf,
Frankfurt am Main, Freiburg, 2× in Hamburg, in Hannover, Köln,
Mannheim, München, Nürnberg, Stuttgart.

In der Schweiz über buch 2000,
Postfach 89, CH-8910 Affoltern a.A.

Für Daniel und Toby Talbot

1

Ich bin ja so krank wie nur irgendeiner, aber das ewige Gezanke mit Sylvia, also da konnte ich mir noch so viel Mühe geben, das war mir einfach zuviel; wie eine schmuddelige Socke kam ich mir danach immer vor. Was für ein Talent diese Frau hatte, Gottes beste Werke zu zerstören! Eine einzige vulgäre Bemerkung, ach was, eine höhnische Fratze, und die gesamte Evolution – Jahrmillionen – war zunichte gemacht. Ich hatte es ja nie mit den Horrorgeschichten aus der Bibel – für mich ist das Lektüre für Leute, die sich von irgendeiner schlimmen Krankheit erholen –, aber mein Leben mit Sylvia hat mich dazu gebracht, das mit dem Teufel noch einmal zu überdenken. Ich weiß jetzt, dass er mehr ist als nur die Ausgeburt eines jüdischen Alptraums. Und wo wir schon dabei sind: Die bärtigen alten Knaben, die die Bibel geschrieben haben? Nicht ein Wort hätten sie zu Papier gebracht, wäre Sylvia damals mit von der Partie gewesen; die hatten keine Ahnung von ihrem Glück. Die Frau könnte einem Vogel das Fliegen vergällen.

»Musst du pausenlos das blöde Gedudel da hören?«, fragte sie zum Beispiel von ihrem angestammten Platz auf dem Sofa aus.

»Das ist Boccherini.«

»Den sollte man ausweisen.«

»Der Mann ist ein sagenhafter Komponist«, erklärte ich, langsam aber sicher dabei, an die Decke zu gehen. »Abgesehen davon, dass er mich entspannt.«

»Weißt du, was dich entspannen würde – meiner bescheidenen Ansicht nach?« (Ihr Lächeln gleicht einem Schlangenkopf.)

»Was denn?«

»Ein Salto von der Washington Bridge.«

Ich erreiche die Decke; den Kopf nach unten hänge ich da. »Dir ist offensichtlich völlig egal, was mir gefällt. Was dich anbelangt, existiere ich doch noch nicht mal!«

»Das ist das Intelligenteste, was du die ganze Woche abgesondert hast.«

»Wieso hast du mich dann geheiratet?« Die warme, zweifelhafte Behaglichkeit des Mutterleibs, in die ich zurückgekrochen bin, tut mir gut.

»Offensichtlich in einem Anfall von geistiger Umnachtung.«

»Wieso suchst du dir dann nicht einen anderen?«

Ich atme jetzt wieder durch Kiemen und freunde mich mit einigen Ringelwürmern in der Ursuppe an.

»Mach ich schon – in dem Augenblick, wo ich ein paar anständige Klamotten beisammen habe. Da kannst du Gift drauf nehmen, *Freundchen.*«

»Ich bin nicht dein *Freundchen.*«

»Das kannst du laut sagen. Dazu hast du zu wenig Glück.«

So geht das tagaus tagein. Oft gehe ich dann in den Zoo, um ein bisschen Trost zu finden. Zu meinem Glück kann ich ihn von mir aus zu Fuß erreichen. Manchmal, wenn der Zoo noch nicht offen ist – auch Tiere brauchen etwas Zeit, sich auf eine Erniedrigung vorzubereiten –, kaufe ich eine Flasche Thunderbird und setze mich zu den Pennern, die auf der Treppe vor dem Haus an der Ecke herumlungern. Das ist oft recht nett. Wir fühlen uns nicht gebunden, weder an Zeit noch Raum noch an die verkniffenen Regeln von Logik oder Manieren, die dem Mittelschichtbürger die Luft zum Atmen nehmen. Wir tun uns keinen Zwang an. Alkohol mit der

Morgensonne, das dürfen Sie mir glauben, kann die Welt vor dem Durchdrehen bewahren.

»Ich hab' Joe Louis seine gefürchteten linken Jabs beigebracht«, singt neben mir ein Troubadour in einem alten Sweatshirt. »Nicht vergessen, Joe, immer schön aus der Schulter.«

»Wisst ihr, dass 'ne ganze Menge von den Leuten, die angeblich seinerzeit mit der *Titanic* ersoffen sind, auf 'nem Eisberg leben?«, kräht ein anderer, ein kleines Stück menschlichen Treibguts mit Pilznase. »Haben sich mit den Pinguinen gekreuzt. Verdammt gute Idee.«

»Mein Bruder George und ich, wir haben im selben Bett geschlafen, bis wir alt genug waren, um zur Navy zu gehen.«

Ich atme den sorglosen Gestank ungewaschener Körper, während mein Blick über ganze Ländereien ungezügelter Bartstoppeln schweift.

»Achtzig Prozent der Leute, die Comics lesen, sind potentielle Kinderschänder.«

»Da kommt der Mann mit den Hot Dogs. Macht zwanzig Cent pro Nase. Ich empfehl' euch die scharfe Zwiebelsoße. Kommt direkt aus Zypern. Und im Gegensatz zum Sauerkraut hat man die nicht im Bart.«

Die vertrauensselige Jugend der Nation marschiert auf ihrem Weg ins Schlachthaus der Bildung vorbei. Wie Affen grinsen ihnen die Mütter an den Fenstern hinterher. Die Kleinen geben sich alle Mühe, die sabbernden Männer auf der braunen Sandsteintreppe zu übersehen. Aber wir wissen, was man ihnen eingebläut hat: »Diese schmuddligen Kerls sind gefährlich und eine Sünde in den Augen des Herrn. Dass mir ja keiner was annimmt von denen.«

Diese alternden Schlafwandlerinnen – kapieren nicht, dass ihre Herzchen schneller bei uns landen, als sie sich träumen lassen. Wie kommt es nur, frage ich mich, dass der Mensch die Arme lieber verschränkt als öffnet? Ich muss das mal mit einem Freund besprechen, am besten mit dem Biologen. Heutzutage finden sich ja so viele Antworten im Labor. Ach, warum nicht im Herzen? Hat man das auch degradiert?

Sagen Sie mir nichts gegen das Leben auf der Treppe. Unterdrücken Sie mal Ihre natürliche Neigung, sich für was Bessres zu halten, vielleicht lernen Sie ja womöglich noch was dazu. Dass man zum Beispiel sowohl Betrachter als auch Betrachteter sein kann, Teilnehmer und Zuschauer zugleich; man kann sich unermesslich weit weg fühlen, und gleichzeitig gehört man so untrennbar dazu wie das Ticken zur Uhr. Das große Problem der Menschen ist, dass sie sich angucken wie eine Maus im Spiegel. So was kann einen lähmen. Das Leben ist mehr als ein schmerzliches Verlangen nach Käse.

Ich weiß, was Sie jetzt denken. Was bildet sich dieser Gourmetphilosoph eigentlich ein? Der hält seine himmelblauen Augen wohl für Saphire. Hat er bei Montaigne studiert? Ist er mit Spinoza per du? Wie sehen seine Prämissen aus? Oder ist er nur ein Leichtgewicht, ein Daumenlutscher mit einem Kopf voll Milchschorf, der sich schon beim bloßen Gedanken an ein richtiges Weib wie Tempest Storm einen Fleck ins Hemd macht? Nichts dergleichen! Ich bin nur ein stinknormaler Amerikaner, der versucht seinen Weg zu machen. Geben Sie mir den kleinen Finger, und ich beiße Ihnen wahrscheinlich die Hand ab. Und steige Ihnen aufs Dach, weil kein Senf drauf war. Was ich übrigens von meiner Mutter habe, die auf dem Rummel mit Kindern gehandelt hat.

Hin und wieder gehe ich – zu gleichen Teilen aus Loyalität zu meinen Gefährten von der Treppe und aus reiner Langeweile – auf Betteltour, um ein bisschen Kapital für unser morgendliches Schmiermittel aufzutun. (Ich wollte, ich könnte die Jungs von ihren schweren Weinen – weißem Port und Muskateller – loseisen und sie mit einem Mosel oder einem 36er Pouilly Blanc bekannt machen. Nicht nur dass

Letzterer besser für die Haut wäre, er passt auch besser zum Essen. Man stelle sich vor, eine feine Gänseleberpastete mit einem warmen kalifornischen Sherry hinunterzuspülen?) Ich komme mit etwas Kleingeld zurück oder nicht – je nachdem wie ich aufgemacht bin. Die Ausbeute ist lausig, wenn ich in Shetland-Sakko, hellgrauer Flanellhose und Wildlederschuhen losziehe. Die Leute meinen dann, ich versuche sie auf den Arm zu nehmen, und nicht selten regt sich einer ganz furchtbar auf. Zum Beispiel die wohlsituierte Butterblume mit dem neurasthenischen Pudel (meine Stadt ist mittlerweile ein einziges großes Scheißhaus für Vierbeiner). »Also wirklich!«, fuhr sie auf. »Das ist ja widerlich!« Dabei zerrte sie ihr Hundchen auf sich zu, damit ich ihm nichts tue. »Sie sind eine Schande für Ihre Klasse!« Sie tat gerade so, als hätte ich vorgeschlagen, es mit mir auf dem nächsten Baum zu treiben. Herrgott, ich wollte gerade mal sieben Cent! (Ungerade Zahlen bringen die Leute aus dem Konzept.) »Sie müssen doch wohl geisteskrank sein. Betteln zu gehen! Sehen Sie sich doch an! Also, da brauche ich noch nicht mal das Etikett zu sehen, und ich möchte wetten, das Jackett ist von Brooks Brothers. Also so was!«

Ich setze eine Zen-Miene auf, kombiniere sie mit der Haltung einer Figur in einem Holzschnitt aus dem 5. Jahrhundert und sage: »Mutter, wir sind alle Bettler auf dieser Welt. Welcher Sterbliche bedürfte nicht der Hilfe seines Nächsten?«

An diesem Punkt unseres Dialogs zeigte die Gute erste Anzeichen einer psychotischen Episode. Mit Rücksicht auf ihren Zustand verbeugte ich mich – eine Nummer, die ich bei anderen schon immer bewundert habe – und sagte ihr noch, ich hoffe sie am Sonntag in der Kirche zu sehen. Dann hielt ich auf eine üppige, gelatinöse Schwarze ein Stückchen weiter die Straße hinauf zu, eine Frau, die ihre Tage ganz offensichtlich damit zubrachte, hinter schlampigen Weißen herzuräumen. Sie trug einen knallbunten indischen Gebetsteppich als Kleid, völlig ungeniert. Wir lächelten einander an, blickten einander in die Augen, und alle Erklärungen erübrigten sich. Wir waren erhaben über derlei Vulgarität.

»Wir sehen ja richtig scharf aus heute«, sagte sie und drückte mir eine herrliche schmierige Münze – zehn Cent! – in die Hand. »Ich spür's richtig, heut' ist dein großer Tag.«

»So gegen Mittag hoff' ich so richtig in Schwung zu kommen«, sagte ich mit zum Schneiden dickem Südstaatenakzent. (Wann immer ich mich ganz primitiv zu jemandem hingezogen fühle, wie zu diesem Berg schwarzer Götterspeise, nehme ich seine Sprechweise an. Ich möchte nicht, dass die meine zwischen uns steht. In diesem zarten Augenblick fiel mir etwas ein, was mir mein Freund Levi-Strauss erst am Abend zuvor gesagt hatte —

»In dem Maße, in dem die Nacht fortschritt, bemerkte man, dass diese poetische Schöpfung mit einem Bewusstseinsschwund einherging und der Häuptling von seinen Personen überwältigt wurde. Ihre verschiedenen Stimmen wurden ihm fremd, jede von ihnen hatte eine so besondere Ausprägung, dass es schwer fiel zu glauben, sie gehörten ein und demselben Individuum an …«)

Meine schwarze Lady lächelte, und ich verschwand in ihrem riesigen Mund. »Ich wollte, ich könnte das mit dir teilen. Aber ich hab' noch 'ne Menge sauber zu machen.«

»Wir haben ja noch unser ganzes Leben vor uns, Huldigste.« Von einer Welle der Euphorie getragen, machte ich mich auf den Weg; mein Ziel war erreicht: fünfzig Cent in Pennys, Nickles und Dimes – diese zarten, absurden kleinen Münzen, die mich wieder zum Kind machten, das mit schweißnassen Händen Bonbons kaufen lief.

Die Jungs auf der Treppe bejubelten meine Rückkehr von der beschwerlichen Reise. Überhaupt galten unsere Bettelfahrten bei uns implizit als gefährlich, als etwas, was einen gewissen Mut erforderte, schon weil dazu eine Trennung voneinander und vom Mutterleib der Treppe notwendig war

– sie hatten etwas von den Expeditionen früherer Zeiten, die von bewundernden Schreien, freudigem Gemurmel und dem einen oder anderen irren Grinsen begleitet waren, wie es heute nur noch in Tollhäusern zu sehen ist.

»Mensch, Alter«, meinte Blaster, ein pockennarbiger Profikiller im Ruhestand, »wenn man sich auf einen verlassen kann! Der Mann mit dem Psalter. In Damaskus hätten sie dir einen Tempel gebaut.«

Ein Typ, der in seiner Jugend irische Politiker chauffiert hatte – ein knochendürres Kerlchen, das man in einer Drahtfabrik hätte ausstellen sollen –, heulte beim Anblick der Flasche auf wie ein Säugling in Erwartung der Mutterbrust. »Mein Lebtag hab' ich nichts Schöneres gesehen! Mir wird ganz warm und knuddlig. Ich schwör's! Und nun komm schon rüber damit, du alter Raffzahn!«

Ich hätte ihn abknutschen können, hatte für so was aber immer noch viel zu viel Hemmungen; ich war viel zu spießig für so eine nette Geste. Hätte mich schließlich einer für schwul halten können. Sylvia, zum Beispiel. Zauberin der Antilogik, die sie ist, hätte sie noch nicht einmal einen Gedanken an den Darwinschen Fakt verschwendet, der uns – zwei geile Tiere – überhaupt erst zusammengebracht hatte: mein unbezähmbares Verlangen, mich Tag und Nacht zwischen ihren Schenkeln zu suhlen. Selbst wenn sie schlief. Mir war das völlig egal, solange ich mich nur in den Wahnsinn ihres Körpers versenken konnte, der mein Untergang sein sollte. Von den Millionen und Abermillionen von Frauen – unersättlichen Frauen *mit* Charakter; Frauen, die lächelten, anstatt zu spucken – hatte mein Dämon mir Sylvia zur Lebensgefährtin gemacht. Was für eine abscheuliche Aussage über meinen Charakter, dass ich, ein Mensch, dessen Saiten nur die höheren Dinge des Lebens zum Klingen brachten, einen so merkwürdigen Preis dafür zu bezahlen hatte, ein Geschöpf von Intellekt und Sensibilität (eine veritable Wiese von Geschmacksknospen) zu sein: eine Frau, die mich verabscheute und nicht einen Tag vergehen ließ, ohne mir das in Form einer Szene vor Augen zu führen! Weh mir! Ausgerechnet einem Hieronymus Bosch aus dem Pinsel gekrochen zu sein!

Sylvia zum Sex zu bekommen glich einem kalkulierten Abstieg in ein tückisches Labyrinth, und trotzdem konnte ich mich dagegen ebenso wenig wehren, wie ich meinem Herzschlag hätte Einhalt gebieten können. Kaum ertönte der Gesang meiner Lenden, taten die Pforten der Hölle sich auf. Und Gott allein weiß, welche Kleinigkeit diese tödliche Weise auszulösen vermochte: ein plötzlich freigelegter Träger ihres BH, ein Hauch von Parfüm, ja selbst die beherrschte Art und Weise, wie sie zum Kaffee nach dem Essen ein Stück Kuchen vertilgte. Innerlich bebend vor Angst, tat ich den ersten Schritt. Ich ging dabei nicht einfach ran; je gewundener meine Annäherung, desto geringer die Chance, dass meine Beute die Gefahr zu wittern begann. Selbstverständlich erhöhte sich mit der Länge der Route mein Leiden, und wenn ich schließlich die Schwelle der Konfrontation erreichte, der für den Rest der Welt der Anfang gewesen wäre, stand ich kurz vor dem Zerfall.

»Lass das!«, sagte Sylvia, kaum dass ich ihren Bauch berührte oder ihr von hinten eine Hand zwischen die Beine zu schieben versuchte.

»Ich will dich.«

»Ich hab' keine Lust« – womit sie sich mir entwand.

»Nun komm schon!« Ich nahm sie wieder in die Arme, schob ihr die Zunge ins Ohr und griff nach ihrer verdrießlichen Brust.

»Nicht doch! Ich mag das nicht!«

»Hab dich nicht so. Es wird dir gefallen.«

Sie machte sich erneut los und setzte sich so weit von mir entfernt wie nur möglich. »Du willst wohl einfach nicht verstehen, was?« fragte sie mit verkniffener Miene. »Ich habe keine Lust, und du drängst dich mir auf.«

»Aber wenn wir erst mal dabei sind, gefällt's dir ja doch«, winselte ich, der zitternd und mit leeren Armen dastand, bevor ich mich wie ein Wurm auf die Couch zu zu winden begann.

»Das hat doch damit nichts zu tun. Du denkst bloß an das, was *du* willst, meine Gefühle sind dir egal.«

»Aber du scheinst doch nie Lust auf Sex zu haben. Ich kann mich kaum daran erinnern, dass du mal offen gesagt hättest, dass dir danach ist. Vielleicht bevor wir geheiratet haben.«

»Du hast mir jede spontane Lust ausgetrieben.«

»Ach, und wie bitte soll ich das angestellt haben?«

»Du hast so deine Methoden, Gefühle zu ersticken, andere vor den Kopf zu stoßen – ich wüsste gar nicht, wo ich anfangen sollte. Ich bräuchte Tage, sie alle aufzuzählen.«

»Deine Gefühle waren schon lange vor mir erstickt.« Mittlerweile war mein Verlangen toxisch geworden, mein ganzes Wesen durch ihr widerliches Hexenwerk kontaminiert.

»Geh doch zum Teufel, du unleidliches Arschloch!« Sie stand auf.

Als sie hinausging, rief ich hinter ihr her: »Einer dieser Tage wird dir schon noch klar, dass du mir gegenüber so was wie eheliche Pflichten hast.«

Ihr entfuhr ein Bellen, ein Schnauben, ein Laut tiefster Verachtung. »Ich bin nur einem verpflichtet – mir selbst. Und ich werd' mich nicht von einem Psychopathen wie dir in den Wahnsinn treiben lassen.«

Reizend, nicht? Genau die Sorte von menschlichem Austausch, aus dem Zivilisationen entstehen. Religionsverehrender Hass. Zu viel Liebe kann einen irre machen; sie macht den Verstand morastig. Da hat man doch gleich Verständnis für den guten alten Pascal, wenn er vom »natürlichen Elend unserer schwachen und sterblichen Lage« spricht, »über das nichts uns trösten kann, wenn wir darüber nachdenken. Wenn ich die winzige Dauer meines Lebens bedenke, aufgesogen von der Ewigkeit, die da kommt und geht; wenn ich den winzigen Raum bedenke, den ich ausfülle, und selbst den, den ich sehe, diesen Raum, der in der unendlichen Unermesslichkeit der Räume, von denen ich nichts weiß und die von mir nichts wissen, wie in einem Abgrund verschlungen wird, fasst mich Entsetzen und ich erstaune, mich gerade hier als dort zu sehen.«

Aber noch ist nicht aller Tage Abend. Meine angeborene tierische Schläue – einige würden sie schlicht als Überlebenstrieb bezeichnen – schob mich in andere Gärten der Lüste, einer von ihnen ein ganz außergewöhnliches Exemplar von Weiblichkeit in voller Blüte: ein ehemaliger puertoricanischer Teenager namens Lola, die nur einen Katzensprung von meinem eigenen dornigen Nest wohnte. Lola war ein Naturkind, durch und durch; sie hatte nicht eine einzige Macke, nicht einen einzigen abstrakten, denaturierten Gedanken im Kopf. Mutter Natur hatte sie in der Hoffnung geschaffen, mit ihr den Sylvias dieser Welt Einhalt zu gebieten. Schon früh im Leben hatte Lola etwas Wesentliches an der Realität durchschaut – Dinge, wie ich hinzufügen könnte, die sich dem Denken des Establishments seit Anbeginn aller Zeiten entziehen – und den höchsten und anspruchsvollsten aller Berufe (oder ist es nicht eher eine Philosophie?) gewählt. Sie war Prostituierte geworden und für dieses noble Gewerbe dasselbe wie Mozart für die Musik.

Wenigstens zweimal die Woche betete ich am Altar ihres nicht enden wollenden Einfallsreichtums und bewahrte mich so nicht nur vor der Klapse, ich holte mir dort auch meinen Glauben an die Menschheit, insbesondere den Glauben an die Erhabenheit des Fickens zurück. Ein Anruf genügte, und schon trat ich in eine andere Welt. Stets empfing sie mich an der Tür, immer in einem wunderbaren Kostüm – ich glaube nicht, dass sie seit ihrer Kindheit ein Kleid getragen hat. Sie trug nie etwas, was mehr als einige Zentimeter ihres erstaunlichen Körpers bedeckte. Jedes dieser »Kleidungsstücke« war ein Meisterwerk der Phantasie und der Couturier mit Sicherheit ein Engel gewesen. Ein bloßer Hauch transparenten Stoffs stützte einen Busen, bei dem man einen Hass auf die eigene Mutter bekommen konnte; die Brustwarzen lagen verborgen unter zwei winzigen schwarzen Rosen, die sich sicher nie hätten träumen lassen, in einem solchen Garten zu landen. Als beschränkter Sterblicher – obwohl ich meinen Shakespeare gelesen habe – könnte ich unmöglich mit Worten der Szenerie gerecht werden, die unterhalb ihres Nabels begann, um sich zwischen ihren strammen Schenkeln zu verlaufen, also will ich mich mit einer wissenschaftlichen Bestandsaufnahme der Fakten begnügen: feine schwarze Gaze schmiegte sich an die Höhen und Tiefen des dicht bewachsenen Deltas, und sie machte nicht erst den Versuch, das dunkle maurische Vlies einzudämmen, das über die Säume hinaus den Ansatz ihrer sündhaft trägen Hinterbacken – Rubens, ich höre dein Jauchzen! – umwucherte; es hätte an Hybris gegrenzt. Ein zu langer Blick auf die sündigen Backen unter dieser zweiten Haut, und man riskierte Blindheit und schnatternde Idiotie.

»Wo bleibst du denn?«, fragte sie neckisch, mit ihrem ausgeprägten spanischen Akzent. »Ich warte schon sehnsüchtig. Ich dachte schon, ich würde vor Aufregung vergehen.« Sie schob die Zunge aus dem Mund und fuhr sich damit langsam über die Lippen. Ich küsste sie und verschlang ihre Zunge, während sie mir an die Lustwurzel ging.

»Ich bin auf allen vieren hergekrochen«, sagte ich, kaum dass ich die Worte herausbrachte. »Beim Gehen wäre ich fast vornüber gekippt.«

Sie lachte. »Du sagst immer so komische Sachen. Aber das gefällt mir an dir. Du hörst dich nicht so doof an wie die anderen.« Sie stemmte die Hände in den Speck ihrer halbnackten Hüften und drehte eine langsame Pirouette vor mir. »Magst du meine neuen Sachen, Baby?«

(Ihr Parfüm muss eine seltene Droge enthalten haben,

jedenfalls begannen bei mir die Sicherungen durchzuknallen.) »Und wie! Mann o Mann!« Ich bedeckte ihren Arsch mit Küssen.

Sie murmelte wonniglich. (Ach, diese Laute! Nassers Vorfahren hatten dafür ganze Dörfer zerstört.) »Hast 'n bisschen Hunger?«

»Ich sterbe fast.«

Sie öffnete den BH, und eine ihrer Brüste sprang mir entgegen. »Möchtest du probieren?« Und noch während ich in Zungen redete, hob sie mir eine dieser wilden Schönheiten entgegen und schob sie mir in den Mund. Ich nuckelte, dass die Nachbarn es gehört haben müssen. »Mmmm. O ja«, flüsterte sie und fuhr mir mit den Händen unter das Hemd. »Das tut ja so gut, Baby. Beiß mich 'n bisschen. Ja, so. Au! Ja, tu mir weh, Baby, tu mir weh! *Oy Dios!*« Als ich dem wüsten Treiben meiner Zunge und Zähne freien Lauf ließ, stöhnte sie erschauernd auf.

Nun, nur ein Dummkopf könnte auf den Gedanken kommen, dass diese Art von Knutscherei ewig so gehen könnte. Was sie denn auch nicht tat. »Ah, Lola, Mäuschen«, stammelte ich und ließ für einen Augenblick von ihr ab. »Wollen wir nicht ... ah ...«

Sie las meine Gedanken. »Ja«, keuchte sie. »Natürlich.« Damit schälte sie sich aus dem Slip. Ich wollte es ihr gerade nachmachen, aber sie kam mir zuvor und öffnete mir die Hose (während ich mehr oder weniger wieder an ihrer Titte hing); sie riss meinen berstenden Prügel heraus und setzte sich, nass wie sie war, einfach drauf.

»Das ist doch gleich was anderes, was?«, murmelte sie.

Ich handle die Episode ja nur ungern im Delirium ab, aber eine nüchterne Schilderung fällt mir schwer. Dass das gleich was »ganz anderes« gewesen wäre, ist eine krasse Untertreibung. Zu sagen, dass es um einiges »bequemer« war, wäre reiner Wahnsinn. Es war himmlisch, Herrgott noch mal! Haben Sie gehört? Himmlisch! Mein ausgetrockneter Specht hatte sich meilenweit durch die Wüste geschleppt für dieses ausgelassene Bad in Pflaumensaft, diese schmatzende Schlemmerei im Sahnekännchen, diese …

»Ah, tut das gut!«, rief ich aus. Ich griff nach ihrem brodelnden Hintern und verbiss mich wieder in ihre Brust.

»Pass auf, dass er nicht rausrutscht … egal, was du machst«, warnte sie mich. Sie lutschte an meinem Ohr. Ich hätte mich eher erschossen.

Ich könnte nicht so recht sagen, wie ich es geschafft habe, bedenkt man den extremen Druck, unter dem ich zu arbeiten hatte, aber einige Minuten später, als sie sich auf einem rotsamtenen Lehnstuhl zurücklehnte, die Beine gespreizt in der Luft, tauchte ich schließlich ab in ihre niederen Gefilde. Ich vermute mal, dass ich sie getragen habe, als sie noch aufgespießt auf meinem versteinerten Knochen saß. Ich muss wohl gut bei Kräften gewesen sein, denn normalerweise bin ich ja nicht so für heben. Wie auch immer … da kniete ich nun, die Zunge in ihrer Büchse – der Warnungen bürgerlicher Moralisten vor diesem entarteten Akt zwar eingedenk, aber was scherten mich die. Ihr Pech, würde ich sagen. Ich hätte ewig so weiter lutschen können da unten, aber während Zunge und Lippen durchaus willig waren, streikte mein Hals. Ihr lustvolles Jaulen und Kreischen, ihre gut getimten Komplimente – »Jesus, Maria und Josef, was für eine Zunge! Dir entgeht … oooh … auch … ahhbsolut nichts!« Und: »Ayyy! Richtig schön langsam, ja … ich ertrinke gleich!« – lenkten mich für eine Weile von dem Schmerz ab (und dann suhlte ich mich natürlich in meiner eigenen ekligen Lust); trotzdem, ich musste sie auf das Bett manövrieren, für das die Hauptveranstaltung angesagt war.

»Ich halt's nicht mehr aus, Kleines«, stöhnte ich. »Ich meine …«

Ich trug sie nicht hinüber. Zusammen krochen wir auf das Bett zu. »Du bringst es echt, Baby«, brabbelte sie. »Ich werd' da unten nie wieder die alte sein.«

Lolas Gene und Charakter waren in den Tagen pfeifender Peitschen und Folterkammern geformt, als die dämonischen Muselmanen die Fusion von Ekstase und Schmerz perfektionierten, um dafür Sorge zu tragen, dass ihr Gott in Blut baden konnte; so war es durchaus natürlich, dass ihre aufbäumende Lust nach der Karbatsche schrie. Unter ihren wild gewimmerten Anweisungen wurde ich zur Geißel Gottes. Ich band ihren sich windenden nackten Körper an die Sprossenwand hinter dem Bett, und während sie betend, schwitzend vor Lust und Leidenschaft kreischte, peitschte ich sie, bis ihr Rücken bis über den bebenden Hintern mit roten Striemen bedeckt und sie gleich mehrmals gekommen war. Danach warf sie sich – auf einem Bett, in dem eine Armee Platz gehabt hätte – auf meinen eigenen gepeinigten, schwitzenden Körper und leckte und biss mich von Kopf bis Fuß. Sie war eine vollendete Meisterin in der vergessenen Kunst des Zehenblasens. Bevor ich diese unerschöpfliche erotische Wundertüte kennen lernte, hatte ich gedacht, Füße wären nur zum drauf rumlaufen da. Es schien Stunden zu dauern, bevor ich endlich dazu kam, sie ganz orthodox zu besteigen – und bis dahin hatte ich eine Weltgeschichte sexueller Logistik durchlebt. Als ich schließlich dazu kam, war mir, als ritte ich eine Welle, von der anspruchsvolleren Position von hinten (wo ich mich für jedes Rodeo hätte qualifizieren können) zur relativ einfachen Missionarsgeschichte, und die ganze Kavalkade hindurch feuerten Lola und ich einander an.

»Fester, Baby! Fester!«, rief sie. »So doll es nur geht!«

»Die Beine höher! Beweg deinen Arsch!«

»Triez mich ’n bisschen. Ja, so! Genau da, ja! *Oy!*«

Das Einzige, was wir ausließen, war das Ganze zu filmen. Eine kulturgeschichtliche Schande.

»Großer«, sagte sie und wischte sich glücklich den glänzenden Schweiß von der Stirn, »du hast es einfach. Du hast es genau da, wo’s zählt. Und das sage ich nicht bloß so.«

Ich wischte mir die Reste des Wahnsinns von den Augen. »Verdanke ich alles dir, mein Wonneproppen. Du und Buddha, ihr beiden seid die größten Lehrer der Welt.«

»Nie von dem andern Schatz gehört, aber wenn du auf ihn stehst, dann muss er wohl okay sein. Weißt du, wenn du's mir machst, dann erlebe ich Sachen wie mit sonst keinem. Du musst ein Zauberer oder so was sein.« Sie gab mir noch als Zugabe einen Zungenkuss; er schmeckte ganz reizend nach Zimt.

Unserem Sexzirkus folgte immer ein großes Gelage: schwarze Bohnen, Reis, gebratene Kochbananen, Schmorbraten, knusprige Schweineschwänze, Zwiebelscheiben, scharfe Shrimps, kaltes peruanisches Bier – ihre Tafel stand ihrem Bett in nichts nach. Wogegen Sylvias Bett (der Antichrist verfolgt mich sogar in meinen glücklichen Stunden) voller Abgründe und Schneestürme war und ihr Tisch mehr an die Szene am Ganges erinnert. Eines Tages, vielleicht wenn meine letzte Stunde geschlagen hat und ich mich auf meinen Plausch mit dem Herrn vorbereite, da werde ich vielleicht verstehen, was mich in ihre finstere Hütte geführt haben mag. (Ist es möglich, dass ich – in einer anderen sterblichen Hülle – Christus ans Kreuz geschlagen habe und nun bis in alle Ewigkeit büßen muss?)

»Du musst bei Kräften bleiben«, sagte Lola und riss mich aus meinen trübseligen Betrachtungen. Aus reiner Schicklichkeit, die ihr ausgesprochen gut zu Gesicht stand, war sie für die Küchenarbeit in ein Bikinihöschen geschlüpft. »Du wirst mir zu dünn.« Ihr unbeschreibliches Lachen gehörte in die Alhambra. »Wenn du nicht aufpasst, dann verschwindest du mir noch eines Tages in meinem Bett.«

»Das wäre der Höhepunkt aller Höhepunkte«, sagte ich und küsste ihre rassigen Locken, während sie mir eine dampfende Portion gekochter Bohnen servierte. Ihre linke Brust streifte mein Gesicht dabei, und die Bohnen wurden auf der Stelle zu Kaviar. Der erste Löffel voll gelangte nicht durch meine eigene absurd sterbliche Hand in den Mund, sondern durch Lolas, die über meinem erhobenen Arm auf mich zukam. Dieses plötzliche Über- und Nebeneinander von Handlungen und Identitäten in diesem einen schlichten und sensiblen Augenblick – nach so vielen Augenblicken, in denen welch starre Komponenten meiner eigenen Charakterstruktur auch immer durch unseren außergewöhnlichen Liebesakt auseinander genommen worden waren und neu zusammengesetzt die Grundlage für einen neuen Menschen geschaffen hatten –, dieses Nebeneinander veränderte Person, Ort und Zeit.

Und sie sagte, mit einer Stimme dürftig wie Morgenluft: »Was lässt sich über den Tod eines anderen schon sagen?«

»Wie kann man das Wasser verstehen?«

»Genau.«

»Oder die Enten fragen, wieso sie in den Norden ziehen?«

»Es hieße, das Absurde herauszufordern – und damit ein Magengeschwür.«

Wir befanden uns unter Leuten, vielen Leuten, einem Gewusel, möchte man sagen, aber netten Leuten, Menschen ohne Ressentiments. Ich hatte das Gefühl, sie bestens zu kennen, nur schien es mir nicht der rechte Augenblick für ein Gespräch. Ich lächelte, eine Geste, die sich sofort auszubreiten begann, von einem wissenden Gesicht auf das andere. Ein Mann, er schien das Sagen zu haben, hatte aber gleichzeitig die traurig-sanfte Miene eines Gefangenen aller anderen, sprach mich mit einer Stimme an, die mir aus einem Radio zu kommen schien: »Es ist in deinem eigenen Interesse. Vergiss das nicht.«

»Tut mir leid«, sagte ich und fasste, wie um Halt zu finden, nach Lolas Hand.

»Er hat was anderes gemeint«, flüsterte sie, »er brachte es nur nicht übers Herz, es zu sagen.«

»Ah ja.« Ich wusste nicht, ob ich mich gut fühlen sollte oder betrogen. »Ende gut, alles gut«, rief ich aus.

»Das hast du auf den Knien deiner Mutter gelernt!«, heulte ein grauhaariges altes Weib und warf eine Tüte Kartoffelchips nach uns.

»Die sticht nur der Hafer«, sagte Lola augenzwinkernd. Ich war auf der Stelle erregt, wusste jedoch, dass ich noch an mich halten musste. »Besser hätte ich es auch nicht sagen können.« Ich legte ihr einen Augenblick den Kopf an die Brust.

»Vor siebenundachtzig Jahren …«, begann sie.

»Ja, ich weiß. Lass gut sein.«

Wir saßen in einer Cafeteria. Hunderte von Leuten saßen an langen Tischen. Keiner aß. An einem Ende des Raums saß ein kleiner dicker Mann ganz in Weiß vor einer ungeheuren Menge schwerer Speisen. Der Geruch von allerhand Braten und Soßen versetzte mich zurück in die Kindheit, und ich hätte am liebsten ein bisschen geweint.

»Was du nicht weißt, macht dich nicht heiß!«, rief der Mann voller Entschlossenheit und Selbstvertrauen und schob sich einen Mordsbrocken Fleisch in den Mund.

»Iss nicht alles auf einmal!«, mahnte Lola, und auch wenn ich sicher bin, es war an den Dicken gerichtet, sah ich in der Mahnung eine geheime Botschaft, die ich zu entschlüsseln hätte, wenn ich soweit war.

»Er ist der Besitzer«, erklärte ich, konnte aber noch nicht mal vor mir selbst verbergen, dass ich das spontan erfand.

»Gewisse Dinge sollte man für sich behalten«, sagte eine hoch gewachsene hagere Frau am Tisch nebenan und stand auf. Sie sah aus wie eine alte Bekannte, nur dass sie abgenommen zu haben schien.

»Tut mir Leid«, murmelte ich und hauchte ihr einen Kuss auf die Schulter.

»So einfach geht das auch wieder nicht«, sagte Lola, und noch bevor ich zu einer Erklärung ansetzen konnte, saß sie auf dem Schoß eines außergewöhnlich hübschen jungen Kerls.

Ich trat nach ihr, verfehlte sie aber meilenweit und landete ach so sanft auf dem Boden. Eine Lachsymphonie ertönte aus Hunderten von Kehlen, und ich hätte mich fast bepinkelt, so albern und fehl am Platz kam ich mir vor.

»Nach was soll man sich denn auch richten?«, rief ich aus. Ich umfasste meine Knie und begann mich zu wiegen wie einst.

»Wer hat, der hat, das wissen Sie doch«, erklärte mir der junge Kerl naseweis und begann mit Lolas Brüsten zu spielen. Ich hatte bis dahin gedacht, sie trage ein Kleid, hatte mich aber geirrt, weil sie außer einem roten Bikinihöschen nackt war. Eine seltene Mischung aus Traurigkeit und Stolz erfüllte mich. Über Lolas Rücken hatte jemand in krummen Blocklettern »Gib ein bisschen, nimm ein bisschen« geschmiert.

Ich stieß einen Seufzer aus; Tränen liefen mir übers Gesicht. »Ich wollte, ich könnte.« Eine alte Frau zupfte mir das Hosenbein zurecht, und ich stand auf. »Aber ich habe es in letzter Zeit mit dem Kreuz.«

Alle wussten, dass dem nicht so war, trotzdem schepperten sie mit ihrem Blechgeschirr, um mir ihre Sympathie kundzutun. Ich hatte den Eindruck, eine tief schürfende wissenschaftliche Formel ausgesprochen zu haben, die vielen Menschen in ihrem Lebenskampf helfen könnte. Und eh ich es mich versah, stand ich auf den Schultern zweier stark behaarter vierschrötiger Kerle und trällerte ein langes Lied über die unendlichen Freuden der Kindheit. Ich wusste, dass meine Mutter sich irgendwie unter der Menge befand und lachte, aber was sollte ich tun?

»Dir sind doch die kulturellen Errungenschaften der Menschheit völlig egal«, schrie ich.

Sie keckerte wie einer der riesigen Vögel im Zoo. »Das zeigt wieder mal, wie viel du wirklich weißt«, sagte sie und schwamm mit kräftigen Stößen aus der dampfenden Menge heraus auf mich zu. Sie hatte immer die Kraft gehabt, gegen den Strom zu schwimmen.

Jetzt waren Lola und ich in der U-Bahn. In den angenehm nebelverhangenen Hochmooren der Erinnerung spürte ich, dass wir gerade aus einigen Tagen ausgedehnter Diskussionen über die wichtigsten Probleme der Welt aufgetaucht waren. Ich hätte nicht mehr so recht sagen können welche, aber eine prickelnde Euphorie sagte mir, dass wir durch die Bank einer Meinung gewesen waren. Ich trug eine Matrosenkluft und sie ein unglaublich wirkungsvolles schwarzes Kleid. Ihr Gesicht hatte sich verändert; ihr Blick glich jetzt dem eines pensionierten Kriminalers, durchdringend und beruhigend zugleich. »Was ist denn mit dir passiert?«, hörte ich mich sie fragen.

Sie drehte mir eine Nase, wobei sie anzüglich mit den Fingern winkte. »Besser, du weißt es nicht.«

Ich nickte weise, etwas anderes fiel mir nicht ein. »Vielleicht hast du Recht. Ich war ohnehin nie ein Freund von Enthüllungen.«

Ihre einzige Reaktion auf meine, wie ich dachte, ebenso raffinierte wie unwiderstehliche Masche bestand darin, plötzlich auf einer Maultrommel zu spielen. Ich war mir nicht sicher, meinte aber *Pennies From Heaven* zu hören. Ein blinder alter Mann, der nach weißen Rüben roch, tappte mit seinem Stock an mir vorüber, und als er vorbei war, sah ich, dass er mir einen Zettel in die leere Rechte gedrückt hatte. Ich fand das ziemlich anmaßend, schließlich hatte ich ihn noch nie im Leben gesehen, las die Nachricht aber dann doch: »Folge deiner Neurose.« Ein wunderbares Geschenk von einem derart blinden, sagte ich mir, und drückte mir selbst einen dicken Kuss auf die Hand. Neben einem alten Bagel-Stand am anderen Ende des Zugs war es zu einer Schlägerei gekommen; zwei schwarze Prachtburschen hieben unter lautem, intelligentem Gelächter mit Rasiermessern aufeinander ein. Trotz der weithin sichtbaren Blutfontänen regte es mich nicht weiter auf.

Lola knöpfte mir die Hose auf und spähte in den Schatten

meiner Männlichkeit. »Ich glaube nicht, dass du deine Portion Fleischbrühe abgekriegt hast, Jungchen«, meinte sie und kicherte – aber nicht doof.

»Ich mache das auf die eine oder andere Art wieder wett.« (Ich spürte eine Meeresbrise im Gesicht, und es war offensichtlich, dass ein anderer Teil von mir sich auf dem Atlantik befand.)

Viel sagend drückte sie meinen Penis: »Du musst mir das irgendwann mal erzählen. Ich lausche so gern der Stimme der Vernunft, ich bin so erzogen.«

Jede Faser in mir drängte danach, anzuschreien gegen die Grausamkeit des Lebens, aber schon im nächsten Augenblick schlug backbords eine Sturmbö gegen das Schiff, was ein kunterbuntes Gewimmel von Mensch und Tier auf Deck trieb. Die Segel rissen und begannen heftig zu bluten, eine bleierne Schwärze im Mutterhimmel ließ alle wissen, dass dies sehr gut das Ende sein konnte. Grollende Brecher rissen nackte Kinder über Bord, feiste Ehefrauen klammerten sich an ihre zu Tode geängstigten Liebhaber und ächzende alte Lügen zynischer Babysitter aus ihrer Kinderzeit. Dann kam eine das Tosen übertönende großmütige Stimme aus der Luke. Es war eine vertraute Stimme, die ich, wie mir in diesem Augenblick klar wurde, mein ganzes Leben vernommen hatte, ohne je wirklich auf sie zu hören.

»Nur der Taube hört wirklich, und der Verstand stielt mehr als er gibt. Wer von euch weiß denn, wo er zu Hause ist? Und wie viele von euch würden nicht entsetzt aufschreien, würden sie wirklich herausfinden, wo sie hingehören? Ach, ihr erpresserischen Amseln! Elefanten, die ihr wie Mäuse denkt! Ihr feigen Hummer! Seht unter den Stein und lest euer Schicksal. Lasst Licht in diese Mitternacht des Selbstbetrugs. Schlafend seid ihr eigentlich wach, nur habt ihr nicht den Mut, das zu akzeptieren. Ihr tragt eure Sterne wie Steine, und die himmlischen Mächte schaudern, wenn sie euch sehen.«

Eine unermessliche Stille hielt uns in ihrem Bann. Lola legte ihren Kopf an meine Schulter, und ich spürte die Tränen, die ihre Gedanken begleiteten, auf meiner Haut. Ich hob den Blick und sah, dass all die Leute um uns verschwunden waren. Lola und ich waren die einzigen Menschen, die noch übrig geblieben waren. »Schöne Art, einen Freund zu behandeln«, sagte ich vor mich hin und schüttelte dabei den Kopf wie ein Greis. Das Schiff löste sich unter unseren Füßen auf.

Ich bin, wie Sie mittlerweile sicher gemerkt haben, der universelle Typ, der sich in den Marschen Südostasiens ebenso absurd zu Hause fühlt wie in einem Baumhaus im Wipfel eines gigantischen Redwood; ich fühle mich in der Süffisanz Pariser Salons nicht weniger in meinem Element als beim Nachtflug über die schaurigen Weiten des Greenwich Village. Nichts und niemand ist unter meiner Würde. Ja im Gegenteil, mich interessieren alle und jeder. Ich würde King Kong einen blasen – wenn er mich lässt und Lust darauf hat. Atomphysiker laden mich zu ihren Partys ein, Drogensüchtige nennen mich ihren Bruder. Selbst die Black Muslims schnüffeln seit einiger Zeit an mir auf der Suche nach Patronat. Nun, dann wird Sie auch nicht weiter überraschen, was ich Ihnen jetzt sage: Einer meiner engsten Vertrauten ist ein schwuler Dieb. (Mir sind alle Formen poetischen Ausdrucks recht, ich bin da sehr tolerant.)

»Von irgendwas muss ein Mädel doch leben«, sagte Cedric mir gern und oft, wann immer er sich seiner kriminellen Aktivitäten wegen in die Defensive gedrängt fühlte. »Außerdem habe ich mir dieses Leben nicht ausgesucht. Die unfaire Einstellungspolitik unserer Gesellschaft hat es mir aufgezwungen. In den Führungsetagen gelten Homosexuelle nicht als Menschen, man kann ihnen deshalb noch nicht mal einen Gummiring anvertrauen.«

»Cedric«, sagte ich immer wieder, um ihn zu trösten, »unsere Kultur steht vor dem Untergang.« Und meistens glaubte ich das ja auch.

»Irgendwann kommt der Tag«, fuhr er fort, »an dem der Staat kapieren wird, was für ein furchtbarer Fehler es war, sich die ungeheuren homosexuellen Energien im Land nicht dienstbar zu machen.« Mit spitzen Fingern zupfte er an seinem rot gefärbten, toupierten Haar. »Sie sind eine ungeheure natürliche Ressource – wie Wasser und Öl.«

»An deiner Stelle würde ich dem Innenministerium schreiben.«

Er steckte eine seiner Haarklammern um. »Sobald ich einen Augenblick Zeit habe, Schätzchen. Im Augenblick stecke ich bis zur Halskrause in Arbeit, falls du weißt, was ich meine.«

Cedric war ein Klettermaxe, ein Einsteigedieb, der das Brecheisen nicht weniger geschickt einzusetzen wusste als seine Sinnlichkeit. Und er hatte einen wunderbaren Gimmick, den er natürlich nach Herzenslust einsetzte, weil er es ihm erlaubte, seiner Arbeit nachzugehen, ohne Verdacht zu erregen: Wann immer er loszog, seine Mitmenschen von ihren irdischen Gütern zu trennen, verkleidete er sich als Frau. »Wer würde sich je träumen lassen, dass so ein süßes Dingelchen wie ich was Böses im Schilde führt?«

Seine Raubzüge machte er untertags, während sein Opfer irgendwo Diktate aufnahm oder phantastische Lügen über Zahnpasta oder Seife ersann; nachts durchstreifte er geil die Reviere der Sodomie. Auch dies übrigens oft in schicken Frauenkleidern, manchmal aber auch nur in der für ihn typischen tuntigen Kluft: enge – hautenge – Hose, die beide Abteilungen (die hintere wie die vordere) seiner Sexualität zur Geltung brachte; eine Wickelbluse von der Riviera (will sagen, von Brigitte Bardot inspiriert) und Frauensandalen, manchmal mit Lapislazuli, manchmal mit Muscheln, manchmal aber auch nur aus Lackleder, aber dann feuerwehrrot. Falls man betrunken war – oder auch nur verwirrt –, brachte man Cedric mühelos in seiner Phantasie unter, selbst wenn man nicht wie die meisten seiner Kunden homosexuell war, so erfolgreich war er als wandelnde Show. Man musste es ihm lassen – was immer er machte, machte er mit Leib und Seele (und Schwanz). Nicht ein Kunde, der bei ihm nicht auf seine Kosten gekommen wäre.

»Ich versteh' Mädels nicht, die auf der Migränetour reisen und einen auf halbem Weg stehen lassen«, sagte Cedric eines Abends, wir saßen im heißesten Schwulenpark der Stadt direkt am Broadway. »Tun, als hätten sie ihre Geschichte – oder als würde sie irgendein böser Übervater im Himmel zu diesen Ferkeleien zwingen. Jesus, Maria! So was kotzt mich vielleicht an! Also, mein eigenes liebes Muttchen, Gott sei ihrer schizophrenen Seele gnädig, hat oft genug gesagt, man kann Blut nicht zum rückwärts Laufen bringen, und da hatte sie Recht.« Geziert beseitigte er ein Unbehagen zwischen den Beinen und lächelte verständnisvoll, als Händchen haltend zwei warme Täubchen vorbeiturtelten. »Die haben sich grade im selben Baum gefunden. Na jedenfalls, mein Freund, ich mag mich ja vielleicht in Geschichte nicht auskennen, aber ich kenne das menschliche Herz, das kann ich dir sagen, und glaub mir, das schlägt auf mancherlei Art. Nur ein Einfaltspinsel kann sagen, etwas sei besser so oder so. Wasser ist immer nass, wenn man reinlangt, und das ist alles, was zählt. Die Farbe ist zweitrangig.«

Der Park war jetzt praktisch gerammelt voll. Und mitten durch dieses schillernde Gedränge unschlüssiger Schwuchteln bahnten sich die kessen Lesben mit kerligem Gang ihren Weg. Über Parkbänke und eingeschüchtertes Buschwerk (die Natur bekam hier in jeder Beziehung ihr Fett weg) schrien sie einander zu; ihren Stimmen und Akzenten nach hätte man sich wie auf einer Heizerorgie oder beim Boxkampf vorkommen können, und genau auf eben diesen Effekt waren sie aus. An der Peripherie drückte sich zögerlich, aber voller Hoffnung die männliche Kundschaft herum, die gut bürgerlich gekleideten Männer auf der Suche nach einer Königin der Nacht. Hier und da sah man sie bei der Verhandlung mit einer der aufgetakelten, eingedieselten schwulen Huren. Cedric meinte, er würde gern ein paar Runden drehen, mal sehen, was die Karte so bot – immerhin war das für ihn Arbeitszeit; er konnte schlecht die ganze Nacht auf einer Parkbank mit mir philosophieren. »Wer weiß«, meinte er lächelnd, »vielleicht wartet ja hier irgendwo ein Broadwayproduzent auf mich.« Er kicherte und schob die Hüfte vor. »Angeblich ist das Theater doch reif für eine Revolution, nicht?«

Im Nu hatten die nervösen Schwingungen des Parks ihn erfasst. Cedrics hüftschwenkender Gang war nicht etwa eine Funktion – Mittel, von A nach B zu kommen –, sondern ein filigraner Akt der Verführung; jede Geste, vom Timing einer gehobenen Braue bis zum Fingerstrich über den Hals, befruchtete die reifen Phantasien der zahlreichen Stammgäste des Parks. Jedes Nervende, jede einzelne Hirnzelle in Cedric berechnete von Augenblick zu Augenblick die Reaktionen derer, die seinen Weg kreuzten. Meine Beine sind federleicht heute Abend, überlegte er voller Spannung. Ich wette, ich könnte zwanzig Freier zwischen sie nehmen und würde die Last noch nicht einmal spüren. Wer ist denn der Dicke da drüben mit den gepolsterten Schultern? Versucht so zu tun, als wäre er wegen weiß Gott was hier, bloß nicht um sich einen blasen zu lassen – als warte er auf den Bus, obwohl er genau weiß, dass der zwei Blocks von hier hält. Aber die Augen unter dem feschen Strohdeckel sind tückisch. Frau und Kinder im Fairfield County, da gehe ich jede Wette ein, so wahr ich Cedric W. Whitely heiße. Und er ist ein bisschen zu besoffen für jemanden seiner Sorte in einer schändlichen Tabusituation wie der hier. Würde mich gar nicht überraschen, wenn er zu Hause in irgendeinem Ausschuss sitzt, der Päderasten wegsperren lässt. Das sind diese Schrankschwuchteln doch alle. Einmal die Woche oder alle zehn

Tage treibt er's mit seiner Frau, im Dunkeln, versteht sich – noch nicht mal eine Eule könnte erkennen, mit wem er es oder was er da macht. Er sieht bösartig und unglücklich aus, als könnte *ich* was dafür, dass er schwul ist. Oh! Schau sich einer die zwei schwarzen Asse da vorne an! Die eine sieht aus, als hätte sie drei Runden mit Sugar Ray Robinson hinter sich. Gott, es gibt aber auch immer wieder welche, die's gern grob haben. »Guten Abend, die Damen. Wie läuft das Geschäft?«

»Wenn du mich fragst, bekommt man in dem ganzen Park hier keine zehn Dollar zusammen.«

»Sind eben harte Zeiten für uns alle.«

Der mit den traurigen Hundeaugen erinnerte Cedric an einen jungen Neger, mit dem er in Vietnam gewesen war. Edmund, ein beinharter, immer gut aufgelegter Junge – hatte von Batman-Heften nicht genug kriegen können, und in seiner Brieftasche steckten ohne Ende Fotos von den Beatles. »Ringo ist 'n echt starker Typ. Zu schade, dass er nicht Präsident ist«, sagte Edmund einmal hinten auf einem Truppentransporter während der Fahrt hinauf in das wilde Hochland, auf der Suche nach einer Schießerei mit dem Vietcong, der sie, wie sie alle wussten, längst beobachtete, lächelnd, aus einem Versteck im Laub; der nur darauf wartete, dass die Falle zuschnappte und die weiße (manchmal auch schwarze) Haut dieser absurden Invasoren aufplatzte, um das Laub des schläfrigen Dschungels mit Blut zu besprühen. Das gute Dutzend Soldaten im Truck ließ sich nicht anmerken, ob es ihnen unangenehm war, ob es sie überhaupt interessierte, wenn sie sich gegeneinander geworfen sahen auf dieser grotesken Fahrt.

»Sag mal«, meinte Edward, der nach der Sitzbank griff, um nicht zu fallen. »Was denken die Typen vom Cong wohl so, was meinst du?«

»Ans Essen. Und wann sie wieder mal einen wegstecken können, oder ob überhaupt jemals«, antwortete Cedric und kratzte sich den dreckigen Stoppelbart, wo ihn etwas gestochen hatte.

»Nein, ich meine, ob die wirklich Spaß dran haben, uns GIs abzuknallen? Weil wir imperialistische Arschlöcher sind? Oder glauben sie auch, dass das Ganze zum Himmel stinkt und auf dem Mist von irgendwelchen Klugscheißern aus der Politik gewachsen ist?«

Über ihnen, in Engelshöhen, kreischten vier amerikanische Düsenjäger durch das weiche, unerreichbare Blau, in das Cedric für sein Leben gern auf immer entflohen wäre. »Weder noch, schätze ich mal.« Der Soldat neben ihm spuckte Tabaksaft auf den Boden des Trucks. »Die sind hier so gern wie irgendwo sonst. Die sehen da keinen großen Unterschied.« Einige Meilen vor ihnen explodierten schwere Granaten. Der Geruch des Dschungels war zum Schneiden dick, fast wie der Gestank einer Latrine.

»Mhm«, meinte Edmund. »Wie Tellerwäscher im Restaurant. Wenn alles zum Kotzen und ohnehin sinnlos ist, was spielt es schon für eine Rolle, was man macht?«

(Unter der Kosciusko-Statue begannen sich zwei kesse Lesben in knackengen Hosen zu küssen. Eine dicke alte Frau drohte lautstark mit der Polizei.)

Ein junger Kerl am vorderen Ende des Trucks checkte seelenruhig seine Pistole. Der Junge ihm gegenüber begann mit sich selbst zu reden; die nackte Angst im Blick, starrte er in den vorbeihuschenden Dschungel.

»Ich hab' gehört, dass Ann-Margret und George Hamilton rüber kommen«, sagte ein rotgesichtiger Junge aus dem Süden einfach so vor sich hin.

Einer der anderen lachte. »Zu uns? Wieso zum Geier sollte jemand einen armen Hund wie dich sehen wollen?«

In diesem Augenblick fuhr der Truck auf die Mine. Jemand schrie auf. Cedric spürte einen metallischen Schlag im Gesicht, als er aus dem kippenden Laster fiel. Dann schlug, mit typisch scheußlichem Pfeifen, eine Garbe von Maschinengewehrkugeln rund um sie ein. Cedric war hart aufgeschlagen und kroch, um von den Kugeln und dem brennenden Laster wegzukommen, wie von der Tarantel gestochen in das Gebüsch. Der junge Leutnant kreischte hysterisch Befehle. Gestöhn und Hilfeschreie drangen aus dem qualmenden Laster, der auf der Seite liegen geblieben war. Cedric begann in das dichte Unterholz rund um ihn zu feuern. »Wo sind die denn?«, schrie er Edmund zu. »Ich kann die Schweine nicht sehen!«

»Nicht bloß du!«, rief Edmund und kroch über den Stamm eines toten Baums. »Schieß einfach weiter!«

Ein Junge, der ein paar Meter von Cedric entfernt kauerte, hob den Kopf aus der Deckung und holte nach hinten aus, um eine Handgranate zu werfen. Sein Gesicht explodierte unter einem Feuerstoß aus dem MG. Cedric stöhnte auf und musste sich übergeben. Das Blut aus der tiefen Schramme in seinem Gesicht lief ihm in den nach Luft schnappenden Mund.

»O Mutter! O Mutter!«, wiederholte er immer wieder. Berge stürzten in ihm zusammen. Er spürte noch nicht einmal, wie Edmund ihn in Deckung zog.

Lächelnd schlenderte er, so tuntig, elegant und hurenhaft er nur konnte, an dem schwergewichtigen Vorstadtmenschen mit der finsteren Miene vorbei. »Schöner Abend, was?«, sprach er ihn an.

»Allerdings«, antwortete der Mann. Der Anflug eines kränkelnden Lächelns sprengte die mürrische Maske seines Gesichts.

»Zu schön, um ihn zu verschwenden, würde ich sagen. Du nicht auch?« Der Mann ließ eine Art Kichern hören.

»Ist dir nach einer Party?«, setzte Cedric das Gespräch fort. Er legte die Fingerspitzen an die herrliche Frisur, die ihn zehn Dollar gekostet hatte.

»Warum nicht? Bist du auch wirklich gut?«

Cedrics leises Lachen hatte etwas von der Überlegenheit

eines Mandarins. »Schätzchen, ich bin der Allerbeste. Mach dir da mal keine Sorgen.« Der Mann sah sich um, als meinte er in diesem Stadium seines – physischen wie spirituellen – Engagements noch immer damit durchkommen zu können, ohne gesehen oder gar erkannt zu werden, dann packte er Cedric grob am Arm. »Okay, gehen wir.«

Cedric bewegte sich nicht. »Sollten wir nicht erst über den Preis reden?«

Der Mann ließ ihn los. »Ach so, ja. Oh! Was verlangst du denn?« Er kicherte wieder – wie ein tückischer kleiner Bub.

Das Gefühl, begehrt zu werden, verlieh Cedric ein köstliches Bewusstsein von Macht. »Von zehn an aufwärts.« Und mit anzüglichem Zwinkern fügte er hinzu: »Und selbst das Doppelte wäre ein Schnäppchen.«

Der Mann sah sich Cedric an, als spekuliere er über die jeweilige Preisklasse einer ganzen Reihe sexueller Freuden, und sagte dann: »Das scheint mir okay.«

»Du wirst nicht einen Augenblick bedauern, Schatzi«, sagte ihm Cedric und schlug sich voran ins grinsende Unterholz.

Wie wär's mit einer Geschichte aus meiner Kindheit, nur der Ordnung halber? Ich würde doch gern den Gerüchten ein Ende machen, ich hätte keine gehabt und müsse dementsprechend irgend so eine Art Freak sein. Dann können wir den ganzen Mist wieder vergessen. Okay?

Frank Lipscomb und ich hatten eine Weile einen Riesenspaß miteinander, obwohl er zugegebenermaßen etwas komisch war. Wir gingen in ein und dieselbe Klasse, und da haben wir uns auch kennen gelernt. Keinen von uns beiden schien die Schule groß zu interessieren. Einmal hörte ich, wie einer der Lehrer uns einem anderen gegenüber als »Problemkinder« bezeichnete. Na, vermutlich hatten sie tatsächlich so einige Probleme mit Frank und mir, so oft wie wir blau machten – wir kamen und gingen praktisch, wie es uns passte; manchmal blieben wir dem Unterricht zwei, drei Tage fern, ohne uns groß darum zu scheren, was die in der Schule davon hielten. Sollten sie denken, was sie wollten, lautete unsere Philosophie.

Wie gesagt, Frank war ein bisschen komisch. Ich kam nie recht dahinter, was in seinem Kopf so vor ging. So sagte er zum Beispiel manchmal, wir sollten doch dies oder jenes machen, und eh man sich's versah, schlug er was ganz anderes vor. Nicht, dass mir das groß was ausgemacht hätte, mir war es egal, was wir anstellten, Hauptsache, wir waren zusammen. Sie wissen ja wie das ist, wenn man zuviel Zeit hat. Manchmal fixierte Frank mich, ja er starrte mich an und sagte dann: »Alter« – seine Augen begannen zu tanzen wie Flipperkugeln – »Alter«, sagte er, »ich hab' da ... Also, ich sag' dir mal was. Ich hab' da so eine Idee.« Und dann fing er manchmal aus mir unerklärlichen Gründen an zu lächeln, so als müsse er jeden Augenblick loslachen, und während ich noch darauf wartete, dass er mir seine Idee offenbarte, tja, da konnte es schon mal vorkommen, dass er plötzlich in den Himmel guckte und sagte: »Weißt du was, Alter, durchaus möglich, dass es noch regnet.«

Ich hob dann den Kopf und äußerte mich zum Wetter, aber eigentlich wollte ich was über seine Idee erfahren, also fragte ich ihn danach, worauf er womöglich so komisch lachte, wenn er mich nicht einfach überrascht anguckte und meinte: »Wieso, was für 'ne Idee, Alter? Was meinste denn mit Idee?« Manchmal erinnerte ich ihn an das, was er eben gesagt hatte, aber nach einer Weile ließ ich es gut sein. Anscheinend vergaß er eben leicht mal etwas. Oder er war einfach noch nicht so weit, einem zu sagen, was er zu sagen hatte.

Als ich Frank zum ersten Mal sah, hätte ich um ein Haar gelacht, seines Aufzugs wegen. Ich weiß nicht, wo zum Teufel er das Ding her hatte, aber er trug eine alte Chauffeursmütze, schräg über den Kopf gezogen, so weit es nur ging, und dazu eine schwarze Reithose, die am Hintern auf Hochglanz gewetzt war. Sie passte ihm nicht allzu gut, aber das schien ihn nicht weiter zu stören.

Es ist schon irgendwie merkwürdig, wenn man so darüber nachdenkt, aber obwohl Frank zwei Jahre älter war als ich – er war fünfzehn, aber in meiner Klasse –, kam ich mir irgendwie älter vor als er. Und ihm, glaube ich, ging es genauso. Aber irgendwie funkte es zwischen uns, wissen Sie. Ich war so ziemlich der einzige Freund, den Frank an der Schule hatte. Sonst schien ihn keiner so recht zu mögen.

Wie auch immer, wir machten zusammen blau, durchstreiften die Stadt, guckten uns die Schaufenster an, oder manchmal gingen wir in den Zoo, legten uns ins Gras, unterhielten uns, sahen den Tieren zu. Das war mit unser Liebstes. Wir kamen prima miteinander aus. Und unsere Familien scherte es nicht die Bohne, was wir so trieben.

Frank war verrückt nach zwei Dingen: Mädchen und Autos, vor allem schnellen Autos. Ich weiß nicht, wie viel Ahnung er hatte, was Mädchen anging – sie gehörten jedenfalls zu seinen Lieblingsthemen –, aber ich darf wohl sagen, dass er so ziemlich alles über Autos wusste: wie man sie fuhr, was man machte, wenn mit dem Motor etwas nicht stimmte, einfach alles. Und er wusste, wie man sie klaute; bei einigen genügte eine Münze, die er irgendwo unter dem Lenkrad rein steckte. Man muss sich das mal überlegen. Und bei anderen brauchte er nur ein paar Kabel zu verzwirbeln, schon begann der Motor zu schnurren. Oh, er kannte sich echt mit Autos aus. Und er brachte mir so einiges bei.

Eines Nachts waren Frank und ich noch spät unterwegs, ohne was Besonderes vorzuhaben, als wir an einem Parkplatz vorbeikamen, auf dem mutterseelenallein ein einziger Wagen – ein Chevvie – stand. Ich sah Frank an, Frank sah mich an, wir verstanden uns auf der Stelle; er brach in den Wagen ein und fummelte ein Weilchen herum. Dann sprang der Motor an, und bevor ich zu ihm einstieg, sah ich mich noch mal um, aber es war niemand zu sehen. Wir hatten einen Riesenspaß, außerhalb der Stadt durch die Gegend zu fahren. Wir mussten gut drei Stunden unterwegs gewesen sein. Nach einer Weile setzte ich mich ans Steuer. Ich machte alles genau so, wie Frank es mir gezeigt hatte und es klappte auch prima, aber ich war ziemlich nervös, bevor ich meine Freude daran zu haben begann. Dann war wieder Frank dran. Ich konnte so richtig sehen, dass Frank der Fahrerei ganz was anderes abzugewinnen vermochte als ich. Er sagte nicht viel, wenn er fuhr, sondern raste einfach, über das Steuer gebeugt und mit einem besonderen Glanz in den glasigen Augen, dahin. Nachdem wir unseren Spaß gehabt hatten, brachten wir den Wagen wieder zurück.

Danach stahlen wir fast jeden Abend ein Auto, immer ein anderes, und hin und wieder hatten wir sogar Glück und fanden eins, bei dem der Schlüssel steckte, so dass Frank nicht erst daran herummachen musste. Was mir persönlich Leid tat, weil ich einfach gern zusah, wenn Franks magische Finger einen Wagen beschworen. Ich fand es schlicht aufregend; ich weiß auch nicht warum. Ein paar Mal versuchte ich mich selber daran, einen Wagen ohne Schlüssel zum Laufen zu bringen, und einmal gelang es mir sogar.

Eines Abends kam ich dann auf die Idee, wir könnten bei unseren Spritztouren doch auch gleich nachgucken, ob in den geparkten Autos nicht auch was herumlag, was sich mitnehmen ließ. Frank fand die Idee prima. Wir machten das folgendermaßen: Ich fuhr den eben geklauten Wagen langsam die Straße entlang, während Frank auf dem Gehsteig die Türen der geparkten Autos probierte. Ich fuhr dabei ein Stückchen vorneweg, während er die Autos inspizierte, um keine Aufmerksamkeit zu erregen, und wenn er die Reihe geparkter Wagen durch hatte, trafen wir uns an der nächsten Querstraße, wo er den Kram, den er eingesammelt hatte, auf den Rücksitz warf. Wenn er in einem der Wagen etwas auf dem Sitz liegen sah, die Türen aber abgesperrt waren, bog er mit einem Schraubenzieher eines der Fenster auf. Wenn er auf einen teueren Schlitten stieß, der abgeschlossen war, bog er die Fenster auf, egal ob er etwas auf dem Sitz liegen sah oder nicht, um einen Blick in die Seitenfächer werfen zu können. Ich schätze mal, er konnte sich einfach nicht vorstellen, dass in einem so großen Wagen nicht irgendwas Brauchbares herumlag. Manchmal fuhr er den Wagen und ich inspizierte die Autos. Wir machten das immer nachts.

Vielleicht halten Sie mich jetzt für verrückt, aber die Polizei machte uns keine Sorgen. Wir hatten sie nicht vergessen, sicher, aber wir machten uns nicht ins Hemd ihretwegen, das ist der Unterschied. Wir kamen gar nicht auf den Gedanken, dass die uns erwischen könnten. Sorgen wegen der Polizei hätten uns den Spaß an unseren nächtlichen Abenteuern gründlich vergällt. Das werden Sie ja wohl verstehen.

Was haben wir nicht alles geklaut: Kameras, Zigaretten, Mäntel, Decken, Uhren, Alkohol, Bücher, alles mögliche. Frank kannte ein paar Jungs aus dem Viertel, die den Kram gebrauchen konnten, und denen verkaufte er ihn; Fragen stellte keiner, ging schließlich keinen was an. Was wir nicht verhökern konnten, stapelte sich im Keller des Hauses, in dem ich wohnte. Wir brachten es nicht übers Herz, das Zeug wegzuschmeißen, aber etwas in den Autos liegen zu lassen, kam natürlich auch nicht in Frage.

Das ging vielleicht einen Monat so, vielleicht länger. Frank und ich verdienten ein bisschen Geld damit, aber vor allem hatten wir einen ungeheuren Spaß, mit diesen Aktionen, von denen nur wir beide wussten, verstehen Sie. Wir klauten reihenweise Autos, um sie auszuräumen und sie zu fahren. Dann drehte Frank durch. Er begann mit den Wagen, die wir die Nacht zuvor geklaut hatten, in die Schule zu fahren, manchmal auch in einem, den er allein geklaut hatte.

So fuhr er manchmal in einem großen gelben Packard vor oder in einem Lincoln-Cabrio, vielleicht auch in einem blitzenden flotten Ford. Das Problem war, dass er angefahren kam, als gehörte der Wagen ihm, und natürlich sahen ihn alle und wünschten sich, selbst mal mit einem der dicken Schlitten zu fahren. Eine Menge Leute an der Schule, die Frank zuvor noch nicht mal angesehen hätten, redeten plötzlich mit ihm, und er nahm sie mit auf eine Runde um die Schule. Auch bei den Mädchen schnitt er nicht schlecht ab. Ich sah ihn eines Nachmittags gleich mit zweien losgondeln, in besagtem gelbem Packard; wie Barney Oldfield persönlich schoss er auf die Straße hinaus. Und dann benahm er sich jetzt auch irgendwie merkwürdig, fast so als wäre er immer leicht angetrunken.

Seine Veränderung ärgerte mich nicht nur, sie verletzte mich auch. Ich war davon ausgegangen, dass unsere Streifzüge für Frank denselben Stellenwert hatten wie für mich, dass sie ein Geheimnis zwischen uns waren, verstehen Sie, etwas, von dem nur wir beide wussten. Nachts trieben wir uns herum und tagsüber in der Schule waren wir zwei völlig andere Menschen, die sich nichts anmerken ließen. Für mich war das einfach selbstverständlich, und einen guten Monat lang hatten wir es auch so gehalten. Und mit einemmal hatte Frank sich derart verändert. Er schien plötzlich alles alleine zu machen; und es schien ihm egal, was die Leute dachten, wenn sie ihn in Autos sahen, die er am helllichten Tag geklaut hatte, oder wenn er so merkwürdig aufgekratzt wirkte, als wäre er angetrunken. Ich versuchte ihn darauf anzusprechen, aber er schenkte dem keine Beachtung. Manchmal hatte ich den Eindruck, er hörte mich noch nicht einmal. Ich genierte mich jetzt mit ihm, und das hatte ich, jetzt mal ganz ehrlich, zum ersten Mal.

Vor allem störte mich der neue Frank, wenn wir nachts loszogen, um Autos auszuräumen oder herumzufahren. Er machte jetzt viel zu viel Lärm beim Öffnen und Schließen der Türen, und dann fuhr er auf eine Art, die meilenweit zu hören war, da möchte ich wetten. Als ich ihm eines Nachts sagte, er solle doch halblang machen, lachte er nur.

Wie auch immer, eines Nachts, wir hatten uns zu einem unserer Beutezüge verabredet, kam er mich in einem großen, langen grünen Cadillac abholen. Mir schmeckte die ganze Geschichte von Anfang an nicht, weil wir mit genau demselben grünen Cadillac schon zweimal unterwegs gewesen waren (die Schlüssel steckten), auch wenn wir ihn immer zurückgebracht hatten. Außerdem war es selbstverständlich, dass wir immer erst ein gutes Stück zu Fuß gingen, raus aus unserer Gegend, bevor wir ein Auto stahlen. Es war einfach sicherer so. Mir war gar nicht wohl dabei. Und als Frank dann die Tür des Cadillac aufstieß und ich einstieg, befiel mich schlagartig eine ganz merkwürdige Traurigkeit: Er hatte ein Mädchen mitgebracht. Ich kannte sie von der Schule. Sie hieß Betty, glaube ich. Sie war um die fünfzehn, schätze ich mal, und sie stellte an der Schule was dar. Sie sah nicht schlecht aus, aber ich hatte sie nie sonderlich leiden können, um die Wahrheit zu sagen. Weil sie sich für was Besonderes hielt.

»Hi, Alter. Ich hab' Betty mitgebracht«, sagte Frank, als ich die beiden irgendwie merkwürdig ansah.

»Hallo«, sagte Betty, aber ich sagte nichts, ich sah sie nur an.

»Betty ist in Ordnung«, sagte Frank. »Sie geht jetzt mit mir.« Er lächelte sie an, griff dann nach ihr und küsste sie. Als sie fertig waren, kicherte sie, und Frank sah sie noch einen Augenblick lächelnd an. Ich stand in der offenen Tür.

Als ich die beiden so ansah und dabei an Franks Verhalten in jüngster Zeit dachte und dass jetzt auch noch das Mädchen da mitkommen sollte, wusste ich, dass die Geschichte vorbei war. Es war ein furchtbarer Schlag.

Die beiden saßen da und warteten darauf, dass ich einstieg. Ich stand wie angewurzelt da. »Komm schon«, forderte

Frank mich auf. »Auf geht's! Wir haben zu tun.« Er konnte es kaum erwarten.

Ich wollte Frank nicht sagen, dass alles vorbei war, dass es so einfach nicht gehen würde, also sagte ich: »Ich denk', ich bleib' heute Nacht lieber zu Hause, Frank. Ich fühl' mich irgendwie nicht so doll.«

Er schien mich zuerst nicht zu verstehen. »Mach schon, Alter. Das wird total stark heute Nacht.« Dann warf er einen Blick über die Motorhaube des Cadillac und stieß einen leisen Pfiff aus. »Mensch«, sagte er, »ist der Schlitten nicht der Hammer! Ich wette, der macht seine hundertneunzig Sachen.« Dann sagte er: »Nun steig schon ein.«

Betty versuchte sich an einem Lächeln.

»Nee, Frank«, sagte ich. »Machen wir's ein andermal, ja? Ehrlich, ich fühl' mich irgendwie mau.«

»Bist du sicher, dass du nicht mitkommen willst?«

»Ja doch. Fahrt nur zu.«

Er sah mich noch einen Augenblick an, grinste dann breit und sagte: »Na denn, bis morgen.«

»Okay«, sagte ich. Ich sah keinen Grund, mit Betty zu reden.

»Mach's gut, Alter«, sagte Frank. Er machte jetzt den Eindruck, als könne er es kaum erwarten, weiter zu fahren.

»Mach' ich«, sagte ich und warf die Tür des Cadillac zu. Die beiden zischten los; als er zu schnell hoch schaltete, war das Getriebe zu hören.

Ich sah Frank danach nie wieder. Ein paar Tage später erzählte mir jemand in der Schule, er habe mit dem Cadillac einen Unfall gebaut und die Polizei habe ihn erwischt. Es tat mir wirklich Leid für ihn, aber was sollte ich tun?

Es ist nicht so, dass ich Frank im Stich gelassen hätte oder so was; ich möchte, dass Sie das wissen. Es war einfach so, dass er seinen Weg zu gehen hatte und ich den meinen. Aber für ein Weilchen hatten wir eine tolle Zeit.

2

Ganz wichtige Frage: Woran misst man die Verbrechen anderer? An den eigenen? Oder nimmt man sie absolut? Und überhaupt, was ist ein Verbrechen? Kann einer von uns das wirklich sagen? Natürlich stellen solche Fragen eine Herausforderung an unsere Cleverness dar, aber sind wir bereit, die Weisheit unseres Herzens darauf zu verwenden?

Wann immer ich mal einen ruhigen, nachdenklichen Augenblick habe (seien Sie versichert, dass ich mir nicht ausschließlich Wiederholungen alter Gruselfilme ansehe oder in den Gossen dieser Welt unterwegs bin), rufe ich einen Freund von mir an, Zachary, einen Zen-Meister – der im Gegensatz zu so vielen anderen nicht rechtzeitig damit aufgehört hat; wir treffen uns, köpfen ein Glas eingemachter Guajavenstücke, dazu ein Stück Frischkäse, und legen los. (Er haust übrigens in einem umgebauten Wasserturm.)

»Zuerst mal«, schlägt er vor, »müssen wir uns darauf einigen, dass das Selbst Krieg mit sich selbst führt. Es ist in sich geteilt.«

»Wo Einigkeit doch stark macht«, sagte ich.

Er warf mir eine Handvoll Vogelfutter ins Gesicht.

»Der Mensch führt ein Doppel-, wenn nicht gar ein dreifaches Leben«, fuhr er fort.

»Wir haben uns noch nicht mal darauf geeinigt, dass der Mensch überhaupt lebt.«

Eine weitere Ladung Vogelfutter prasselt mir ins Gesicht.

»Was hat es mit diesem Gespaltensein auf sich? Woher kommt es? Und was müssen wir tun, damit der Mensch als große Einheit, als wahrhaft pulsierendes Ganzes existieren kann?«

Ein Buch vor dem Gesicht – Dealer verschneiden Vogelfutter nicht selten mit Kieseln –, wagte ich einen Einwand: »Wie können wir überhaupt davon ausgehen, dass der

Mensch ein Selbst hat?« Er täuschte mich, indem er mir mit dem Fuß vor den Bauch trat. »Ist dieses Selbst nicht ein notwendiges Kompositum all dieser sich bekriegenden Faktionen?«, fuhr ich fort, während ich mich wieder aufrappelte. »Die Annahme eines Selbst geht von einem reinen, statischen Etwas aus, das sich jungfräulich irgendwo im Körper des Menschen versteckt. Ich sehe das anders.« Ich überlegte einen Augenblick. »Ich würde sogar sagen, das Selbst ist nichts weiter als das Atmen des Menschen. Den Rest kann jeder nennen, wie er will.«

Er strich sich über den Bart (den einzigen Luxus, den er sich – bei all den Möglichkeiten – gönnte). »Man hat dem Menschen zu viele Regeln beigebracht, zu viele Peilgeräte mitgegeben, zu viele Vorstellungen über das Leben. Dieser ganze Nonsens sondert pures Gift ab, das das Wesen, den Organismus des Menschen angreift. Die Folge ist, er wehrt sich gegen den Einklang mit der Natur.«

»Willst du damit sagen, dass dieser Fremdkörper, diese Substanz im Menschen ihn von seinen Brüdern, den anderen Lebewesen trennt?«

»Schlimmer noch. Sie tötet die Blumen, und sogar die Fische ertrinken ihretwegen im Meer.«

»Würdest du sagen, dass es so was wie richtig oder falsch nicht gibt?«

»Ich glaube, du näherst dich endlich einem Satori.«

»Warum muss der Mensch sich ständig beurteilen?«

»Es ist ein Spiel, das ihm das Warten auf den Tod verkürzt.«

»Gibt es denn etwas, was ihn retten könnte?«

Er schloss die Augen und sagte eine geschlagene Minute lang überhaupt nichts. Ich war versucht, mir die letzte Guajave zu schnappen, war mir aber nicht sicher, ob er es mir durchgehen lassen würde. »Ja«, sagte er schließlich, ohne die Augen zu öffnen. »Er kann sich ein einjähriges Schweigen auferlegen. Einen Aufenthalt im universellen Nichts.«

»Wie geht das denn?«

Für seine Körperfülle war er außergewöhnlich flink – eh ich's mich versah, zog er mir den Bambusstock, den er immer neben dem Stuhl liegen hatte, über den Kopf.

»Fängst du wieder an! Immer diese dummen Fragen! Als Nächstes fragst du noch das Wasser, warum es nass ist!«

»Verzeih mir. Ich hatte keine Kinderstube. Ich denke mal, wir können hier abschließend sagen, dass der Mensch einfach Mensch ist, nicht mehr und nicht weniger.«

Er kratzte sich am Fuß. »Lass ihn den wahren Weg finden, indem er in sich geht, nicht aus sich heraus.«

»Wo der Große Geist ihn erwartet«, sagte ich in Abänderung meiner Taktik.

»So was von abartig! Du Perversling!«, schrie er. »Der Große Geist wartet auf niemanden. Der Große Geist ist man selbst!«

»Ja. Natürlich! Wie undankbar von mir!«

»Und jetzt geh noch ein Glas Guajaven holen.«

Von mir war nur noch eine Staubwolke zu sehen.

Als ich zurückkam, fand ich auf meinem Platz einen eleganten weißhaarigen Mann, dessen Gesicht, wenn auch nett anzusehen, bar jeglicher Realität zu sein schien. Oder sich der Realität *verweigerte,* sollte ich vielleicht sagen – wie das unergründliche Gesicht einer Statue. Am hinteren Ende des riesigen Raums legten zwei Frauen Platten auf. Eine von ihnen war in den Vierzigern, die andere sah mir nach zwei-, dreiundzwanzig aus; beide waren ziemlich hübsch. Obwohl sie einander nicht ähnlich sahen, sagte mir die natürliche Intimität zwischen ihnen, dass es sich um Mutter und Tochter handelte. Die Jüngere war ein ausgewachsener Schokoriegel sündhafter Sinnlichkeit: die lange blonde Mähne hatte in ihrer Wildheit sicher nie einem Hut als Freistatt gedient; unter ihren Kurven lauerte im Halbschlaf das Laster; der Mund hatte etwas Göttliches, einen Zug von unersättlicher Grausamkeit, denn er kannte nichts außer seinen eigenen

Willen. Und ihre Augen ... die eines Leoparden, ganz und gar. Die Mutter – wie könnte ich sie beschreiben, außer vielleicht damit, dass sie sich nicht erkannte, wenn sie in den Spiegel sah. Indische Sitarmusik seufzte in den Raum, und das Mädchen begann langsam zu tanzen, wie eine Schlafwandlerin. Ich fragte mich, in welche berückende Welt sie sich wohl versetzt haben mochte.

»Als ich in Kalkutta war«, sagte der Mann – man hätte meinen können, er spreche auf Band –, »sah ich nichts weiter als die abscheulichen Körper der Sterbenden.« Er drehte sich um und wandte sich mir zu. »Wieso bestehen wir darauf, einem Land Geld zu geben, das den Tod anbetet?«

»Was ist schon Geld, mein Freund?«, sagte Zachary und nahm mir den Frischkäse ab. »Doch nichts weiter als eine Form von Tod.«

Die Mutter kam auf Zehenspitzen zu uns herüber und setzte sich neben den Mann, der offenbar ihr Gatte war. »Sprechen wir doch über etwas Erfreuliches«, sagte sie und strich sich den Rock über die Knie. »Wo man hinkommt, geht es um Geld, Tod, Geschlechtskrankheiten – um schreckliche Dinge. Was ist denn aus all den schönen Dingen des Lebens geworden?« Sie sah zu mir herüber und lächelte dann, aber ich war der Letzte, der ihr eine solche Frage hätte beantworten können. »Das war doch mal so eine wunderschöne Welt.«

»Wann denn?«, fragte ich.

»Als ich noch ein Mädchen war.«

Ich spürte eine Berührung am Hinterkopf. Es war das Mädchen. Sie roch nach Chanel No. 5.

»Hab gar nicht gewusst, dass du mal ein Mädchen warst, Mami«, bemerkte ihre Tochter und ließ eine Art Lachen hören. Sie schob mir einen Finger in den Kragen.

Ihr Vater starrte sie über meine Schulter hinweg an. »Damals gab es auch noch so etwas wie Respekt für Leute, die älter sind als man selbst«, erklärte er.

Sie lachte. Dabei legte sie mir sachte die Hände um den Hals und lehnte sich mit ihrem ganzen Gewicht gegen die Lehne des Stuhls. »Du solltest vor den Vereinten Nationen sprechen.« Sie beugte sich vornüber und flüsterte mir ins Ohr: »Das ist ja der reinste Friedhof hier. Komm, wir verdrücken uns.«

Zachary setzte sich auf – er hatte auf dem Rücken gelegen, ohne sich einzumischen, den Blick starr auf die Wand gerichtet, eine Hand auf dem roten Bart. »Der Mensch ist sich selbst sein ärgster Feind«, murmelte er. »Das Leben sollte ihn durchfluten wie Luft das Laub, aber er kultiviert Konflikte wie ein Bauer sein Getreide.«

Das filigrane Gewaber indischer Klänge, das uns umrankte, manipulierte uns, hypnotisierte uns wie Schlangen in einem Korb.

»Ich hatte auf eine Zen-Lektion gehofft«, sagte die Frau zu Zachary. »Ich habe mich eigens vorbereitet. Eli auch.« Ein argloses Lächeln umspielte ihren Mund.

Zachary stieß ein Grunzen aus. »Habt ihr euch von allem Oberflächlichen befreit?«

Das Mädchen flüsterte mir wieder ins Ohr: »Dann würde sie doch völlig verschwinden, die Ärmste.« Diesmal berührten ihre Lippen sachte mein Ohr.

Jetzt meldete sich der Vater wieder zu Wort. »Ich habe die ganze Nacht Buddha gelesen.« Er bedachte jeden Einzelnen von uns mit einem immens nichts sagenden Blick. »Die Frage, die sich mir stellt, ist, warum er aus Indien weg und nach China gegangen ist.«

Zachary legte sich wieder auf seinen breiten nackten Rücken. »Das spielt überhaupt keine Rolle. Wichtig ist, dass er dort war.« Es folgte ein Schweigen. »Fragst du vielleicht die Garnele, wie sie auf deinen Teller gekommen ist?«

Ich spürte das leise Schnauben des Mädchens an meinem Ohr. »Zeig's ihm nur, dem alten Arsch!«

Die Mutter stand auf und ging auf Zehenspitzen in die Mitte des Raums. »Ich nehme schon mal den Lotussitz ein.«

»Großer Gott«, hauchte das Mädchen. »Komm, verschwinden wir.« Sie schob mir die Hände unter die Achseln und drängte mich aufzustehen.

»Bis später«, sagte ich zu Zachary.

»Denk an Buddha und seine Leiden«, riet er mir.

Das Mädchen zog mich hinaus.

Sie war es gewöhnt, Leute irgendwo herauszuziehen, vor allem Männer – ihr ganzes ungebundenes Leben lang. »Nein« war ein Wort, das sich, an sie gerichtet, seiner selbst und seiner Mission zu schämen begann und noch auf dem Weg zu ihr starb. Als Kind schon hatte sie das Gleichgewicht verschwitzter Jungs durcheinandergebracht, die sich darauf in wilder Aufregung wie die Idioten benahmen. Und als Dreizehnjährige hatte sie mit der Selbstverständlichkeit der Schwerkraft den Thron ihrer Weiblichkeit eingenommen, indem sie einen bis dahin keuschen und verantwortungsbewussten Sonntagsschullehrer so in Wallung brachte, dass er sie in einem Hinterzimmer der Kirche vergewaltigte. Er war danach ausgerückt und hatte – im am eigenen Wahnsinn leidenden – Mittelwesten eine Reihe von Stellungen angenommen, als Portier kleiner Stundenhotels der untersten Kategorie. Gar nicht schlecht, sagte sie sich, als sie ihren völlig verdutzten rosa Schlüpfer hochzog, nachdem der Mann hinausgerannt war, nett und irgendwie irre. Der Schlüpfer schien nicht mehr so recht zu passen. Wieso der wohl weggelaufen ist? Und wieso hat er plötzlich geheult? Ob wohl alle Männer heulen, nachdem sie ein Mädchen genommen haben? Mhm. Tut irgendwie weh, aber das ist mir egal. Am liebsten würde ich gar nicht mehr zurück in die Schule gehen. Ist doch was für Kinder. Ich sag' mal lieber keinem was davon. Man wird mir bloß ein schlechtes Gewissen einreden wollen. Womöglich schleppen sie mich zum Arzt, um zu sehen, ob ich krank bin. Ich wisch mal das Blut und das klebrige Zeug da weg. Mami hat mir doch heute morgen das Kleenex gegeben. Eine neue Sorte. Blau. Ich mag Blau. Ich werd' Mami fragen, ob sie mir zu meinem grauen Rock einen blauen Pulli kauft.

Während ihrer Highschool-Zeit machte ihr Vater mit einem manipulierten Aktienverkauf ein kleines Vermögen, und die Familie zog nach Hawaii (wobei sie sich, bis auf zwei Wedgwood-Teller, aller Dinge entledigten, die sie wieder zurück nach Cleveland hätten ziehen können). Kaum hatte ihre Mutter die Teppichböden verlegt und eine Mitgliedschaft in einem Reformkostclub in der Tasche, spazierte April, mittlerweile eine wandelnde Enzyklopädie an selbstverwirklichter Erfahrung, den Strand hinauf in den Wald, um in das strohgedeckte, von Schweinen und Hühnern bewohnte Dorf eines jungen hawaiianischen Häuptlings zu ziehen.

»Wir werden im siebten Himmel leben«, sagte er eines Abends zu ihr, als das Paar auf einer dicken geflochtenen Strohmatte neben einem kleinen Wasserfall lag. »Die Verderbtheit und die Krankheiten des Abendlands haben hier keine Chance.« Er hatte in Princeton studiert und war nur auf die Inseln zurückgekommen, um die Nachfolge seines kränkelnden Vaters zu übernehmen, der nur noch eine Raison d'être hatte: sich auf seinem Boot mit Courvoisier abzufüllen, Flasche für Flasche. Der junge Häuptling hieß Bosworth.

»Ich bin vor allem froh, dass ihr hier kein Telefon habt«, sagte April und wühlte sich in die schwarzen Locken auf seiner Brust. »Sonst würde meine Mutter alle halbe Stunde anrufen, um zu fragen, ob ich mir die Himbeerpocken geholt oder ihr mich dem Ziegengott geopfert habt.«

»Geopfert wird erst wieder nächsten Monat«, sagte er und saugte zärtlich und nachdenklich an ihrem Finger. »Außerdem haben wir schon drei Mädchen, die es kaum noch erwarten können, sich freiwillig in den Vulkan zu stürzen.«

In weiter Ferne fing jemand zu trommeln an, und ganz in der Nähe begannen zwei im Dschungel versteckte Vögel einen ganz ungewöhnlichen Dialog. April fand, sie hörten sich an wie Yma Sumac.

»Was die sich wohl sagen?«, fragte April.

Er löste seinen hungrigen Mund von ihrer rechten Brust und sagte: »Es hat mit den wesentlichen Komponenten tierischen Überlebens zu tun, Liebe und Sicherheit.« Er begann wieder an ihrer Brust zu saugen und drückte den Nippel der anderen.

»Was, wenn Vögel, ja Tiere überhaupt es genauso kompliziert hätten wie wir Menschen? Wäre das nicht ulkig?«, sagte sie leise. Ihr Körper reagierte allmählich auf seine diversen Zuwendungen. »Ich frag' mich, was die wohl anstellen, um nicht durchzudrehen. Jemand sollte das mal erforschen, meinst du nicht?«

Aber ihr Liebhaber, der Häuptling, war bereits tief eingetaucht in den Ozean ihrer weiblichen Formen. Während er an ihr Wesen rührte, beobachtete April ihn einige Sekunden lang von der Seite, bevor sie die Augen schloss und sich von allen Gedanken, vom Hier und Jetzt, löste und sich voll und ganz den ungewöhnlichen Talenten seiner drängenden Zunge, seiner Hände ergab. Er erforschte jeden Winkel ihres Körpers, hegte und pflegte ihn, ließ die Zunge in ihren unrasierten Achseln kreisen, kitzelte sachte ihren Nabel, in dem sie als Kind hin und wieder ihr Kaugummi aufbewahrt hatte, und verweilte dann im Gras der heiligen Aue zwischen ihren Schenkeln (in der so mancher Tjost abgesagt werden musste, weil irgendeinem überspannten Ritter die Lanze seiner Vermessenheit brach). Über ihre Schenkel und Waden arbeitete er sich hinab zu den Zehen, wo er zu ihrer vielschichtigen Lust und Wonne (die Vögel kreischten in der vom Wasser durchrauschten Nacht, warum nicht auch sie?) jede einzelne Zehe mit einer Sachkenntnis zu lecken und zu lutschen und zu kauen begann, die ihren Füßen, bislang an die Erde gebunden, den Status erogener Zonen – im Rang von Mund und Brüsten – verlieh; als Gehwerkzeuge jedenfalls verloren sie ihren Sinn. Dann kehrte er, ach was, kroch er zurück auf die himmlische Wiese, und hier, wo alles Menschsein – Schmerzen wie Freuden – beginnt und endet, legte seine Zunge ein solches Geschick an den Tag, dass April, die sich schreiend ob solch wunderbarer Zuwendungen krümmte, sich wie neu geschaffen fühlte und vernichtet zugleich. Schließlich bestieg er sie, und nachdem sie ein weiteres Mal für Sekunden auf einer Hochebene orgastischer Verwirklichung gewandelt war, entschwebte sie vollends in himmlische Höhen. Fast eine Stunde lang war sie bar jeder Erinnerung, jeden Gedankens, jeden Gespürs für ihr Dasein, eins mit dem gesamten alterslosen Universum. Jede Faser ihres Körpers sang ihr eigenes ekstatisches Lied. Jeder Körperteil bejahte jeden anderen. In einer ungeheuren Welle wurde sie – frei von allen Fesseln und grenzenlos – die Resonanz selbst.

Lichtjahre später kehrte sie sachte und saftig wie ein Pfirsich zu sich und ihm zurück auf die Strohmatte, auf der sie beide bis aufs Innerste entblößt lagen. »Ich kann dir unmöglich sagen, wie wahnsinnig toll das war«, murmelte sie und küsste sein warmes, ruhiges Gesicht. »Ich meine, das war das Beste, das mir seit … seit weiß Gott wie lang passiert ist.«

»Das Glück war ganz meinerseits«, sagte er und lächelte ganz ohne Arg.

»Ich denke, ich sollte dir auch ein bisschen was Gutes tun.«

»Mir soll's recht sein«, sagte er.

»Da bin ich aber froh. Es gibt ja Leute, bei denen in dem Augenblick Schluss ist, wenn sie selber was annehmen sollen.«

»Nicht bei mir.«

»Prima!«, sagte April und begann sich an ihm zu reiben.

»Wenn ich nämlich was nicht haben kann, dann ist das, Hemmungen haben zu müssen.« Sie griff nach seinem Schritt und begann mit seinem Gemächte zu kommunizieren, das, an ihren Plänen mehr als interessiert, wieder an Härte gewann. »Wenn du weißt, was ich meine.«

»Ich weiß genau, was du meinst«, sagte er und schloss die Augen.

Es dauerte nicht lange, und ihr Mund war dort, wo eben noch ihre Hand geweilt hatte. Mit ungeteilter Aufmerksamkeit küsste sie seinen Schwanz. »Ich bin zwar kein Arzt oder was«, sagte sie nach einer Weile, »aber mir scheint, dein … ah …« – sie küsste seine Eichel – »Penis-Ding ist um einiges größer als normal.«

»Tja, ich …«, murmelte er.

»Nicht doch«, sagte sie rasch und gab ihm einen weiteren Zungenkuss, »du musst dich nicht entschuldigen. Das soll keine Kritik sein, wirklich nicht.« Sie stülpte ihren Mund über die Spitze und senkte den Kopf, soweit es nur ging. »Guter Gott, nein. Ich wollte nur …« Sie konnte nicht anders, sie senkte den Kopf noch einmal. »Es war nur als wissenschaftliche, sag' ich jetzt mal, Beobachtung gedacht. Verstehst du?«

Er gab einen Laut von sich, der es nicht ganz bis zur Wortbildung schaffte. »Rein wissenschaftlich …«, fuhr sie schmatzend fort und verschluckte so viel von ihm, wie sie nur unterbrachte, ohne zu würgen. »Ich wäre ja schön blöd, mich über so was herrlich Großes beschweren zu wollen … o Gott!« Damit verließ sie den Bereich des Diskurses und begann sich gierig an seinem reichlich dimensionierten Organ gütlich zu tun. Sie tat alles, außer es abzubeißen. Einmal, als er schier unerträglich lecker wurde (sie musste ihn, seiner heftigen Bewegungen wegen, an den Armen festhalten, damit er sie nicht in die Büsche warf), war sie nahe dran; als ihr jedoch klar wurde, dass sie das den Rest ihres Lebens ganz furchtbar bereuen würde, beherrschte sie sich. Als er ihr schließlich das Geschenk seines explosiven Höhepunkts machte, hatte sie das Gefühl, halb Mikoko Bay schlucken zu sollen. Nicht dass ihr das etwas ausmachte. Ganz im Gegenteil.

»Wow«, hauchte sie, bevor sie beide in einer Mischung aus Ohnmacht und Tiefschlaf versanken. Erst im Morgengrauen, leichter Tau hatte sich über ihre Körper gelegt, standen sie wieder auf.

»Damit bin ich fürs Leben verdorben«, bemerkte sie später in ihrem Graspalast über einer reichen Tafel aus Fleisch, Fisch, Gemüse und exotischen Früchten. Sie benutzten keine Messer, keine Gabeln, nur die Finger. Einige seiner weiblichen Verwandten bedienten sie, darunter eine willige, aber desillusionierte ältere Schwester, die einen Abschluss in Anthropologie vom prestigereichen Vassar College aufzuweisen hatte. Alle diese Helfer waren nur von der Taille an abwärts bekleidet und barfuß, was April zunächst unheimlich war, weil sie nicht hörte, wenn jemand von hinten an sie herantrat.

»Laut Ortega ändern wir unsere Identität mit jeder neuen Idee, die wir aufnehmen«, sagte Bosworth, während er mit einer einzigen flinken Bewegung das Fleisch von einem Grillrippchen schälte und den Knochen auf den mit Matten ausgelegten Fußboden warf, wo sich auf der Stelle zwei Zwergdobermänner darauf stürzten, die er von der Ostküste mitgebracht hatte.

»Das werd' ich auf der nächsten Party anbringen«, sagte April. Eine von Bosworths Tanten, eine Prinzessin Fatima Jane, schob ihm eine weitere gebratene Banane auf den Teller. »Das heißt, falls ich überhaupt je wieder auf eine Fete gehe. Bei dem, was hier so los ist, bleib' ich genauso gern da.« Einen Augenblick lang versuchte sie sich ihre alte Clique vorzustellen, aber die war gesichtslos geworden und hatte alle Konturen verloren.

Bosworth gestattete seiner Schwester, ihm das Gesicht mit

einem heißen Tuch abzuwischen. »Wir müssen über Ortega reden«, fuhr er fort. »Der Mann ist ein wahrer Quell von Einsichten.«

»Sparen wir uns den für später auf«, murmelte April zwischen zwei Häppchen Shrimps. »Nach dem Ritus für den Wassergott heute Abend.«

»Ganz wie du meinst, mein Mandelsplitter, ganz wie du meinst. Muss die Philosophie eben warten.« Er grinste sie über die aufgehäuften Speisen hinweg an. Er war ein wunderschöner Junge mit makellosen weißen Zähnen. April kam der Gedanke, dass sie die Zähne ihres Vaters nie gesehen hatte, weil er nie lächelte. Einige Augenblicke lang versuchte sie sich ihre Eltern beim Sex vorzustellen, aber es kam kein vernünftiges Bild. Das Brauchbarste war ein Schnappschuss ihrer Mutter mit Badeanzug im Bett – mehr gab ihre Phantasie diesbezüglich nicht her.

Sie spürte jemandes Atem am Hals. »Kannst du mir etwas Lidschatten leihen?« Es war Prinzessin Fatima Jane. »Die Beerenfarbe macht mich noch blind.«

An diesem Abend erreichte das ganze Dorf völlig neue Sphären sinnlicher Freuden. Und selbst den Kindern und greisen Krüppeln war die Erfahrung dieses Durchbruchs gegönnt. Rund um ein gewaltiges Feuer am Strand versuchten die halbwüchsigen Mädchen einander in wilden Nackttänzen zu überbieten, Trommeln sorgten für den Rhythmus, die Dorfbewohner sangen und klatschten dazu. Und als die Letzte von ihnen in heidnischem Schweiß gebadet vor April und Bosworth zusammenbrach, sprang April auf, riss sich den Sarong vom Leib und begann selbst zu tanzen, und das mit einer provokanten Originalität, die drei Männer in die schäumende Brandung springen ließ, um nicht über sie herzufallen (ein Vergehen, für das man sie mit glühenden Kohlen geblendet hätte). Nicht dass die Geste etwas brachte; das Trio war so berauscht vom Punsch, dass es innerhalb von Minuten ertrank.

»Wo hast du denn *das* gelernt?«, fragte Bosworth, als April keuchend in seine Arme fiel.

»Nirgendwo. Ich hab' einfach drauflos getanzt.«

»Du bist ja besser als Martha Graham«, fuhr er glücklich fort.

»Das möcht' ich doch hoffen.«

Man begann Knallkörper und Raketen zu zünden und merkte noch nicht einmal, dass zwei Hütten Feuer fingen und abbrannten. (Einer der gemeinsinnigeren Dorfältesten erklärte die Brände später zum Startschuss für die ohnehin dringend nötige Sanierung des Dorfs.) Es folgten spontane Wettbewerbe aller Art, vor allem rund um die gewaltige Schüssel Punsch, in der zwei vollbusige Frauen standen, die mit Schöpfkellen ausschenkten. Vier junge Krieger inszenierten ein Schwertduell; mit traditionellen Obszönitäten stachelten sie einander auf, und es gab keinen Zweifel darüber, wer gewonnen hatte (drei von den vieren lagen verstümmelt und enthauptet am Strand).

»Eure Spiele haben's in sich«, bemerkte April.

»Macht Spaß, was?«, sagte Bosworth. »Und sie wirken Wunder auf die allgemeine Moral.«

April kam nicht dahinter, was er meinte, und so verfolgte sie den Gedanken nicht weiter. Zwischen den Darbietungen drängten sich die betrunkenen Bewohner des Dorfes in selbstvergessener Seligkeit um die vielen Gruben, an denen man Gegrilltes oder Gedämpftes anbot: Schweine, Hühner und anderes Geflügel, Schlangen und Fisch. Von Zeit zu Zeit sah April sich von Bosworth durch den Schrei eines Kindes abgelenkt, das von einer der Palmen fiel. Ihre Eltern ließen sie bei diesen Anlässen trinken, damit sie sich nicht ausgeschlossen fühlten und als Folge davon schlimme Trennungsängste entwickelten. Da den anderen diese tödlichen Stürze nicht aufzufallen schienen, ging April davon aus, dass man ihnen keinerlei Bedeutung zumaß. Sie erinnerte sich, irgendwo gelesen zu haben, dass Insulaner ihre Kinder essen, ein

Vergleich, den sie tröstlich fand. Außerdem küsste Bosworth sie auf Hals und Nacken, wobei er ihr ausgesprochen originelle Zärtlichkeiten zuflüsterte, was ihre Aufmerksamkeitsspanne für ihre Umgebung beträchtlich verkürzte. Sie hätte noch nicht mal die Unabhängigkeitserklärung aufsagen können, nicht ums Verrecken. Als Nächstes stand eine Zurschaustellung von Ficktechniken auf dem Programm. Und während Paare und Trios zugange waren, lieferte der Sexhistoriker des Dorfes – ein hoch angesehenes Amt, das über Jahrtausende vom Vater an den Sohn gegangen war – den Kommentar, wobei er immer wieder auf die besonders hervorragende Ausführung verschiedener Techniken, Positionen und Höhepunkte verwies. Die ausgelassenen Zuschauer schlugen dabei schreiend mit Stöcken aufeinander ein, wann immer ihnen etwas besonders gefiel.

Bosworths Schwester Mimi, die – an ihrem ganz persönlichen Vorrat selbst gemixter Martinis nippend – in Reichweite der beiden lag, neigte sich April zu. »Ich hab' das mal für ein Anthropologie-Seminar gefilmt«, sagte sie, nicht mehr so ganz deutlich, »aber die Fakultät wollte mich den Film nicht zeigen lassen. Philister! Also habe ich ihn an einen Filmkunstverleih verkauft. Ich habe tausend Eier dafür gekriegt.«

»Das ist anständig«, sagte April.

Das Mädchen nahm einen ordentlichen Schluck eiskalten Gins.

»Ist doch schlicht irre, wie die Weißen sich gegen wahre Kunst sperren«, fuhr sie fort (einige der Leute ganz in ihrer Nähe begannen laut zu schreien, als den Darstellern – einem Trio – eine ganz besonders schöne Synchronnummer gelang). »Man muss sich fast fragen, wie die überhaupt überleben.«

Bosworth küsste Aprils Ohr und blies ach so sachte hinein. »Das Problem ist Aristoteles. Die aristotelische Logik war der Ruin des abendländischen Menschen.« Er lachte kehlig und kultiviert zugleich, wie nur ein Hawaiianer mit einem Magister aus Princeton lachen kann. »Für alle außer April hier. Sie ist entkommen.«

April erwiderte den Ohrenkuss, nur dass sie die Zunge energischer einsetzte als er. »Ich bin nicht entkommen, Bos Baby. Ich wurde frei geboren.«

»Falls du von dem Spektakel wirklich was haben willst«, mischte Bosworths Schwester sich wieder ein und schlürfte lautstark an ihrem Gin, »musst du das hier von einem strukturalistischen Standpunkt aus sehen. Mythen und Rituale und dergleichen sind Modelle, kraft deren jedes Gemeinschaftsbewusstsein sich aufbaut. Cassirer hat das in etwa so ausgedrückt (sie unterdrückte ein ginhaltiges Rülpsen): ›Jeder Teilnehmer konstruiert für sich eine gemeinsame Bedeutungswelt innerhalb des Mediums der rituellen Handlung.‹«

»Mm«, machte April, deren Ich sich rundum wohl fühlte. »Hört sich gut an.«

»Scheffler aus Yale«, fuhr Mimi fort und leckte sich den Rest des Martinis von der Oberlippe, »bringt das wunderbar auf den Punkt: ›Das angeblich irrationale oder unlogische Verhalten so genannter Primitiver, meint er, ist bei näherer Betrachtung größtenteils nichts weiter als Verhalten, das von dem abweicht, das wir in einer gegebenen Situation erwarten würden, und dieses Verhalten unterscheidet sich deshalb, weil die Betreffenden einen anderen Begriff von dieser Situation haben als wir oder sie anders definieren.‹ Aus diesem Grund ...«

Plötzlich war lautes Gekreisch und Getrappel zu hören. April dachte einige Augenblicke lang, dass einer der überreizten Sexartisten in den Dschungel ausgerückt war. Gleich darauf jedoch, als ihr das Ding über die nackten Beine lief, merkte sie, es war nur ein Schwein. Hinter ihr fiel ein weiteres der sternhagelvollen Kinder von einem Baum. Sie kümmerte sich nicht weiter darum, da sie mittlerweile selbst ziemlich abgefüllt war. Er spielt auf meinem Körper wie auf einer Harfe, sinnierte sie. Wenn ich nur an all die Jahre denke, die ich damit verschwendet habe, in Klamotten herumzulaufen. Igitt! Die Haut verliert jedes Gefühl. Und er riecht so gut. Als hätte ihn jemand mit Blumen eingerieben. Nettes Mädchen, seine Schwester, könnte ein paar Pfunde mehr vertragen. Macht sich wahrscheinlich zu viele Gedanken. All die Schulen, die komplizierten Themen. Sie hat eine Schwäche für Bos. Ich hoffe nur, sie kommt nicht auf dumme Gedanken, solange ich hier bin. Blut ist ja dicker als Punsch, aber der würde ich was erzählen. Was in Gottes Namen treiben die denn da? So ein Durcheinander … Wow! Vier auf einmal. Die reinste Trapeznummer! Die eine treibt's mit zweien, sitzt auf dem einen und kaut dem anderen einen ab, und die andere, bisschen klein, rundlich, aber fabelhaft langes Haar hat sie … Was macht die denn mit dem Typen, der steht? Junge, Junge, diese Eingeborenen fahren ja vielleicht darauf ab, die rasten ja völlig aus! Wie die mit den Stöcken aufeinander eindreschen. Und das Geschrei! Hoppla. Jetzt ist auch noch einer ins Feuer gefallen. Scheint aber nur ein alter Knabe zu sein. Diese Spinner in Vietnam. Ob die wohl Drogen genommen haben, bevor sie sich anzündeten? Wer hat mir gleich wieder gesagt, dass man Schmerzen wegdenken kann? Mein alter Herr? Hört sich ganz nach ihm an. Hmm. Ich hätte nicht so viel von dem klebrigen weißen Zeug essen soll. Mir tut richtig der Bauch weh. Mm. Jetzt hat er seine Hand genau an der richtigen Stelle. Ich hoffe, er nimmt sie nie wieder weg. So ist's recht. Ganz sachte bewegen. Ah. Ob er wohl weiß, wie gut das tut? Herrgott. Wie er das macht. Ooh. Ich wollte, ich hätte seinen großen Schwanz im Mund.

»Heute gibt's noch was ganz Besonderes«, sagte Bos inmitten des Geschreis, des Gelächters, der Trommeln und des Gesangs (von Aprils rauschendem Blut ganz zu schweigen). »Es kommt später noch zu einem Turnier unserer Champions. Hast du schon mal ein Großes Fressen gesehen, April, mein süßes Schnuckelchen?«

»Ein was?« Ihre Stimme hörte sich verständlicherweise an wie von einem fernen Stern. Sie konzentrierte sich ganz und gar auf die Gegend unterhalb ihres Nabels. Also hörte sie auch nicht sonderlich gut.

»Essen als Akt der Aggression«, erklärte er. »Man geht ja allgemein davon aus, und für die Kandidaten gilt das nun ganz bestimmt, dass man gern isst. Aber in Wirklichkeit ist es genau anders herum. Wir haben es hier mit einem extremen Fall von Übertragung zu tun. Obwohl sie sich eigentlich an ihren Mitmenschen abreagieren wollen, lassen sie ihren ganzen Ärger, ihren Hass am Essen aus.« Ein wildes Kreischen wonniger Schmerzen. Zwei kichernde junge Kerle warfen einen anderen heulenden alten Knaben ins Feuer. »Stell dir nur mal vor, was wäre, wenn alle neurotisch Fettleibigen ihre Aggressionen vom Tisch weg auf die eigentlichen Objekte, ihre Mitmenschen, richten würden. Großer Gott!«

April hörte seine Worte über Ozeane watteweicher Zufriedenheit. Sie war völlig verausgabt, fix und fertig und über die Maßen glücklich. Sie lächelte. Ein komisches Bild stellte sich ein: drei ganz unglaublich dicke Männer grillten und fraßen ihre Eltern – gleich neben ihrem Swimmingpool.

»Gehen wir doch an den Strand und gucken, ob der Wassergott schwimmt«, schlug Bos' Schwester vor. »Ich habe dafür gestern dreihundert Ballons aufgeblasen, ich habe sozusagen Muttergefühle für ihn.«

Bos trug April majestätisch, mit überlegener Kraft an den Strand. April bewunderte die Leichtfüßigkeit, mit der er über die nackten Körper auf dem Weg sprang. Drei Frauen küssten ihm unter Lobeshymnen die Waden. Eine von ihnen, das Haar reichte ihr bis zu den Füßen, und sie trug eine reizende Halskette aus kleinen Tierschädeln, rief ihnen versehentlich ein »Fröhliche Weihnachten!« zu. Aber Bos ließ sich nicht beirren. Er ist so was von cool, dachte April. Er ist einfach der Wahnsinn, das kann man drehen und wenden, wie man will. Am Strand war bereits eine andere Party in vollem Gang. Zwei kichernde Frauen, die vollen Brüste und kräftigen Schenkel glänzend vor entfesselter primitiver Freude, amüsierten sich königlich damit, die Betrunkenen, die ohnmächtig am Strand lagen, in die zornige Brandung zu rollen, wo sie auf der Stelle die ablandige Strömung erfasste und auf Nimmerwiedersehen verschlang.

»Das Komische ist, dass sie keiner vermisst«, bemerkte Bos' Schwester, die sich eine Zigarre ansteckte.

Draußen auf dem Meer tanzte ein Dutzend großer Kanus auf den Wellen. Sie wurden von Fackeln erleuchtet und waren mit allerhand Dekorationen geschmückt, darunter Mimis Ballons. Sie wirkten ungeheuer fröhlich, wunderschön und völlig verrückt – wie etwas, was man sich in Boys Town für den Besuchstag ausdenkt. Auf den Booten sangen ganze Horden glücklicher junger Krieger und schlugen die Trommeln dazu. April blickte einige Augenblicke hinaus; irgendetwas kam ihr an der Szene merkwürdig vor.

»Bos Baby, mit den Jungs da stimmt doch was nicht, findest du nicht?«, fragte sie. Sie lag noch immer in seinen vom Gewichtheben gestählten Armen.

Er lächelte königlich und biss sie zärtlich in die Schulter. »Allerdings, mein Perlmuttkätzchen. Sie sind weiß angemalt.«

»Das ist es, ja. Aber warum?«

»Weil es Schwuchteln sind«, sagte Mimi. Sie nahm einen kräftigen Schluck Gin aus einer alten Army-Feldflasche, die sie über die Achsel gehängt trug. »Wir haben festgestellt – frag nicht wie, das ist ein Stammesgeheimnis –, dass der Wassergott ein Homosexueller ist. Du kannst dir vorstellen, wie unangebracht es wäre, ihm Mädchen zu opfern.«

»Opfern?«, fragte April.

»Genau«, fuhr Mimi fort. »Nicht mehr lange, und die

Glücklichen werden den Haien vorgeworfen oder vom Wassergott gefressen. Clever, was?«

April überlegte einen Augenblick (einer der weiß angemalten Schwuchteln sang etwas, was sich wie eine Arie aus Madame Butterfly anhörte.) Wie wählt ihr denn die … ah, Glücklichen aus?«, fragte sie vorsichtig.

»Wir nehmen die mit den längsten Pimmeln«, erklärte Bos. »Das ist doch angemessen und ungemein fair, findest du nicht?«

»Oh, ungemein, ganz ungemein«, sagte sie, »Ich meine, man kann schließlich nicht alles haben.«

Links neben April plumpste etwas von einer Palme auf die Erde. Sie nahm einfach an, dass es keine Kokosnuss, sondern eines der sturzbesoffenen Kinder war.

»Tja, was meint ihr«, verkündete Mimi, »schwimmen wir hinaus zu den Booten und fangen schon mal an?« Damit hielt sie auf die Brandung zu.

Bos naschte noch etwas an Aprils Ohr. »Ich empfehle in diesem speziellen Wasser Brustschwimmen, meine süße Orchidee.«

»Danke, Bos Baby.« Damit schwammen sie hinaus. April war froh, dass sie diesen Sommer den Schwimmkurs mitgemacht hatte, beim Christlichen Verein Junger Mädchen an der Grand Avenue.

Natürlich könnte ich eine Funktion bei den Pfadfindern übernehmen. Ein plötzlicher geheimer Händedruck. Die Nähe zu den Sternen. Feste klare Knabenstimmen. Row Row Your Boat, Old McDonald Had A Farm – Sachen eben, die dafür sorgen, dass der Pfadfinder nicht vom Weg der Tugend abweicht. Sie geben ihm das Gefühl, dass bloß schmuddlige Typen mit griechischen Namen unter der Decke – im Zelt, im Schlafsack, wo auch immer – mit ihrem Zipfel spielen, Typen, die irgendwo als unausgeschlafene Hilfskellner enden. Angekokeltes Fleisch und warme Limo aus der Dose.

Ausschlag am Arsch, weil er ausgerechnet über einem Büschel Giftsumach die Hose zum Kacken runtergelassen hat. Riecht nach solidem, bravem Jungen. (Wird womöglich mal Polizeichef oder steigt bei einer methodistischen Solidaritätsgruppe ein: »Also, nun hör mal, Kamerad, ich weiß, wie wir unsere Meinungsverschiedenheiten überkommen können. Wir schaffen's mit Gott, ich weiß es einfach.«) Großer Gott! Verschwitzte Halbwüchsige: Wer kriegt am meisten Zehenkäse zusammen? Wer dabei erwischt wird, seine Popel zu essen, fliegt in den See! Da wird er schon sauber werden. Pickelausdrücken. Sommersprossen inmitten ganzer Felder von schwarzen Mitessern. Alle Nase lang salutieren, strammstehen, kein anständiger Pfadfinder läuft mit einem Buckel durchs Leben. Freundschaft, ein Klaps auf den Rücken. »Himmel, Mr. Abernathy, Zelten ist wirklich klasse! Mir geht's richtig gut, ehrlich, von Kopf bis Fuß. Ich kann's kaum erwarten, das meinem Paps zu erzählen.« Klasse ist auch, sich nach dem Morgengottesdienst unter den tropfenden Pinien zu balgen. All die Griffe, die's da so gibt. Man kann bloß hoffen, dass der hübsche kleine Gibson seiner Mutter nichts davon erzählt, dass du an seinem Pimmel genuckelt hast gleich nach der zündenden Rede über Männlichkeit, Freundschaft und die Spartaner, die so tough waren und prima ohne dreckiges Kroppzeug wie Weibsbilder ausgekommen sind. Immerhin stehen auf so was fünf Jahre Knast. Danach kann man dann den Namen ändern und wieder von vorn anfangen. (Danach kriegt man bestenfalls noch einen Job beim chinesischen Jugendwerk, wenn man Glück hat.) Fährtenlesen. An Karnickelkacke und Stinktierpisse schnüffeln wie die alten Indianer, bevor der weiße Bruder kam und ihnen die Freude daran verdarb. »Mann! Das ist echt um Klassen besser, als daheim an der Ecke rumzuhängen und Streiche auszuhecken. Kuck mal! Ich wette, das war 'n riesiger Elch oder so was, der hier aus dem Unterholz kam!«

»Das ist doch kein Elch, scheiße, ey! Das ist 'n Bulle!« Mit dem Jungen werd' ich mal reden müssen. Über sein unglückliches Leben daheim und dass Pfadfinder keine schmutzigen Wörter in den Mund nehmen. Ist auch ausgerechnet der, der nicht kapieren will, dass man nicht schummelt – auch wenn man so immer gewinnt. Verdienstabzeichen und Auszeichnungen für gute Staatsbürgerschaft. Tauziehen. Und beim Hornunterricht bloß nicht die Spucke von dem Typ vor dir abwischen, auch wenn einem noch so sehr danach ist, weil man sonst womöglich kotzen muss. Treueschwüre und katatonische Blicke voll fest entschlossener Aufrichtigkeit. Jungenhände üben Altweiberknoten. »Mr. Abernathy, Sir. Wollen Sie hören, was mein Paps immer sagt? Jeder der für sein Land nicht auf dem Feld der Ehre sterben will, sagt er, ist schlimmer als der feigste Straßenköter.«

Und nach dem langen Fußmarsch nach Hause oder sechs Stunden Geschaukel in einem Greyhound Bus (natürlich musste wieder mal einer kotzen) hört man schon beim Reinkommen seine flachbusige Gattin am Telefon auf andere flachbusige Gattinnen einreden, damit sie auch ja den nächsten Hitler wählen. Sie war den ganzen Tag mit ihrem Bowlingteam unterwegs – den Mädels, wie sie sie nennt; noch nicht mal ihre obszönen schwarzen Bowlingschuhe hat sie ausgezogen. Und du schmierst dir ein Erdnussbutterbrot, statt ihr den Schädel einzuschlagen.

Ja, natürlich könnte ich mich für die Pfadfinder erwärmen. Aber genauso gut könnte ich freiwillig Nachtdienst in der Bezirksklapse schieben oder für die Luftwaffe Fallschirme testen.

Ich bin stattdessen lieber Staatsfeind geworden. Ich unterstütze die Nationale Befreiungsfront in Vietnam. Schlimmer noch, ich schicke Geld und Kleidung an die Bewohner von Hanoi. Und mein Hochverrat geht noch weiter: Ich unterstütze ein Kind des Vietcong. Sie haben richtig gehört. Durch meine guten Beziehungen zur Regierung Ho Chi

Minhs konnte ich ein Kind ausfindig machen, dessen Familie im Feuer unserer Napalmbomben verbrannte, sodass es völlig allein auf der Welt ist; ich schicke Geld an die feindlichen Behörden, damit man für den Kleinen sorgt. Ein Teil des Geldes geht auf einen speziellen Collegefonds; ich möchte, dass er später mal die Agentenschule in Moskau besucht. Ich bin sicher, er bekommt ein Stipendium; mein Beitrag ist sozusagen für die Extras: Mädchen, Wodka, was Ordentliches zwischen die Kiemen (die Kohlsuppe, habe ich gehört, setzt einem auf Dauer doch ziemlich zu). Hin und wieder eine Spritztour an einen der heißen Strände am Schwarzen Meer, wo Kleidung verboten ist. Sylvia weiß davon natürlich nichts; sie würde auf der Stelle zum Telefon laufen, das FBI anrufen. »Du Kommunistenschwein! Du roter Verräter!« – ich höre sie geradezu schreien. Irgendwann würde ich gern mal mit einem Biochemiker über Sylvias graue Zellen diskutieren. Vielleicht kann er mir sagen, was mit ihr los ist. Ich bin sicher, mit einem Mikroskop wäre sie zu erklären.

In eben diesem Augenblick sitze ich in einem großen Raum mit zirka einem Dutzend ebenso vaterlandsloser wie schlecht gekleideter Leute, größtenteils Frolleins in ihren Zwanzigern, obwohl in der Ecke ein trauriger, gewichtiger Kerl mittleren Alters hockt, der langsam dahinzuschmelzen scheint. Ich könnte nicht sagen, ob aus Verzweiflung – die Welt ist dieser Tage nicht immer die dankbarste aller dankbaren Welten –, oder ob ein regressives Gen oder etwas in der Art dahintersteckt. Vielleicht war sein Urgroßvater ein Camembert. Vielleicht protestiert er aber auch nur gegen den falschen Krieg. Würde mich nicht wundern, wenn sich herausstellt, dass er gekommen ist, die Entsendung amerikanischer Truppen nach Nicaragua zu diskutieren. Zu meiner Linken, unter einem überdimensionalen Wandbild von Superman, der einen Tiger würgt, sitzt ein schlichter Mann mit kahlem Haupt neben einer warzigen Frau in den Fünfzigern; beide kauen Erdnussbuttersandwiches und trinken aus einer Thermosflasche. Ihnen gegenüber hängt das riesige Konterfei von Trotskij, der einen homerischen Wutanfall zu haben scheint.

Alle anderen jedoch sind, wie schon gesagt, genau im richtigen Alter, zwischen zwanzig und dreißig. Lassen Sie mich Ihnen ein paar aus dieser freiheitsliebenden Versammlung vorstellen: ein schöner Botticelli-Junge mit schulterlangem Rabenhaar diskutiert charmant das Für und Wider eines chinesischen Eingreifens in den Krieg. Seine Gesprächspartnerin, eine bildhübsche Mulattin mit blitzenden Augen, ist ein gutes Beispiel für die Palette atemberaubender Kombinationen, die uns erwartet, können die Rassen sich erst einmal ungehindert miteinander vermehren. Ihr Haar scheint eine Haube aus schwarzem Samt. »China fehlt die nötige Selbstachtung, das Gefühl für seine Weltmachtstellung. Mit der ersten chinesischen Atombombe auf einen Feind wird sich das ändern«, sagt sie. Mit der einen Hand hält sie die seine, während sie mit der anderen gestikuliert.

»Ich kann es den Chinesen nicht verdenken«, antwortet der Junge mit einem so anmutigen Lächeln, dass es mir lieber wäre, die beiden sprächen über was anderes als den Krieg, Musik zum Beispiel, »aber man wird sie wohl dazu zwingen müssen. Irgendwann werden sie sich verteidigen müssen.«

»Genau«, sagte das Mädchen liebenswürdig. »Sie müssten sich durch eine imperialistische Bedrohung dazu getrieben sehen, gar keine Frage.«

Eine hoch gewachsene junge Frau, die ihre Weiblichkeit ausgezeichnet durch Hose und Pulli zu kaschieren versteht, liest *Madame Bovary*. Von Zeit zu Zeit blickt sie auf und mustert die Gesichter, als rechnete sie damit, dass sie verschwinden könnten, wenn sie gerade mal nicht hinsieht. Ich weiß, unter der schluderigen Kluft steckt ein geschmeidiger, großzügiger Körper voll Spieltrieb und Hingabe, dem ich im Augenblick leider nicht zu Hilfe kommen kann. Zwei junge Männer mit Galaxien von Pickeln im Gesicht zitieren einander unter verstohlenem Kichern anstößige Stellen aus den Reden Präsident Johnsons; sie stoßen einander dabei mit den Ellenbogen an. (Warum kommen sie mir vor wie Flüchtlinge im Stauraum eines Schiffes um die Jahrhundertwende?)

»Wir werden nicht zulassen, dass Kommunisten die freiheitsliebenden Menschen Asiens einschüchtern!«, äffte der eine mit zum Schneiden dickem Akzent Johnson nach, worauf sich beide bogen vor Lachen.

Ein ausgesprochen ernster Junge mit klaren aknefreien Zügen – blaue Augen, unzählige Male hatten sie der selbstmörderischen Brandung hysterischer Mutterliebe getrotzt – sitzt allein an einer der Seitenwände (auch sie von einem Poster, diesmal Batman, dominiert; darunter ein kleines Foto von Präsident Roosevelt mit der bekannten langen Zigarettenspitze im Mund). Der Junge ist nicht so einsam, wie man auf den ersten Blick denken möchte. Ihn trägt eine beseligende Vision vom Triumph des Willens. Er trägt denselben Button wie ich: *Hey! Hey! L.B.J.! How Many Babies Have You Killed Today?* Ganz vorn kauern zwei Bärte und ein Paar Ohrringe. Einer der Bärte ist authentisch; er steht im vollen Saft seiner Jugend, und hinter allem, was er macht, steht die Kraft der Unschuld. Der andere dagegen scheint mir nicht ganz koscher; sein Blick hat etwas schmeichlerisches und berechnendes zugleich. Und dann kommt es mir: Der Typ ist vom FBI! Das Mädel ist ein gefüllter Donut; würde man sie drücken, ihr käme Marmelade aus Mund und Ohren. Eine herrliche Szene. Sie erzählt von ihrer Italienreise im letzten Sommer. »Die Italiener sind viel, viel herzlicher als die Franzosen«, sagt sie. »Sie wollen kein Trinkgeld für ihre angeborene Großherzigkeit.«

»Ich bin in einem italienischen Viertel aufgewachsen«, sagte der FBI-Spitzel und spielte die Rolle des prima Kumpels nach Kräften aus, »und ich finde die Italiener auch wunderbar. Junge, Junge! Und die Spaghettigelage! Mamma mia!«

Den werd' ich im Auge behalten müssen. Ein nüchterner, voll integrierter Bursche kommt herein und erkundigt sich nach unseren Plänen für den Vormittag. Geplant ist eine Demo vor den Vereinten Nationen. Er gibt mir ein Schild, das ich mitbringen soll. Es verlangt in großen roten Lettern den Abzug des amerikanischen Militärs aus Vietnam. Ich hätte lieber was Aufregenderes gehabt – sagen wir mal den Tod Gottes durch eine Wasserstoffbombe, da ich jedoch dabei bin eine aufrichtige Selbstlosigkeit zu kultivieren, behalte ich meinen Wunsch aber lieber für mich. »Und nicht vergessen«, ermahnt uns unser Führer – er ist einer der Direktoren des Sozialistischen Jugendbundes und hat ziemlich genaue Vorstellungen von seiner politischen Karriere – »lasst euch nicht von den Provokateuren ärgern. Praktiziert Gandhis Methoden, wie wir sie letzte Woche einstudiert haben. Okay. Gehen wir's an!« Der Typ, der am Schmelzen schien, beginnt zu klatschen.

Draußen steigen wir in den Truck eines Obstpflückers und fahren los in Richtung des UNO-Gebäudes uptown. Ein nach Schlaf riechender Junge beugt sich mir zu. »Hab' ich dich nicht voriges Jahr in Memphis gesehen?«

»Ich fürchte nicht«, antworte ich ihm, weil ich sehe, dass der Staat mithört. »Ich verbringe den Frühling immer in Kanada, meine Leute haben da eine Jagdhütte.«

»Ich hätte schwören können, dass wir uns von der SNCC-Demo her kennen«, fährt er fort.

»Da verwechselt du mich mit jemandem«, sage ich ihm.

»Na ja, jedenfalls freu ich mich, dich bei uns zu haben.« Damit reicht er mir eine weiche Hand, eine Hand, die keine Grenzen kennt, keine ethnischen Einschränkungen, keine religiösen Rituale.

Wir wurden kräftig durchgeschüttelt; der Laster roch nach Obst und Gemüse; in eine der Sitzbänke die Seite entlang hatte jemand die Namen José und Carmelita geritzt. All das lässt mich vergessen, dass es auf eine Antikriegsdemo geht; ich sehe mich in einer blauen Latzhose auf einer kalifornischen Obstplantage. Die Sonne brennt höllisch heiß auf mich herab, aber ich pflücke und pflücke weiter. Salziger Schweiß läuft mir übers Gesicht, in die Augen und in den Mund.

»Hernandez! Hernandez!«, schreit Peters, der Boss, von seinem Hochsitz auf einem Gerüst. »Hör auf zu träumen! Schlaf mir nicht ein!«

»Si! Si!«, antworte ich und mache mich mit neuem Eifer über die Avocados her. Ich habe Angst, meinen Job zu verlieren.

»Ihr Ölaugen!«, schreit er wieder los und lacht dabei grob – ein Lachen, wie es nur dem Sieger zusteht. »Nichts im Kopf als Ficken und Schnaps!« Er lacht wieder, und ich kann nicht anders, als mitzulachen, eine solche Angst habe ich davor, gegen seine Verachtung für mich und meine Landsleute aufzubegehren.

»Si! Si!«, rufe ich. *»Veramente, mi Capitan.* Tacos, Tequila und Fickificki!« Zwischen den Avocados wird kräftig gelacht. Im Geiste sehe ich meine Frau Vera, die mich hasserfüllt anfunkelt, weil ich mich hier zum Hanswurst mache. Sie will, dass ich mich wie ein Mann benehme, aber wir wissen alle, dass das hier nicht geht. Eher lernen Vögel zu bellen! Ich blute an einem Finger. Ich habe mich vor Wut mit dem Messer geschnitten.

»Ihr Typen solltet froh sein«, brüllt Peters wieder los. »Daheim in Mexiko hättet ihr überhaupt keine Arbeit. Da würde euch der Magen knurren.« Er lacht. »Wir versuchen euch armen Teufeln doch bloß zu helfen. Könntet ruhig dankbarer sein!«

Heute Abend werde ich mich in der Cantina voll laufen lassen. Ich werde in eine Schlägerei geraten. Ich schlage mich für mein Leben gern. Ich fühle mich dann wie ein

Mann. Vielleicht bringe ich eines Tages jemanden um. Ich müsste mir dann wie Gott vorkommen. Vielleicht. Eines Tages gehe ich zurück in mein Dorf, kaufe mir ein ordentliches Haus, lasse wunderbare Sachen wachsen und spiele abends mit meinen Kindern. Und trinke.

»Fernando, wenn du in den Laden gehst, dann bring mir eine neue Jungfrau mit, ja?« Die Frau, die da mit mir spricht, das ist Vera. »Paco ist die andere aus Versehen in den Brunnen gefallen.« Ich erzähle ihr von meinen Zukunftsplänen. »Da wirst du aber in der Lotterie gewinnen müssen«, sagt sie und beruhigt sich, indem sie dem Baby die Brust gibt. Manchmal glaube ich, sie verletzt mich gern. Jesu Christu, ist das eine Hitze! Peters, der Mistkerl, ist ein ziemlicher Brocken. Den müsste man schon von hinten erwischen, um ihn zu erledigen.

Beug dich wie eine Weide, rät mir die Zen-Philosophie (mit Zachary als Mittler), und genau das mache ich im Augenblick. Andernfalls zerbrächen mich die Stöße des dahinklappernden Trucks. Ich habe das Gefühl, von irgendwo zu fliehen in dem verzweifelten Versuch, der Polizei zu entkommen, obwohl wir doch nur zu den Vereinten Nationen wollen, um für den Frieden zu demonstrieren. Das einsame Mädchen weigert sich, die neue Situation auch nur zur Kenntnis zu nehmen; sie liest noch immer *Madame Bovary* und blickt auch nicht einmal auf – selbst wenn ihr Hintern die Sitzbank verlässt, wann immer wir durch ein Schlagloch fahren. Ich bewundere ihre Konzentration – oder ihre psychotische Unbeteiligtheit. Sie wird eine ausgezeichnete Guerillakämpferin im Hochland abgeben, im Krieg gegen die imperialistischen Kriegstreiber. Ich stelle sie mir nur minimal getarnt vor; wie ein Busch herumzulaufen, ist unter ihrem Niveau.

Wenige Minuten später gehen wir vor dem Weltfriedenshauptquartier auf und ab. Die großen blauen Polizisten, die – welch Ironie! – aufmarschiert sind, um uns zu beschützen, verbergen ihre Verachtung hinter Masken alltäglicher Gleichgültigkeit. Die schreienden Provokateure sind in Hochform; sie winden sich schier vor patriotischem Hass.

»Dreckiges Kommunistengesocks!«, ruft eine alte Putzfrau und schüttelt drohend den Schirm.

»Auspeitschen sollte man euch!«, schreit ein alter Knabe mit dem aufgedunsenen violetten Gesicht eines Säufers. »Ihr seid nicht sauber genug für amerikanische Luft!«

Aber wir lassen uns nicht abschrecken. Am wenigsten unser Spitzel vom FBI. Er marschiert genau vor mir; auf seinem Schild steht *Freie Wahlen in Vietnam!* Er hält sich dabei so gerade – Kopf hoch, Brust raus –, dass man meinen möchte, er hält sich für eine Tochter der Amerikanischen Revolution. Er und der andere Typ mit dem Bart flankieren das Pummelchen, wie um es zu schützen. Sie könnten nicht glücklicher sein. (Mir ist bis jetzt noch gar nicht aufgefallen, was für einen delektablen Hintern sie hat – robust, frech, voller ungewöhnlicher Ideen.) Ich frage mich, wie lange es wohl dauern wird, bis sie ihre wahre Bestimmung erkennen und in die Vorstadt ziehen. Man muss die Unerschrockenheit der beiden Alten bewundern. Sie marschieren wie wohl einst die christlichen Märtyrer. Die alte Dame hat ihrem Gatten gerade einen Apfel gereicht. Damit er den Mut nicht verliert.

Der Zorn der Menge schwillt an (die passiv-empfängliche Unterwürfigkeit des Einzelnen vereint sich mit der aller anderen). Viele haben einen gehoben, und ihre Augen lodern geradezu. Ein junger Kerl in den Zwanzigern, eindeutig aus der Arbeiterklasse (er schafft vermutlich auf einer Laderampe) kommt an einem Polizisten vorbeigeschossen, holt aus und erwischt mich an der Schulter. »Ihr dreckigen Schweine!«, heult er, als ich ihn wegstoße und ein Polizist sich ihn greift. »Ihr wollt, dass ich meine Mutter hasse! Das ist es doch, was ihr wollt!« Dann beginnt er heftig zu schluchzen. Der Polizist schiebt ihn zurück in die Menge.

Jemand wirft ein Ei und trifft den jungen Neger ins Gesicht. Er macht keinerlei Anstalten, sich abzuwischen; wie ein schleimiges Meerestier rinnt das gelbliche Zeug ihm von seinem schwarzen Gesicht auf das Hemd. »Niggerschwuchtel!«

Die Stimme kommt mir doch bekannt vor. Ich sehe näher hin. Mein Gott! Es ist Cedric. Er trägt Frauenkleidung und ist schier irre vor Empörung. Er sieht mich geradewegs an und zeigt mir in einer obszönen Geste den Finger. Er erkennt mich nicht, vielleicht weil ich eine Sonnenbrille trage. Er hat einen jungen Matrosen dabei, dessen Lächeln ihn als Schwachkopf ausweist. So doof wie der aussieht, kommt er nie dahinter, dass Cedric eine Frau ist, da möchte ich wetten.

»Die wissen doch nicht, was sie tun«, flüstert ein junger Demonstrant neben mir. »Die reaktionäre Presse hat sie einer Gehirnwäsche unterzogen.«

»Das kannst du laut sagen«, sage ich, glaube aber selbst nicht daran. Diese Schreihälse waren noch nie so klar im Kopf; noch nie waren sie sich einer Sache so sicher wie jetzt. Es ist ihr Blut, das da spricht. Sie wollen uns ausradieren.

»Die gehören von Grund auf umerzogen«, fährt er fort.

»Ganz deiner Meinung«, sage ich und weiche einer Colaflasche aus. »Dazu sind ja wir da.« Ein vernünftiges Gespräch ist hier nicht zu führen; die Provokateure machen einen Heidenlärm. Wir sehen uns jetzt alle mit Abfall und Zeitungen bombardiert, und die Bullen stehen grinsend dabei. Ein Typ mit einer besonders dämlichen Visage, dessen haarige Arme mit Pinups tätowiert sind, ruft einem unserer Mädchen Anzüglichkeiten zu. Dabei übermittelt er seine Botschaft mit Mund und Körper, wie ein Affe im Zoo. Die Masse schließt ihn sofort ins Herz. Dem Mädchen sagt er, er würde sich schon um sie kümmern, ihr zeigen, was ein richtiger Mann kann. Das Mädchen würde offensichtlich am liebsten im Erdboden versinken, so geniert sie sich, aber ihr Gandhi-Training hilft ihr über den Impuls, ihm zu antworten, hinweg.

Ein feister Polizist schafft es irgendwie, mich so anzurempeln, dass ich im Rinnstein lande. »Ihr verdammten Drückeberger«, stößt er gepresst hervor, »ich würd' zu gern sehen, was unsere Jungs in Vietnam mit Gammlern wie euch anstellen würden. Mann, ich würd' was drum geben, dabei sein zu können, wenn die euch Strolche in die Mangel nehmen!«

»Wir sind gegen Krieg«, sage ich. Ich hebe mein Schild auf und wische mir den Straßendreck vom Anzug. »Das heißt nicht, dass wir Feiglinge sind.«

Er spuckt mich nur einfach an; auf meiner Schulter landet ein ordentlicher Batzen graugrünen Schleims. Parallel zu uns marschiert – aggressiv, mit wogendem Busen und maßgeschneiderten Uniformen – ein Kontingent der Daughters of the American Revolution. Natürlich haben auch die was gegen uns. Auch sie tragen Schilder. Auf dem einer giraffigen Dame etwa heißt es: »Verrat an Thomas Jefferson!« Gleich hinter ihr marschiert eine Oma mit stählernem Blick und gewaltigem Arsch; sie hat sich ihre Schilder umgehängt, eines vorn, eines hinten: »Beatniks gehören eingesperrt!« heißt es auf der einen Seite, auf der anderen »Für ein starkes Amerika!« Das Schlusslicht dieser Reihe verklemmter Grauhaariger bildet eine knochige alte Schachtel mit funkelnden Augen in der Uniform eines Freiwilligen aus dem amerikanischen Unabhängigkeitskrieg. Sie trägt sogar einen blutbefleckten – es ist natürlich nur Ketchup – Verband ums Haupt. Sie ist als One-Woman-Band aufgezäumt: Mundharmonika am Drahtgestell vor den Lippen, um Schulter und Taille hat sie eine Trommel geschnallt. Sie spielt *Glory Glory Halleluja*. Die anderen weisen Frauen stimmen mit ein. Das Publikum applaudiert johlend.

Das ist noch nicht alles. Die Nazis sind aufmarschiert. Diese flachgesichtigen jungen Irren mit den Murmelaugen, die den Tod des schlimmsten Mörders der Weltgeschichte betrauern. Natürlich tragen sie Naziuniformen, und einer von ihnen hat ein Hakenkreuzbanner mitgebracht, ein Mordsding. Zwei andere – es sind übrigens alles Teenager, diese Freunde des Todes – haben Schilder dabei (»Korruptes Judengesindel! Christusmörder!«). Sie meinen uns. »Peaceniks! Kriegsdienstverweigerer sind schwul! Bomben auf Rotchina!« Auch sie finden die Bewunderung der Massen. Und diese dumpf grölenden Klopse werden langsam, aber sicher nervös. Als unser Anführer eine Bierdose ins Kreuz kriegt, explodiert die Masse vor Begeisterung. Ich erkenne den Schützen. Es ist mein Kumpel von der Treppe, Blaster, der Killer im Ruhestand. Er ist sturzbesoffen. Ich hoffe für seinen Seelenfrieden, dass er mich nicht erkennt. Ein wassergefüllter Plastikbeutel trifft eines unserer Mädchen. Die Töchter der Revolution klatschen begeistert. Jetzt tritt die Menge die Holzbarrikaden um, die sie uns vom Leib halten soll, und die Polizei steht lachend dabei.

»Das sieht man wieder mal, wie korrupt die Polizei doch ist«, meint der dahinschmelzende Mann neben mir. »Sie steht für die Herrschaft des Mob!«

»Ich weiß«, antworte ich ihm intelligenterweise und weiche einer Orange aus, »es ist furchtbar.« Ich fasse den Entschluss, dem Vietcong künftig einen Liter Blut mehr pro Monat zu schicken.

Unser unerschrockener Anführer stimmt ein lautes *We Shall Overcome* an, und wir stimmen mit ein. Der fesche junge Neger hat einen Sopran, der mir durch und durch geht. Aber unsere Gegner wollen nicht zurückstehen. Der dumpfe atmende Aufprall, mit dem ihn ein Knüppel am Kopf trifft, entwickelt ein Eigenleben; im Gegensatz zu all dem anderen Lärm will er nicht wieder verschwinden, sondern wird eins mit dem zeitlosen Raum. Er wird ein Teil von mir wie ein Geschwür. Ich werde ihn wohl nie wieder los.

Die Töchter der Revolution beginnen die Nationalhymne zu kreischen. Sie hören sich an wie der Anstaltschor einer Klapsmühle bei einem Kirchenbasar. Die Nazis legen mit dem Horst-Wessel-Lied los, und irgendeiner aus der Masse stößt in ein Horn – worauf die Provokateure, die Hälfte von ihnen besoffen, schlagartig durchdrehen und brüllend zum Angriff übergehen. Die drei Mädchen, die wir dabeihaben, werden zu Boden gezerrt. Die Verrückten reißen ihnen die Kleider vom Leib und wollen sich an ihnen vergehen. Jetzt heißt es jeder gegen jeden. Die verdatterten Großmütter ringen im Begeisterungstaumel mit Provokateuren und Nazis. Eine von ihnen hat sich splitternackt auf einen der jungen Nazis gesetzt und zieht ihm ihr Schild über den Scheitel, während sie irgendein Snob von hinten zu packen versucht. Die Bullen haben die Schlagstöcke gezogen und hauen mutwillig auf alles ein, was sich bewegt. Mich springen gleich zwei auf einmal an, und wir landen als hauendes, tretendes Knäuel auf dem Asphalt.

»Wehrt euch nicht!« ruft unser blutender Führer. »Denkt an Gandhi!«, mahnt er noch, bevor er unter den Schlägen eines Polizisten mit aufgedunsenem Gesicht zu Boden geht.

Ich tue mein Bestes, einen rotäugigen Angreifer zu erwürgen, während der andere mir gegen den Schädel tritt. Einer der Bärte aus unserer Gruppe schreit vor Schmerz auf, als eine der Omas – in zerrissenem BH und Hüfthalter – ihm in die Wade beißt. Der alte Mann blutet aus der zerschlagenen Nase. Polizeisirenen heulen wie verrückt, und ich bringe gerade noch ein »Nieder mit dem Faschismus!« heraus, als mir jemand eine Bierflasche – nehme ich an – über den Scheitel zieht und mich in eine bestürzend mutterweiche Vergessenheit entrückt. Das Letzte, was mein lädierter Verstand noch zuwege bringt, ist der farbige Schnappschuss einer vollbekleideten Sylvia unter der Dusche.

Gestern Abend war ich in einem Stück – vier Sterne (sieben Hirne). Wo? Im Theater Offene Hose zu Paris selbstverständlich. Wo sonst sollte ein Mann mit anstößigen Eigenschaften sich dieser Tage wohl verlustieren? Wie auch immer, es war ein wahrhaft blendendes Ereignis, eines der verwirrendsten meines Lebens, die reinste Blutwäsche. Ich werde mein Bestes tun, es hier wiederzugeben, in seiner ganzen osmotisch wirkenden Zartheit, eigens für Sie (falls Sie mal ein paar Minuten aufhören können, sich selbst zu belügen, und sich der Tatsache stellen wollen, dass Sie ja womöglich doch der Mittelpunkt des Universums sind). Also Vorhang auf, Freunde. Welche Rolle ich darin gespielt habe? Urteilen Sie selbst.

NICHT ALLE TRÄUME SIND WAHR

EIN PARK. ZWEI ODER DREI BÄNKE. ZWEI ABFALLEIMER. AUF EINER DER BÄNKE SITZT EIN JUNGES MÄDCHEN. ES IST GANZ OFFENSICHTLICH DEPRIMIERT UND PLANT ETWAS SCHRECKLICHES. EINE SCHLAMPIGE ALTE TRITT AUF. SIE SUCHT NACH VERWERTBAREM ABFALL. SIE SCHIEBT EINEN KINDERWAGEN, DER IHRE »SCHÄTZE« ENTHÄLT. SIE SINGT LAUTSTARK »ROLL OUT THE BARREL«.

ABFALLSAMMLERIN

(Auf ihrem Weg zum Abfalleimer am anderen Ende der Parkbank kommt sie an dem Mädchen vorbei.)

Abend, Kleine.

(Das Mädchen reagiert nicht auf sie. Die Abfallsammlerin bleibt einen Augenblick stehen und guckt nach oben.)

Schau dir die Schwalben an. *(Pause)* Spielen total verrückt.

(Sie tritt an den Abfallbehälter und beginnt darin herum zuwühlen; was ihr zusagt, wirft sie in den Kinderwagen. Dann wendet sie sich dem Mädchen zu.)

Ich tue ja 'ner Menge Leuten Leid, weißt du, weil ich das hier mache. Das ist nett, aber die Ärmsten verstehen das völlig falsch. Sie sehen nicht, dass es eine Ehre ist aufzuheben, was die Menschheit wegwirft. Also heute Morgen zum Beispiel habe ich ein Babyhäubchen gefunden, von dem ich einfach weiß, dass es Präsident Harding gehört hat!

DAS JUNGE MÄDCHEN REAGIERT NOCH IMMER NICHT. DIE ABFALLSAMMLERIN MACHT SICH WIEDER ÜBER DEN ABFALLBEHÄLTER HER; SIE SUMMT WIEDER »ROLL OUT THE BARREL«. EIN JUNGER POLIZIST SCHLENDERT AUF DIE BÜHNE UND SCHWINGT SEINEN STOCK. DIREKT VOR DEM JUNGEN MÄDCHEN BLEIBT ER STEHEN.

POLIZIST

Ist es nicht schon ein bisschen spät für Sie – so allein im Park?

MÄDCHEN

(sehr schüchtern)

Ich … ich warte auf einen Freund.

POLIZIST

(zweifelnd)

Muss ja ein komischer Freund sein, der ein nettes Mädchen wie Sie warten lässt.

ABFALLSAMMLERIN

(in einem Bühnenflüstern zu dem Mädchen)

Glaub dem kein Wort. Seine Mutter war eine Vanderbilt.

POLIZIST

(starrt das Mädchen noch einen Augenblick an)

Na dann, Miss, ich hoffe aber, dass Ihr Freund aufgetaucht ist, bis ich wieder vorbeikomme.

MÄDCHEN

(hochmütig, verletzt)

Sie brauchen sich um mich keine Sorgen zu machen. Ich kann Ihnen versichern, dass mein Freund jeden Augenblick kommt.

ABFALLSAMMLERIN

Sag dem nur richtig Bescheid.

POLIZIST

Passen Sie mir nur auf, dass Sie sich nicht hier im Park Freunde suchen, wenn Sie wissen, was ich meine.

ABFALLSAMMLERIN

Ich würd' gern mal wissen, wieso Beamte alle so 'ne schmutzige Phantasie haben.

POLIZIST

(geht lachend hinüber zu der alten Frau und kitzelt sie mit dem Schlagstock)

Na, Großmütterchen. Was haben wir denn heute Schönes gefunden?

ABFALLSAMMLERIN

(stemmt die Hände in die Hüften)

Verraten Sie mir vielleicht Ihre Geheimnisse?

POLIZIST

(lacht lauthals auf)

Du bist mir ja eine ganz Kesse, was? *(Er bewegt sich auf den Bühnenrand zu.)* Na, dann mach's mal gut, Großmütterchen. Mach's mal gut.

TRITT AB

ABFALLSAMMLERIN

Ach, gehen Sie doch Verbrecher fangen! *(Sie wendet sich an das Mädchen.)* Mit solchen Leuten muss man streng sein. Die nehmen sich sonst schnell was raus. *(Sie stöbert weiter. Sie findet etwas Hübsches und bringt es dem Mädchen.)* Hier, das wär' doch was für dich, Liebe. Ein Spielzeugzug voller Erinnerungen an eine glückliche Zeit.

(Das Mädchen beachtet sie nicht im Geringsten. Die Alte stößt einen Seufzer aus.)

Na ja, wird eh schon spät. Ich muss mal loszockeln. Ich hab' 'n Schweinefuß am Herd.

(Sie schickt sich an, ihren Kinderwagen von der Bühne zu schieben, dreht sich dann aber noch einmal um.)

Ich kenn' den »Freund«, auf den du wartest, Kleines. Aber richtig ist das nicht. Nicht für so ein niedliches Ding.

LANGSAM, KOPFSCHÜTTELND TRITT SIE AB. ENDLICH ALLEIN, SIEHT DAS MÄDCHEN SICH UM, UM SICH ZU VERGEWISSERN, DASS KEINER ZUSIEHT, UND HOLT DANN EINEN REVOLVER AUS DER HANDTASCHE;

SIE WILL SICH GERADE ERSCHIESSEN, ALS EIN JUNGER MANN AUF DIE BÜHNE KOMMT. ES HANDELT SICH GANZ OFFENSICHTLICH UM EINEN SCHLAFWANDLER, SO WIE ER DIE ARME VOR SICH AUSGESTRECKT HÄLT. IN GENAU DEM AUGENBLICK, IN DEM DIE JUNGE FRAU DEN HAHN DES REVOLVERS SPANNT, LÄSST ER DIE ARME SINKEN UND WACHT AUF.

JUNGER MANN

Warte! *(Das Mädchen ist völlig verdutzt und versteckt den Revolver.)* Du hast meinen Traum zerstört!

MÄDCHEN

Tut mir Leid. Das wollte ich nicht. Ehrlich.

JUNGER MANN

(schnappt sich den Revolver aus seinem Versteck)

Wieder ein schöner Traum zum Teufel. Und nur weil du dussliges Ding dir eine Kugel in den Kopf jagen willst.

MÄDCHEN

Ich bin verzweifelt.

JUNGER MANN

Ich auch!

MÄDCHEN

(unwillig)

Ich hab' dich doch nicht gebeten, an meiner Bank vorbeizulaufen.

JUNGER MANN

Und ich habe dich nicht gebeten, dir einen Revolver an den Kopf zu halten. *(Traurig setzt er sich neben sie.)* Gott, wie soll man das Leben genießen bei allem, was sich einem so in den Weg stellt. Leute, die sich umbringen wollen!

MÄDCHEN

Man hat ja wohl das Recht, sich das Leben zu nehmen, wenn man unbedingt will! Kann einen doch keiner zum Weiterleben zwingen, wenn man es nicht mehr erträgt.

JUNGER MANN

(springt zornig auf)

Wo hast du denn den Quatsch aufgeschnappt? Beim japanischen Militär? *(Er beginnt auf und ab zu gehen.)* Herr im Himmel, der bloße Gedanke! Da stockt einem doch das Blut in den Adern! Wie kommst du denn dazu, dich für was Bessres zu halten als der Rest von uns? *(Das Mädchen gibt sich reserviert, hat aber Angst. Er beugt sich über sie und flüstert laut.)* Außerdem ist es gegen das Gesetz.

IN DIESEM AUGENBLICK SCHLENDERT DER POLIZIST WIEDER AUF DIE BÜHNE.

POLIZIST

Was ist gegen das Gesetz?

JUNGER MANN

(überrascht und irritiert)

Äh … Hass.

POLIZIST

Nicht dass ich wüsste.

JUNGER MANN

Na, denn eben, äh … Selbsterniedrigung.

POLIZIST

(schüttelt herablassend den Kopf)

Nicht doch, Junge. Völlig daneben. Ich fürchte, du lebst in einer Traumwelt. *(Er schwingt lächelnd den Stock. Dann wendet er sich an das Mädchen.)* Ist das der Bursche, auf den Sie gewartet haben?

MÄDCHEN

(nervös)

Na ja, eigentlich nicht …

JUNGER MANN

Sie will damit sagen …

POLIZIST

Ach, dann ist er wohl ein geiler Bock, der frech werden wollte, was?

MÄDCHEN

Nein! Nein! Ganz im Gegenteil …

POLIZIST

Sie müssen den nicht schützen, Miss. *(Er wendet sich dem Jungen zu und mustert ihn von Kopf bis Fuß.)* Sag mal, du kommst mir doch irgendwie bekannt vor, hab' ich dich nicht gestern Nacht in einem Alptraum gesehen?

JUNGER MANN

Was soll ich denn da gemacht haben?

POLIZIST

Auf einem Baum hast du gesessen und gebellt wie ein Hund.

JUNGER MANN

(schüttelt den Kopf)

Nö, dann war ich das nicht. Ich bin mein Lebtag auf keinem Baum gewesen. Ich bin nicht schwindelfrei.

POLIZIST

Der Kerl war dir jedenfalls wie aus dem Gesicht geschnitten. Vielleicht hast du einen Zwilling, der's mit Alpträumen hat.

JUNGER MANN

Es hat in meiner ganzen Familie nie Zwillinge gegeben.

POLIZIST

(wendet sich wieder an das Mädchen)

Tja, wie schon gesagt, Miss, es ist meine Pflicht, die Unschuldigen zu schützen, und wann immer …

ER SIEHT SICH DURCH DIE ABFALLSAMMLERIN UNTERBROCHEN, DIE MIT IHREM KINDERWAGEN AUF DIE BÜHNE GELAUFEN KOMMT.

ABFALLSAMMLERIN

Hoppla! Na hör sich den einer an!

POLIZIST

(stampft wie ein Kind mit dem Fuß)

Das ist die Wahrheit! Wagen Sie's ja nicht, hier was anderes zu behaupten!

ABFALLSAMMLERIN

Der Unschuldige braucht keinen Schutz, Sie dummer Hund! *(Lachend hält sie auf den Abfalleimer zu. Als sie ihn erreicht, wendet sie sich laut an das junge Paar.)* Was immer ihr grade gemacht habt, lasst euch nur nicht von dem da stören. Er leidet an der Zwangsvorstellung, dass er pausenlos im Dienst zu sein hat.

POLIZIST

(wird jetzt zu einem winselnden Kind)

Wollt ihr mir mein Selbstvertrauen nehmen? Warum? Was habe ich euch getan? Die ganze verfluchte Welt lodert vor Feindseligkeit und Aggression.

MÄDCHEN

(traurig)

Das dürfen Sie laut sagen.

ABFALLSAMMLERIN

(packt den Polizisten)

Ach, hör auf zu greinen! *(Sie zerrt ihn neben den Abfallbehälter, wo ihr Kinderwagen steht.)* Hier haste ein kleines Trösterchen. *(Sie gibt ihm einen zerrissenen Büstenhalter. Langsam führt sie ihn von der Bühne.)* Nimm den mal mit nach Hause. Vielleicht hilft er dir ja, die Menschen zu verstehen.

POLIZIST UND ABFALLSAMMLERIN GEHEN AB. DER JUNGE MANN UND DAS MÄDCHEN SAGEN EINE WEILE LANG NICHTS. ER GEHT LANGSAM UM SIE HERUM.

JUNGER MANN

Warum wolltest du dich denn umbringen?

MÄDCHEN

Ich sag's dir ... Wenn du mir sagst, was du grade geträumt hast.

JUNGER MANN

Du bist wirklich hübsch.

MÄDCHEN

Weich mir nicht aus. Wovon hast du geträumt?

JUNGER MANN

(stößt einen tiefen Seufzer aus)

Na gut. Aber ich sag's dir nur unter einer Bedingung.

MÄDCHEN

Und die wäre?

JUNGER MANN

Dass du mich nicht auslachst.

MÄDCHEN

Ehrenwort.

JUNGER MANN

Okay, ich habe geträumt … dass ich verliebt bin. *(Das Mädchen beginnt hysterisch zu lachen.)* Ich hab' doch gewusst, dass du mich auslachst. Ich hab's gewusst! Man kann einfach keinem trauen!

MÄDCHEN

Es ist aber auch zu komisch.

JUNGER MANN

(leidenschaftlich)

Weißt du, was mit dir nicht stimmt? Du hast kein Herz!

MÄDCHEN

(nachdem es sich wieder gefasst hat)

Soll ich dir sagen, warum ich mich umbringen wollte?

JUNGER MANN

(schmollend)

Vielleicht lache ich dann auch.

MÄDCHEN

Ich wollte mich aus Liebe umbringen.

JUNGER MANN

Oh …

MÄDCHEN

Verstehst du jetzt, warum ich lachen musste?

JUNGER MANN

Weil …

MÄDCHEN

Wegen der verrückten Sachen, die man aus Liebe tut. Dich hat sie zum Schlafwandler gemacht, mich zur potentiellen Mörderin.

JUNGER MANN

Warst du denn verliebt?

MÄDCHEN

Ich hatte einen Geliebten.

JUNGER MANN

Und? Hast du ihn geliebt?

MÄDCHEN

Verabscheut habe ich ihn. Und mich selbst. Ich wollte mir das Leben nehmen.

JUNGER MANN

(Er geht einige Augenblicke in Gedanken versunken auf und ab.)

Ich habe auch an den Tod gedacht … Ehrlich … Dann habe ich den Schlaf entdeckt. Und Träume. Träume sind wunderbar! Sie erlauben einem, wirklich zu leben. Unbehelligt!

MÄDCHEN

Das hört sich wundervoll an. Ich wollte, ich könnte träumen.

JUNGER MANN

(fällt ihr zu Füßen)

Ich bring's dir bei.

MÄDCHEN

Das wäre furchtbar lieb von dir! *(Sie umarmt ihn.)* Zeig's mir doch gleich. Jetzt, auf der Stelle!

JUNGER MANN

Da musst du dich als erstes hinlegen und entspannen.

(Sie kommt seiner Aufforderung nach.) Jetzt machst du die Augen zu. *(Sie macht es.)* Als Nächstes musst du deinen Geist von allem befreien, was dich ablenken könnte … von allen Dingen, die dich beunruhigen … von jeglicher Realität. *(Es entsteht eine lange Pause, während der er auf und ab geht und das Mädchen ihren Kopf freimacht.)* Bist du so weit?

MÄDCHEN

(schläfrig)

Ich bin so weit.

JUNGER MANN

Gut. Dann wollen wir mal sehen ... Wovon solltest du träumen ... *(Pause.)* Ah, ich hab's! Träum doch, dass du die Primaballerina am Ballet Russe in Monte Carlo bist. Du stehst auf der Bühne, vor dir im Graben das Metropolitan Orchestra. Du hast eben den *Schwanensee* getanzt. Das Publikum rastet völlig aus: »Bravo! Bravo!«, ruft man, weil du so hervorragend warst, göttlich warst du. Du verbeugst dich und gibst Kusshändchen. Hunderte von Kusshändchen. Okay, versuchen wir's mal.

ES KOMMT ZU EINER LANGEN PAUSE, DANN STEHT DAS MÄDCHEN GANZ LANGSAM AUF.

MÄDCHEN

Es hat nicht funktioniert.

JUNGER MANN

(bestürzt)

Nicht funktioniert? Was soll das heißen?

MÄDCHEN

(zuckt die Achseln)

Ich bin nur bis zur Bühne gekommen. Dann war plötzlich alles vorbei.

JUNGER MANN

Tatsächlich?

MÄDCHEN

Wenn ich's doch sage.

JUNGER MANN

(ist einen Augenblick verwirrt, dann versteht er)

Ich weiß, wo das Problem liegt. Es war nicht der richtige Traum für dich. Versuchen wir's mit einem anderen. Leg dich wieder hin und mach alles noch mal genauso wie zuvor. (Sie kommt seiner Aufforderung nach.) Bist du so weit? (Er reibt sich die Hände.) Gut. Also ... Du bist Verkäuferin ... bettelarm ... Du lebst mit Mutter und Vater, beide schon alt, in einem winzigen Zimmer im Souterrain. Du bist todunglücklich. Du hast nur ein Kleid, und selbst das ist zerrissen. Eines Tages wettest du für drei Pennys beim Fußballtoto. Und … gewinnst! Du gewinnst drei Millionen Dollar.

ERNEUT KOMMT ES ZU EINER LANGEN PAUSE, DANN SETZT DAS MÄDCHEN SICH LANGSAM AUF.

MÄDCHEN

Nein, damit klappt's auch nicht. Ich bin grade mal bis zu dem zerrissenen Kleid gekommen … Weiter ging's nicht.

JUNGER MANN

Weiter ging's nicht! *(Wie unter Qualen schreit er auf.)* Ein so wunderbarer Traum, und du kannst ihn nicht träumen. Du bist ja schrecklich, Mädchen! Du bist ein Ungeheuer! Die Wunder der Welt sind verschwendet an dich! Du kannst nicht träumen! *(Er reißt den Revolver aus der Hosentasche und reicht ihn ihr.)* Hier, hast du den wieder. Du verdienst nicht zu leben. *(Langsam nimmt er wieder seine Traumhaltung ein und beginnt von der Bühne zu gleiten.)* Ich muss auf der Stelle weg von dir. Menschen wie du sind gefährlich.

DAS MÄDCHEN SIEHT IHM NOCH NACH, LEGT SICH DANN LANGSAM WIEDER HIN, RICHTET DEN REVOLVER AUF SICH UND ERSCHIESST SICH. EINIGE AUGENBLICKE DARAUF KOMMEN DIE ABFALLSAMMLERIN UND DER POLIZIST ZURÜCK. DER POLIZIST IST JETZT WIE EIN VÖLLIG HERUNTERGEKOMMENER PENNER GEKLEIDET. DIE ABFALLSAMMLERIN TRÄGT SEINE DIENSTMÜTZE UND SCHWINGT SEINEN SCHLAGSTOCK. DER POLIZIST VERHÄLT SICH WIE EIN TIER. ER GEHT WIMMERND VOR DER ALTEN FRAU HER UND SCHIEBT IHREN KINDERWAGEN FÜR SIE. VOR DEM MÄDCHEN BLEIBT DIE ALTE STEHEN.

Gottes Segen mit dir, Mäuschen. Schlaf gut. *(Sie bläst ihr einen Handkuss zu. Dann bugsiert sie den Polizisten auf einen Abfallbehälter zu.)* Geh schon, mein Hundchen. Such mir was richtig Schönes heraus.

ER BELLT UND WINSELT, BEVOR ER WIE VERRÜCKT

ZU WÜHLEN BEGINNT. DIE ALTE FRAU LACHT UND WENDET SICH AN DAS PUBLIKUM.

ABFALLSAMMLERIN

Du lieber Gott! Was wäre das Leben ohne den einen oder anderen Abfalleimer?

VORHANG

3

Du bist ja wohl nicht ganz gescheit«, sagte Sylvia. Ich lag mit einer Eispackung auf dem Kopf im Bett, und sie stand über mir. »Sich bei einer blöden Friedensdemo verprügeln zu lassen! Du wirst wirklich wieder zum Kind.«

»Ich wollte, ich könnte«, murmelte ich. »Meine Kindheit war meine glücklichste Zeit.« Mein Kopf war ein Sammelsurium merkwürdigster Schmerzen.

»Hast du auch deinen Einberufungsbescheid verbrannt?«, fuhr sie auf die für sie so typische Weise fort.

»Sozusagen. Meine Untauglichkeitsbescheinigung vom letzten Krieg.« Ich hob den Eisbeutel von den Augen. »Hast du nicht erwartet, was?«

Sie schnaubte. »Klugscheißer. Du endest noch im Knast, so clever wie du bist. Wie willst du denn dein idiotisches Verhalten dem Richter erklären? Sag mir das mal – wenn du kannst.« Sie setzte sich in den großen schwarzen Segeltuchsessel, den wir im Schlafzimmer haben, und nippte an einem Scotch mit Soda. Die behosten Beine hatte sie mit geradezu schrecklicher Ungezwungenheit übergeschlagen. Was für ein herrliches Bild purer Gehässigkeit, angemaßter Macht und sinnentleerter Sexualität. Sie war verschwendet in dieser Wohnung mit mir. Sie war für ein weltweites Publikum bestimmt. In Kinos in London, Paris, Anchorage und im Kongo sollte ihr tadelloses Konterfei in Gangsterfilmen und Thrillern zu sehen sein. Ich überlegte, wie ich ihr dazu verhelfen könnte, ihrem wahren Status gerecht zu werden, aber mir tat der Kopf zu weh für eine so gewaltige Aufgabe. Ein andermal.

»Ganz einfach«, sagte ich und drehte mich auf die Seite, um die Schmerzen zu lindern. »Ich werde ihm erklären, wie viel mir an der Erhaltung der menschlichen Rasse gelegen ist.« Ich rieb mir den Bauch, um mich nicht gar so lausig zu fühlen. »Er wird mich sicher verstehen.«

Als sie lachte, kam mir Boris Karloff in den Sinn. »Du spinnst ja wohl total!« Dann hörte sie mit einemmal auf zu lachen und starrte mich an, ein kurz vor der Blüte vom Erstaunen gelähmtes Lächeln auf dem hübsche, geradezu unmenschlich boshaften Gesicht. »Nein, nicht doch! Stimmt nicht. Übergeschnappt bist du ja gar nicht. Du bist durchaus zurechnungsfähig – in gewissem Sinne jedenfalls. Das ist ja das Schreckliche daran.« Sie wirkte jetzt fast angewidert. »Du hast irgendwie was Obszönes, etwas Unnatürliches. Nein, nein, verrückt bist du nicht, du bist nur nicht von dieser Welt.« Sie trank ihren Scotch aus, um sich Mut zum Weitersprechen zu machen und ihren Kummer darüber zu betäuben, vertraglich an etwas wie mich gebunden zu sein. »Du bist ein Fungus, irgendwas Sonderbares von weiß Gott welchem Stern.« Sie musterte mich von Kopf bis Fuß, als sähe sie mich zum ersten Mal. »Oder ein Bazillus, für den die Natur keine Antikörper hat.« Sie sank tiefer in den fledermausartigen Sessel und schüttelte den Kopf. Einen Augenblick lang sah sie aus wie ein von einer Fledermaus – oder einer Spinne – überraschtes Insekt. Ich drehte mich um und legte mir die Eispackung auf die Schläfe. Kopf und Hals waren völlig unbrauchbar. Ich spürte nur noch das Pochen der Schmerzen, und sie machten einen höllischen Lärm.

»Ganz im Gegenteil«, ließ ich sie in meinem besten britischen Akzent wissen, »nie habe ich mich der Bevölkerung dieses Erdenrunds zugehöriger gefühlt als jetzt. Darüber hinaus glaube ich, der wahren Natur des Menschen näher gekommen zu sein als zu irgendeinem anderen Zeitpunkt meiner wechselhaften Laufbahn als Mensch. Ja genau genommen«, fuhr ich fort und stützte mich auf, um sie besser sehen zu können, »komme ich mir augenblicklich vor wie jedermann höchstpersönlich.«

Sie machte sich daran, ihr Glas wieder zu füllen (Flasche und Eis brachte sie gleich mit, um sich die anstrengenden Ausflüge zum Medizinschrank im Wohnzimmer zu sparen).

»Das kannst du laut sagen«, rief sie. »Manchmal habe ich das Gefühl, mit einem Dutzend verschiedener Leute zu leben.« Ich meine das jetzt ganz ernst; ich spürte ihre Gedanken: Das sollte kein Scherz sein. Er ist der merkwürdigste Kerl, der mir je untergekommen ist – und ich musste ihn auch noch heiraten. Von Zeit zu Zeit kann er sogar völlig anders aussehen. Wie er ausgesehen hat, als ich ihn geheiratet habe? Ich erinnere mich nicht mehr. Seine Nase, glaube ich, war kleiner. Er war damals noch nicht so merkwürdig, sonst hätte ich ihn doch nie geheiratet. Er war irgendwie ganz amüsant. Sogar im Bett hatte ich Spaß mit ihm. Dann wurde irgendwie alles kalt in mir. Was wirklich komisch ist, so scharf wie ich praktisch die ganze Zeit bin. Es ist gerade so, als käme irgendetwas an die falsche Adresse. Wenn er bloß in meine Nähe kommt, habe ich Lust, nach ihm zu treten. Nicht dass er an sich widerlich wäre. Meine Schwester sagt mir immer wieder, ich habe den attraktivsten Gatten weit und breit und wie toll es im Bett mit ihm sein muss. Warum verlangt er nur ständig so absonderliche Sachen von mir? Ist er abartig? Oder wollen alle Männer so was und trauen es sich nur nicht zu sagen? Und warum wollen einige Kerle immer erst groß aufgegeilt werden? George trieb's gern in der Dusche, okay, und Jackson hatte es gern verkehrt rum, aber das war nichts im Vergleich zu dem Herzchen hier. Monsieur will einen ganzen Zirkus. Und vielleicht bekommt er ihn ja eines Tages auch, keine Ahnung, aber nicht mit mir, da bin ich sicher.

Ich will nur noch weg. Und wenn ich ihn los bin, dann gehe ich nach Italien. Ich habe in meinem lausigen Job in der Werbung genug auf die Seite gelegt, um ein Jahr auszukommen. Ich hatte dort mit George eine schöne Zeit, damals. Wenn der Wein ihn nicht total auf den Hund gebracht hätte, der Wein und sein blöder Roman.

»Wieso hörst du nicht einfach auf, wenn er dir so zu schaffen macht?«, hatte sie ihn eines Tages gefragt.

»Kann ich nicht«, sagte George. Er hatte bräunlich-grüne Augen, die merkwürdige Flecken bekamen, wenn seine Gefühle überhand nahmen. Sein Mund, von den Sehnsüchten anderer geformt, war ein Spielplatz naiver Küsse und immer ein bisschen feucht, als hätte er gerade den schönsten aller Ausflüge hinter sich, den zu einem anderen Mund.

»Bist du wenigstens manchmal glücklich damit?«

Die Antwort aus dem engelhaften, aber so oft vom Kummer gezeichneten Gesicht (die banalsten Dinge vermochten die zarte Heiterkeit dieser Züge zu stören – ein Klopfen an der Tür, eine beiläufige Bemerkung, schon sah man sie über Berg und Tal um ihr Leben laufen) war mehr Musik als Sprache. »Glücklicher als ich es je sagen könnte. Nichts auf der Welt kommt dem gleich.«

»Ist es besser als vögeln?«

»Ja.«

»Dann bist du aber doch ganz allein.«

»Unsagbar allein.«

Das machte ihr zu schaffen. Es passte ihr nicht, dass jemand neben ihr allein und nicht eins mit ihr sein sollte. Sie kam sich klein vor; sie kam sich vor wie ein Kind in einem riesigen Gebäude, das plötzlich menschenleer ist. Von ihrer Wohnung in Rom aus hatten sie einen Blick auf die Spanische Treppe, und wenn sie sich unterhielten, stand George gern auf dem kleinen Balkon und sah den Leuten auf den langen, breiten alten Stufen zu. Man hätte meinen können, er stehe an der Reling eines Schiffes und sehe am Horizont einen neuen Kontinent heraufziehen. Er war so schön in dieser Haltung.

»Ist so ein Roman schwer zu schreiben?«, fuhr sie fort in der Angst, er könnte sich in Gedanken entfernen, wenn sie nicht mit ihm sprach.

»Keine Ahnung, wie's anderen geht«, antwortete er, ohne sich nach ihr umzusehen. »Für mich wird's schwierig, wenn ich den Kontakt zu den Figuren verliere. Ich meine, wenn ich das Gefühl verlieren sollte, dass sie letztlich Erweiterungen meiner selbst und ich eine Erweiterung meiner Figuren bin. Dann werden sie mir fremd und obendrein ziemlich verdrießlich. Und unecht.«

»Oh.« Sie wünschte, seine Antwort wäre einfacher ausgefallen. Sie beschloss, bei Gelegenheit einen anderen Schriftsteller zu fragen, wie sich das bei ihm verhielt. Sie war sich sicher, dass dessen Antwort nicht so eigenartig ausfallen würde. Trotzdem, George war einfach zum Anbeißen – und er sah immer so proper aus, selbst wenn er betrunken war. Ihr Lieblingsrestaurant war eine Trattoria in der Via Margutta, wo sich einem angesichts der sinnlichen Farben – Umbra, Orange, Rot und selbst Gelb – der Häuser und Geschäfte rundum die Frage aufdrängte, wieso intelligente Menschen darauf bestehen konnten, in kalten, ungeselligen Ländern zu leben, wo die Gebäude nein zu einem sagten anstatt ja! ja! ja! Ihr Restaurant hieß Maria Piccola, und besagte kleine Maria war eine geradezu winzige, unglaublich aktive alte Frau, die alles selbst kochte und, Sylvia war sich da ganz sicher, in der Röhre ihres Ofens schlief, wenn der Laden für die Nacht schloss. Sie trafen sich dort mit Freunden, und George trank literweise Frascati, schon während des Essens, und erst recht danach. Zwei ihrer Freunde waren Anthony und Virginia Hampden. Anthony arbeitete für den Kulturattaché der amerikanischen Botschaft und war ein leidenschaftlicher Antisemit. Die wohlerzogene Virginia war das stupsnasige Überbleibsel jugendlicher Verblendung: Er hatte sie noch am College geheiratet, wo er – irrigerweise, wie sich später in Italien herausstellte – davon überzeugt gewesen war, dass Frauen sich nichts aus ihm machten.

»Habt ihr schon vom jüngsten Gimmick der Mafia gehört?«, fragte Anthony eines Abends, während sie sich Zicklein und gebratene Artischocken schmecken ließen.

»Ich *liebe* die Mafia«, hörte Sylvia sich sagen.

»Nein«, erwiderte George und spülte einen Bissen Fleisch mit einem halben Glas Wein hinunter. »Was haben die Schlingel denn jetzt wieder angestellt?«

Anthony musste schon lachen, bevor er seine Anekdote begann. Verbrechen gegen das Establishment fand er immer ergötzlich. »Wie ihr wisst«, sagte er schließlich, nachdem sein Gelächter sich draußen auf dem Hof über den Efeu gelegt hatte, »sind Drogen eine ihrer großen Einnahmequellen. Nur hat sie ein Problem damit, das Zeug in nennenswerten Mengen in die Staaten zu schaffen. Nun, vor kurzem ist sie auf eine glorreiche Idee gekommen. Sie hat Heroin im Wert von sieben Millionen Dollar in eine Riesenlieferung sizilianischer Orangen injiziert! Bei der Ankunft drüben brauchte man die verdammten Dinger nur auszupressen und hatte das Heroin im Saft. Stellt euch das mal vor!« Wieder lachte er kreischend los. Auch die anderen fanden die Geschichte ganz amüsant.

»Was für ein herrliches Spiel«, sagte George (er war mittlerweile herzlich betrunken, und seine Worte sprangen nicht länger mit der Leichtfüßigkeit einer Balletteuse über die gemeinsame Bühne, sie hinkten eher daher); er warf sich ein schimmeliges Stück Gorgonzola in den Mund, das er mit weit mehr Frascati wegspülte, als nötig gewesen wäre. »Was würden sie wohl ohne einander machen, die Mafia und die amerikanische Polizei? Die würden doch beide glatt auf den Hund kommen.« Er füllte allen die Gläser. »Die Mafia ist die einzige große Firma, die wirklich Humor hat. Wir sollten dankbar für sie sein.«

Sylvia wusste nie so recht, ob er so etwas ernst meinte oder nur Spaß machte – oft schien er sich lediglich mit einem anderen Teil seiner selbst zu unterhalten, so dass sie sehr, sehr vorsichtig sein musste mit dem, was sie sagte, wodurch sie sich wider Willen in eine heikle Rolle gedrängt sah, teils Eindringling, teils Hofnärrin, jedenfalls war sie in solchen Augenblicken nicht mehr sie selbst. Aber es bestand natürlich auch die Möglichkeit, dass er sie auf seine eigene verkorkste Art und Weise so am liebsten sah. »Dankbar?«, wagte sie jetzt zu fragen. »Also mir scheint die Mafia schrecklich destruktiv. Sie tut doch, was sie nur kann, um für Chaos zu sorgen.« Anthony und George musterten sie mit makaberem Amüsement. »Denkt doch nur an die Tausenden von Menschen, die sie mit ihrem Dope zu Tieren macht.«

»Ach, du liebe Güte«, murmelte Anthony.

George reagierte mit dem üblichen weinseligen Lachen und schüttelte dabei die engelsgleiche Lockenpracht über dem grünen Käse auf seinem Teller. »Sylvia, Baby, manchmal möchte ich wahrlich verzweifeln an dir. Deine moralische Entrüstung geht am Sinn des großen Spiels vorbei, das unsere Welt ist.« Mehr Wein. »Die guten Leute propagieren lediglich das Überleben der Tüchtigsten, nichts weiter. Und das ist doch schön.«

Virginia spähte hinter ihrem Busch hervor. »Also ich muss sagen, ich halte es da mit Sylvia. Mich widern solche Geschichten an.«

Anthony tätschelte ihr den makellosen milchweißen Unterarm. »Aber natürlich, Mäuschen, natürlich. Deshalb bist du auch du.«

George lächelte über Virginias verlegenes Schmollen. »Virginia, Liebste, hast du dir schon mal überlegt, um wie viel unwürdiger der Staat seine eigenen Bürger behandelt? Wie er sie belügt und manipuliert? Wie er sie immer wieder losschickt, um aus irgendeinem völlig absurden Grund auf irgendeinem Schlachtfeld zu fallen?

Die Mafia ist im Vergleich dazu geradezu ehrlich. Sie versucht erst gar nicht, an Emotionen oder Ideen zu appellieren. Sie lügt ihre Kundschaft nicht an.«

»Ausgezeichnetes Argument, George, alter Junge«, sagte Anthony. »Wirklich ausgezeichnet. Genau meine Meinung. Aber haargenau.«

Sylvia griff unter dem Tisch nach Georges Hand, um den Kontakt zu ihm wieder herzustellen. Er drückte sie. Sie hätte nicht sagen können, ob diese Reaktion ihr seine Nähe signalisieren sollte – mit all den wunderbaren Implikationen eines Eingeständnisses, dass sie eine wichtige Person in seinem Leben sei –, oder ob es eine bloße Reflexhandlung war. Wie auch immer, es war besser als überhaupt kein Druck, überhaupt kein Zeichen von ihm. Eine Frau muss eben zusehen, wie sie im Rahmen dessen zurechtkommt, was Gott ihr zu geben beliebt. In einer sicheren, behaglichen Ecke am anderen Ende des Raums, unter einer Rokokodecke, auf der die endlosen Wonnen des Essens und Vögelns zu sehen waren (einige der schamlosen Figuren taten beides zur gleichen Zeit), saß ein kahlköpfiger, muskulöser Mann kurz vor den besten Jahren mit einem prächtigen Bart, der ihn – sehr zu Sylvias Erstaunen – nicht dabei störte, eine Schüssel Fettucini zu leeren. Neben ihm stocherte ein Mischlingsmädchen von zarter, aber absoluter Schönheit in einer Schüssel Salat. Als der Mann den Mund aufmachte, sprach er mit einer so bedächtig-sonoren Fülle, dass Sylvia so gut wie jedes seiner Worte verstand. Er – seine Begleiterin nannte ihn Zachary – sprach über einen Zen-Meister aus dem zehnten Jahrhundert, dessen Lehrmethoden, wie er sagte, besonders streng gewesen seien.

Dem Lächeln seiner unirdischen Gefährtin nach zu urteilen, schien sie genau zu verstehen, was er meinte. Der Mann trug einen geschmackvollen Kaschmirpullover ohne Hemd darunter. In der entgegengesetzten Ecke saß ein schickes, etwas steifes Paar, dem seine New Yorker Herkunft anzusehen war, bei einer großen Schüssel marinierter Miesmuscheln (George, der eine gehobene Auswahl von Gerichten beherrschte, hatte Sylvia das Rezept beigebracht). Der Mann hatte eine Klappe über dem einen Auge. Die Frau trug das blonde Haar toupiert und auf anmutig selbstbewusste Art und Weise ihre halb entblößten Brüste zur Schau. Es gebe eine Menge Leute, sagte die Frau, die man von ihr aus »umlegen« könne, ihr würden sie nicht fehlen. Das eine Auge des Mannes (das rechte, über dem linken trug er die Klappe) war himmelblau und funkelte amüsiert und tödlich zugleich. Ein, zwei Meter rechts von Sylvia saß ein Mann von ausgesprochen attraktiver Dekadenz mit langem grauem Haar und fraglos römischer Nase, die ebenso fraglos viel von dieser wilden Welt gesehen hatte. Eine senffarbene Seidenkrawatte wies ihn als Mann von grenzenlosem Geschmack aus. Er machte kurzen Prozess mit einem Dutzend Portugiesischer Austern. Auch seine Begleiterinnen litten ganz offensichtlich keine Not; zwei himmlische Brünette in den neuesten Kreationen irgendeines homosexuellen Couturiers. Auch sie aßen vorzüglich (Schnecken). Sylvia wusste auf der Stelle, dass sie aus der Filmbranche waren, als sie ihn – mit einem Akzent, den sie zum Knuddeln fand – sagen hörte: »Vir verden in einer Voche mit dem Dreh beginnen, mitten in wimmelndes Cherz von Kairo.« Die Mädchen lächelten einander glücklich an, und eine von ihnen, sie hatte geradezu unverschämt volle Lippen, beugte sich seitwärts und küsste den Mann aufs Ohr.

Das ist nur der Anfang von all den guten Sachen, die ihm bevorstehen, dachte Sylvia, und zu ihrer eigenen Überraschung – sie war eigentlich eine eifersüchtige Frau – wünschte sie dem Trio jeden nur erdenklichen Spaß.

»... deshalb gebe ich allen nichtkommunistischen Ländern höchstens noch zwanzig Jahre«, sagte George (der jetzt wirklich betrunken war), »und meiner Ansicht nach wissen die das auch.«

»Ich rate schon mal allen, sofort Chinesisch zu lernen«, sagte Anthony und genehmigte sich einen Schluck Cognac auf diesen außergewöhnlichen Gedanken.

Sylvia gefiel die Richtung nicht, die die Unterhaltung nahm, also trat sie ihr mit einer Frage von monumentaler Dummheit in den Weg: »George, könntest du mir noch mal erklären, worum es in deinem Roman geht?«

Sein Blick wurde schlagartig ernst. Er sah erst Sylvia an, dann Virginia und Anthony, als stellte er ihnen die stumme Frage: Warum sollte jemand mein Geheimnis wissen wollen? Schließlich richtete sich sein Blick wieder auf Sylvia. Was in aller Welt, so schien er zu fragen, sollte dir eine solche Information nützen? Dann begann er zu lachen. »Um die ganze abendländische Kultur«, keuchte er einige Augenblicke darauf. »Um den zeitgenössischen Menschen mitsamt Torheiten und falschem Bart.« Er leerte das halb volle Glas in einem Zug und zog sich dann mit theatralischer Geste den Ärmel seines grauen Doeskin-Sakkos über den nassen Mund. »Und weißt du was, Sylvia, Zuckerschnute, du kommst auch drin vor – wie jeder andere auch.«

Ist wohl besser, als gar nicht vorzukommen, dachte sie. Weiß der Himmel, was er mich auf seinen bekloppten Seiten so alles anstellen lässt! Der bärtige Mann mit seiner Freundin schlurfte vorbei. »Klopf an die Ewigkeit und höre einen Schrei«, sagte er seiner nach wie vor gebannten Schülerin (was für eine Schönheit!). »Schlag auf Holz und höre nichts.« Über Geschmack lässt sich wohl wirklich nicht streiten, sagte sie sich.

Der Rest des Abends war voll Staunen und Wunder und drohte schließlich im Wahnsinn zu versinken; letzlich rettete ihn nur die unendliche Flexibilität der menschlichen Seele. Und das ist keineswegs übertrieben. Die vier landeten auf einer überdimensionierten Party in einem Atelier im obersten Geschoß eines alten Palazzo in einer Seitenstraße der Piazza Colonna, einer Gegend von zweifelhaftem Ruf und einiger Durchtriebenheit, die von Kleinkriminellen und Prostituierten der zweiten Garde bevölkert war; Letztere schlenderten geradezu verträumt auf und ab – als hätten sie weder mit der Szene, noch mit dem unmittelbaren fleischlichen Begehren rund um sie auch nur das Geringste zu tun. Das Atelier war Wohn-, Arbeits- und Spielraum von Martino Villarubia, einem geradezu unverschämt betuchten Italiener (seine Familie produzierte eine suchtbildende Limonade), der seinen Traum von Kreativität an der Bildhauerei ausließ; darüber hinaus kultivierte er einen exotischen Bekanntenkreis wie andere, weniger tatkräftige Menschen ihren Kräutergarten. Sylvia stand am Rande dieses Malstroms, aus Angst in die Tiefe gezogen zu werden. »Nur keine Bange, Syl«, hatte ihre Mutter ihr auf ihrem ersten großen Schulball gesagt, »jedem hier geht es ganz genauso wie dir. Und immer dran denken, Kleines, es sind auch alles nur Menschen.« Nicht dass ihr dieser und ähnliche Ratschläge je was genutzt hätten. Sie waren noch keine zehn Minuten auf der Party, als George, Anthony und Virginia sich in dem verführerisch pulsierenden Gewusel verloren. Eine ganze Menge der Gäste tanzten den Frug, eine nicht weniger große Zahl stand plaudernd herum. Angesichts dieser Kombination aus – oder dieses Kontrasts von – frenetischer Bewegung und Reglosigkeit hatte sie vorübergehend das Gefühl, den Teil ihres Verstands verloren zu haben, der für die Balance verantwortlich war; sie meinte sich zugleich zu bewegen und still zu stehen. Die ekstatische – oder aufgebrachte – Musik infiltrierte ihre Muskeln und Gelenke und begann dann ihr Zentralnervensystem zu attackieren. Einen Augenblick lang erregte ein rothaariger Mann mit einem Wolfsgrinsen ihre Aufmerksamkeit – das konnte doch wohl unmöglich seine Nase sein, oder? –, der wie ein Derwisch mit einer langhaarigen Frau tanzte, der jeden Augenblick die Brüste aus einem Kleid zu hüpfen drohten, das überdies den Blick auf eine hübsche Strecke ihrer braun gebrannten Oberschenkel freigab. Der

Mann schien eine Vision zu haben, so verzückt starrte er vor sich hin; nicht dass ihn das beim Tanzen zu stören schien. (Ebenso wenig wie der riesige jaulende Hund seiner Freundin neben ihm.) Er trug ein weißes Sweatshirt, auf dem hinten und vorn *God is Gay* aufgedruckt war. Im ersten Augenblick zweifelte Sylvia an ihrem Verstand, weil die Schriftzüge wie Neonreklamen strahlten, doch als sie genauer hinsah, merkte sie, dass es nur Leuchtfarbe war.

»Ich werde gerade wiedergeboren, Daddy!«, rief die Frau dem Mann zu.

»Dann lobpreise den Herrn, Contessa!«, rief er zurück.

Die sind ja verrückt, sagte sich Sylvia. Oder auf Drogen, Halluzinogene wahrscheinlich, und bilden sich ein interplanetarisches Bewusstsein oder weiß der Kuckuck was ein. Dagegen bin ich nur ein bisschen knülle vom Wein. Wo in Gottes Namen stecken denn bloß George und die anderen? So eine Frechheit! Mich gibt's auch noch! Das sollte denen mal einer sagen. Die kleine psychische Entgleisung gab ihr die Kraft, sich dem Bann der hell erleuchteten Szene vor ihr zu entziehen. Sie hielt auf eine Traube von Leuten zu, die nicht tanzte, sondern sich unterhielt. (»Wie sollen dich die netten Kinder denn kennen lernen, wenn du nichts zu ihnen sagst?«, sagte ihre Mutter mit einem kleinen Stups. »Die Sprache ist die höchste Errungenschaft des Menschen.«) Ein Paar unergründlicher feuchter schwarzer Augen inmitten leicht gebräunter, zu einem Lächeln verzogener Haut nahmen sie in der menschlichen Oase auf. »Ist das nicht der absolute Wahnsinn?«, sagte der Mann. »Sie machen einen Film daraus.«

»Woraus?« Sylvia war verwirrt.

»Na aus der Party«, antwortete er mit ausladender Geste. »Schauen Sie«, fuhr er fort und wies auf einen kleinen Balkon über dem Dinosaurier von einem Raum. »Der mit der Kamera, das ist Memo. Und irgendwo da drüben«, er wies in das Gewimmel, »nimmt sein Freund Victor den Ton auf – die

Leute, die Musik, die tanzenden Füße, alles bis zum letzten Fingerschnippen. *Che bella!*«

»Wow!«, rief Sylvia aus. »Ich komme zugleich in einem Roman *und* in einem Film vor.«

»Und im richtigen Leben!«, rief der Mann. »In drei verschiedenen Realitäten!«

Eine Frau neben Sylvia – sie hatte die grünsten Augen, die sie je gesehen hatte – sagte: »Und dann träumt man auch noch. Das macht wohl vier.« Sie sprach laut genug, um über dem Rock 'n' Roll zu hören zu sein.

»Mein lieber Mann«, sagte ein magerer Kerl mit Tüpfelkrawatte und putziger Stupsnase, »all diese Realitäten! Was soll man damit nur machen?« Er hatte einen französischen Akzent.

»Ich wollte, ich wüsste es«, bekannte Sylvia. Seine Stimme kommt mir bekannt vor, dachte sie bei sich. Er ist irgendein Prominenter. Ein Künstler? Ein Krimineller? Was wohl im Grunde eh dasselbe ist.

»Trink doch einen Schluck«, sagte der Mann und hielt ihr ein hohes Glas mit einer milchigen Flüssigkeit hin. »Absinth. Schmeckt vorzüglich.«

»Hab ich noch nie probiert.« Sie nahm einen großen Schluck und tat im selben Augenblick den Schritt in eine weitere Realität. In weiter Ferne, umgeben vom Wogen zahlloser Masken mit den verschiedensten Mienen, die einen versessen, die anderen barbarisch, wieder andere glatt und heiter, tauchte Georges Gesicht auf, aber nur für einen Augenblick, dann war es wieder verschwunden.

»Weißt du was«, sagte der Mann namens Memo leise, »die wirkliche Party spielt sich da unten ab. Warum gehen wir nicht runter?«

»Warum nicht. Wo man mich ohnehin im Stich gelassen hat.«

Sie scheint zurechtzukommen, sagte George laut, ohne sich an jemand Bestimmten zu wenden. Er war jetzt wirklich betrunken. Was für ein merkwürdiges Gefühl. Die Party hier ist keine Party, Herrgott noch mal! Ich habe das hier geschrieben, und jetzt ist es zum Leben erwacht. Mit mir mittendrin. Heißt das, dass ich mich selbst auch erfunden habe wie all die anderen hier? Oder dass Fiktion tatsächlich existiert und in Wirklichkeit gar keine Fiktion ist? Dass es eine Welt ist, die nur unter der Oberfläche darauf wartet, dass irgend so ein merkwürdiger Vogel wie ich daherkommt und mit dem Füllfederhalter zu kratzen beginnt? Schon öffnet sich eine Pforte und sie quillt heraus. Und wenn ich den Personen sagen würde, dass ich sie erfunden – oder wenigstens befreit – habe, was würden sie wohl sagen? Womöglich dass ich ohne *sie* nicht existiere. Dass sie *mich* befreit haben! Das ist ja wie Spaghettizählen! Die beiden Mädchen da drüben – über die habe ich erst letzte Woche fünf Seiten geschrieben. Und sie befanden sich auf eben der Fete hier. Und das Nabelschwein da drüben, der kleine Päderast, der da unter dem Kronleuchter das dumme Maul aufreißt – er faselt was von Pop-Art –, der ist aus der Kurzgeschichte, die ich in der Woche auf Capri (wo ich die Verstopfung hatte) geschrieben habe. Eine meiner besseren Sachen. Ein Triumph des Talents und der literarischen Kniffe. Es ging um Transvestismus und die Aufhebung des Zweifels. Und jetzt fällt mir ein, das Unheimliche daran war, dass ich mir danach selbst wie eine Drag-Queen vorkam. Großer Gott! Bin ich das da drüben? Und die beiden anderen Arschgeigen, das bin ich doch auch! *Mamma mia!* Ich check mal besser die Fingerabdruckkartei, bevor das hier zu weit geht. Gott, ja, *ich* lag unter der reichen griechischen Qualle, nicht etwa das Mädchen, unter diesem Knochendoktor, der kratzte und biss, weil ihn das scharf machte. Mir das Kleid vom Leib zu reißen! Mir tat hinterher noch stundenlang alles weh, so wie er mir den Arm auf den Rücken gedreht hatte. Und der schwarze Boxer, der in der Geschichte über Harlem vom vergangenen Jahr den Jungen totschlug – keiner wollte sie drucken, weil sie negerfeindlich sei, wie sie meinten. Ich war tagelang krank vor Reue, weil ich jemanden umgebracht hatte. Der auch! Bin das tatsächlich ich? Meine Knöchel taten mir weh vom Zuschlagen. Und ja, großer Gott, ich habe sogar wie ein Neger gesprochen, während ich daran schrieb. Was für ein Zirkus im Zirkus!

Wie tief unter Wasser tauchte schwebend verschwommen das Gesicht einer jungen Italienerin vor ihm auf. »Du siehst furchtbar englisch aus. Nur dass Engländer nicht so traurig aussehen wie du. *Perché?*«

Noch bevor George eine spezifische Antwort zusammenbekam, tauchte eine fürstliche Erscheinung mit enormem Brustkasten aus dem Nichts und nahm sie bei ihrem leuchtenden nackten Arm. »Sie müssen Melina entschuldigen«, sagte er. »Ständig versucht sie in die Intimsphäre von anderer Leute Verzweiflung einzudringen.« Das Mädchen lächelte ihn an – in Zeitlupe, wie unter Wasser. Vom Balkon jagte ein Kreischen nicht weiter einzuordnenden Vergnügens herüber und zerstreute sich hysterisch in dem riesigen Raum.

Nach einer Weile schaltete George einfach ab und ergriff die Flucht. In ganz Rom versuchte er sich selbst zu finden, indem er andere ansah. Er ging in den Club Tritone, um Lucia singen zu hören, und hing dort herum, bis er erneut abgefüllt war. Auch einige der Filmleute waren dort – De Vito und Hedda, ein amerikanischer Regisseur und ein bekannter amerikanischer Schauspieler im Exil und eine französische Schauspielerin namens Denise soundso. Er trank einen mit den Leuten, sie saßen alle an De Vitos Tisch, begann sich aber nach einiger Zeit zu langweilen, weil sie nur über sich selbst sprachen, die Filmbranche und Geld. Jack war nicht da. Lucia sagte, er sei geschäftlich in Neapel. Kurz bevor man zumachte, stolperte George aus dem Lokal. Aus irgendeinem verrückten Grund entschloss er sich, kein Taxi zu nehmen und den ganzen langen Weg zurück in seine Pension zu Fuß zu gehen.

Er hätte nach dem Weg fragen können, tat es aber nicht. Er wandte sich in etwa in die Richtung, in der er den Tiber vermutete, und ging los. Kaum dass er die Gegend um den Club Tritone verlassen hatte, schien er verwirrt im Finstern zu stehen. Nicht eine Menschenseele war auf den alten Straßen unterwegs, und es herrschte eine Stille, wie er sie nie zuvor erlebt hatte. Nirgendwo. Er schien von all der Stille umgeben, die sich in Rom während seiner dreitausendjährigen Geschichte angesammelt hatte. Er glaubte sich auf einer Straße zu befinden, die ihn schließlich auf die Avenue am Tiber entlang führen würde, aber in dem Augenblick, in dem er an die erwartete Kreuzung zu kommen meinte, machte die Straße ganz plötzlich eine Kurve und wurde zu einer winzigen, kopfsteingepflasterten Sackgasse voll geschlossener Fensterläden, die ihn anstarrten, mit unerbittlichem Blick. Er machte kehrt und wankte – betrunken wie er war, auch wenn er es sich nicht eingestehen wollte – in einer etwas anderen Richtung zurück.

Die vergebliche Suche hielt an. Er bewegte sich in Kreisen, ging seinen Weg zurück, entfernte sich weiter und weiter von seinem Ziel, dem trägen, schlammfarbenen Tiber. Was als Spaziergang begonnen hatte, wurde zunehmend zu einem Abstieg in ein unermessliches schreckliches Labyrinth, das umso komplizierter schien, als er hier fremd und furchtbar betrunken war. Er hätte noch nicht einmal ein Taxi oder einen Bus nehmen können, da er weit und breit weder das eine noch das andere sah. Geöffnet hatte auch nichts mehr, so dass er hätte fragen können. In einer winzigen Nebenstraße voller übler Gerüche stolperte er über ein zerbrochenes Wagenrad und landete bäuchlings im Rinnstein; in einer anderen Straße, in der nichts zu hören war als das penetrante, wahnsinnige Ticken eines Weckers, sah er sich urplötzlich von einem riesigen räudigen Köter bedroht, der ihn für einen Dieb hielt; wild bellend jagte er ihn die Straße hinauf. Er wollte schon die Hoffnung aufgeben, als er plötzlich aus dem Labyrinth stolpernd auf einer Straße landete, die den Tiber entlang verlief.

Damit glaubte er endlich alles hinter sich zu haben und sah sich bereits im Bett. Aber er irrte. Er befand sich an einem Teil des Tiber, den er noch nie gesehen hatte. Es sah ganz nach einem seltsamen, vergessenen Nebenarm aus. Am anderen Ufer erhob sich dunkel die Innenstadt Roms. Er stand einige Augenblicke lang da in dem Versuch sich zu fassen und blickte die lange leere Straße hinauf und hinab. Dann schöpfte er schlagartig neue Hoffnung, als er in der Ferne die Scheinwerfer eines Busses aus der Dunkelheit kommen sah. Er sah nirgendwo eine Haltestelle, also lief er wild winkend hinaus auf die Straße, als der Bus auf ihn zukam. Nur dass der Bus das Tempo nicht drosselte. Mit hoch erhobenen Händen winkend stand George im Schweinwerferlicht. Einen schrecklichen Moment lang sah es ganz so aus, als würde er überfahren, aber im letzten Augenblick wich der Bus doch noch aus, verfehlte ihn um Haaresbreite und raste vorbei.

»Warten Sie!«, rief er hinterher. »Bitte, warten Sie doch!«

Aber der Bus verschwand in der Dunkelheit wie ein Phantomexpress. George sandte ihm wüste Beschimpfungen hinterher.

Als er sich umsah, entdeckte er in der Nähe eine alte Brücke. Er ging hinüber. Sie war gesperrt, ein Schild an einem Seil quer über den Weg wies auf Reparaturen. Nichts hätte ihm gleichgültiger sein können. Er bückte sich unter dem Seil hindurch und trat auf die bröckelnde alte Steinkonstruktion. Sie sah eher aus wie von einer Bombe getroffen als vom Alter zerstört. Er sprang auf die Brüstung an der Seite und manövrierte sich langsam und vorsichtig hinüber. Alle paar Augenblicke drang ein Platschen herauf, wenn unter ihm ein loser Gesteinsbrocken im trägen Wasser des Tiber landete. Als er schließlich auf der anderen Seite unter dem Seil hindurchkroch, glaubte er, diesen Alptraum eines Spaziergangs hinter sich zu haben, aber er täuschte sich einmal mehr. Er suchte nach einem Wahrzeichen, nach dem er sich hätte richten können, fand aber keines, und so folgte er der ersten Straße, die sich ihm bot. Zu diesem Zeitpunkt begann er bereits die Kontrolle über sich zu verlieren; angesichts von Trunkenheit, Müdigkeit und dem surrealen Gefühl, sich in der ältesten Stadt der Welt verlaufen zu haben, zweifelte er langsam, aber sicher an seinem Verstand.

Auf halbem Weg die Straße hinauf, deren Namen er nirgendwo zu finden vermochte – was sein Gefühl, Opfer eines wahnsinnigen und grausamen Traumspiels zu sein noch verstärkte –, kam er an einen alten Palazzo, der zu einem Wohnhaus umgebaut war. Er pochte an die gewaltige Pforte, aber es kam niemand heraus. Irgendwo drinnen miaute schaurig eine Katze, aber das war auch schon alles. Er hätte auch vor einem Totenhaus stehen können. Es brachte nichts. Die Hände taten ihm weh, so hart hatte er gegen die Tür gehämmert. Er setzte seine Odyssee fort. Das Ende der Straße mündete in einer Art Platz, eine mondbeschienene, unwirklich wirkende Fläche, an deren Horizont sich ein mächtiges romanisches Kloster mit zahllosen stumpfen Bögen erhob. Er meinte, hier seine Erlösung zu finden, und hielt eilig darauf zu. Er fand keine Glocke, dafür aber einen massiven Eisenring, der als Klopfer diente. Diesen ließ er gegen die Tür krachen. Immer wieder hörte er das merkwürdig schwere Echo im Raum dahinter. Niemand kam an die Tür. Er war am Verzweifeln. Wollte ihn noch nicht einmal dieses Haus Gottes erhören?

Er ging um die Ecke und sah irgendwo im ersten Stock ein paar Fenster, die nicht mit den in der Stadt allgegenwärtigen Läden verschlossen waren. Er hob eine Handvoll Kiesel auf und schleuderte sie gegen die Fenster. Erst die dritte Salve wurde mit dem Öffnen eines Fensters belohnt. Drei kahl geschorene Mönche – oder Novizen – beugten sich aus dem Fenster und blickten erstaunt auf ihn herab.

»Was ist denn?«, fragte einer von ihnen mit fisteliger Mädchenstimme.

»Ich habe mich verlaufen!«, rief George zu ihnen hinauf. *»Sono perso!«*

»Lei ha perso?«, wiederholten sie alle drei mit denselben merkwürdigen ungläubigen Fistelstimmen.

»Si, perso!«

»Warum denn?«

»Das weiß ich auch nicht, aber ich muss für die Nacht wo unterkommen.«

»Das ist ja schlimm. Wer sind Sie denn?«

»Sono Americano.«

»Americano?«

»Si.«

Worauf die drei einander ansahen und zu kichern begannen. Das war ja komisch. Ein Amerikaner, der sich in Rom verläuft – mitten in der Nacht. Wenn das nicht komisch war.

»Wo wollen Sie denn hin?«, rief einer von ihnen herab.

»Ich finde nicht mehr nach Hause. Aber hören Sie doch auf zu reden und lassen Sie mich um Himmels endlich hinein. Ich muss mich ausruhen. Ich fühle mich gar nicht wohl.«

»Einlassen? *Non e possibile.* Wir haben hier keine Betten.«

»Ich schlafe auf dem Boden«, schrie George heiser. Dieses Hin und Her drohte ihn um den Verstand zu bringen.

»Tut uns Leid, aber es ist gegen die Regeln, hier Leute auf dem Boden schlafen zu lassen. Das ist wirklich zu dumm, *Signore Americano.*«

»Sie können mich nicht wegschicken! Verstehen Sie denn nicht? Ich habe mich verlaufen und mir ist furchtbar kalt.«

Wieder flüsterten sie kichernd miteinander. »Haben Sie getrunken, *Americano?«*

»Si, aber …«

»Aha! Dann amüsieren Sie sich also nur. *Un Americano ubbriaco.*«

»Nein, durchaus nicht! Bitte helfen Sie mir!«

Sie lachten und winkten ihm zum Abschied zu. *»Buona notte, Americano.* Viel Glück.« Damit schlug man oben die Läden zu.

So wanderte er denn weiter. Er verlor jeden Sinn für die Realität. Es war schlicht ein Alptraum. Er taumelte in Straßen hinein, aus Gassen wieder heraus, suchte blindlings, ohne wirkliche Hoffnung nach etwas, was ihm aus diesem schrecklichen Erlebnis heraushelfen könnte, aber er fand einfach nichts. Plötzlich gab es noch nicht einmal mehr Straßen, und er sah sich inmitten uralter Ruinen. Im eisigen Licht des Monds ragten sie rund um ihn auf. Mächtige Steinsäulen standen ohne Gebäude da; eine Wüstenei aus rissigen Quadern und halb verfallenen Torbögen breitete sich nach allen Seiten hin aus. Er musste wohl auf dem alten Forum Romanum gelandet sein, wo man Cäsar erstochen, wo Marcus Antonius den rachsüchtigen Mob angestachelt hatte. Und hier endlich konnte er Stimmen und das leise Weinen mehrerer Säuglinge hören. Es kam aus Höhlen und zwischen den Ruinen versteckten Räumen. Er erinnerte sich vage daran, gehört zu haben, dass Roms Bettlervolk sich an solchen desolaten Orten primitive Behausungen schuf.

»Ist da jemand?«, rief er in die Ruinen. »Helfen Sie mir!«

»*Via! Via!* Lassen Sie uns in Ruhe!«

»Lassen Sie mich hier bleiben. Ich gebe Ihnen Geld. Ich habe mich verlaufen.«

»Wir wollen Sie hier nicht haben. Lassen Sie uns in Ruhe. Gehen Sie«, kamen die Antworten aus dem einen oder anderen Versteck.

»Aber ich sterbe hier draußen.«

»Dann sterben Sie doch. *Via! Via!*«

»Haben Sie doch Erbarmen! Ich tue Ihnen doch nichts. Ich will mich nur hinlegen.«

»Sie sind ja verrückt«, kam die Antwort, wie das verhängnisvolle Urteil eines antiken Chors. »*Via!*« Und dann begann man mit Steinen nach ihm zu werfen. Ein Stück einer alten Bodenfliese traf ihn am Arm. »Sie gehören hier nicht her!«

Er zog sich in einen Teil der legendären Ruinen zurück, in dem keine Stimmen zu hören waren. Er hatte Schmerzen am ganzen Körper und ein merkwürdiges Kribbeln am Kopf; sein Mund war trocken, und ihm war furchtbar kalt. In dieser Dimension des Wahnsinns, in die es ihn verschlagen hatte, war ihm fast, als wäre er von einem alten, vergessenen Stamm römischer Höhlenbewohner angegriffen worden und nicht etwa von Zeitgenossen. Er zwang sich weiterzugehen, stolperte über Marmorbrocken, passierte mächtige Bögen, erklomm die Ruine von Cäsars Treppe. Kurz darauf sah er sich in einer ganz anderen Art von historischen Ruinen, die freilich nicht weniger traumhaft waren. Er schleppte sich einen von Unkraut überwucherten und von riesigen Marmorsäulen flankierten Weg entlang, als er eine lange Reihe zerbrochener Statuen zu passieren begann. Er blickte sich um und sah das Skelett eines runden Tempels. Ihm dämmerte, dass er sich am Vesta-Tempel befinden musste. Er hielt inne, um sich zu sammeln, stellte sich das Haus der Vestalinnen vor: Bilder spärlich bekleideter junger Mädchen stellten sich ein, die vor heidnischen Altären knieten, auf denen nebst duftendem Räucherwerk Opfergaben ausgelegt waren. Schließlich setzte er sich auf die grasbewachsenen Stufen und legte den Kopf, in dem sich alles drehte, auf die über den Knien verschränkten Arme. Er konnte einfach nicht mehr. Er glaubte sich am Ende. Was immer ihm jetzt noch passieren sollte, es war ihm egal. Er befand sich am Rande eines Komas, als mit einemmal in der Ferne das Geläut einer Kirche zu schlagen begann. Er hob den Kopf. Es passierte etwas ganz Außergewöhnliches: Mit dem Klingen der Kirchenglocken war das scharfe, klare Licht der Dämmerung heraufgezogen, gerade so als hätten die Glocken es herbeigezaubert. Inmitten der grotesken Schönheit der Ruinen um ihn machte er sich auf den Weg in Richtung der

Glocken. In wenigen Minuten schon hatten sie ihn aus dem unglaublichen Labyrinth geführt, in dem er so völlig hilflos umhergeirrt war, und er landete auf der breiten Via de Fori Imperiali, von wo er, halbtot vor Müdigkeit, irgendwie in sein Hotel zurückfand. Er konnte es kaum fassen, als er endlich die Tür öffnete; dem Zusammenbruch nahe fiel er aufs Bett.

Für zehn Cent kaufe ich mir Morgen für Morgen mein Ticket zum größten Spektakel, seit die Erde sich von der Sonne getrennt und einen eigenen Hausstand gegründet hat. Unter der Eiskappe des Nordpols hat man ein riesiges Reservoir an Erdöl entdeckt. Vier Nonnen setzen sich selbst in Brand, um gegen den Tod zu protestieren: Saigon. Eine Frau behauptet von einer fliegenden Untertasse entführt worden zu sein: Maine. Im Weißen Haus entdeckt man einen russischen Spion: Washington. Ein Sklavenmarkt für Kinder ist aufgeflogen: Mombasa. Alte Schriftrollen entlarven Jesus als Mitglied einer Geißlersekte: Jerusalem. Man hat einen Hai mit einem Beutel Diamanten im Bauch gefangen: Griechenland. (Sag's nicht weiter, Nichos. Bestimmt nicht. Die teilen wir uns. Okay? Moment mal! Du hast dir einen ins Ohr gesteckt, ich hab's gesehen! Du Schwein!) Wer sagt, dass man nur im Schlaf träumt! Ich lese meine Zeitung im Park, nachdem Sylvia zur Arbeit gegangen ist. Ich tue oft so, als würde ich noch schlafen, damit sie mich nicht nach den Plänen für den Rest meines Lebens fragt. Ich könnte darauf nur eines sagen: Was für Pläne hat denn das Leben für mich?

Ich bin mit Zachary verabredet, der jeden Augenblick kommen müsste. Wir führen einige unserer besten Gespräche im Freien, wo unsere Umwelt natürlich und ganz und gar eins und im Einklang mit sich selbst ist. Natürlich haben die Bäume Ohren, was aber nicht heißt, dass sie etwas ausplaudern würden. Er bringt einen jungen schwarzen Psychiater mit, der mit dem Zenstudium angefangen hat. »Er möchte das Dharma auf allen Ebenen erfahren«, erklärte Zachary. »Nicht selten gibt seine Couch nach unter der Last der Bekenntnisse.« Sieben Bänke weiter, neben einer Platane, plaudert Cedric mit einem blitzsauberen Matrosen. Wir winken ihm zu und belassen es dabei. Ich weiß, dass Zachary hungrig wird, wenn er Stunden gibt, also habe ich ihm Salami und Käse mitgebracht und etwas gekühlten Wein für mich selbst. Ich bin eher der Gourmet von uns beiden. Dafür ist mein Leben um einiges oberflächlicher als das seine; hier hoffe ich mich aber zu ändern. Eine Schar Tauben balgt sich um gesalzene spanische Erdnüsse, die eine alte Frau im Rollstuhl verstreut. Ich halte nicht viel von derart korrumpierenden Gesten. Hat man erst mal die Vögel verdorben, was bleibt uns dann noch? Der Verlust des Weltenlichts, weiter nichts. Von meiner Bank aus sehe ich gerade noch Blaster, der auf unserer Lieblingstreppe ein Nickerchen hält. Er hält sich an einer leeren Weinflasche fest – Muskateller natürlich. Ich besorge ihm besser eine Schachtel Vitamine. Er ernährt sich einfach nicht richtig.

»Wie steht's, Bruder!«

Es ist Zachary. Er hat den Inbegriff aller weißen Phantasien von einem Schwarzen dabei: einen Mann so tiefschwarz, so unermesslich schwarz, dass der Nacht in seiner Gegenwart himmelangst werden muss. Ein Riesenkerl, muskulös und so negroid, so afrikanisch, dass ich einen Augenblick lang Buschtrommeln höre und tanzende Speere sehe; das Brüllen hungriger Dschungeltiere klingt mir im Ohr. Ich möchte mich ihm in die Arme werfen und mich auf wundersame Weise trösten lassen. Und heilen. Als er lächelt, ist seine dicke rosa Zunge zu sehen.

»Doktor, ich habe da einen Traum im Oberstübchen«, sage ich und drücke ihm mit soviel Selbstvertrauen, wie ich nur aufbringen kann, die Hand.

»Ich komm' gleich rauf«, antwortet er.

»Na, na«, mahnt Zachary, »wir wollen unseren Gast doch

nicht mit psychologischen Problemen ermüden. Jomo hat den ganzen Vormittag über eine psychotische Patientin aufzuspüren versucht, die aus der Klinik ausgebüxt ist.«

»Oh?« Ich wollte, ich könnte diese idiotische verbale Angewohnheit los werden, aber sie sitzt einfach zu tief. (Ich gebe der Gesellschaft die Schuld.)

»Es handelt sich um einen wirklich ungewöhnlichen Fall«, begann dieser wundervolle Neger. Er nahm neben mir Platz und steckte sich eine würzige Zigarette an, die direkt aus einem französischen Hurenhaus importiert schien. »Wirklich ungewöhnlich. Sie ist hochgradig schizophren.«

»Außergewöhnlich«, murmelte ich. (Sie sehen, was ich meine, ja?)

Zachary, der sich ein Stück von meiner Salami genehmigt hatte, beugte sich herüber und flüsterte mir ins Ohr: »Immer dran denken, das Dharma-Rad muss sich drehen.«

»Ich hab's nicht vergessen.«

»Wie auch immer«, fuhr der Psychiater fort, »die junge Frau – sie ist weiß, überaus talentiert und viel zu sensibel – ist ein tragisches Opfer sowohl ihrer Familie als auch der Gesellschaft, die sie getäuscht und im Stich gelassen hat – dieses augenlose Untier, das für Schuldgefühle sorgt, ohne selbst ein Gewissen zu haben. Es stellt unmögliche Regeln auf und unsere Eltern, verkorkst wie sie selbst sind, helfen ihm dabei. Was will so ein Unschuldslamm schon ausrichten gegen derart mächtige Widersacher? Ihm bleibt doch nur der Wahnsinn. Was mich wundert ist, dass die ganze abendländische Kultur nicht längst zusammengebrochen ist! Aber andererseits«, und damit wandte er sich mit einem wunderbaren, traurigen Lächeln an Zachary, »bin ich mir gar nicht so sicher, dass sie das nicht längst ist. Hm, Maestro?«

»Wir müssen dem Menschen helfen, aus dem Nest seiner Abstraktionen zu fliehen«, antwortete Zachary. »Weil sie ihn einfach zermalmen.«

»Genau«, sagte Jomo (ich hatte bereits das Gefühl, ihn gut

genug zu kennen), »das sind die Früchte abendländischer Logik. Herz und Verstand des Menschen werden getrennt. Ein göttlicher Tempel, in sich selbst geteilt.«

»Erzähl doch noch was von dem Mädchen«, sagte ich. Seine philosophischen Ergüsse waren ja gut und schön, aber ich wollte einige Fakten. So geschwollen ich mich zuweilen auch anhören mag, im Grunde meines Wesens bin ich einfacher Mensch.

»Natürlich«, sagte er und stieß eine flotte Rauchwolke aus, »hat diese außergewöhnliche und ausgesprochen hübsche junge Frau – sie ist wirklich eine Wucht, klasse und sexy, eine unschlagbare Kombination –, natürlich hat sie schon eine Reihe von Zusammenbrüchen hinter sich. Das geht schon seit Jahren. Ihre Familie, sie heißt übrigens Katz, ihre Familie sieht darin puren Eigensinn. Man stelle sich vor! Diese Leute denken tatsächlich, sie macht das absichtlich – nur um ihnen das Leben schwer zu machen. Es versteht sich von selbst, dass die Eltern selbst krank sind, beide, nur dass sie es nicht wissen. Der Vater ist ein betuchter Gauner aus dem Big Business, der geradezu stinkt vor Paranoia, und die Mutter ist ein Fall von gigantischer Infantilität. Ein Zwitter aus Rotkäppchen und dem bösen Wolf. Ihr größter Traum, nicht dass er noch zu erfüllen wäre, ist, die Hauptrolle in einem Kindermusical zu spielen. Der Vater versucht insgeheim die Welt zu vernichten, bevor sie ihn vernichtet.«

Zachary warf sich gemächlich einen kleinen Brocken Cheddar in den Mund. »Ein weiteres bedrückendes Beispiel eines Menschen, der nicht eins mit seiner Welt sein kann.«

»Maestro«, sagte Jomo und schnickte die Zigarette auf die Straße (ich musste mich beherrschen, dem Stummel nicht nachzulaufen), »das Beste, was diesem Land passieren könnte, wäre, alle Kirchen einzureißen und durch Zen-Tempel zu ersetzen. Weil da nämlich der ganze Ärger anfängt, in den Kirchen. Das Fundament für den Massenwahnsinn wird nämlich zu Christi Füßen gelegt.«

Zachary sah mich traurig an. »Du hast den Frischkäse vergessen.«

»Kirchen sind nichts weiter als Fabriken, die am Fließband Schuldgefühle produzieren«, fuhr Jomo fort. »Keine andere Weltreligion hat soviel zum Selbsthass des Menschen beigetragen. Von der Verfolgung anderer ganz zu schweigen. Die Dornen, die man dem Messias ins Gehirn getrieben hat, Freunde, die stecken heute noch in der Psyche des Abendlands. Jedes Dogma dieser Kirche zielt auf nichts anderes, als den Menschen von der Natur abzuspalten – und damit von sich selbst.« Er suchte sich einen Wurstzipfel aus. »Und das, fürchte ich, bringt uns unvermeidlich zu den Juden. Schließlich war Christus ihre Idee. Der heidnische Mensch kam sehr gut ohne ihn aus. Er hatte seine Baumgötter, Wassergötter, Sexgötter, was weiß ich, seine magischen Rituale, er hatte alles, was er brauchte. Anders gesagt, er hat sich toll amüsiert. Bis die Juden daherkamen und ihm in die Suppe spucken mussten. Sie konnten es einfach nicht haben, dass der Heide einen solchen Spaß hatte. Sie haben ihn gehasst, weil er wie ein Gebirgsbach war, so voll Saft und natürlicher Freunde. Mit dem Gedanken eines einzigen Gottes hat man ihn ganz und gar ruiniert. Und erst die Jungfrau Maria und der Heilige Geist. Großer Gott! So was von krank! Aber die Juden waren noch kranker. Ungelogen! Sie haben die Neurose in die Welt gebracht. Und damit war es aus mit der Harmonie des Menschen.« Er wickelte eine Scheibe Mortadella um ein Stück Brot.

»Die Juden«, fuhr er schließlich fort, »was für ein Delikatessenladen von einem Volk! Wisst ihr, ich kann mich ja von jeher nicht des Gefühls erwehren, ihr Monotheismus war weniger Religion, ja überhaupt spiritueller Natur, als vielmehr eine raffinierte politische Strategie. Ein König oder Herrscher, ein Gott, wobei dieser Gott der Herrscher ist, nur in anderer Verkleidung. Es herrscht sich einfach um so vieles leichter mit nur einem Herrscher. Könnt ihr euch die

Konfusion vorstellen bei einem Gott und mehreren Herrschern? Und um das weiterzuspielen, auch das Konzept des Erlösers oder Messias war eine politische Entwicklung. Die unteren Schichten der Juden wurden von Mittel- und Oberschicht derart traktiert und übers Ohr gehauen, dass sie sich natürlich eine magische Persönlichkeit zu wünschen begannen, eine Phantasiegestalt, die das alles richten würde. Ein liebenswerter, asexueller Rächer der Enterbten. So haben sie sich den Nazarener einfallen lassen. Und sie haben sogar einen zustande gebracht. Ja gleich mehrere Versionen. Und wie der mit den verklemmten Betonköpfen aus den mittleren und oberen Schichten umsprang, das ist ja bekannt. Zerschlagen und zerhauen hat er sie! Was die Underdogs natürlich mächtig gefreut hat. Ich sag's euch, das gute Jesuskind war eine sozialrevolutionäre Phantasie, schlicht und ergreifend. Die Religion war nur die Barbecuesoße, die man ihr übergegossen hat.«

Zachary begann sich die Zotten unter dem Kinn auszukämmen; sie blitzten in der Sonne. »Der chinesische Verstand brauchte Jahrhunderte, um den Buddha ganz und gar zu begreifen. Die Chinesen sind ein ausgesprochen bodenständiges Volk. Die heben nicht ab. Die trotten schön brav zu Fuß. Und was die Religion anbelangt, wollen die was Praktisches.«

Jomo wischte sich über den Mund. Er griff nach einer Dose Tab und trank. »Was ist bloß mit diesen Juden? Ha! Das ist eine der großen grundlegenden Fragen unserer Zeit. Ich will euch meine eigene bescheidene Meinung dazu sagen. Zunächst mal haben sie sich derart abstrahiert, dass sie kaum noch existieren. Und dasselbe haben sie mit dem abendländischen Menschen gemacht. Zerrissen haben sie ihn, von seinem heidnischen, natürlichen Selbst getrennt, und damit in einer neuen Welt so genannter Ideen und Ziele ausgesetzt. Und hier treibt er nun hilflos dahin. Sie haben ihm die einfachen Freuden des täglichen Lebens genommen. An nichts mehr kann man sich um seiner selbst willen freuen. Es muss schon innerhalb eines Lebensplans geschehen. Es muss etwas bringen. Ehrgeiz! Der Grundpfeiler des abstrahierten judäischen Systems. Materialismus! Das größte Laster des Judaismus. Man kann die Welt nicht kontrollieren, indem man alles Gegenständliche darin besitzt. Überlegenheit! Das auserwählte Volk Gottes. Was für eine Arroganz! Jahrhunderte trennt sie sie nun schon von ihren Mitmenschen, und dann gibt man die Schuld den anderen und bezichtigt sie des niederen Antisemitismus. Wie absurd!

Ständig predigen sie die Nächstenliebe und all so 'n Quatsch, und dann drehen sie sich um und widersprechen sich selbst mit diesem Mist vom auserwählten Volk. Und natürlich säen und hegen sie diesen Mist bei ihren Kindern – Herrgott, selbst noch im Schlaf! Und ich frage euch, gibt es etwas Monströseres, Biestigeres auf dieser nichtigen Welt als jüdische Kinder? Pfui! Sie erziehen ihre Jungs zu feisten Waschlappen und ihre Mädchen zu Barrakudas. Und reden tun sie – ständig reißen sie die Klappe auf, um zu zeigen, wie gescheit sie sind. Stille ist etwas, was sie nicht kapieren. Für sie ist sie ein Mangel. Für sie ist sie wider die Natur und damit zu eliminieren. Was sie dabei nicht wissen – und meiner Ansicht nach kann deshalb auch ein Jude nie ein Zen-Buddhist werden –, ist, dass Stille unser aller Mutter und Vater ist. Die Große Intelligenz! Die Große Nährmutter! Das Wahre Selbst! Das Unendliche des Endlichen!«

Zachary hielt eine Flasche Löwenbräu hoch und strahlte Jomo an. »Du hast da gerade einen Augenblick der Erleuchtung, ein Satori. Ausgezeichnet!« Damit nahm er einen ordentlichen Schluck aus der Flasche.

Ich wurde selbst ziemlich durstig – Philosophie und Religion zehren mich grundsätzlich aus –, also öffnete ich ein Bier für mich und eines für Jomo, der ganz so aussah, als könnte er nach seinem Ausflug in die Komplexitäten des jüdischen Geistes eine Erfrischung vertragen. Ihm stand der

Schweiß auf der Stirn, als er so dastand und ins Leere starrte, als hätte er gerade drei Zossen zugleich als Erster über die Ziellinie gehen sehen. Wie ein Roboter nahm er die kalte Flasche entgegen und trank sie in einem einzigen langen Zug aus. Zeitlebens hatte ich gehört, was für tüchtige Trinker die Schwarzen seien.

»Wir dürfen uns nicht gegen das Wissen des Körpers mit den Winkelzügen des Geistes wehren«, murmelte Zachary. Er hatte sich im Lotussitz im Gras niedergelassen. Ein Paar alter Damen, die sich die bloßen Beine gesonnt hatten, sahen ihn misstrauisch an und zogen dann zwei Bänke weiter. Sie schienen Angst zu haben, dass er explodieren könnte, wie eine Handgranate.

»Ganz meine Meinung«, sagte ich. »Erzähl doch noch etwas über die junge Frau.«

»Ah, ja, das arme gepeinigte Mädchen.« Er schnappte sich ein weiteres Bier. Die erste Flasche hatte ihn ziemlich entspannt. »So lieb sie war, der Wahnsinn hat sie vergiftet. Herrgott, ich wollte, ich wüsste, wo sie hingelaufen ist.«

Ich versuchte ihm zu helfen, indem ich mir vorzustellen versuchte, wo ich hinlaufen würde, wenn ich schizophren wäre und ein Mädchen, das Ghulen zu Eltern hat. Ich kam zu dem Schluss, ich würde mich nach Helsinki in eine Sauna verziehen. Und wenn das nicht ging, würde ich höchstwahrscheinlich zu Bergdorf Goodman laufen und einen Schrank voll todschicker Unterwäsche erstehen – aber nichts, wo was drauf geschrieben steht – und mehrere Paare teurer, empfindlicher italienischer Pumps. Ich muss gestehen, wenn mich etwas in Stimmung bringt, dann ist das ein scharfer ausländischer Schuh. Mein lieber Schwan.

»April, Baby! Wo bist du?«, rief Jomo ganz unvermutet aus. »Komm zurück zu Papa!«

Hmm, dachte ich. Kleiner Fall von Gegenübertragung, wenn Sie mich fragen. Aber es gibt Schlimmeres.

»Ich weiß, was Sie denken«, sagte Jomo und legte mir eine

kräftige Hand auf die Schulter. »Aber das stimmt nicht. Mir sind alle meine Patienten gleich lieb. Ebenso wenig ziehe ich eine Krankheit der anderen vor, wie das bei einigen anderen Psychoanalytikern der Fall ist. Ich finde einen Paranoiker genauso interessant wie einen Schizophrenen.« Er stand auf. (Eine tief fliegende Taube auf der Suche nach Erdnüssen verfehlte knapp seinen Kopf.) »Sie sind alle krank. Sie alle brauchen mich – ihren großen schwarzen Papa. Oder wahlweise die Mama.«

Zachary hob den Kopf und lächelte uns ganz freundlich an. »Was für ein schönes Paradox, Jomo. Genau das nötig zu haben, was sie so ganz und gar nicht mögen – den schwarzen Paria. Für sie bist du gleichzeitig da und nicht da.« Einmal mehr neigte er in völliger Gelassenheit, eins mit dem Universum, den Kopf.

Von diesem Schwarzen gingen derartige Schwingungen aus, dass ich ein Kribbeln auf meiner Haut spürte, und es war gerade so, als kämen die Schwingungen wie die Worte von mir; nichts trennte uns. »Sie kommen an meinen Milchsee zurück, um darin gleichzeitig zu ertrinken und wiedergeboren zu werden. Sie klammern sich an meinen furchtbaren Stab in der Hoffnung auf Schläge und Kraft zugleich. Er enthält den Blitz ebenso wie die Liebe.«

Er legte eine Pause ein und ließ seinen Blick über das Gebüsch im Park schweifen, als könnten dort ganze Scharen hungriger, scheuer Psychotikerinnen versteckt sein, die nur darauf warteten, ihre Bestellungen loszuwerden. Cedric verließ seine Bank und schlenderte zu uns herüber. Er trug an diesem Tag normale Männersachen, aber seine mädchenhaften Bewegungen waren anziehend wie eh und je. Ich wusste genau, was er sagen würde, wenn er vorbeikam. Er bedachte mich mit einem seiner komplexeren Blicke (heute begehrt mich wieder gar keiner; ach, ich bin ja so furchtbar allein). »Ihr Mädels unterhaltet euch über was schrecklich Ernstes und Tiefschürfendes, hab' ich Recht? Na, dann lasst euch von eurer Schwester Cedric mal etwas sagen: Ihr habt keine Ahnung von Tuten und Blasen! Schreibt euch das hinter die Ohren.«

Armes Dummerchen. Wie gut ich ihn doch kannte. Wenn er das nur akzeptieren und damit aufhören könnte, seine wahren Gefühle vor mir verbergen zu wollen; immerhin war ich sein bester Freund, jemand, der ihm näher stand als er sich selbst. Er tippelte weiter, die Reihe der Bänke entlang, in der Hoffnung auf eine Reaktion von seinesgleichen, einen Blick, der ihm sagte, schließ mich in deine schwulen Arme, und ich mache, was immer du willst – Dinge, für die man uns zwanzig Jahre einsperren würde –, nur lass mich bitte nicht allein hier auf dieser kalten, selbstsüchtigen Bank, der es egal ist, ob ich lebe oder sterbe. Nimm mich, oder ich schwöre dir, ich gehe nach Hause, in meine Wohnung mit den Suspensorien und dem Kleinmädchendekor, stecke den Kopf in den Herd und mache einen Schmortopf aus menschlichem Unrat aus mir. Oh. Cedric, vielleicht weißt du ja, wo die arme getriebene April steckt. Menschen, die sich verstecken, sind doch deine Spezialität.

»Jungs«, sagte Jomo, »während unser Unterbewusstsein mit dem Problem von Aprils Verbleib beschäftigt ist, wär's mir lieb, wenn ihr euch die kleine Rezension hier ansehen würdet, die ich für den *Guardian* zu schreiben gedenke. Es geht um ein Buch über das Negerproblem.«

Ich glaube, ich habe ihm etwas aus der Hand genommen, und während die anderen weiter machten, was immer sie machten, begann ich zu lesen.

»Wir leben in der schaurigsten aller Zeiten. Der geile Gestank des Wahnsinns zieht fröhlich durch unsere Straßen. Schmerzensschreie zerreißen die Nacht, vaterländisches Gegacker quillt aus dem TV. Unüberhörbar tropft überall im Land das Blut, und unseren unfähigen Führern fällt nichts weiter ein, als noch mehr Klempner zu holen.

Von der Hefe des Schwachsinns aufgequollene Worte hocken wie feiste Ungeheuer aus dem Abnormitätenkabinett auf unserem Verstand: Freiheit, Loyalität, Anstand, Demokratie, Kommunismus, Identität … *Igitt!* Noch erschreckender ist jedoch, dass die Leute, die sie im Munde führen, so tun, als wären diese Wörter die Stars der Manege, wunderbare Künstler auf dem Trapez! Den sensibleren unter denen, die sie benutzen, ist der Umgang mit diesen Begriffen eher peinlich, sie haben ein schlechtes Gewissen dabei. Wir können uns ihrer Ansicht nur anschließen: Solange nicht eine Metasprache zum Massenmedium wird, stecken wir alle bis zum Hals in traditionellem Gefasel.

Wie nun unterscheidet sich der gewöhnliche Neger vom ›intellektuellen‹ Neger? Empfindet und denkt er vielleicht nicht ganz so menschlich wie er? Spielt sich seine ›Krise‹ auf einem etwas weniger noblen Niveau ab als die des Intellektuellen? Und was wäre denn so eine ›Krise des Negers‹, wie Cruse sie versteht, im Gegensatz zu der Krise, die wir in diesem Augenblick alle durchmachen? Was ist denn überhaupt ein Intellektueller? Ist er womöglich nur einer, der eine Menge Bücher liest und die Nase hoch trägt? ›Origineller Denker‹?

Um es präziser zu sagen: Was würde der zornige, gedemütigte, hungrige Neger auf der Straße zu einer Aussage wie der folgenden sagen: ›Mit nur einigen wenigen scharfsichtigen und originellen Denkern hätte die Negerbewegung womöglich schon vor langer Zeit dazu beitragen können, das Abgleiten der Vereinigten Staaten in die moralische Negation seines großen Versprechens als neue Nation der Nationen aufzuhalten und umzukehren.‹

Oder folgender: ›Je weiter der Neger sich von seiner historischen Vorgeschichte entfernt, desto dürftiger werden seine konzeptuellen Bindungen, desto leerer wird sein soziales Denken, desto oberflächlicher seine Visionen.‹

Zweifelsohne würde der gemeine Neger (und ist es nicht dieser kollektive Mensch, um den die ganze Revolution sich dreht?) darüber lachen, wäre er nicht beleidigt ob solch herablassenden Schwulsts. Dieses ganze nicht eben dünne und obendrein enervierend ›intellektuelle‹ Buch hindurch hört Cruse sich an wie ein altersschwacher Psychologe, der seinem Patienten betrübt klarzumachen versucht, dass er seine Neurose unmöglich bewältigen könne, wenn er – trübe Tasse, die er ist – sich nicht mit der Geschichte der psychoanalytischen Theorie vertraut macht.

Es dürfte mittlerweile klar geworden sein, dass Cruse meiner Ansicht nach leidenschaftlich auf einem falschen Urteil besteht. Darüber hinaus scheint er mir mit seiner Meinung über die gegenwärtig verzweifelte Situation auf beunruhigende Weise in dieselbe Kerbe zu schlagen wie viele weiße Liberale, die dem Neger (dem Aktivisten wie dem unbesonnenen Schreihals und Zerstörer fremden Eigentums) seinen Mangel an strukturierten Zielen übel nehmen. Diese völlig irrelevante und merkwürdig herablassende Reaktion auf das, was sich da auf einfachstem menschlichem Niveau abspielt, erinnert (mit durchaus realen Befürchtungen) an die Art und Weise, wie man im Süden Intelligenztests zur Diskreditierung von Negerkindern einsetzt, um ihnen das Recht auf ein intelligentes Leben abzusprechen. In diesem Fall schließt sich – leider, wie man sagen muss – dem Verfechter weißer Überlegenheit der empörte Intellektuelle Cruse, selbst ein Neger, an.

Cruse ist besessen von der ›Kultur‹: den ihr inhärenten Konzepten, ihrem Sinn, ihren Zielen sowie ihren Vorzügen, die für ihn *a priori* bestehen. Er ist – und das bis zur Befangenheit – von ihr ebenso bestimmt wie das ›rationale‹ abendländische Denken von der aristotelischen Logik. Und ganz wie der akut süchtige Aristoteliker sieht er das menschliche Leben ganz im Zeichen der Kultur. So sagte er etwa: ›Kultureller Nationalismus hat sich durch alle verfügbaren organisatorischen und erzieherischen Mittel zu äußern, die zur Förderung und Gleichstellung des Negerkünstlers als Schöpfer,

Interpret oder Kritiker beitragen könnten. Eine solche Zielsetzung steht zweifelsohne im Einklang mit der kulturellen Entwicklung der Negergemeinde.‹

Eine solche Aussage ist nicht allzu fern von jener über die Fertigkeiten des Negers in Tanz und Gesang …«

Ich hätte weiter gelesen, hätte Jomo mich nicht unterbrochen.

»Ich hab's!«, rief er und schleuderte seine Bierdose in die Azaleen. »Ich hatte eben eine Erleuchtung. Ach, wie herrlich unterbewusst sind doch die Prozesse der Vision! Und wie jämmerlich schwach, meine Freunde, ist doch der bewusste Verstand! Harlem! Wir finden April in Harlem. Sie hat sich in den verbotenen, aber nachsichtigen Katakomben von Black Town versteckt.«

Im Nu war Zachary auf den Beinen. »Ein weiteres Satori, Jomo.«

Jomo umarmte ihn. »Zachary, jeder Augenblick ist ein bewegender Tribut an die Weisheit des Buddha. Das Dharma-Rad surrt. Auf nach Harlem, dem Herzen von Amerikas Schande.«

Was mir überaus recht war. Das Licht downtown war mir ohnehin zu grell, zu anständig, zu abstrakt. Die Blumen schämten sich ihrer selbst in diesem Licht, und die Eichhörnchen genierten sich, es miteinander zu treiben. Wir stolperten in den ersten gelben Käfer, und nachdem wir dem scheckigen Etwas am Steuer das Ziel genannt hatten, lehnten wir uns, glücklich über die Wendung der Dinge, in die Plastikbezüge der Sitze zurück. Ich blickte erst Jomo an, dann Zachary, der selig lächelte, und angesichts dieses Lächelns kam ich mir zum ersten Mal seit langer Zeit weniger wie ein Entrechteter vor. Es wurde zu einer gütigen Schlucht, in die ich mich voll ach so herrlicher Gefühle fallen ließ; mein ganzes Wesen wurde im Fallen rückhaltlos eins damit, schmolz dahin wie eine Schneeflocke, die für ein paar Sekunden lang sie selbst sein darf, ganz und gar uneins mit der

Landschaft, um dann im nächsten Augenblick heimlich mit ihr eins zu werden, lächelnd, sachte, eine poetische Verschwörung in tiefster Nacht.

Drei Jahre in einer Höhle, sich von allen absurden und sinnlosen Gedanken befreien, um die schlichte Wahrheit des Lebens und der Lehren des Buddha begreifen zu können. Warum, Zachary, kann ich das nicht? Ich meine, ich war in Indien, ich habe in den Bergen bei haarigen Gurus gehaust, die den lieben langen Tag lang Betel kauten, bis sie in Trance gerieten vor Hunger und Dope. Ich bin zwölf Kilo losgeworden und praktisch alle meine westlichen Laster außer ein paar Essgewohnheiten, und sogar beim Buddha hatte ich einen Fuß in der Tür. Wenn auch nur einen Fuß. Mann, das war hart. Ein paar Mal habe ich gedacht, ich dreh durch. Keine Weiber, kein Sprit. Das war die schlimmste Entsagung von allen! Man muss ein Zweifingerfaultier sein, um ohne diese beiden grundlegenden Dinge auszukommen, das kann ich Ihnen sagen. Auch wenn sie beide zu sechzig Prozent aus Phantasie bestehen und sechzig Prozent der Phantasie ausmachen. Aber das ist ja wohl mit allem so. Oder etwa nicht? Wenn Sie den schönen grünen Park, durch den wir hier zischen, nicht für eine Phantasie halten, dann leben sie einfach nicht. Ich wette, mein alter Herr war froh, dass ich endlich aufgehört habe, ihn um Geld anzuhauen – ein Leben lang an seiner nicht eben spendablen Vorstandsbrust. Das Leben in dem Kuhkaff kostete zwei Dollar im Monat. Ich wäre sogar mit fünfzig Cent weniger ausgekommen, hätte ich nicht hin und wieder auf ein bisschen Obst bestanden, um den Geschmack der Keime aus dem Mund zu bekommen, der kurz vor der Metamorphose stand. Mannomann, so ein Mund kann vielleicht Ansprüche stellen! Und zuvor die drei Jahre, in denen ich durch Europa wanderte wie ein geisteskranker Volkszähler bei der Erhebung von kulturellen Standpunkten und Erfahrungen, aber immer an der Arbeit am Dharma, einen Schritt vor, einen zurück, den einen gekrochen, den anderen gerutscht (gewisse traditionelle und in Liedern verewigte Schwächen sind ziemlich glatt). Der Mensch ertränkt sein Innenleben in Äußerlichkeiten (so Renzai, ein Meister aus dem 9. Jahrhundert, sanft wie ein Stein). Oh, und dann die Zeit in München.

Wie kann ein Mensch seine sterblichen Poren nur so vielen teuflischen Stimuli öffnen!

»Darling«, sagte die deutsche Gräfin mit den Löwenaugen und dem gewaltigen, halb entblößten Busen, »du weißt sehr gut, du kannst das völlig problemlos arrangieren.«

»Nein«, sagte ich. Ich lag halb angezogen auf einem roten Samtdiwan, der einst Kaiser Franz Josef gehört hatte. »Arrangieren schon. Es ist nur so, dass man mich erwischen könnte. Dann lande ich für zehn Jahre in Sing Sing. Das ist das Problem.«

Lächelnd kraulte sie meine nackte Brust und fuhr dabei sachte mit ihrer Zirkuszunge zwischen meine Zuschauerlippen. »Sei nicht albern. Wie kommst du darauf, dass man dich erwischt?«

Ich begann mit einer ihrer Brüste zu spielen, teils aus Lust, teils zur Beruhigung. »Ganz einfach, wer sich auf ein Verbrechen einlässt, lässt sich auch auf die Polizei ein. Und so sehr ich die Polizei verachte, die Militärpolizei wie die deutsche, ganz so blöde sind die auch wieder nicht.«

Ihre Zunge entdeckte mein Ohr wie ein Zeitgenosse Elisabeth I. das Cembalo; nicht ein Teil meines ganz und gar unzynischen Organs, das ungespielt blieb. »Ihr Amerikaner! Was ihr euch für Sorgen macht! Wie Kinder. Und alles nur weil man euch mit solchen Schuldgefühlen erzieht. Ihr saugt sie mit der Muttermilch auf. Das Leben kann so einfach und wunderbar sein, ist man erst mal seine Schuldgefühle los.«

Ich begann ihren sonnengebräunten Schenkel zu streicheln. Nie im Leben hatte ich einen so zeitlos herrlichen, sinnlichen und weiblichen Schenkel gesehen. Seit meiner

Kindheit hatte ich von solch unermesslichen Schenkeln geträumt. Schenkel, die selbst im Schlaf noch hungrig lächelten, wenn andere Schenkel taub waren – Laibe ungebackenen Brots in einer finsteren Bäckerei. »Okay, okay. Ich hole das Penicillin aus den Arzneischränken und bringe es dir. Du verhökerst es an deine Kontaktleute, Klein und Wolf, diese doppelköpfigen Trolle, und damit hat es sich. Wir sind frei. Geld wie Heu und was weiß ich noch alles. Aber was, wenn die merken, dass das Zeug fehlt?«

Sie legte die Hand genau dorthin, wo jeder Nerv geschwollen ist vor Lust, Schönheit, Wahnsinn und möglicherweise Mord, und ich spürte meine beiden Seelen – meine lichte wie meine finstere – aufsteigen, und das mit beträchtlicher Kraft.

Sie lachte ein Lachen, wie es nirgendwo sonst auf der Welt – nicht auf der Straße, nicht in Geschäften, Wohnzimmern, Kirchen oder beim Abendessen – zu hören ist, nirgendwo außer im riesenhaften Grinsen eines Bettes: das Lachen der Lenden. »Ach, Darling. Wer würde je einen Offizier eines so erbärmlichen Verbrechens verdächtigen? Pah. Selbst wenn sie merken, dass es weg ist, dann verdächtigt man eben einen Sanitäter oder Wachmann, das ist doch logisch, meinst du nicht? Sei nicht so puritanisch! Immer gleich mit Strafe zu rechnen, kaum dass man sich mal amüsiert oder ein paar Groschen verdient.«

»Und was ist mit der Loyalität gegenüber meiner Uniform, meiner Position?«, fragte ich, während sie mein pochendes Untier, meinen Apollo und Prometheus, meine Symphonie aus dem Hosenstall ließ.

Ihre Tieraugen, die vor Jahrhunderten ein Wald hervorgebracht hatte, in dem ihre Vorfahren, in Fell gekleidet – knurrend und geifernd, anstatt Worte zu formen – einen blutenden Hirschen zerfleischten, diese Augen blitzten jetzt vor belustigter Gerissenheit auf.

»Das sind doch Abstraktionen, die nur dazu da sind, uns

zu manipulieren. Man macht uns damit zu Sklaven eines ungeheuren Schabernacks, des Systems.«

Und damit verschwindet mein tobendes Untier in ihrem heißen Mund. Ich kann die zarteren unter den Blumen vor Entsetzen die Kelche schließen sehen; die anderen Tiere liegen still und halten den Atem an. Allein die riesigen Bäume sind stark genug, das Wissen dieser maßlosen Animalität zu verkraften, die beängstigenden Konsequenzen ihrer Bedeutung. Denn nichts Lebendes vermag ihrem wilden Wesen zu widerstehen. Blut ist ihr Geschmack, und Schreie sind ihre Musik.

Die Gräfin und ich sitzen in der Marquis Bar und feiern mit Champagner. Zwei Wochen sind vergangen. Die Tat ist getan. Das leise Knistern in meiner Tasche ist das Flüstern der Geldscheine; sie erzählen einander von ihrer Schönheit und Macht. Was für eine Unterhaltung! Ein 1000-Mark-Schein brüstet sich mit dem Alkohol, über den er bald verfügen wird, und ein 10000-Mark-Schein kichert angesichts der Zahl der Menschen, die er zu bestechen, zu korrumpieren und zu ruinieren vermag. Eine andere aufgeblasene Note erzählt von einem Pelz, den sie vor kurzem erstanden hat. Ich, ihr mutmaßlicher Herr und Meister, bin ihnen egal. Es ist ihnen gleich, ob sie mich stören. Obwohl sie in meinen Diensten stehen, wissen sie sehr wohl, wer der wirkliche Herrscher in diesem Land ist. Ich weiß nicht, was sie davon abhält, das Lokal mit ihrem ironischen Gelächter zu füllen. Jedenfalls nicht ihre Manieren. Es ist dies das traurige, steife Privileg ihres vorübergehenden Eigentümers. Leere Räume heben laute Stimmen hervor.

»Ich finde es hier himmlisch«, sagt sie, geradezu grausam schick an diesem Abend. Sie trägt ihren Pullover mit der selbstgefälligen Arroganz eines Rennfahrers. »Dünkel kann sich hier niemand leisten, also lässt man jeden sein, wer und was er ist. Die meisten Lokale zwingen einen zur Verkleidung, was anstrengend ist. Eine furchtbare Last.«

Ich sehe mir meine britischen Wildlederschuhe an, für die ich fünfunddreißig Dollar hingelegt habe. Höchst zufrieden mit sich gucken sie unter meiner weichen grauen Flanellhose hervor. Sie passt ausgezeichnet zu ihnen und entspricht auch ganz ihrer Klasse. »Man hat Anklage erhoben, gegen zwei Männer aus der Kaserne.«

»Wunderbar! Darauf stoßen wir an.« Nachdem sie das meine berührt hat, hebt sie ihr Glas.

»Man wird sie höchstwahrscheinlich verurteilen«, fahre ich fort und trinke auf meine eigene Gesundheit und Position. »Sie hatten schon mal mit irgendwelchen Schiebereien auf dem Schwarzmarkt zu tun.«

»Hab' ich dir nicht gesagt, es wird alles gut gehen?« Sie lächelt. Nichts könnte diesen barbarischen Zähnen – so was von weiß und scharf – etwas anhaben; menschliches Knochenmark hat sie im Lauf der Jahrhunderte blank gescheuert, geputzt. »Für einen Ästheten glaubst du nicht in dem Maße an die Logik der Poesie, wie du solltest«, fährt sie fort und reibt dabei meine Hand.

»Vielleicht hast du Recht. Vielleicht würde ich mir dann weniger mies vorkommen, wenn die beiden Typen für etwas ins Gefängnis müssen, was ich getan habe.« Ich lächele, ein Lazarettlächeln, an dem nur die Mundwinkel beteiligt sind; die Seele bleibt dabei starr. »Ist natürlich eine andere Sorte Logik, schon klar.«

Sie lacht, und es ist ein so animalischer Laut, dass sich mehrere Köpfe nach ihr umdrehen. »Nicht doch, Darling. Gehört alles zur Poesie. Überraschung und Widersprüche und Ungerechtigkeit – all das *ist* Poesie.« Sie nimmt meine Hand hoch und, auf aristokratische Weise völlig gleichgültig gegenüber Anwesenheit und Blicken derer, die sie als unter ihrer Würde betrachtet, beginnt sie an meinen Fingern zu saugen. Der Kellner mit der Radieschennase und den Puddingbacken versucht sich nicht aus dem Tritt bringen zu lassen, versagt aber kläglich. Wie angewurzelt bleibt er stehen, mitten in der Verrichtung, den starren Blick auf ihrem Mund, der meinen Finger verschluckt. »Gelebte Poesie.« Sie saugt an meinem kleinen Finger, worauf meinen ganzen Körper ein Schauer durchläuft. »Man darf Poesie nicht auf Bücher beschränken, Liebchen.«

»Ganz deiner Meinung.« Ich sehe mich in dem Raum voll brabbelnder, seliger Schlechtigkeit um. »Wir brauchen all die gelebte Poesie, die wir kriegen können.«

»Küss mich.«

Ich beuge mich vor; wie ein Meuchelmörder aus seinem Versteck springt mir ihre Zunge in den Mund. Einige Augenblicke plündert sie diesen gierig, dann ziehe ich mich aus Verlegenheit wieder zurück. Ich frage mich, was wohl alle meine Lieben zu Hause dazu sagen würden?

Ich blicke mich um. Der Raum ist ein Garten der Verderbtheit. Flora und Fauna dieses Raums gehören in ein Museum. Diebe, Prostituierte, Luden, Mörder, Verräter – und jeder Einzelne so fidel, so hübsch aufgemacht, und alles zur Feier seiner jeweiligen schwarzen Kunst. Ein hoch aufgeschossener hagerer amerikanischer Soldat kommt vorbei, den Arm um die Hüften eines sehr blonden und umwerfend scharfen deutschen Mädchens gelegt. Er zwinkert mir zu. Er kennt die Szene. An einem Tisch ganz in der Nähe unterhält sich ein eleganter deutscher Naziaristokrat leise mit seinem geschminkten Freund. Zu meiner Rechten sitzt ein aufgedunsener Mann mit einem Schmiss auf der Wange; ihn flankieren zwei gierige junge Huren, die ihre Kaviarsandwiches verdrücken, als hätten sie den Krieg in einem Kellerversteck zugebracht. An der Bar steht ein amerikanischer Hauptmann; er ist betrunken und laut. »Ich kann euch sagen, diese Franzosen kotzen mich vielleicht an. So ein feiges Gesindel, feige und ungewaschen. Keine Ahnung, wie so was mit sich leben kann. Ich für mein Teil würd' mich umbringen, so peinlich wär' mir das.« Er ist von der Presseabteilung. Er hat im Leben noch keine Waffe in der Hand gehabt.

Ein weiterer Nazi taucht auf. Er klopft jemandem auf die Schulter. Er ist außergewöhnlich gut aufgelegt. Ich mustere sein pockennarbiges, gerissenes Gesicht. Mir dringen schreckliche Worte ans Ohr.

»Ich schätze, dass mindestens zweieinhalb Millionen Opfer dort durch Vergasung und Verbrennen hingerichtet und ausgerottet wurden; mindestens eine weitere halbe Million starben durch Hunger und Krankheit, was eine Gesamtzahl von ungefähr 3 000 000 Toten ausmacht. Diese Zahl stellt ungefähr 70 oder 80 Prozent aller Personen dar, die als Gefangene nach Auschwitz geschickt wurden; die übrigen wurden ausgesucht und für Sklavenarbeit in den Industrien des Konzentrationslagers verwendet. Unter den hingerichteten und verbrannten Personen befanden sich ungefähr 100 000 deutsche Juden und eine große Anzahl von Einwohnern, meistens Juden, aus Holland, Frankreich, Belgien, Polen, Ungarn, Tschechoslowakei, Griechenland oder anderen Ländern. Ungefähr 400 000 ungarische Juden wurden allein in Auschwitz im Sommer 1944 von uns hingerichtet.

Die Endlösung der jüdischen Frage bedeutete die vollständige Ausrottung aller Juden in Europa. Ich hatte den Befehl, Ausrottungserleichterungen in Auschwitz im Juni 1942 zu schaffen. Zu jener Zeit bestanden schon drei weitere Vernichtungslager im Generalgouvernement: Belzec, Treblinka und Wolzek. Ich besuchte Treblinka, um festzustellen, wie die Vernichtungen ausgeführt wurden. Der Lagerkommandant von Treblinka sagte mir, dass er im Laufe eines halben Jahres 80 000 liquidiert hätte. Er hatte hauptsächlich mit der Liquidierung aller Juden aus dem Warschauer Ghetto zu tun. Er wandte Monoxid-Gas an, und nach seiner Ansicht war seine Methode nicht sehr wirksam. So gebrauchte ich in Auschwitz also Zyklon B, eine kristallisierte Blausäure, die wir in die Todeskammer durch eine kleine Öffnung einwarfen. Es dauerte 3 bis 15 Minuten, je nach den klimatischen Verhältnissen, um die Menschen in der Todeskammer zu töten. Wir wussten, wenn die Menschen tot waren, weil ihr Kreischen aufhörte. Wir warteten gewöhnlich eine halbe Stunde, bevor wir die Türen öffneten und die Leichen entfernten. Nachdem die Leichen fortgebracht waren, nahmen unsere Sonderkommandos die Ringe ab und zogen das Gold aus den Zähnen der Körper. Eine andere Verbesserung gegenüber Treblinka war, dass wir Gaskammern bauten, die zweitausend Menschen auf einmal fassen konnten …«

Eine schrille Rothaarige taucht an unserem Tisch auf und küsst die Gräfin. »Freda, Teuerste! Du siehst ja fabelhaft aus. Wie machst du das bloß? Wie schaffst du es nur, immer so jung und gesund auszusehen?« Sie schenkt mir ein Lächeln und flitzt an einen anderen Tisch.

»Wer ist das denn?«, frage ich.

»Absolut reizendes Mädchen. Sie war Informantin der Gestapo. Hat sich sozusagen ihren Lebensunterhalt mit Exekutionen verdient.« Worauf sie lachen muss.

»Gehen wir lieber woandershin.«

»Natürlich, Darling. Ich weiß genau das Richtige für uns. Das interessanteste Bordell in ganz München.«

Ihr Grinsen ist eine Geste voll Sexualität und Gewalt, Schmerz und Überschwang, Entwürdigung und einer besonderen Art von Erhabenheit, die meine Talente heute noch weit übersteigt.

»Das phantasievollste, sollte ich wohl sagen. Die Leute da – die Darsteller im Theater dort, sollte ich sagen – sind Künstler. Sie arbeiten mit dem Verstand, wo andere in ihrer Branche nur mit dem Körper zugange sind.«

Unser Taxifahrer ist ein komischer Vogel. Er ist aus einem kleinen Repertoiretheater ausgebüchst und hat nur vorübergehend in dem muffigen alten Taxi Zuflucht gesucht. Er hat rotes Haar, sein Blick scheint auf etwas ungemein Interessantes in einem seiner vergangenen Leben fixiert, und seine Nase ist so lang, dass ich mich beherrschen muss, nicht dran zu ziehen. Außerdem kann ich mich des Gefühls nicht erwehren, dass er ein Amerikaner ist, obwohl ich sicher bin, dass er als deutsche Wurst durchzugehen versucht.

»Wie kommt denn ein Amerikaner dazu, in München Taxi zu fahren?«, frage ich ihn, wenn auch nicht mit der Strenge eines enttäuschten Onkels.

Er lässt sich nicht von seinem siechen Taxi ablenken; er dreht sich noch nicht einmal um.

»Na?«

»Ach!«

»Kommen Sie schon, Herr Strudel. Raus damit.«

»Tja, Chef, die Sache ist die: Ich stehe bei den Zockern hier mächtig in der Kreide. Mit der todgeweihten Kiste hier versuche ich, von meinem Schuldenberg herunterzukommen.«

»Guter Junge. Ich werd's Ihrer Mutter sagen, wenn ich sie seh'«, sage ich und streiche mir ein paar Mal, sinnlich und mit Besitzerstolz, über den Bart. Die Gräfin legt mir eine Hand auf den Schwanz (diese Frau kommt ohne große Umschweife zum Kern der Sache), und der steht sofort freudig hechelnd stramm. Der rothaarige Schwindler, der Weltreisende, der Spieler, der Mann mit den zwei Identitäten (und der langen Nase) zwinkert mir über den Rückspiegel zu. Was für eine plumpe Vertraulichkeit! Wie anmaßend! Er ist auf sofortige Intimität aus; am liebsten schlüpfte er auf der Stelle in meine Haut. Ich bin sicher, er würde sogar meine Krankheiten übernehmen, um sich bis in die Feinheiten mit mir zu identifizieren. Wer ist der Kerl? Ist er ein Spiegel? Ein Echo? Ein Schatten, der sich einbildet, ein Körper zu sein?

Das Bordell erweist sich als Fleisch gewordenes Unterbewusstsein, dekoriert mit laszivem Schick. Es ist eine ekstatisch tobende Hydra, die Gesichter in Kriegsbemalung, der Körper in eng anliegender schwarzer Seide. Es ist eine Metapher, die sich selig selbst (mitsamt seinem Schöpfer) verschlingt. Die Chefin, eine schwarzhaarige Frau mit ausladenden Hüften in Fischnetzstrümpfen und offenherzigem Kleid, das auf der Stelle Gehorsam verlangt, wechselt einige pikante Worte mit der Gräfin. Eine unglaubliche Hitze geht von ihr aus. Nichts an ihrem Bonsaikörper, das auch nur einen einzigen Augenblick in ihrem Leben normal gewesen wäre. Ihre Muttermilch war ein Aphrodisiakum. Sie führt uns durch einen barocken, prachtvoll überladenen Salon, in dem es nur so wimmelt vor Mädchen, ihren jungen Künstlerinnen. Ich komme mir vor wie im Besetzungsbüro für ein Sexfestival. Die ganze Geschichte abendländischer Lust und Laster – die unerschöpfliche Kunst der Zunge, die Positionen und Verrenkungen, die Melodien des Innenschenkels, Macht, Finesse und die erhabene Virtuosität einer Hand –, all das befindet sich in diesem kultivierten orgastischen Raum. Nie im Leben war ich von einer derartigen Anzahl wollüstiger Weiber umgeben – sitzend, liegend, stehend; was für eine Fülle von Brüsten, Schenkeln, Ärschen, so viel ungezähmte Schönheit und Willfährigkeit. Ich bin nicht mehr in der Welt von Verbrauchssteuern und staatlichen Arbeitsprogrammen. Ich befinde mich in der griechischen und chinesischen Mythologie. Ich befinde mich mitten unter den geilen Gestalten eines Flachreliefs, auf ewig taub gegenüber den Schreien von Zeit und Raum, Gelüsten und menschlicher Schwäche. Ich bin in jedem Museum der Welt, angestarrt von Schulkindern, alten Jungfern und alten Männern, die sich einreden, sie begaffen uns nur aus rein wissenschaftlichen Gründen. Nur ein Blinder könnte uns so anschauen.

»Die Schätzchen sind die Crème Europas«, sagt die Puffmutter. (Sie heißt Eva.) »Sie sind die Krönung meines Lebenswerks.« Bewundernd hat sie für jede ein nettes Wort.

»Wir wollen etwas ganz Besonderes, Eva, Darling«, sagt die Gräfin. »Wir sind Gourmets, weißt du. Also nichts Rustikales, ja?«

Eva lacht, sonor und füllig, das Lachen einer Siegerin. (Verlierer haben komische Stimmbänder.) »Bei mir gibt es ausschließlich *haute cuisine*.«

Sie führt uns die Treppe hinauf in ein großes schwül dekoriertes Zimmer mit einem riesigen Bett in der Mitte, das Homer sich ausgedacht haben könnte. Das Bett ist die Bühne. Nichts, was man darauf nicht aufführen könnte. Allein seine Dimensionen machen es unglaublich plastisch. Ein Theater der Lust. Die Darsteller machen alles, was man will; sie sind wir und wir sind sie. Die geballte Kraft der satten Farben, Stoffe, Muster und raffinierten Arrangements sorgt für einen seidig raschelnden Strudel, der sofort an meinem Verstand zu zerren beginnt. Zwei dicke, lächelnde Polstersessel erwarten uns, das Publikum. Ich habe das Gefühl, in einem riesigen parfümierten Frauenschoß Platz zu nehmen. Ich versinke zwischen den flaumigen Schenkeln und vergesse ganz, wer ich bin. Aber vielleicht gibt es mich als Ich ja ohnehin nicht, jedenfalls nicht isoliert und abgezirkelt; vielleicht bin ich ja all diese anderen Menschen, vielleicht bin ich all die, die ich beobachte. So ist, was immer ich, zu welchem Zeitpunkt auch immer, gerade beobachte, sei es hier oder auf der Straße, nichts weiter als eine Projektion und damit Teil meiner selbst. Ich bin Beobachter und Beobachteter zugleich. Wer weiß?

Die Gräfin hält meine Hand, wenn auch nicht aus Zuneigung, sondern um nicht in den reißenden Wassern ihres Verlangens unterzugehen. Einige erwartungsvolle Augenblicke später bekommen wir auf der Bühne vor uns eine merkwürdige Revue von Genitalien zu sehen. Zwei Männer und zwei Frauen gleiten aus den Kulissen. Ihre pulsierenden nackten Körper glühen geradezu, als die geballte Ladung meiner Phantasie ihnen Befehle zu erteilen beginnt; ihre Nervenzellen füllen sich mit meiner Energie, meiner und der der Gräfin, die mir in ihrer Wollust schier die Finger zerquetscht. Die Männer – sie sind gesichtslos, ohne jeden Ausdruck, als stünden sie unter Drogen, was jedoch völlig in Ordnung geht, ist ihr Gesicht in Wirklichkeit doch das meine – diese beiden Männer haben enorme Schwänze, die größten, die ich je gesehen habe. Kinder, so kann ich mir vorstellen, könnten an diesen ehernen Stangen Klimmzüge machen. Was die Frauen angeht, so ist die eine klein, hat tonnenweise schwarzes Haar und ganz spitze Brüste; die andere hat überreife wogende Schenkel, die in eine der prähistorischen Perioden der Erdgeschichte gehören. Schicht um Schicht hat man sie zu zivilisieren versucht. Stämme – Jäger und Krieger – haben diese prallen Berge und Täler durchstreift. Sie enthalten die Schreie von Sterbenden ebenso wie wildes Kriegsgeheul und das betrunkene Lallen an zahllosen Feuern. Der kastanienbraune Wald dazwischen (wie viele Stürze mag er gedämpft haben) genügt, um einen in den Wahnsinn zu treiben. Sorglose Wanderer, Gruppen trunkener Ausflügler haben sich in seinen finsteren Tiefen verlaufen. Attila und sein Urgroßvater dösen dort noch heute in seliger Selbstvergessenheit und lächeln im Schlaf beim Gedanken an die Suchtrupps, die sie glasigen Blicks in Schulbüchern zu finden hoffen. *Ach!*

Das Quartett arrangiert sich in entzückenden Stellungen (mich packt eine irrationale Angst, dass einer der Ständer abbrechen könnte). Die kleine Dunkelhaarige sitzt auf dem Schoß eines der beiden Männer, der ihr abwechselnd mit der Zunge über den Rücken fährt und sie dann wieder beißt, während er ihre Nippel bearbeitet. Sein ungestümer Rammbock guckt zwischen ihren Schenkeln hervor. Das andere Mädchen kniet vor den beiden, den Kopf zwischen den Beinen der Dunkelhaarigen, und schluckt seinen Mast. Der zweite gesichtslose Bursche hat seinen Sturmbringer in den hungrigen Mund des sitzenden Mädchens gesteckt. Diese Darbietung erfolgt auf dem Boden und einem niedrigen Stuhl. Was für ein Schmaus! Ich könnte noch nicht einmal sagen, welcher Teil meines Körpers ihn am prickelndsten empfindet. Ich verschmelze mit jedem einzelnen der Darsteller; ich bin jeder einzelne; ich bin sogar die Gräfin, die mir noch immer schwer atmend die Handknochen zu brechen droht, während bei ihr hier und da ein kleiner Schweißdiamant auf Gesicht und Hals zu blitzen beginnt.

Man hat sich neu formiert. Die Mädchen beginnen wahrhaft animalische Laute von sich zu geben; urplötzlich sind sie wieder in Höhlen, zwischen Tierhäuten und blutbefleckten Keulen und den glänzenden Knochen einer Mahlzeit auf dem Boden. Eines der Mädchen leckt das andere zwischen den Beinen, während einer der Männer – dessen Kopf mit herrlich unpassenden blonden Kinderlocken bedeckt ist – es ihr von hinten in den Anus besorgt; angespornt wird er von seinem muskulösen Kollegen, der ihm eine kurze, aber ziemlich kräftige schwarze Peitsche über den Rücken zieht. Dieses Lieblingsstück geschundenen Fleisches wurde über Jahrhunderte weitergereicht, von Meister zu Meister; es erwacht nur zu den Lauten dringend benötigter Pein. Es ist ein Instrument himmlischer Kammermusik. Die orgastischen Krämpfe der vier beginnen miteinander zu verschmelzen; in einem unnachahmlichen Durcheinander von Fleisch, Schreien und Peitschenknallen werden sie eins. Die Gräfin neben mir hat die Augen geschlossen und stößt knappe, hechelnde Schreie aus, mal vor Lust, mal vor Schmerzen; ihr Körper windet sich mit den anderen in Erfüllung.

Jetzt brauchen wir alle eine Pause. Die Darsteller liegen in den verrücktesten Positionen kreuz und quer auf dem Bett. Die Gräfin hat noch immer die Augen geschlossen, aber ihre Hand hat mir die meine zurückgegeben. Die Puffmutter, die sich bis auf die Arbeitskleidung ausgezogen hat (schwarzer BH mit Löchern, damit die Brustwarzen durchgucken können, lange schwarze Strümpfe an roten Strapsen und hochhackige Pumps), serviert mir Champagner. Auch der Gräfin drückt sie ein Glas in die Hand, und dies erweckt sie wieder zum Leben: das Versprechen auf eine weitere Freude, ein Prickeln im Mund, dann im Magen und schließlich im Blut.

»Wir haben hier einen herrlichen amerikanischen Schwarzen, der an den Wochenenden bei uns auftritt«, sagt Eva beiläufig. Sie lacht weise. »Er sagt, er braucht das Geld, aber ich weiß es besser. Es ist sein Herzenswunsch. Er ist mit der größten, herrlichsten Leberwurst gesegnet, die mir je untergekommen ist. Einfach toll.«

»Er muss völlig unberührt sein vom Klassenkampf«, bemerke ich und nippe an dem herben Champagner. »Hat der ein Glück, ein Neger zu sein.«

»Sie reden vielleicht merkwürdiges Zeug für einen Amerikaner«, sagt sie.

»Ich bin merkwürdig.«

Die Gräfin lächelt. »Er bildet sich zum Zen-Meister aus oder so was, Eva. Er hat den Kopf voll komischer Ideen – und Wünsche. Nicht wahr, Darling?«

»Du sagst es.« Sie würde mich noch nicht mal verstehen, würde ich es ihr in allen Einzelheiten erklären. Die tieferen Bedürfnisse des Menschen übersteigen ihr Vorstellungsvermögen. Was sie weiß, das weiß sie genau – auf ihre Art ist die Frau ein Genie –, aber damit hat es sich auch schon. Von dem zerwühlten Bett lächelt mir eine rote Fotze entgegen. Ich hauche ihr einen Kuss zu. Ich sehe ihm nach auf seinem Weg durch die nach Sperma duftende Luft, sehe ihn sanft auf der fetten rosigen Klitoris landen. Kuss und Klitoris sind alte Freunde. Nichts wird sich je zwischen sie stellen. Dazu brauchen sie einander zu verzweifelt.

»Ist Lola nicht zum Anbeißen?«, fragte mich Eva.

»Welche ist sie denn?«

Sie deutet mit einem stark beringten Finger. »Die Kleine. Sie kommt von weit her, aus Mexiko. Sie hat ganz besonders erlesene Qualitäten. Sie muss sie von ihrer Mutter, einer Nonne, geerbt haben.«

»Ich habe mal einen ganz ungewöhnlichen Priester gekannt«, sagt die Gräfin. »Aber er hat sich eines Tages aufgehängt. Im Glockenturm. In seinem Abschiedsbrief schrieb er, dass er Gott verraten habe. Kannst du dir das vorstellen?«

»Ja«, sage ich, aber mehr zu mir selbst.

Ein paar Gläser mehr – ich bin besoffen –, und die nächste Vorstellung beginnt. Ein weiterer Angehöriger des Tierreichs betritt die Bühne: eine Dänische Dogge. Sie ist schwarz und fast so groß wie ein Pony.

»Der Rüde war Wachhund in Bergen-Belsen«, flüstert Eva. Die Männer legen sich auf den Boden; sie sind klassische griechische Statuen; ihre Psyche ist ebenso ewig wie ihr Platz im Leben. Sie überlassen das Bett den beiden Mädchen, die die Anwesenheit des Tieres ebenso erregt, wie mit Angst erfüllt. Ein fiebriges Lächeln erscheint auf ihrem Gesicht. Das Tier mustert sie majestätisch. Sein muskulöser Körper glänzt. Langsam nähert es sich dem Bett; es atmet jetzt schwerer, das Maul ist weit offen und gibt den Blick auf eine kräftige, unersättliche Zunge frei, eine Zunge, die gewohnt ist zu bekommen, was sie will. Grinsend streckt Lola die Hand nach dem Tier aus und tätschelt ihm das Gesicht. Das Tier beginnt zu zucken. Lolas Hand fährt den Furcht erregenden Körper entlang, streichelt den zitternden Bauch und beginnt dann die Eier zu kraulen. Das Tier winselt und knurrt. Die Gräfin neben mir ist steif geworden vor Faszination. Ihr Gesicht ist ein zur Maske erstarrter Blick. Ich könnte nicht sagen, mit wem sie eins geworden ist, mit dem Mädchen oder dem Tier. Ich für mein Teil bin zu dem Tier geworden. Ich spüre die Hand des Mädchens auf mir. Meine Lenden zittern. Ein tiefes Knurren bildet sich in meinem Hals. Meine feuchte Zunge schmerzt. Meine wilden Reißzähne sind entblößt. Ich will meine Beute!

Sein großartiger Schwanz ist aufgetaucht, sein Knurren tiefer und hungriger geworden. Vorsichtig – ihr Gesicht hat mit ihrem Abstieg in die Tierwelt einen dämonischen Zug angenommen – kniet Lola sich auf das Bett, mit dem Rücken zu dem Tier. Der Hund stemmt die Vorderpfoten auf ihren Rücken, und sie führt seinen pulsierenden, glühenden Schwanz in sich ein. Ein schriller Schrei entfährt ihr. Das wilde Eindringen des Hundes hat einen Schleier von einem

Teil ihres Wesens gerissen. Geifernd und bellend beginnt er sie zu stoßen; außer sich, keucht sie Wünsche und Anweisungen, als könnte das Tier sie verstehen. Unter seinen scharrenden Krallen erscheinen tiefe Schrammen auf ihrem Rücken. Es sind meine scharrenden Krallen. Der Schmerz und das himmlische Gefühl überwältigen mich. Ich beiße sie, und ihr Schrei ist ein Schrei tiefster Befriedigung. Ihr Blut schmeckt süßer als das irgendeines Tieres, das ich je zerrissen und verschlungen habe. Ich fühle mich menschlich dabei; ich habe an der Kommunion teilgenommen. Ich sinke in eine samtene Ohnmacht.

Harlem! (Mir war merkwürdig schwindelig, als wäre ich gerade aufgewacht.) Ich mag deinen Gestank. Du bist so gar nicht pingelig, Mama, nichts an dir, was einen nervös machen müsste. Du rasierst dir die Achseln nicht. Du versuchst erst gar nicht den Speichel in deinem Mund zu verbergen. Kein Hüftgürtel, der dem wunderbar einladenden Wabbeln deines Arsches Gewalt antun würde. Dank sei dem lieben Herrgott dafür, dass es dich gibt. Eines Tages werde ich dir zu Ehren irgendeinem Nobel-College einen Lehrstuhl stiften, der nur dem Studium schwarzer Mösen gewidmet ist.

»Ich weiß einfach, dass wir das kranke Mädel hier irgendwo finden«, sagte Jomo mit einem Blick die Straße hinauf und hinab. Er schielte in die Fenster des Ghettos.

»Mir geht's genauso«, zirpte ich. (Manchmal höre ich mich an wie ein Vogel.) »Was ist mit dir, Zachary? Bejaht dein Bauch unsere Intuition?«

Zachary machte mir das Geschenk eines erstklassigen Zen-Lächelns aus dem 11. Jahrhundert. »Schöpft man Wasser mit den Händen, reflektieren die Hände den Mond«, antwortete er. »Hantiert man mit Blumen, durchdringt ihr Geruch das Gewand.«

Jomo umarmte ihn. »Du triffst den Nagel wieder mal genau auf den Kopf, alter Freund.«

Ich wusste natürlich, dass Zach einen lehrreichen Austausch zwischen einem suchenden Buddhistenmönch und dem großen Meister Kon zitiert hatte, der in Pa-Ling lebte, in einem Tal. Den zuverlässigsten Quellen zufolge, sagte der naive Mönch zu Kon (der auch als Chien bekannt war): »Besteht nun ein Unterschied zwischen der Lehre des Patriarchen und den Sutras oder nicht?« Und der Meister konterte darauf mit dem Gedicht über Wasser und Mond. Ich hoffe, der Mönch hat ihn verstanden. Einige von diesen Jungs waren ja nicht allzu gescheit.

Wir standen inmitten der Wirbel und Strudel des erquickenden schwarzen Stroms und schickten als Signal unsere Schwingungen in alle Richtungen aus: April, April, April! Dann warteten wir auf zarte Mädchenschwingungen als Antwort: Ich bin hier, ich bin hier, ich bin hier! Rund um uns herum tobte Gottes ganze drittklassige Show: Säufer zogen in Zeitlupe vorüber, im endlosen Selbstgespräch; blinde Bettler klopften mit weißen Stöcken (und gen Himmel gedrehten Augen) an das Nervenzentrum unseres schlechten Gewissens; auf Flutwellen von Speck ruderten Hausfrauen mit Melonenbrüsten vorbei, morsche Tüten mit Schweinsknöcheln und -schwänzen, Kutteln und Hähnchenrücken unter dem Arm; die Luden schienen an den Kotflügeln ihrer lila Cadillacs zu kleben, ihre Gesichter gespannt wie Gummibänder, und befingerten in der Hosentasche den Hurenlohn; die Mulatinnen, die mit laszivem Lächeln und wackelndem Hintern vorbeistöckelten, hatten exotische Namen wie China Doll und Lurleen; auf den Treppen vor den Häusern hockten verschlafene Junkies; schreiende Kinder hatten es gnadenlos auf die empfindlichen Stellen der anderen abgesehen; hier und da lief brabbelnd ein weißhaariger Sklave herum, der dem Plantagenbesitzer noch in Suaheli geantwortet hatte. Und die Gerüche! Eine Symphonie von Gerüchen! Gerüche mit Farben! Gerüche mit Seelen!

»Sucht ihr Jungs was Bestimmtes?«, fragte ein verschlagener Kerl mit Spanielaugen. Er schwankte leicht auf seinen abgelaufenen Absätzen und hatte die Hände in den Taschen, als hätte er was zu verbergen.

»Nein, nein, Alter«, sagte Jomo mit einem brüderlichen Lächeln. »Alles paletti. Wie du siehst, bin ich selber schwarz.«

»Nee, biste eben nicht«, antwortete der Mann und wandte sich ab, um weiterzugehen, »Du hast dir das Gesicht angemalt, das ist alles.« Eine alte Ballade über das Jammertal auf Erden und die Wiederauferstehung Christi auf den Lippen, schlurfte der Typ davon.

»Schauen wir doch ins Baby Grand«, schlug ich vor. »Der Laden weiß alles.«

Jomo pflichtete mir bei – ein Ausflug ins Baby Grand, eine Restaurant-Bar mit Kabarett, könnte zwecks allgemeiner Orientierung sicher nicht schaden. Das war etwas, was mir an ihm besonders gefiel: Obwohl er eine Mischung aus Vater-Mutter-Ersatz, Gott und – als Arzt – obendrein noch eine Autoritätsperson war, hatte er kein Problem damit, auch mal auf den Vorschlag eines anderen einzugehen. Wenn er sich jemals entschließen sollte, die Medizin an den Nagel zu hängen, könnte er sich seinen Lebensunterhalt als Mensch verdienen. So mancher von den erfolgreichen Leuten, die ich kenne, würde in dem Job glatt verhungern. Es gibt sogar Leute, die Schwierigkeiten damit haben, richtig zu träumen, was Ihnen vielleicht eine Vorstellung davon vermittelt, was für Probleme sie haben. Wir wandten uns auf unserer Suche nach Norden. Zachary war in bester Form; er hatte ein Lächeln für jeden Exoten, der eines für ihn hatte. Seine wallenden Gewänder und der Rauschebart schienen hier völlig natürlich zu sein.

»Letzte Woche hat man zwei Missionare beim Überqueren der 110. Straße erwischt. Man hat sie auf der Stelle kastriert.«

Es war Blaster, der Boy Killer. Er war, wie man so schön sagt, aus dem Nichts aufgetaucht. Es ist aber auch gut möglich, dass er schon die ganze Zeit dabei gewesen und mir nur nicht aufgefallen war. Seine dussligen Augen blitzten forsch, sein Atem enthielt nur einen Hauch Sprit (ich tippte auf Sherry), und trotz seiner neunundvierzig Jahre hätte er als Zwanzigjähriger durchgehen können. Es war ein Wunder, wie der Mann den Machenschaften der Zeit zu trotzen vermochte. Die Blutbäder, die er als Jugendlicher angerichtet hatte, mussten irgendwie auf Dauer seine Natur verändert haben. Vielleicht hat er seine Opfer wie ein Kanibale verspeist und mit der Essenz ihrer Jugend die seine verlängert.

»Geschieht ihnen ganz recht«, sagte ich.

»Das darfste laut sagen, Alter.«

Auf dem Weg zum Baby Grand befiel uns der Hunger, also kehrten wir alle miteinander auf eine schlichte Wegzehrung in Lady's Place ein. Während wir am Spachteln waren – Kutteln, Kuhbohnen und mit scharfem Paprika gekochte Schweinefüße –, sorgte Zachary mit einem Abriss der Entwicklung des Zen-Buddhismus in China dafür, dass wir auch geistig nicht verkümmerten. Wir erfuhren, wie verwirrt, ja sprachlos die Chinesen ob der indischen Metaphysik und Lyrik zunächst waren, da sie ihren eigenen eher pragmatischen Vorstellungen fremd waren, und wie man beides nach und nach dem eigenen einzigartigen Charakter angepasst hat. Der Zen-Buddhismus wurde in China zu einer schlichten und direkten Anleitung, mit dem tagtäglichen Leben fertig zu werden. All die überkandidelten analytischen und konzeptuellen Faxen, die den literarischen und intellektuellen Angehörigen zen-buddhistischer Sekten so lieb und teuer sind, legte man ab. Die Sutras mussten verschwinden, sollte Zen in der so völlig anders gearteten Scholle chinesischer Realität und Notwendigkeit Wurzeln fassen. *A Star-Spangeled Banner* lässt sich schließlich auch nicht mit einem Mund voll griechischem Retsina singen. All die abgefahrene indische Symbolik, das intellektuelle Feuerwerk hätte die schwerfälligen Chinesen nach einer Weile in den Wahnsinn getrieben. Darüber hinaus waren die Zen-Meister weit von den klassischen chinesischen Ausdrucksformen entfernt; die Chinesen bevorzugen die Umgangssprache, das lebendige Idiom der Straße, um innere Erfahrungen herüberzubringen. Kritisches Infragestellen war ihre Sache nicht.

»Ich verspreche, euch bald mal in die Yulu oder Goroku einzuführen, die gesammelten Schriften des Zen«, sagte Zachary, während er mit einem Stück Maisbrot den würzigen Bohnensud vom Tellerboden aufsog.

»Zachary«, sagte Jomo feierlich, »du hast mein Leben verändert. Ich war ein frustriertes Kind, bevor du mich zu Buddha geführt hast. Ich habe meine Zeit im Dunkeln vertan.«

»Der See fließt nie über«, sagte Zachary, und einige Augenblicke später, nachdem wir uns bei Lady (deren Lächeln den Blick auf südafrikanische Goldminen freigab) bedankt hatten, war unser kleiner Suchtrupp bereits wieder unterwegs.

»Früher habe ich jeden Tag im Palmer House gegessen«, sagte der Boy Killer. »Das Mittagessen kostete nie unter fünfzehn Dollar, und zum Abendessen ging ich in die elegantesten Clubs von Chicago. Meine Gäste waren natürlich eingeladen.«

»Da hast du dich ja richtig gepflegt«, sagte ich sehr, sehr freundlich, um ihn zu trösten.

»Musst' ich ja. So wild, wie ich gelebt habe.«

»Und immer hart gearbeitet.«

»Worauf du dich verlassen kannst.«

Ich riskierte einen Blick, um zu sehen, ob er Tränen in den Augen hatte, aber dem war nicht so. Die Erinnerung an tolle Zeiten kann die härtesten Knochen zum Weinen bringen, was ziemlich merkwürdig ist, wenn man es recht bedenkt. Etwas Tolles, egal was es ist oder war, sollte zu einem Lächeln verführen. Irgendetwas zog meinen Blick auf die Tür einer sonderbaren, altersschwachen Mietskaserne auf der anderen Straßenseite. Gerade noch rechtzeitig, um Sylvia, ihre schwarze, von traurigen Geschichten beschwerte Aktentasche unter dem Arm, die Treppe hochgehen zu sehen; ihre Miene spiegelte zugleich Eifer und Frustration. Ich fragte mich, ob sie sich wohl noch immer die Mühe machte, all die Mythen aufzuschreiben, die sie von Antragstellern in Unterwäsche und Strümpfen zu hören bekam. Ich schätze, um das zu schaffen, bedürfte es eines Homer.

Das Baby Grand war geradezu ein Wissensdepot. Jedes Gewerbe, jeder Beruf aus dem Underground war hier vertreten: Taschendiebe, Dealer, Schläger, Prostituierte, Schwuchteln, Zuhälter, Spitzel, Zivilfahnder, Lesben, Hochstapler und Spenden sammelnde Nonnen, die alles andere als Nonnen waren. Ich bin mir sicher, man hätte irgendwo Jesus Christus erspähen können, hätte man nur gründlich genug gesucht.

Jomo ging durch die Reihen dieser Apostel – einige hingen an kleinen Tischen herum, andere lehnten an der großen kreisrunden Bar – und suchte nach einem Hinweis auf Aprils Verbleib; Zachary, der Boy Killer und ich machten es uns in einer halbwegs dunklen und ganz gewiss verschwiegenen Ecke bequem. Die Lampe über uns erlaubte es uns gerade noch, einander zu sehen. Das Etablissement glich eher einer Höhle als einer Bar. Der Killer und ich bestellten Bourbon und auch für Jomo ließen wir einen kommen; Zachary ließ sich zu einem Seven-Up überreden.

»Sie versteckt sich nicht wirklich«, sagte Zachary leise. »Sie versucht nur ihren Peinigern zu entkommen. Das ist etwas ganz anderes.«

Der Killer wiegte das hübsche Haupt. »Ich weiß, was du meinst. Ich hab' das selber durchgemacht. Das ist gar nicht so lustig, das kann ich euch sagen. Ganz und gar nicht.«

Ich sagte, es sei ein Wunder, dass es nicht die halbe Welt so machte – und kaum hatte ich das geäußert, wurde mir klar, dass genau das der Fall war. Die eine Hälfte setzt alles dran, die andere zu vernichten. Kein Wunder, dass es Blut regnet und Flutwellen ganze Städte zerstören. Das Jüngste Gericht kann nicht mehr fern sein, davon bin ich überzeugt.

Zachary begann sich intensiv umzusehen. »Ich spüre hier irgendwo einen Zen-Bruder. Er wird wohl seine Gründe dafür haben, dass er sich so still und unauffällig verhält. Er hat hier etwas gefunden, was ihm Frieden und Nahrung zugleich ist. Ich wünschte, er würde sich mir zu erkennen geben.« Er spähte weiter ins Zwielicht, um hinter mögliche Masken zu sehen.

»Ich hab' das Publikum hier gekannt«, sagte der Killer, im Grunde mehr zu sich selbst als zu uns. »Honey Johnson, Big Boy Harold, den Slider, Baby Fats, all die Burschen. Einen prächtigeren Haufen Kerls könnte man sich nicht wünschen. Einfach wunderbar, mit denen Geschäfte zu machen. Bei denen wusste man immer, woran man war.«

»Anders sollte man auch erst gar nichts anfangen«, sagte ich. »So was sorgt für klare Verhältnisse.«

An der Bar standen zwei gnadenlos hinreißende Huren bei einem Gin. Die eine trug einen Turm platinfarbenen Haars, das einen atemberaubenden Kontrast zu ihrer heißen braunen Haut bildete; die andere hatte den göttlichsten Arsch, den ich das ganze Jahr gesehen hatte, ein Wesen für sich, das jederzeit für einen Aufstand im Kongress hätte sorgen können, hätte es nur gewollt. Die beiden Schönen hatten schon ein Weilchen herübergeguckt, ihre Blicke ein offenes Angebot von Kameraderie; jetzt schlenderten sie herüber an unseren Tisch.

»Wie steht's denn so bei euch Jungs?«, fragte die Platinlady und legte mir eine Hand auf die Schulter.

»Man hält sich so über Wasser«, sagte ich.

»Wie wär's mit einer kleinen Party?«, sagte die andere und beugte sich etwas vor, um uns einen besseren Blick auf ihre dunkle Auslage zu gönnen.

»Wir könnten 'ne Menge Spaß miteinander haben. Was immer ihr wollt. Und kosten würd's euch auch nicht grade 'ne Million.«

»Für mich ist Entspannung was Gesundes«, sagte der Killer mit einem netten Lächeln. Zachary war in Gedanken ganz woanders, so strahlend wie er an die Decke blickte – als hätte er dort die Vierfache Wahrheit des Lebens gesehen.

»Ladies«, begann ich, während eine von ihnen mein Ohr zu stimulieren begann, »nichts wäre mir lieber, als die nächsten achtundvierzig Stunden mit Ihnen beiden ein Fest zu feiern – drunter und drüber, ratzbatz, Spiel ohne Grenzen –, aber leider führen uns dringende Geschäfte hierher. Eine Menschenseele ist abgängig, und wir müssen sie finden. Sie braucht uns, wir brauchen sie. Aber ich kann Ihnen versichern, wenn wir unsere Suche hinter uns haben, machen wir eine Party, bei der selbst den Eingeborenen die Spucke wegbleibt. Mein Wort darauf.«

Die Platinlady drückte mir einen gewaltigen feuchten Kuss auf den Hals. »Okay, Baby, wenn das so ist, dann müssen wir unsere Talente und Gelüste eben ein andermal zusammentun. Muss die Geschichte eben warten, was soll's.« Damit schwebten die beiden zurück in ihr Büro an der Bar. Wenn nur die Hälfte der weißen Frauen downtown sich so bewegen könnte, würden General Foods und Revlon pleite gehen und wären bald vergessen. Archäologen in fünftausend Jahren würden den Splitter eines Augenbrauenstifts finden und sich das Hirn zermartern, was wohl den Kollaps unserer Zivilisation verursacht haben könnte.

»Wie geht's denn so, Zachary?«, erkundigte ich mich und nahm einen Schluck von der Hausmarke.

»Wunderbar. Ich habe mich eben in eine Dhyana zurückgelehnt. Das Lokal hier wäre ideal für ein Zen-Kloster. Die Wände sind reine Wahrheit.«

Der Killer beugte sich vor und flüsterte mir in mein putziges linkes Ohr: »Was ich dich schon die ganze Zeit fragen wollte: Ist der Typ da auf Drogen?«

»Nein«, flüsterte ich zurück durch seine Jahrzehnte des Unverstands: »Er ist beim Bhodidharma, und es ist alles mehr als in Ordnung.«

Seine Stimme bahnte sich ihren Weg durch Zeit und Raum – Chicago, Präsident Roosevelt, Glen Cunningham: »Nur weil ich mein' Teil an Süchtigen gekannt habe und weiß, dass die einem bloß die Tour vermasseln, so viel kann ich dir sagen.«

»Beruhig dich, Killer. Der Mann ist schwer in Ordnung.«

»Okay, wenn du's sagst.«

»Benutz den Verstand, mit dem du mal dein Geld verdient hast, und alles wird dir so klar wie ein neugeborener Regentropfen.«

Jomos ernste, ausgesprochen vertrauenswürdige Stimme erreichte mich aus einem schattigen, fern zu meiner Rechten gelegenen Tal. Es war eine sonore Stimme, erfahren, weit gereist, mit den Geheimnissen der Dialektik und des Feilschens vertraut, gewohnt, sich um andere Stimmen zu ranken, in Disputen auf Leben und Tod. Jetzt bot sie Mehl und Whiskey gegen Stoßzähne aus Elfenbein; einige Augenblicke zuvor, auf einer Dschungellichtung (voll wilder Orchideen und Wasserbüffelkot), hatte Jomo Waffen und Liebestränke für die beiden mannbaren Töchter des Häuptlings geboten, die den Handel kichernd vom Ast eines Eukalyptusbaums aus verfolgten. Er war der Große Weiße Jäger und der Große Schwarze Jäger zugleich, und das ohne auch nur einen Hauch von Konflikt. Er war so cool wie die Cheopspyramide groß. Ich hätte schwer sagen können, in welcher Sprache er sprach. Die Wörter, die ich schluckte, schmeckten wie Englisch, aber kaum hatte ich sie im Magen, zuckten sie dort eher wie eine Nachtsprache, die man nur in Träumen versteht.

Ein entflohener Häftling tauchte an unserem Tisch auf,

worauf ich eine weitere Runde Sprit orderte. Sein Gesicht bestand praktisch aus einer großen Schmarre, die ein Rasiermesser auf seiner rechten Wange hinterlassen hatte; von Handgelenken und Fußknöcheln schien immer noch das leise, aber unverkennbare Klirren metallener Fesseln zu kommen. »Schmerz oder Lust, da drauf läuft alles hinaus«, sagte er und wischte mit seiner geduldigen Schürze über den Tisch. »Die Welt ändert sich nicht mit jedem Jahrhundert, außer dass es immer kälter wird, seit die ganzen Atombomben das Eis in der Arktis aufgeweckt haben.«

Einer Frauenkehle entfuhr tanzend eine wilde Melodie verbotenen Lachens, die für einige Augenblicke jeden Winkel zum Leuchten brachte. Der Kellner lachte in sich hinein. »Schwarze Weiber«, seufzte er, »ein köstliches Wunder.« Er kratzte sich das Kinn und begann mich mit blutunterlaufenen Augen zu mustern. »Also außen bist du ja weiß, Mann, aber innen drin bist du ’n Nigger wie ich.« Er zauste mir sachte das Haar.

»Da hast du gar nicht so Unrecht«, sagte ich. »Wie wär’s mit noch einer Runde? Was soll’s denn sein, Bruder? Scotch, Wodka, Aquavit, Brandy – such dir was aus.«

»Dann einen zwölfjährigen Bell’s«, sagte er. »In meinem Alter muss man schließlich auf sich achten.«

In einer Oase ganz in der Nähe brach lautstark ein hitziger Wortwechsel aus (er vermittelte einem tatsächlich das Gefühl, eben noch eingesperrt gewesen zu sein). Zwei Beaus mittleren Alters, der eine mit schwarzem Backenbart, stritten sich darum, wer in einem Kampf gewinnen würde: ein Löwe oder ein Gorilla. Dazwischen wob sich eine andere Stimme, die aus einem versteckten Lautsprecher kam, ein Singsang von der ersten Liebe, so dass man in einem Atemzug das Loblied von den Kräften eines Gorilla, jungfräulichem Sex und dem Blutdurst des Löwen zu hören bekam. Es war großes Kino. Ein aus Gold gewirkter byzantinischer Gobelin. So was macht man heute nicht mehr. In weiter Ferne sah ich

Jomo in ein Rindenkanu steigen; einen Augenblick später hielt er auf eine kleine bewaldete Insel zu. Ein nimmermüder Forscher, einfach großartig. Sein Führer, ein Knabe noch, saugte an einem Stück Zuckerrohr.

»Ich frage mich, ob Sie mir wohl helfen können«, fragte ich, als der Kellner mit unseren Getränken kam.

»Stellen Sie mich auf die Probe.«

»Wir suchen nach einem weggelaufenen weißen Mädchen.«

Worauf er lachen musste, ein tiefes, kollerndes Lachen. »Ihr weißen Jungs habt wirklich Probleme mit euren Frauen.« Er lachte weiter. »Irgendwas stimmt doch da nicht bei euch.«

»Da würd' ich Ihnen nicht widersprechen, Colonel. Aber das Thema wird noch ein paar Tage warten müssen. Alles der Reihe nach. Die Ausreißerin ist eine reizende Blondine und heißt April. Klingelt's da bei Ihnen?«

Hinter mir hörte ich eine Frauenstimme: »Hey, mich da begrapschen kostet extra! Ich bin doch nich' von der Wohlfahrt.«

Der Colonel (ich habe keine Ahnung, woher ich wusste, dass er so hieß) zog sich einen Stuhl an den Tisch und nippte nachdenklich an seinem puren zwölfjährigen Scotch. »Ja. Da kann ich Ihnen schon helfen, denk' ich mal.« Er schloss die Augen und versenkte sich in die Wundertüte seines Unterbewusstseins. Er wirkte wie ein Medium, das Nachrichten aus dem Jenseits empfing. Einige samtschwarze Momente später öffnete er die Augen. »Alles klar. Der Kleinen ist nichts passiert. Sie liegt in einer Wohnung in der 122. Straße, Numero 212. Apartment 5A. Bei den Washburns.« Er grinste herzlich. »Und an hat sie auch nix. Sie hat ein Muttermal am rechten Knie.«

»Wahnsinn!«, sagte ich und klopfte ihm auf den Rücken, eine Geste, der ich mich normalerweise enthalte. »Colonel, Sie sind ein lebendes Wunder.«

Er lächelte und kippte seinen schottischen Freudenspender in einem Zug weg. »Das habe ich von meiner Mutter. Die roch 'n Oppossum eine Meile gegen den Wind.«

»Wir gehen da gleich rauf und retten das arme Ding.«

»Richten Sie ihr aus, Colonel Applebaum lässt ihr die besten Grüße bestellen.«

Im Handumdrehen saßen wir in einer gelben Rakete und sahen uns von einem ehemaligen lettischen Langstreckenschwimmer unter Missachtung nur zweier Einbahnstraßen und einer roten Ampel an unseren Bestimmungsort katapultiert.

»Sie könnten auch eine kleine Therapie vertragen, alter Junge«, sagte Jomo dem Chauffeur, als er die Rechnung beglich. »Ihre Fahrweise ist ein klassisches Beispiel für einen ausgeprägten Todeswunsch.«

Der Fahrer bedachte ihn mit einem verächtlichen Schnauben. »Vielleicht interessiert es Sie, dass ich selbst Analytiker bin. Das hier ist nur ein Nebenjob. Und Freuds Gefasel vom Todestrieb ist totaler Quatsch.«

Der Killer schüttelte den Kopf, als das Taxi davonstob. »Früher hätten wir einem für so was ein Loch in den Bauch geblasen. Kein Respekt mehr heute. Die Leute sind nicht mehr gut genug erzogen, um Angst zu haben.«

Darauf folgt eine satte Explosion, und wir sahen uns mit Wasser bespritzt. Von einem der Dächer hörten wir ein kindliches Kichern. Die Wasserbombe, die zu unseren Füßen geplatzt war, hätte auf einem Kopf landen sollen. Ein Garten von Gekicher aus Kinderköpfen und Kinderkehlen. »Ihr seid Feinde!«, rief eine Stimme. »Wir werden euch vernichten!«

»Nichts wie rauf,«, rief Jomo. »Retten wir das schwer geprüfte Kind!«

Die Tür von Apartment 5A stand offen, also gingen wir einfach hinein. Ich brauchte einige Augenblicke, um April auszumachen – zwischen den anderen Körpern. Vier nackte Menschen lagen über die Bude verteilt, auf dem Boden, auf dem großen Bett. Zwei schwarze Menschen, zwei weiße – zwei schwarze Männer, zwei weiße Frauen. Aprils Körper war einer davon. Sie lag auf dem Bett. Alle befanden sich in halbwacher Trance. April hatte die Augen geschlossen und lächelte. Nachdem Jomo sie sich näher angesehen hatte, sagte er: »Die sind auf dem Trip. Die sind bis an die Halskrause voll LSD.« Er küsste April mehrere Male aufs linke Ohr. »Ach Baby, welches Land überfliegst du wohl gerade?«

Der Gedanke, diesem Gedicht mit banaler Prosa Gewalt anzutun, war mir zutiefst zuwider (wie Steine auf Blumen, dachte ich mir), also entledigte ich mich – nicht etwa mit plumper Hastigkeit, sondern ganz geschmeidig – meiner Kleidung und schwebte hinüber zu April. (Zachary, Jomo und der Killer kapierten und schlossen sich an.) Es folgten tiefe Meditationen auf dem Bett. Meine Nacktheit und kalkulierte Verletzlichkeit trafen sich mit der ihren. Ich verschwand in einem Seufzer, und die letzten Worte, die ich aus meinem Munde vernahm, kamen eigentlich von unserem Boy Killer: »Das ist nun wirklich nicht wie in der alten Zeit in Chicago. Damals soffen die jungen Leute sich einen an und kippten um. Aber die hier … Heilige Mutter Gottes! Die sehen nach vorübergehendem Atemstillstand aus, wie Wissenschaftler das nennen. Denen tut nichts mehr weh.«

Ganz im Gegensatz zu mir, oder besser meinem Magen. Ist es möglich, dass das die alten Schmerzen sind, die ich habe, seit mir Santelli, dieser aalglatte Bastard von einem Itaker, das Messer in den Bauch gerammt hat? In der Gasse an der Wabash Avenue, als ich all die Knete für den Deutschen mit mir rumtrug? Ich könnte eine ordentliche Tasse Schokolade vertragen. Mm, Baby, süß und heiß und beruhigend. Ein Arzt könnte nichts Besseres verschreiben. Geld aus der illegalen Lotterie. Ich schleppe die Einsätze durch die Gegend. Was für ein lausiger Job. Immerhin war ich der jüngste Killer im Syndikat, im Gürtel meine 38er, ihr Kuss süßer als nur irgendeiner im Land. Noch vor meinem einundzwanzigsten

Geburtstag hatte ich damit meinen zehnten Mann umgelegt – einen Fettsack mit verkniffenen Augen und Rattennase mit einer Reihe von Bäckereien. Feigenheimer hieß er. Er hat dem Deutschen einen Korb gegeben, der ihm eine kleine Partnerschaft vorgeschlagen hatte. Außerdem hatte er ihn mit einem ziemlich unschönen Schimpfwort bedacht. Also hab' ich ihn umgenietet. Auf dem Männerklo in einer von seinen Bäckereien. Ich war als Lieferant verkleidet, so dass ich reinkam, ohne groß Verdacht zu erregen. War wirklich ein komisches Gefühl, mit der Jacke und der Mütze von irgendeinem Jungen. Auf dem Rücken einen großen Doughnut und den Slogan »Wach auf mit Feigenheimer«. Tja. »Geh Schlafen mit Feigenheimer« hätte das heißen sollen. Kein Wort hat er gesagt. Noch nicht mal gewinselt hat er, als er fiel. Als hätte ich meine Kugel in einen gefüllten Doughnut gejagt. Für Feigenheimer hab' ich vom Boss eine Gehaltserhöhung gekriegt. Aber dann schickt er mich plötzlich Geld einsammeln, bloß weil Phil Noonan die Lungenentzündung gekriegt hat – oder waren's die Schleimbeutel, ich weiß nicht mehr. Ist auch egal, von zu viel lausigem Whiskey kam's allemal.

»Philly, Junge, du saugst den Sprit wie 'n Schwamm«, hat ihm der Deutsche eines Nachmittags gesagt, als wir im »Büro« im Palmer House beisammen saßen.

»Was soll ich machen?«, sagte Phil. »Ohne halte ich das alles nicht aus.«

»Hältst was nicht aus?«, fragte der Boss, mit einem Gesicht, als hätte er die falsche Klotür aufgemacht und eine Oma bei Kacken gesehen.

»Na den Wahnsinn des Lebens«, sagte Phil mit einem Schluck aus dem Flachmann. Den hatte er immer in der Innentasche seines Jacketts.

Aber Phil war schon in Ordnung. Er war ein wirklich erstklassiger Fassadenkletterer und Einbrecher gewesen, bis ihm ein Bulle in den Fuß geschossen hatte. Zwei Zehen hat er dabei verloren. »Ich sag' dir, das war 'n Dumdumgeschoss, so ein Scheißkerl«, sagte er einmal zu mir. »Aber mit dem hab' ich abgerechnet. Als ich im Krankenhaus war, ließ ich einen Freund von mir die Bremsen am Wagen von seiner Frau nachsehen. Heilige Mutter Gottes! Der Fahrer war tot, und die Alte von dem Bullen lag monatelang im Krankenhaus. Genickbruch. Da ging's mir gleich viel besser. Weil's nur gerecht war. Der Bulle hat schließlich keinen Grund gehabt, mir die Zehen wegzuschießen. Das war pure Gemeinheit! Die mich zum Geldboten gemacht hat – mich, einen erstklassigen Einbrecher, verflucht noch mal!« Mann, was hat der gesoffen! Das Blut von dem muss vierzig Prozent gehabt haben, wenn nicht mehr.

Santelli musste schon den ganzen Vormittag hinter mir her gewesen sein. Vielleicht sogar schon mehrere Tage, um meine Route herauszubekommen. Ich kam damals aus der Seitentür von Conlon's Bar & Grill, bog in die Gasse links ab, und da war er. Santelli. Grinste, als hätte er gerade 'ne Schüssel hausgemachter Spaghetti verdrückt. Gestreifter blauer Anzug, Tüpfelkrawatte, der reinste Papagei. Herrgott, was haben diese Itaker bloß mit den knalligen Klamotten? Muss wohl an dem heißen Klima liegen, aus dem sie stammen.

»Na, dann komm mal rüber damit, Killer«, sagte er mit seinem Spaghettigrinsen, ein Schnappmesser in der dunklen Hand.

Ich griff nach der Kanone, und da hat er mir das Messer in den Bauch gerannt. Heilige Maria Mutter Gottes! Das tat vielleicht weh. Ich musste erst mal kotzen, und als ich dann spürte, dass mir das Blut über die Hand lief, also ich hab' gedacht, jetzt ist es aus. »Leck mich doch, Santelli«, sagte ich und ging langsam in die Knie. Er stand bloß da und lachte. Dann griff er in meine Jackentasche und klaute das Geld. Einfach so. Und spazierte davon. Er ist noch nicht mal gelaufen! Gegangen ist er. Der wusste, dass ich ihm nicht nachlaufe. Mir lief meiner Mutter Blut aus dem Bauch, in den

Dreck von der Gasse da, und ich hatte meine liebe Mühe, nicht einfach zu schreien. Ganz klebrig war es, warm, und es hatte so einen komischen Geruch. Sie haben Santelli aber schließlich erwischt, und die Fische im See mit ihm gefüttert. Aber er hat noch zwei von uns mitgenommen, bevor er unterging. Er mag ja 'n Ölauge gewesen sein, aber er war ein beinharter Knochen. Hatte auch flinke Hände. Sogar im Ring hat er mal gestanden, glaub' ich.

Meine Mutter konnte Gewalt nicht haben. Deshalb hat sie ja auch meinen alten Herren abfahren lassen. Der hat gern mal geschrien und geschlagen. Aber er hat sie einmal zu oft traktiert, da hat sie dafür gesorgt, dass man ihn wegsperrt. Hat sich im Knast aufgehängt. Armer Hund. Meine Freunde konnte sie auch nicht leiden. Und dann warnte sie mich jeden Tag vor den Weibern. »Junge«, hat sie immer gesagt, »Babylon ist nicht die einzige Stadt voller Huren. Die Welt ist voll schlechter Frauen. Sie nehmen dir die Kraft und alles Gute in dir, und dann werfen Sie dich auf den Müll. Sei mir ja vorsichtig. Denk immer dran, dein Körper ist ein heiliger Tempel.« Bis zu ihrem Todestag hab' ich bei ihr gewohnt. Im ersten Stock, in dem Zimmer mit der Blumentapete, in dem ich geboren bin. All meine Spielsachen waren noch drin. Rechts auf meiner Kommode hatte ich einen Teddybären. Herrgott, das war vielleicht komisch, da mit einem Kater aufzuwachen (natürlich bin ich spät nach Haus gekommen und hab' mich leise reingeschlichen, um Mutter nicht aufzuwecken; sie hielt mich ja für einen Abstinenzler!) und all die Spielsachen und Viecher schauen einen an!

Mutter hat gedacht, ich hätte einen Schreibtischjob bei Armour & Company. Fleisch- und Wurstwaren! Na ja, für Fleischwaren hab' ich gesorgt, das kann man wohl sagen. Und all die Clubs, bei denen ich vorgab zu sein, dem CVJM, den Christlichen Bowlern, bloß damit sie mich nicht ständig fragte, wo ich mich jede Nacht rumtrieb. Ich werde nie vergessen, wie wir einmal beim Frühstück saßen – übrigens musste ich immer Cornflakes essen, wie ein kleiner Junge –, und sie las in der *Tribune* von zwei Typen, die ich erst am Tag vorher kaltgemacht hatte. Wie ein Vogel hat sie gezittert, so hat sie das aufgeregt. »Die arme Stadt ist zur Mördergrube geworden«, rief sie. »Ein Menschenleben ist überhaupt nichts mehr wert. Blut wird vergossen wie Wasser. Und die Polizei tut nichts dagegen. Ach, Junge, mein Engel, wie schade, dass du nicht zur Polizei gegangen bist. Ein paar Tage, und du hättest diese tollwütigen Hunde geschnappt! Stunden vielleicht. Es ist eine furchtbare Schande, dass nicht mutige Männer mit Charakter wie du, mein Engel, unsere Straßen vor dem Wahnsinn bewahren, der in der menschlichen Seele tobt.«

Arme Mama. Was sie, unter anderem, nicht wusste, war, dass ich mir so gar nicht tollwütig oder wahnsinnig vorkam, wenn ich jemanden umlegte. Mir war das schnuppe, es war einfach was, was zu erledigen war. Das einzige Mal, dass ich wirklich böse geworden bin, das war, als ich Carola und den windigen Strolch umlegen musste, für den sie sich hingelegt hat – hinter meinem Rücken. Einer meiner Jungs, Toots Hauser, der hat mir das gesteckt. »Killer«, hat er gesagt, »ich will ja keinen verpfeifen oder so, aber deine Freundin geht nicht gerade ein vor Einsamkeit, während du die Brötchen verdienst. In diesem Augenblick verlustiert sie sich im Hotel Ansonia mit einem gewissen Chuck Madden. Zimmer 14A. Ist gleich neben dem Aufzug links.« Wir haben noch Katz dabei, als er mir das erzählt, einen aalglatten Juden. Richtig feiner Pinkel. Er ist der Zinsholer für den Boss.

Ich bin total leer und kalt – wie eine Scheune, in der es nichts und niemanden gibt, keine Vögel, keine Mäuse, nichts. Kalt und leer. Und ich hab' Angst, weiß aber nicht, wovor. Weil ich nicht der Typ bin, der sich in die Hosen scheißt. Ich bin also in dem Hotel. Ich nick' ein paar Jungs in der Halle zu, plauder' aber nicht weiter mit ihnen. Sie haben mich schon oft mit Carola gesehen. Ich hab' sie ja überall hin mit genommen. Ich fahr' im Aufzug nach oben und hab' alle Mühe bei der langen Fahrt nicht durchzudrehen. Am liebsten hätt' ich geschrien. Eine von den alten Putzfrauen kommt mir entgegen, einen Mopp in der Hand. »Mütterchen«, sag' ich zu ihr und drücke ihr einen Zehner in die feiste alte Hand, »ich würde meinem Freund in 14 A gern einen Streich spielen. Kann ich den Schlüssel ausleihen?«

Sie lächelt. Alte Frauen fliegen auf mein Kindergesicht. Die meisten müssen es auch noch betatschen. »Na, wenn man so hübsch ist«, sagt sie und tätschelt mir die Wange, »aber nur für dich.« Sie sieht gerade so aus, als wollte sie mich in den Arm nehmen oder mir einen Kuss aufdrücken. »Machst deiner Mutter sicher eine Menge Freude.«

»Sie sind selber ein echter Schatz.«

»Gib mir den Schlüssel wieder, wenn du gehst«, sagt sie und zwinkert mir zu.

Mir zittert die Hand derart, dass ich zweimal Anlauf nehmen muss, um den Schlüssel ins Schloss zu bekommen. Ich höre sie drinnen lachen. Es ist das Schlimmste, was ich je gehört habe. Ich habe genau dasselbe Gefühl wie damals, als kleiner Junge, als ich hörte, wie Mutter und Vater es trieben, wie sie gelacht haben, gestöhnt, und dann klang's gerade so, als würden sie miteinander raufen. Damals hab' ich geheult, und jetzt habe ich genau dasselbe Gefühl. Schnell und leise mache ich die Tür auf und hinter mir wieder zu. Carola und der Typ sind auf einem großen Bett, wie in einem Hollywoodfilm, und sie sind wirklich in Fahrt. Nie habe ich jemand so Nackten gesehen wie Carola in dem Augenblick. Sie sitzt auf dem Typ und reitet ihn. Ihre großen Titten, die langen Haare hängen ihm ins Gesicht, und der Typ saugt an ihrer Titte und begrabscht ihren Arsch mit beiden Händen. Und sie ist am Wimmern: »Oh, Chuck, Baby, das tut ja so gut, genauso wie ich's mag, Baby.« Und dann sehen sie mich, und sie schreit: »Killer! Bitte! Bitte nicht! Nicht schießen! Großer Gott!« Ich verpasse erst ihr eine Kugel, dann ihm. Sie fällt von ihm runter und plärrt weiter, und er kriecht aus dem Bett, auf mich zu. »Nicht doch, Killer!«, schreit er. Ihr quillt das Blut raus, auch aus dem Gesicht.

»Du billige Dreckshure!«, schreie ich. Chuck kommt auf allen vieren auf mich zu. Auch er blutet wie ein Schwein. Ich verpasse ihm noch eine letzte Kugel, genau in den Kopf. Dann ist alles vorbei. Carola ist mucksmäuschenstill. Ich schau' sie mir an, wie sie so daliegt, so nackt, von unten bis oben voll Blut. Und da passiert in mir was. Ich werde schwach, und mir wird schwindlig, dann falle ich. In eine schreckliche Dunkelheit. Aber irgendwie weich. Oh Gott.

4

Da stand ich nun, mit einem Zucken im Magen in einer Telefonzelle in Zürich, kümmerte mich um rein gar nichts, am allerwenigsten um meinen eigenen Kram, als (aus dem Nichts, woher sonst?) dieser Typ aus dem Raritätenkabinett auftauchte. Ich hatte eine Nummer zu wählen versucht, wütend und mit einer gelegentlichen Ohrfeige für die Muschel des Telefonhörers (das geschwätzige kleine Luder), und als mir klar wurde, dass meine Schwierigkeiten ganz einfach daher rührten, dass ich die Nummer vergessen hatte, begann ich mich zu krümmen. Dieses ausgesprochene Nichts, dieses formlose Ding, das keiner hatte haben wollen und dessen harmlosester Blick mir gerade mal an den Hosenstall reichte, öffnete vorsichtig die Tür der Zelle und fragte: »Hast du die Aufgeblasenheit des abendlichen Otters bemerkt?«

»Ja«, antwortete ich. »Und zwar ohne deine Hilfe, wenn ich das hinzufügen darf.«

»Kennt irgendjemand das Verlangen des ungebeugten

Knies?«, fuhr er ohne die geringste Bewegung der Lippen fort.

»Nicht in diesem Leben.« Ich bedachte ihn mit einem ebenso vorsichtigen wie strengen Blick. »Was ist denn mit dir passiert, mein Freund?«

»Man hat uns des Austauschs intimer Flüssigkeiten bezichtigt«, erklärte er und senkte den Blick. Mir wurde in dem Augenblick klar, dass Bitterkeit zu keiner Zeit als Ersatz für Selbstkasteiung gedacht war.

»Großer Gott! Wie viele Jahre stehen denn auf so was?«

Er nahm die kleine braune Melone ab, die mich in erster Linie an eine entehrte Eichel erinnerte, und flüsterte: »Weit mehr, als unsereins gebrauchen kann, so viel steht fest.«

Mit einem Finger in Richtung seiner sachten Kaubewegungen fragte ich: »Was mampfst du denn da? Secrets of the Danish Sea?«

Er nickte. »Und das ist nicht übertrieben.« Er schluckte etwas davon hinunter. »Eine knickrige Rache an meinen einzigen Vorfahren.« Ich muss ihn wohl angestarrt haben, wie sonst sollte ich mir Folgendes erklären: »Natürlich verbietet mir meine gute Kinderstube, die Wandergletscher, die du deine Augen nennst, zu kommentieren.« Dann machte er mit seinem Körper etwas, worauf ich hier lieber nicht näher eingehen möchte (es sei denn, eine Drohung zwingt mich dazu). »Wir können unheimlich Zeit sparen, weißt du, wenn wir uns nicht um die Fingernägel, den Mundgeruch oder den gefälschten Pass des anderen kümmern.«

Ich nickte. »Ich kann aufrichtig sagen, dass ich auch dankbar bin, aber ich verspreche dir, es nie zu zeigen.«

Zur Besiegelung des asketischen Augenblicks sorgten wir für eine Berührung der Extremitäten.

Dann widmete er sich auch schon den Möglichkeiten meines Gesichts. »Deine Nase«, begann er, verdrehte die Augen und holte Luft. »Zum ersten Mal sehe ich die ganzen Möglichkeiten der Inquisition.«

»Ich habe nichts versprochen«, antwortete ich. »Also weigere ich mich, mich zu verteidigen.«

Sein Finger winkte mir, ihm zu folgen. »Es gibt bessere Orte für den Austausch unserer historischen Perlen als eine Telefonzelle«, sagte er. Wir bugsierten einander eine Straße hinab, und nach einem Weilchen hatte ich mich an die schockierten Blicke gewöhnt, mit denen die Züricher Bürger die unmögliche Erscheinung meines neuen Freundes quittierten. Ich an ihrer Stelle hätte mich auf der Stelle verhaften lassen für meinen so eindeutigen Abstieg in die Unterwelt. Ein solcher Akt – bzw. ich – zeigte eine ausgesprochene Missachtung für den Zusammenhalt unserer Gesellschaft.

Wir erreichten die Werkstatt eines Flickschusters, in dem seit gut einer Lebensspanne kein Schuh mehr geflickt worden war. Wir verschafften uns Zutritt und setzten uns an die alte Werkbank des Schusters, wo mein Freund die Dinge in ein weicheres Licht rückte, indem er eine kleine Flasche öffnete, an der wir von Zeit zu Zeit schnupperten. Die Dämpfe waren eine Mixtur aus christlicher Ekstase und vergewaltigter junger Mutter. Schon ein Hauch davon versetzte einen in eine großartige Verhandlungsposition.

»Es gibt zärtliche Augenblicke in dieser Stadt«, sagte er, »aber man wird sie niemals offen zeigen und zulassen.«

»Warum nicht?«, fragte ich.

»Wie könnte derlei die stählerne Maschine des Fortschritts nähren?«

»Hmm, gutes Argument. Wie kommen die Bürger denn damit klar?«

Er lachte. (Haben Sie je von fern gehört, wie Tiere sich im Wald amüsieren?) »Sie belügen einander darüber, wie glücklich sie sind. Sie schreiben Geschichten, Unmengen von Geschichten, Jahr für Jahr, Geschichten über die Heldentaten einer guten alten Zeit.« Er grinste. »Aber natürlich hat keiner den Mut, seinen richtigen Namen unter solche Mythen zu setzen. Also schreibt man sie anderen zu.«

»Schuldübertragung«, sagte ich.

»Unter anderem. Man hat hier noch eine andere drollige kleine Praxis. Jedes Jahr am ersten Tag des Winters lebt jedes Mitglied der Gemeinschaft eine Phantasie eines anderen Mitglieds aus – und bekommt dafür selbstverständlich seinen gerechten Lohn. Für gewöhnlich eine Strafe, denn wer hat schon artige Phantasien?«

»Allerdings. Und wie wirkt sich diese … äh … Praxis im Großen und Ganzen so aus?«

»Genauso wie man es erwarten möchte – sie sorgt für den Zusammenhalt der Gemeinschaft.« Er tätschelte sich den Bauch (jedenfalls nahm ich an, dass es der Bauch war). »Es gab da ein Jahr, in dem der Papst ihnen diesen Brauch per Edikt zu verbieten versuchte. Das Ergebnis war katastrophal. Die Verbrechensrate überstieg jede Messbarkeit und Definition – man stellte unsägliche Dinge an, Dinge, wie sie seit der Geburt Christi nicht mehr passiert waren, und gut ein Drittel der Bevölkerung erlitt einen Nervenzusammenbruch.« Er drehte einem imaginären Passanten eine Nase. »Und es kam noch schlimmer. Alle Kinder, die in diesem Jahr der Unterdrückung gezeugt wurden – übrigens kennt man diese Periode als das ›Verschwundene Jahr‹ –, all diese Kinder sind Missgeburten. Aber nicht physischer Art. Geistiger. Es stimmt bei ihnen im Kopf etwas nicht. Eines kann sich zum Beispiel unmöglich mit irgendetwas befassen, bei dem Zahlen im Spiel sind. Ein anderes ist außerstande, die Bedeutung von ›morgen‹ zu verstehen. Eines kann die Wahrheit nicht sagen, ein anderes kann nicht lügen. Wieder ein anderes verfällt beim Anblick von Schönheit in die tiefste Depression. Und ein weiteres glaubt, dass nichts existiert, was es nicht gerade ansieht.«

»Wurdest du auch in dem Jahr gezeugt?«

»Wie scharfsinnig!«

»Und dein Defekt?«

»Ich kann nicht träumen. Ich meine, wenn ich schlafe.

Ich habe meine Träume stattdessen, wenn ich wach bin, den ganzen Tag über. Sie kommen und gehen.«

»Wie unterscheidest du denn da zwischen Realität und Irrealität?«

»Nach deinem Verständnis bin ich dazu nicht in der Lage. Aber wer kann schon kategorisch beweisen, was das eine oder das andere ausmacht? Sag mir das mal, du alter Prediger.«

»Lieber Gott! War doch nur eine Frage – ohne jeden Anspruch auf Unsterblichkeit.«

Er tätschelte mir die Hand (um mich zu trösten, wie ich annehmen will). Seine Hand war übrigens das winzige Patschhändchen eines Säuglings, und an einem seiner Fingerchen bemerkte ich einen Marmeladenfleck. »Genug«, sagte er schließlich. »Beschäftigen wir uns doch mit einigen Definitionen. Eine kleine Exkursion in die Systematik. Was ist innen?«

»Was außen nicht als sein Gegenteil betrachtet.«

»Was ist oben?«

»Ein Vogel, den man noch nicht vom Himmel geschossen hat.«

»Unten?«

»Ein niedergeschlagener Bauernaufstand.«

»Perfektion?«

»Der spontane Genuss eines Windbeutels mitten in der Nacht.«

»Mut?«

»Ein Spiegel, der die Reflexion verweigert.«

»Wahrheit?«

»Ein zum Atemholen auftauchender Wal.«

»Was konstituiert ein einzigartiges und authentisches Selbst?«

»Die Stimme, die dir auf den Kopf zusagt: ›Ich erwarte deine Forderungen mit entschlossener Gleichgültigkeit.‹«

»Täuschung?«

»Ein Fußball, der reglos auf einem leeren Fußballplatz liegt.«

»Genuss?«

»Die Erkenntnis, bereits da gewesen zu sein und wieder dorthin zu kommen.«

»Pein?«

»Der Beweis, dass unser Herr ein ganz gewöhnlicher Jude war.«

»Nenn mir ein Beispiel für nicht-korrumpierbare Kommunikation.«

»Das Eis der Arktis belügt den watschelnden Pinguin nicht, und die Schneegebirge zeugen von Stimulus und Reaktion.«

»Was bildet die Grundlage ›gesellschaftlicher Organisation‹?«

»Der Unsinn, der einem über die Zeit hilft, die man darauf wartet, endlich wieder ins Bett zu kommen.«

»Ausgezeichnet. Du bist heute tipptopp in Form.« Er schnüffelte an der Flasche, und Mohnfelder begannen auf seinem Körper zu blühen. Ich schnüffelte daran (ein bisschen intensiver als er, mir war das Zeug ja noch neu), und die Chinesische Mauer begann um Vergebung zu flehen. »Ich habe das Gefühl einer tierischen Präsenz hier im Raum«, sagte ich. »Kannst du dir das erklären?«

Er lächelte. (Junge, Junge! Hätten sie gekonnt, seine Lippen hätten sich selbst gratuliert.) »Natürlich. Das sind meine Schoßtiere, wilde Biester namens ›Halte ein‹ und ›Höre zu‹.«

»Ah ja. Und womit fütterst du die?«

»Möglichkeiten. Bedeutungen, die im Werden begriffen sind.« Er hob die Melone und kratzte sich den Schädel (jedenfalls nahm ich an, dass es sein Schädel war). »Also, jetzt würde ich dir gern mal eine persönliche Frage stellen.«

Ich machte eine einladende Geste (eines der vielen Dinge, die ich aus Filmen gelernt habe). »Meine Verletzlichkeit steht ganz zu deinen Diensten.«

»*Merci.* Meine Frage ist folgende: Interessierst du dich überhaupt für die Stellung des schöpferischen Künstlers in unserer Gesellschaft?«

»Hm. Schon möglich. Bohr mal etwas tiefer.«

Er blickte an die Wand über meinem Kopf, und ich konnte nicht ausschließen, dass er dort etwas ablas (ich wusste nur nicht, in welcher Sprache und wessen Finger dabei von welcher Vorbestimmung geführt worden war). »Zunächst mal«, begann er, »würdest du zustimmen, dass die Logik die Sittenpolizei der Phantasie ist? Dass ihr Sinn und Zweck in der Vernichtung des antigesellschaftlichen Menschen besteht?«

Ich lauschte auf meine inneren Schwingungen und sagte dann: »Ich fühle mich nicht unwohl mit diesen Thesen.«

»Ausgezeichnet. Eine weitere Frage: Spürst du den in der gespannten Zerbrechlichkeit des Kristallglases gefangenen Schrei?«

»Hm, ja, doch, ja, würde ich durchaus sagen.«

»Würdest du dann auch sagen, dass Kristall dem Wesen nach Schrei ist – durch Form und Textur sublimierter Schrei? Die Übereinkunft vorausgesetzt, dass dein Verstand seines Einsatzes harrt?«

»Ich sehe eigentlich keinen Grund, warum dem nicht so sein sollte«, antwortete ich, an der rituellen Flasche schnüffelnd (und stand damit tiefer in der Schuld meiner Nase denn je zuvor).

»Na dann ... hier kommt die Ironie: Anfangs waren Kunst und Ritus eins und hatten die Funktion einer gemeinschaftlichen Erfahrung. Jetzt scheint Kunst, das künstlerische Schaffen, ein Verteidigungsmechanismus des Künstlers *gegen* die Gemeinschaft zu sein, ein Manifest seines Abseitsstehens, manchmal sogar eine extreme und vielleicht kostspielige Abwehr des Aufgehens in einer gemeinschaftlichen Erfahrung, in der er nicht mehr er selbst wäre. Anders gesagt, Kunst – hohe, originelle Kunst – ist heute antirituell, und der

Künstler *wird* zu seiner Privatsphäre und seinem Bollwerk gegen ihren Verlust.« Er hielt inne, um sich mit dem Fläschchen zu verlustieren; seine Augen nahmen den hübschen Glanz eines byzantinischen Triptychons an. »Womöglich könnte man sogar sagen«, fuhr er keuchend fort, »dass alle Kunst in erster Linie ein extremer Verteidigungsmechanismus ist, mit dem man seine Einzigartigkeit und sein Fürsichsein zu schützen versucht. Das wäre dann auch der Grund dafür, dass man sie nicht versteht, das heißt im gemeinschaftlichen Sinne teilt, ja dass man sie sogar hasst. Sie zu verstehen, heißt sie zu teilen – schließlich kann man nicht etwas verstehen, ohne ein Teil davon zu werden –, und das hieße aufzuhören Teil der Gemeinschaft zu sein. Hierin gründet sowohl die Anziehungskraft als auch das Abstoßende der Kunst: der Künstler bedeutet eine Bedrohung für das bloße Bestehen der Gesellschaft, für ihre Idee an sich.« Er hob seine klitzekleine Hand, und ich hörte geradezu das Knirschen, als die abendländische Kultur zum Stillstand kam. »Weshalb die Gesellschaft den Künstler töten muss.«

»In dem Fall …«, begann ich.

»Klappe!«, rief er und trat mich dabei gegen die Wade. »Ich bin noch nicht fertig, du taktloses Zufallsprodukt.« Er befreite sich von einem drückenden Wind und fuhr fort. »So lassen sich die Geschöpfe des Künstlers – seine Charaktere – als seine eigene, von ihm erfundene Gesellschaft, als eine von ihm bevölkerte Gemeinschaft verstehen beziehungsweise betrachten, die organisch an Stelle der anderen, der realen beziehungsweise normalen Bevölkerung (oder Präsenzen) fungiert. Nur dass sie eben allesamt er selbst sind. Das ist auch der wesentliche Unterschied zwischen Fiktion und Literatur. Literatur ist das Eigentum der realen oder äußerlichen Gemeinschaft – eine harmlose, vertraute Leidenschaft für den Schwindel des Imaginären, die Erlösung in der kunstvollen Erfindung einer anderen Welt.«

Sein klitzekleiner Hintern gab ein Geräusch von sich, auf das ich nicht näher eingehen möchte. Wie zur Entschuldigung – aber vielleicht täusche ich mich auch und es war eine rein zufällige Geste – reichte er mir eine Handvoll gesalzener Macadamianüsse, Mitbringsel, so stellte ich mir vor, aus den immanenten Möglichkeiten eines vergangenen Trips. »Infolgedessen«, fuhr er fort (seine Stimme beanspruchte meine Atmungsorgane und Gehirnströme in nicht geringerem Maße als meine Ohren), »stellt sich die Frage, ob Kultur nicht Sprache, Politik oder Ritus dessen ist, was man sich erhofft, und nichts Existentes, keine Reihe von Begebenheiten in der Vergangenheit – nein, etwas, was noch passieren soll. Also – existiert sie tatsächlich in der Geschichte? Und kann man sagen, sie sei passiert?«

Ich setzte mich schließlich auf, vielleicht um einem weiteren seiner Zornesausbrüche über meine Unterbrechungen zuvorzukommen. »Natürlich nicht«, sagte ich. »Ich würde sogar noch etwas weiter gehen« – ich schob das Kinn vor, als Zeichen meines unverbesserlichen Selbstvertrauens – »und sagen, dass Ästhetik schlicht die Rhetorik der erhofften, projizierten Verschwörung bzw. einer allgemeinen Übereinkunft und ganz und gar keine Wissenschaft der Sensibilität und kodifizierter Konstrukte ist.«

Ich wartete hochmütig darauf, dass er mir etwas an den Kopf warf, eine Ladung Apfelbutzen oder eine Schriftrolle mit alten Beschwörungsformeln. Aber er sah mich einfach nur an, ein stilles Maß an verhaltener Vertrautheit im Blick. »Pff! Die Arroganz der momentanen Erleuchtung. Mach nicht den Fehler dich wahrer Gelehrsamkeit zu verschließen.« Er gähnte, und diese Geste setzte einen der vielen eingekerkerten Nachmittage seiner elliptischen Kindheit frei. »Ich habe noch weit mehr zum Thema zu sagen«, gestand er, »aber ich behalte das lieber vorerst für mich. Ich traue dem Ursprung deiner Reaktionen nicht.« Ohne auch nur ein Härchen zu bewegen, tätschelte er meine Nase. »Komm, wir verschwinden hier. Ich komme mir langsam vor wie die Schande einer gefallenen Frau.«

Selig (wir waren ziemlich high von dem Kleber, den wir geschnüffelt hatten) liefen wir eine Straße im vernachlässigten Süden dieser wackeren Schweizer Stadt entlang. »Noch eines«, wagte ich zu sagen, »meinst du, wir könnten uns heute Abend noch der Intuition annehmen? Eine kleine Umschau hinsichtlich ihrer Nuancen und wiederholten Kapitulation unter Zwang?«

Er kniff mich, ohne Provokation und mit einem Höchstmaß an Intimität, in den Hintern. »Natürlich, aber erwarte nicht, dass es konkret zu was führt.«

»Ich bin kein Opportunist, und ich verbitte mir jede Anspielung in diese Richtung!«

»Kokolores!«, sagte er. »Hör auf, so zu tun, als hätte dich bereits irgend so ein kleines keusches, inkorrektes Geschichtsbuch abgehandelt, über dem selbst noch der Dümmste einschläft!« Er wich einem erfolgreichen Banker in Nadelstreifen aus, ohne dass es ihn – oder mich – große Anstrengung gekostet hätte. Der Kleine hatte wirklich unverschämt Stil! Welch Indifferenz gegenüber dem Unterschied!

Von mir aus hätte er ein Spitzel des Bunds Züricher Rutengänger sein können, es wäre mir schnuppe gewesen. Oder ein Fragment der Apokryphen, für das der Auktionator zu viel verlangt. Es war mir ganz einfach egal. Wir hatten eine Menge gemeinsam, so viel stand fest. Es gibt einfach Dinge, die einem heilig sein sollten.

»Wo gehen wir denn hin?«, fragte ich und hoffte inständig, dass meine Frage nicht allzu flehentlich klang. »Zu einem geheimen Brauch vielleicht?«

»Nee«, antwortete er. »Eher einem geheimen Bauch.«

Zum ersten Mal an jenem Tag hatte ich das pikante Gefühl, womöglich tatsächlich etwas über mich selbst zu erfahren. Ich meine, bevor es zu spät war.

5

Sylvia war ein Fernsehjunkie. Wenigstens fünf Stunden saß sie jeden Tag vor der Glotze, und ich glaube nicht, dass sie dabei auch nur einen Muskel bewegte. Trance nennt man das wohl. Und in einer Trance sieht und hört man nichts; man absorbiert nur, wird eins mit dem brabbelnden Treibgut auf dem Bildschirm, fließt auseinander, fließt wieder zusammen – Zen-Bewusstsein, wie es im Buche steht. Man verschmilzt damit, wird eins mit dem Ding. Wann immer Sylvia sich in diesem osmotischen Zustand befand, brauchte ich den Fernseher gar nicht anzusehen; ich guckte nur sie an und hatte das volle Programm. Was in Gottes Namen denkt diese Frau bloß? frage ich die Luft. Und noch bevor sich eine Motte ertränken könnte, sagt Sylvia auch schon: »Sag mir, dass du nur mich liebst, Giulio, und ich mache, was immer du willst.« Ihre Augen sind zwei gebannte Raumschiffe. Ich könnte Japan den Krieg erklären, und sie würde, ach was, sie könnte nicht mit der Wimper zucken. So eine Partnerschaft lobe ich mir.

»Es gibt ein Problem bei der Unterhaltung mit dir«, sagte sie mir einmal, als mir nach ein bisschen Konversation mit ihr war, »und zwar, dass wir uns nicht unterhalten. Man könnte sich genauso gut was von Shakespeare ansehen – ein Monolog nach dem anderen. Du brauchst keine Partnerin. Du brauchst einen Spiegel, sonst nichts.«

So ging es dann weiter: Sie würdigte mich als Mensch herab, und plädierte für meine Aufnahme in ein Monstrositätenkabinett, bis ich schließlich ins Bett ging und mir die Decke über die Ohren zog; oder ich stapfte hinaus, setzte mich zu meinen Kumpels auf der Treppe an der Ecke und wurde zu Plankton in einem Meer kalifornischen Weins. Manchmal mache ich mir so meine Gedanken über Kannibalen wie Sylvia. Würde man sie isolieren, ich meine, wären sie völlig allein, sagen wir mal für drei Wochen, ich vermute stark, sie würden verhungern. Sie ernähren sich von Menschenblut und Gewebe. Ist es möglich, dass Typen wie Sylvia die Lösung für die Bevölkerungsexplosion sind? Vielleicht sollten die Vereinten Nationen das mal diskutieren. Jeder von Ihnen kann das bei der nächsten Vollversammlung aufs Tapet bringen. Ich beanspruche das Verdienst mitnichten für mich allein.

Wie auch immer, vergessen wir den Kannibalismus für einen Augenblick. Worüber ich heute sprechen möchte, geht in eine ganze andere Richtung – oder? Heiliger Bimbam! Es ist doch dasselbe! Ich wollte darüber reden, wieso zwei Leute, die einander wie die Pest hassen, weiter zusammen wohnen. Ich meine, was ist das wohl anderes als gegenseitiger Kannibalismus? Sylvia und ich fraßen einander auf, und das pausenlos. Täglich hatten wir den Geschmack von Blut im Mund, fügten uns Schmerzen zu wie Stromschläge, rissen uns das Fleisch vom Leib – all das gab unserer Existenz Form und Substanz. Liebe wäre hier absurd gewesen; sie hätte nicht weniger gestört als ein nacktes Baby in einem Rüstungsbetrieb. Sollte das alles sein, worum es im Leben geht – Zerstörung? Selbst unser Sex (unsere Ficks, wie ich lieber sage; Sex ist, was man in Lehrbüchern erlebt, es ist Prosa, das Leben jedoch Poesie), selbst unsere Versuche in Sachen Lust schienen von Wut oder Zorn motiviert, mit Sicherheit nicht von Zärtlichkeit oder Liebe. Der Orgasmus an sich, diese jäh erblühende Chrysantheme, ist die totale Auslöschung, die eigene wie die des Partners. Ich habe Sylvia mit der Leidenschaft eines Axtmörders zum Orgasmus zu bringen versucht; was meine eigene Erfüllung angeht, so interessiert sie mich weniger bis gar nicht; ich will nur ihren Todesschrei hören. Die Spanier, die ein ganz anderes Lebenskonzept haben als unsere Freunde in Quaker City, im guten alten England oder vom Florence Nightingale Square, wissen hier bestens Bescheid. Bei ihnen ist der Orgasmus *la muerte chiquita,* der kleine Tod. Es ist einfach etwas ganz anderes; Leichentuch und Sonnenhäubchen könnten nicht verschiedener sein. Man braucht sich nur die blutrünstigen Obszönitäten und Beleidigungen anzusehen, mit denen Sylvia und ich uns während unserer lustvollen Konfrontationen bedenken: »Du verdammter Patient, du! Dreckiger Vergewaltiger! Schwule Sau! Miese Fotze! Hure! Lesbe! Männermordendes Aas!« Sind das nicht provokative Fragmente aus derselben Familie wie die beleidigenden Herausforderungen, die griechische und trojanische Krieger einander entgegenschleuderten? Nach einem tödlichen Schwerthieb, ihre Seele auf der Schwebe zwischen Leben und Tod? Ich sehe noch nicht einmal, was es da zu debattieren gibt, so klar liegt der Fall. Und so wie diese Jungs auf Darstellungen immer einer in den Armen des anderen liegen, während ihnen der Lebenssaft aus dem Körper rinnt, in einer Art erhabenem Höhepunkt, einer jede Vernunft übersteigenden Kameradschaft, so war das auch bei Sylvia und mir, wenn wir nach einem Fick auf der unverbrauchten Naivität der rosafarbenen Laken zusammenbrachen.

Ich hätte zu gern Genaueres über Sylvias Arbeit gewusst; sie hatte mich richtig neugierig gemacht mit ihren Expeditionen in die unerforschten Marschen und Regenwälder der auf ewig Unterprivilegierten unserer Welt, also versuchte ich immer wieder mal – will sagen, wenn ich nach einer meiner eigenen ungezählten Exkursionen zum Auftanken nach Hause kam –, sie dazu zu bekommen, mir etwas über ihren Job zu erzählen.

»Willst du dich nur aufgeilen, wie irgend so 'n schmuddliger Voyeur«, fragte sie, »oder solltest du tatsächlich noch nicht völlig verkommen sein und dich aus soziologischen Gründen für deine Mitmenschen interessieren? Kannst du mir das sagen, Mr. Konfusius?«

»Beides«, antwortete ich um Ehrlichkeit und Finesse zugleich bemüht (was ein Charakteristikum von mir ist). »Was ist denn daran auszusetzen? Ich meine, ist die Kombination etwa nicht mehr erlaubt?«

Sie stieß einen Seufzer aus – wie einer von Jesus' engsten Freunden unter dem Kreuz. »Bei dir geht das so natürlich zusammen, dass jede Diskussion sinnlos wäre. Pilze leben nun mal in Höhlen, basta, was soll man da diskutieren? Hab' ich Recht?«

»Allerdings, Frau Mama! Ich finde deine Wissenschaftlichkeit beeindruckend. Das ist ja ein ganz neuer Zug an dir. Machst dieser Tage wohl die Beine für einen Biologen breit, was?«

Ihr Blick glich dem mit Kuhdung beschmierten Speer eines römischen Soldaten. »So ist's recht. Reduzier du nur alles menschliche Trachten auf einen Fick! Weißt du was, dein Hirn ist noch nicht mal klein, es ist einfach gelähmt. Du kannst nur runtergucken oder rauf. Fünfzig Prozent der Welt sind für dich ein finsteres Rätsel. Aber ein Rumpelstilzchen wie du kann das natürlich nicht akzeptieren, was?«

Mein Lachen hörte sich an wie das Brechen eines Crackers. »Du verstehst ganz eindeutig meine Methode nicht. Ich versuche das *Wesen* der Dinge zu erfassen. Vorher und Nachher interessieren mich nicht. Der Augenblick unvermeidlicher Selbstidentifikation, das ist es, worauf meine Instrumente ansprechen.« Ich sah sie über mein Thunfischsandwich hinweg an. »Denk mal drüber nach.«

Sie setzte eine ganz ungewöhnliche Miene auf – nicht unähnlich dem Ausdruck eines Hühnerfarmers, der von seinen Leghennen nur noch faule Eier bekommt. »Jedes Mal, wenn ich über etwas nachdenke, was du abgesondert hast, habe ich das scheußliche Gefühl zu ertrinken. Richtig abnormal. Ich sollte mich für eine Studie zur Verfügung stellen. Am besten einem Ozeanographen, der zugleich Psychiater ist.«

So ganz von der Hand zu weisen war ihre Aussage nicht. Sie sah wirklich zuweilen aus wie eine Wasserleiche, die mit tragischer Schwerelosigkeit zwischen sachte an ihr knabbernden Fischen treibt. In solchen Augenblicken war ich selbst ein groteskes qualliges Gebilde im Schatten eines Korallenriffs, schlaff, aber lüstern, in der Pfote – oder im Fangarm – einen angebissenen Fisch.

»Wie auch immer«, fuhr ich im Auftauchen fort, durchbrach die Wasseroberfläche und stieß eine mächtige Dampfwolke aus, »was gibt's Neues bei den armen Leuten?«

Sie lächelte listig und kalt. »Okay. Aber nur um das klarzustellen: Du willst nur den Schweinkram hören, um deine kranken voyeuristischen Gelüste zu befriedigen. Den soziologischen Aspekt kann ich mir schenken. Ja?«

Ein lahmer Seufzer von mir. Von mir aus, Hauptsache sie legt endlich los. »Okay. Wenn du meinst.« Großer Gott, was für Opfer bringt man um der Wissenschaft willen.

Sie nippte an ihrem schwarzen Kaffee und zog an ihrer Salem. In der engen Hose mit dem Diamantmuster und dem noch engeren hübschen roten Pulli sah sie wie ein Harlekin aus. Die Maske ihres Make-ups war von durchtriebener Eleganz; die schwungvollen Bögen ihrer Brauen wiesen auf teuflische Absichten, während der Mund voll Erinnerungen an Babylon war. »Mein Bezirk ist die reinste Büchse der Pandora«, begann sie, »und das nicht etwa im sexuellen Sinn.« Mir schwollen die pochenden Venen ob dieser Einleitung; die Wörter drangen ein, mischten sich mit den Blutkörperchen – bis in den letzten Winkel meines Selbst konnte ich die Metamorphose spüren, die sich in mir vollzog. »Ich habe mit Spezies zu tun, die eigentlich mit dem Cromagnon-Menschen hätten aussterben sollen! Es würde mich nicht wundern, wenn die Hälfte von denen an der Decke übernachtet oder im Schlamm.« Sie rieb sich das Kinn und schüttelte ungläubig den Kopf. »Da ist dieser Churchill Downs, ein Neger aus Jamaika, der auf Schwerstversehrter macht und betteln geht. Er lebt mit seiner Schwester zusammen, die ebenfalls bettelt, sie als falsche Nonne. Sie nennt sich Ophelia von und zu Morgenlicht – ich schwör's dir, so heißt sie wirklich!

Bei dem, was die alles machen – sie betteln nicht nur, sie verkaufen Diebesgut, sie geben Kurse, wie man sich dem Wehrdienst entzieht, sie bauen auf dem Dach Marihuana an und verkaufen Whiskey und Wein nach der Sperrstunde –, ich sag' dir, die müssen Millionäre sein, und trotzdem kassieren sie monatlich 490 Dollar von der Wohlfahrt. Und kriegen darüber hinaus noch die Krankenkasse bezahlt. Und ich kann ihnen nicht einen Cent Einkommen nachweisen. Die beiden sind in Harlem so groß wie General Motors, jeder weiß es, und ich habe auch nicht ein Fitzelchen eines Beweises dafür. Und diese zwei Kriminellen, Bruder und Schwester – sie treiben es natürlich auch miteinander –, lachen sich den lieben langen Tag ins Fäustchen, weil sie mit all diesen Betrügereien durchkommen.

Und eh ich's vergesse, das sind nicht etwa Feldarbeiter, weit gefehlt, die gehören zur schwarzen Aristokratie! Eine wohlhabende jüdische Familie mit schlechtem Gewissen hat sie adoptiert und auf die besten Schulen geschickt. Ophelia war in Chapin und Radcliffe, Churchill in Exeter und Harvard, und in Cambridge war er im Graduiertenkolleg für Anthropologie! Die machen das also nicht aus Not oder Verzweiflung oder weil sie nichts gelernt hätten, nein, das ist Instinkt bei denen, die reine Lust an ihrer angeborenen abgründigen Kriminalität. Wie Termiten nagen die an unserer abendländischen Kultur und ihren Werten. Nichts, was die nicht machen würden, wenn sie wüssten, sie kämen damit durch. Kinder würden die entführen, Gräber plündern, für die Russen spionieren, egal was. Die beginnen den Tag mit Inzest und falschen Persönlichkeiten und beenden ihn mit Verbrechen und Meineid.

Ich zittere jedes Mal, wenn ich hin muss zu denen, ehrlich, aus Angst, sie könnten mich verschlucken, mich unter Drogen setzen und mich dann auf die Straße schicken oder mich wie eine Gefangene halten, entweder für sich selber, oder sie schicken mich in einer Kiste nach Arabien auf den Sklavenmarkt. Du kannst dir nicht vorstellen, wie das ist.«

Und wie ich das konnte. Als steckte ich in ihren Poren! Als trüge ich ihr Make-up, ihren BH, ihre Schlüpfer, als kratzte ich den Leberfleck auf ihrer rechten Wange (eine ihrer Angewohnheiten, wenn sie nervös war). Mein Leberfleck, meine Nervosität, meine selbstsüchtigen Brustwarzen kribbelten vor mit Aufregung glasierter Vorahnung. Oh, ich konnte es ihr nachempfinden, zutiefst und glasklar: Ich steige die nach Pisse riechende Eisentreppe von einem von Harlems verrückten schiefen Türmen hinauf; um mich herum rumort und jault es; ich weiche flatternden Hühnern aus, zu Tode erschrockenen Schemen, ducke mich unter vulgären Beschimpfungen aus den schwarzbraunen Kehlen nackter Menschen, deren Finger noch über den Schorf von Schürfwunden streichen, die die Ketten um ihren Hals hinterlassen haben, über die letzten Striemen an ihrem Arsch.

»Ah, die gute Dame vom Sozialamt der Stadt New York! Treten Sie ein, bringen Sie Glück herein in unsere bescheidene, aber ungebeugte Bleibe.« Churchill Downs, majestätisch, ganz der Herr in seinem silbernen Rollstuhl, führt sie mit einem triumphierenden Blitzen aus dem goldgefüllten Mund in die Antithese des weißen Mittelstands, die er zusammen mit seiner Schwester bewohnt. »Sie sind die Blume in unserer Wüste, werte, hochwohlgeborene, blauäugige und von der Natur so reichlich beschenkte Dame. Eine Orchidee der Hoffnung und der Versöhnlichkeit, eine Hyazinthe der Gewaltlosigkeit und der Bruderschaft.«

Der Mann war alles in einem: Zirkus, Zigeuner, Basar. Er trug ein Monokel an einem feinen Goldkettchen, ein Barett aus schwarzem Samt mit einem roten Wollbommel obenauf, ein orangenes Sweatshirt mit der Aufschrift »Marquis de Sade for President!« vorn und hinten, knapp unter dem Halsausschnitt las ich: »Haltet euch fest!« Die Reithose aus schwarzem Lackleder endete mit seinen Beinen knapp unter den Knien; die runden Stümpfe zierten weiße Stoffkappen, auf die riesige Augen aufgemalt waren. In der Hand hatte er eine überlange goldene Zigarettenspitze, die aus der zweiten Rolle eines frühen Garbo-Streifens abgestaubt war, und was da den exotischen Duft von Tabus verströmte, war eine ägyptische Zigarette, die er per Jet aus einem tunesischen Hurenhaus hatte einfliegen lassen.

Wie immer, wenn sie sich in die geschmacklos überladene Höhle geführt sah (rote Vorhänge, tiefe weiße Teppiche, bunte Lichter, abstrakte Gemälde und Räucherstäbchen). kam Sylvia der Gedanke, zu schnell umgeblättert zu haben und in einem von Sinbads Abenteuern gelandet zu sein. Sie konnte nicht beweisen, dass dem nicht so war, sie spürte keine greif- oder beweisbare psychologische Verbindung zu der Welt, aus der sie – da war sie sich immerhin sicher – gekommen war. Sie kam sich wie ein kleines Mädchen vor. Sie kämpfte an gegen diese Regression und verabscheute sich für dieses Gefühl, aber sie konnte sich einfach nicht dagegen wehren.

»Das ist ja alles gut und schön, Mr. Downs«, begann sie, so fest und förmlich es nur gehen wollte. »Aber Sie und Ihre Schwester und ich, wir müssen uns wirklich mal ernsthaft unterhalten.«

»Aber selbstverständlich«, rief Downs, fast wie ein Opernstar auf der Bühne, »ich könnte mir noch nicht einmal vorstellen, dass es zwischen uns dreien zu einem Austausch seichter Oberflächlichkeiten kommen sollte! Die Luft um uns herum müsste beleidigt sein.« Damit führte er sie an ihrer Kinderhand zu einem s-förmigen mit Zebraleder bezogenen Sofa, bei dem sich zwei Sitzflächen gegenüber lagen. Als wollte er jeder beleidigenden Bemerkung über Sozialhilfeempfänger zuvorkommen, sagte dieser grinsende Caliban (der Prospero so ganz eindeutig verschlungen hatte): »Ein Geschenk von einem Cousin mit Verbindungen zu Weißen aus der Seventh Avenue.« Auch das hörte sich an wie aus *La Traviata*. »Hübsch, nicht wahr? Es geht einfach nichts über das Echte«, fuhr er fort und strich direkt neben Sylvias vor Unsicherheit bebendem Schenkel über das Fell. »Direkt von Mutter Natur. Ich kann Ihnen gar nicht sagen, wie beleidigend Plastikimitationen der Realität für mich sind. Sie sind deprimierend. Man hat das Gefühl, im Rinnstein aufzuwachen anstatt im eigenen Bett.« Er blickte tief in Sylvias hypnotisierte Augen. »Finden Sie nicht auch, Miss Wonderful? Bekommen Sie nicht auch eine Gänsehaut, kaum dass Sie sich in Reichweite einer Imitation sehen?« Ein Schauer überlief ihn, ein glänzender schwarzer Schauer.

Sylvia, deren puritanische Moleküle gegen den Zerfall ankämpften, versuchte sich an einer gestrengen Miene. »Wir können die Natur ein andermal diskutieren, Mr. Downs«, sagte sie. Ihr Körper wurde zur Suppe, ihr Verstand verdampfte, kaum dass ihre Stimme noch Vokale und Konsonanten enthielt. »Mein heutiger Besuch hat mit, äh …« Ihr versagte die Stimme. Platon starrte sie von einem Postament auf der anderen Seite des Zimmers an – »hat mit, äh … Ihrem Antrag … Ihrer Behauptung, bedürftig … äh … zu sein, zu tun, und …«

Churchill Downs nickte. »Bedürftigkeit. In der Tat. Meine Schwester und ich, wir schwimmen darin. Das Leben war über die Maßen gemein zu uns. Wir sind unschuldige Opfer eines weltweiten Machtkampfes. Ophelia und ich gehören einer entbehrlichen Rasse an.« (Ein so gut wie weißes Hausmädchen, die Uniform von einem Dienstkleidungsservice gepflegt, erschien und servierte Downs einen Teller mit offenen Muscheln und eine Flasche Pernod, küsste die Augen auf seinen Stümpfen, drehte sich mit flottem Hüftschwung um und verschwand.) »Wir müssen die Abfalltonnen des Lebens durchsuchen, um über die Runden zu kommen. Wir müssen in Gassen kriechen, um nicht im Weg zu sein. Wir dürfen die Luft erst atmen, wenn die weißen Herrscher sie jeglicher Nahrung beraubt haben. Wir haben nur einander und einige liebe Freunde.« Er verschlang einige von den Muscheln und goss einen ordentlichen Schluck milchiger Flüssigkeit hinterher. »Kurzum, Miss Perlweiß, ich sage Ihnen bei Ihren schlanken Knöcheln, es geht uns alles andere als gut. Meinen Sie nicht auch?« Mit einem Heben der Braue befreite er sein Monokel, drehte elegant einen kultivierten kleinen Finger im Ohr und grinste Sylvia ausladend an. »Was wir in diesem Augenblick brauchen«, sagte er, ohne den schimmernden Blick von ihrem Gesicht zu nehmen, »sind ein paar Takte Barockmusik. Flöte und Mandoline?« Die Musik wartete erst gar nicht darauf, dass seine Worte verklangen, schon erfüllte sie die hypnotische Atmosphäre mit Elektrizität.

Ich bin seine Gefangene, flüsterte das kleine Mädchen in ihr Sylvia zu. Nie wieder wird mich auch nur ein Weißer zu Gesicht bekommen. Ich werde in einem anderen Universum verschwinden, in einer Welt voll Lust und Wahnsinn und primitiver Laute, völlig außer Reichweite einer sauberen, guten, vernünftigen Welt. Dieser schwarze Mann ohne Beine ist das fleischgewordene Böse. Es gibt nichts, zu dem er nicht fähig, nichts, was undenkbar wäre für seinen tückischen, verderbten Verstand. Ich will Gott um Hilfe anflehen. Er ist meine einzige Hoffnung. Ich sehe mir schon Gewalt angetan, ich sehe mich blutend und …

»Also, Mr. Downs«, begann sie unsicher. Die Fäuste zum Kampf geballt, raffte sie das letzte Quäntchen physischer und moralischer Kraft zusammen. »Ich möchte nicht, dass Sie mich für unsensibel halten. Ich weiß um das unselige Schicksal des Negers in …« Die Wörter, so sorgfältig ausgewählt und vor der Mission aufgesagt, auf Sicherheit und Belastbarkeit hin überprüft, vor dem Flug mit einer speziellen Nährlösung aufgepäppelt, wissenschaftlich geplant, diese Wörter verloren die Orientierung, das Tempo, rutschten ihr zurück in den Hals. »… einer weißen Person in Negerkleidung … nein … was ich sagen will … äh … Wir müssen eben alle teilen … Ich meine, immerhin haben wir gemeinsame Vorfahren … Im Grunde sind wir alle Gottes Kinder … beten zum selben Wohlfahrtsscheck, das schon … nein … was ich meine …« Ihr Gesicht war feucht geworden. Sie konnte nicht mehr klar sehen. Ihre Kleinmädchenstimme schien mit einemmal aus weiter Ferne zu kommen.

Eine Stimme wie schwarze Baumwolle legte ihren Arm um sie. »Miss Dermasoft, meiner Ansicht nach brauchen Ihre zarten Händchen erst mal einen Drink. Ich fürchte, der schreckliche Aufstieg über die enge Treppe in unser Krähennest hier hat eine fragile Person wie Sie doch etwas angestrengt. Doch, wirklich. Was Sie jetzt hören, das Klirren und Klappern, das sind die Geräusche eines Pernod Highball, eigens für Sie kredenzt. Hier, Sie Stolz Ihres Vaters in seiner wohlerzogenen Pein, gießen Sie sich ein bisschen was davon hinter die Binde. Wussten Sie übrigens, dass das das Lieblingsgetränk von Madame Dubarry war? Hat ihr durch so manche Bredouille geholfen. Gut, was? So ist's recht. Nehmen Sie noch einen ordentlichen Schluck. Ich sehe, dass es Ihnen bereits besser geht. Ihr Gesicht wirkt nicht mehr gar so sehr wie transplantiert. Prima, der Lakritzgeschmack, finden Sie nicht? So etwas geht zurück bis in die Kindheit, zur köstlichen Raserei von Bonbons, Lakritzstangen und Lutschern. Ich frage mich, wer wohl bei dieser Aufnahme Fagott spielt. Sie wissen das nicht zufällig, Mutterstolz, oder? Irgendein Knabe aus Bologna, glaube ich.

Junge, Junge, bläst der eine kesse Lippe. Auf diese Itaker aus dem 17. Jahrhundert ist eben Verlass. Wir verdanken ihnen eine ausgeprägte Lippenkultur. Was keine Anzüglichkeit sein soll! Versehentliche Ehren nehme ich aber dankbar an.«

Bing, bing, bing. Das Telefon.

»Ja? Herrgott noch mal! Das meinst du doch nicht im Ernst. Tja, Schatz, wenn sie dich nicht mitmachen lassen, sollen sie dich doch lecken! Ciao.« Er wandte sich wieder

Sylvia zu. »Das war General Custer. Sieht ganz so aus, als würde er von einer ganzen Horde Indianer umzingelt. Armer Kerl! Er hätte nie nach West Point gehen sollen.

Braves Mädchen. So wie Sie dem Zeug zuleibe rücken, Sie machen das ja richtig mit Stil. Sie haben so gar nichts von kleinlicher Pedanterie, Gardenia Girl. Ich möchte wetten, Ihre Linie geht ungebrochen zurück auf die dritte Zeile des *Beowulf.* Kommen Sie, lassen Sie mich den noch mal auffrischen. Mm. Sie kriegen ja richtig Farbe auf den straffen noblen Bäckchen. Das ist der große Nachteil des Schwarzen. Uns fehlen die reizenden Farbnuancen der Haut. Dafür sind bei uns die Pusteln nicht gleich zu sehen. Ein kleiner, aber tröstlicher Ersatz.«

Der Pernod half Sylvia, sich in ihre Niederlage zu fügen. Sie hatte nicht länger das Gefühl, sich gegen ihr Schicksal wehren zu sollen. Sie leckte sich den süßen Geschmack von den Lippen und sagte reuig: »Was haben Sie denn mit mir vor, Mr. Downs?«

Das geradezu unverschämt bunte Wesen in dem silbernen Rollstuhl lachte laut kreischend auf. »Mit Ihnen? Lieber Gott im Himmel! Sie reden ja wie die Gebrüder Grimm! Ich mit Ihnen? Die eigentlich brennende Frage ist doch, was Sie mit mir vorhaben, Rapunzel vom hohen Turm.«

Trotz der Behaglichkeit, mit der sie sich auf den Pernod hin in ihr Schicksal fügte, wusste sie, Churchill Downs, der schwarze Machiavelli der 127. Straße, der beinlose Läufer, der finstere Augenblick vor der Wahrheit nahm sie auf den Arm. Er brauchte nur mit dem Finger zu schnippen, schon befände sie sich auf einem kleinen Dampfer unterwegs nach Mosambik, wo ein kurzes Leben in orgiastischer Sklaverei auf sie wartete. Sie nippte den Rest ihres Drinks weg, und es genierte sie nicht im Geringsten, dass sie dabei schlürfte wie ein Kind beim letzten Schluck seines Lieblingsgetränks. »Ach, Churchill – wenn ich mir die Vertrautheit erlauben darf –, Sie spielen mit mir.«

Die roten Samtvorhänge und Goldkandelaber kicherten in geradezu klitoraler Erregung bei der nächsten Explosion überraschten Entzückens. »Sie sagen vielleicht Sachen, Prinzessin!« Er überließ sein scheinbar beinloses Ich einem kollernden Lachen, dem Zucken und dem fassungslosen Schütteln seines orange-rot-schwarzen und senffarben bedeckten Haupts. Schließlich richtete er sich auf. »Wir müssen unbedingt etwas klarstellen. Ihnen scheinen die Rollen in unserer kleinen Revue hier durcheinander geraten zu sein. Mag sein, dass Sie sich für das Opfer und die Manipulierte halten, aber das ist ganz einfach nicht wahr. Das wahre Opfer bin ich, die eigentliche Marionette. Verstehen Sie das nicht, Baby? Sie sind die mit der Phantasie im Kopf, nicht ich. Ich bin jemand, den Sie aus einem tiefen und durch und durch perversen Bedürfnis heraus erfunden haben. Sie könnten mich nie und nimmer so akzeptieren, wie ich tatsächlich bin. Sie verwehren mir meine Realität und berauben mich so all dessen, was ich habe. Ich bin die Marionette Ihrer Neurose, wie auch immer es nach außen hin aussehen mag. Nur dass Ihre Schuldgefühle Sie das nicht akzeptieren lassen, also schieben Sie die Verantwortung einfach auf mich. Ich, meine süße Wüstenblume, bin Ihr Es, Ihr magischer Nachtschatten. Ich bin der von Ihrer Kultur bestallte Dienstbote Ihrer undenkbaren Ränke.« Er schippte sich einige Löffel voll schwarzer Fischeier in den Mund und beschleunigte ihre wundersame Reise zurück in den Bauch, aus dem sie kamen, mit einem Schluck von Baudelaires liebstem Getränk. »Und ich kann Ihnen sagen, dass ist ein verdammt harter Job!« Unversehens warf er einen Blick auf die schwere goldene Uhr an seiner Seite. »Großer Gott, es ist schon nach drei!« Er wandte den Kopf in Richtung einer teilweise verborgenen Tür am Nordende des Zimmers und rief: »Ophelia? Zeit für deine Tanzstunde! Komm schon, beweg dich, Mädchen!« Er wandte sich wieder Sylvia zu (von deren Vergangenheit – jener vor Eintritt in diesen rot ausgekleideten Schoß – nur noch die eine oder andere Krakelei an einer Höhlenwand übrig war). »Wir müssen schließlich unsere Muskeln bewegen, nicht wahr?«

Bing bing bing. »Hallo? Ich lebe hier in ungeteiltem Glück. Wer ist denn das? Wer? Na so was. Hallo, Guter! Wie geht's denn so? Is' wahr? Tatsächlich? Na schön, brauchst dich doch nicht zu genieren. Wir müssen alle irgendwie über die Runden kommen. Wir sind alle allein. Mhm. Alles klar. Beruhige dich. Ja, wir sehen uns. Okay.«

Er kratzte sich den samtenen schwarzen Bauch. »Das war der gute alte Galileo. Hat gerade eben abgeschworen. Die Stadtväter hätten ihn sonst in Öl gesotten. Tja, das Wichtigste ist nun, all die sinnlos gewordenen Geraden durch den Kreis zu ersetzen. Den Kreis des wiederkehrenden Lebenstriebs, den Kreis jeglicher Realität. Unbedingt.«

Sylvia kicherte. Sie hatte einen netten kleinen Schwips. »Ich habe Mathematik in der Schule gehasst.«

Churchill tätschelte ihr grinsend den Schenkel, der ihm am nächsten war, drückte ihn ein wenig, ließ die Hand einen Augenblick liegen, aber nicht fordernd (das war einfach nicht sein Stil).

»Das ist verständlich, ach du Essenz aller angelsächsischen Euphorie. Geraden beginnen nirgendwo und führen nirgendwohin. Das eine Ende bleibt dem anderen auf ewig fremd. Können Sie sich vorstellen, sich selbst eine Fremde zu sein? Zum Fürchten, der Gedanke, was? Tja, aber genau das passiert einem mit allen Symbolen modernen Denkens. Die permanente Entfremdung. Zumindest, was das Denken des modernen Weißen angeht. Lasst uns einfach gestrickte, aber sonst total richtige Nigger da mal besser raus.«

Sylvia kicherte selig – wie ein entzücktes, aber leicht zurückgebliebenes Kind. »Ich mag Nigger. Ich habe als Kind mit einem kleinen Niggerjungen in unserer Garage Doktor gespielt. Tickle Britches hieß er. Mann, war das toll!«

Die Faxen von Mandoline und Flöte waren unbemerkt

rustikaler französischer Hochzeitsmusik aus dem 18. Jahrhundert gewichen, inklusive einiger zotiger Weisen, in denen es um die Logistik der Hochzeitsnacht ging; die griechischen Statuen von starken Athleten und arm- und beinlosen, aber dafür umso vollbusigeren Frauen in dem bemerkenswerten Raum, die einige weiche, unermessliche Augenblicke zuvor noch etwas fern und kalt gewirkt hatten, waren jetzt näher gerückt und glühten in warmen Fleischtönen, und Sylvia war sich insgeheim sicher, ihren Atem zu spüren (und dass sie diesen vor ihrer Umgebung zu verbergen versuchten); Churchill, der (wann war das gleich wieder gewesen?) am äußersten Rande seiner Glaubwürdigkeit gesessen hatte (wie Humpty Dumpty), war jetzt ein Familienmitglied, so nahe war er ihr – traulich, liebenswert, ganz und gar verständlich und (obwohl sie wusste, dass Stammesälteste so etwas häufig als inzestuös und deshalb nicht durch die Bank in Ordnung betrachteten) durchaus attraktiv. Mmm.

Eine Erscheinung, eine Epiphanie, eine fleischgewordene Verneinung von Klang, Raum und dreidimensionaler Logik: kaum zwei Meter von Sylvia und Churchill stand plötzlich eine Frau, pekannussbraun, kobaltäugig (ihre Augen glänzten wie ein billiger Ring), schwarzhaarig (wie kam es, dass ihr Haar vom Wind bewegt wurde, wo doch kein Lüftchen zu spüren war?), ihre Lippen (oh, wie voll, schwer und wissend sie waren!) geheimnisumwoben, hohe Brüste (unter dem Schleier eines schwarz-goldenen Sari trug sie nichts als die atemberaubende Wirklichkeit ihrer selbst und einen göttlich provozierenden Hauch von Chanel). »Ich hoffe, ihr beiden Langschläfer seid so weit«, sagte sie ungemein musikalisch. »Wir müssen nämlich unbedingt los.«

»Ophelia, du Licht des Morgens!«, rief Churchill aus und griff nach ihrer Hand. »Schwester mein und Geschenk an den alternden modernen Mann. Verdammt, siehst du gut aus!«

Ophelia schwebte auf Sylvia zu und tätschelte ihr die Wange. »Miss Sylvia, wie schön Sie bei uns zu haben. Wie reizend von Ihnen, Ihre Zeit mit mir und meinem bescheidenen Bruder zu teilen.«

Sylvia schenkte Ophelia ein aufrichtiges Lächeln aus purem Gold. »Ganz die Ihre, Ophelia, mit Haut und Haaren, vom Scheitel bis zur unerfüllten Sohle.«

»Sylvia, Baby, Sie haben ja einen sitzen.«

Ophelia sah ihren Bruder an. »Ist es nicht eine Schande, dass dieses große reiche Land mit all seinen Ressourcen und seinen Leistungen in der Stratosphäre nicht über mehr weiße Engel wie unsere Sylvia hier verfügt? Eine Tragödie.«

Das Telefon meldete sich. »Liebe und Verständnis!«, rief Churchill in den Hörer. »Cedric! Wie geht's, wie steht's, Baby? Nein, überhaupt nicht. Wir lassen dich nicht hängen. Wir sind schon unterwegs. Sieh doch nicht in jeder kleinen Verspätung gleich eine Zurückweisung. Da gibt's überhaupt keinen Zusammenhang. Nein, ich erzähl' dir hier keinen Schnee. Auch so eine Neurose von dir. Ich sehe schon, Cedric, wir müssen uns mal gründlich unterhalten und das alles klären. Ist Katz bei dir? Gut. Okay. Nun lass mal die Tassen im Schrank, wir sehen uns gleich. Bussi!« Er schüttelte den Kopf wie ein alter Rabbiner. »Homosexuelle. Empfindlich wie eine neugeborene Lüge. Die Entwöhnung von der Mutterbrust – die erste Abfuhr, der erste große Schock, schon haben sie Probleme mit den zwischenmenschlichen Realitäten. Ach ja …« Er kratzte sich, wo es am besten tat. »Wenn Robespierre anruft«, rief er irgendwelchen Ohren außerhalb des purpurnen Zimmers zu, »dann sag ihm, ich treffe mich mit ihm und Danton und diesem eiskalten Scheißkerl Saint-Just am Freitag im Hôtel de Ville! Es wird höchste Zeit für die Revolution. Die Massen werden unruhig.«

Mein Gott, dachte Sylvia später, als man vor dem Café Henry George in Sansibar beisammen saß, was für ein merkwürdiger Ort. In meinem ganzen Leben habe ich keine

Geräusche wie die hier gehört, noch nicht mal im Film. Stimmen, träge alte Männer, Musik, die aus Türen und wuselnden Seitenstraßen dringt, Vögel am Himmel und auf der Erde, Tiere – Katzen, Hunde und andere, die sich weniger leicht einordnen ließen; alles gab Laute von sich, die Sylvia unheimlich waren. Wie kann das Bellen eines Hundes sich hier anders anhören als in New York? fragte sie sich. Oder das Miauen einer Katze? Das Heulen eines Kinds? Aber bei Gott, es klingt hier anders. Die Gerüche! Nichts dergleichen hatte je den Atlantik überquert. Sie hatten die List und Verstohlenheit alter Erinnerungen. Auf der Straße direkt vor ihrem Tisch grillte ein Araber kräftig gewürzte Fleischstücke über einem Becken glühender Kohlen; er hatte ein Reptil zur Nase, irre blaue Augen, rotlockiges Haar und wirkte fahrig, verstohlen. Er wies auf Sylvia, dann auf das Fleisch, dann auf seinen Mund, aber sie schüttelte den Kopf, um ihn wissen zu lassen, sie wollte nichts von dem verbotenen Zeug. Aber er wollte sich nicht abweisen lassen. Er huschte an ihre Seite und flüsterte ihr etwas auf arabisch ins Ohr.

»Er sagt, dass du bei dir im Hotel so was Gutes nicht kriegst«, übersetzte Cedric. Er trug ein prächtiges Wüstengewand und einen Fez. »Er sagt, dass er dir jederzeit was vorbeibringt.«

»Sag ihm, auf gar keinen Fall.« Sylvia kam sich nicht länger wie Sylvia vor. Jemand anders hatte die Wohnung gemietet.

Cedric bellte dem aufdringlichen kleinen Burschen einen arabischen Fluch entgegen und half ihm mit einem Tritt in die Seite zurück an seinen rauchenden Herd. »Keinen Stolz, diese Leute, keine Würde«, sagte er, jetzt wieder in seinem normalen Tuntensopran. »Aber gerade das ist so wunderbar an ihnen. Sie haben keine Stellung zu wahren. Infolgedessen verfügen sie über eine grenzenlose Mobilität. Und, mein Schatz, sie werden uns im Verhältnis eins zu acht überleben, darauf kannst du wetten.« Er blickte die dampfende, belebte

Straße hinauf und hinab, dann sagte er, eher zu sich selbst: »Genau das, was ich jetzt vertragen könnte, einen öligen Araberjungen, der weiß, wie man überlebt. Ich sehne mich nach Zärtlichkeit.«

Churchill und Ophelia flüsterten miteinander, mal einen Mund am Ohr des anderen, mal eine Nase. In ihrer exotischen Kleidung fielen sie überhaupt nicht auf, im Gegenteil, sie gingen völlig auf in diesem atmenden mesopotamischen Wandgemälde. Aber das galt auch für Cedric und Sylvia. (Genau genommen schien hier niemand fehl am Platz.) Mehrmals sah Churchill Sylvia an und zwinkerte ihr ermutigend zu. Sylvia erwiderte das Lächeln ausdruckslos, durch Lichtjahre einer verlorenen Identität und der Bedeutungslosigkeit. Eine samtene Hirnlosigkeit hatte sich ihrer bemächtigt. Cedric beobachtete sie belustigt, aber irgendwie kalt. Jeder Humor war schlagartig aus seinem glatten weißen Gesicht verschwunden. »Mir ist da eben etwas klar geworden, Zuckerpüppchen. Ich habe ganz vergessen, dir deine Typhusspritze zu geben.«

»Oh?«

»Die Stadt wimmelt nur so vor Krankheiten«, sagte er. Im nächsten Augenblick hatte er ihr den weiten arabischen Rock hochgeschoben und die Nadel einer Spritze in den Oberschenkel gesteckt. Es tat weh. »So. Das dürfte für eine Weile genügen.« Er lächelte wissend. »Du musst dir keine Gedanken machen. Die gute alte Mutter Cedric kümmert sich schon um dich. Sie hat ihre medizinische Ausbildung im Krieg gegen den Kommunismus bekommen, in den Sümpfen und im Hochland von Vietnam.«

»Wie schön.«

»Genau das habe ich mir auch gesagt, als man mir den Vorschlag gemacht hat, da rüber zu gehen und diesem armen irregeleiteten Volk zu helfen, das krank genug war, um im eigenen Tempo nach eigenem Gusto leben zu wollen.«

Sylvia wurde schläfrig, nicht eigentlich müde, sie schien

auf merkwürdige Art losgelöst, körperlos, unfähig, ihren Willen zu äußern, eine Entscheidung zu fällen, und ihre Muskeln wollten ihr nicht mehr gehorchen; kaum dass sie das honigsüße Mandelplätzchen schaffte, an dem sie geistesabwesend geknabbert hatte. Sie versuchte sich an etwas zu erinnern, was ihr darüber Auskunft hätte geben können, wer sie war, aber es hatte schlicht keinen Sinn. Sie sah zu, wie ein glänzender Rolls-Royce am Randstein vor ihrem Tisch zum Stehen kam. Ein weiß gewandeter alter Araber mit Mahagoniteint und Ziegenbärtchen stieg aus, kam an den Tisch, nahm sie bei der Hand und führte sie zu dem wartenden Wagen. Sie schnurrten davon. Der alte Mann behielt ihre Hand in der seinen. Sylvia war entzückt von seinem mit Diamanten und Rubinen besetzten Ring. Mühelos wand sich der Wagen durch den endlosen Strom von Karren, Menschen in weiten Gewändern und Kamelen im Schlendergang. Palmen und filigrane Schmiedeeisengitter huschten an ihnen vorüber. Die beiden Araber vorne im Wagen saßen die ganze Zeit über reglos da. Sie sah nichts als die Rückseite ihrer Köpfe. Ihre Burnusse verbargen ihre Gesichter. Aus dem Gewimmel der Straße heraus starrten sie große strahlende schwarze Augen an. Hagere, ausdruckslose Gesichter. Der Mann nahm die Ringe von seiner Hand und schob sie, einen nach dem anderen, über Sylvias blasse Finger. Sie lachte vor Freude, das hohe schwebende Lachen eines Kinds. Er lachte seinerseits, tief und kehlig, küsste dann jeden einzelnen ihrer beringten Finger und berührte sie dabei mit der Zunge. Schauer ungekannter Wonnen mischten sich in Sylvias Bauch mit ihrer Angst und kribbelten auf der Innenseite ihrer Schenkel hinab zu den Knien. Er murmelte etwas in seiner fremdartigen Sprache und lachte dann wieder kehlig auf. Es dauerte nicht lange, und sie fuhren hinaus in die Wüste; Sylvia nahm es durch die Baumwolle, in die die Schläfrigkeit sie gepackt hatte, wahr. Sie dachte, wie scheußlich heiß es wohl da draußen sein musste; sie konnte die knackende Hitze geradezu spüren. In dem Rolls-Royce sorgte eine Klimaanlage für angenehme Kühle, man konnte sich noch nicht einmal ein Sandkorn auf den Sitzen vorstellen. Kurz bevor sie vollends das Bewusstsein verlor, stieg Sylvia in dem ansonsten so reinen, geräuschlosen Fond des Wagen ein ungewöhnlicher Geruch in die Nase, der sie an Kräuter erinnerte, eine sinnliche Präsenz, der sie vor Ewigkeiten in ihrem anderen Leben begegnet war. Ein pflichtbewusster Zöllner an einer der vielen Grenzen, die sie innerlich überschritt – in diesem Fall die eines touristenlosen Landstrichs tief in ihr, einer Geisterprovinz, aber durchaus gut erhalten –, machte eine Notiz, die er seinem Vorgesetzten zukommen ließ, der darauf »Haschisch« las. In ihrer Reise durch die Dunkelheit passierte Sylvia Dutzende von Versionen ihrer selbst, die anders gekleidet waren, anders sprachen, die ihr irgendwie ähnelten und doch anders aussahen als sie: ihr Highschool-Ich, ihr Kleinmädchen-Ich, das in ihr feistes kleines Baby-Ich überging. Träge winkte sie jeder Einzelnen zu; sie starrten sie einfach nur an. Der nach Haschisch duftende alte Araber begann den Saum ihres Kleids zu lüften.

Eine Frau redete auf einen Mann ein, energisch, mit einem gar nicht unangenehmen deutschen Akzent, auch wenn ihre Stimme etwas streng war für eine Frau; irgend etwas an dieser Stimme und an der Art, wie sie sprach, hörte sich kultiviert, nach Oberschicht, an: »Ihr Amerikaner versetzt mich immer wieder in Erstaunen. Ständig fragt eure linke Hand die rechte, was sie da macht und warum.«

»Heb dir den kulturellen Teil für später auf, Gräfin«, sagte der Mann. »Wir müssen nach den Neuzugängen sehen.«

Sylvia öffnete die Augen. Die schwere Drogenmüdigkeit, die an ihr gezehrt hatte, war verschwunden, Geist und Körper waren frisch und klar, und dennoch konnte sie sich des Gefühls nicht erwehren, jemand anderes zu sein oder auf die Größe eines Moleküls innerhalb ihres Körpers geschrumpft zu sein und beobachten zu können, was mit ihrer physischen Hülle geschah. Der Mann und die Frau saßen an einem kleinen Tisch wenige Schritte vor Sylvia, die auf einem hellgrünen Seidenbett lag. Sie mussten in einer Art Schlafzimmer sein. Die Wand hinter dem Mann und der Frau zierte ein riesiges Gemälde, das so alt und vertraut und klassisch anmutete, dass Sylvia einen Augenblick der Gedanke kam, im Metropolitan Museum gelandet zu sein. Das Wandgemälde zeigte einige alte Ägypter – oder ein ähnliches Volk: Die einen jagten mit Pfeil und Bogen, die anderen tanzten, wieder andere opferten, auf Altären vor riesigen goldenen Statuen, nackte Frauen. Sylvia sah sich den Mann und die Frau genauer an. Er trug ein blaues Freizeithemd und Khakishorts. Er hatte einen kastanienbraunen Schnurrbart, Koteletten und krauses Haar, und Sylvia dachte sich, er sieht irgendwie gut aus. Er beobachtete sie. Die Frau war eine Blondine mit beachtlicher Oberweite. Sie trug eine schwarze Reithose und eine weiße Bluse, die sich über ihrem großen Busen spannte. Sie hatte hohe Wangenknochen, lange schwarze Brauen, Achataugen und war von einer Schönheit, wie man sie einem Tiger zuschreiben würde. Auch sie beobachtete Sylvia, nur dass sie lächelte und ihr Begleiter nicht.

»Sie ist wach«, sagte der Mann.

»Deine Gabe fürs Offensichtliche ist erstaunlich, Katz«, sagte die Blondine, ohne den Blick von Sylvias über das schimmernde grüne Bett gestreckten Körper zu nehmen. »Ich muss sagen, sie ist nicht unattraktiv. Woher hat man sie denn gebracht?«

»New York.«

»New York. Schöne Stadt. So hohe Häuser. Ich habe ein Jahr dort gelebt.«

»Als du für die CIA gearbeitet hast?«, fragte der Mann lächelnd.

»Ja.«

»Du kommst ganz schön rum, Gräfin.«

Sie lachte knapp. »Könnte man sagen, ja. Ich reise für mein Leben gern.«

»Das habe ich nicht gemeint.«

»Dessen bin ich mir durchaus bewusst, Katz. Warum habt ihr Juden nur immer das Gefühl, alles erklären zu müssen? Ist das Teil eurer allgemeinen genetischen Vulgarität? Oder bringt man euch das auf Mamis Schoß bei?«

Jetzt lachte der Mann. »Wir sind euch deutschen Schweinehunden schon ein arger Dorn im Auge, was? Herrgott, was für ein Laster, der Hass.«

»Mach ihn nicht schlechter, als er ist, Katz. Er kann durchaus aufregend sein.«

»Wie Mord, nehme ich an.«

»Allerdings, Mord ist das Aufregendste überhaupt, Katz. Aber wie solltest du das verstehen. Du bist nur ein Krimineller, kein Künstler. Ein Kaufmann.«

Der Mann lachte freudlos. »Was für eine herrlich paradoxe Religion ihr doch habt. Schaffen heißt zerstören. Ausgesprochen gymnastische Übung in Logik. Wirklich beeindruckend.«

»Du würdest das nicht verstehen, Katz. Für dich ist das Leben doch nur eine Reihe ökonomischer Transaktionen.« Die Frau goss sich aus einer Flasche Scotch in ein Glas.

»Vielleicht hast du ja recht, Gräfin. Solche Abstraktionen sind etwas für die Oberschicht. Ich fand sie schon immer verwirrend. Ich ziehe der Streckbank ein schlichtes Messer vor. Aber genauso gut, nehme ich mal an, könnte man sagen, dass einem eine nette Polka lieber ist als Beethoven.«

Sylvia lauschte auf das ferne Ich zwischen ihren Beinen. Es erzählte von Fingern, Zungen, stoßenden Gemächten, Ertrinken, köstlichen Krämpfen, sumpfiger Erschöpfung und Einsamkeit. Kein Name, kein Datum, keine Ortsangabe. Nur die Muskeln erinnerten sich. Ohne besonderen Grund begann sie zu lächeln, ein Lächeln über Lichtjahre, an nichts gebunden als das Universum, an eine unermessliche Leere.

Jetzt meldete sich eine andere Stimme, der Hunger. Sie hatte eine unbändige Lust auf warme Köstlichkeiten.

»Ich möchte etwas zu essen«, hörte sie die Forderung ihrer neuen Babystimme an den Mann und die Frau.

»Ja, selbstverständlich«, sagte Katz. »Sie bekommen in Kürze etwas. Sie bekommen zu essen, so viel Sie wollen.«

»Und Gesellschaft, eine Menge Gesellschaft«, fügte die Gräfin hinzu.

»Besucher aus aller Welt«, fuhr Katz fort. »Jeder Couleur.« Er stand auf. »Wir gehen noch nach den anderen Gästen sehen.« Die Gräfin stand ebenfalls auf. »Allein sein werden Sie jedenfalls nicht«, sagte er noch.

»Das wird alles sehr interessant für Sie«, sagte die Gräfin. »Sie können Erfahrungen miteinander austauschen.« Lächelnd klopfte sie mit einer Reitgerte gegen einen ihrer Stiefel. »Oh, es wird überaus amüsant, ausgesprochen lehrreich. Glauben Sie mir.« Damit verschwanden die beiden durch einen klickernden Vorhang aus Perlenschnüren.

»Gehen Sie doch nicht«, sagte Sylvia in den leeren Raum. Sie dachte, ihre Aufforderung hätte sich nach einem Wimmern anhören sollen, aber dem war nicht so.

Unheimliche Musik erklang von irgendwoher; es wurde gesungen, oder war es eine Litanei? Eine hohe Stimme in einer fremden Sprache. Als heule jemand. Vor ihrem Zimmer tappten murmelnd Leute vorbei. Jemand fluchte; es folgte ein Schlag ins Gesicht. Aber kein Schmerzensschrei. Hatte die betreffende Person den Ton abgestellt? Wer waren diese Leute? Wo war sie denn eigentlich? Spielte es überhaupt eine Rolle? Warum ist mir das so egal? Frauenlachen. Zwei dicke schwarze Frauen kamen herein. Sie trugen lange, wallende, fast transparente weiße Nylonkleider. Sie hatten geradezu unheimlich große Brüste. Aureolen wie Untertassen. Ihre Haut glänzte von Öl. Die Gesichter waren auf eine elegant-verruchte Weise bemalt. Sie sahen Sylvia an, als inspizierten sie sie, lachten dann und stießen einander, entzückt vor Freude über ein geheimes Wissen, in die Seiten; dann nahmen sie, jede auf einer Seite, Sylvia sachte, aber kundig bei den Armen und hoben sie aus dem riesigen weichen Bett.

»Sie sind nette Menschen, das weiß ich«, flüsterte Sylvia.

Sie würdigten ihre Ahnungslosigkeit mit einem Kichern und tauschten dann einige Bemerkungen in einer fremden Sprache aus.

»Ich bin auch nett«, sagte Sylvia. Sie hatte schreckliche Angst, aber alle Möglichkeiten, diese Angst zum Ausdruck zu bringen, waren ihr irgendwie verwehrt; eine große Leere hielt sie in sich gefangen. »Nein wirklich. Ich würde nicht im Traum daran denken, Ihnen etwas zu tun. Ehrlich.«

Sie schwebten einen Korridor lang, vorbei an schlafenden Gestalten in weiten Gewändern, Männern mit rasierten Köpfen, die beim Kartenspiel kauerten; hier und da ein selbstvergessener Musiker, der liebevoll sein Instrument streichelte, aus dem die merkwürdig menschlichen Laute kamen, die sie gehört hatte. Unmöglich, sich nicht der verborgenen Kraft in den führenden Händen der beiden schwarzen Frauen gewahr zu werden. Sylvia wusste, wenn sie zu fliehen versuchte – ein Gedanke, der ihr durchaus gekommen war, wenn auch nicht in Bezug auf sich selbst, eher in Bezug auf jemanden, von dem sie gerade in einem Roman las, jemand anderen, denn genau das schien sie zu sein, jemand anderes –, diese beiden Frauen könnten ihr mühelos ihre zarten weißen Arme brechen. Als sie um eine strahlend weiße Ecke bogen, kamen sie an einem teiggesichtigen Weißen in arabischer Kleidung vorbei, der dabei war, ein Gewehr mit Zielfernrohr zu polieren. Sein eher junges Gesicht hatte nicht den geringsten Ausdruck (außer vielleicht einem Hauch von Bösartigkeit um den Mund); seine Augen waren stumpfe schwarze Kiesel. Er sah Sylvia ohne das geringste Interesse an. Ihre beiden schwarzen Wächterinnen flüsterten einander etwas zu, kaum dass sie vorbei waren, und diesmal hörte Sylvia in ihren fremdländischen Stimmen auch nicht die Spur von Humor.

»Wer ist denn das?«, fragte Sylvia sie, bekam aber natürlich keine Antwort.

Sie kamen jetzt an eine Tür, die von zwei halbnackten Negern mit ungeheuren Muskeln bewacht wurde. Ihr Anblick erfüllte Sylvia mit Ehrfurcht – nie hatte sie Männer von so umwerfender Schönheit und Ruhe gesehen; sie blieb stehen. Entweder interpretierten sie ihre Reaktion als Widerspenstigkeit, oder sie waren einfach besitzergreifend, was diese außergewöhnlichen Männer anging (vielleicht hatten diese vier schwarzen Menschen niemanden außer einander auf der Welt), und es stieß ihnen auf, dass Sylvia (eine Gefangene immerhin, die noch nicht einmal einen Willen zu haben hatte) an dem Privileg teilhaben wollte, diese Männer zu bewundern; wie auch immer, die Frauen zerrten sie durch die Tür und warfen sie voller Verachtung auf den gekachelten Boden des Raums. Sie hatten sie in die Bäder des Harems gebracht. Wenigstens zwanzig nackte Frauen saßen in einem Becken von der Größe eines Swimmingpools oder lagen am Rand, wo sich schwarze Frauen vom Kaliber der beiden, die Sylvia auf den Boden geworfen hatten, um sie kümmerten. Die Frauentypen der ganzen Welt schienen vertreten: Chinesin, Japanerin, Balinesin, Hawaiianerin, Inderin, der nordische Typ, die Mulattin, große Brüste, kleine Brüste, wuchtige Schenkel, zartknochig, langhaarig, knabenhaft, Bubikopf – kein Typ, keine ethnische Gruppe schien hier zu fehlen. Eine Mischung geradewegs aus der Phantasie eines wahren Connaisseurs. Ein ganzes Leben an Lust in Reichweite. Man brauchte nur zu schnippen.

Einer geheimnisvollen Logik folgend, stand Sylvia langsam auf, ließ die Gewänder fallen und trat nackt – sie erfuhr ihre Nacktheit auf eine ganz neue Art – an den Pool. Einige der Frauen hatten eine Wasserschlacht begonnen und waren spielerisch hintereinander her. Bin ich das? Oder ist das mein altes Ich? Warum bin ich nicht völlig verängstigt? Warum fühle ich mich nicht gedemütigt? Warum versuche ich nicht wegzulaufen, zu protestieren? War das andere Leben die Illusion? Bin ich gerade nach Hause zurückgekommen – von einem langen, absurden Besuch in diesem Land der Prüfungen, der Langeweile und der Konflikte? Ich könnte eine Aztekenprinzessin sein. Woher soll ich das wissen? Sie trat in das duftende Bad und versank darin bis zu ihrem – zugegebenermaßen nicht eben geschundenen – Hals.

»Lass dir von niemandem was einreden, die Szene hier hat eine Menge für sich.«

Die Worte kamen von Cedric. Er lag auf der Seite am Rand des Pools, aß Datteln und trank aus einem großen Glas Wein. Er trug eine Menge Make-up; seine Haut war mit irgendeinem Mittel dunkel gefärbt. »Du musst dich nur gehen lassen, das ist alles.« Er trank einen großen Schluck Wein und leckte sich über die Lippen, so köstlich war er. »Die Leute strampeln sich zu sehr ab. Das macht einem nur das Leben schwer.«

»Arbeitest du hier?«, fragte Sylvia und überließ ihren Körper dem herrlichen Bad.

»Ich bin nur ein Rädchen in der Maschinerie. Ich helfe, sie in Gang zu halten.«

»Das hier ist ein Palast, nicht wahr?«

»Allerdings. Einer der schönsten in ganz Afrika. Er gehört dem fünftreichsten Mann der Welt. Er hat einen ellenlangen arabischen Namen, aber wir alle nennen ihn Daddy Abdul. Er ist ganz unglaublich charmant, glaub mir. Er folgt dem unschuldigen Diktat des Herzens.«

»Ist er der Mann aus dem Auto?« Es schien schon so furchtbar lange her.

»Wenn nicht, dann sind wir ganz schön in Schwierigkeiten.«

Sylvia rieb sich mit beiden Händen die Brüste, den Bauch, die Beine. Einige Meter weiter wusch eine junge Frau, ein

Mädchen mit schön geschwungenen spitzen Brüsten, einer sinnlich-zarten kleinen Siamesin den Rücken, die hin und wieder auflachte vor Vergnügen. Gleich neben ihnen saß, völlig reglos, eine goldblonde Frau mit vollen Lippen und runden Brüsten. Sie hatte die Augen geschlossen, aber sie war durchaus nicht weggetreten; sie lächelte. Sylvia, deren zärtliche Berührungen ihres eigenen Bauchs, ihrer zarten, empfindlichen Brüste, eine ganze Lawine wonniger Gefühle auslöste, dachte, wie schön es wohl wäre, sie zu küssen und in ihrem Haar zu wühlen. Bei dem Gedanken stahl sich der Anflug eines Lächelns auf ihren Mund. Ohne dabei irgendwelche unanständigen Hintergedanken zu haben, jedenfalls keine klaren. Auf der anderen Seite des Bads bekam eine Rothaarige mit drallem Hintern eine Pediküre von einer kräftigen Negerin; eine weitere Schwarze mit riesigen goldenen Ohrringen kämmte ihr langsam das Haar. Die Frau sang ein Lied, das nur sie kannte.

»Was passiert denn nun?«, fragte Sylvia.

»Ein Jahrmarkt bedingungsloser, vollkommener Lust«, antwortete Cedric grinsend. »Ein internationales Festival körperlicher Wonnen.«

»Oh wie nett.«

»Mehr noch, mein Herz. Der Wahnsinn! Der primitive Geist wird sein Geburtsrecht einfordern.«

Sie beobachtete eine Inderin mit einer farbenprächtigen Blumentätowierung und einem Diamanten zwischen den Augen, die, auf dem Rücken liegend, eine kräftige Massage genoss. Hin und wieder entfuhr ihr ein Wonneseufzer oder ein spitzer Schmerzensschrei. »Sind wir Gefangene hier?«

Cedric bedachte sie mit einem der bedeutungsschwangersten Lächeln seiner Laufbahn. »Die Frage, mein Püppchen, kannst nur du allein dir beantworten.«

Ein beturbanter Eunuch tappte auf Cedric zu (wobei er geziert über eine milchkaffeebraune Nackte mit kräftigen Schenkeln stieg, die sich den dichten Schwarzwald ihres

Schamhaars ausbürsten ließ) und flüsterte ihm etwas ins Ohr.

»Ich muss zu meinem Freund«, sagte Cedric. »Mehr als zwanzig Minuten ohne mich hält er einfach nicht aus. Wir sehen uns.« Worauf er zusammen mit dem gelatinösen Eunuchen verschwand (der ihm kurz vor dem Perlenvorhang noch einen Klaps auf den Hintern gab).

Woher kenne ich den? Sein Lächeln wirkt so vertraut. Ach, was soll's! Wen interessiert schon, was in einem früheren Leben passiert ist? Mich jedenfalls nicht. Sie lächelte in sich hinein und drehte sich dann auf den Bauch, um sich auf einer neuen Welle prickelnder Wonnen davontragen zu lassen. Eine Frau mit kurzen Locken, funkelnden Augen, Himmelfahrtsnase und festem Hintern ruderte auf Sylvia zu.

»Du bist doch Amerikanerin, oder?«, fragte sie mit scharfem britischem Akzent.

»Ja. Woher weißt du?«

»Ach, nur so 'ne Vermutung. Du siehst irgendwie amerikanisch aus, so als hättest du dich noch nie fragen müssen, wo deine nächste Mahlzeit herkommt.«

»Hm, da hast du wohl recht, das musste ich wirklich noch nie.«

»Mich haben sie mitten in London geschnappt. Wo haben sie dich denn gekascht?«

»Gekascht?«

»Hat man dich denn nicht entführt?« Die Frau sah sie an, als hätte sie ein Kind vor sich. »Jede von uns hier wurde aus irgendeinem Teil der Welt verschleppt. Entweder hergelockt oder schlicht gekidnappt.«

»Ach so, ja, natürlich«, sagte Sylvia und bewunderte dabei den flachen, sorglosen Bauch der Frau und die frechen, festen Brüste, die denselben Aufwärtsschwung aufwiesen wie ihre Nase. »Ich hab' nicht richtig verstanden ...« Aber noch bevor sie das Thema vertiefen konnte, sah sie sich von ihren beiden schwarzen Wärter-Dienerinnen aus dem Wasser gepflückt.

»Und weißt du noch was«, rief die Frau ihr, fast schreiend, hinterher, »das hier ist eine Brutstätte für Rebellion und Gewalt! Verschwörungen und Intrigen! Einfach unglaublich!«

»Ja«, sagte Sylvia, der nichts anderes einfallen wollte als dieses eine Wort.

»Wir sehen uns dann auf dem Dinner-Festival, ja?«, rief die Frau noch und winkte wie ein kleines Mädchen. »Dir stehen die tollsten Sachen bevor! Ich würde das nicht versäumen, nicht für viel Geld!« Damit gesellte sie sich zu zwei anderen Badenden, die sich gegenseitig wuschen.

Die beiden Schwarzen streckten Sylvia auf einer Matte aus, frottierten sie mit leuchtend roten Tüchern und massierten sie dann mit duftenden Ölen. Sylvia konnte nur staunen über Feinfühligkeit und Geschick ihrer Hände, aber auch über die bis dahin schlummernden Gefühle, die sich plötzlich in ihr zu regen begannen. Gefühle? Ach was. Menschen! Kontinente voller Persönlichkeiten erwachten in ihr. Kontinente der Verzweiflung. Jede neue Empfindung war wie eine neue Person. Die Frauen bearbeiteten sie nicht nur mit den Händen; sie nahmen auch die Füße zu Hilfe, und selbst Zunge und Zähne kamen zum Einsatz. Jeder Zentimeter ihres Körper erhielt ein Höchstmaß an himmlischer Aufmerksamkeit – selbst die Ohren bürstete, befingerte, kitzelte und leckte man zärtlich, bis sie so feinhörig waren, dass sie noch Geräusche aus ihrer Kindheit vernahm, wunderschöne, zarte Geräusche, die unserer aufrichtigen Aufmerksamkeit bedürfen, sollen sie das nötige Selbstvertrauen für eine eigene Existenz entwickeln. (Was wird denn aus dem Zwitschern eines Vogels, das niemand hört?) Nase, Lippen und Augenlider sahen sich von ihrer schüchternen Zurückgezogenheit erlöst, durch einen Hauch, das Kitzeln einer Zungenspitze, die Berührung eines musikalischen Fingers in die Welt der Empfindungen zurückgeholt. Wie ist es nur möglich, dass meine Achselhöhlen mit einem Mal so irrsinnig empfindlich sind, so eloquent? Die beiden bearbeiteten das Tal zwischen ihren Hinterbacken und das Reservat zwischen ihren Beinen mit der Gründlichkeit eines florentinischen Juweliers, der aus einem Klümpchen Gold und einigen Steinen ein Kunstwerk zu schaffen versucht. Man zog und zerrte an ihren Zehen. Mithilfe dieser wunderbaren Zuwendungen sorgten die beiden Frauen bei Sylvia nicht nur für Entspannung, sie brachten sie auch in allmählicher Eskalation zum Orgasmus, und das gleich dreimal. Ihre Lust, die allumfassende Vollkommenheit dieser Lust, war schier unvorstellbar. Sie weinte vor Seligkeit. Den beiden Frauen machte die Arbeit Spaß.

Einige Zeit darauf labte sie sich an scharf gewürztem Lamm- und Hühnerfleisch und verfolgte dabei die Folterung eines Mannes. Wie Marinade durchdrang sein Flehen und Stöhnen die Speisen und fand so Eingang in Magen, Kreislauf, das Ich, nicht nur bei Sylvia, sondern auch bei den anderen – Tänzern, Zauberern, Frauen, Scheichen und Bediensteten. Zwei Nubier hielten ihn, während ein Syrer mit einem rot glühenden Eisen seine menschlichen Schwachstellen auf die Grenzen ihrer Belastbarkeit prüfte.

»Man hat ihn heute Morgen erwischt«, erklärte Daddy Abdul, der neben ihr im Schneidersitz an der langen, reich gedeckten Tafel saß. »Er ist ein Agent provocateur der Amerikaner.«

»Ah ja«, sagte sie. Sie blickte lange genug zu dem Mann hinüber, um zu sehen, dass er ein braunes und ein blaues Auge hatte und dass sein Ausdruck selbst unter Todesqualen noch irgendwie unehrlich schien.

Daddy Abdul stieß einen Seufzer aus. »Dieser missionarische Eifer der Verblendung! Nimmt das denn nie ein Ende! Sie wollen alles vernichten, was ihrem System zuwiderläuft, ihren Werten, ihren Ideen, ja alles, was nur irgendwie anders ist. Es ist zum Verzweifeln!« Um ein wenig Trost zu finden, spielte er gedankenverloren mit Sylvias nackten Brüsten. Was Sylvia angenehm fand, auch wenn Daddy Abdul schon um die siebzig war.

»Hast du mich vergessen?«, flüsterte jemand neben ihr.

Sie streifte ihn mit einem Blick. Es war der gleiche komische Mann, der ihr vor dem Straßencafé seine selbst gegarten Fleischpasteten hatte aufdrängen wollen. Diesmal war er elegant gekleidet, aber er interessierte Sylvia nicht. Obwohl, diese Nase …

Am anderen Ende der Festtafel (wie um dem Geheul des inzwischen blutenden Geheimagenten künstlerisch Paroli zu bieten, schlugen zwei blau bemalte arabische Tänzer – Transvestiten – vor ihm Kapriolen) saßen George und Cedric, in ein Gespräch oder eine Intrige vertieft.

»Du meinst also, Texas ist am geeignetsten?«, fragte George.

»Ganz ohne Frage«, sagte Cedric.

»Na schön. Ich verlasse mich ganz auf dich. Für mich ist das alles vollkommen neu.«

»Ach was, ist es nicht«, sagte Cedric belustigt, meinte es aber durchaus ernst. »Du denkst schon dein ganzes Leben daran.«

»An Mord?«

»Diese Art Mord, ja.«

»Das hätte ich nie gedacht.«

»Selbstbetrug, mein Bester, ist der älteste Beruf der Welt.«

Die Tänzer gerieten in Ekstase. Dasselbe galt für den Agenten, der vor Schmerzen und Reue schrie.

»Ich hoffe, dass uns keiner erwischt«, sagte George.

»Keine Bange. Macht ja jeder mit. Auf die eine oder andere Weise.«

»Hmm.«

Cedric hatte Mord studiert, ein ganzes Jahr lang, in Vietnam. Wenn auch nicht ganz freiwillig.

»Murphy«, hatte ihm sein Kompaniechef, ein Bursche mit

gesunder Gesichtsfarbe und Bürstenschnitt, eines Tages in einem Dörfchen namens Ding Hao gesagt, »ich fürchte, du bist nicht mit vollem amerikanischen Enthusiasmus bei der Sache.«

»Das ist noch untertrieben, Sir«, gestand Cedric. »Ich meine, ich finde das hier zum Kotzen.«

Der Captain schnaubte. »Die Army wäre ohne Kerls wie dich besser dran.«

»Das habe ich denen bei der Musterung auch gesagt, Sir, aber die wollten nicht auf mich hören. Als hätten sie sich taub gestellt.«

»Ich wette, du bist einer von denen, die gern Radio für den Feind machen würden«, sagte der Captain mit einem dreckigen Lächeln.

Cedric brannten die Beine von dem Gewaltmarsch durch den Dschungel; der Rücken, wo ihn die Schrapnellkugeln erwischt hatten, tat höllisch weh. Außerdem stank er zum Himmel; seit einer Woche hatte er keine Gelegenheit mehr zum Waschen gehabt. Insektenstiche bedeckten die zerkratzten Arme, und die Erinnerung an die Blutegel, die in den dreckigen Flüssen an ihm kleben geblieben waren, jagten ihm Schauer über den Rücken; es war eine einzige Demütigung. Der leichte Wind trug den hartnäckigen Gestank des nach dem Bombenangriff ausgebrannten Dorfes zu ihnen herüber, das sie kurz zuvor passiert hatten. Er meinte, aus dem Rauch den scheußlichen Geruch von verrottendem Menschenfleisch herausfiltern zu können. Langeweile bemächtigte sich seiner, ein tiefes Bewusstsein seiner Nutzlosigkeit; im Schneidersitz sank er zu Boden. Die Vietnamesen in der windigen Strohhütte hinter ihnen standen schweigend in der Tür und starrten ihn an.

Cedrics Zug war ausgeschwärmt; einige suchten entlang der schlammigen Straße nach Amüsement, andere ruhten sich einfach aus von dem Marsch. Menschen in Lumpen bettelten die Soldaten an. Cedric sah, wie ein muskelbepackter junger Neger, in den er sich verknallt hatte, einem alten Mann – ein Krüppel, vertrocknet, gebeugt – einige Zigaretten schenkte; dann gab er, lächelnd ob der Unsinnigkeit des Ganzen, einem kleinen Jungen ein paar Cent. Der Junge, der nur ein Hemd trug, flitzte davon, als könnte man ihm seinen Schatz wieder wegnehmen. Es kamen weitere Kinder dazu, um Cedric und dem Captain zuzusehen.

»Ich sehe die Leute einfach nicht als Feinde«, sagte er.

»Obwohl sie dich abzuknallen versuchen?«

»Genau. Obwohl sie mich abknallen wollen.«

Der Captain drückte einen braunen Strahl Tabaksaft durch die Zähne in die Luft. »Großer Gott. Du hörst dich ja selber an wie so 'n dreckiger Roter! Du bist ein Sicherheitsrisiko, verflucht noch mal. Ein Sicherheitsrisiko.«

»Warum schickst du mich dann nicht einfach nach Hause, Captain?«

Der Mann sah ihn mit tiefster Verachtung an, und Cedric stellte sich einen Augenblick lang vor, dass er ihm ins Gesicht spuckte: »Das hättest du gerne, was?«

Nur wenige Meter von ihnen entfernt, direkt am Rand ihres elektrischen Spannungsfelds, standen zwei kleine nackte Jungs. Einer von ihnen – sie mochten vier, fünf Jahre alt sein, aber die zarten Schösslinge in ihnen waren bereits auf immer erstickt – trug den linken Arm bandagiert in einer Schlinge. Er hielt den anderen Kleinen bei der Hand. Dem Gesichtsausdruck des Jungen schien selbst das unveräußerliche Recht auf Schmerz abzugehen; vielleicht war Schmerz auf dieser Ebene der Erfahrung, der Unmenschlichkeit, der totalen Überflüssigkeit, ein unerhörter Luxus, den man sich noch nicht einmal vorstellen konnte, und so unwichtig wie ein Cadillac im Reisfeld. Keiner der beiden, so dachte Cedric, kann mit den Lidern zucken. Kinder in Amerika blinzeln ständig, oder sie bohren in der Nase oder kratzen sich irgendwo.

Nicht die beiden da. Sie sind wie zwei verbrauchte Fragmente einer explodierten Handgranate. Sie sind zeitlos und unwirklich, und wenn ich sie ordentlich anblase, fliegen sie weg. Ich wette, sie haben in ihrem Leben noch nicht ein einziges Mal gelächelt. Und ich bin sicher, sie schlafen mit offenen Augen. Ein mageres Huhn umkreiste die vier nervös auf der Suche nach ein paar Körnern oder was auch immer. Vom Himmel kam das leise Pfeifen amerikanischer Jagdflieger. Cedric blickte mechanisch hinauf. Vier winzige tödliche Flecken, gedankenlos und auf herzlose Weise unschuldig, zogen ruhig ihre Bahn durch das unermessliche Blau. Sie scheißen den Tod, dachte er, und ein belustigtes Schnauben entfuhr seinem Mund. Er sah seinem Captain nach, der empört davonstapfte, zu Leuten, die ihm nicht gar so zuwider waren. Du kannst mich mal, Mac, sagte Cedric sich. Mittlerweile waren weitere Kinder aufgetaucht. Die meisten von ihnen waren nackt oder hatten ein Hemd an, das hinten und vorn nicht reichte. Sie alle hatten denselben starren, fast toten Blick. Hinter den einfachen Bambushütten mit den Strohdächern begann der saftige, grüne und furchterregend dichte Dschungel.

»Hey, Mann. Dir sind nicht zufällig 'n paar hübsche rote Spioninnen untergekommen, oder?«

Es war Timmins, ein weiterer ausgesprochen attraktiver und – was ein Glück! – nicht unterzukriegender Neger. Cedric lächelte nur.

»Ich wär' nämlich in Stimmung, mir meine militärischen Geheimnisse abpressen zu lassen. Mit Sprit und Sex. Mann.« Er blies Cedric ein Küsschen zu wie einem Kind und ging weiter. Ein schöner und starker Mann, dachte Cedric. Schön und sauber.

Eine andere Szene schob sich in sein Bewusstsein – »Mr. Robinson, würden Sie nicht sagen, dass Sie Mr. Doyle in der vierten Runde arg in Bedrängnis gebracht haben?«

»Allerdings. Ist schließlich mein Beruf, Leute in Bedrängnis zu bringen.« Er hatte diesen Wortwechsel zwischen einem Weißen und einem Schwarzen – zwischen einem dummen Staatsanwalt und dem Boxer Sugar Ray Robinson – vor Jahren in einem Gerichtssaal gehört, nachdem einer von Robinsons Gegnern nach dem Kampf gestorben war; er war ihm im Gedächtnis geblieben, weil er eine so herrliche Zusammenfassung der Philosophie hinter der ganzen Rassenkiste bot. Er sah Timmins' breiter, unbeschwerter Gestalt nach, bis sie hinter einem Haus auf Stelzen verschwand. Er und Timmins und Bosworth machten beste Geschäfte auf dem schwarzen Markt in Saigon.

»Ihr Kleinen habt wohl Hunger, was?«, sagte er, obwohl er wusste, dass sie kein Wort Englisch verstanden.

Aber auch wenn sie seine Frage nicht verstanden, sie weckte das versteckte Kind in ihnen; sie lächelten oder kicherten ihn an. Zwei Mädchen um die zehn, so wunderschön und fragil, dass er sie hätte umarmen können, obwohl Homosexuelle ja so was eigentlich nicht machen sollten. Vielleicht bin ja bisexuell, dachte er.

»Ich möchte wetten, ich seh' tatsächlich so komisch aus, wie ihr denkt«, fuhr er fort. »Ich komme mir jedenfalls saukomisch vor.«

Sie sahen einander noch einen Augenblick an, kosteten die merkwürdige Situation und die potentielle Überraschung darin aus. Cedric seufzte schließlich und stand auf; alles an ihm tat weh, selbst seine Seele. »Okay. Kommt schon. Gehen wir was futtern. Wir haben eh zuviel, seit es vier von uns in eurem stinkigen Dschungel erwischt hat.« Es spielte keine Rolle, dass sie ihn nicht verstehen konnten.

Ich frag' mich, wie ich wohl zur Schwuchtel geworden bin? An der Brust meiner Mutter oder auf dem Knie meines Vaters? Nicht dass man dazu groß Gelegenheit gehabt hätte, er hat seine Knie ständig selber gebraucht – zum Kriechen, weil er zu gottverdammt besoffen war, um zu stehen.

Ich habe ihn gehasst, aber er hat mir auch Leid getan. Vor meiner Mutter hab' ich bloß Angst gehabt. Sie brauchte nur ein Wort zu sagen, mich bloß ansehen, schon hatte ich Angst oder schämte mich. Bei ihr kam ich mir immer schmutzig vor: Jungs sind nun mal böse und müssen bestraft werden und all der Kram. Und – kann man wirklich so krank sein? – ich fühlte mich tatsächlich besser, sauberer, erleichtert, nachdem sie mich verprügelt hatte, sei's mit dem Gürtel, sei's mit der Hand. Sie hatte Hände aus kaltem Stahl. Warum? Gott, wenn ich das wüsste.

»Weißt du, dass Soustelle sich hier versteckt?«

»Wer?« Diese arabische Musik geht einem wirklich unter die Haut.

»Jacques Soustelle, der ehemalige französische Propagandaminister, der sich bei der Nordafrikakrise gegen De Gaulle gestellt hat.«

»Oh.«

»Toller Kerl. Typischer französisch-puritanischer Intellektueller. Lebt komplett nach Prinzipien.«

»Hört sich nicht gerade nach 'ner Stimmungskanone an«, sagte Cedric. »Aber man weiß ja nie.«

»Allerdings.«

»Angeblich ist der doch der Chef der algerischen Terroristen in Frankreich.«

Irgendwie roch das Dorf faulig. Mit einemmal hatte er ein warmes, leicht feuchtes, zartes Etwas in der Hand. Es war eine andere Hand. Einer der kleinen Vietnamesen hatte sie ihm untergeschoben, während ihre Gruppe auf dem Dorfplatz (wenn man das so nennen konnte) an einem Tisch, der als Kantine und Verhörtisch diente, um Essen anstand. Cedric mochte, wie sich die kleine Hand anfühlte. Es erinnerte ihn ein wenig an den verletzten Spatzen, den er als Kind gefunden und mit beiden Händen gehalten hatte, bis er tot war; er hatte seinen Herzschlag gespürt, immer schwächer, dann gar nicht mehr. Stille, nichts rührte sich mehr. Er hoffte, das Kind würde es länger machen als der Vogel; allzu große Chancen gab er ihm nicht. Ob dieses Kind wohl je ans

Altwerden dachte? Oder hatte er einfach das Gefühl, das Leben könnte jeden Augenblick zu Ende sein, dass sich nichts dagegen tun oder sagen ließ, und damit hatte es sich? Vielleicht ist es aber im Wahnsinn dieses Dschungels ohnehin besser, sich für die Zukunft erst gar nichts vorzunehmen. Die Affen, die sich schnatternd durch den Irrsinn dieser Bäume schwingen, haben mehr Zukunft als er.

Die Zartheit des Augenblicks stahl sich durch zahllose Schichten von Hier und Jetzt und jüngeren Erfahrungen, bis sie auf eine idyllische Enklave der Schönheit stieß, unberührt vom Geruch des Schießpulvers, ja selbst von der bloßen Idee – Flöten-, Mandolinen-, Oboenklänge hingen in seinem Gedächtnis wie im jungfräulichen Raum. Auch die Wörter um sie herum waren dort.

»Ich wette, Charlie beobachtet uns in diesem Augenblick«, sagte ein Soldat mit einem Teller Eintopf in der Hand. »Er wartet nur auf den richtigen Augenblick, uns mit seinen tschechischen Granaten in Stücke zu reißen.«

»Ich hab' gehört, die Russen schicken ihnen die schnellsten Flieger der Welt«, sagte Dolan, auch er noch ein ganz junger Kerl. Er trug seinen Karabiner geschultert.

»Die roten Schlitzaugen sind doch viel zu dumm, die richtig zu fliegen, Herrgott noch mal, da braucht ihr euch nun wirklich keinen Fleck ins Hemd zu machen.«

In der Ferne, ein gutes Stück in die Hügel hinein, explodierten Granaten. Die Explosionen erreichten sie als weiches, rundes, harmloses Rumpeln, das auf merkwürdige Weise tröstlich war, wie ein schönes Daunenkissen. (Anderen machten diese Geräusche Angst; die wurden ziemlich nervös.)

»Herrgott noch mal«, sagte oder stöhnte ein junger Kerl aus den Südstaaten mit tiefer Stimme. »Ich würd' gerne mal wieder einen wegstecken. Ich werd' noch schwul, wenn ich nicht bald was vor die Flinte krieg', und dann passt ihr Schönlinge mal besser auf.«

Hin und wieder erwischt es sogar die härtesten Heteros, dachte Cedric schmunzelnd. Hängt ganz von den Umständen ab – und dem Typ oder Mädchen, mit dem sie gerade beisammen sind. Ich wette, ich könnte die Hälfte von den Typen hier aufs Kreuz legen, würde ich mich ein bisschen anstrengen. Und es würde ihnen besser gefallen, als sie zugeben würden. Ist einfach zu abscheulich, als dass man es okay finden könnte. Was sie dabei vergessen, ist, dass es sie schließlich nicht davon abhalten würde, weiter mit Frauen ins Bett zu gehen. Ganz und gar nicht. Es wäre einfach ein zusätzlicher Spaß. Das erste Mal, dass mir einer einen geblasen hat und ich mich revanchiert habe – süße kleine Tucke, Politwissenschaften hat sie studiert, weil sie ins diplomatische Korps wollte, wie sie mir erzählt hat –, da dachte ich, man würde mir auf die Schliche kommen, mich auspeitschen und für die nächsten Jahre in einer stinkenden Zelle wegsperren. Unter anderem bestrafte ich mich selbst dafür, solchen Gefallen daran gefunden zu haben, wo mir doch jeder, aber auch wirklich jeder gesagt hatte, es sei das absolut Widerwärtigste, was einem Menschen passieren könnte. Ganz zu schweigen davon, dass es einen krank macht. Meine Güte. Wenn ich denke, wie viele Kanister Sperma ich mittlerweile geschluckt haben muss! Ich hatte Milliarden und Abermilliarden von Menschenseelen im Bauch.

»Weißt du«, sagte Smitty, ein ganz junger Kerl, der eben mit einem gefüllten Blechteller vorbeikam, »wenn ich noch richtig im Kopf wäre, dann würde ich sagen, dass das hier Abfall ist, völlig ungenießbar. Aber der Krieg hat mich so irre gemacht, dass ich das Zeug tatsächlich esse. Ich füttere meinen Körper damit!«

»Da solltest du mal sehen, was die Geschlitzten vom Vietcong sich so zwischen die Kiemen schieben«, sagte ein anderer. »Der reine Wahnsinn! Man möchte es echt nicht glauben.«

Cedric verhalf dem Kleinen zu einem gehäuften Teller voll

Verpflegung. Der Kleine hielt den Teller feierlich mit beiden Händen und blickte Cedric ein paar Augenblicke ohne den geringsten Ausdruck auf dem Gesicht an; dann wandte er sich langsam ab und ging in Richtung einiger Hütten davon. Cedric hatte ein merkwürdiges Gefühl dabei, dem Jungen nachzusehen. Er hätte auch mit mir essen können. Das wäre doch nett gewesen. Na, was soll's. Er sah sich auf der Lichtung um, sah Smitty, Parker und Timmins beisammen kauern; alle schaufelten sich hungrig ihren Fraß in die gelangweilten, bärtigen Gesichter. In Gedanken waren sie meilenweit weg. Müde schlurfte er auf sie zu. Eine große Schabe kroch unter einem Blatt hervor und besetzte ausgerechnet den Platz, auf den Cedric sich hatte setzen wollen. Er starrte sie an. Seine abgrundtiefe Müdigkeit, seine Frustration wiesen ihn an, sich geschlagen zu geben, dem Kakerlak das Feld zu überlassen, aber sein Selbsterhaltungstrieb war stärker – schließlich war er ein Mensch und das da ein Insekt –, also kickte er das Ding aus dem Weg und setzte sich im Schneidersitz hin.

»Sogar das Ungeziefer führt in diesem Scheißland Krieg gegen einen«, maulte Timmins, der sein Essgeschirr leer kratzte. »Es ist einfach nicht fair.«

»Sag mir doch mal was, was fair wäre«, meinte Parker dazu.

»Mensch, Parker«, sagte Cedric, der auf einem Mundvoll Knorpel herumkaute, »du wirst ja noch zum Philosophen.«

Timmins lachte. »Ja, aber das bringt ihn hier auch nicht raus.«

Cedric schluckte das Zeug hinunter. Wenigstens war es warm. »Mein lieber Timmins, Sie haben doch wohl nicht etwa was gegen das geistige Leben?«

Timmins zeigte ein schönes Lächeln und kratzte sich. »Ich hab' gegen alles was, was mir nix bringt.«

In der Ferne waren weitere daunenweiche Explosionen zu hören. Das scheußliche Pfeifen von MG-Feuer schien bedeutend näher. Ein ekelhaft fieses Geräusch. Er spürte geradezu, wie die heißen Kugeln in das dunkle Fleisch der halbnackten Soldaten des Vietcong fuhren. Sah den verblüfften Ausdruck auf ihren Gesichtern, als ihre Seelen in einen bodenlosen Abgrund fielen. Wenn so ein Cong aufschreit, hält ihn dann ein Kamerad? Mit einemmal schmeckte das Essen kalt und verdrossen, und Cedric starrte auf den Teller, während der Lärm anhielt.

Musik und Tanz auf Daddy Abduls großer Dinnerparty waren zu Ende; im Augenblick sorgte ein Feuerschlucker für Unterhaltung, ein großer Mann mit glänzenden Muskeln; von einem schwarz getüpfelten roten Lendenschurz abgesehen, war der Mann nackt. Eine ganze Reihe der aufwendig gekleideten Frauen am Tisch hatten zuviel von dem Palmwein getrunken und vergnügten sich ungeniert mit den arabischen Fürsten. Einer der Wüstensöhne goss eben Honig über Bauch und Brüste eines der Mädchen, das auf einem Teppich vor ihm lag, und leckte ihn dann selig auf. Das Mädchen war ein hinreißender Rotschopf mit ungewöhnlich gewölbten tiefschwarzen Brauen. Sie wand sich kichernd, um ihn aufzureizen, aber auch vor Wonne. Der Fürst träufelte ihr Honig zwischen die Beine, über die ausladenden weißen Schenkel und das goldene Vlies. Im nächsten Augenblick bestellte seine Zunge dieses bebende süße Feld, und das Kichern des Mädchens verwandelte sich in Wimmern und Stöhnen, dazwischen der eine oder andere gehauchte Schrei.

George füllte Cedrics Glas mit starkem, aromatischem Wein. »Weißt du, was den modernen Menschen angeht, da habe ich eine Theorie: dass er in seinen Beziehungen Realität durch Phantasie ersetzt, sei's in denen mit anderen Menschen, sei's mit der Welt allgemein. Von sich selbst ganz zu schweigen.«

»Hmm«, machte Cedric.

»Fast sein ganzes Leben besteht aus diesen Wachträumen,

die er mit denen diverser Nachbarn tauscht, in einer weltweiten Verschwörung gegen die Wahrheit, die eigentliche Realität.«

»Großer Gott!«

»Genau.«

Cedric kicherte wie ein Schulmädchen, das während des Unterrichts von hinten gekitzelt wird. »Das ist ja Wahnsinn! Gefällt mir. Echt wahr!«

George gestattete einem bunt gekleideten, blau tätowierten Diener, ihm noch etwas von dem Wein aus der Gegend einzuschenken, ein Getränk, mit dem übrigens nicht zu spaßen war; im Gegensatz zu so vielen Weinen europäischer Provenienz machte dieser keinen Hehl aus seiner speziellen Mission im Leben, sondern ging ohne Federlesens zur Sache. Seine Wirkung war buchstäblich umwerfend. »Nicht nur Wahnsinn, Cedric, es ist auch wahr.« Er leckte sich über die ohnehin feuchten Lippen. »Verdammt, ist das ein feines Weinchen. Sag doch mal, wer ist denn die reizende Maid, die sich da so selig unter der Zunge des Fürsten windet?«

»Göttlich, findst du nicht auch? Sie ist die Tochter des Kochs und hilft auch im königlichen Kindergarten aus. Die Schönheit liegt in der Familie. Sie ist aus Malta zugewandert, nachdem die Briten ihren Vater aufgehängt haben, der dort gegen die Polizei gekämpft hatte.« Er blickte George an, und nachdem sein Gesicht alles aufgeboten, was es an jugendlicher Anziehungskraft und Doppelsinnigkeit zu bieten hatte, fügte er noch hinzu: »Und sie hat einen Bruder, Gott sei's gedankt.«

»Wie heißt sie denn?«

»Lola – kurz für Eulalia. Hübsch, findest du nicht auch?«

»Allerdings.«

Lola hatte ihren Fürsten mittlerweile ausgezogen und revanchierte sich für das, was er mit der Begeisterung des Frontkämpfers bei ihr praktiziert hatte. Sie übergoss den verehrten und hochwohlgeborenen Schwanz des Fürsten mit

Honig und machte sich darüber her, wenn auch nicht so wild, als wollte sie ihn schleifen wie eine Festung (und damit als Wahrzeichen ruinieren). Er spielte völlig verrückt; er hörte sich an wie ein orientalischer Sänger auf einem Basar und dessen Instrument zugleich. Es war nicht von dieser Welt.

»Das Mädel hat's wirklich drauf«, sagte George.

»Und wie schon gesagt, sie hat einen Bruder.«

Auf einer Vietnam-Tour, über die in allen Medien berichtet wurde, hielt Präsident Lyndon B. Johnson eine Ansprache in einem Heereslazarett. »Ich geb' euch mein Wort«, sagte er in seinem Bauerndialekt. »Wir werden euch nicht im Stich lassen, euch nicht, nicht eure Kameraden an der Front, nicht die fünfzehn Millionen Menschen in Südvietnam, nicht die hundert und Aberhundertmillionen Asiaten, die sich auf uns verlassen, die sich darauf verlassen, dass wir hier in Vietnam zeigen, dass Aggression sich nicht auszahlt, dass Aggression keinen Erfolg hat.« Cedric hatte nur drei Betten entfernt gelegen bei dieser Ansprache seines obersten Feldherrn. (Er war gerade dabei, sich von einer Schrapnellwunde zu erholen, das heißt eigentlich von einem Riss, den ein explodierendes Schrapnell ihm beigebracht hatte, und einer Kugel im rechten Arm.) Er war wie gelähmt von widerstreitenden Emotionen – sollte er hysterisch lachen und schreien oder aus dem Bett springen, seinem Präsidenten um den Hals fallen und dabei rufen: »General Westmoreland hat mir gesagt, es habe auf der ganzen Welt zu keinem Zeitpunkt, unter welchem Oberkommando auch immer, Streitkräfte gegeben, die den unseren hier in Vietnam das Wasser hätten reichen können. Dieser große Soldat ist der Ansicht, dass nie eine Truppe so gut vorbereitet, nie eine Truppe so qualifiziert war wie die Ihre und dass Sie wissen, was Sie tun und warum Sie es tun. Keine amerikanische Armee in unserer langen Geschichte hat je soviel Mitgefühl gezeigt.«

Oder steckte so in der Scheiße, dachte er, während er

einen triefenden Kartoffelbissen über die Zunge schob. Oder war so stoned vor Konfusion.

»Wisst ihr, was ich gern wissen würde?«, meldete sich Smitty, der sich eine Zigarette ansteckte und sich den Rauch in die Lunge sog, als hätte er eine Woche lang nicht geatmet. »Was zum Geier in den Köpfen von dem roten Gesindel vorgeht, wenn sie uns ihre fiesen Fallen stellen.«

»Was alle anderen auch denken«, meinte Timmins, »und das ist, wann sie endlich wieder mal einen wegstecken können.«

»Ich meine«, fuhr Smitty beharrlich fort, »denkt ihr, dass die sich wenigstens ein bisschen schämen? Die wissen doch, was für fiese Dinger das sind und wie schlimm die einen zurichten können.«

Parker schüttelte den Kopf. »Mann, du bist vielleicht ein Unschuldslamm. Gerade da stehen die Typen doch drauf, sich auszumalen, was da passiert. Deswegen machen die das doch. Die hassen uns wie die Pest, kapierst du das nicht? Die würden alles tun, damit du dir wünschst, du wärst zu Hause geblieben. Es geht darum, unsere Moral zu schwächen. Mann!«

Smitty wandte sich an Cedric. »Was denkst du denn?«

Cedric überlegte einige Augenblicke. »Die denken wahrscheinlich längst nicht mehr darüber nach, was sie da machen. Genau wie wir.«

Er beobachtete einen Soldaten, der sich mit einer hübschen Vietnamesin zu unterhalten versuchte. Sie mochte um die sechzehn sein. Im Ausschnitt ihres dürftigen Hemdchens waren die Flanken ihrer Brüste zu sehen. Die beiden standen vor einer kleinen strohgedeckten Hütte. In der Tür kauerte eine alte, furchtbar verhutzelte Frau und aß eine Schale Reis. Von Zeit zu Zeit blickte sie den Soldaten mit dem immer gleichen Ausdruck von Verwirrung an. Das Mädchen lächelte, obwohl sie nicht ein Wort verstand. Mit Sicherheit wusste sie jedoch, worauf er hinauswollte, und

Cedric fragte sich beiläufig, ob der Junge wohl zum Schuss kommen würde und wo. In der Hütte? Was war mit den Alten? Er versuchte sich ihre Gefühle vorzustellen. Oder hatten sie keine mehr nach all den Bomben, dem Hunger, dem Tod? Er dachte an die vielen Huren in Saigon. Er war erst einen Monat zuvor dort gewesen, auf Genesungsurlaub nach einer Schulterwunde. Wie vielen Nutten mochte er wohl einen Korb gegeben haben? Ob ihn wohl die eine oder andere in Verdacht gehabt hatte, ein Homosexueller zu sein? Oder waren sie einfach davon ausgegangen, dass er andere, heißere Eisen im Feuer hatte? Diesen Gedanken förderte er nämlich bei seinen Kameraden. Aber die waren viel zu sehr mit ihren eigenen drängenden Bedürfnissen beschäftigt, um sich über sein Sexualverhalten groß den Kopf zu zerbrechen. Cedric stellte fest, dass Saigon nicht nur dem Vielfraß etwas zu bieten hatte, sondern auch dem Gourmet. Er fand eine ganze Reihe von jungen Männern mit dunklen Augen und schöner Haut, die ihn für einen annehmbaren Preis machen ließen, was immer ihm gerade einfallen wollte. Obwohl sie selbst nicht schwul waren, schienen sie Gefallen daran zu haben, von Cedric einen geblasen zu kriegen. Wenn er sie in Arsch ficken wollte, verlangten sie für gewöhnlich ein bisschen mehr. Und vietnamesische Jungs kicherten viel.

Merkwürdigerweise sah Cedric sich bei seiner Suche nach Lustobjekten in diesem reifen Eitergeschwür von einer Stadt von einer ganz bemerkenswerten jungen Dame unterstützt, einer umwerfenden kleinen Blondine namens April, die im Krankenhaus den Schwestern aushalf und als Gegenstand erotischer Phantasien die Nummer 1 bei den Soldaten war. Cedric war sich sicher, dass die bemerkenswerte Genesungsrate des Krankenhauses zu einem guten Teil auf die fixe Idee der Verwundeten zurückzuführen war, sie könnten April, wären sie erst mal wieder auf den Beinen, aus der engen, zum Schreien aufreizenden Schwesterntracht schälen. Es war alles, was sie im Kopf hatten; der Sieg über den Kommunismus belegte weit abgeschlagen den zweiten Rang. Eine schlichte Ahnung hatte April gesagt, dass Cedric homosexuell war.

»Wir sind alle Kinder Gottes«, sagte ihm April eines Tages, als sie ihm das klumpige kapokgefüllte Kissen aufschüttelte.

»Genau«, pflichtete Cedric ihr bei. »Aber eines wüsste ich doch gern: Wenn er so ein toller Vater ist, warum hat er dann meine Mutter verlassen?«

April ignorierte seine anthropomorphisierende Frage. »Wir müssen leben und leben lassen«, sagte sie.

»Was für eine erhabene Einstellung.«

Sie wischte ihm mit einem Kleenex die Stirn. »Liebe heilt alle menschlichen Wunden und macht allen Massakern ein Ende.«

»Dich würde ich glatt zum Präsidenten wählen.«

Sie begann ihm die nackte Brust mit Alkohol abzureiben.

»Ich kenne da einige Leute, die dir unheimlich gefallen würden. Praktizierende Gewaltgegner.«

Er stieß einen Seufzer aus. »Seelenverwandte.«

»Eine Gruppe junger Zen-Buddhisten, Mönche, die der destruktiven Welt um uns herum den Rücken gekehrt haben.«

»Dann nichts wie hin, Baby.«

Sie massierte seine Beine, um die Muskeln zu lockern. »Sie leben in Frieden mit sich. Sie sehen sich nicht von Visionen unzähliger nackter Frauen gequält.«

»Ich bin bereit für das Gelübde. Auf zu meinen Brüdern, zeig mir den Weg!«

Was sie auch tat. Sie führte ihn buchstäblich an der Hand bis vor den lieblichen Tempel an der Roosevelt Avenue, wo ihn ein lächelnder junger Mönch mit rasiertem Haupt begrüßte, von dem auf eine stille Art eine enorme Ausstrahlung ausging. Er ließ Cedrics Hand erst gar nicht mehr los. Kaum hatte er das kühle Innere des geheimen Tempels betreten, wusste Cedric, ihm stand eine der wahrhaft erfüllenden Begegnungen seines Homosexuellenlebens bevor.

(Er vernahm den Geruch von Zigaretten – Gauloises – und die Musik von Bud Powell.)

»Gib alle dualistischen Gedanken auf!«, rief April ihm aus ihrer davon ziehenden Fahrradrikscha nach. »Lass dich fallen! Genieß!«

Und jetzt auf einen Martini und ein Clubsteak in den Offiziersclub, sagte sie nicht laut, aber hörbar vor sich hin. Auf ein paar feine Dienstgeheimnisse. Mein Gott, gib diesen Bürstenköpfen was zu trinken, ein bisschen Geschäker und die Hoffnung auf eine Nummer mit einer Blondine, die es ihnen besser besorgt als ihre Frauen daheim, schon spucken sie jedes Geheimnis aus, das sie je gehört haben. Und außerdem – der Fahrer riss gerade noch rechtzeitig den Lenker herum, so dass er die beiden schwarzen GIs nur leicht streifte, die besoffen die enge, stinkende, von Menschen mit schrägen Augen übervölkerte Gosse heraufttorkelten, die hier als Straße galt –, und außerdem glaube ich, die fühlen sich tatsächlich besser danach. Das Wunder der Beichte. Der schnuckelige Psychologe aus Harvard sagt, die amerikanischen Soldaten – vor allem die Offiziere – schämten sich hier zu sein, sie hätten ein derart schlechtes Gewissen, dass sie durch die Preisgabe militärischer Geheimnisse die Last ihrer Schuld zu lindern versuchten. Was für ein gescheiter Mann. Zu schade, dass er so dick war. Sonst hätte ich mich sogar ficken lassen. Aber der hätte mich doch glatt erdrückt. Komisch, dass ein so gescheiter Kerl sich derart gehen lassen kann.

Die Art, wie ihr Fahrer sie durch die Beinahe-Katastrophen links und rechts manövrierte, war phänomenal. Nie hätte der bewusste Verstand derart flink und differenziert reagieren können; ihn lenkte der pure Instinkt. Außer Rand und Band geratene Lkw, taumelnde Suffköpfe, schlafwandelnde schwangere Bäuerinnen, spielende kleine Teufel, gebeugt dahinächzende alte Leute, denen der Tod egal zu sein schien – nicht eine dieser natürlichen Gefahren brachte dieses eindrucksvolle Talent aus dem Konzept. Im Gegenteil, er schien für Krisenübungen geradezu prädestiniert; nur in Gefahrensituationen schlug sein Herz im richtigen Takt. Er muss ein Vietcong sein, dachte April. Für eine faschistische Marionette ist er viel zu sehr auf Draht. Dieser Arsch von Ky hemmt seine Sklaven ja systematisch in ihrem Einfallsreichtum; er sieht darin eine Bedrohung für seine miese Diktatur. Das kleine Rikscha-Genie schrie auf eine maßlos feiste, aristokratisch gewandete Frau mit rosa Sonnenschirm ein, die sich – so hatte seine Intuition ihm gemeldet – im nächsten Augenblick von ihrer Startrampe am Randstein aus ganz beiläufig in den Verkehr einzufädeln gedachte. Diese erstaunte, ach was, entsetzte Miene, die sich schlagartig auf ihrem Gesicht ausbreitete, war ein Bild für Götter.

April grinste glücklich. Sie konnte sich nicht länger beherrschen. Sie musste unbedingt wissen, ob dieser furios in die Pedale tretende Zauberer wie sie ein Agent der Nationalen Befreiungsfront war. Also beugte sie sich vor und flüsterte ihm mit »Sein oder Nichtsein« die geheime Parole ins Ohr. Und siehe da, es handelte sich um einen Kollegen, der sich, ohne aus dem Tritt zu kommen, umdrehte und ihr die nicht weniger geheime Antwort zuflüsterte: »Nieder mit dem Faschismus.« Und um dem die Krone aufzusetzen, pflückte er eine Avocado aus seiner Tasche und reichte sie ihr nach hinten (natürlich ohne dabei die Straße aus den Augen zu verlieren). Was für eine Freude! April hätte am liebsten gekreischt. In diesem wunderschönen Produkt vereinte sich Mutter Naturs Großzügigkeit mit wahrer Gedankenarbeit, denn es war in Wirklichkeit eine Bombe mit genügend Sprengkraft, um jedes größere von GIs frequentierte Restaurant Saigons in Schutt und Asche zu legen. April gab ihm das Ding zurück und konnte dabei einfach nicht anders, als ihm einen Kuss auf seine fleißige und nüchterne nackte Kulischulter zu drücken. Nicht alle Fürsten dieser Welt, das wusste sie sehr gut, sitzen auf einem Thron. Eine Welle von

Liebe und Hingabe überkam sie, und für einige Augenblicke wurde ihr richtig warm.

Einige wenige Augenblicke später erreichten sie mit dem amerikanischen Offiziersclub ihr Ziel. Als April ihren hinreißenden Fahrer bezahlte – die illusorische Währung zu zählen wäre absurd gewesen, also nahm sie eine Handvoll des albernen Zeugs aus der Tasche und reichte es ihm –, nutzte sie die Gelegenheit, sich sein Gesicht anzusehen. Und während sie einander anlächelten, bemerkte April etwas an seinem Gesicht, was ihr merkwürdig vorkam. Es brauchte ein, zwei Augenblicke intensivsten, puren Einsseins mit ihrem Instinkt, um zu kapieren, was es war. Mein Gott! Er war gar kein Vietnamese. Er war nur geschminkt! Ein Rembrandt der Täuschung! Wie sie sah, waren seine Augen (umgeben von asiatischen Brauen, schrägen Linien und Falten, also allem, was man gemeinhin mit den gelben Horden verbindet) kitschig blau und der Flaum an seinem Nacken nicht etwa schwarz – wie seine wirklich erstklassige Kuliperücke – sondern rötlich. Und seine Nase war ... Sie überlegte, was sie sagen sollte – irgendetwas –, aber er trat bereits mit einem spitzbübischen Grinsen in die Pedale.

»Vergiss nicht, dein Pessar rein zu tun«, sagte er noch, und schon war er fort, so ziemlich wie der Wind.

»Mich laust der Affe!«, sagte April laut vor sich hin. »Was sagt man dazu?«

Aber noch bevor es ihr vergönnt war, noch tiefer ins herrliche Wasser der Spekulation zu gleiten, kam ein ausgesprochen gesunder angelsächsischer Typ mit den Schwingen eines Colonels an den Schultern die Treppe des Clubs heruntergelaufen. »April, Schatz!«, rief er. »Wir warten seit Stunden auf dich. General Parkinson ist so dicht, der würde einen Nordvietnamesen noch nicht mal in Uniform erkennen.«

»Das kann er doch nüchtern auch nicht, oder?«, meinte sie kess.

»Schhh! Das braucht doch nicht jeder zu wissen! Und dass

du mir ja mit diesen unpatriotischen Parolen aufhörst, Herzchen, und wenn sie zehnmal wahr sind. Du willst doch wohl dem Feind nicht unter die Arme greifen, oder?«

»Wer? Ich?«

»Na dann. Gib deinem Josh Küsschen. So ist's brav. Hast du die Schachtel mit Parfüm bekommen, die ich dir geschickt habe?« Er legte den Arm um sie und führte sie in den Club. Er schaffte es dabei, mit einem versehentlichen Stupser ihre beachtliche linke Brust zu berühren. April ließ ihm seine Freude. Für sie waren das kleine Fische. Nicht der Rede wert. Nur für den großen Augenblick, für den ließ sie sie bezahlen.

»Natürlich, Josh, Baby. Sag doch, ist der schrecklich attraktive Major von der Airforce auch auf der Party heute Abend?«

»Du meinst Severn? Den Chef des neuen Fliegerhorsts in Dang Wong?«

»Ist er derjenige, der alles über die wunderbaren neuen Flieger weiß, die wir demnächst kriegen? Die schneller sind als die, die die Russen dem Vietcong geben?«

»Wenn Severn das nicht weiß, dann weiß es keiner.«

»Er gefällt mir. Er sieht so gemütlich aus, so relaxt.« Für das Lächeln, das sie ihm schenkte, hätte Josh seine wohltätige flachbrüstige Vorstadtgattin in New York am liebsten vor die U-Bahn geschubst. Die nordvietnamesische Aufklärung hatte April wissen lassen, Severn hätte mal als Komponist im Village gelebt.

Ist schon komisch, sinnierte April, während der gute Josh sachte die Hand nach oben manövrierte, um etwas mehr Brustkontakt zu bekommen, dass ich das Gefühl habe, die Rikscha zu fahren, aus der ich eben ausgestiegen bin. Ich meine, dass ich mir tatsächlich so vorkomme, als sei ich er. Richtig unheimlich. Nicht ekelhaft, nein, so ist das nicht gemeint. Das große Problem mit dem Clown hier, der tatsächlich meint, ich merke nicht, dass er mich für lau zu begrapschen versucht, ist, dass er mir längst alles erzählt hat, was er weiß. Und wir haben es eingesetzt. Andernfalls würde ich einfach mit ihm schlafen; er kann's ja kaum erwarten. Glaube nicht, dass er mich – oder sich selbst, wo wir schon dabei sind – auch nur einen Augenblick mit dem Überfall auf den Jeep voll Offiziere in Verbindung gebracht hat, die zu den Geheimgesprächen mit Kys Leuten im Mohong Delta unterwegs waren. Oder mit der Explosion in dem Raketenlager bei Panang – während die Soldaten eine große Party feierten, auf der ich mit ihm war. Nein, sicher nicht. Vielleicht hat er sich ganz tief drinnen mal gefragt, wie die Saboteure des Cong derart gezielt zuschlagen konnten, aber er hat sich deswegen mit Sicherheit keine grauen Haare wachsen lassen. Ist natürlich auch möglich, dass er völlig vergessen hat, mir davon erzählt zu haben, so besoffen wie er damals war. Herrgott, die Kerle saufen ja alle, als gäb's kein Morgen mehr.

»Mein Gott, ist das heiß hier!«, rief April aus und öffnete den obersten Knopf ihrer wunderbar vollen weißen Bluse. Sie wusste sehr gut, dass der Anblick eines Dekolletés – schon gar einem wie dem ihren – weit mehr für die Moral der Truppe tun konnte als tonnenweise ermutigende Post von zu Hause. Außerdem beschleunigte es die Freundschaft – es war ein guter Eisbrecher und einiges mehr.

»Augenblick, dir wird gleich himmlisch kühl«, sagte Josh und drückte sie. »Wir haben hier die beste Klimaanlage von ganz Saigon. Überhaupt tun wir alles, damit unsere Gäste sich wohl fühlen. Ganz zu schweigen vom ganz unglaublichen Charme unserer Offiziere«, fügte er mit munterem Zwinkern hinzu.

»Ich kann mir keine bessere Art der Kriegführung vorstellen«, sagte sie. »Wirklich nicht.«

Sie gingen hinaus in den Innenhof des Clubs, und Josh konnte nicht widerstehen, ihr einen freundschaftlichen Klaps auf den aufreizend wackelnden, wohl gerundeten, von keinem Hüfthalter beengten Hintern zu geben.

Wenn ich relaxt und gemütlich sage, meine ich das auch. Genau so. Im Vergleich zu diesem Severn nehmen sich die anderen hier wie Milchbubis aus. Wenn er mich anlächelt, dann spüre ich das bis in die Knie.

»Wie kommt ein Mädel wie Sie denn in so ein Höllenloch?«, fragt er mich mit einem Nippen an seinem Bourbon mit Eis.

»Reiner Patriotismus«, sage ich. »Ich möchte meinem Land helfen.«

»Aber das hier ist nicht Ihr Land.«

»Da haben Sie schon recht«, antworte ich ihm rasch. »Aber es sind nun mal eine Menge amerikanischer Landsleute hier, und ich versuche ihnen ihr Los zu erleichtern.«

Er lacht. Ein sonores Lachen. Nicht gebrochen oder trocken. »Sie sind wunderbar. Sie gehören in ein Broadway Musical.« Er leert sein Glas und schmatzt mit den Lippen. »Sind Sie sicher, dass Sie nicht die Propagandaabteilung vom Roten Kreuz erfunden hat?«

Ich bin so vorsichtig wie irgend möglich, denn er ist alles andere als dumm. Also kichere ich. »So ganz Unrecht haben Sie da gar nicht«, sage ich. »Ich meine, manchmal habe ich wirklich das Gefühl, mich hat jemand erfunden.«

Er kneift mir sachte in die Wange. »Wer immer Sie sich ausgedacht hat, seine Phantasie ist nicht zu verachten. Gar keine Frage.«

Über dem Kaminsims der Lounge – man fühlt sich wie im Club einer Studentenverbindung nach einem Footballspiel – hängt ein scheunentorgroßes Bild von General MacArthur. Wenn je einer mit sich zufrieden schien! »Meinen Sie, er hätte den Krieg mittlerweile gewonnen?«, sage ich in der Hoffnung, das Gespräch von mir weg auf etwas anderes zu lenken.

»Oh, ganz sicher«, antwortet er. Sein Grinsen fährt mir direkt in den Bauch. »Vietcong, Nordvietnamesen, nicht einer wäre mehr übrig. Ja, wenn überhaupt noch was da wäre! Bäume, Laub, auch nur ein einziger Grashalm. So eine Atombombe macht keine halben Sachen.«

»Hört sich ja scheußlich an.«

»Wir werden es hoffentlich nie erfahren.«

Drei Typen, die geradewegs aus einer Studentenverbindung zu stammen scheinen, spielen in der Ecke einen Bombeneinsatz durch. Was für Kinder!

»Ich hab' drei von den *sampans* erwischt«, schwärmt einer von ihnen. »Mensch, ihr hättet mal sehen sollen, wie die ins Wasser gehechtet sind, als ich sie unter Feuer nahm! Das war irre, sag' ich euch!«

»Das ist noch gar nichts«, sagt einer mit Habichtgesicht, der ziemlich voll ist. »Ich habe vorige Woche drei Öltanks erwischt! Die Flammen konntest du noch in Cleveland sehen. Ungelogen!«

Außer mir trägt noch ein halbes Dutzend weiterer Patriotinnen mit Geplapper und Sexappeal zum allgemeinen Frohsinn hier drinnen bei, und ich habe keinen Zweifel daran, dass vor Ende des Abends noch eine jede von ihnen unter dem Sternenbanner gevögelt wird. Ich frage mich, ob das tiefer gelegte schnuckelige Ding da drüben weiß, dass in Martinis Alkohol ist. Auf der anderen Seite kann ihr die würdige Fassade letztlich gestohlen bleiben, schließlich hat sie es mit jedem hier mindestens zweimal getrieben.

»Wie man so hört, haben wir ein paar wunderbare neue Flieger«, sage ich zu Severn, der mit den Lippen in meinem mädchenhaften Nacken zugange ist.

»Willst du denn fliegen lernen?«

»Noch einen von den Drinks hier, und ich brauch' dazu keinen Flieger.«

»Weißt du was?«, sagt er, sein großes starkes Gesicht kaum eine Handbreit vor dem meinen.

»Was denn?«

»Wir sollten woanders hingehen, wo man sich richtig unterhalten kann. Wo man sich besser kennen lernen kann.«

»Ich stehe auf richtige Unterhaltungen. Gehen wir.«

Sechs Straßenzüge weiter explodierte eine Bombe in einer von Soldaten frequentierten Bar; sie tötete vier GIs, zwei vietnamesische Prostituierte und einen alten Mann, der Aphrodisiaka verkaufte. Der Saboteur entkam.

6

Ich habe ein Obst- und Gemüsegeschäft aufgemacht: Zucchini, Artischocken, Yamswurzeln, Granatäpfel, Kartoffeln, Pastinaken, Grapefruits – was immer Sie wollen, bei mir kriegen Sie's. Es liegt in der Bleecker Street, zwischen einem Fischgeschäft – mit mehr Schnecken und Kalmaren als man im Leben zählen könnte – und einem Comicladen. Die Lage könnte nicht besser sein. Meine Nachbarn sind weder frivol noch billig. Sie bieten ihrer Kundschaft kein blödes, lebloses Zeug wie Schuhe, Hüte oder überlange Messingschrauben. Ganz im Gegenteil. Bei ihnen bekommt man das Wesentliche: Kinderträume und Rachephantasien; Meerestiere, schlüpfrig sich windende Erinnerungen an unsere Urgeschichte. Das eine wie das andere ein absolut nobles Geschäft.

Meine neuer Job ist hundertmal besser als Sklavenarbeit in einem Büro. Die Beziehung zwischen mir und meiner Kundschaft hat nichts von Heimlichtuerei, nichts was an den spirituellen Kräften zehren könnte. Wir haben unseren harmlosen Spaß. Unsere Taktiken sind völlig einwandfrei. Unsere Ziele sind klar definiert und durchaus zu erreichen. Nichts passiert im Untergrund. Nicht die Bohne. Munter greifen wir an, munter schlagen wir zurück. Alles ist erlaubt. Außer Judo. Die Frauen aus der Nachbarschaft halten meinen Laden für ihre Sporthalle; sie kommen zu mir zum Sparren.

»Versuchen Sie mir ja nicht den vergammelten *finnocchio*

hier anzudrehen!«, schreit eine und hebt dabei die Faust, als wolle sie mir das Gesicht einschlagen. »Das Zeug liegt doch schon Monate rum!«

»Was reden Sie denn? Den habe ich erst heute Morgen reingekriegt.«

»Lügner!« Damit nimmt sie den Stengel *finnocchio* (Fenchel für Sie und mich), spuckt darauf und wirft ihn mir vor die Füße.

»Geben Sie mir zwei Pfund von den Brechbohnen da«, verlangt eine andere, »und hauen Sie mich bloß nicht übers Ohr.«

»Die Waage ist geeicht!« Ich werde laut. »Es kommt jede Woche einer von der Stadt vorbei.«

»Ja, und Sie bestechen ihn, damit Sie uns weiter betrügen können.«

»Was ist denn das für eine Orange?«, schreit eine andere und zeigt mir eine völlig unschuldige, wenn nicht gar überdimensionale Frucht. »Die sieht ja aus, als ob sie Krebs hat!« Damit schleudert sie sie in den Unrat auf der Straße. »Großer Gott.«

»Die Orangen sind zuckersüß!«, rufe ich aus, während ich meine Ware aufsammle.

»Ich habe meinem Priester von Ihnen erzählt!«, schreit ein altes Weib. »Wie Sie meine schlechten Augen ausnutzen! Sie schmoren schon so gut wie in der Hölle, hat er gesagt.« Und noch bevor ich sie davon abhalten kann, stopft sie sich eine Handvoll kernloser Trauben in den Schlund.

»Wieso sind die Löwenzahnblätter bei Ihnen so teuer?«, will ein aufgedunsenes Weibsbild im schwarzen Schleier wissen. Sie hält mir eine Handvoll von dem Zeug entgegen, und das mit einer Wut, als wolle sie die Blätter erwürgen, nicht mich. »Das Zeug gibt's doch auf jeder Wiese umsonst!«

»Warum pflücken Sie's dann nicht selber«, schlage ich vor und versuche vergeblich, die Delikatesse ihrem Würgegriff zu entziehen.

»Werden Sie bloß nicht frech. Ich kann jederzeit zu Pinelli die Straße rauf gehen.«

Sie weiß genau, dass Pinelli sie nicht mehr sehen will. Er hat gesagt, er würde lieber pleite gehen und sich selbst ins Armenhaus einliefern. Aber wir verstehen uns, diese fortwährend aufgebrachten Frauen und ich. Unter all unseren Aggressionen (alles in allem bin ich ja eher der sanfte Typ) fließt ein tiefer Strom brüderlicher Liebe. So wie bei den Footballteams von Harvard und Yale. Natürlich haben sie völlig recht mit ihren Vorwürfen. Ich bin ja nicht doof. Wäre ich ehrlich, hätte ich doch keine Kundschaft; die Frauen kommen doch nur wegen unserer Spielchen zu mir.

Sylvia hat keine Ahnung von meinem jüngsten Unterfangen. Sie denkt, ich stehe noch immer in Diensten des fiesen kapitalistischen Establishments. (In einem meiner zahlreichen von vorneherein zum Scheitern verurteilten Versuche, meine Lebensphilosophie vor Sylvia zu rechtfertigen, habe ich ihr neulich Abend eine recht deutliche Aussage Freuds zu der scheußlichen Bredouille vorgelesen, in der sich die Mittelschicht allgemein befindet. »Diese Vorsehung kann der gemeine Mann (sprich die Mittelschicht) sich nicht anders als in der Person eines großartig erhöhten Vaters vorstellen. Nur ein solcher kann die Bedürfnisse des Menschenkindes kennen, durch seine Bitten erweicht, durch die Zeichen seiner Reue beschwichtigt werden. Das Ganze ist so offenkundig infantil, so wirklichkeitsfremd, dass es einer menschenfreundlichen Gesinnung schmerzlich wird zu denken, die große Mehrheit der Sterblichen werde sich niemals über diese Auffassung des Lebens erheben können.«)

Sie kommen nie im Leben drauf, wer mir hinten im Laden aushilft. Albert Schweitzer? Ach was. Nelson Eddy? Nicht doch. Charles De Gaulle? Nein. Der Boy Blaster? Genau! Er kam zu mir und jammerte, er bräuchte mal Urlaub von der Treppe uptown. »Meine Muskeln werden langsam labbrig,

Chef, und mein Zielauge lässt auch ziemlich nach.« Also stellte ich ihn ein. Er ging mit Kartoffelsäcken um, als hätte er es gelernt. Und er ist ausgesprochen gut, wenn es darum geht, den Status quo zu bewahren. Man braucht bloß ein Blatt Salat, eine einzige Weinbeere verwelken zu lassen, schon springt er einem ins Gesicht. Das Gemüse mag tipptopp hereinkommen, trotzdem lauscht Blaster schon auf erste Laute organischen Verfalls. Ein weiterer von Blasters Vorzügen besteht darin, dass er nicht ständig futtert. Eine Menge Aushilfskräfte in der Nahrungsmittelbranche kommen keine Minute aus, ohne sich was in den Mund zu schieben. Gott steh einem bei, wenn die neuen Kirschen kommen.

Der Fischhändler, er heißt Petrocelli, und ich verstehen uns glänzend. Wir tauschen untereinander unsere Waren aus. Ich bringe ihm eine dralle feste Artischocke oder einen frischen Kopf Eskariol und bekomme dafür von ihm ein ordentliches Thunfischfilet oder einen Butterfisch. Er hat eine kleine Küche nach hinten hinaus, wo er uns mittags öfter mal was zu essen macht. Dazu eine Ecke Gorgonzola, frisches Brot von Fugazzi, dem Bäcker die Straße hinauf, und man hat ein gemütliches kleines Fest. Langweilig wird es einem mit Petrocelli auch nicht. Der Mann hat was erlebt. Er hat während des Kriegs in Norditalien bei den Partisanen gekämpft und wurde ein beinharter Kommunist. »Aber ich bin's einfach müde geworden, Leute zu erschießen«, hat er mir mal erzählt. »Es waren zwar dreckige Faschistenschweine. Aber auch wenn's nur Bettwanzen sind, eines Tages zerdrückst du eine zu viel. *Capito?*«

Und wie, sagte ich ihm. Der Tod kann einem sterbenslangweilig werden wie alles andere auch. Er wird unpersönlich und zur reinen Formsache. Man könnte genauso gut am Fließband stehen.

Er ließ die Kommunisten hinter sich und eröffnete ein Lokal – zugleich Bar, Restaurant und Bordell – in einer Kleinstadt südlich von Bari. Dieses Geschäft lag seinem Naturell weit besser. Vergnügen, Lust und Freude zu geben bereichert die Seele ganz ungemein.

»Bei mir ist nie auch nur einer unzufrieden wieder gegangen«, sagte er mir eines Tages über einem Streifenbarsch mit sautierten Pilzen. »Mit welchem anderen Geschäft lassen sich Bauch, Geist und Lust auf einmal befriedigen? Ganz zu schweigen davon, dass es ein halbes Dutzend hübscher Mädels ernährt?«

Das, so sagte ich ihm, höre sich nach einem wahrhaft noblen Unternehmen an. Ja genau genommen, sagte ich, wäre so etwas genau das richtige Paket, mit dem sich die Kirche ersetzen ließe, die dem Menschen ja nun lange genug den Mund wässrig gemacht habe, ohne ihm tatsächlich den Magen zu füllen.

Er lutschte an einer Fischgräte und warf sie dann in eine Ecke, auf dass eine der respektlosen Ratten daran ersticke, die ihn belästigten, kaum dass er ihnen den Rücken kehrte. »Wir waren alle Kameraden, die Mädchen, die Kunden und ich. Wie Pech und Schwefel hielten wir zusammen gegen die Falschheit und das Elend der Welt vor der Tür. Wir haben sogar Ausflüge zusammen gemacht, Picknicks, gingen hin und wieder mal an den Strand.« Er spießte einen dicken Pilz auf. Er hatte sie in einem Schuss Marsala gedünstet, was sie ganz exquisit schmecken ließ. »Herrgott, wir waren sogar mal einen ganzen Tag im Museum, um uns die Pracht, die Mysterien der Kultur anzusehen!« Er wischte sich mit einer hübschen weißen Serviette über den Mund und seufzte. »Wo sie wohl jetzt sein mögen? Adrianna mit ihrem trägen Lächeln und den schweren Brüsten, Giulietta mit ihren Wolfszähnen und den schwarzen Strümpfen – wo mögen sie wohl sein? Ich hoffe inbrünstig, sie haben keinen Vertreter geheiratet. Sie waren für die besseren Dinge des Lebens geboren.«

Warum, so fragen Sie sich jetzt vielleicht, hat er denn so was Wunderbares hingeschmissen, um nach Amerika zu gehen? Die Antwort ist ganz einfach: wegen der Mafia. Diese Frohnaturen haben in seiner Stadt ihr eigenes Hurenhaus aufgemacht, und – wie das gute Geschäftsleute eben so machen – gaben ihm unmissverständlich zu verstehen (eine klare Ansage, so was lobe ich mir), sie hätten mit Konkurrenten keine, aber auch überhaupt keine Geduld. Die Geduld der Mafia verträgt nicht halb so viel Erfolg wie die Gottes. So machte Petrocelli seinen Laden zu und ließ sich aus dem Land schmuggeln. Kostete ihn fünfhundert Dollar. Er wurde dafür Teil einer Lieferung Olivenöl. (Warum nur müssen wir unsere Identität ändern, wann immer wir irgendwo fliehen?)

»Das ist das Einzige, was in unserer kleinen Straße nicht vertreten ist«, sagte ich. »Sex. Ein gutes Hurenhaus würde uns famos komplettieren. Schon weil es für Entspannung sorgen würde. Ein solches Unternehmen würde – mal abgesehen von dem, was es für die Gesundheit des Viertels täte – der Straße das gewisse Etwas geben, meinst du nicht auch?«

»Ganz und gar. Es geht nichts über einen nackten Weiberarsch, um Schwung in die Bude zu bringen.«

Wir kamen überein, die Idee nicht aus den Augen zu verlieren. Womöglich könnten wir als Startkapital einen staatlichen Zuschuss kassieren. Wenn wir das Projekt als Rehabilitationszentrum für das Viertel deklarierten? Als Teil von Johnsons Great Society? Nieder mit Jugendkriminalität und Reklametafeln! Es lebe das Hurenhaus an der Ecke! Ein Dutzend freundlicher Zimmer für die Verschwörung der Lenden, das Dekor byzantinisch prall oder sparsam finnisch modern, man sollte die Wahl haben – wichtig ist, dass alles ausschließlich und exquisit nur an einem orientiert und durch eines motiviert sein sollte, und zwar am zwischenmenschlichen Hautkontakt! Ach, ich könnte heulen vor Freude beim Gedanken an die Gesundheit, die von so einer Einrichtung ausginge – das reinste Nordlicht! Soziale Ungerechtigkeit, Trachome und weltweiten Hunger könnte ich darüber glatt vergessen.

Aber wieder zurück zu meinem Obst und Gemüse. Es gibt Leute, die kehren in den Mutterschoß oder einen ähnlichen Ausgangspunkt, der einen fürs Leben zeichnet, zurück – ich nicht. Ich lebe mir selber immer vier große Sprünge voraus, und sogar dann lasse ich mich nicht narzisstisch in die Pflicht nehmen, auch tatsächlich *ich* zu sein, wer immer dieser Mythos auch sein mag. Wir alle kennen die Millionen von traurigen Menschenkindern, die ihre Existenz grimmig – manche mit Schaum vor dem Mund – nichts anderem widmen, als sie selbst zu sein. Wie wahnsinnig wehren sie sich gegen das Eindringen anderer absolut wunderbarer Identitäten. Sie machen sich etwas vor und vergeben sich gleichzeitig so viel, beides auf geradezu tragische Weise. Man braucht sich nur mit einem Kind zu unterhalten, irgendeinem Kind, und es wird einem sagen, dass es doch absurd ist, das Theaterstück des Lebens mit nur einer Person spielen zu wollen. Die Bühne an sich wehrt sich gegen einen solchen Wahnsinn. Die Bretter, die die Welt bedeuten, würden sich aufwerfen, kotzen würden sie. Wenn Sie mir nicht glauben, dann hören Sie sich doch an, was Freund Heidegger dazu zu sagen hat, der meint: »Schuld ist der schweigende Ruf des Seins nach sich selbst.« *Capito?* Leute, die nur sie selbst sein wollen – wissen Sie, was die für ein Problem haben? Sie leben nur mit dem Maul.

Ah, meine Kundschaft! Die Gelüste, die ich zu befriedigen habe! Der große Schwarze mit den Adleraugen etwa. Ein Psychiater, ein Intimus des Verbotenen. Was hat er nicht alles gehört! Blasen aus dem schlammigen Grund der menschlichen Psyche. Pfui Deibel! Und doch ist er davon völlig unberührt geblieben. Er hat eine Leidenschaft für Artischocken. Ich hebe ihm immer die schönsten auf, die ich reinbekomme. Schon der kleinste Makel, so unschuldig er scheinen mag, genügt, um sie für den Teller dieses schwarzen

Messias zu disqualifizieren. Natürlich hat er keine Ahnung davon. Er würde mich nur auslachen dafür, wie ein russisches Großmütterchen zu denken. Die ehemaligen Bäuerinnen aus dem Viertel haben einen Heidenrespekt vor ihm. Sie starren ihn an, und manchmal erstarren sie – als wäre er direkt vor ihren Augen aus der Bibel gefallen. Wann immer er eine Birne oder eine Weintraube berührt, es würde sie nicht wundern, würden sie auf der Stelle verdorren. (Um ehrlich zu sein, es geht mir da nicht anders, nur habe ich subtilere Methoden, damit umzugehen. Und das macht einiges aus, glauben Sie mir).

»Wenn die nur wüssten, wie gern ich sie habe, dann würden sie damit aufhören«, hat mein Freund Jomo erst neulich gesagt. »Liebe – das größte Problem unserer Zeit. Das Geben wie das Nehmen.« Mitfühlend schüttelte er das herrliche astrachanbedeckte Haupt. »Vor allem Letzteres. Die Mehrzahl der Menschen – und ich meine hier die des Abendlands – reagiert auf eine liebende Geste, als versuche man ihnen frisch gezapftes Krötengift anzudrehen. Als wäre Liebe etwas Abscheuliches, etwas Obszönes. Und der schreckliche Schaden, den Menschen nehmen, die diese ungeheure Last inakzeptabler, nicht weiterzugebender Liebe mit sich herumtragen! Großer Gott! Sehen Sie den Typ da drüben?« Er wies auf einen hageren Mann mittleren Alters, der – tief in Gedanken – mehr oder weniger über die Straße gehumpelt kam. »Meinen Sie, dass der die Gicht hat? Dass er sich was gezerrt hat? Nicht die Bohne! Alles, woran der leidet, ist zurückgewiesene Liebe. Sie ruiniert ihm das Bein. Der gute arme Kerl! Wenn ich mir nicht sicher wäre, dass er mich missversteht, ich würde auf der Stelle rübergehen, mich ihm vor die Füße werfen und ihn bitten, bei mir seine Liebe abzuladen. Ich wette mit Ihnen, der wäre sein Hinkebein sofort los. Und wie!«

»Sie sagen es, Daddy!«, rief ich, während ich eine Kiste nach Wasser lechzender Kresse begoss. »Erzählen Sie mir mehr über diesen Schmerz. Klären Sie mich auf! Bringen Sie Licht ins Dunkel – ohne Rücksicht auf meine Netzhaut.«

Er ließ seine hünenhafte schwarze Gestalt in einen furzenden Polstersessel hinter einem Fass süßlich duftenden Krauskohls sinken, warf sich einige fette Muskatellertrauben in den Mund (Reisen ins Labyrinth der Seele mit leerem Magen sind nie zu empfehlen) und steckte sich eine krumme italienische Zigarre an. »Geliebt zu werden – wissen Sie, was das für die meisten Leute bedeutet? Verschlungen zu werden. Ersticken. Tod. Den totalen Verlust von Unabhängigkeit und Identität. Eben das, was sie überhaupt erst in die Lage versetzt, zu leben, richtige Menschen zu sein, ist ihnen gleichzeitig der ärgste Feind. Was für ein schreckliches Paradoxon, mein Freund.« Er inhalierte einen Kubikmeter quirligen Zigarrenrauchs.

»Abscheuliche Situation. Wie konnte es denn nur dazu kommen?«, fragte ich, während ich Mrs. Collucci – mit den gedrechselten Keulen – für zwanzig Cent Löwenzahn in die Tüte gab.

»Sie sind eine Ausgeburt der modernen Gesellschaft, was sonst?«, sagte Jomo. »Dieses ganze Geflecht aus religiösen, philosophischen und moralischen Ideen, die eine wie die andere ganz und gar unmenschlich sind, hat aus dem Menschen einen Monolith des Wahnsinns gemacht. Und wer hat den Vorsitz bei dieser zum Himmel stinkenden Geschichte? Richtig – unser himmlischer Freund und Kupferstecher, Allvater und Herr! Ich kann Ihnen versichern, der vorchristliche Mensch war ein herzallerliebstes, absolut ungebrochenes kleines Kerlchen. Nicht eine Neurose, von Psychosen ganz zu schweigen. Nicht die Spur von schlechtem Gewissen. Er hatte keinen Grund, sich aufzuspalten – keine Fächer, keine Identitäten. Sexuelle Probleme? Nicht die Bohne! Wenn er seine Mutter begehrte, dann nichts wie drauf! Er nahm sie, und danach ging er fröhlich wieder auf Mastodonjagd. Für ihn gab's keine Konkurrenz mit dem Vater, keinen

Selbsthass, keinen Vaterhass, niemand, der ihm eingeredet hätte, wie unanständig er ist. Und dann kommt der eine Gott, diese ganz neue Szene mit all ihren unmenschlichen Regeln und Strafen – und seither tickt er nicht mehr richtig, der arme Mensch.«

Er kratzte sich kräftig am Bein – die Erinnerung an einen Tigerbiss in grauer Vorzeit. »Und dann der Gipfel an nicht nachzuvollziehender Hirnrissigkeit: die Vorstellung von einem Himmel! *Mit Engeln!* Was für ein kindischer Selbstbetrug! Aus dem Tod eine Lüge zu machen – was für ein mieser Trick!« Er schnappte sich einen Winterapfel, um an ihm sein Stöhnen zu ersticken.

»Ich sehne mich selber nach der guten alten Zeit«, sagte ich und legte ihm eine tröstende Hand auf die bekümmerte Schulter. »Aber wie soll man wieder zurückfinden? Ist sie nicht für immer vorbei?« Ich wollte etwas Vernünftiges sagen, ohne gleich zu distanziert zu klingen.

»Durch eine Revolution!«, rief er und knallte den Apfel gegen einen riesigen Kürbis, was den Blaster aus seinem Nickerchen hinter den Kartoffelsäcken schreckte. »Die vollständige physische und spirituelle Rückkehr zum Heidentum. Es gilt, auch noch das letzte Gewand von Christentum und moderner Moral in Fetzen zu reißen. Meine Damen und Herren, beten Sie zu einer Baumgottheit Ihrer Wahl! Opfern Sie dem König der Wolken eine Ziege!«

Unter seiner Haut – das wusste ich, weil ich sie als meine eigene spürte – kribbelten die Einsichten in dieses mysteriöse Wissen. All die Gaben, die sie mir auf den Altar meines Ichs legten, damit ich ja nicht ihre hypersensiblen Verteidigungsmechanismen überwinde! Die falschen Beichten, um mir weis zu machen, es sei unter meiner therapeutischen Anleitung zum großen Durchbruch gekommen; die reiche Belohnung für meine schweißtreibenden Bemühungen, ihnen beim Kampf gegen Krankheit und Verrücktheit behilflich zu sein. Und die ganze Zeit über bugsierten sie mich, so jedenfalls hofften sie, weg von den wirklich guten Sachen, die offen zu legen sie einfach zu viel Schiss hatten. Die Hüter ihrer Geheimtüren rufen: »Er kommt! Der schwarze Drache kommt!« Die Türen werden zugeknallt. Hektisch schiebt man die Riegel vor. All die verschiedenen Ichs huschen in raffiniert konstruierte Verstecke. Sie wissen nur nicht, dass ich meinen Körper genauso gut verlassen kann wie sie und weder Wände noch Türen noch Verkleidungen mein Wesen davon abhalten können, das ihre aufzuspüren und zu betreten. Wie kindisch! Wie dumm! Als könnten sie mir entwischen. Nur indem ich sie bin, sie werde, kann ich hoffen, ihnen dabei zu helfen, sie selbst zu werden. Und ich meine, ist das nicht etwa das erste Gesetz der Menschheit? Krank oder nicht? Ein jeder von uns ist gleichzeitig jeder andere, und einer wie der andere treiben wir durch die Träume und Phantasien und Alltagshandlungen des anderen; selbst die intimsten Augenblicke noch sind voll mit Dutzenden von anderen. Kein Mensch ist allein. Der Typ da hat ja keine Ahnung! Ich war Hektor auf der Brustwehr von Troja, und ich werde die erste Frau auf dem Mond sein – im vierten Monat, und ein homosexueller Nachtclubsänger ist der Vater des Kinds. Mondblut, Mondschlamm. Nicht eine Artischocke hier, die mich nicht beim Vornamen nennt.

Jomo! Jomo!

Es war, als hörte ich meinen Namen zum ersten jungfräulichen Mal, so sehr war er mit der Liebe selbst verschmolzen – ja war er die Liebe selbst und nicht bloß beiläufiges Symbol, das sich grüßen lässt. (Was, wenn jemand »Nigger! Nigger!« gerufen hätte? Ich hätte genauso reagiert, muss ich zu meiner Schande gestehen.) Es war George, dieser tiefsinnige, spinnige, aber zutiefst menschliche Junge, der Schriftsteller werden wollte, Gott segne ihn, diesen lieben, durch und durch von Gemüt erfüllten Kerl. Wir standen im Mittelmeer und es war nicht der sauer verdiente Europaurlaub einer Sekretärin, die, ohne dass man dabei von Glück reden kann, von einem lockigen, grinsenden Papagallo flachgelegt wird, nein, Baby, wir wateten auf den Strand von Salerno zu, und unser Begrüßungskomitee war nicht etwa ein pomadiger Reiseveranstalter mit den Taschen voller Touristenfallen, sondern eine gigantische Horde absolut humorloser Deutscher, die nichts zu verlieren hatten, weil ihnen der Rückzug abgeschnitten war, und die mit allem schossen, was sie hatten; uns empfing kein Vogelgezirpe, sondern ein hinterhältiges Pfeifen auf der Suche nach Blut. George hatte es an Schulter und Hüfte erwischt. Er lag in den kleinen sanften italienischen Wellen, schlug mit den Armen und rief meinen Namen: »Jomo! Jomo! Mich hat's erwischt!«

»Ich komme, Baby, ich komme!«

Eine meiner ersten Reaktionen – um genau zu sein, die zweite, gleich nach der Angst – war der Gedanke, wie merkwürdig es doch war, dass da ein Weißer mich – einen Nigger! – um Hilfe anflehte und nicht etwa rief, damit ich ihm etwas bringe (auf einem Tablett). Ich zerrte seinen blutenden Körper aus dem Wasser, wo er todsicher ertrunken wäre, auf den trockenen Strand, wo ich mich neben ihn warf, während rund um uns die deutschen Kugeln in den Sand fuhren und reihenweise arme Schweine wie am Spieß schrien.

»Die Dreckskerle stecken in ihren Bunkern«, sagte ich, während ich mit meiner ausgezeichneten amerikanischen Garand drauflos zu schießen begann. Ziemlicher Unterschied, gelinde gesagt, zur Oppossumjagd in den Hügeln von Virginia. »Reiß dich zusammen«, sagte ich und feuerte auf den Kamm vor uns. »Ich werd' zusehen, dass ich einen Sani herkriege, okay?«

»Okay«, sagte er.

Er gab sich alle Mühe, nicht zu stöhnen, aber ich wusste, dass er höllische Schmerzen hatte. Mich hatte es auch einmal erwischt, auf Sizilien, und in dem Augenblick, in dem der Schock vorbei ist, hat man nur noch Schmerzen und Angst zu krepieren.

»Großer Gott, Herr im Himmel«, ächzte er. Ich sah sein Blut im Sand.

»Sani!«, schrie ich. »Sani!«

Einer von ihnen sah uns und kam herübergelaufen, geduckt, als glaubte er tatsächlich, so den schrecklichen Kugeln entgehen zu können. Der ganze Strand war mit Körpern übersät. Einige lebten, rührten sich und schossen, andere waren tot; von so einigen sah man das Blut. Einige Meter neben mir sprang ein Junge auf, der eben noch auf dem Bauch gelegen hatte, um loszulaufen; eine Maschinengewehrgarbe riss ihm das Gesicht weg. Fast spürte ich es am eigenen Kopf.

»O Jomo!«, ächzte George. »O Gott!«

Ich nahm ihn in die Arme. Bildete ein Becken für das Blut, das aus seinem geschundenen Körper strömte. Rund um mich lärmte der Tod.

»Keine Bange, George«, sagte ich, »du machst das schon, Baby. Da kommt der Sani.« Und gerade noch zur rechten Zeit. Schrecklich viel von George war in meiner Uniform, schrecklich viel im Sand.

Rom dagegen – meine Herren! – das war gleich was ganz anderes. Ich meine, allein vom Anblick der Brunnen, des alten Gemäuers, der langen geschmackvollen Straßen bekommt man einen Ständer. Eine Stadt, die ich vögeln könnte, wenn ich müsste.

Glücklicherweise mussten wir, ich und mein Kumpel George, das nicht. Man hätte diese Stadt umtaufen sollen, in Fut. Denn genau das ist oder war sie – in jeder nur denkbaren Hinsicht: das Essen, die Luft, die Atmosphäre, die Geräusche, einfach alles. Und dann natürlich die Frauen, die zum Ficken geschaffen waren; das war ihre einzige Funktion, ficken; es bestimmte ihre Gestalt, ihren Inhalt, ihren Lebenszweck und was weiß ich sonst noch. Und noch was sprach absolut für diese delektable Spezies: Schwarze Männer sind für sie das Tollste überhaupt. Wie findet man das! Ist das nicht der größte Hammer, den man je gehört hat! Jedes einzelne von diesen italienischen Weibsbildern ist eine Humanistin – bis ins letzte Schamhaar! Ich kann Ihnen sagen, diese Italiener wissen zu teilen; für sie ist der Mitmensch kein Objekt, das sich ausbeuten lässt; für sie ist die zwischenmenschliche Beziehung nicht lediglich ein Geschäft. Ganz im Gegensatz zu einigen anderen Kulturen, die ich Ihnen so nennen könnte. Unmenschliche Kannibalenkulturen, die ihre Kinder dazu erziehen, einander auszunehmen, und denen echte menschliche Regungen und echter zwischenmenschlicher Kontakt als schreckliche Krankheit gelten, die man, will man ein reifes Alter erreichen, ausmerzen muss (in Crashprogrammen entwickelt man Impfstoffe gegen sie). Sogar Sex, dieser strahlendste aller Diamanten, ist vom Kommerz getrübt und so zum billigen Zirkon, der gerade mal als Knöchelschmuck taugt, degradiert. Savonarola, sei froh, dass du das nicht erleben musstest!

»Jomo, weißt du, was mir die zwei schönen Schwestern hier vorgeschlagen haben, während du dem Ruf der Natur gefolgt bist?«

Ich lächelte George an. Wir waren in irgendeinem Kabarett in einer der Katakomben Roms, wie es schien; ehrlich gesagt, ich hatte mich schon nach frühchristlichen Botschaften an den Wänden umgesehen, nur um nicht durchzudrehen beim Gedanken an die übermächtige Präsenz des weiblichen Geschlechts rund um uns. Wir waren in Begleitung zweier wohl gerundeter, vergnügungssüchtiger italienischer Mädchen unterwegs, die erst zwei Tage zuvor noch unter der deutschen Besatzung gestöhnt hatten. »Nein, Baby«, antwortete ich. »Was?«

»Sie haben vorgeschlagen, mit ihnen nach Hause zu kommen, auf ein richtiges italienisches Essen mit Mutter und Vater. Was meinst du, wenn das keine Gastfreundschaft ist inmitten von Chaos und Barbarei?«

»Ich kann dazu nur eines sagen«, ich nahm den Arm eines

der Mädchen und küsste ihn von oben bis unten, als hätte ich meinen Festschmaus bereits vor mir, »dass ich schon vom bloßen Gedanken überwältigt bin. Ich werde mein Möglichstes tun, damit ihnen die Einladung nicht Leid tun muss.«

Mein Mädchen, Franca, tätschelte mir kichernd die Backe. »Du schöner schwarzer Mann. Ich mag dich überall.«

Wirklich klasse Titten, hundertmal nahrhafter als Milch an sich es je sein könnte. Und medizinisch wertvoll obendrein – ein probates Mittel gegen Schizophrenie, gut für wunde Gaumen und den Körper ganz allgemein. Absolut wunderbarer Bauch, der mit sanftem Schwung zum Wesentlichen überging; genau die Art von Landschaft, in der man sich als Kerl gern mal für ein Weilchen zusammenrollt. Um wieder Mut zu fassen und zu Kräften zu kommen.

»Du tötest viel Deutsche?«, fragte ihre Schwester, Angelina, mit einem gewaltigen Lächeln.

»Er ist einer unserer berühmtesten Nazikiller überhaupt«, sagte George und trank wohl einen Liter Roten auf einen Zug. »Fühl mal seine Muskeln.« Er nahm ihre Hand und legte sie auf meinen Schenkel. »Nur zu. Fühl doch mal, Kindchen, das reinste schwarze Eisen. Reib ruhig ordentlich, ist schließlich ein gutes Stück amerikanischer Jugend und Integrität. Da wirste gleich sehen, warum euren Feinden der Arsch mit Grundeis geht.«

»Mm«, machte Angelina. »Ja, du bist zum Fürchten. Wenn ich Deutsche wäre, ich würde davonlaufen vor dir.« Sie lächelte. »Aber ich bin keine Deutsche.«

»Ich weiß, was du meinst, Baby«, sagte ich und tätschelte ihr meinerseits freundschaftlich das Bein. Gott sei's gedankt, dass wir so eng beisammen saßen. Kleinigkeiten wie etwas Körperkontakt am Tisch können eine enorme Bedeutung annehmen, wenn man den Rest seiner Zeit hauptsächlich damit verbringt, Leute zu erschießen.

Ich reicherte mein zunehmendes Wohlbefinden mit etwas

Rotwein an, und die Mädels verschwanden noch einmal kurz, bevor wir uns auf die Socken machten, um ihre Hausmannskost zu probieren. Die Katakombe war rammelvoll mit anderen GIs, denen mal nach etwas anderem war, als auf Leute zu schießen; jeder Einzelne von ihnen bemühte seine ganze wunderbare Persönlichkeit, um mit einem der vielen besatzerfreundlichen römischen Mädchen anzubandeln, und das trotz erheblicher Verständigungsschwierigkeiten. Dass George und ich ausgerechnet an zwei geraten waren, die Englisch gelernt hatten, kann ich mir nur als Wink des Schicksals erklären, das uns auch wirklich etwas schuldig war. Im Übrigen schienen alle Mädchen mächtig was von dem italienischen Sprit wegzuschlucken; ja, bei genauerer Hinsicht erwiesen sich so einige als sternhagelvoll.

»Läuft doch prima, findst du nicht, Jomo, Alter?«, wandte George sich an mich. Er grinste, als hätte er gerade den ersten Preis beim Rechtschreibwettbewerb seiner Schule gekriegt.

»Ich wäre nun wirklich der Letzte, der dir da widersprechen würde, George, mein Freund. Du musst mir also schon vergeben, wenn ich dich das frage, aber wie sollen wir wissen, ob die beiden reifen Früchtchen überhaupt Mutter und Vater haben?«

»Was soll das heißen, Alter? Jeder hat Mutter und Vater.«

»Zu Anfang ja. Was ich damit sagen will ist: Wie stehen die Chancen, dass das alles nur eine Falle ist?«

George konnte nicht anders, er schüttelte den Kopf. Er war ein hübscher Junge, kein Zweifel, bisschen komisch, sicher, aber ein netter Kerl. Jedenfalls nicht irgendein Schwachkopf.

»Jomo, lieber Jomo. Was muss ich da hören? Warum, in Garibaldis Namen, sollten diese wunderbaren jungen Damen uns in eine Falle locken wollen? Haben wir nicht unser kostbares Leben riskiert, um sie von dem übelsten aller Unholde zu befreien?«

»Aus Gewinnsucht. Um die die Welt sich schließlich dreht. Die süßen Käfer könnten schließlich zu einer Bande gehören, und wir könnten Schlägern in die Hände fallen, die irgendwo auf der Lauer liegen, um uns auszuziehen bis auf unsere amerikanische Identität.«

George legte mir eine Hand auf die Schulter. »Du bist schon zu lang im Krieg, altes Haus.«

Die Mädchen kamen zurück an den Tisch – ich hatte ganz vergessen, was für ein Kunstwerk so ein Weiberhintern ist, wenn ihn kein Hüfthalter beengt –, und George und ich blätterten einige Tausend Dollar, wie es schien, für den Vino hin.

»Ihr seid die großen amerikanischen Sieger«, sagte unser schweinsgesichtiger Kellner, während er den Zaster wegschaufelte wie der Stallknecht eines Geldscheißers. »Ihr gewinnt sogar im Himmel.«

»Dafür werden wir schließlich bezahlt«, sagte George. »Wir sind Söldner des Sieges.« Er deutete eine Verbeugung an, was er sich bei von Stroheim abgeguckt hatte.

Auf dem Weg nach draußen kamen wir an einem unserer Kameraden vorbei, ein Typ glatt wie Seide, ein leibhaftiger indischer Prinz. Der gute alte Bosworth. Er trank echten Whiskey in Gesellschaft einer gefährlichen Blondine mit einer dänischen Dogge.

»Mach uns keine Schande, Jomo!«, rief er aus. »Dass du mir ja ordentlich rangehst!«

»Ich habe durchaus vor, meiner Königin das ganze Land Untertan zu machen.«

Draußen legte mein Mädchen mir den Arm um die Hüften. »Die Frau«, sagte sie, »sie macht mir Angst. Mehr als ihr Hund.«

»Ja, ich frage mich, was es mit der wohl auf sich hat.« Im Hinterkopf hatte ich so eine Ahnung. Irgendetwas in meinem universellen Unterbewusstsein. Wer …

»Ich bin am Verhungern«, sagte George und vergrub das Gesicht zwischen den großen Titten seines Mädchens.

Jedenfalls erwies sich meine ohnehin rein akademische Spekulation als falsch. Die beiden Schätzchen hatten sehr wohl Mama und Papa – vor allem eine Mama. Und ich muss sagen, sie schienen sich wirklich sehr zu freuen, uns zu sehen. Überschwänglich, ach was, überglücklich schlossen sie uns in die Arme. Der Vater küsste mich wenigstens dreimal, so freute er sich (mag sein, dass er auch nur ein schlechtes Gedächtnis hatte und jeden Kuss gleich wieder vergaß, aber ich sehe es lieber anders). Er war ein alter Olivenbaum, aber die Mama war ein saftiges Stück Mozzarella; sie hätte jederzeit als Schwester ihrer Töchter durchgehen können. Sie trug ihr glänzendes schwarzes Haar offen bis auf die nackten Schultern wie eines der göttlichen Geschöpfe Gustave Courbets. Mein lieber Schwan.

»Ich will Ihnen nur sagen, dass ich Faschisten nicht mag«, sagte der alte Mann während des Essens. Praktisch aus heiterem Himmel übrigens, weil wir das Thema tunlichst gemieden hatten, jedenfalls George und ich. (Ich gebe die Unterhaltung hier übrigens nicht wortwörtlich wieder; halb englisch, halb italienisch, das wäre einfach zu fade. Außerdem wissen wir doch alle, wie falsch sich so was anhört, jedenfalls auf dem Papier.)

»Ja«, sagte Franca, die einen Happen geschmortes Kaninchen aufspießte, »*Pappa* hat die Schwarzhemden aus Leibeskräften bekämpft. Er hat uns sogar strikt verboten, mit denen auch nur ein Wort zu wechseln, egal wie gut sie aussahen oder wie reich und mächtig sie waren.«

Angelina trank einen Schluck Wein. »Genau.«

George tat dasselbe – er war einer der größten Weinfreaks, die ich je gesehen habe – und lächelte verständnisvoll. »Jetzt, wo die *fascisti* und die Deutschen weg sind, könnt ihr hier wohl endlich wieder wie Menschen leben.«

Wieso das? hätte ich um ein Haar gefragt, ließ es aber natürlich lieber bleiben. Die Szene war einfach zu nett, um sie zu ruinieren, und außerdem steht das Skript schon seit

Tausenden von Jahren fest. Trotzdem, meiner Ansicht nach leben Menschen, egal, was sie gerade machen, immer wie Menschen. All die moralischen Regeln sind nichts weiter als Spielerei, Selbstbetrug. Ich meine, natürlich muss man sich für anders als die anderen halten. Stimmt's, Paps?

»Ja, ich stelle mir das wundervoll vor«, sagte die Mutter (sie saß neben mir). »Es ist schon so schrecklich lange her, dass ich fast vergessen habe, wie das ist.«

Mit meinen Gedanken kam ich mir wie ein Außenseiter vor; also sann ich fieberhaft auf etwas, das nicht aus dem Rahmen fiel. »Das Leben kann schon hart sein« , sagte ich.

Das gefiel dem alten Knaben. Er grinste gefühlsduselig und hob das Glas. »Einen Toast auf unseren schönen schwarzen Philosophen!«

»Bravo!«, riefen die Mädels, und wir stießen auf meinen Unsinn an.

»Ich habe schon fast ein schlechtes Gewissen«, fuhr ich fort, »hier zu sitzen und mich zu amüsieren bei all dem Elend draußen in der Welt.« Mann! Fängt man erst mal an, Mist abzusondern, läuft das wie geschmiert.

Das wiederum kam bei der *mamma* so gut an, dass sie sich nicht beherrschen konnte – sie beugte sich herüber und drückte mir einen dicken Schmatz auf die Backe.

»Jomo«, sagte George, der mittlerweile ziemlich betankt war, »du bist ein wahrer Christ.«

Auch das war völliger Quatsch, schließlich wusste er verdammt gut, dass ich mit siebzehn zum Islam übergetreten war. Ich war mein eigenes Studienobjekt in Sachen Religionswissenschaften. Ich war damals porös wie Maisbrot; einer meiner Helden war William James. Praktisch jedes Wort von ihm war Musik in meinen jungen schwarzen Ohren. Ich war ein schimmerndes Perlboot im Ozean seines Denkens. (Wogegen ich über seinen Bruder Henry, den Eunuchen, nichts Gutes zu sagen habe. Seine dünn quäkenden Melodeien über die Pirouetten einer opportunistischen, spirituell bankrotten

Mittelschicht gingen bei mir zum einen Ohr herein, zum anderen wieder hinaus und mitten hinein ins Dickicht der Wohlanständigkeit. Seine Figuren, tja, man meint einen verblichenen Wandbehang reden zu hören.) Willie dagegen, das war ein Kerl von echtem Schrot und Korn! Wie hat er in seinem Buch über Religion so schön gesagt?

»Unser normales Wachbewusstsein, rationales Bewusstsein wie wir es nennen, ist nur eine bestimmte Art von Bewusstsein, während um es herum, abgeteilt nur durch eine hauchdünne Scheidewand, potentielle Formen des Bewusstseins liegen, die ganz andersartig sind. Keine Betrachtung des Universums in seiner Gesamtheit kann abschließend sein, welche diese anderen Formen des Bewusstseins außer Acht läßt. Wie sie angehen, ist die Frage ...«

Nach Kaffee und Dessert musste ich dringendst aufs Klo. Franca beschrieb mir den Weg. Mann! Mein Lebtag hatte ich keine derart große Wohnung gesehen. Den Flur hinab, an der ersten Eichentruhe links, dann rechts, und drei Türen weiter dann links – ich dachte, ich werd' nicht mehr! »Ihr solltet einen Stadtplan aushängen«, sagte ich ihr.

»Du bist ja so süß, schöner schwarzer Mann«, sagte sie und tätschelte mir bedeutungsvoll die Seite (an der besonders empfindlichen Stelle direkt unter dem Arm, die praktisch eine erogene Zone darstellt). Sie hatte wahrlich einen Satz stolzer, fester Titten, meine Franca, und sie hatte nicht das geringste Problem, mich damit zu berühren – sachte, verführerisch, nicht zu fest, um die zarten Spitzen ihrer Nerven nicht abzustumpfen –, wann immer sich eine Gelegenheit ergab (und solche Gelegenheiten entfalteten sich wie Blüten auf ihre eigene ganz geheimnisvolle Art). Bei einem Burschen wie mir, einem Schwarzen obendrein, der es gewohnt war, sich unter (obendrein oft noch nicht einmal essbaren) Pilzen verkriechen zu müssen, hob das die Moral ganz entschieden, das kann ich Ihnen sagen, meine lieben Freunde da draußen. Im schrecklich unmenschlichen Kontext eines Krieges, ich bitte das nicht zu vergessen. Hier spricht jetzt nicht der Neid der Besitzlosen, beileibe nicht … aber mal ehrlich, wer um alles in der Welt verteilt in dieser Küche den Pudding? Was ist das nur für ein Koch? Aus irgendeinem Grund – oh, du mit deinen verdammten Fragen! – muss ich an Nietzsche denken: »Jede zur Tat werdende Wertschätzung ist heute antichristlich.«

Wo war ich stehen geblieben? Jetzt habe ich den Faden verloren … nein, doch nicht! Ich tastete mich durch lange finstere Korridore in Richtung des Klos … Genau! … Der Geruch von italienischer Küche … Es musste wohl das Ostermahl gewesen sein, das wir uns da hatten schmecken lassen; wahrscheinlich hatten sie sich die leckeren Sachen monatelang aufgespart, und dann waren wir aufgekreuzt statt des Gekreuzigten. Na ja, vielleicht ist der Nazarener ja wirklich ein Schwarzer gewesen, wer weiß. Ich öffnete eine Tür und erwartete, eine Toilettenschüssel zu finden, und was sehe ich statt dessen? Einen jungen Kerl auf einem Bett, der ein Gewehr mit Zielfernrohr reinigt. »Hoppla«, entfuhr es mir. »*Scusi*, bitte.« Er erstarrte mitten in der Bewegung, und ich schloss die Tür sofort wieder und ging rasch zur nächsten. An dem Burschen war definitiv etwas unheimlich. Er sah aus, als hätte er sein Lebtag nicht einen Schritt vor die Tür gesetzt. Und der geschürzte Altweibermund? Ist er etwa der Sohn? Nur hatten die beiden uns im Café gesagt, ihr Bruder sei mit der italienischen Armee – ha! – in Nordafrika gewesen und da in Gefangenschaft geraten. Hmm. Vielleicht war er nur ein Untermieter, der abends lieber Büchsen polierte, anstatt draußen Mädels aufzureißen. Jedem das seine, sage ich immer. Ich erwischte das Klo beim nächsten Versuch und sinnierte beim Pinkeln so vor mich hin, während ich – nicht ohne einen gewissen Stolz, wie ich gestehen muss – meine Armaturen in Augenschein nahm. Ich musste daran denken – Mann, das war vielleicht zum Brüllen –, als Brother Johnson, der kleine Charlie Bunker und ich draußen in der

Scheune unsere Schwänze verglichen; wir alle hatten einen stehen, nur dass meiner damals wenigstens eine Elle lang schien. Und Teufel noch mal, plötzlich kam ein ganz normales Huhn auf der Suche nach Körnern in die Scheune, hob den Kopf und sah mein großartiges, entblößtes, vibrierendes Glied und – es ist kaum zu glauben – ging mit einem irren Schrei darauflos. Wäre ich nicht entsetzt zurückgesprungen, ich hätte damals meinen armen jungen Schwanz verloren. Den Schwanz von einer wütenden Henne abgebissen zu kriegen – man stelle sich vor! Mutter Natur hat einen abartigen Humor.

Jetzt zur großen Frage, die allen auf der Zunge liegt: Habt ihr's nun gemacht oder nicht? Also, ich mag ja schwarz sein, aber ich bin nicht verrückt: Ja, natürlich haben wir's gemacht, und alle Mann meldeten sich gesund und wohlbehalten zurück. Es war mit Sicherheit eines der tollsten Schiffahois, die die römischen Sexmeere seit Hadrians Zirkus gesehen hatten. Und es fand alles in der Wohnung direkt unter dem Familiensitz statt, in einem völlig entspannten und improvisierten Liebesnest, das zur Verfügung stand, weil seine Bewohner, Verwandte unserer göttlichen Gastgeberinnen, sich in die Hügel geflüchtet hatten, um dort das Ende der Feindseligkeiten in der ewigen Stadt abzuwarten. (Und wer will es ihnen verdenken?) Diese Schwestern! Ich schwöre bei Gott, die beiden mussten in einer Brezelfabrik studiert haben! Kein Wunder, dass Amerika die Einwanderungsquote für Italiener so erschreckend niedrig hält. Lassen Sie mal mehr als fünf solcher Mädels pro Jahr ins Land, und unsere Gesellschaft wäre beim Teufel! Ford könnte von Glück reden, liefe dort auch nur noch ein Wagen pro Woche vom Band.

»Na, wenn das nicht besser ist, als Bunker zu stürmen«, sagte George, während Franca, eine Hand unter seinem aus der Hose hängenden Hemd, ihn einen von Bildern gesäumten Flur hinauf in ein Schlafzimmer zog.

»Ach, dein schöner Rücken ist so glatt«, murmelte Franca und schob ihn in das Zimmer. »Ich werde mich um jeden Zentimeter kümmern.«

»Schau unters Bett, George!«, rief ich ihm nach. »Womöglich steckt darunter irgendwo ein Schlächter von der SS!«

Ich musste lachen, sah mein Kichern aber von der längsten, flinksten Zunge erstickt, die je aus dem Gebälk des Kolosseums und in den Mund eines jungen Schwarzen gesprungen ist. Nach Halt suchend, griff ich nach ihrem herrlich prallen Hintern, und einige eng umschlungene Augenblicke lang boten wir – mit Zungen und Hüften – eine bühnenreife Vorstellung von Salome auf dem Höhepunkt ihres Wahns, und ich meine, bevor eine Kröte wie Oscar Wilde ihr die tuntigen Griffel unter den Schlüpfer schob. Aber all das war nur der Kaviar vor dem Sturm. (Ich hoffe inständig, dass keiner unter achtzehn meine Beichte hier hört, da die Details, die ich zu berichten habe, kaum etwas für Kinderohren sind. Ich könnte ins Gefängnis kommen, weil ich einem der teuersten Privilegien der Familie vorgreife.)

Wir lösten uns einen Augenblick voneinander, während sie mich auszog. Während sie mir die Klamotten vom Leibe riss, sollte ich sagen. Gleichzeitig tanzte ihre Zunge ein leidenschaftliches Ballett auf meiner zunehmend nackten Haut, wobei sie winselte wie ein Tier und kleine sexy Schnaufer ausstieß. Sie befummelte und leckte mich bis hinab zu den Knöcheln; dann begann sie sich selbst auszuziehen, während ich auf die Kante des antiken Himmelbetts sank.

»Dein Körper schmeckt wie schwarzer Honig«, sagte sie, während sie sich aus dem Kleid schälte, unter dem sie keinen Unterrock – diesen idiotischen Stellvertreter des Über-Ichs – trug, sondern nur einen roten Büstenhalter, der dem rebellischen Überschwang ihrer Brüste Herr zu werden versuchte (Brüste, die, falls nötig, die Barrikaden der gesamten Mittelklasse hätten erstürmen können – sie hätten ihre männliche Hälfte zu einer Masse wimmernder, sabbernder Apostaten gemacht), dazu einen knappen durchsichtigen roten Schlüpfer, der sich ums liebe Leben an ihrem Prachtarsch festhielt – fast hörte ich ihn um Gnade winseln (ein bloßes Zucken ihres Glutäus, und der Slip hätte sich in die unergründlichen Tiefen identitätsloser Realitäten verdrückt). So stand sie dann vor mir, die Beine gespreizt, die Hände auf den breiten, vor unverschämter Selbstsicherheit strotzenden Hüften, und lächelte ach so lüstern! unanständig! lasziv! Keine absurde Maskerade, keine verborgene Vorbereitung ihres wahren weiblichen Selbst. *Möse pur!* Meine seit Kindertagen getrübten (ach was, ihrer Freiheit beraubten) Augen machten sich auf die unerträglich wunderbare Reise durch ihr Imperium (jede Kuhbohne, jede Yamswurzel, jeder Schweinefuß, den ich je gegessen hatte, waren nur Vorspiel für ihre Pracht; jeder Lynchmord, vor dem ich mich je gefürchtet hatte, wieselte von Panik ergriffen über ihre römische Haut); ich meine, Herrgott noch mal, nichts, aber auch rein gar nichts auf dieser bekloppten großen weiten Welt lässt sich vergleichen mit dem symphonischen Augenblick saftiger Lust vor dem Fick. Näher kann man Gott nicht kommen! Genau genommen starrt einen die Heilige Dreifaltigkeit ganz unverhohlen an: Mund, Titten und Fut! Und dann greift man zu und wird eins mit Ihm.

Ich hatte mir vorgenommen loszulegen, wenn sie sich ganz ausgezogen hatte, aber ich hielt es einfach nicht mehr aus. Ich drehte völlig durch. »Her damit!«, rief ich, griff nach ihrem Hintern und zog sie mir ins Gesicht; mit meinen Niggerzähnen riss ich ihr den neckischen kleinen Spitzenschlüpfer vom Arsch. Und fraß mich glatt durch die Kringel schwarzer Brunnenkresse vor bis in ihre Feige – bis zum Heiligen Geist. Angesichts solch grober Verstöße gegen die Etikette hätte man meinen mögen, ich sei im Schweinestall aufgewachsen.

»Oh, schwarzer Soldat!«, rief sie aus. Beide Hände im Kraushaar meines unverbesserlichen Hauptes, schob sie mir ihre Möse entgegen und drängte meinem unersättlichen Mund einen Nachschlag nach dem anderen auf. Oh menschliche Ursuppe! »Du hast so wunderbare Gelüste! Oh, Heilige Maria Mutter Gottes, ja, ja! Ich spüre deine heiße Zunge bis in den Bauch!« Oh salziges Meer!

Mit einer kräftigen flinken Bewegung warf ich sie auf das Bett, riss den völlig ahnungslosen roten Büstenhalter beiseite und spürte das nahrhafte naturbelassene Lustgebirge ihrer Titten an der schwelenden Realität meiner geschwollenen Eier, an meinem japsenden schwarzen Schwanz. Ich muss gestehen, ich hatte nur gerüchtehalber von der altrömischen Kunst des Beutelschluckens gehört; jetzt sah ich sie – von der ersten Reihe aus – praktiziert. Im Handumdrehen hatte sie zwei surrende Satelliten im heißen Bienenstock ihres Munds. Schließlich klemmte sie sich meinen Poussierstengel zwischen die Brüste, als versuche sie einen überdimensionalen Hotdog zu kreieren, und während ich zustieß, massierte sie ihn. Einige Sekunden und ein paar Zoll später hatte sie meinen himmlischen Hammer im Rachen; anscheinend ertrug sie es einfach nicht mehr, ihn auch nur noch einen Augenblick länger außerhalb ihres Körpers zu sehen. Sie glich einer Hohepriesterin, die eine kostbare Votivgabe, sagen wir ein quiekendes Schwein, vor ihrem Tempel findet anstatt auf ihrem Altar, wo es hingehört hätte. Derlei unfähige Gesten können zum Ruin einer Religion führen, egal wie stark sie zu sein behauptet. Bevor sie jedoch ihren hungrigen, wässerigen Mund darüberstülpte, rieb sie ihn sich sachte (mit kontrollierter Heftigkeit, sollte ich besser sagen – wie der Violinist eines Kammerorchesters kunstvoll seine Inbrunst zu zügeln vermag) übers Gesicht, wobei sie ihm – wie im Wahn fast – zärtliche Nichtigkeiten zumurmelte; einen Augenblick lang hielt sie ihn sich sogar ans Ohr, und was weiß ich, vielleicht flüsterte er ihr ja auch das eine oder andere zu. Schließlich verschlang sie ihn mit einem abgründigen Stöhnen, und einen kurzen Augenblick lang befürchtete ich tatsächlich, das gute Stück nie wieder zu sehen (was freilich nur ein Reflex war, eine Angst, die auf meine Kindheit zurückzuführen war – dass mein Vater mir den Penis mitsamt den Hoden abschneiden könnte zur Strafe für das ganz und gar unvorstellbare Verbrechen, es mit meiner dicklippigen Mutter treiben zu wollen). Nach dieser kurzen Eisdusche versank ich in den daunigen Tiefen süßester Wonnen. Was für ein göttliches Mundwerk! Es war das Flötensolo aller Flötensoli. In meinen Leisten erwachten tiefste, nie zuvor angezapfte Reservoirs an Ekstase und bahnten sich, von ihrer gewaltigen Leidenschaft emporgesogen, sprudelnd ihren Weg.

Wie bei einer Schneeschmelze schäumten brausend körperliche wie seelische Fluten um die Ecken und Kanten meiner bewussten Identität und lösten sie auf; ich hörte, spürte ihr Schmatzen in mein Innerstes vordringen, wurde – ganz sachte – eins damit, und schließlich kamen die Laute aus mir; ich spürte mich in meinem eigenen Mund. Oh, die herrliche Rute dieses Mannes in meinem Mund! Meine Brüste an seinem Körper. Ich sterbe gleich, so wunderbar heiß wie er ist. Meine Haut steht in Flammen. Ich würde am liebsten schreien, aber mit ihm im Mund kann ich das nicht, er beansprucht alle meine Empfindungen; ich kann nur stöhnen und wimmern. Während sie auf ihn wartet, ertrinkt meine Möse in ihrer eigenen Poesie. Halt aus! Halt aus! In einigen weltenzerstörenden Augenblicken ist er bei dir. Ich höre sie schon röcheln, meine Möse ist am Ertrinken. Halt aus!

Sein Schwarzsein geht mir durch und durch. Würde ich jetzt die Augen aufmachen, ich weiß, ich wäre schwarz von Kopf bis Fuß – wie er. Am liebsten wäre es mir, er spritzte mir in den Mund; ich würde alles schlucken, bis auf den letzten fruchtbaren Tropfen, und der Saft dieses schwarzen Gottes würde für immer und ewig in mein Blut übergehen. Aber ich möchte mir die Fontäne seines Nektars lieber für meine Muschi aufsparen; würde mein Mund diese Kathedrale um den Grund ihres Daseins betrügen, ich würde es mir niemals verzeihen. Als er die Spaghetti aß, hast du ihm zugesehen und dir dabei vorgestellt, dass er dich verschlingt, stimmt's? Und bilde dir nicht ein, ich wüsste nicht, was du gestern in der Kirche gedacht hast, als du dem jungen Pater Flianno beim Anzünden der Kerzen auf dem Altar zugeguckt hast. Du solltest dich was schämen. Ein Mann Gottes! Und was hast du ihn nicht alles mit dir anstellen lassen – unter den Augen der Jungfrau Maria und unserem geliebten Erlöser! Du bist ein Skandal! Hast du nicht Angst, dass Gott dich bestrafen könnte? Wenn ich daran denke, was du mir zugeflüstert hast, während ich mir alle Mühe mit den schönen Gebeten gab. Du hast deine eigenen Gebete aufgesagt, hast dich von Pater Flianno mit Weihwasser bespritzen lassen, während er in deiner Phantasie – schlimmes Mädchen, du! – eine Hostie auf seinem pochenden Schwanz balancierte. Und das war noch nicht alles, du unersättliches Ungeheuer. Auf deinen durch und durch irren Befehl hin fällt er über die Heilige Mutter Gottes her, vergeht sich an ihr nicht nur mit seinem vom Wahnsinn getriebenen Körper. Seine rasende Zunge fährt in ihren heiligsten Tempel, vorne wie hinten, während sein göttlicher Pfriem seine eigenen faschistischen Gottlosigkeiten, auch diese vorne wie hinten, mit ihr zelebriert. Und sein Hintern! Wohin nur hat er sich setzen müssen! Und ihre glänzende Nase mittendrin! Ganz zu schweigen – Großer Gott! – von den himmelschreienden Blasphemien, die du den armen guten Mann unser aller Mutter hast sagen lassen. Lasterhafte Tiraden – jede einzelne, hätte sie jemand mitgehört, hätte ihm den Pranger eingebracht, ganz zu schweigen von einigen Jahren hinter den kalten schwarzen Gittern des Gefängnisses Regina Coeli, dieses Archivs menschlicher Irrtümer mitten in Rom.

Und nach der Messe, an dem schlicht göttlichen kleinen Springbrunnen mit dem steinernen Engel vor der Kirche Unserer Lieben Frau? Die Schweinereien, die du mit diesem bis auf Schuhe und Socken nackten Berserker und den unschuldigen Nonnen getrieben hast! Mein lieber Schwan! Bekreuzigen musste ich mich, nicht nur um der Vergebung des Herrn willen, sondern auch um mich von dir loszureißen – ich dachte, ich sterbe vor Scham, als du ihm befahlst, ihnen diese unglaublichen Unflätigkeiten zu sagen: »Schwester Faviola, zelebrieren wir doch ein Hochamt in deinem prachtvollen Bologneser Arsch! Bereite dich schon mal auf die Kommunion vor!« Und während sie noch wie vom Blitz getroffen dastand, völlig außerstande, auch nur einen Laut hervorzubringen, geschweige denn einen Schrei (nicht dass die anderen nicht vor Schreck geheult hätten!), sprang dein nackter Mann Gottes sie an, riss ihr die Tracht von hinten entzwei, genau in der Mitte, so dass alle ihre sonst so sorgfältig und fromm verborgenen Gaben zu sehen waren, stieß sie auf alle viere und rammte ihr seinen glühenden Schwanz in den sprachlosen gottesfürchtigen Arsch. Ihre großen Brüste baumelten wie Märtyrer am Galgen. »Sing den 25. Psalm, Schwester Faviola!«, hast du ihn schreien lassen, du schlimmes, schlimmes Mädchen, und tatsächlich macht die Ärmste genau, was man ihr sagte, während die anderen Nonnen kreischend herumliefen und nach einander griffen; keine wusste, was sie machen sollte gegen diesen apokalyptischen Wahnsinn, diesen Höllenzirkus auf der Haut unseres Vaters, der du bist im Himmel. Ich bitte dich! Ich sollte dich hundert Gegrüßt seist du Marias aufsagen lassen. Manchmal weiß ich wirklich nicht, was aus dir werden soll. Was, wenn unsere netten Nachbarn wüssten, was für eine du wirklich bist?

Ah, jetzt darf ich ihn reiten, während er saugend an meinen Brüsten zerrt; meinen Arsch in den Händen, schiebt er mich auf sich hin und her; jetzt fährt er mir mit seinen lüsternen schwarzen Händen über die Beine. Er macht sie völlig verrückt; sie sind wie ein einziger offener Nerv. Zum ersten Mal in meinem Leben scheinen sie tatsächlich mir zu gehören. Als hätte er ihnen neues Leben eingehaucht. Er schafft einen ganz neuen Menschen in mir. Oh, sie sind so scharf – ich glaube, ich komme zusammen mit ihnen! Ich komme mit dem Mund, meiner Möse, der Rückseite meiner Schenkel, mit meinem Arsch!

»Reit mich, Baby! Reit mich!« Es ist, als spreche er zu der tobenden nassen Zunge in meinem heißen keuchenden Mund. »Ja, so. Bleib so. Jetzt lass dich fallen! Ja, Baby, ja. Triez ihn. Du bist der Fick des Jahrhunderts! Zeig's mir, Momma!«

Was ich jetzt bräuchte, das wäre die kleine Reitpeitsche von Papa. Er war so hübsch in seiner schwarzen Uniform beim Ausritt im Park der Villa Borghese. Heute sagen wir natürlich keinem mehr, dass er ein *fascista* gewesen ist. Er hat ja solche Angst. Armer Papa. Armer …

Ich komme! Und komme! Und beiße ihm schreiend in die schwarze Schulter! *Ohhhhhh!* Ich verschwinde, ich schwebe, mir schwinden die Sinne. Mir wird schwarz vor Augen.

»Ich treibe noch immer irgendwo vor mich hin … Du hast mich in die Sterne geschossen.« Ich küsse ihm zärtlich die Achselhöhle. Er duftet nach Zimt – wie ein Madrigal oder eine ganz bestimmte Art von Geschichten. Warum nur haben die Weißen in Amerika solche Angst vor diesen Negern? Sie sind doch so lecker. Und sie machen einen ganz weich. Ist dieser schwere, glücklich schnaufende schwarze Soldat etwa in seiner Heimat ein anderer als hier bei uns? Oder sind weiße Amerikaner nicht ganz richtig im Kopf? Wie Papas Freunde bei den Schwarzhemden. Leute wie Oberst Romanelli, die am liebsten mit der SS herumzogen, ein dummes Grinsen im Gesicht, wenn sie mit den deutschen Scheißkerlen zusammen waren. Ihre widerlichen Lippen sabberten schier vor Angst, und sie benahmen sich so ungehobelt, führten sich so wichtig auf, obwohl sie es gar nicht waren. Sogar Leute stieß man für sie aus dem Weg.

»Du musst mir helfen, Franca, Liebes«, sagte Papa zu mir an dem schrecklichen Tag in der Via Gregoriana, als ich mit ihm Mama von der Piazza di Spagna abholen ging. Er trug seine frisch geplättete Uniform. »Es ist sehr wichtig für mich. Furchtbar wichtig.«

Nie im Leben werde ich diesen Augenblick wieder los. Kaum waren seine Worte – *du musst mir helfen* – gefallen, hatte ich auch schon Bauchschmerzen vor Angst. Immer wenn es wirklich ernst wird, spricht Papa plötzlich ganz anders: Er betont dann jedes seiner Worte, die eiskalt und gefühllos werden; keine Spur mehr von der Weichheit der Laute, die ihm von seiner Kindheit im Süden geblieben ist. Man möchte meinen, dass ihn nur noch die Förmlichkeit seines Auftretens zusammenhält, dass sie ihm einen Mut gibt, den er nicht wirklich hat. Wenn er so spricht und mich ein ganz merkwürdiges Gefühl beschleicht vor Sorge, dann habe ich immer schon einen kleinen Trick parat: Ich tue so, als wäre es jemand anders, der sich diese verletzenden Worte anhört, und mein wahres Ich steht etwas abseits und sieht einfach zu. Wenn alles vorbei ist, dann kehre ich sozusagen wieder zu mir zurück. Und genau so machte ich es damals auch.

»Ja, Papa«, antwortete ich oder eigentlich mein Ich-Ersatz. »Was ist denn?«

Er antwortete nicht sofort. Ängstlich harrten ich und mein Double seiner Worte. Nicht dass seine lange Pause nicht verständlich gewesen wäre: Seine erste Aussage war ein Abgrund gewesen, und er musste seine ganze Kraft zusammennehmen, bevor er ihn übersprang. Eine völlig albern wirkende junge Matrone mit dem Gesicht eines verzogenen Kindes kam auf uns zu, einen winzigen schwarzen Rassehund an der Leine. Papa wartete, bis sie vorübergegangen war, bevor er weiter sprach, was mir auf der Stelle klar machte, dass das, was er zu sagen hatte, unter uns zu bleiben hatte, zu problematisch war, als dass ein Fremder es hören durfte.

»Die Deutschen wollen Alberto«, sagte er schließlich, ohne mich anzusehen.

Mein Ersatz-Ich brach zusammen, und ich sah mich in das entstehende Vakuum, eine Wüstenei der Verzweiflung gesogen. Alberto war mein Liebhaber.

»Ich verstehe nicht, Papa.«

»Die SS hat etwas erfahren, was selbst ich nicht wusste – dass Alberto ein Partisanenführer im Untergrund ist. Sie wissen, dass er dein Freund ist. Er ist verschwunden, weil er zweifelsohne weiß, dass man ihn sucht. Sie wollen, dass du ihn auslieferst.« Er sah mich noch immer nicht an.

Mein Kopf wurde zu einem Stein, der mir jeden Augenblick von den Schultern zu fallen drohte. Es war gerade so, als stünden Papa und ich für diesen kurzen Augenblick mutterseelenallein in einer Träne des Wahnsinns.

»Du bist ja verrückt«, brachte ich, nachdem meine Kraft mich herzlos verlassen hatte, flüsternd hervor.

»Entweder Alberto oder ich«, sagte er.

»Was?«

Er blieb abrupt stehen und wandte sich mir zu. Sein kleines, normalerweise fast weibliches Gesicht war mit einemmal so verzerrt vor Zorn und Verzweiflung, dass ich das Gefühl hatte, einem schwachsinnigen Kind gegenüber zu stehen. »Du dummes Ding!", schrie er. »Du willst wohl nicht verstehen!« Ich dachte schon, er würde mich schlagen. »Wenn die Alberto nicht kriegen, dann bin ich dran! Ich komme ins Gefängnis! Oder sie stellen mich gleich an die Wand! Verstehst du nicht?«

Großer Gott. Mein Vater oder mein Liebhaber. Ich brachte kein Wort hervor. Ich stand da und starrte in Papas groteskes Gesicht. Jetzt tauchte Mama oben an der Spanischen Treppe auf. Sie winkte und kam in ihrer Jungmädchenart auf uns zu.

Sie sah so wunderschön aus in ihrem gelben Wollkostüm. »Ich habe grade Olivera Danezi getroffen«, sagte sie, »und weißt du was? Sie ist schon wieder schwanger. Könnt ihr euch das vorstellen? Gerade mal einundzwanzig, und schon das dritte Kind! *Madonna mia!*«

Ich starb. Ich musste sterben, um zu tun, was Papa mir da befahl. Ich konnte es damals noch nicht einmal ertragen, ihn in meiner Nähe zu haben. Wochenlang nicht. Wir sahen einander noch nicht einmal an. Und das Seltsamste war, dass er furchtbar schlecht zu riechen begann. Es wurde jeden Tag schlimmer. Ich weiß nicht, warum Mama und Maria sich nichts anmerken ließen. Er roch nach frischer Scheiße. Vielleicht wischte er sich bei all den Sorgen um seine Zukunft den Hintern nicht mehr richtig; vielleicht bekam er aber auch eine jener eigenartigen psychischen Krankheiten, über die man so liest. Weder Mama noch Maria wussten um meinen Auftrag. Ein-, zweimal fragten sie mich, warum ich mich so merkwürdig benahm. Ich log und sagte, mein Chef, ein deutscher Oberst, sei noch ekelhafter als sonst. Ja, ich lieferte Alberto der Gestapo aus, um meinem Vater das Leben zu retten. Ich hätte mich genauso gut selbst ausliefern können.

»Treffen wir uns doch um sechs auf der Westseite der Piazza Colonna«, sagte ich Alberto am Telefon, »vor der Konditorei.«

»Stimmt was nicht?«, fragte er liebevoll. »Du hörst dich so komisch an.«

»Ich glaube, ich habe mir was eingefangen«, log ich. »Am Hals.«

»Ich geb' dir einen Kuss drauf«, sagte er. »Ein altes florentinisches Heilmittel.«

»Na dann«, brachte ich noch heraus. Ich hätte am liebsten geweint, ihm gesagt, er solle davonlaufen, um sein Leben!

»Du bist doch nicht schwanger, Franca? Oder?«

»Nein. Aber ich wollte, ich wäre es.« Einen Augenblick lang sagte keiner etwas. Dann hielt ich es nicht mehr aus. »Ich muss Schluss machen, Alberto. Es klopft jemand an die Zelle. *Ciao*. Ich liebe dich.« Ich legte auf und lief die Straße hinauf, lief davon vor mir selbst, meinem Vater, meiner Liebe zu Alberto, den ich nie wieder sehen würde, die eine Person, wegen der mein Herz jeden Augenblick des Tages schlagen wollte. Ich ging für einige Wochen zu Tante Orianna nach Frascati. Ich hatte einen Nervenzusammenbruch; ich wurde schier verrückt. Maria und Mama hatten keine Ahnung, wie die Gestapo Alberto hatte fassen können. Ich habe es ihnen bis heute nicht gesagt.

Was Alberto wohl gedacht haben mag, als nicht ich ihn auf der Piazza Colonna erwartete sondern die Deutschen? Natürlich muss er gewusst haben, wie sie dorthin gekommen waren. Was für eine Abscheu für mich muss durch seinen Körper geschossen sein – wie ein Sturzbach siedenden Gifts! Oder besteht die Möglichkeit, dass er noch nicht einmal auf den Gedanken kam, dass ich ihn hätte verraten können? Dass die Deutschen ihn einfach so erwischt hatten? Und als sie ihn zu Tode folterten … Oh Gott!

… die gottverdammten Drecksbullen schlagen meinen alten Herrn tot, vor mir, meiner Mutter und meinem Bruder Jackson – nur weil er nicht auf die Straße ausweichen wollte, als sie besoffen den Gehsteig heraufgetorkelt kamen. Huntsville, Alabama: An dem Tag habe ich mir geschworen, eines Tages jedes einzelne dieser weißen Dreckschweine umzubringen, das dort lebt, und diesen ganzen Furunkel von einer Stadt niederzubrennen – während mir all die kleinen weißen Kinder dabei zusehen und schreien. Scheiße, was für ein Augenblick, um von einem Massenautodafé zu träumen – mit diesem italienischen Fickwunder im Arm!

»Schatz«, sagte ich, »ich habe gerade beschlossen, die italienische Staatsbürgerschaft zu beantragen. Ganz im Ernst.«

7

Da war ich wieder mal … in einer unbedeutenden kleinen Straße in Guadalupe, auf der verzweifelten Suche nach einigen Leuten – »Typen«, sollte man vielleicht sagen –, die nicht die geringste Ahnung hatten, dass sie Flüchtlinge waren. (Wann wachen diese Trottel endlich auf und kapieren – auch wenn's wehtut –, was hinter meiner Selbstkasteiung steckt? Ich frage Sie: wann?) Ich interessierte mich gerade unauffällig für eine Räucherwurst, die wohl im Schaufenster eines Fleischers gebaumelt haben muss, als mich ein Zupfen am Ärmel herumfahren ließ. Vor mir stand dieses mir sattsam bekannte Konglomerat von Undergroundattributen, dieser ewige Freak im Ruhestand, dieser Schmutzfleck, dieser …

»Beharrlichkeit an sich ist nicht notwendigerweise eine Tugend«, sagte er und meinte damit meine Mission, das war mir schon klar, aber das Maß an Vertraulichkeit, das er ausstrahlte, duldete keinen Widerstand. Jedenfalls ich konnte nicht widerstehen. (Schon gar nicht in einer so aussichtslosen Gasse.) »Sie hat doch wohl nur bei etwas Sinn, bei dem eine Chance auf Reaktion und Veränderung besteht.«

»Ich bin mir dessen nicht gänzlich unbewusst«, deutete ich ihm unter Zuhilfenahme einiger wohlgesetzter Zuckungen an. »Falls man hier Selbstgespräche gelten lassen will.«

Ich lenkte unser Interesse auf etwas anderes, wobei mir auffiel, dass auf der Brust meines erleuchteten Freundes eine rote Krawatte prangte. Wo, um alles in der Welt, so fragte ich mich unwillkürlich, konnte etwas so Unverbindliches, etwas physisch und psychisch so unschlüssig Schwankendes wie er, wo, um alles in der Welt, war ihm wohl etwas so Konkretes und Auffälliges wie eine knallrote Krawatte in die winzigen Händchen gefallen?

»Tja, so kann man's wohl auch sehen«, räumte er ein und kratzte sich an einer Stelle, die von ordentlichen Müttern im Allgemeinen unter Wachschutz gestellt wird. »Aber bevor wir einen Schritt weitergehen, egal in welche Richtung«, fuhr er fort und legte mir seine Patschhändchen auf den Bauch, als personifizierte ich jeglichen Fortschritt, den es aufzuhalten galt, bevor der große kulturelle Katzenjammer beginnt, »muss ich unbedingt noch zwei über jeden Zweifel erhabene Beobachtungen loswerden.«

»Warum nicht?«

»Erstens«, begann er und warf sich flink eine Handvoll Rosinen in den Mund, »würde ich gern gesagt wissen, dass Struktur ihren Lohn in sich trägt, nicht mehr, nicht weniger.«

»Völlig akzeptabel«, sagte ich und wich irgendwelchem Unrat aus, der aus einem der Fenster über uns geflogen kam.

»Zweitens. Deine, äh, Nase. Großer Gott! Kein Wunder, dass Leibnitz nie schwimmen ging.«

Ich tätschelte ihm sachte den Kopf, aber er verstand.

Er sagte: »Unsere Unterhaltung über die unterentwickelten Fertigkeiten des Schusters in Zürich, du erinnerst dich? Mir sind da noch ein paar Gedanken gekommen, und da uns nun mal irgendetwas zu verbinden scheint, irgendein unfassbarer, primitiver Leim, habe ich vor, sie mit dir zu teilen.« Er setzte sich ohne große Schau auf eine Bank vor einer Konditorei. Mich neben ihn zu setzen, war das Geringste, was ich tun konnte (nicht dass es eine Rolle spielte, natürlich nicht). Wir reichten einen unbeeinträchtigten und durch und durch anständigen Aniskeks hin und her.

»Freiwild«, murmelte ich. »Alles scheint Freiwild.«

Er senkte die Wimpern in meine Richtung und seine Brauen (nehme ich an). »Hmm. Nun, wollen mal sehen …« (Herrgott noch mal! Wieder las er irgendwo etwas ab. Diesmal schien es in den Himmel geschrieben.) »Die Stellung des Künstlers in der Gesellschaft beziehungsweise das Fehlen selbiger. Und nicht etwa nur heute, sondern, wie ich vermute, seit dem ersten menschlichen Ächzen auf dieser Welt.«

Ich hob einen Finger. »Entschuldige. Aber Letzteres ... also ich fürchte, da muss ich doch widersprechen. So wie ich das sehe, war der Künstler in dieser frühen Zeit sehr wohl in die Gemeinschaft integriert. Und nicht nur das ...«

Lautlos machte er meinen Mund mit seiner Melone bekannt. »Deine Zeit ist um. Wie ich eben sagen wollte ... Erfindet sich der Künstler über seine Fiktion (seinen Traum) nicht ständig aufs neue selbst und ist er deshalb nicht mehrdimensional zu verstehen, zu sehen – nämlich als seine Charaktere und nicht als ›er selbst‹ oder als Künstlerperson zugleich?«

Er blies die gebrechliche Hand eines alternden schwarzen Bettlers von meiner Schulter und nahm dann seine Prophezeiung wieder auf. »Und stirbt er demzufolge nicht, buchstäblich und als Fiktion, hört auf zu sein, wenn er sich nicht länger zu erschaffen vermag? Will sagen, wenn er nicht länger Charaktere zu erschaffen vermag? Deshalb auch seine Geheimniskrämerei, was seine Kunst anbelangt – ich meine seine Ideen, seine Magie. Weil er umkommen kann, wenn sein Geheimnis, seine Magie, oder seine Ich-Leben erfindende Kraft entdeckt oder aufgedeckt wird. Und sind seine neurotischen Künstlermätzchen nicht in Wirklichkeit Betrügereien, will sagen clevere Kniffe, die Aufmerksamkeit der Anderen, der Suchenden, des gemeinen Mannes, von seinem wahren Ich abzulenken, von seiner Fälscherwerkstatt tief im Untergrund?«

Wir seufzten, einer in die unermessliche Ausdrucksfülle des anderen. Wie phantastisch war das doch, dass es ausgerechnet in einer so fauligen Frucht wie Guadalupe zu einer so perfekten Vereinigung kommen sollte. So etwas nenne ich Tourismus außer Rand und Band!

»Ich verstehe alles, was du nicht sagst«, ließ ich ihn wissen. »Es wäre meiner Ansicht nach wirklich nicht das

Schlechteste für uns alle gewesen, wenn du das Alte Testament geschrieben hättest anstatt die alten Lohnschreiber, aus deren Feder es stammt. Und das meine ich ernst.«

Er regelte einen Disput in seinem Verdauungstrakt auf die einzige Art und Weise, in der ihm das möglich war, und unternahm einen erneuten Versuch. »Das entsetzliche Dilemma dabei ist, dass man, um zu existieren, auf die Loslösung von den Anderen hinarbeiten muss. Das hat zur Folge, dass man fortwährend zwischen sich selbst vermittelt statt in Ich-Du-Situationen. Der Künstler ist Ich-Selbst – oder gegen Ich-Du. Es kommt in ihm zur Krise, wenn er nicht länger Charaktere, sprich Ersatz für die Außenwelt, die Gemeinschaft erfinden kann und/oder den Dialog – sprich die ›Vermittlung‹ zwischen ihnen (mit anderen Worten seinem multiplizierten Ich) – nicht aufrechtzuerhalten vermag. Wenn er die Sprache allgemeiner Konventionen und Absurdität benutzt, anstatt seine Charaktere mit einer privaten Sprache neu zu beleben, einer Sprache, die bei der Äußerung atmet, die denkt. Sich eine andere, eigene Bühne aufbaut, während sich die andere, auf der sie aufgebaut ist, erschöpft.« Er ließ mir einen Augenblick, um das zu verdauen, und flüsterte mir dann behutsam (ich könnte mich durchaus daran gewöhnen) etwas ins Ohr: »Wörter denken.«

Die Aufrichtigkeit der Mittagssonne machte es dringend erforderlich, bei einer halb verschlafenen auf einer Karre neben uns herumlungernden Krankheit zwei Eistüten zu erstehen. Als ich meinem Freund die seine reichte, packte er mich mit beiden Händen am Revers und schob sein Gesicht so nahe an meines, das es schlicht unangenehm war. »Du musst jedes Wort, das ich dir hier vermache, absorbieren und verstehen!«, flüsterte er, und zwar ziemlich giftig. »Sonst sind wir nämlich beide so gut wie tot!«

»Ich bin doch da!«, rief ich. »Ich bin doch bei uns! Beruhig dich doch, um Himmels willen. Iss dein Eis wie ein braves Kind.«

Was er denn auch tat (aber die Einzelheiten seiner Essgewohnheiten möchte ich Ihnen lieber ersparen). Sagen wir mal, sie stellten einen beträchtlichen Fortschritt (wenn man das so nennen will) gegenüber der konventionellen Methode mit Mund und Zunge dar.

»Ach, eh ich's vergesse«, sagte er und putzte sich mit den letzten Seiten vom Widerruf eines Märtyrers, »ich muss hier, ganz offiziell, noch einige Erklärungen über Träume loswerden, die Spötter als Erfahrungen verwerfen.«

Er lüftete die Melone, um sich am Kopf zu kratzen, worauf eine Trauertaube – ob sie nun bloß zu Besuch dort gewesen war oder aufgrund eines mehr oder weniger langfristigen und anständigen Übereinkommens mit dem Eigentümer dort zur Miete logierte, kann ich nicht sagen – aufflog und sich auf einem Baum in der Nähe niederließ.

»Ich habe da ein paar eigene Gedanken zum Thema transschematischer Erfahrungen«, hub ich an, »insbesondere was ihre Beziehung zu dem Teil des Individuums anbelangt, den ich hier mal als den Unabdingbaren Intriganten bezeichnen möchte. Pass auf …«

Im nächsten Augenblick schon rieb ich mir das Ohr, wo er mich mit seinem Freizeitslipper getreten hatte. »Dummschwätzer!«, heulte er. »Seelenlose Zunge! *Puh!* Die Bedeutung an sich aus der Bedeutung zu lecken! Maßt sich an, die Geheimnisse der Sprache zu kennen, bevor sie überhaupt stattfinden können. Welche Gier! Der Stille Gewalt anzutun! Graffiti auf Grabsteinen!« Er zupfte sich die bedenkliche Krawatte zurecht. »Ich schlage vor, du hältst das ungezogene Ding noch ein Weilchen in Zaum. Ist besser für euch beide, glaub mir.« Er spuckte sich in die Patschhändchen und rieb sie flott aneinander. »Also … Träume … ah ja … Träume sind Kreationen einer Gegenrealität, unser Verstand erfindet sie, um sich angesichts des unerträglichen, aber nun mal nötigen täglichen Lebens im Wahnsinn der Gemeinschaft seine Zurechnungsfähigkeit zu bewahren. Zu Alpträumen kommt es lediglich, wenn der Traum zusammenbricht und nicht länger kräftigend, nicht länger als Gegenrealität wirkt, wenn die andere, die tagtägliche Arbeitsrealität über einen hereinbricht. Entweder bricht die Bilderwelt zusammen, oder das Über-Ich hat das Gefühl, der Traum könnte zu erfolgreich werden und der Träumer darin verschwinden und – jedenfalls dem Verständnis des Über-Ichs nach – völlig verrückt werden, sogar sterben. Alpträume sind paradoxerweise mitnichten ein Zeichen unerträglicher Offenbarungen. Im Gegenteil, sie weisen darauf hin, dass der Traum nur allzu erfolgreich ist und zur einzigen Möglichkeit wird, und nicht etwa darauf, dass er, der Traum, nicht funktioniert. Man ist sich selbst Mythos und Mythologie zugleich. Künstler und Träume sind ein und dasselbe: Er ist sein eigener Traum. Er bricht nur zusammen, wenn er nicht mehr träumt und die andere so genannte Realität tosend über ihn hereinbricht. Aber warum?«

Ich starrte uns beide an. »Warum was?«

»Warum kann er nicht mehr träumen?«, entgegnete er und wischte sich etwas Tropenschweiß vom Kinn (ich will mal nicht so sein und annehmen, dass es Schweiß war).

Ich suchte meine eigenen Horizonte ab und schlug dann Folgendes vor: »Vielleicht weil er selbst Angst hat, in seiner eigenen Schöpfung oder seinem Traum zu verschwinden.« Ich hatte keine Angst; ich war fest entschlossen, das zu Ende zu denken. »Es ist doch die Angst, die ihn an diese Welt bindet. Sie ist der Preis, den er dafür bezahlt, aus demselben Schoß zu kommen wie alle anderen auch. Was ich sagen will: Sich eine Bluttransfusion mit dem eigenen Blut zu geben, ist eben nicht drin.«

Mein Freund begann in ein kleines Notizbuch zu kritzeln. »Hm. Ich werde das mal nächste Woche bei der Ausschussversammlung vorbringen und gebe dir dann Bescheid. Aber drauf verlassen würde ich mich nicht. Falls du eine Einladung zur Trüffeljagd kriegst, nimm sie an.«

Konspirativ hielten wir auf den gähnenden Stadtplatz zu. So arrogant wie wir dahinschlichen, bin ich ehrlich gesagt überrascht, dass wir damit durchkamen. Wir mussten nicht eine Menschenseele bestechen. Die Action auf dem Platz war nicht gerade atemberaubend. Seit dem letzten Waffenembargo schon, davon bin ich überzeugt, saßen die Einheimischen über Espresso und Wermut gebeugt. Ich wollte eben einen Abstecher in ein international bekanntes Freudenhaus vorschlagen, als mein Freund plötzlich einen Zettel aus der Tasche holte und mir die Krakel darauf vorzulesen begann: »Ach du liebes Lieschen!«, kreischte er. »Meine Verabredung mit Voltaire!« Er verschwand praktisch in einer Explosion der Erkenntnis. Aber bevor er in ein Taxi sprang, drehte er sich noch einmal um. »Eines muss ich dir noch sagen«, schrie er. »Dieses Land« – sein Arm beschrieb einen sachten Bogen – »wurde in der Stille von Tumulten geformt.«

Ich hätte natürlich unmöglich sagen können, wann ich ihn wieder sehen würde. Offensichtlich, ob man ihn nun verstand oder nicht, kam und ging er, wie es ihm gerade gefiel. Er gehorchte ausschließlich den süßen Impulsen in ihm. Sorglos wie ein löchriger Hosensack.

8

George befand sich im Zentrum einer Epiphanie. Er tauchte ein großes Stück frisch mit Butter bestrichenen Brots in einen Becher indischen Tees, sein Mund war noch voll vom letzten durchweichten Bissen, die karierte englische Tweedmütze saß fest und klaglos auf dem langen Haar, das Mädchen mit den Madonnenaugen am Tisch vor ihm, dem der Minirock gerade mal bis knapp über die Möse reichte, hatte staunend das süße Mäulchen aufgerissen über etwas, was ihr Freund gesagt hatte, und eine Männerstimme an der biergetränkten Theke hinter ihm moserte: »Verdammter Bastard! Mir wegen fünf Pfund eins überzubraten!« Und der Augenblick mit all seinen ganz besonderen Londoner Sehenswürdigkeiten, Gerüchen, Geräuschen und weiß Gott was offenbarte sich in einem einzigen vollkommenen Ton. *Ping!* Nichts ist am falschen Fleck; kein Grün schleicht als Blau durch die Stadt. Alles ist von der Vollkommenheit eines Diamanten. Liebestee – er tunkte seine dicke Scheibe Butterbrot in Liebestee. Hinter ihm erklang das erhabene Geklimper schwerer Münzen, metallene Symbole im Austausch für das schmackhafte und alles andere als symbolische Bier. Der blauäugige junge Kerl mit dem Mönchshaar und dem miniberockten Wonneproppen neben sich tunkte einen Wurstzipfel in einen Senfklecks und gönnte den saftigen Happen seinem vielleicht zwei- oder dreiundzwanzigjährigen Mund.

Und wo bleibt der andere saftige Happen? April? Wieder mal zu spät dran. Warum? Liegt es vielleicht daran, dass nur eine Epiphanie sie herbeizuzitieren vermag? Dass sie noch nicht existiert und irgendwo – im Äther vielleicht? – einer solchen harrt? Oder im Kopf eines anderen? Oder existiert sie bruchstückhaft – hier eine Geste, da ein Wort, ihre Lippen, ihr Haar – an Tausenden von Orten überall auf der Welt (Hongkong, Nairobi, Cleveland)? Und haben all diese Fragmente etwa leichte Schwierigkeiten, miteinander in Verbindung zu treten? Eine dieser beiden Möglichkeiten muss es wohl sein. Nun beeil dich schon! Wir haben zu tun. Die Bühne wartet! Das Publikum beginnt auf den Sitzen zu rutschen und hüstelt bereits.

Das Geld ist die Bühne – bündelweise knisternde Knete im Bauch des Geldtransporters, vorn zwei wunderbare Tommys, nichts als Fußball im Kopf, Pistolen an der Hüfte, die nicht benutzt werden wollen, weil es einfach nicht die englische Art ist (allein schon der Knall!); sie hätscheln das Geld mehr oder weniger in Richtung Bank. Und das Köstliche an der

Szene ist, das Ganze wird noch nicht mal eine echte Überraschung für sie. Ihre Phantasien drehen sich ja um nichts anderes (wenn sie nicht gerade verschwitzt auf dem Bolzplatz einen dreckigen Ball ins Tor treten) als um den Tag des großen Überfalls. So oft wie sie es durchgespielt haben, und zwar beide Seiten, wirkt der eigentliche Überfall eher wie das Dokumentarspiel danach. »Tut mir leid, dass ich spät dran bin, Schatz, aber man hat uns heute überfallen. Nein, wenn ich's dir sage.«

Und dann nach … und dann nach … ja wohin? Wohin verduften wir mit der Knete, in welches irdische Paradies? Rio, hab' ich gehört, soll ein wahres Eden an Sicherheit und Sinnlichkeit sein. Rom – kaufen wir uns doch eine Villa, tun uns gütlich am Wein, gehen ins Kolosseum zu den blutigen Spielen der Gladiatoren. Helsinki – wir decken uns mit einem Vorrat an Rentierfellen ein und verbringen unsere Tage damit, uns in der Sauna an der halbgaren Nacktheit des anderen zu delektieren. Ah, all die Orte, die wir verschlingen können! Nicht eine aufregende Stadt, die nicht intensive Schocktherapie brauchen wird, wenn wir mit ihr durch sind. Darauf kannst du Gift nehmen! Ach, hier ist ja mein Traum! Großer Gott! Das Mädel könnte sogar den bösen Wolf scharf machen.

»Ich wollte ein Taxi nehmen«, sagte April, während sie sich neben George setzte und ihm eine Hand die Innenflanke seines grauen Flanellschenkels hochschob, »aber dann musste ich an all die Männer denken, denen ich in meinen neuen Sachen eine Freude bereiten könnte. Ich finde, sie machen mich richtig gefährlich«, meinte sie und lachte rankende Rosen.

»Baby«, sagte George und drückte ihr einen Kuss aufs Ohr, »du bist noch im Schlaf gefährlich. Deine Träume werden anderen zur Realität.« Er rieb ihr den wunderbaren Bauch und spürte nichts zwischen dem raffinierten Minikleid und ihrer stets lebendigen Haut.

»Ist alles soweit?«, fragte sie mit einem Lächeln so nett, dass George auf immer in ihrem feuchten rosigen Mund hätte verschwinden mögen.

»Alles, Baby, alles. Die ganze Geschichte ist so herrlich eingefädelt, dass ich manchmal das Gefühl habe, ein Schweizer hätte sie konstruiert.

»Ticktack?«

»Genau. Und deine Uhr, April, Mäuschen, alles klar?«

»Alles klar.«

Er legte ihr eine Hand auf das bestrumpfte Bein. »Ich weiß nicht wie, mein Süßschatz, aber du bist die Hoffnung des Abendlands. Millionen und Abermillionen von Menschen haben keine Tage, geschweige denn Stunden, und existieren demzufolge völlig außerhalb der Zeit, will sagen, sie existieren überhaupt nicht. Aber du, du *bist* Zeit, April. Das Wesen des Augenblicks«, sagte er und drückte ein zartes Stück Mädchenfleisch. »Manchmal, ich sag's dir, manchmal spüre ich es richtig: Du bist eine Welt für sich.«

Sie lächelte einen morgendlichen Sonnenaufgang, beugte sich über seinen kleinen Scotch und gab ihm einen Kuss mit haargenau dem richtigen Quantum Zunge, bedenkt man, wo sie waren. »Ich versuch's wenigstens«, sagte sie, »ich gebe immer mein Bestes.«

George streichelte ihr noch etwas das Knie. »Kinder auf der ganzen Welt sollten anstatt ihrer Nationalflagge dir salutieren.« Er musste ihr einfach die Finger küssen. »Es würde ihr menschliches Potential vergrößern und die Zahl der Kriege verringern.«

April packte den alten Schatz von einem Kellner am weißen Jackett, der eben – den Blick geradeaus, weil er gut erzogen und außerdem in eine überaus befriedigende Nachmittagsphantasie um eine durchaus noch akzeptable Tante in Cornwall vertieft war – am Tisch vorbeikam, und säuselte: »Clive, Darling, ich brauche unbedingt eine Wurst und einen halben Pint Ale. Meine Gesundheit steht auf dem Spiel.«

»Sofort, Miss April, sofort.« Und natürlich eilte der gute Kerl auf der Stelle davon. Nur hatte er jetzt statt seinem Tantchen Miss April im Bett, die Lippen um seinen …

George begann in sein Ale zu kichern, eine kaum hörbare Lache, eher was für den hohlen Zahn.

»Träumst du, George?«, fragte April.

»Ich musste nur gerade denken, wie wunderbar Zacharys Idee doch ist, Zen als Ablenkungsmanöver einzusetzen.« Er lachte stillvergnügt in sich hinein.

April beobachtete ihn einige Augenblicke lang – ihre Bestellung war eingetroffen, und sie tunkte vorsichtig ein Stück Wurst in eine der Senflachen -, bevor sie sagte: »Hast du das Gefühl, die Einzelheiten dieser Freude mit mir teilen zu können, ohne ihre geheime Integrität zu kompromittieren?«

George riss seine Bruchstücke zusammen. »Während die Wachleute von Lloyds das Geld aus der Bank holen und in ihrem Transporter verstauen, lenkt Zachary sie und die Passanten mit seinen Künsten als Zen-Bogenschütze ab! Kannst du dir das vorstellen – ein wahrer Pfeilregen in der Bond Street! Zachary und sein Bart im wallenden weißen Gewand – als wäre er zu Hause in den Bergen Tibets. Mein Gott! Die Leute werden denken, sie träumen!«

»Was ja durchaus möglich wäre«, sagte April, die einem Bissen Wurst einen Schluck Ale folgen ließ. »Ich bin so froh, dass wir Daddy Katz dazu bekommen konnten, den Fluchtwagen zu fahren.«

»Ich auch. Keiner, der das besser könnte als er.« Er beobachtete einen Jungen, der ein Glas Bier durch den Haarvorhang vor seinem Gesicht an den Mund zu bugsieren versuchte. »Und das schönste ist, dass er absolut nichts dafür will! Die Arbeit, meint er, ist ihm Belohnung genug.«

»Oh ja. Für den gibt's nichts als die Arbeit. Das ist der einzige Antrieb in seinem Leben, immer am Schaffen. In dem Augenblick, in dem der mal nicht gerade ein Geschäft laufen hat, landet er in der Irrenanstalt. Aber so ist Daddy nun mal.«

»Nicht eben spaßig für ein Kind, kann ich mir vorstellen.«

»Das darfst du laut sagen«, sagte sie und tupfte ihm die vollen Lippen seines – insgeheim rasenden – Munds mit einer Serviette, um den Hauch von Ale darauf zu absorbieren.

»Aber er ist ein schrecklich guter Fahrer. Er ist praktisch eins mit all den Federn und den Ventilen. Der Gipfel des Zen. Zacharys Unterricht hat ihm unheimlich gut getan.«

»Hmm. Wenn's auch für ihn ein bisschen spät kam, und nicht nur für ihn, meinst du nicht auch?«

»Stimmt. Ich fürchte, da muss ich dir Recht geben.« Damit leckte sich George einen Rest bräunlichen Schaums von der dünnen Oberlippe. An einem kleinen Tisch rechts von ihnen erzählte ein junger Mann mit unschuldigen Fischaugen einem lebenssprühenden jungen Ding mit feinem Haar von der Brutalität amerikanischer Außenpolitik. »Völkermord«, sagte er. »Sie versuchen die gesamte Bevölkerung auszurotten. Erst die Indianer, jetzt die Vietnamesen.«

»Jemand sollte eine Bombe auf New York werfen«, sagte das Mädchen. »Da würden sie schon sehen.«

Ein geschwollener silberglänzender Bentley schob sich flüsternd an den Randstein und entließ mit noblem Hauch ein ganz außergewöhnlich beleibtes schwarzes Paar – Mann und Frau –, dessen ungeheure Fülle mitsamt ihrem Wesen, ihrem Lächeln, in Meter und Meter verrückt gemusterten Stoffs gehüllt war. Um ihre goldbeschuhten Füße wuselte schnüffelnd, zitternd ein halbes Dutzend kleiner Hunde – Möpse, Pudel, Terrier, Chihuahuas, was auch immer, jedenfalls Kroppzeug. Man konnte sich des Gefühls nicht erwehren, sie hätten Hühnchen in Sauerrahm mit Trüffeln gefrühstückt und mit Dr. Pepper hinuntergespült. Das Lächeln das Mannes! Mit einer Million Dollar hätte er sich nicht besser einzuschmeicheln vermocht.

»Schwarzafrikanische Fürsten«, bemerkte das Mädchen mit dem feinen Haar.

»Ja«, sagte ihr Liebhaber. »Sie sind in der Stadt, um ihr Volk zu verraten – mit der Hilfe unseres Auswärtigen Amts und der CIA.«

Einer der beiden grauen Zwergpudel begann herumzuspringen und übellaunig zu bellen. »Nicht doch, Hector«, sagte die große Negerin. Sie wandte sich dem Hund zu und hob warnend einen ihrer juewelengeschmückten Finger. »Du hast versprochen, ein braves Hundchen zu sein, wenn ich dich nach London mitnehme. Du willst doch nicht etwa, dass Mami das Vertrauen in dich verliert, oder?«

Das nörgelnde kleine Tier ließ als Antwort ein kleinlautes Winseln hören und zog sich ohne einen weiteren Laut zurück in das Rudel.

»Wollen wir?«, fragte George und strich sich über den dicken Schnurrbart, den er am Morgen angeklebt hatte.

»Gute Idee«, antwortete April und wischte sich einige eingebildete Brotkrumen von ihrem spärlich bekleideten Schoß.

»Ist schon komisch«, begann George, kaum dass das Paar draußen auf den frisierten Simca zuhielt, der mit Leichtigkeit seine 270 Sachen machte, »aber jedes Mal, wenn wir ein Ding angehen, habe ich selber ein Mordsding in der Hose und das schier unbändige Verlangen, es dir zu besorgen.«

April legte einen Arm um ihn und drückte ihn an sich. »Ach, wie reizend. Warum schreibst du nicht eine Arbeit über den Zusammenhang von Verbrechen und Sextrieb?«

»Ich würde dich lieber stoßen.«

»Dann machen wir's doch im Auto. Auf die Schnelle.«

»Genau das, was ich brauchen könnte«, sagte er. Er legte ihr einen Arm um die unvergessliche Taille und massierte sie direkt über dem Gummizug ihres Slips. »Ich habe nur Angst, ich verliere dabei meine kriminelle Energie.«

»Hört sich ganz nach der Urangst des Künstlers an.«

Er seufzte. »Hört sich ganz so an, ja. Na ja, wir können ja nach dem Ding feiern. Tagelang bloß ficken. In jeder nur denkbaren Stellung.«

»Jetzt machst du mich wirklich scharf.«

»Tut mir Leid. Konzentrieren wir uns auf das Geld.«

»Ja.«

Ist schon komisch, sagte George zu sich selbst, aber der falsche Bart verleiht mir eine neue Realität. Ich komme mir langsam, aber sicher vor wie ein anderer. Irgendeine Bruchbude in London macht sich in mir breit. Das andere Ich, das, mit dem ich mich hier unterhalte, schlägt sich ins Gebüsch. Ich spüre mich in den Slums im Londoner Süden aufwachsen. Ohrfeigen, Tritte und schlechtes Essen. Eine Mutter, die ihren Gin im Pub pur trinkt und pausenlos auf den alten Herrn einplärrt, dass er nichts taugt. Alles, was er kann, ist, gebrauchte Möbel auf Laster zu hieven und darauf zu hoffen, dass er irgendwann im Fußballtoto gewinnt.

»Herrgott noch mal, du kriegst den Arsch auch zu gar nichts hoch, du Waschlappen!«, schreit sie, den Riesenpott übel riechenden Kohls in der Hand.

»Und da hast du verdammtes Glück«, sagt er über den Stiel seiner stinkenden Pfeife hinweg und schlägt die Sportseite auf. »Wenn ich den Arsch hochkriegen würde, dann würde ich nämlich gehen! Gehen würde ich, du alte Kuh!«

Klirr! Ein Glas landet auf dem Boden der chaotischen Küche. Ich springe vom Tisch auf und laufe hinaus auf die Gasse. Ich bin noch nicht durch die Tür, da höre ich es auch schon klatschen, als die Alte ihm eine langt. Sein zorniger, entsetzter Aufschrei sagt mir – der letzten Faser meines mageren kleinen Körpers –, dass ich eines Tages jemanden umbringen werde.

»Was ist los, Georgie-Boy?«, fragt mich der Junge mit dem kleinen runden Gesicht, der an der Wand des Lagerhauses lehnt. »Kloppen sich deine Alten wieder mal?«

»Zum Teufel mit denen«, sage ich. »Gehen wir rüber zum alten Simon, was klauen.«

»Das ist doch ’n Wort, Georgie, Alter!«

Ich hatte dann eine Glückssträhne in der Besserungsanstalt, wo sie mich hinschickten, nachdem man uns beim Einbruch in Weston's Bekleidungshaus erwischt hatte, mich und Jimmy Barnes, einen raffinierten jungen Burschen, der wenigstens schon einmal gesessen hatte. Ich hatte wirklich Glück, denn das Leben in diesen Kindergefängnissen kann echt beschissen sein bei all dem absurden Drill, den sie einen dort absolvieren lassen. Dann lassen sie einen auch noch ein Handwerk lernen, damit man nicht gleich wieder auf der schiefen Bahn landet, wenn man rauskommt. Der Direktor und seine Frau fanden Gefallen an mir, so dass mir die Strafen erspart blieben. Beddoes, der Sportlehrer, versuchte mich in die Ringermannschaft zu kriegen, aber ich war viel zu sehr damit beschäftigt, mit den Millbrooks Matratzen-Judo zu trainieren.

»Rutsch 'n bisschen weiter rauf, George, Schätzchen, sonst fällt uns Tom noch vom Bett. So ist's brav.«

»So, jetzt setz dich rücklings auf Georges Schoß, Jane, Liebe, und ich stell' mich auf den kleinen Schemel hier vor dich. Braves Mädchen.«

Die ganze verdammte Anstalt roch nach schimmligem Brot, selbst der Swimmingpool, falls Sie sich das vorstellen können.

Absolut jeder der Jungs dort hatte denselben verstohlenen, gequälten Ausdruck – als hätte er sich gerade in die Hose gepisst. Ich jedenfalls wurde dort rehabilitiert. Total. Als ich wieder rauskam, war ich absolut bereit, meinen Platz in der Gesellschaft einzunehmen – als Meistereinbrecher. Das ist durchaus nicht weniger wert als ein Abschluss in Harrow.

»Hmm«, machte April. »Der Wagen schnurrt so behaglich wie ich nach einem gigantischen Orgasmus. Ein wunderbares Brummen, das tief in meiner Möse beginnt und sich dann über meinen ganzen Körper ausbreitet. Ein warmes Vibrato. Mm.«

George hörte etwas anderes; ihm sagte der Wagen, es sei

Zeit für eine große Reise. Die Straße vor ihnen schien so verlockend. Der Weg war frei. Einige Meter weiter – obwohl er eigentlich mehr in der fernen Zukunft schien – blies ein junger Mann in weißen Boxershorts ihnen lächelnd Küsschen zu. Zuerst dachte George, es handele sich um einen alten Kameraden aus der Armee, aber als er die Hand aus dem Wagen streckte, um seine Wange zu berühren, sagte der junge Mann: »Wie dumm von dir. Wir sind uns immer fremd gewesen, du und ich.« Wie George bemerkte, hatte der Junge geweint.

»Das hast du aber aus einem Film«, sagte George, den ein merkwürdiger Unwille befiel. »Du hast schon immer gern für Verwirrung gesorgt.«

Aber der junge Mann hatte das Interesse verloren. Er aß ein altes Sandwich und hatte mit einem Mal so einiges von Georges Mutter. »Ich habe meine Schönheit aufgegeben, um dich zur Welt zu bringen«, schien er zu sagen, aber George war sich nicht sicher, ob er tatsächlich etwas gesagt hatte.

»Na schön«, flüsterte George. »Wir werden noch Gelegenheit haben.« Er kam sich reif und philosophisch vor bei dieser leisen Bemerkung. Wie er bemerkte, war die braune Tweedjacke von seinem Körper verschwunden; stattdessen trug er jetzt einen alten blaugestreiften Anzug, der seinem Vater gehört hatte. Nicht dass ihn das aufgeregt hätte. Die Geschäfte auf beiden Straßenseiten glänzten wunderschön. Über einem davon, in dessen schmaler Tür ein nacktes Mädchen stand, sah er ein Schild, auf dem »Bleiben sie ruhig im Schatten« zu lesen war.

»Natürlich«, sagte George, mehr zu sich selbst als zu irgendjemandem sonst.

Dann befand er sich in einem Stadion, in dem Tausende von Leuten schrien. Sie alle hatten etwas merkwürdig Vertrautes, aber George hatte keinerlei Lust, das zu interpretieren. »Es gibt Dinge, die verfolgt man besser nicht weiter, sie sind es nicht wert«, sagte eine alte Frau mit völlig verquollenem Gesicht. George tätschelte ihr nur den Kopf und ließ sie stehen. Genauer gesagt, er schwebte davon. Er wusste, er war auf der Suche nach jemandem, aber er hätte nicht so recht sagen können, nach wem. Es irritierte ihn, ohne ihn zu beängstigen. Unten auf dem Spielfeld rauften sich haufenweise Leute. Einige von ihnen waren voll Blut. Und mit am blutigsten war April. George eilte die Tribüne hinab auf sie zu. Er spürte ihren Schmerz durch und durch.

»Bitte, hör auf, dir das anzutun!«, rief er und schlang die Arme um ihren blutenden Körper.

»Du bist hier nicht eingeladen«, sagte sie und schüttelte ihn so heftig ab, dass er fiel. »Außerdem geht es dir eigentlich nur um dich.« Sie zeigte ihm verstohlen eine obszöne Geste. Er begann zu schluchzen wie ein kleines Kind.

»Ach«, wimmerte er. »Was ein braver Junge nicht alles nicht machen darf.«

Kichernd schlug April einem anderen jungen Mädchen ins Gesicht. »Heute ist der schönste Tag deines Lebens.«

George rappelte sich auf und schlug sich den Staub aus der Kleidung. »Ich wollte, du hättest das nicht gesagt.« Mit einemmal fühlte er sich weit entfernt. Ein alter Mann mit Baseballmütze kletterte auf Georges Schulter und gab einige alberne Laute von sich. George flüsterte ihm lediglich eine Warnung ins Ohr, und der Mann ließ von ihm ab. »Ich brauche dich nicht wirklich«, rief der Mann. Aber George war schon weit, weit weg. Über dem Stadion schrieb ein Flugzeug »Hitzköpfe« in den Himmel.

George jedoch war plötzlich müde und hatte keine Lust, mit der Information etwas anzufangen. »Ich bin zu alt für solchen Quatsch«, murmelte er und lächelte in sich hinein. Er fühlte sich zum ersten Mal sicher. Aber er wusste gleichzeitig, dass ihm dieses Gefühl nicht auf immer garantiert war. Ein altmodisches Taxi mit einem großen Loch im Dach kam direkt vor ihm zum Stehen. Am Steuer saß eine Frau mit glattem schwarzem Haar, und George war sich sicher, dass sie seine Mutter war. Er öffnete die Tür des Taxis und legte den Kopf in ihren Schoß.

»Sag mir, wie's dazu kommen konnte«, sagte er so artig er nur konnte.

Aber die Frau sagte nichts. Sie steckte sich eine englische Zigarette an und begann eine Straßenkarte zu studieren. Ganz plötzlich wuchs im Fond des Taxis ein Mann aus dem Boden. Er war ziemlich betrunken, und George hätte ihm am liebsten eine geknallt.

»Dein Typ ist hier nicht gefragt!«, rief George.

Der Mann kicherte. »Ebenso wenig wie deiner«, sagte er und begann aus einer schmierigen alten Flasche zu trinken.

Dann übernahm George das Taxi, fuhr so schnell er nur konnte, und versuchte dabei all den Autos auszuweichen, die zornig hupend auf ihn zurasten.

Der nachmittägliche Menschenstrom am Piccadilly Circus war gerade richtig: dicht, aber nicht stockend und ausgesprochen vertieft in die Jagd nach einem Nichts, das sich als Etwas ausgab, was jeden dazu verpflichtete, möglichst ernst und abweisend zu wirken, sonst wäre der ganze Schwindel aufgeflogen. In der Luft lag die Erinnerung an dünne Sandwiches. Niemand sah so aus, als hätte er es zu gut.

Katz und der Boy Blaster saßen in der behaglichen Geborgenheit des noblen Rolls; Katz saß am Steuer.

»Ich hoffe wirklich, dass April und George pünktlich sind«, sagte Katz, den Blick geradeaus nach vorne gerichtet. »Wie jedes andere Geschäft auch, müssen solche Geschichten ordentlich durchorganisiert sein, wenn sie Erfolg haben sollen.«

Der Blaster streichelte die Maschinenpistole unter dem Jackett auf seinem Schoß. »Ich vertrau' den jungen Leuten. Die sind flink und wollen was reißen.«

»Schön und gut«, sagte Katz und zog die Augen zusammen wie der Chef einer Denkfabrik. »Aber die Operation muss von Anfang bis Ende absolut synchron laufen. Das ist das A und O moderner Unternehmen. Das kann ich dir sagen, mein Freund.«

»Al würde das hier gefallen«, sagte der Blaster mit einem vagen Lächeln mehr oder weniger zu sich selbst. Er beobachtete den Portier der Bank, ein wieseliger Kerl mit roten Haaren und definitiv altmodischer Nase.

»Der macht uns keine Scherereien. Das seh' ich dem an.«

Katz musterte den Mann. »Also ich würd' so einen erst gar nicht einstellen.« Die Augen noch immer chefetagenmäßig zusammengekniffen, wandte er sich wieder ab.

George und April waren nicht zu unterscheidender Teil des menschlichen Durcheinanders auf der Straße unweit des Eingangs der Bank. Sie trugen jetzt beide große elegante dunkle Sonnenbrillen, todschick. Hätten die Leute um sie herum auch nur einen Gedanken daran verschwendet, wäre ihnen aufgefallen, dass George und April Piccadilly mit Venedig verwechselt hatten, aber sie waren alle viel zu sehr in ihre eigenen Phantasien vertieft. Eine Kreuzung weiter stand Zachary selig in einer Tür, einen Bogen in der Hand, über der rechten Schulter einen Köcher mit Pfeilen. Auf der anderen Straßenseite, am Steuer eines überladenen Gemüselasters, saß Bosworth, der persische Fürst. Neben ihm schälte Lola, die – irre, aber artig – als Frau eines Gemüsebauern verkleidet war, eine Orange. Bosworth rauchte eine Players und versuchte sich bäuerlich zu fühlen. Er stellte sich vor, auf einer Farm in Devon einen feisten Kohlkopf auf Wurmbefall zu inspizieren. Der Überschwang der Gerüche im Laster gab ihm ein Gefühl der Naturverbundenheit; er war zufrieden und kam sich durch und durch wie ein Angehöriger des Tierreichs vor. Was sollte nicht in Ordnung sein auf der Welt, bei einem derartigen Wohlgeruch? Lola schob sich einen Orangenkeil in den Mund.

Um genau vier Minuten nach vier fuhr ein seriöser schwarzer Geldtransporter die von Menschen bevölkerte Straße hinauf und hielt direkt vor der Bank. Drei rotgesichtige Männer in Uniform stiegen aus. Zwei von ihnen begannen große Leinensäcke mit englischem Geld auf einen kleinen Wagen zu werfen, während der dritte, dessen Ruhe einem den Eindruck vermittelte, er sei sich entweder seiner selbst ganz unglaublich sicher oder einfach unglaublich dumm, mehr oder weniger aufpasste. Alle drei trugen sie Pistolen an der Hüfte. Als der kleine Wagen voll war und die drei Männer sich in Richtung des Eingangs der Bank wandten, traten Zachary und sein buckliger Begleiter in Aktion. Der Bucklige begann auf seine Trommel einzuschlagen wie auf einen rasenden Hund, und Zachary ließ die ersten ballonbewehrten Pfeile auf die Straße los. Menschen wie Fahrzeuge spielten auf der Stelle verrückt. Die Autos kamen hupend zum Stehen, und die Passanten begannen entzückt und verängstigt zugleich zu schreien. Die drei Wachleute mit dem Geld blieben stehen, um dem Treiben zuzusehen, und in eben diesem Augenblick völliger Verwirrung traten April und George auf den Plan. April rempelte die Wachleute an und sprühte ihnen – sie und George hatten sich Atemmasken übergezogen – dicke Wolken Ammoniak ins Gesicht. Die völlig überraschten und geblendeten Wachleute drehten auf der Stelle durch, rieben sich wie wild die Augen, sprangen schreiend herum. Daddy Katz hatte inzwischen gemächlich den Rolls an die vereinbarte Stelle bugsiert. Im selben Moment stieß der Blaster die hintere Tür auf, und April und George schleuderten die Geldsäcke mühelos, mit der Behändigkeit und Präzision zweier dressierter Delphine, hinein. Jetzt endlich kam der rothaarige Portier aus der Trance seiner Bestürzung und warf sich, eine Waffe in der Hand, auf den Rolls. »Halt! Stop!«, rief er. Blaster richtete lächelnd die Mündung der Maschinenpistole auf ihn. Der Mann blieb wie angewurzelt stehen, ließ die Waffe fallen. »Nicht doch! Nicht mich!«, rief er und verdrückte sich flink in die Bank. April und George warfen die letzten Geldsäcke in den Wagen (die Wachleute waren völlig desorientiert im Gedränge einer rasenden Menge, die nicht wusste, was sie sich ansehen sollte: den Überfall, Zacharys verrückte Ballonpfeilnummer oder den buckligen Trommler). Frustriert über den stockenden Verkehr, begannen Autos gegeneinander zu fahren. Daddy Katz dagegen schoss elegant vom Randstein in eine ordentliche kleine Seitenstraße. Aus der Ferne war eine Sirene zu hören. Zwei Funkstreifen (ein Einziger hatte in dem Chaos Ruhe bewahrt und die Polizei gerufen) schossen auf die große Kreuzung, sahen sich aber zum Stillstand verdammt, als der Prinz – vom Duft des Gemüses berauscht – den großen alten Laster auf die Straßenmitte steuerte, dort einen Hebel zog und tonnenweise Obst und Gemüse auf die beiden Polizeifahrzeuge entlud. Die Besatzung des ersten Wagens meinte, den Verstand zu verlieren, als sie sich von einer Blumenkohllawine überrollt sah. Cedric, der völlig unerfahrene junge Beamte am Steuer, sprang auf die Bremse. »Ich werd nicht mehr!«, rief er aus. »Es hagelt Kohl!«

»Ist das nicht ein Gedicht?«, seufzte Bosworth, völlig ergriffen von dem Anblick.

»Worauf du einen lassen kannst! Komm, wir verschwinden«, sagte Lola, fasste seine weiche braune Hand und zog ihn hinaus in das schützende Chaos der völlig außer Rand und Band geratenen Straße. Einen halben Block die Straße hinauf schoss Zachary sich in den Himmel des Zen.

Am Abend des Coups saßen die seligen Teilnehmer in einem irgendwie bemüht möblierten, aber hübschen Studio im Londoner West End. An den weißen Wänden hingen einige gequälte Action-Paintings, doch der Kummer, den sie der Welt entgegenschrien, konnte die Bande nicht stören. Wett gemacht wurde dieser künstlerische Unfug durch eine exquisite Porzellanfigurine – eine Studie (definitiv 20.Jahrhundert) von Dostojewksi beim Cunnilingus mit (der an ihr brennendes Kreuz gefesselten) Jeanne d'Arc; sie stand auf einem Piedestal gleich neben der langen Couch, auf der George und April Händchen haltend vor sich hin kicherten. Quell ihrer wie auch der Freude der anderen war ein geradezu anstößig großer Haufen englischer Banknoten in der Mitte des Raums. Und zu zwei Dritteln von den bunten Scheinen bedeckt, saß darin der Bucklige, außer sich vor Vergnügen und Gin.

»Nie warst du göttlicher, Esmeralda«, sagte Zachary zu dem Buckligen, der schwul war bis auf die Knochen. »Dein Trommeln kam von Herzen!«

Esmeralda warf eine Handvoll Scheine in die Luft. »Das ist besser als Sex!«

»Ein verständlicher, wenn auch kranker Standpunkt«, bemerkte Bosworth dazu und ließ sich von Lola, die für Erfrischungen sorgte, noch ein Glas Scotch einschenken.

Als er sie so ansah, in ihren Shorts aus Goldlamé und dem nur im Nacken zusammengehaltenen Top, das gerade mal die Violine zu den gewaltigen Kesselpauken darunter spielte, wusste Vater Katz nicht, worauf er sich konzentrieren sollte – auf das Geld, auf den Sprit oder eine inzestuöse Nummer mit ihr. Einen Augenblick darauf entschied er sich für den Sprit. Der Blaster reinigte seine Maschinenpistole und hoffte indessen auf eine gebührende Rezension des Raubs in der Presse. »Für gewöhnlich lassen sie ja die besten Stellen raus«, murmelte er. »Weil sie keine Ahnung haben, worum's dabei geht.« Er blickte tief in Katz' glasige Augen. »Sie haben keine Ahnung, wie schön so etwas sein kann. Wie sollten sie auch?«

George schnappte sich geschmeidig ein festes Bündel Zehn-Pfund-Noten, das Esmeralda in trunkener Ekstase in die Luft geworfen hatte (übrigens war dieser längst wieder in dem verrückten alten englischen Wälzer verschwunden, aus den man ihn überhaupt erst in die Gegenwart gezerrt hatte). »Habt ihr den Portier gesehen!«, rief George und zog eine verzückte Miene dabei. »Die roten Haare waren einfach der

Hammer! Der Wahnsinn! Man kann sich kaum vorstellen, dass so was bei einer Bank angestellt ist. Unglaublich.« Von einem Lachkrampf geschüttelt griff er nach April.

»Der Ärmste ist noch immer auf der Flucht, da möchte ich wetten«, sagte April. Sie drückte George einen Kuss aufs Ohr und trank den Rest des Piper Heidseck in seiner linken Hand.

Zachary schlenderte von seinem Platz unter einem besonders zornigen – und wehleidigen – Gemälde herüber und steckte seinen Sandalenfuß in den Geldhaufen. »Man stelle sich das Maß an menschlicher Eitelkeit vor, dem dieser leuchtende Haufen entspricht«, sagte er. »Was lässt sich mit diesen bunten Scheinen schon kaufen? Ich kann es euch sagen – Ozeane und Lichtjahre an Trostlosigkeit und Entfremdung. Jedes Pfund, das man für einen Gegenstand oder weltliche Vergnügungen ausgibt, ist ein Schritt weg von sich selbst.«

Lola, die George eben ein Stück Räucheraal anbieten wollte, hielt inne. »Ich kenne eine Menge Leute, die diesen Schritt ausgesprochen positiv sehen.«

Esmeralda kreischte unter einem Schauer papierner Macht. »Geld ist Freundschaft! Geld ist Nahrung!« Er küsste ein Bündel Fünfer und griff nach dem Glas auf dem Boden. »Das hier ist mehr als ganze Generationen meiner Familie gehabt haben.« Er kippte sich den Champagner so jäh in den Mund, dass er ihm übers Kinn auf die Brust rann. »Öfter als mir lieb war, hätte ich in einem Schilling in der Tasche ein Geschenk Gottes gesehen!« Er stieß einen Seufzer aus, ließ ein Rülpsen – das an eine ferne unterirdische Explosion erinnerte – folgen und warf dann Daddy Katz schätzungsweise tausend Pfund in den alten Schoß. (Die Landung des Geldes zeitigte eine jähe Erektion – als hätte ihn die zarte Hand eines Weibsbilds berührt.) »Daddy Katz, erinnerst du dich noch dran, als wir am Arsch der Welt in Pocatello, Idaho, gestrandet waren – gleich nachdem unsere Show mangels Interesse an den darstellenden Künsten baden gegangen war?«

Katz schüttelte den Kopf bei der Erinnerung an längst vergangene Zeiten. »Ich trage noch heute die Narben dieses abscheulichen Akts geschäftlicher Naivität.«

»Eine Mega-Pleite, da hast du Recht. Na jedenfalls, da saßen wir, zeitlich keinen Steinwurf vom Goldrausch in Kalifornien …«

»… von der Erfindung der Dampfmaschine«, korrigierte ihn Katz.

»Sorry. Und noch nicht mal einen Bagel für uns zwei. Großer Gott! Ich spüre noch heute die Schneewehen der unendlichen Verzweiflung in mir. Die Lage war so verzweifelt, dass Cedric, der Löwenbändiger, das Geschäft für immer an den Nagel hängte. Er heiratete eine Mormonenwitwe mit einer Zuckerrübenfarm.« Lola steckte ihm einen Cracker mit Kaviar in den vor Erinnerungen wässrigen Mund; als seine Nase eine ihrer baumelnden Brüste berührte, lachte sie nur. »Daddy Katz und ich, wir wären verhungert und erfroren, hätte der Wirt des Ortes sich nicht unser erbarmt – ich erinnerte ihn anscheinend an seine Mutter – und uns im Hinterzimmer des Saloons schlafen lassen. Wir haben dafür bei ihm geputzt. Für uns schien damals die Welt unterzugehen – zwei der größten Stars der niederen Komik, die das Showbusiness je gesehen hat, bis eines tränenloses Tags …«

»… ich daher kam«, sagte Lola, die auf Bosworths braunem Schoß saß, die Zunge praktisch bis zum Anschlag in seinem fürstlichen persischen Ohr.

»Genau.«

»Und euch gerettet habe.«

»Richtig!« Esmeralda trat ein paar Tausend Pfund in die Luft.

(»Rom«, flüsterte George April zu. »Wir checken Rom aus, Nero, die ganze Szene.«)

»Ich war den ganzen Weg von New York gekommen, um

einen einsamen reichen Rancher zu heiraten«, fuhr Lola fort, die dabei Bosworths Gesicht mit Küssen bedeckte. »Das Ganze lief über eine Ehevermittlung. Ich hatte als Tänzerin in einem Varieté in Brooklyn gearbeitet, und ich musste da einfach raus. Ich trat auf der Stelle, ich hüpfte mir da nur die Beine in den Bauch.«

»An die Beine erinnere ich mich noch«, sagte Esmeralda mit nostalgischem Lächeln. »Herrliche Linien, wunderbar festes Fleisch. Ich war besessen von ihrer Schönheit, ihrer unterschwelligen Leidenschaft. Nacht für Nacht schlief ich mit der Vorstellung ein, ihre Waden auf meinem Rücken zu spüren. Ich bekam sie nicht mehr aus dem Sinn, sie wurden ein Teil meiner Seele, ein Teil meines Körpers. Ich habe sie geleckt in meiner Geilheit, gefressen habe ich sie. Ich spürte sie unter mir; ich lief auf diesen Beinen durch die dreckigen Straßen dieser verdammten Stadt. Ich berührte das weiche Kissen ihrer Möse, Stunde um Stunde. Dann schoben die Beine sich nach oben und wuchsen in mich hinein. Angewidert zwangen sie meinen grotesken Oberkörper zu verschwinden. Mein Buckel schmolz dahin, und die rehweiche Sanftheit, die ...

»Esmeralda! Hör auf damit! Mach, dass du rauskommst aus mir!«

»Aber Lola, ich bin du! Ich bin du geworden! Wir sind beide in dir!«

»Hör auf, sag ich dir, du ekelhaftes kleines Scheusal. Raus mit dir!«

Großer Gott! Macht sich die kleine Missgeburt in mir breit, man stelle sich vor! Einmal bin ich morgens aufgewacht, völlig von der Rolle, und habe gemerkt, ich habe den Traum eines anderen geträumt. Seinen Traum! Wir waren eins, mal mehr mal weniger, ein totales Durcheinander. Den ganzen Tag erwischte ich mich dabei, dass ich total komische Sachen machte – als wäre ich nicht ich selber. Natürlich, weil er es war! Und dann noch so was Merkwürdiges: Da er ich war und ich die Welt teilweise durch ihn sah, habe ich mich die ganze Zeit selbst beobachtet, und abends vögelten wir dann zu dritt in dem großen alten Nussbaumbett, ich, Mr. Fairbanks, mein Mann, und Esmeralda in mir oder ich ihn ihm, es ging drunter und drüber. Manchmal spürte ich einen Buckel auf meinem Rücken, und als ich mir zwischen die Beine langte, um mir das tropfende Sperma von der Muschi zu wischen, da hatte ich mit einemmal einen Schwanz in der Hand, feucht und verausgabt. Total verrückt. Ich war jemand anderes und doch wieder ich. Hat mir aber gefallen, ich meine, ich war Mann und Frau zugleich, und als ich den Schwanz in der Hand hielt, fühlte ich mich wie in zwei Welten gleichzeitig. Mr. Fairbanks, mein Gatte (der Brautkäufer) hätte einen Anfall gekriegt, hätte er gewusst, dass er seine Zunge in einen buckligen Kerl gesteckt hat. Ach du meine Güte.

Aber vielleicht auch nicht. Vielleicht war er ja selbst jemand anderes, und sie hatten beide eine Schwäche für den Glöckner von Notre-Dame. Ach, dieses Drunter und Drüber! Das Leben, was für ein Nirgendwo und Überall! Nicht für ein Dutzend blauer Kamele wollte ich daran etwas ändern.

Ich habe die beiden da rausgehauen, so viel steht fest. Katz war zur Putze geworden und dachte ernsthaft daran, sich in seiner Verzweiflung die Kugel zu geben, so demütigend war das alles für ihn. Was für ein Abstieg: von einem der besten Slapstick-Komiker, den unsere Rummelplätze je gesehen hatten, in das speichelgetränkte Sägemehl auf den Saloondielen eines lausigen Grenzkaffs – und das Flugzeug war noch nicht mal erfunden! Ich habe die beiden eingestellt, als Verwalter und als Marketingleiter auf der Ranch. Katz war im siebten Himmel. Bis nach Salt Lake City hat er unser Rindfleisch verkauft, von der letzten Imbiss-Stube bis rauf zum Renommierlokal. Gefeilscht, geplant, taktiert, einen Haufen klingender Silberdollars hat er abgezogen und zusammengezählt. Er war in besserer Form denn je. Eine

Weile sah's ganz so aus, als müsste er wirklich den Rest seines Lebens unter Menschen verbringen. Aber das Geschäftsleben hat ihn dann doch noch gerettet und wieder zum Gewinner gemacht. Puh! Und Esmeralda – den hätten Sie im Schlachthaus erleben sollen. Richtig angemacht hat den das Blutbad dort! Das Geschrei der Viecher, die blutigen Rinderhälften wuschen bei Esmeralda den falschen Dreck, die ganze falsche Maske der Zivilisation weg und spülten ihn zurück zu seinen grässlichen Ursprüngen! Damals trank er das erstaunte heiße Blut, direkt aus der klaffenden Wunde pelziger Kehlen. Oh Gott! Ich schmecke es! Und ich springe um das zuckende Tier herum, johlend vor Freude, jetzt ringt mein blutbeschmierter nackter Körper mit einem anderen, wir wälzen uns auf dem Waldboden, ich spüre einen großen haarigen Schwanz in mir und schmerzhafte Bisse, als mir jemand in tierisch-menschlicher Leidenschaft die Zähne in Schultern und Arme schlägt. Aber ist das nun mein Buckel oder seiner; meine Möse oder ihre? Beides beides oh ich sterbe in der unglaublichen Ohnmacht, als es mir kommt, und in blankem Entsetzen! Und das tierische Blöken in mir, mir! *Ohh! Ich verblute. Die Schreie ersterben mir in der Kehle. Gewimmer rinnt mir aus dem Mund. Mein Blick dringt durch tote Pupillen. Ich sterbe …*

»Lola, Lady, was ist denn mit dir?«

»Was?«

»Du bist ja ganz blass um die Nase«, sagt Fairbanks, der über mir am Küchentisch steht. »Sitzt da, den Kopf auf dem Tisch und stierst vor dich hin. Hast du was Falsches gegessen?« Er hält inne. Dann kriecht ihm ein dreckiges, verschlagenes Kinderlächeln übers Gesicht. »Du bist doch nicht etwa schwanger, Lady, oder?« Er legt mir eine Hand auf den Kopf.

Die schreckliche, abscheuliche Berührung vertreibt das Chaos meiner Gefühle, den Dunst, in dem ich dahingedriftet war, und ich richte mich auf. Ich bin jetzt ich selbst, ganz ich selbst. Wie eine dritte Person hängt sein Geruch zwischen uns (er stinkt nach Tabak und Farm). Es ist nichts Menschliches, aber etwas Lebendiges, so viel steht fest. Gerüche hören, Gerüche denken. Sie sind die Essenz des Lebewesens, das sie gebiert. Ich kenne Blumen, die sich nachts miteinander unterhalten. Und ihr Duft, der sich auf uns legt, ist nichts anderes als ihr leises Geflüster.

»Nein, natürlich nicht, Fairbanks«, sage ich. »Ich bin nicht schwanger.«

Er starrt mich an. Er hat mich nie verstanden, und er weiß, dass er mich nie verstehen wird. Ich bin nur etwas, was er gekauft hat. Wie kann er erwarten, ein Produkt zu verstehen? Ich könnte genauso gut eines seiner Rinder sein. Etwas, was sich benutzen, verkaufen oder essen lässt. Er hat einen Gegenstand aus mir gemacht, ein Ding. Wenn er mich fickt, werde ich zu einer Sache. Nichts an mir ist mein Ich. Er steckt seinen Pimmel nicht in Lola. Er steckt ihn in ein Loch. Nicht dass er ein schlechter Mensch wäre. Er ist nur eben wie die meisten anderen Männer auch. Finden sich nur untereinander interessant. Eine alte Platte, die sonst keiner hört.

»Schade«, sagt er und kratzt sich das stachelige Gesicht. (Es ist eher eine Wiese als ein Gesicht, eine Wiese mit Unkraut und Disteln.) »Ich hätte eine wirklich gute Wette gewinnen können.«

»Oh?«

Er lacht. »Ja. Die Jungs in der Futtermittelhandlung ziehen mich immer auf, sie meinen, ich hätte mein Pulver verschossen. Ich habe einen Hunderter gewettet, dass ich noch nicht zu alt für ein Baby bin.«

»Na, dann versuch's mal weiter.«

»Das hab' ich auch vor, Lady.«

»Das kann ich mir denken.«

Er lacht wieder. »Deswegen legt man sich als Mann doch eine Frau zu, oder?«

Ich denke an all die Kerle, für die ich mich hingelegt habe. Ein Leben lang habe ich die Beine breit oder den Mund aufgemacht, um zu überleben. Aber mein Beruf ist mein Leben geworden. Wenn das nicht komisch ist! Mein Beruf, ich geh' nur meinem Beruf nach. Mein Zunftzeichen ist ein schwarzer Spitzenslip. Und es ist nicht so, dass man tagsüber arbeiten würde, um nachts frei zu haben. Eine solche Zweiteilung gibt es da nicht. Man *ist* seine Arbeit. Was für ein Witz! Aber was ist das nicht? Dieses Ich ist nicht schlechter als eine Menge anderer, die ich mir so vorstellen könnte. Es hängt alles nur davon ab, wie sehr man drüber lachen kann, das ist alles. Es gibt freilich auch Witze, über die kann man bloß heulen – den ganzen Tag.

Warum sagst du ihm nicht, dass er sich ins Knie ficken soll?

Hör auf, Esmeralda!

Esmeralda! Esmeralda! Den ganzen Tag hör' ich nichts anderes! Du sprichst mit dir selbst und merkst es nicht mal. Lauf' ich vielleicht den ganzen Tag 'rum und schreie Lola! Lola! Mach dass du rauskommst? Natürlich nicht. Ich bin doch nicht dumm. Du hast aus deinem Buckel aber auch rein gar nichts gelernt.

Du stiehlst mich mir. Hör bitte damit auf! Wer immer du sein magst. Haben wir uns verstanden? Du dumme Fotze. Wie albern, jetzt schimpf ich schon mit mir selbst.

Katz meldet sich von hinten aus dem Räucherschuppen. »Dieser indianische Halunke!«, schreit er. »Ich hab' dir doch gesagt, dass der stiehlt. Es fehlt schon wieder eine Schweinehälfte. Zum Arbeiten zu faul, aber stehlen kann er, das muss man ihm lassen.«

Fairbanks geht zur Tür. »Woher willst du wissen, dass er es war? Wenn du mich fragst, dann war das dein kleiner Buckliger da. Dem würd' ich nicht weiter trauen, als ich einen besoffenen Nigger in einem Schneesturm werfen könnte. Ich werd' nie vergessen, wie ich ihn in der Scheune in Miss

Lolas neuer Unterwäsche erwischt habe. Es gibt nichts, was das kleine Ungeheuer nicht tun würde. Das sage ich dir.«

»Lass ihn in Ruhe, Fairbanks«, sage ich. »Esmeralda stiehlt nicht.« Was glatt gelogen ist, weil er ständig meine Unterwäsche mitgehen lässt, der arme Teufel. »Sag doch Katz, er soll reinkommen. Ich möchte mit ihm über eine Idee sprechen, mit der sich Geld verdienen ließe.«

Langsam dreht er sich nach mir um, der große zerknitterte Kerl, und misst mich mit herablassendem Blick – von der Sorte, die gemeinhin der altjüngferlichen Lehrerin vorbehalten bleibt, die nicht weiß, wozu Betten wirklich da sind. »Ach ja? Womit denn? Geldsträuchern?«

»Nein, Schatz. Mit Lunchpaketen für Goldgräber.« Mein Gott. Womit habe ich diesen Esel verdient?

Katz und ich unterhalten uns. Fairbanks ist in der Stadt. Ich mag Katz irgendwie. Er ist so eindeutig ein Gauner, dass man genau weiß, woran man ist. Er behauptet, 1812 auf der Seite der Briten gekämpft zu haben, und das Komische daran ist, dass ich ihm glaube. Wenn auch nicht, dass er Oberst war.

»Meine Leute waren hervorragend ausgebildet und organisiert«, hat er mir mal erzählt. »Da hat sich keiner abgesetzt. Da ging's um die Ehre, verstehst du. Ich hatte da einen Burschen, den ich nie vergessen werde. Ein baumlanger, rabenschwarzer Neger. Hat gekämpft wie ein Löwe. Nie gemault. Blieb gern allein. Um mit seinen Vorfahren zu reden, nehm' ich mal an. Die Seele von seinem Ur-Urgroßonkel, hat er mir mal erzählt, wär' bei ihm eingezogen. Ganz außergewöhnlich, diese Afrikaner. Wirklich außergewöhnlich.«

Was schwarze Männer anging, konnte ich ein Wörtchen mitreden, aber dafür war das nicht der richtige Zeitpunkt. Ich meine da einen ganz bestimmten, einen riesigen, muskelbepackten Kerl. Völlig verrückt. Aber großartig im Bett. Na ja ... Wie auch immer, Katz sitzt mir am Küchentisch gegenüber, in seiner Hirschlederjacke – er hat wirklich komische Zähne für einen Erwachsenen, vollkommene kleine Babyzähnchen –, und wir diskutieren unseren Plan. »Du meinst ein ganzes Feld voll Blumen?«, hakt er nach.

»So kann man es auch sehen. Oder aber als pures Gold. Ich spreche hier nicht von den Mohnblumen, die deine Mutter hinterm Haus hatte, wo immer das gestanden haben mag.«

»In einer Siedlung sephardischer Juden in Delaware im 17. Jahrhundert. Alles Aristokraten. Mein Vater war Rabbiner, ein renommierter Talmudgelehrter obendrein. Die Mendez-Katz waren eine der führenden Familien im spanischen Toledo. Als Königin Isabella …«

»Okay. Okay. Zurück zum Opium. Ich habe aus New York einen Sack türkischer Samen mitgebracht – eine Art Honorar für geleistete Dienste –, und das Klima und der Boden und so weiter schienen mir genau so lausig wie in der Türkei. Es müsste doch mit dem Teufel zugehen, wenn das Zeug hier nicht gedeiht.«

Er fährt sich mit der Zunge über die Lippen. »Schön, und wie macht man nun aus den Blumen Opium?«

»Ganz einfach. Kennst du den Koch draußen auf der Jackson-Ranch, den Chinesen?«

»Ja doch. Lin Ting. Ausgesprochen ordentlicher Bursche.«

»Ja. Verdammt tüchtige Kraft. Na jedenfalls, bevor er ins Land der Krötenechsen kam, hatte er in Peking mit Opium umzugehen gelernt. Und ich weiß ganz zufällig, dass ihm ein ordentlicher Batzen Geld mehr als gelegen käme, um nicht länger den Kochlöffel schwingen zu müssen. Er ist ein ganz unglaublicher Spieler und bis über beide Ohren verschuldet, und für den Fall, dass er nicht bezahlt, haben die Bates-Brüder ihm versprochen, sie machen Fischfutter aus ihm.« Ich halte inne und atme kräftig die saubere Luft mit dem Salbeiduft. »Ich will damit sagen, er ist genau das, was wir brauchen.«

Mendez-Katz' Lippen sind jetzt ganz feucht, und er wirkt

um einiges entspannter. »Da wäre noch das Problem, das Zeug an den Mann zu bringen.«

»Das ist dein Fach, mein lieber Mendez-Katz.«

Noch einmal fährt er sich zur Beruhigung mit der Zunge über die Lippen, obwohl sie schon feucht genug sind, um ihn durch ein halbes Dutzend Probleme zu bringen. »Ja, natürlich. Ich sehe schon die Struktur. Esmeralda macht den Kurier. Ich denke sogar an einen Rabatt als Anreiz für die Abnahme größerer Mengen. Vielleicht bei zehn Packungen eine umsonst? Nichts regt den Appetit besser an als der Gedanke, es gibt was umsonst.«

In Mendez-Katz' Augen sehe ich das gierige Lächeln aller Ghettos der Welt. Geld, Profit und Planung, sie sind seine Heilige Dreifaltigkeit. Sex rangiert bei ihm ziemlich weit hinten, etwa wie ein Engel zweiter Klasse. Draußen schwebt ein Adler über den flachen blauen Wüstenhimmel. Gott, was sind die schrecklich und sexy zugleich. Oh, jetzt fickt mich einer, ich spüre es! Meine Möse schreit auf, als der Vogel in mich hineinsegelt.

Ich muss lachen. »Das musst du von einer Frau gelernt haben.«

Seine Lippen sind plötzlich trocken; hektisch springt seine Zunge heraus. »Von meiner Mutter …«, beginnt er.

»Nicht von deiner Mutter. Jemand anderem.«

»Aber meine Mutter …«

»Vergiss es. War nur ein Scherz. Wie auch immer, wir säen morgen bei Sonnenuntergang. Das ist die beste Zeit.«

»Ach? Und warum?«

»Damit die Samen träumen können.«

Er guckt mich fast ängstlich an. »Was?«

»Du hast mich schon gehört. Träumen. Wenn man sie tagsüber pflanzt, sterben sie, weil sie nicht sofort träumen können. Mohnsamen müssen ihr Leben mit einem Traum beginnen, schließlich ist es genau das, wofür sie später sorgen sollen.« Ich warte einen Augenblick. Aber natürlich kapiert er kein Wort. Er denkt, ich spinne. Seiner Ansicht nach spinnen alle Weiber. Vielleicht stimmt das ja auch, aber nicht so wie er sich das denkt. Er wäre ein ganzes Ende besser dran, wäre er ein bisschen verrückt. Lass das, Esmeralda!

»Und Fairbanks? Was ist mit dem?« Seine Gedanken gleiten einfach weiter. Die Geschichte mit den Träumen ist ihm zu unheimlich, zu wunderbar, um darauf eingehen zu wollen.

»Was ist mit ihm?«

»Macht der mit? Ist er eingeweiht? Gehört er dazu?«

Ich habe ein schreckliches Geschubse und Geschiebe in mir. Es ist Esmeralda. Oh … ich kann nichts dagegen tun … »Dieser Bauer? Der gehört noch nicht mal zu seinem eigenen Arsch!«

Mendez-Katz wird zu einer Statue monumentalen Staunens.

»Guck doch nicht so doof, Mendez-Katz«, höre ich mich sagen. »Ich bin's. Esmeralda.«

»Hör zu, Lola …«

»Nicht Lola. Ich bin's!«

Ich nehme meine ganze Kraft zusammen und ringe ihn nieder. Er würgt mich und versucht mich an den Haaren zu ziehen. Aber ich kann ihn überwältigen. Puh, ich bin völlig geschafft. Warum muss er immer damit anfangen, wenn andere dabei sind? Mendez-Katz starrt mich noch immer an. Irgendwo in der Ferne klingelt eine Kuhglocke.

»Tut mir leid, Mendez-Katz. Ich weiß nicht, was über mich gekommen ist. Ein Anfall, so was habe ich hin und wieder.«

»Ich verstehe.« Wieder leckt er sich die Lippen. »Natürlich.«

»Fairbanks hat doch keine Ahnung, was das ist. Ich sage ihm, dass wir eine besondere Sorte Schweinefutter anbauen.«

Mendez-K. nickt. Wir befinden uns wieder auf festem

Boden. Nichts mehr, was ihm unheimlich sein müsste. »Wunderbar. Den Teil des Unternehmens überlasse ich dir. Also dann … zum Profit …«

»Wir werden groß abräumen.«

»Hmm. Dann macht mir nur noch eines Sorgen. Dass uns die Behörden dazwischengehen.«

»Ist dir je ein Polizist untergekommen, der nicht zu bestechen war?«

»Hmm. Hast du mal in Betracht gezogen, rein theoretisch natürlich, wie das Bußgeld und/oder das Strafmaß für so etwas ausfallen würde?«

Manchmal geht er mir so was von auf die Nerven mit seiner Angewohnheit, alles beschnüffeln zu müssen, dass ich ihn erwürgen könnte. Großer Gott! Beschnüffeln alle, die was verkaufen wollen, die Welt derart penetrant? Stellt selbst die Morgendämmerung in Frage, dieser Mendez-K.

»Du willst hier weg, nicht wahr?«

»Natürlich, Gute. Ich will nur …«

»… mir nur auf den Geist gehen. Es wird alles glatt gehen, glaub mir.«

Ich blicke ihm in die Augen und sehe jede krumme kleine Straße im Ghetto von Toledo, und in jedem der kleinen Steinhäuser sehe ich sie die Köpfe zusammenstecken, wie Mäuse – flinke leuchtende Augen, kleine weiche Hände. Und die Kinder unklammern ein Stückchen Brot. Und jemand murmelt etwas in ihrer merkwürdig kehligen Sprache, ein bärtiger alter Mann … und neben ihm sitzt flüsternd eine Frau mit Schleier und Ringen an den … Großer Gott, das bin ja ich.

Die Gerüche hier drin sind schier erstickend. Sie halten sich in den schweren Steinmauern. Es riecht nach Körpern und Knoblauch und Angst; es riecht wie im Zoo. Der Mann mit dem Bart hat sein Gebet abgebrochen. Er wendet sich an mich. Seine blutunterlaufenen Triefaugen machen mir Angst.

»Bete nur weiter, Prinzesschen«, sagt er.

»Ja.«

»Die *goyim* sind blutrünstig, aber nicht unersättlich. «

»Sie haben meinen Vater verbrannt«, höre ich mich sagen. Ein Stöhnen eher, ein Wimmern entringt sich mir. Der kleine Junge neben mir spielt mit einer Hasenpfote. Er heißt Jakob. Ich bin furchtbar hungrig und habe Angst, aber auf eine merkwürdig unwirkliche Art – man tut zwar mir weh, aber ich lasse den Schmerz einen anderen spüren. Wäre es nicht himmlisch, jemanden dafür bezahlen zu können, dass er einem die physischen Schmerzen abnimmt, und man selbst leidet nur noch im Kopf! Oder wenn die Stadt eine Person ernennen würde, sagen wir einen Buckligen, der das Elend aller zu tragen hätte. Für die Lust haben wir Huren – warum nicht auch für den Schmerz? Der Geruch meines Vaters auf dem Scheiterhaufen, der Geruch seines verbrannten, gerösteten Fleisches, war der schauerlichste Geruch, den ich je in der Nase gehabt habe. Verbranntes Tierfleisch riecht ganz und gar nicht so, obwohl man meinen möchte, Fleisch sei Fleisch und stirbt auf die gleiche Art.

»Er ist für uns gestorben«, intoniert das ächzende Bündel Frömmelei neben mir, nicht als spräche er mit mir, einem anderen schlichten Menschenkind, sondern in der Art eines Rabbiners, der einer Ansammlung unpersönlicher Körper predigt, die er seine Gemeinde nennt.

»Nein«, sage ich, »er ist nicht für mich gestorben. Er ist für seine Eitelkeit gestorben.«

De Sola, noch immer höre ich den Geistlichen des Herzogs von Toledo, als hätte ich ihn vor mir, du hast die Kirche beleidigt und die Würde Spaniens verletzt. Es sei dir hiermit eine letzte Gelegenheit gegeben, deines abscheulichen Lebens zu entsagen und dich als anständiger, gottesfürchtiger Mensch zum Christentum zu bekennen.

»Ich bin als Jude geboren, und als Jude werde ich sterben«, schrie er.

Das wirst du schon, De Sola, in der Tat das wirst du schon.

Und er starb. Was für eine Absurdität! Was für eine himmelschreiende Verantwortungslosigkeit! Seine Frau und fünf Kinder in diesem Meer des Wahnsinns alleine weiter schwimmen zu lassen.

»So sprichst du mir nicht über deinen geliebten Vater, meinen lieben Bruder«, sagt mir das Triefauge. »Du bist eine schmutzige kleine Hure!«

»Bin ich nicht«, sage ich unter Winseln und Stöhnen – und winseln und stöhnen tue ich nicht für meinen Vater, sondern aus reiner Verzweiflung und Langeweile; sonst nämlich gibt es in diesem Verlies (außer vielleicht an den Zähnen zu lutschen und von etwas zu essen zu träumen) einfach nichts zu tun. »Aber wenn ich Glück habe, werd' ich ja vielleicht eine und überlebe das hier.«

»Eine Hure bis in alle Ewigkeit. Jahrhunderte wirst du auf den Straßen des Selbsthasses und der Entwürdigung wandeln.«

»Du führst nur deshalb ständig so große Worte im Mund, weil du nicht verstehst, was um dich herum vorgeht.«

»Hure!«

»Schwein!«

Jetzt stehe ich auf – die Klagen, die Gebete, die Tränen in diesem Raum voll müffelnder Verwandtschaft! *Oy!* – und gehe durch das lärmige Selbstmitleid zur Tür und hinaus auf die gewundene kleine Gasse. Vorne – an ihrem fleckigen, feuchten Mund sozusagen – hängt wie ein Seufzer der Ausblick auf den grünblauen Fluss und das kräftige, elegante Aquädukt, das die Römer hinterlassen haben. Die dünne Luft fährt mir in meine schwarze jüdische Kleidung, bläst mir die Spinnweben aus dem dumpfen Kopf, und ich komme mir nicht mehr gar so sehr wie abgestandene Suppe vor. Eine Hure, ja. Ich werde eine Hure! Kann kaum schlimmer sein, als mich in eine Ehe mit Moses, dem Fleischerssohn, sperren zu lassen (der mir überhaupt etwas zu großen

Gefallen an seinem Gemetzel zu haben scheint). Vielleicht habe ich ja sogar meine Freude daran. Und ob ich nun bis in alle Ewigkeit mit einem Zunftschild zwischen den Beinen herumlaufen muss, nun, das wird sich zeigen. Leben wir denn wirklich ewig, wie es immer heißt, und machen als unsichtbare Geister all das, was uns im Leben besonders zuwider war? *Oy!* Was für ein verrückter Gedanke! Verrückter noch als meine endlosen Träume von Toledo. Aber warum eigentlich muss bei mir immer alles einen Sinn haben – wo ich doch weiß, dass alles auf der Erde nur Wahnsinn ist und all das Gerede von Vernunft nichts als Unsinn, mit dem man dem Menschen ein Stück von seiner Menschlichkeit nehmen will. Gott im Himmel! Womöglich ist der schwarze Falke, der da oben am Himmel seine Kreise zieht, meine Großmutter, die sich gerade überlegt, wie ich wohl schmecken mag.

»Psst! Eulalia!«, flüstert eine Stimme aus einem der Fenster vor mir. »Komm doch einen Augenblick rein. Ich muss dir was zeigen.«

»Alles, was mich interessiert, Franco, ist dein Geld.«

»Ah, Eulalia. Wie zynisch du doch bist. Glaubst du denn nicht an die Liebe?«

»Dass ich nicht lache! Deine Liebe ist ein leerer Magen und ein hungriger Schwanz.«

»Großer Gott! Was führst du nur für Reden, schöne Maid.«

»Du hast doch deine Freude dran«, sage ich, den Blick noch immer in den Himmel gerichtet. Dieser Vogel! Dieser Vogel! Was macht er nur mit mir? Haben ihn auch die römischen Soldaten gesehen, als sie das Aquädukt bauten? Könnte es gar einer von ihnen sein, die Seele von einem schwarz gelockten Legionär? Ach Vogel! Nimm mich, ja? Bitte! Bitte! Mach, dass ich keine Jüdin mehr sein muss! Nimm mich! … Augenblick mal … Ist das die Möglichkeit? … Bin ich der Vogel?

Wieder macht es *psst!* neben mir. Das Zischen einer

Schlange. Ganz Spanien besteht aus diesem Schlangengezisch aus Männermund. Ich könnte sie mit meinem Schnabel zerhacken oder zerhauen. Mit *meinem* Schnabel?

»Liebreizende, komm doch näher, guck mal, die schönen Silbermünzen in meiner Hand.«

»Na schön«, sage ich und nehme den Blick von dem Vogel. Ich drehe mich um. »Dann lass doch mal sehen, du Nichtsnutz, du.«

Ich blicke in seine verstohlene Erwartung, seine schnauzbärtige Nervosität, in die Münzen, deren Kraft für seinen Mangel an Magie herhalten muss, und rieche – zum ersten Mal an diesem stinkenden Tag. Das rote Haar von diesem Sack schmutziger Gedanken lechzt danach, von mir gezogen zu werden; seine lange Töpfernase schnaubt schier vor Verlangen. Vermutlich setzt er sie beim Formen der Vasen ein, die sich auf seiner Scheibe drehen. Zu gern würde er sie in mich stecken; ich kann es spüren.

»Du hast eine schamlose Nase, Franco.«

»Hier, dein Anteil, Zachary«, sagte April und reichte Zachary eine braune Einkaufstüte mit 25 000 Pfund. »Hast dir jeden glänzenden Schilling davon redlich verdient.« Sie war ziemlich angeheitert.

»Wunderbares Mädchen«, sagte Zachary, als er das Geld entgegennahm und ihr einen Zen-Kuss auf die Hand drückte. »Damit kann ich zwei Bergtempel bauen.«

Esmeralda auf dem Boden kicherte trunken. »Oder jeden einzelnen von Buddhas Schritten nachgehen!«

»Ich habe seine Schritte im Herzen«, sagte Zachary.

April warf Bosworth eine Tüte zu. »Zwanzig Teppichknüpfereien, mein brauner Prinz.«

»Falsch«, sagte Bosworth. »Die Alpen. Ich gönne mir eine Luxusrückkehr in die Eiszeit.«

Eine weitere Tüte flog in Richtung von Katz, der unter einem der vor Selbstmitleid triefenden Ölschinken saß. »Offene Investmentfonds«, sagte er, mit leicht belegter Zunge, weil er mittlerweile mehr Scotch intus hatte, als seine alte Mutter für einen heranwachsenden Jungen gutgeheißen hätte. »Und ein paar nette Dampfbäder mit Massage. Um das alte Nervensystem wieder auf die Reihe zu kriegen.« Für einige Augenblicke meinte er, Baron Rothschild zu sein, der sich den Bizeps kneten ließ. Er blickte in die Kristallkugel seines Whiskeyglases. »Minnesota. Bergwerke scheinen mir eine sichere Sache. Sehr sicher.«

Der Boy Blaster schnarchte selig neben Jeanne d'Arcs von Dostojewskis Zunge verwüsteter Fut. Sein Schatz, die glatte, auf Hochglanz gewienerte Maschinenpistole, schlummerte zu seinen Füßen. Trotzdem träumte der Blaster von einer mit Zielfernrohr bestückten Büchse mit Kammerverschluss.

Draußen, im Nobelambiente des silbernen Bentley, saßen Churchill Downs und Ophelia von und zu Morgenlicht, beide in die Stoffe ungezügelten Überschwangs junger afrikanischer Königreiche gehüllt. Churchill warf einen Blick auf seine kleine mit Diamanten besetzte Armbanduhr.

»Geben wir ihnen noch eine halbe Stunde«, sagte er. »Dann sind sie so besoffen, dass sie weder die Kraft noch die Sinne haben, um Widerstand zu leisten.«

Ophelia lächelte. »Eine charmante Methode, sich ein bisschen was nebenbei zu verdienen. Charmant.« Sie holte eine großkalibrige Selbstladepistole aus ihrer gewaltigen Handtasche aus Elefantenleder. »Was für eine wunderbare Arbeit. Wenn ich was bewundere, dann ist das handwerkliches Können, du nicht auch, Bruder?«

»Allerdings, Ophelia, Baby, allerdings. Aber noch lieber ist mir Geld.«

Lachend liebkoste sie den Lauf der Waffe und schob den Sicherheitsriegel auf und zu, nur um sicherzugehen. »Vergiss nicht, dass du morgen Vormittag um zehn den Termin im Ministerium hast, mit den Leuten von der CIA.«

Churchill tätschelte ihr das rot, schwarz, goldene Knie. »Keine Bange, Schwester. Mein Gedächtnis gründet in meinem Gewissen, und mein Gewissen gründet in der Realität.«

Sie grinste. »Ah ja.«

Er blickte hinaus auf die saubere, spröde georgianische Straße. »Ich könnte wirklich ein paar Rippchen vertragen … und eine Riesenportion Haxe mit Bohnen und Reis. Herrgott noch mal!«

Ophelia lächelte tückisch. »Und etwas Möschen im eigenen Saft?«

Churchill stöhnte auf. »Hör auf, Schwesterchen, Baby! So was trifft mich mitten in meine köstliche Scham. Du weißt, was dein Therapeut über diese Art von Familienvergnügen gesagt hat.«

Oben, in dem mittlerweile ziemlich abgefüllten Apartment, blätterte George müßig ein Bündel hochkarätiger Scheine durch. Die verschiedenen Bewusstseine seiner Selbst spazierten gemächlich dahin, jedes in seine eigene Richtung. Seine Linke schloss sich um Aprils ansehnliche Titte (April hatte sich entschlossen, sämtliche Kleider abzulegen, um unmittelbarer in Kontakt mit ihrer Umgebung treten zu können). Seine Füße schoben sich soeben in ein Paar Wildlederslipper in einem Geschäft in der Via Babuino in Rom. Seine Haut spürte die gischtige Brandung des Roten Meers. Seine Augen starrten auf eine halbvolle Seite des Notizbuchs auf seinem Schoß in der winzigen Wohnung in der Pariser Rue du Bac zwei Jahre zuvor. Seine Ohren reagierten auf die lyrischen Worte, mit denen sein Philosophieprofessor die hochätherische Argumentation der arabischen Mystiker zu erklären versuchte. Sein zehnjähriger Magen ergötzte sich an einer Ladung Hotdogs mit Chilisoße von einem Würstchenstand in New York. Er war ein Jahrmarkt in Rückenlage. April schob ihm eine Hand unters Hemd und begann auf seinem Bauch einen Fingertango zu choreographieren. Er driftete vor sich hin … und driftete … und tauchte dann aus den Seiten seines Notizbuchs auf, einen schwarzroten Kugelschreiber in der Hand – fünfzig Centimes in einer blitzenden Schreibwarenhandlung am Boulevard St. Germain nur einen Tag zuvor, nach einem billigen, aber ausgewogenen Lunch (ein hart gekochtes Ei, Salat und Kalbsknöchel) in Gesellschaft seiner eigenen Wenigkeit. Ach ja, und einen Schluck Wein, aber das versteht sich von selbst.

»Ein guter Tafelwein«, hatte George einmal jemand gesagt, »ist des Menschen bester Freund.«

»Hmm«, hatte George geantwortet. »Gar nicht so schlecht. Er passt zu allem. Was man beileibe nicht von allen seinen menschlichen Freunden sagen kann, hab' ich Recht, Claude?«

»Sie haben es erfasst, Sir. Ich hätte es nicht besser sagen können.«

Claude war Lady Jones-Stuarts Chauffeur, und George unterhielt sich mit ihm in einer Cafébar direkt unter ihrer – systematisch und mit Vergnügen frequentierten – Bleibe am Boulevard Raspail, während die Dame sich oben für die ebenso lange, wie völlig reizlose Fahrt nach Neuilly zurechtmachte. Geplant war ein Besuch bei der Herzogin von Rheims und ihrem neuen Tutor, einem im Augenblick ganz unglaublich beliebten Burschen aus dem Himalaja. Ein Cousin des Dalai Lama oder was in der Art.

Wie auch immer, George saß da, seinen Kuli in der Hand, ganz und gar darin vertieft, die Gedanken eines Mädchens zu notieren, denn er arbeitete an einen Roman über eine schöne mysteriöse junge Amerikanerin, die sich in den gischtigen Strudeln des Pariser Untergrunds verliert – auf so ziemlich jede Art und Weise, die diese universell einsetzbare Kategorie ahnen lässt.

Nun, dieses Phänomen nannte sich Gräfin Freda Smell (Notiz: Vater österreichischer Adel, Mutter eine irrsinnig schöne – und überhaupt irrsinnige – Amerikanerin) und zog mit einer schwarzen Dänischen Dogge herum, die sie (oder George) aus Gründen, die einem durchaus nicht sofort einleuchten mussten, Bunny getauft hatte.

»Du lieber Himmel! Was ich so alles in mir habe!«, sagte George in den kleinen Raum hinein. »Es gibt Typen, die schreiben harmlos dahinplätschernde geruchlose Scheiße über das alltägliche Leben. Nicht so der gute alte George. Nein, unter einer biblischen Plage fängt der erst gar nicht an. Du liebe Zeit.«

Er steckte sich eine Gauloise mit Filter an, sog sich den paradoxerweise zugleich beruhigenden und für Beklemmung sorgenden Rauch in die Brust und guckte durch das hübsche alte mit Bläschen gesprenkelte Fenster hinaus auf den zuckenden Verkehr unter ihm; dann drängte er sich wieder in den exotisch verwirrten Geist der Gräfin. In eben diesem Augenblick oder auf eben dieser Seite in seinem Notizblock stellte sie sich vor (was beileibe nicht heißt, dass dem nicht auch wirklich so war), einen ausgesprochen raffinierten, gefährlichen und – ohne die nötige Präzision in der Ausführung – möglicherweise sogar tödlichen Deal mit der deutschen SS in Rom einzufädeln. Es ging um Verbleib und Habhaftwerdung einer Unmenge Goldes und Antiquitäten, die reiche Italiener vor ihrer Flucht übers Meer nach New York versteckt hatten, als das Blut aus dem Menetekel an der Wand zu rinnen begann. Ihr Partner bei diesem Fandango war ein junger Mann mit überdurchschnittlichen Qualitäten, wie man so schön sagt – ein Mongolenprinz, physisch unwiderstehlich (das gibt es auch bei Männern) und einer der wahrhaft großen Geister unserer heutigen Welt. Er machte bei allem mit, egal welchen Spaß man sich gerade ausgedacht haben mochte. Er hieß Bosworth.

Nun, das Merkwürdige an Georges literarischem Schaffen bestand darin, dass seine Personen, seine Charaktere auch außerhalb seiner Phantasie zu existieren schienen.

»Ich kann dir sagen«, erzählte er einmal einem Freund

anlässlich einer der wenigen literarischen Diskussionen, auf die er sich je eingelassen hatte. »Sie scheinen auf mich zu lauern. Ich bin anscheinend nur der Mittler, eine Seele, was weiß ich, etwas, was ihnen dazu dient, ihre Verrücktheiten auszuleben. Und das geht folgendermaßen: Ich beginne meine schriftstellerische Arbeit jeden Tag, indem ich mich von dem Treibgut befreie, das ihn für gewöhnlich beherrscht, von der Knechtschaft, in der ich mich mittels meiner Identität als George H. halte. Es ist fast so, als würde ich meine Identität verlieren, mich von mir selbst befreien, und mit fortschreitendem Reinigungsprozess versenke ich mich in ein Meer der Stille oder ein stilles Meer, lasse mich einfach sinken, immer tiefer, ohne mich nur im Geringsten – weder körperlich noch geistig – zu bewegen, und es dauert nicht lange, und es beginnt etwas zu passieren. Geräusche, Schemen, Gerüche, Farben, Tiere, Pflanzen und Menschen stellen sich ein – eine Welt so völlig anders als die, in der wir in diesem Augenblick zufällig reden, und diese Leute beginnen miteinander zu agieren, manchmal schüchtern, manchmal geradezu wild, und schon sind wir unterwegs. Ich sage wir, weil sie mich mitreißen in was auch immer in ihrer Welt gerade passiert. Sie schaffen mich im selben Maße, in dem ich sie schaffe, wenn Sie verstehen, was ich meine. Ich bin zu diesem Zeitpunkt nicht mehr George H. Ich bin jemand anders oder auch mehrere Leute, wenn es dann weitergeht – und wie das weitergeht, Junge, Junge. Manchmal kommt es so dick und köstlich, dass ich ehrlich gesagt nicht weiß, wie ich wieder auf meinen Stuhl zurück komme, zurück in diese Welt. Manchmal komme ich nicht auf einmal zurück, manchmal geradezu auf einen Schlag. Nach meiner Rückkehr fühle ich mich eine Stunde lang oder so ziemlich komisch, und ich muss mich sammeln. Und hin und wieder bin ich nach meiner Rückkehr alles andere als intakt. Teile – oder Aspekte – von mir bleiben unten; und bis ich das nächste Mal abtauche, laufe ich hier als halber

Mensch herum, ganz so als wäre ich irgendwie nicht ganz da. Wie alle guten Freunde können sie ziemlich besitzergreifend sein.

»George! George! Wo zum Teufel bist du?«, schreien sie dann. »Komm schon! Komm zurück!«

»Wie kommt all das auf Papier? Das frage ich mich schon gar nicht mehr.«

»Es ist ganz anders«, fuhr er, an seinen Freund gewandt, fort, »wenn ich für Geld schreibe, was ich übrigens unter anderen Namen mache. Die Figuren in diesen Büchern denke ich mir wirklich aus, und weißt du was? Die haben nicht die geringste Ahnung, wer ich bin. Und wo wir schon dabei sind, ich möchte, dass das auch so bleibt.«

Sein Freund sagte, er verstehe einiges von dem, was George ihm da gesagt habe, und was er nicht verstehe, darauf wolle er auch nicht näher eingehen. Er bestellte sich noch einen Pernod mit Eis.

George klappte seinen Notizblock zu. Sein Tauchgang für diesen Tag war vorbei. Der Oberst von der SS, der sich mit der Gräfin und Bosworth treffen sollte, konnte die Verabredung nicht einhalten, weil er einer irritierenden Geschichte nachzugehen hatte: Zwei von seinen Jungs waren von Partisanen umgebracht worden, und das direkt vor den Toren Roms. Also sagten Freda und Bosworth, gehen wir doch rüber in Zerinas Puff und gucken ein bisschen zu. George jedoch war nicht in Stimmung, also ließ er die beiden stehen und verabredete sich mit ihnen für den nächsten Tag auf der Piazza Colonna. »Italienische Huren mit den Schwänzen deutscher Soldaten im Mund, so was macht mich schrecklich einsam«, erklärte er. »Einer meiner vielen Fehler.«

»Du und deine falsche Demut«, sagte die Gräfin, natürlich im Scherz.

»Ich geh' nach Hause, ein Nickerchen machen«, sagte er. Die Wahrheit wollte er den beiden nicht sagen, sie war zu verwirrend. Er hätte sie gar nicht recht zusammengebracht.

Die eigenartige kleine Geschichte, zum Beispiel, die er geschrieben haben musste, ohne sich daran zu erinnern, etwas über jemanden namens Eli Katz; er hatte sie eines Morgens neben seiner Schreibmaschine entdeckt (oder wie auch immer man es nennen will). Jedenfalls lag sie da, als hätte sie sich selbst geboren.

Eli Katz lag eingerollt auf der linken Seite, in einem nervösen Halbschlaf, und beobachtete das Leuchtzifferblatt der Uhr auf dem Stuhl. Es war 4:25 morgens. Der Alarm war auf 4:35 gestellt, zehn Minuten früher als nötig; wenn es klingelte, konnte Eli immer noch ein Weilchen liegen bleiben, sich ausstrecken und im Bett vor sich hin träumen, bevor er schließlich aufstand. Nicht dass der Trick notwendig gewesen wäre. Er wachte immer zehn, fünfzehn Minuten vor dem Klingeln des Weckers auf.

Er trug Zeitungen aus und übernahm diesen Morgen eine neue Route. Jeden Morgen während der letzten Woche war er mit dem Jungen, der die Route aufgab, unterwegs gewesen und hatte sich alles zeigen lassen. Verglichen mit Elis alter Route, die kurz war und durch einen armen Teil der Stadt führte, stellte die neue einen Riesensprung in die richtige Richtung dar, und die richtige Richtung war immer die, die nach vorne führte. Er hatte lange auf eine solche Route gewartet. Auf ihr lagen hundertfünfzig Kunden, und sie verlief um den Kalorama Circle, wo die Leute mit Geld zu Hause waren.

Eli hatte vor, das Geld für die Abonnements einmal im Monat einzusammeln, nicht jede Woche wie die anderen Jungs. So würde er seinen Profit auf einmal machen. Und er hatte vor, monatlich siebzig Cent für die Zeitung zu verlangen anstatt der üblichen fünfzehn pro Woche.

Als er jetzt so wartete, bis der Wecker klingelte, dachte Eli an den Liter Kakao, den er an diesem Morgen zu klauen gedachte. Der andere Junge hatte ihm am Tag zuvor davon erzählt. Die Flasche stand jeden Morgen in einer schwarzen

Milchbox vor Apartment 6A in dem großen Wohnblock an der Ecke Wyoming Avenue und Twentieth Street.

Besagter Wohnblock lag genau in der Mitte seiner Route. Aber Eli hatte beschlossen, ihn diesen Morgen als Letzten zu beliefern. Es wäre zu gefährlich, die Milch die halbe Route mit herumzuschleppen. Und dann waren da noch die Donuts. Er hatte vor, zwei mit Honigglasur zu kaufen, für immerhin zehn Cent, eigens für den Kakao. Den Wohnblock zur letzten Station zu machen bedeutete, dass er fünf Straßenzüge zurückgehen musste, aber das war Eli egal.

Der Wecker klingelte. Eli war auf der Stelle hellwach. Er streckte die Hand und brachte den Wecker zum Schweigen. Dann legte er sich für weitere zehn Minuten zurück in das warme Bett. Als er sah, dass es Viertel vor fünf war, stand er eilig auf. Er schaltete die kleine Lampe an und begann sich anzuziehen.

Im Bett nebenan stöhnte sein Bruder Martin. »Mach mal halblang. Du weckst ja das ganze Haus.«

»Leck mich«, sagte Eli. »Pennst eh zu viel.«

Er brauchte zehn Minuten, um sich anzuziehen und aus dem Haus zu kommen. Als Verteilstelle hatte die Zeitung eine ehemalige Autowerkstatt eingerichtet. Sie befand sich in einer Gasse einige Blocks von Elis Zuhause entfernt. Als er eintraf, waren die anderen Jungs bereits fast alle da. Auf einer Seite der Werkstatt reihten sich die Zeitungsbündel. Ein schwergewichtiger junger Schwarzer schnitt die verschnürten Bündel auf und händigte jedem der Jungs die benötigte Anzahl von Zeitungen aus.

Drei, vier von den Jungs unterhielten sich lautstark. »Wenn das Arschloch im Werkunterricht mich auch nur noch einmal anmotzt …«, sagte einer von ihnen.

»Ich sag' dir, letzten Sommer im Rock Creek Park«, tönte ein anderer, »also da war die so was von heiß …«

Eli sah sich um. Er grüßte einen der Jungs.

»Okay, Katz«, rief der junge Schwarze Eli von der anderen

Seite der Garage aus zu. »Hier, das sind deine.« Er musterte Eli einen Augenblick lang. Dann sagte er: »Denkst du, du schaffst die neue Route jetzt allein?«

»Klar doch«, sagte Eli und ging hinüber zu ihm. Die Frage stank ihm. »Ist doch nichts dabei. Hältst du mich für blöd?«

Der schwarze Junge lachte, dann bückte er sich und öffnete ein weiteres Bündel. Eli nahm seinen Packen. Er legte die Zeitungen und seine Leinentasche auf dem langen Holztisch ab. Dann füllte er die Tasche mit den Zeitungen, schwang sie sich über die rechte Schulter, bückte sich dabei etwas, so dass das Gewicht teilweise auf seiner Hüfte zu ruhen kam. Im Gehen verabschiedete er sich vom Chef der Verteilerstation, der lesend an der Tür stand. Dann zog er los.

Die schwere bauchige Tasche über der Schulter, schlenderte er langsam zum Kalorama Circle. Kein Mensch war unterwegs. Eli fühlte sich wie der Herr dieses Teils der Stadt. Er hielt sich für den einzigen lebenden Menschen weit und breit. Alle anderen waren tot. Eli sah sich die Reihen geparkter Autos an und hatte das Gefühl, mit ihnen machen zu können, was immer er wollte. Straßen, Häuser, alles gehörte ihm. Außer ihm lebte dort keiner, nicht eine Menschenseele.

Und die ganze Zeit über dachte er an die schwarze Milchbox aus Blech und die Flasche Kakao.

Die neue Route erstreckte sich über elf Straßenzüge. Als er mit seinem Vorgänger unterwegs gewesen war, hatte er sie in- und auswendig gelernt: erst eine Straßenseite hinauf, dann die andere wieder zurück. Nur hin und wieder musste er einen Blick in sein Routenbuch werfen, um sich zu vergewissern, dass ein Haus auch tatsächlich eine Zeitung bekam. An der Wyoming Avenue ging er einfach an dem großen Wohnblock vorbei, ohne auch nur einen Blick in die Lobby zu werfen, und trug erst die Zeitungen in der Twentieth Street aus.

Je näher er dem Ende seiner Route kam, desto aufgeregter

wurde er. Er hatte nichts anderes mehr im Kopf als die Flasche Kakao. Er lächelte in sich hinein und betrachtete die saftigen grünen Ahornbäume die Straße entlang. Schließlich warf er mit gekonntem Schwung eine letzte Zeitung auf eine Treppe und machte sich an den Rückweg zu dem großen Wohnblock.

Seine Aufregung nahm zu, aber mit ihr kam auch ein verhaltenes Gefühl der Furcht. Sein Herz schien größer zu werden und schneller zu schlagen. Sein Magen verkrampfte sich. Jetzt war er wieder in der Wyoming Avenue. Er sah das riesige Haus vor sich. Er hielt darauf zu. Die Augen tränten ihm ein bisschen, und sein Gesicht war ganz warm vor Aufregung und dem Anflug von Angst und vom zügigen Gehen. Er hatte nur noch einige wenige Zeitungen in der Tasche. Sie schabte ihm rhythmisch am Bein. Es war das einzige Geräusch auf der Straße.

Er stieg die Treppe vor dem Wohnblock hinauf. Er hielt die Tasche jetzt so, dass sie nicht mehr am Schenkel schabte, um das Geräusch zu vermeiden. Er ging durch die leere Lobby zu den Aufzügen. Einer stand offen. Er trat hinein, drückte den Knopf für den siebten Stock und lehnte sich dann gegen die Kabinenwand. Sein ganzer Körper war jetzt gespannt und warm.

Ruckelnd bremste der Aufzug ab und kam zum Stehen. Eli stieg aus. Der Korridor war lang und schmal, an beiden Enden befand sich ein Treppenhaus. Eli machte sich auf den Weg; mit einem sachten Plumpsen landeten seine Zeitungen vor bestimmten Türen. Er wurde langsam, aber sicher müde. Der Rücken tat ihm weh von der schweren Tasche. Als er mit der Etage fertig war, nahm er die Treppe hinab in die nächste. Direkt vor der Tür ins Treppenhaus in der sechsten Etage ließ er eine Zeitung auf die Fußmatte fallen, wandte sich um und blickte den Korridor hinab.

Die kleine schwarze Milchbox befand sich ganz am Ende des Flurs. Er stand da und starrte sie an. Sein Mund war ganz trocken, er schluckte zweimal. Dann ging er los. Hier und da ließ er eine Zeitung fallen, und noch bevor er den Korridor halb hinter sich hatte, kam es ihm gerade so vor, als würde dieser von Schritt zu Schritt kleiner – und er schrumpfte mit ihm. Schließlich erreichte er die schwarze Milchbox. Er bückte sich ganz langsam und hob den Deckel der Box an. Es interessierte ihn nicht, dass neben dem Kakao noch ein Liter Sahne stand. Die Flasche Kakao war kalt und feucht. Er umfasste sie einige Sekunden, bevor er sie herausnahm. Dann hatte er sie auch schon in der Tasche verstaut und machte den Deckel sorgfältig wieder zu. Jetzt schien der Flur nicht mehr so klein. Und auch seine eigene Größe schien wieder normal.

Eine Etage tiefer legte er ein anderes Tempo vor, und als er die Zeitungen verteilt hatte, nahm er die Hintertreppe in die vierte. Er fühlte sich jetzt ausgezeichnet. Er hielt mit einer Hand die Flasche in seiner Tasche, damit sie ihm nicht gegen den Schenkel schlug. »Ich hab's geschafft«, sagte er sich. »Ich hab's geschafft.« Er stellte sich schon vor, wie er die Doughnuts kaufte und sich dann irgendwo in einen geparkten Wagen setzte, wo er sie mit der Schokoladenmilch verspeiste.

Die vierte und die dritte Etage hatte er in wenigen Minuten erledigt. Auf der zweiten hörte er das entfernte Wiehern eines Pferdes durch ein Flurfenster, das zur Straße hinausging. Eli nahm es zur Kenntnis, achtete aber nicht weiter darauf. Er lieferte seine Zeitungen ab.

Im ersten Stock kam er am vorderen Ende des Flurs von der Treppe. Er warf eine Zeitung vor die Tür von 111 und wandte sich weiter, um den Flur hinaufzugehen. Dann blieb er stehen.

Der Milchmann stand am Ende des Korridors und wartete auf ihn. Eli schloss einen Augenblick die Augen und wünschte sich mit aller Kraft, er könnte einschlafen und zu Hause wieder aufwachen, sicher, im warmen Bett. Sein

Körper war mit einemmal so müde, dass er ihm schier einzuschlafen schien.

Der Milchmann kam auf ihn zu. Eli stand da und sah ihn kommen. Er trug eine weiße Uniform. Er war ein großer, kräftiger Kerl. Jetzt konnte Eli den Schweiß auf seiner Stirn sehen. Dann baute der Mann sich vor ihm auf.

»Lass mich mal sehen, was du da in der Tasche hast, Kleiner«, sagte er.

»Nichts«, sagte Eli. »Bloß Zeitungen.« Er spürte seine Augen groß werden. »Ich trage den *Courier* aus. Ich hab' nur Zeitungen in der Tasche.«

»Du lügst doch!«

Die Hand des Milchmannes schnappte nach Elis Tasche. Eli spürte, wie er die Flasche Kakao zu fassen bekam. Der Milchmann nahm sie erst gar nicht heraus.

»Du kommst mit mir, du kleiner Saukerl«, sagte er. »Dich liefern wir bei den Bullen ab. Ihr kleinen Zeitungswanzen beklaut mich jetzt lang genug.«

Jetzt lächelte er verkniffen. »Ich hab' doch gewusst, ich brauch' bloß lange genug zu warten, dann erwisch ich dich mit dem Kakao. Hast nicht gemerkt, dass ich von oben an hinter dir her bin, was?«

Eli wusste sofort, dass der andere Junge selbst schon Milch geklaut hatte. Er hatte es Eli nur nicht gesagt. Elis Körper war schlagartig hellwach. Die zehn Cent fielen ihm ein, die er mitgebracht hatte, um die Doughnuts zu kaufen.

»Kann ich dafür zahlen, Mister?«, fragte er. »Bitte, lassen Sie mich dafür zahlen. Bitte. Ich hab' Ihre Milch noch nie angerührt. Ehrlich.«

»Bezahlen? Von wegen! Wenn ich dich laufen lasse, beklaust du mich morgen wieder. Komm schon. Mach deine Route zu Ende. Und dann ab auf die Wache mit dir.«

Eli ging zusammen mit dem Milchmann den Flur hinab. Kraftlos warf er hier und da eine Zeitung an die richtige Tür. Schließlich gingen sie hinab ins Parterre. Der Milchmann hatte ihn locker am Arm und sah ihn von oben her an. Keiner von beiden sagte etwas.

Eli sah sich schon auf der Wache, von großen, brutalen Polizisten umringt. Er würde kriegen, was er verdient hatte. Sie würden ihn in die Besserungsanstalt stecken. Der Milchmann stieß mit der einen Hand die Haustür auf, mit der anderen hatte er Eli am Arm.

Der weiße Milchwagen stand vor dem Haus. Auch das kräftige Pferd, das ihn zog, war weiß. Jetzt fiel Eli das Wiehern ein. Er erwartete, der Milchmann würde ihn in den Wagen stecken. Aber der stand nur da, seinen Arm jetzt fester in der Hand, und starrte ihn an.

Er riss Eli am Arm herum und schnappte sich die Flasche in der Leinentasche, wandte sich dann von ihm ab und zerschlug die Flasche auf der Straße hinter dem Wagen. Das Pferd fuhr wiehernd zusammen. Eli starrte auf die Scherben, der Kakao floss in dünnen Rinnsalen in die Gosse.

»Du kleiner Mistkerl!«, schrie der Milchmann. »Mir meine Milch zu klauen!« Er holte aus und verpasste Eli eine schallende Ohrfeige. »Hau ab!«, rief er. »Lauf! Bevor ich dir den Hals abdreh'!«

Elis Verstand setzte aus. Der Schmerz auf seinem Gesicht verschmolz mit einem schrecklichen Schmerz, der sich in seinem Kopf auszubreiten begann; seine Brust war ein einziges Glühen, und er konnte kaum noch atmen. Er fuhr herum, sprang über eine kleine Hecke an der Ecke des großen Wohnblocks und rannte die stille kühle Straße hinauf.

Langsam erhob George sich von dem Stuhl, auf dem er die letzten drei Stunden über gesessen hatte, mit ungelenken Gliedern oder ungelenken Gefühlen, je nachdem, wie man es sehen wollte, so war es immer, wenn er von seinen Reisen zurückkehrte. Er berührte ein Buch, als hätte er es monatelang nicht gesehen. (Hatte er es verlegt gehabt?) War er weg gewesen und eben wieder durch den Seiteneingang ins

Haus gewischt? Er nahm eine gelbrot gestreifte Krawatte in Augenschein, als gehöre sie nicht ihm, und dann ging er, ein schmales Lächeln auf den Lippen, hinaus auf die anrüchige Rue de la Université, die sich so unablässig und dabei geziert einreden musste, wie wunderbar es doch war, eine französische Straße zu sein – im Gegensatz zu einer in Cleveland oder einer triefäugigen, haarigen Straße in Kairo. Puh! Die Frau vom Tabakwarenladen mit ihren Palmwedelwimpern und den Granaten unter der Bluse fegte Riesenhaufen eingebildeten Mülls vom Gehsteig vor ihrem Lungenlabyrinth und führte dabei ein scharfes Selbstgespräch im Pariser Argot.

»Madame Lapique«, sagte George, mittlerweile fühlte er sich wieder etwas präsenter, »genau der richtige Tag für einen langen dünnen Zigarillo. Finden Sie nicht?« Er sprach Französisch, ein Mysterium, mit dem er sich in wenigstens drei Schulen rund um die Welt herumgeschlagen hatte.

»Heute ist ein Tag, um Pläne für die Flucht aus dieser elenden Welt zu schmieden«, antwortete sie und trat nach einem Stückchen Unrat, das schlicht nicht vorhanden war. »Ist schon eine Schande, dass man überhaupt morgens aufsteht.«

»Ich kann's Ihnen nachfühlen.«

»Sie sind ein unverschämter Lügner, einen Dreck können Sie mir nachfühlen, das wissen Sie ganz genau.« Sie fegte ein Kaugummipapier von der Straße ihrer Kindheit. *»Merde!«*

George lachte mild, ein klassisches zweifarbiges Morgenlachen, das unmöglich falsch zu verstehen oder als Provokation aufzufassen war, von niemandem, ob in Hörweite oder nicht.

»Sie sind ja vielleicht grantig«, sagte er.

»Das wären Sie auch, wenn Sie mein Leben hätten.«

George folgte ihr in den Laden. Dutzende von Tabakdüften buhlten lautstark um die Aufmerksamkeit seiner Nase.

»Waren Sie nicht im Herbst '43 in Carcasonne?«

»Schon«, antwortete Madame Lapique mit einem Zupfen an ihrem engen BH. »Aber ich hab' nichts von dem gemacht, was man über mich sagt.«

»Haben wir doch alle nicht.« Er atmete einen schwarzäugigen Duft aus Kuba. »Wir müssen lernen, unseren Mangel an Grenzen zu akzeptieren, und dürfen uns nicht länger von den Phantasien anderer manipulieren lassen. Wir müssen lernen, uns dagegen zu wehren.«

Den Blick auf einen kleinen Wandspiegel gerichtet, kämmte sie sich das herrliche hellblaue Haar. »Wenn Sie das schaffen, Master George, dann sind Sie gescheiter als ich.«

Ein dicker Kerl mit einer schmuddligen schwarzen Baskenmütze kam herein, knallte drei Francs auf die Theke und verließ den Laden mit einer Schachtel Gauloise. Eine alte Straßenhure hätte nicht müder wirken können als die baumelnde Zigarette in seinem Mund.

»Es ist die wesentliche Aufgabe unseres Lebens«, fuhr George fort und machte sich daran, aus dem Chaos auf dem Ladentisch eine Zigarre zu wählen. »Sonst zählt eigentlich nichts.«

Nachdem sie sich ihrem Haar gewidmet hatte, begann Madame Lapique diskret an dem geblümten Kleid zu zupfen, das ihre üppigen Formen so gut zur Geltung brachte. Wenn man George fragte, so hatte sie den schönsten Arsch der ganzen Straße, und das wollte etwas heißen, schließlich war die Rue de la Université für ihre prächtigen Ärsche bekannt. Wenigstens zweimal am Tag dachte er an ihren Arsch und stellte, nur spaßeshalber, das eine oder andere mit ihm an. Er fragte sich, ob sie sich dessen wohl bewusst war. Plötzlich kicherte sie.

»Sie denken wieder mal an meinen großen Hintern, Master George, hab' ich Recht?«

Er grinste bis zurück in die Heimlichkeiten seiner verschlagenen Jugend. »Allerdings, Madame Lapique, ich muss es gestehen.« Er fasste sich an die Nase, als hätte er das arme

Organ bei irgendwelchen Schweinereien erwischt. »Wie konnten Sie das nur wissen?« Er wurde zu einem Potpourri aus Schnauben und Quieken und bog sich dabei.

»Ach, da ist doch nichts dabei«, sagte sie, ziemlich entzückt. »Immer wenn Sie an ihn denken, fühlt mein Hintern sich wie ein Glas heißer Grog und ich bin wieder auf unserem Hof daheim in der Normandie.«

»Ist das die Möglichkeit! Tja, dann sagen Sie mir doch eines: Was ist, wenn ich nicht hier bin, wenn ich mich nur darauf konzentriere? Merken Sie es dann auch?«

»Aber natürlich. Gestern Abend, als ich der alten Zwiebel, mit der ich verheiratet bin, Abendessen machte, da fing mein Hintern mit einem Mal Feuer, und schon war ich wieder daheim in der Normandie. Ich konnte gut zehn Minuten lang nicht eine Kartoffel schälen. Mein Mann hat gedacht, ich hätte einen Anfall. Er behauptet, ich hätte ihn noch nicht mal erkannt.« Sie beugte sich über den Ladentisch und tätschelte ihm die Wange. »Sie sind mir vielleicht ein Schlingel, das sag' ich Ihnen. Die Essgewohnheiten des Kleinbürgertums durcheinander zu bringen.« Und diesmal ließ sie ein verrücktes Keckern hören – geradewegs aus einem frühen Werk von Zola.

»Lieber Gott!«, murmelte George. »Ist das nicht das Schmackhafteste, was man je gehört hat«, und noch bevor ihm so recht klar wurde, was er machte, versetzte er ihr einen klatschenden Klaps auf den Arsch.

Sie kreischte, natürlich, und als sie einen Satz nach vorn tat, stieß sie zwei höfliche Kartons English Ovals vom Tisch. »Sie Schuft!«, heulte sie und holte zu einem Vergeltungsschlag nach seinem Hinterteil aus, verfehlte es jedoch – aus dem Gleichgewicht, wie sie war – und traf stattdessen sein Ding, das nach so viel freundlichem Austausch stramm wie ein Zeltmast gegen die Hose stand. Der plötzliche Kontakt zwischen Madame Lapiques vergnügungssüchtiger Hand und seiner Fahnenstange, die selbst kein Kind von Traurigkeit war, ließ George zurücktaumeln, wobei er eine halb gefüllte Kiste bulgarischer Dinnerzigarren umstieß. »Hoppla!«, rief er aus, während sein Ding wie eine alte Harfe vibrierte. Und so versetzte er der Guten gleich noch einen satten Klaps auf den Arsch.

Daraufhin ließ Madame Lapique nun auch die letzten Reste dessen sausen, was von ihrer Erziehung an der katholischen Mädchenschule übrig geblieben war; sie packte George stämmigen Griffs und schob ihm – ganz in der Tradition atheistischer Troubadoure – die Zunge spannenlang in den Hals. George hatte irgendein albernes, aber angemessenes Bonmot auf eben jener Zunge gehabt – »Ach, Madame spielt Harfe?« oder dergleichen –, entschied sich aber dagegen es zu äußern, er wäre sonst womöglich erstickt. So griff er denn lediglich nach ihrem prächtigen Hinterquartier, zog sie an seine Kommunikationszentrale und revanchierte sich, so gut es nur ging. Nie war ihm das Leben einfacher erschienen.

In diesem Augenblick kam ihr Gatte die Hintertreppe herab. »Odette! Was machst du denn da!«, fragte er.

Sie nahm ihre Zunge aus Georges Mund. »Siehst du das nicht?«, fragte sie. »Ich zeig' dem jungen Herr hier, wie man bei uns raucht.«

»Ach so«, sagte er und ging wieder nach oben. Er murmelte dabei etwas über neumodische Unterrichtsmethoden, hatte er selbst doch das Rauchen noch auf Großmutters Dachboden lernen müssen, in einem schmuddligen alten Haus in der Provence.

»Verzeihen Sie die Unterbrechung, Master George«, sagte sie. Dann griff sie wieder nach ihm, unten wie oben, und legte sich erneut in den Riemen.

»Das ist die beste Gauloise, die ich je geraucht habe«, sagte George, der – noch immer eine normannische Backe in der einen Hand – mit der anderen ihr geblümtes Leibchen aufknöpfte und dann am Verschluss ihres schwarzen Büstenhalters zu nesteln begann, der gar nicht so einfach aufzubekommen war, geschickt wie er sonst mit seiner Rechten sein mochte, aber schließlich hatte er doch eine ordentliche Portion Bauerntitte im Mund. Madame Lapique hatte indes noch immer eine pragmatische Hand an seinem Schwengel (wenn dem Franzosen etwas eignet, dann ist das die Beharrlichkeit), und jetzt riss sie seinen amerikanischen Reißverschluss auf, zerrte Mr. Charlie ans Licht und machte sich an die Marseillaise. Also das nenne ich Lebensart, sagte sich George mit einem Nippel zwischen den Zähnen. Bei uns im Internat gab's das nicht.

Wie auch immer, es ging ein Weilchen so weiter (Blumenlaute, die von mehr als Lust zeugten, wuchsen aus Madame Lapiques Mund), bis beide Teilnehmer – als sie merkten, dass ihre Stellung ein ausgesprochenes Ungemach für die Muskulatur implizierte – sich wie ein neues Wesen (ohne den Fluss von Stimulus, Reaktion und Gegenreaktion zu unterbrechen) durch den Laden zu bewegen begannen und in dem kleinen Lager nach hinten hinaus landeten, wo Madame Lapiques Récamiere für Ohnmachten dieser Art stand. (Die Franzosen sind wirklich praktisch veranlagt: Wenn der Strom der Körpersäfte zu reißend wird, springen sie einfach hinein.)

»Stehend mag ja seine Vorzüge haben«, dozierte sie, während sie sich die Sachen vom Körper zerrte (George tat es ihr ziemlich hektisch nach, ließ aber die Schuhe an sowie die Socken und seine Baskenmütze), »aber letztlich geht eben doch nichts über ein Bett.«

»Ganz meine Meinung«, keuchte George gehetzt. »Großer Gott! Was für ein Arsch! Was für ein herrlicher nackter Arsch!« Worauf er sich auf eben diesen stürzte und ihn unter Küssen und Bissen, Kneten und Kneifen verschlang. Mit seinem mittlerweile tobenden Werkzeug spielte er einige Arpeggios darauf, bevor er wieder auf die Knie ging und sein Festmahl fortsetzte. »Heilige Maria Mutter Gottes! Vier Sterne – mindestens vier!«

Madame Lapique, die völlig natürlich da gekniet hatte, den Arsch gelüftet, lachte eine Tulpe. »Ist nicht das erste Kompliment, das muss ich gestehen.«

Japsend zog George die Zunge über die samtenen Hügel, schob ihr eine Hand zwischen die Beine und in ihr nasses Loch. »Das will ich doch hoffen. Wie sollte es anders sein!«

Einen Augenblick später warf sie den senil sabbernden George (dessen Zunge in der Luft weiter rotierte) auf die Liege und verabreichte ihm eine erstklassige französische Massage mit gekonnten Brustkontakten an einer – für viele höchst – überraschenden Stelle (oder auch nicht).

Mit einemmal erschien ein Kopf im Spalt zwischen Rahmen und Tür. Madams Gatte. »Noch immer Rauchunterricht, Odette?«

»Ja«, sagte sie und nahm den Kopf aus Georges Achselhöhle. »Wir sind gerade bei der Pfeife.«

»Ah ja«, murmelte Mr. Lapique und tappte wieder nach oben. »Sag ihm, er soll nicht inhalieren!«, rief er noch über die Schulter. »Ist nicht gut für die Lunge.«

»Er ist wirklich ein Schatz«, erklärte sie, die eben Georges Finger verschlang. »Aber er hat von Tuten und Blasen keine Ahnung, wenn Sie mir eine alte normannische Wendung nachsehen wollen.«

»Selbstverständlich«, sagte George, um ein Mindestmaß an klarer Aussprache bemüht (warum hätte er auch nicht sagen können). »Übrigens, Sie haben das nicht zufällig in China studiert?«

»Was?«, fragte sie, kaum verständlich, schließlich hatte sie seinen heißen Daumen im Mund.

»Fingerlecken. Ist eine alte chinesische Kunst, die das Abendland praktisch nicht kennt.«

»Nein«, antwortete sie, während sie eine Linie auf seinem Zeigefinger nachzog. »Aber man hat mich um Stunden darin gebeten, für träge Ehefrauen.«

»Ah ja«, hörte er sich murmeln. »Natürlich.«

Noch bevor er wusste, was er als nächstes sagen sollte, hatte sie sich auf meisterliche Art zu seinem für gewöhnlich sträflich vernachlässigten Nabel vorgearbeitet, dann war sein jungenhafter Unterleib an der Reihe, und schließlich – ohne Warnung (man hätte ja vielleicht ein »Achtung! Alles festhalten!« oder ein »Jetzt oder nie, *mon capitaine!*« erwarten können) – schluckte sie seinen Schwengel und zog ihn hinab auf den Grund, wo sie glubschäugig mit ihm dahinschwamm. Nur war Madame kein Sonnenbarsch auf der Suche nach nachmittäglichem Unfug. Zum ersten Mal in seinem albernen Leben verstand George, wie Jonah sich gefühlt haben musste.

Nach einem Weilchen (in dessen Salzhaltigkeit George zu einer riesigen pochenden von Schauern durchprickelten Amöbe metamorphosierte), tauchte Madame, ohne auch nur ins Schnaufen gekommen zu sein, wieder auf und bestieg ihn. (»Ich muss schon sagen, Master George, Sie sind weit schmackhafter als ein Shepherd's Pie. Ganz unbedingt!«) Die begabte Tabakhändlerin war kaum eine, die eine schmackhafte Gelegenheit hätte anbrennen lassen (sie nutzte scheinbare Leerstellen mit der Brillanz eines Anwalts); jetzt beugte sie sich so weit vor, dass eine ihrer rustikalen Brüste Georges ansonsten unbeschäftigten Mund zu füllen begann. (Wäre der Busen seiner Mutter nur halb so lecker und sie selbst nur ein Hundertstel so einfühlsam gewesen wie die göttliche Madame Lapique, George hätte sich zu einem zufriedenen Spießer entwickelt anstatt zu dem wandernden Schaubudenhelfer, der er geworden war.) Mit beiden Händen umfasste er ihren herrlichen Hintern, und schon ging es los. Es war auf der Stelle klar, dass Madame eine der großen Turnierreiterinnen des Jahrhunderts war. Ihr elektrisierendes, ganz und gar auf die Ausbeute bedachtes Pumpen war die Reifeprüfung für Georges Gemächt; bis zu diesem Augenblick, so wurde ihm klar, war sein Ding nur ziellos durch die Täler der Kindheit gestreift.

»Dein Freudenspender fühlt sich genauso an wie der des Grobschmieds in Avignon, mit dem ich einen Sommer befreundet war«, sagte sie und hängte ihm die andere Titte in den Mund. »Wirklich erstaunlich.«

»Wie hieß der denn?«, sagte George, ihren Nippel für einen Moment im Nasenloch.

»Großer Gott! Jetzt, wo Sie mich fragen, fällt es mir wieder ein – er hieß George.«

»Oh Gott, nein!«

Nicht dass dieser unheimliche Einfall – oder Zufall – in irgendeiner Weise die selbstgenügsame Saftigkeit ihres Verkehrs hätte beeinträchtigen können. Um die Wahrheit zu sagen, er bereicherte ihn. Dass die beiden hier Vergangenheit und Gegenwart vereinten, gab zu denken, und das taten sie auch, aber eher unbewusst, auf eine dezent klangvolle Art. George machte nun etwas, worauf er sehr stolz sein konnte; er tauschte den Platz mit ihr, ohne aus dem Tritt zu kommen und ohne die schlicht pyramidale Titte aus dem Mund zu verlieren. Natürlich trug ihr gekonntes Manövrieren zum vollen Erfolg seiner Leistung bei. Als er erst einmal obenauf war, verschwendete George selbstverständlich keinen Augenblick mit dem Gedanken an Börsenkurse oder den Strompreis in Jordanien. Er beackerte sie gründlich, das darf man wohl sagen (er stützte sich dabei zwar auf die Ellenbogen, aber das ist ja laut Spielregeln durchaus erlaubt). Dann rutschte er mit einem Mal tiefer und machte sich mit der Zunge dort ans Werk, wo er damit am meisten ausrichten würde.

»Oh, Sir!«, stöhnte Odette. »Sie drehen mein Däumchen, als hätten sie es studiert.«

»Wie nett von Ihnen«, sagte George mehr oder weniger keuchend durch ihren kitzelnden Pelz. Und dann sah er sich – unter dem donnernden Beifall der Ränge – zwei Akte lang die Rolle des traditionell netten Burschen spielen.

Nachdem Madame Lapique sein Wirken mit mehrmaligem Geheul belohnt hatte, erst aus Dankbarkeit, dann in orgiastischer Selbstverwirklichung (er hatte dabei einen Liter essentieller Sekretionen geschluckt), kletterte er wieder nach oben und tauchte in die Kontraktionen ihres wohl temperierten Geschlechts. Er bediente sich dabei der hocheffizienten Penetrationstechnik der Königlich Kanadischen Polizei. (Zwei ruckartige Halbstöße, ein voll ausgeführter Stoß mit angedeuteter Pause und schließlich ein dynamisch gedehnter Rückzug.) Mit vollem Karacho bog er in die Zielgerade ein. Sie schlang die Keulen um ihn, um ihn besser zu spüren. Ihr unzensiertes Kreischen und Heulen trug ihn geradewegs zurück zum ersten Passionsspiel in einer Vorstadt von Antiocha im vierten Jahrhundert nach Christi Geburt.

»Kreuzigt ihn! Kreuzigt ihn!«, schrie sie. »Ans Kreuz mit dem falschen Messias!«

»Ich bin gekommen, um euch zu befreien!«, donnerte er.

»Ruft die Wache!«

»Bereut und rettet eure Seelen.«

»Reißt ihn in Stücke! Er muss sterben! Vierteilt ihn!«

Ein, zwei Augenblicke später, in einem Höhenflug ekstatischer Offenbarung, sahen sie schließlich beide den Herrn. »Ich weiß nicht«, begann Madame Lapique nach einer angemessenen Pause, »ich glaube fast, es wird Zeit, hier drin Vorhänge aufzuziehen.«

Oben goss Cedric, ihr nicht eben verhätschelter Gatte, sorgfältig die Pflanzen vor dem Fenster – Ringelblumen, Flieder und ein Töpfchen Basilikum – und führte dabei ohne Unterlass Selbstgespräche. Es sei denn, er sprach mit den Pflanzen. »Man stelle sich vor! Sich seinen Lebensunterhalt mit Lungenkrebs zu verdienen. Noch im Schlaf höre ich den scheußlichen Raucherhusten der Kundschaft. Er ist so aufdringlich, dass er sich in die Privatsphäre meiner Träume zu drängen beginnt. Meine eigenen Erfindungen infiziert. Die Personen meiner Halluzinationen husten schon wie im Endstadium der Tuberkulose. Mein Gott! Priester hätte ich werden sollen – Ablasshändler! Ein Minimum an Würde sollte ein Geschäft doch wohl haben. Außerdem käme die Kundschaft dann auf allen vieren, mit der nackten Angst in den Augen angekrochen, von einem durchaus angenehmen Maß an Selbsthass ganz zu schweigen. Keine Spur von der perversen Hochmut, mit der wir es unten im Laden zu tun haben – die Arroganz, mit der so einer seinen Sprung ins Grab mit einer besonders smarten Marke Rauchwaren zu bewerkstelligen versucht! Eine Schachtel Philomena-Filter, aber ein bisschen fix! Pfui! Eine Philomena-Faust aufs Maul sollte man so einem geben! Und wie sich diese halbwüchsigen Rotzlöffel aufführen – Kindergärten möchte man in die Luft sprengen! Wie die schon reingeschlenkert kommen, diese Leck-mich-am-Arsch-Haltung, das durchtriebene Grinsen – als hätten sie's eben noch ihrer eigenen Mutter in den Hintern besorgt! Wen will's da wundern, dass uns in Vietnam eine Handvoll Kinder den Arsch versohlt hat. Ein Wunder, dass die nicht gleich nachgerückt sind bis hierher nach Paris und die Stadt eingenommen haben. Wahrscheinlich hätten sie das Kaff nicht mit der langen Stange anfassen wollen. Die Tage von Ludwig XIV. sind wirklich vorbei. Zum Glück habe ich die Stellung als Nachtportier im Leaping Wolf. Den Leuten die Tür aufzuhalten und Taxis zu rufen ist ausgesprochen entspannend; es bewahrt mich vor dem Durchdrehen, und das Trinkgeld ist auch nicht ohne. Besser noch wär's freilich, ich müsste es nicht mit Rastro teilen, dem Arschloch, dem der Laden gehört. Dieser Raffzahn! Der kackt doch eh schon Dublonen! Lässt es sich sogar umsonst von den Huren an der Bar besorgen – wo er ihnen eh schon die Hälfte ihres Verdiensts dafür abknöpft, dass er sie in seinem Bumsschuppen anschaffen lässt. Miete nennt er das. Und die Lügen, die der Mensch erzählt! Gott sei uns gnädig! Dass er das uneheliche Kind einer Ballerina und dem König von Bayern ist. Eher das zweier Kröten in einem mexikanischen Slum. Der alte Grandet, der Müllmann, hat mir mal erzählt, er hätte das Geld für den Club als Sklavenhändler in Nordafrika zusammengerafft. Dass seine Spezialität minderjährige Mädchen gewesen seien. Seine eigene Mätresse, die leckere Sylvia, hat er ja angeblich als Bezahlung für Spielschulden von ihrem eigenen Vater, einem Austernfischer in Nizza, gekriegt. Eine feine Art, Geschäfte zu machen. Lieber die eigene Tochter verlieren als ein stinkendes Boot. Und sie ist gar nicht mal so verkehrt. Immer ein Lächeln für unsereins, wenn sie nicht gerade Trübsal bläst oder besoffen ist. Sitzt den ganzen Tag in ihrer Wohnung und schreibt Gedichte. Ich frag' mich, ob die sich wohl reimen. So beklopptes Zeug, aus dem keiner schlau wird, kriegt doch wohl jeder zusammen. Poesie? Dass ich nicht lache! Kalkulierte Verarsche trifft es wohl eher. Eingesperrt gehörte man für so was. Weil's nun mal ein Verbrechen gegen das Herz ist, von unser aller gesundem Menschenverstand ganz zu schweigen. Ach ja, und ihr kleines Geheimnis hat sie auch. Das kennt keiner außer mir. Wie ich ihr drauf gekommen bin? Eigentlich ganz zufällig, natürlich, schließlich bin ich kein Schnüffler. Na jedenfalls spaziere ich eines Tages durch Montmartre – Odette war an dem Tag zu Besuch bei ihrer tauben Schwester in Orly –, mit nichts in meinem zivilisationsgeschädigten Kopf, was nicht jeden Tag drin wäre, da komme ich an einer Tür vorbei (eine der wenigen, in der nicht irgend so ein verschlagener Araber oder eine Hure rumlungert), und an der sehe ich einen kleinen Zettel, auf dem es heißt: »Die Lebenskunst des Zen – Vorträge und Anschauungsunterricht durch Meister Zachary«.

Natürlich bin ich auf der Stelle rein. Die katholische Lebensart hat mich ja praktisch kaputt gemacht. Vielleicht, so dachte ich mir, krieg' ich das ja mit Zen wieder hin.

Ich ging nach oben, vorbei an zwei Etagen voller Familien, auf denen es nach schmutziger Wäsche, alten Rindsknochen, Babys und anderen Belegen für die Grenzen alles Menschlichen stank, und betrat dann einen großen Raum, in dem etwa ein Dutzend Leute saßen, in der Mitte ein kahlköpfiger, bärtiger Bursche im weißen Gewand, der mir ehrlich gesagt nach einem ziemlichen Spinner aussah. Immerhin hatte er das bemerkenswerteste Paar Hände, das ich je gesehen habe: winzig, unnatürlich zart, wie die Frauenhände auf diesen alten religiösen Gemälden im Museum. Mir kam der verrückte Gedanke, er habe sie dort gestohlen. Absurd, was?

»Wenn Ihnen die Vorstellung von Reinheit wichtig ist und Sie sich daran klammern, dann machen Sie aus dieser Reinheit Falschheit«, sagte er gerade. »Reinheit hat weder Form noch Gestalt, und wenn Sie es als Errungenschaft erachten, irgendeiner Gestalt den Namen Reinheit gegeben zu haben, dann behindern sie damit Ihr ureigenes Wesen, da sie an Ihre Vorstellung von Reinheit gebunden sind.«

Während ich mir das durch den Kopf gehen ließ und dabei ein sauberes Fleckchen suchte, auf dem ich mich niederlassen konnte, sah ich mir das Publikum an. Und da sah ich sie, kaum einen Meter vor dem Bärtigen, einen Ausdruck auf dem Gesicht, den man nur als Trance bezeichnen konnte, ja, als hätte man sie hypnotisiert: Sylvia. Das heißt, es war Sylvia und dann auch wieder nicht Sylvia. Ich meine, sie hatte hier an diesem Ort etwas, was sie einem anders erscheinen ließ als *dort*. Vielleicht hatte eine andere Persönlichkeit von ihr Besitz ergriffen. Als spiele eine andere Kapelle in ihr. Der Wolf, der sonst immer in ihren Augen lauerte, war nicht mehr zu sehen. Ich setzte mich schließlich ganz hinten neben einen rothaarigen Mann mit der Nase eines einarmigen Tapezierers und seine Freundin, wie ich mal vermutete, ein pummeliges Ding, dessen Hand er in der seinen hielt, als wäre sie ein Geheimnis, das niemand sehen sollte. Obwohl ich ihn nicht kannte, ihn noch nie im Leben gesehen hatte, traute ich ihm instinktiv nicht über den Weg. Wenn Sie wissen, was ich meine.

Der Zen-Meister räusperte sich. (Ist es möglich, dass er Frischkäse und Marmelade von einem kleinen blauen Teller vor ihm löffelte? Wie absurd! Andererseits, warum nicht; jeder bekommt mal Hunger, egal was er macht. Ich erinnere mich an einen Besuch im Strafgericht in der Rue Garibaldi, jemand hatte seine Frau umgebracht, ein ganz unglaublicher Fall, und als der Richter – ein alter Knabe mit Walnusshaut – den Angeklagten zu zwanzig Jahren Zwangsarbeit verurteilte, mampfte er ein Sandwich mit Leberpastete; er hielt es, halb verborgen in der Linken, während er mit der Rechten Kringel gemalt hat!) Der Zen-Meister sagte: »Sehen Sie, Zen hat mit Emanzipation zu tun, Emanzipation jeglicher Art. Zen ist eine Reihe von Versuchen, uns aus jeder Art von Knechtschaft zu befreien. Definitionen, Besitz und das Streben nach Definitionen sind bindend. Sich an etwas zu klammern verkrüppelt. Das totale, wahre Selbst wird zum abhängigen Kind. Das ist nicht gut, ganz und gar nicht gut.«

Die Gruppe tat sich zu einem beifälligen Laut zusammen, einem langen – ziemlich selbstgefälligen – *hmmmm*, was (das Auge weiß, dass es da ist, auch wenn das Ohr es nicht hört) auf den Geschmack von Heroin unter der Zunge schließen ließ. Sylvia – Gotte segne ihre missverstandene und misshandelte Seele – klatschte sachte und lautlos in die Hände und zeigte die neue wolfslose Persönlichkeit, die ich schon erwähnt habe. Unweit von ihr hockte – sie hockten alle auf dem Boden, als gäbe es das in Indien nicht schon genug, wo sie Herrgott noch mal kein Geld für Stühle haben, weil die Millionen und Abermillionen von heiligen Kühen den ganzen Profit auffressen –, wie auch immer, unweit von ihr hockte ein Typ im Anzug, ganz der Banker (mit wilden buschigen Brauen, die glatt aus einem Kostümverleih stammen könnten) und eine Frau mit einer Frisur, mit der sie nie und nimmer eine Anstellung in einem Heim für geistig gestörte Kinder gekriegt hätte. Ich meine, das Ding sah aus wie der Turm zu Babel, Herrgott noch mal! An ihrer Seite war ihre Tochter, nehme ich mal an, eine vollbusige Blondine, die zwar kerzengerade dasaß, aber tief und fest schlief. Der Typ mit dem verdächtigen Rüssel neben mir flüsterte mit seinem Mädchen. Gott, dieser ekelhafte Liederkranzakzent. Und wenn ich was nicht haben kann, dann sind das Flüsterer! Solchen Leuten traue ich alles zu.

Der bärtige Meister räusperte sich wieder. »Ich würde jetzt gern die Konzepte des Nicht-Denkens oder Nicht-Gedankens erörtern, des *wu-nien* beziehungsweise *wu-hsin*. Also, der große Meister Shenhui erklärte einem Novizen, der ihn danach befragte: ›Ich würde weder sagen, dass *wu-nien* eine Realität ist, noch dass es keine ist. Wenn ich nämlich sage, es ist eine Realität, dann nicht in dem Sinne, in dem man die Realität gemeinhin versteht; wenn ich sage, es ist nicht Realität, dann nicht in dem Sinne, in dem man gemeinhin von Nicht-Realität spricht. Demzufolge ist *wu-nien* weder real noch nicht real.‹ In einer Sutra finden wir Folgendes: Wenn man an der Beherrschung aller Arten von Samadhi arbeitet, dann ist das Bewegung und kein Sitzen in der Meditation. Der Geist strömt aus, wann immer er ganz natürlich in Berührung mit einer Umgebung kommt.

Wu-nien übersteigt alle Grenzen geschwätzigen Diskurses. Wir sprechen überhaupt nur darüber, weil sich uns in diesem Zusammenhang Fragen auftun. Würden keine Fragen aufgeworfen, gäbe es auch keinen Diskurs. Es gleicht einem glänzenden Spiegel. Wenn keine Gegenstände davor auftauchen, dann ist darin auch nichts zu sehen. Ganz einfach. Wenn man sagt, man sieht darin etwas, dann nur deshalb, weil etwas davorsteht. Ich kann Ihnen etwas über dargestellte Gegenstände und deren Glanz sagen, Tatsache ist aber, dass dieser Glanz etwas Ewiges ist, das zur Natur des Spiegels gehört, er existiert unabhängig vom Vorhandensein oder Nichtvorhandensein des Gegenstands vor ihm, er bezieht sich nicht darauf. ›Ins Nichts zu sehen – das ist das wahre und ewige Sehen.‹« (Wem sagst du das, dachte ich mir.)

Zachary genehmigte sich etwas Frischkäse mit Marmelade. »Sehen wir uns dieses kleine Wunder aus dem China des 13. Jahrhunderts doch einen Augenblick näher an«, fuhr er fort. Er zog sich den Ärmel über den Mund. »Das erste, was Hui-neng über seine Zen-Erfahrung sagte, war: ›Ursprünglich ist gar nichts‹. Und dann wandte er sich dem ›Schauen in die eigene Natur‹ zu, die, da das eigene Ich ein ›Nicht-Ding‹ ist, auch nichts ist. Demzufolge ist der ›Blick in die eigene Natur ein Blick ins Nichts‹. Und das ist, wie allgemein bekannt sein sollte, genau das, was Shen-hui gesagt hat. Und dieses Schauen ist die Erleuchtung dieser Welt der Vielfalt durch das Licht des Prajna.« Er vertilgte die Reste von Frischkäse und Marmelade, kratzte ungeniert den Teller sauber und sagte: »Ein unablässiges und ewiges Ein- und Ausfließen, ein Eins-Sein und ein Alles-Sein.«

Dann senkte er für einige Sekunden proteinreichen Schweigens den Kopf, stand auf, deutete mit einer Geste an, das sei alles für den Tag, und trottete, gefolgt von Sylvia, nach nebenan. Ich bin sicher ihn gehört zu haben: »Dieser französische Frischkäse ist keinen Pfifferling wert. Da muss man schon nach Philadelphia.« Ich blieb sitzen, während die anderen sich aufrafften und gingen. Die vollbusige Blondine mit ihren merkwürdigen Eltern schwebte an mir vorbei, noch immer wie im Traum, oder worin auch immer sie versunken sein mochte. Was das Schinkensandwich mit der albernen Nase neben mir anbelangte, so maßte er sich ein Augenzwinkern an, als hätten wir miteinander Schweine gehütet. Nicht zu fassen. Hätte ich mich nicht ganz und gar auf die neue Sylvia konzentriert, ich hätte ihm schon gezeigt, wie man sich in der Öffentlichkeit benimmt. Aber ich ließ ihn und sein Mäuschen vorbei. Ich glaube, ich habe es schon gesagt, aber wir leben wirklich nicht mehr in den Tagen von Louis XIV. Nachdem sich der Raum gelehrt hatte (es roch schwach nach Räucherwerk, obwohl ich nirgendwo welches brennen sah. Wie soll man sich das erklären?), ging ich nach hinten zu der Tür, durch die Zachary und meine Sylvia verschwunden waren.

Nun, bevor wir auch nur einen Schritt weitergehen, möchte ich klarstellen, dass ich kein Spanner bin. Das wäre mir gegen die Natur. Ich meine, ich habe meine Mona Lisas, aber das ist keine davon. Übrigens, haben Sie gewusst, dass Charles III. sich gern mit einer Trompete in den Arsch blasen ließ? Habe ich in einem wahren Geschichtsbuch gelesen. Der Trompeter, müssen Sie wissen, hat seine Memoiren geschrieben. Wie auch immer, meine Beweggründe waren zutiefst menschlich. Als Bewunderer Sylvias interessierte mich ihre Entwicklung, das ist alles. Ihr spiritueller Fortschritt in dieser Katakombe der Katakomben, wenn Sie verstehen.

Das Zimmer wirkte wie der geheime Treffpunkt einer Bande Bauerntrottel aus einem russischen Roman. An der Wand hingen gestrenge Posters mit humorlosen Konterfeis: Mao Tse-Tung, Ho Chi Minh, Castro, Lenin und Garibaldi. Na wie auch immer, die Tür stand einen Spalt breit offen. Zachary lag auf einer rotsamtenen Chaiselongue und rauchte eine Havanna Gold Medal zu fünf Francs. (Die Großhändler stehlen uns Tabakhändlern mit dieser Marke das letzte Hemd.) Sylvia saß zu seinen Füßen, und ich schwöre es Ihnen, sie massierte ihm selbige mit Olivenöl.

»Dieses lausige Arrangement mit Rastro bringt mich noch um den Verstand«, sagte sie. »Ich muss da raus, Zachary. Ich meine wirklich.«

»Spielschulden sind Ehrenschulden«, sagte er und blies drei vollkommene Rauchringe.

»Heißt es, ja. Aber ich habe schließlich nicht gespielt! Wieso soll ich für die Sünden eines psychotischen Austernfischers bezahlen?«

»Wer weiß, was deinen armen Vater zu solchen Exzessen getrieben hat? Sei ein gutes Mädchen, mach noch mal die kleine Zehe, ja? Die fühlt sich in letzter Zeit so komisch an. So ist's gut. Mm. Ja, vielleicht hatte er ein schlechtes Gewissen, weil er ein schlechter Vater war und dir nicht all die guten Dinge des Lebens, die spirituellen wie die physischen, gegeben hat, die ein junges Mädchen so braucht. In diesem Fall – ah, das ist herrlich, Süßes, du sprichst mit meinen Sehnen, was für ein seltener und herrlicher Dialekt –, in diesem Fall spielst du, als sein Kind und unfreiwilliger Gegenstand seiner Verzweiflung, eine ganz besondere Rolle bei seinem Verhalten. *Oh là là!* Was machst du nur mit meinen Waden!«

»Oh, Zachary!«, klagte Sylvia. »Warum verrätst du meine Verzweiflung mit dieser philosophischen Mandolinenkantate? Ich brauche deine Hilfe. Ich weiß nicht mehr aus noch ein.«

Zachary seufzte und stieß Rauch aus der Nase. »Die ewige Klage der Frau. Ich glaube, es war Klytämnestra …«

»Zachary!«

»Schon gut, schon gut. Ich werde mir was Eindimensionales einfallen lassen. Lass mal sehen … Rastro … Rastro … Hat er irgendwelche Schwächen?«

»Allerdings. Alle, die es gibt.«

»Ich meine eine ganz spezielle, eine, die ihn hundertprozentig verwundbar macht.«

Sie machte irgendetwas Unerhörtes mit seinem Spann.

»Ja«, sagte Sylvia. »Er atmet.«

»Ah, natürlich, natürlich! Wie direkt und einfach. Ein Satori.«

»Womit wir schon einen Schritt weiter wären«, sagte Sylvia, die leeren Blicks vor sich in die Luft sah.

»Er atmet«, wiederholte Zachary, eher milde erstaunt. »Und das heißt …«

»Fast hast du's, Zach, Baby.«

Zachary starrte sie einen dämmernden Augenblick lang an (ich meine, man sah geradezu die Sonne über der Côte d'Azur aufgehen); dann setzte er sich ruckartig auf.

»Aber das ist gegen das Gesetz!«

»Was ist das nicht?«

Zachary begann seinen Bart zu streicheln. »Hmm.«

»Sag's mir, Baby.«

Er nahm jede potentiell menschliche Faser in sich zusammen, seufzte – natürlich – und stand dann langsam auf. Er begann im Zimmer auf und ab zu tappen wie ein südamerikanischer Ameisenbär im Berliner Zoo. »Natürlich«, sagte er und legte direkt unter Lenin eine wunderschöne Zen-Wende hin, »darf keiner von uns beiden damit etwas zu tun haben.«

Sylvia stieß einen jener trockenen luftlosen Laute aus, von dem einfallslose alte Autoren als In-sich-hinein-Lachen gesprochen hätten. »Das dürfte gar nicht so leicht sein.« (Ich bin mir nicht sicher, ob ich es schon erwähnt habe, aber Sylvia hatte an dem Tag etwas an, was so gar nicht typisch für sie war. Ich meine natürlich typisch für die Sylvia, die ich kannte. Sie trug einen schamlosen rosa Sari.)

»Das heißt«, fuhr Zachary fort, »eine dritte Person muss den Gnadenstoß führen. Jemand, der der Polizei völlig unbekannt ist, eine unbestimmte Person, von der man das nie erwarten würde.«

»Du meinst, einer wie der Kultusminister.«

Ich musste mir ein Kichern verkneifen, ich schwöre es. Zachary blieb mitten im Zimmer stehen, um klarer denken zu können. Er begann leise an den Zähnen zu saugen. Ich schätze, er hatte noch etwas von unserem lausigen französischen Frischkäse entdeckt. Nein, ich hatte mich getäuscht. Er fuhr sich plötzlich mit dem kleinen Finger in den Mund, tief zwischen die Zähne, suchte darin herum und zog dann ... »Wurst!«, schrie er aus und schnickte das beleidigende Ding vom Nagel. Er begann wieder auf und ab zu gehen. »Ein Schatten eines Menschen«, fuhr er fort, »eine Person, deren angestammter Platz zwischen Dienstag und Mittwoch liegt.«

Sylvia starrte konzentriert auf die Dielen. Ich konnte sehen, wie sie im Geiste ihre Kartei mit den übelsten menschlichen Subjekten durchging, die sie kannte. Allmählich stahl sich ein Lächeln auf ihr Gesicht. »Ich hab's«, sagte sie. »Ich kenne genau den Richtigen.«

Zachary blieb halblinks von Mr. Castros Bart stehen. »Ach? Wer ist denn der glückliche Schuft?«

Ein Kichern kullerte, ach was, purzelte ihr aus dem Mund. »Cedric. Der Portier aus dem Club.«

Heiliger Bimbam! Die reden von mir! Mutters kleinem Helfer.

»Ja«, fuhr Sylvia zu meinem großen Kummer fort. »Er wäre perfekt.«

»Ist er unbekannt genug?«

Ein weiteres Kichern entrang sich Sylvias Medusenmund. »Das will ich sagen. Der Ping-Pong-Meister von Südnigeria ist hier bekannter als der.«

Zachary schlug die Hände zusammen. »Zucchini!«, rief er aus und umarmte Sylvia praktisch über meiner mörderischen Leiche. Dann traf ihn etwas wie ein Stein, und er trat einen Schritt zurück. »Aber wie kriegen wir ihn dazu?«

Ha!

»Überlass das mal der guten Sylvia«, sagte Mademoiselle Medusa. »Nicht umsonst bin ich im Zeichen des Krebses geboren.«

Na, das wollen wir erst mal sehen.

Zachary grinste richtig schmierig. »Mm. Bist ein talentiertes Mädchen. Das lässt sich nicht leugnen.« Sein Lächeln wurde noch schmieriger. »Nun, jetzt, wo wir das geregelt haben, wie wär's mit einer kleinen Nummer, hm?« Er wiegte ihren saribedeckten Hintern mit beiden Händen und rieb ihren Bauch gegen sein vorstehendes Ich.

»Auf Zen-Art?«

»Du weißt doch, dass wir Landeier uns nicht gern ändern«, sagte er und schob seine Allzweck-Zen-Zunge bis zurück in ihre Kindheit. Ich zog mich von dem Spalt in der Tür zurück, als Lady Sylvia Macbeth tief im beweihräucherten Schrein seiner Kutte an seinem Glockenseil zu ziehen begann. Das letzte, was ich sah, als ich mich abwandte, war der erste gelehrte Zoll davon – sein Auge blinzelte wütend ins Licht. Ich glaube, ich habe es schon erklärt, ich sabbere nicht gern zu anderer Leute Schäferstündchen. Also schlich ich auf Zehenspitzen davon in meine eigene kleine Konfabulation.

Knabensoprane spielen seit langem eine wichtige Rolle in britischen Schweinereien, und Sie können Gift darauf nehmen, dass Ihr alternder Lautenist durch eine nichtexistente Rolle in dem mörderischen Konzert glänzen wird, von dem Sie eben gehört haben. Ein Portier mit Schlotterhose zu sein ist eine Sache, den Großen Plan ändern zu wollen, etwas ganz anderes. Kommt gar nicht in Frage, wies ich mich über einem Espresso im Deux Magots ein paar Straßen weiter an.

(Haarige junge amerikanische Touristen vom Typ Humphrey Bogart machen unsere Cafés zu ihren Schlafzimmern! Jesus, Maria und Josef! Wurden die da drüben nicht einberufen?) Die Fotze hat ja vielleicht Nerven! Ich kann mir richtig vorstellen, was für schändliche Pläne unter diesem dilettantischen gebundenen Sari entstehen – schon gar jetzt, wo jemand Lichtjahre paradoxer Zen-Koans hineinstößt. Provozierend wie es auf den Wahnsinn wirkt, muss dieses saftige Rein-Raus doch kaum zu ertragen sein. Wie soll ein Mädchen Leib und Seele beisammen halten unter diesen Bergen von Glut! Oh Gott, was tut er mir nur an? Ich habe eine bewaffnete Revolte zwischen den Beinen! Einen Bauernaufstand. Sie schlachten die Tiere und setzen die Scheunen in Brand. Sie plündern das Schloss! Ihre Augen schreien! Sie schlagen mir die Tür ein – *Ohhh!* Wie wunderbar!

Ja! Genau das geht der bösartigen Fotze durch den Kopf! Ach, wozu die Weibsbilder doch fähig sind! Was denen nicht so alles einfällt! Gott muss sie im Suff geschaffen haben. Dieser verrückte Hund. Spaß ist ja gut und schön, aber … Wenn sie schon mein Leben übernimmt, wieso zahlt sie nicht meine Steuern? Oder steht morgens auf, Herrgott noch mal, und putzt sich für mich die Zähne – so weh wie sie mir tun. Hä? Oh! Da kommt Prevert der Bäcker, übernatürlich schön, dieser Mann. Ich frage mich, ob er wohl weiß, dass ich ihn anbete, seit ich seine erste Schrippe gegessen und das Blitzen in seinen süßen Augen gesehen habe! Für ihn würde ich glatt auf den Thron von England verzichten. Bei diesem Kerl laufen mir die Schauer über den Rücken bis zurück zu meiner allerersten Beichte bei Pater Gillet. Ich bin sicher, seine Frau weiß ihn nicht zu schätzen. Perlen vor die Säue. Was soll's. Ah, und hier haben wir ... »Ach, noch einen Kaffee, bitte, Marcel, und besser gleich noch einen Cognac. Ich hatte einen beschissenen Tag. Das kannst du laut sagen. Es wird immer schlimmer, überall« ... Legendre, den Fensterputzer, auch furchtbar lecker. Gönnt sich schnell einen Wein an der Bar. Einen doppelten obendrein. Guck ihn dir an, wer würde darauf kommen, dass er es am liebsten in den Arsch hat? Natürlich braucht es erst einen Klecks Pomade – sonst könnte man genauso gut ohne Hände über die chinesische Mauer klettern wollen. »Stoß richtig zu, Cedric!« hat er mir erst vorgestern Nacht zugeschrien. »Bis zum Anschlag. *Oh!* So ist's recht. Brauchst keine Angst zu haben, mir ein bisschen weh zu tun.« Die invalide Schwester, mit der er zusammen wohnt, Philomena, saß die ganze Zeit über singend im Wohnzimmer. Man könnte auf dem Klo neben der Diele DeGaulle erschießen, und sie würde es nicht merken. Das heißt, wo wir schon dabei sind: Ich glaube noch nicht mal, dass sie weiß, wer De Gaulle ist. Und er ist so was von zärtlich ... »Ah, guten Abend, Madame Corot. Hab' ich wovon gehört? Die Artischockenbauern streiken? Kippen ihr Zeug auf die Straße? Das ist ja krank. Allerdings, ganz Ihrer Meinung. Ich hab' die auch schon immer für einen komischen Haufen gehalten. Natürlich. Genau. Normalen Leuten wächst doch so 'ne Delikatesse gar nicht.« Im ganzen Viertel ist keiner so reich wie sie. Sie ist die Concierge von Nummer 27, gleich um die Ecke, und sie arbeitet als Spitzel für die Polizei. Muss ganz schön was bringen, seine Mitmenschen zu verraten. Genauso wie ein Vermögen damit zu machen ist, wenn man andere Leute seine Morde begehen lässt. Was für ein Scheusal!

Nicht ein Muskel in ihr, der auch nur das geringste Mitgefühl für ihre Mitmenschen hätte. Ihr ganzes Nervensystem ist eine einzige Verschwörung gegen die menschliche Rasse. Mordpläne pulsieren durch ihre Adern statt Blut. Oh, ich kenne sie. Durchsichtig wie Zyankali! Ich kann Ihnen sagen, was Sie in diesem Augenblick denkt. Ich spüre ihre Gedanken; sie kribbeln mir über die Haut, so gut kenne ich sie. Sie sieht in Master Zacharys verschwitztes rotes Gesicht über dem ihren (nachdem sie dreimal gekommen ist, kommt sie sich unter seinen Liegestützen wie eine Tüte Marshmellows vor). »Oh«, stöhnt sie, »oh, Zachary, Daddy! Du hast so tolle Ideen.«

»Was immer ich habe, ich schulde es dem Bhodi Dharma«, keucht er, ganz außer Atem. »Ist alles eine Frage der Vier Edlen Wahrheiten.«

»Mm.« Sie verzieht das Gesicht etwas, weil sie der Bart am Kinn kitzelt. »Ich erinnere mich. Du hast das im letzten Vortrag angesprochen.«

»Eine Blume blüht, und das Universum erhebt sich mit ihr.« Er steckt seine Nase unter mein Ohr und atmet mich ein, mich und Chanel No. 5.

»Ein Stäubchen erhebt sich, und es befindet sich die ganze große Erde darin. So geht's doch« – oh, Darling, bleib noch in mir. Du tust mir so gut, ich komme mir vor wie ein Marshmellowsee – »so geht's doch weiter, oder nicht«?

»Absolut und vollkommen.« Er gibt mir zwei Küsschen auf den Nacken, als picke er Samenkörner von mir.

»Hyakuso, achtes Jahrhundert.«

»Derselbe. Mm. Du riechst nach Sommerträumen.«

»Ich hab's.«

»Was denn?«

»Na, wie Cedric Rastro um die Ecke bringen könnte.«

»Oh.«

Großer Gott. Was für ein Unterschied – die bärtige Magie des Meisters an meinem Gesicht zu spüren statt Rastros widerlicher Mondlandschaft. Mein alter Herr roch nach Knoblauch und Wein, und seine Haut war ein Schlachtfeld, aber er hatte irgendetwas, was liebenswert war. Er sah gut aus, männlich auf eine animalische Art. Man hat ja immer ein bisschen Angst vor Tieren, gleichzeitig erregen sie einen aber auch, weil man die lauernde Gewalt in ihnen spürt. Wie gern habe ich ihm zugesehen, im Café Duart, unten am Hafen, wo er sich mit den anderen Fischern einen antrank und ihnen dabei lauthals lachend seine wunderbaren Lügen über seine Heldentaten in der Résistance auftischte – als es noch vor schwer bewaffneten Nazis wimmelte wie vor Ungeziefer. Kakerlaken mit Maschinenpistolen. Was für ein widerliches Bild. »Scheiße!«, rief Papa bei solchen Gelegenheiten. »Mein Gruppenführer, Dumas hat er geheißen, Herrgott noch mal, der konnte mir die gefährlichsten Aufträge geben und ich hab' das gebracht! Ich habe Handgranaten an die Türklinken deutscher Offiziersklubs gebunden, Wachposten hab' ich erwürgt – mit bloßen Händen! Ich habe nachts eine Fregatte gerammt, gleich hier draußen in der Bucht! Was immer gerade anstand. Gott, was war ich damals für ein Kerl.« Ach, Papa, was für ein Quatsch; aber es war ein reizender Quatsch.

Die Männer hörten ihm gerne zu; ich hörte ihm gerne zu. Und Beatrice, die Kellnerin mit ihrem fetten Hintern, kicherte – und hielt sich dabei den Bauch. Mir tun die Nippel weh von deinen Bissen, Zachary. Deine kleinen scharfen Bisse. Wenn das mal keine blauen Flecken gibt. Wie soll ich die Rastro erklären?

»Ja. Cedric kann ihn ertränken.«

»Wasser«, meint Zachary seufzend. Er wälzt sich von mir.

»Die Mutter von allem und jedem. Alles verdankt ihm sein Leben.« Wieder seufzt er in Richtung Decke.

»Also«, sage ich, während ich mir mit einem Papiertuch seinen Saft von den Schenkeln wische, »wir gehen das Ganze sozusagen von hinten an. Junge, was für ein cleverer kleiner Plan! Raffiniert und ästhetisch zugleich. Reich mir doch mal das Laken, Schatz, mir ist ein bisschen kalt.

Danke. Also, du weißt doch, dass Rastro für sein Leben gern schwimmen geht oder baden oder was immer er dabei treibt. Ich meine, der ist richtig närrisch aufs Wasser. Es erinnert ihn wahrscheinlich an seine Kindheit als Frosch oder was weiß ich. Seine Vorstellung vom Himmel – ich meine neben Geld, Betrügereien und, na, du weißt schon – ist die trübe Suppe unten in St. Tropez. Sich einfach treiben lassen. Ganz allein. Ich will noch nicht mal davon anfangen, wie abartig so was ist. Okay. Wenn ich ein bisschen auf brave kleine Geliebte mache, krieg' ich den da schon runter. Ich kann ihm ja einreden, dass er sich ein bisschen Erholung verdient hat. Die Stanwyck hat das so wunderbar gemacht, weißt du noch, in *Erster Sieg?* Ich würde sagen am Bastille-Wochenende. Ich nehm' ihn einfach am Patschhändchen. An denen er mehr Ringe hat als die Königin von Saba, das Arschloch. Und jeder einzelne ein Wirklichkeit gewordener Jungentraum. Wie auch immer, ich seh' zu, dass er sich so richtig wohl und sicher fühlt. Ich muss das nur richtig einfädeln – ich sag' dir, manchmal glaube ich nämlich, der Dreckskerl schläft mit offenen Augen. Und hier kommt der gute Cedric ins Spiel, ich glaub', das wird dir gefallen, Zach, Schatz, pass auf. Der wartet nämlich auf ihn, ganz weit draußen – wo es Rastro am liebsten ist, mutterseelenallein, weg vom Geplansche seiner Mitmenschen – unter Wasser mit einem Tauchgerät! Als Fisch! Und nicht irgendeiner. Und weißt du, wie er sich als großer böser Fisch verkleidet? Ach, das ist das Schönste daran, Liebster, ich meine, das ist die Szene, die den Oscar abräumen wird, das Ende aller Filmfestspiele von Venedig und Cannes! Cedric als Hai! Verstehst du? Wir lassen Rastro von Cedric dem Killerhai fressen. Noch nicht mal Captain Kidd persönlich würde was Besseres einfallen. Und das Sahnehäubchen: Wir besorgen Cedric eine falsche, aber natürlich völlig realistische Haiflosse. Die sieht man dann draußen im Wasser, damit die ahnungslosen Planscher sie sehen und den Bullen und wen es sonst noch interessiert sagen können: ja, ja, ein schrecklicher Killerhai hat sich Rastro geschnappt und gefressen. Mensch! Hey, ich hab's! Rastro schwimmt seine letzte Runde in Haifischflossensuppe! Oh Gott! Ich krieg' mich heute gar nicht mehr ein, Zachary, Liebster. Das muss dein Vortrag sein, das ewige Fließen, das Rein-Raus der Natur, ich bin total aufgedreht. Ich hab' echt das Gefühl, acht verschiedene Leute in mir zu haben, und alle miteinander schießen sie Tore für das eine große Ziel.«

Zachary hat währenddessen seinen milchigen Körper nach Mitessern, Pickeln, Schorf und sonstigen Stellen abgesucht, an denen sich kratzen ließe. Jetzt lächelt er vage und sieht mich mit seinen chinesischen Porzellanaugen an. Dann sagt er: »Du hast wirklich einen ganz bemerkenswerten Verstand.«

»Tja«, sage ich und gebe ihm einen Klaps auf den Bauch, »angeblich wird man ja mit so was geboren. Ich hab' eben Glück gehabt.«

»Da hast du wahrscheinlich Recht. Ich könnte mir auch nicht vorstellen, dass man so was in der Schule lernt.« Mit zusammengekniffenen Augen beguckt er sich seine Handflächen, als hätte er sich dort etwas notiert. »Entschuldige, wenn ich etwas auf der Leitung zu stehen scheine, aber was genau soll unser Auserkorener, Cedric, mit Rastro nun tun?«

Ist er nicht süß? Ich kann nicht anders, ich rutsche rüber und setze mich auf seinen Schoß – keine Bange, seine Steckrübe guckt schweigend zu Boden – und küsse ihm seine rote Knollennase, die zu so viel mehr gut ist als nur zum Atmen, glauben Sie mir. »Ganz einfach, Bubbele, einfacher als eine

Wahl in Moskau. Er packt Rastro bei den zappelnden Beinen und zieht ihn unter Wasser, bis er ertrinkt. Natürlich sticht er ein paar Mal auf ihn ein, damit das Wasser auch richtig schön rot wird, so dass alle sehen, dass der Hai ihn auch ordentlich beißt.«

»Aha«, sagte er und bläst mir einen nicht vorhandenen Schmetterling von der Schulter. »Und dann?«

Ich drücke ihm ein paar Küsschen auf seine Rosenknospe. »Er zieht Rastro unter Wasser eine halbe Meile weit raus zu einem kleinen Fischerboot. Da bindet er die Leiche irgendwie an den Rumpf.«

»Und lässt ihn so? Wie eine zweite Ruderflosse?«

Ich lache. »Och, du bist ja so witzig, Zachary, Süßerle. Eine zweite Ruderflosse! Nicht doch, Baby, nein, hier kommst du ins Spiel.«

Er seufzt mit dem ganzen Körper und spielt ein bisschen Hoppe-Reiter mit mir. »Ich hab's doch gewusst! Ich hab's gewusst. Ein Mann mit meinen wunderbaren Einsichten, ein wahrhaftig und selten kultivierter Bursche wie ich.« Er schüttelt den Kopf. »Und was mach' ich? Mach' ich Fischfutter aus ihm?«

»Zachary! Liest du meine Gedanken? Also, ich schwör's dir, genau so habe ich mir das gedacht. Du wartest auf dem Boot. Und du und Cedric – du wirst ihn mögen, er ist so ein richtiger Knuddelbär –, ihr fahrt noch ein Stückchen weiter raus, zerhackt ihn und bröselt ihn über Bord. Die Fische werden ihn mögen. Mexikanische Delikatessen.«

Zachary steht auf – natürlich setzt er mich dabei behutsam ab – und beginnt wieder im Zimmer auf und ab zu gehen. Komisch ist, dass er kein Geräusch macht beim Gehen. Nicht dass seine Füße den Boden nicht berühren würden, das nicht, ich sehe es ja, aber sie machen schlicht kein Geräusch. Oder bin ich mit einemmal taub? Nein, ich höre ja auch die Straße leise durchs Fenster. Merkwürdig. Man möchte meinen, er ist in einer anderen Welt und ich sehe ihn rein zufällig wie irgendeine Erscheinung durch Zeit und Raum. Wie einen Film, bei dem plötzlich der Ton ausfällt. Nicht wie einen Traum. Nein, es ist anders. Jetzt kommt er auf mich zu und sagt etwas, aber ich kann ihn nicht hören. Er sieht mich auch nicht wirklich an. Sondern irgendjemanden oder irgendetwas hinter mir.

»Zachary.«

Nichts.

»Zachary«, sage ich lauter, aber er hört mich nicht.

»Zachary!«

Großer Gott! Was passiert denn hier? Wo bin ich? Hilfe!

Diese miese mörderische Schlampe! Sie stiehlt mich nicht nur mir selbst und macht einen Mörder aus mir – was ja nun wirklich eine andere Sorte Mensch ist, Herrgott noch mal! –, sondern obendrein auch noch einen verdammten Hai! Mich meinem rechtmäßigen Eigentümer – mir selbst – so einfach zu stehlen. Eh man sich's versieht, dreht die noch am Wetter! »Danke, Marcel. Kannst du Gedanken lesen? Den Cognac hab' ich wirklich gebraucht. Bei mir kommt's im Augenblick wirklich knüppeldick, glaub mir, alles geht drunter und drüber. Bei dir auch, was? Ganz deiner Meinung, was wir zwei beiden bräuchten, ist ein netter kleiner Nebenverdienst. Nichts Großes, gerade mal so, um die Lage zu entspannen, was? Du denkst dran, deine Frau auf den Strich zu schicken? Kann's dir nicht verdenken. Mit der Möse anzuschaffen ist auch nicht unwürdiger als mit den Händen. Und außerdem wirft es mehr ab. Ach was, bei jedem Geschäft gibt es eklige Kundschaft. Man macht die Augen zu und denkt sich einen anderen aus. Wozu hat man denn Phantasie! Genau. Spielt sich alles in der alten Omme ab, Marcel, im Oberstübchen. Da ist die Welt nämlich wirklich, und ich sag' das mit vollem Ernst. Alles, was du da draußen siehst, ist nichts weiter als Kulisse. Gespielt wird, was immer dir gerade gefällt. Es liegt allein an dir, was auf dem Programm steht und wie und wer die fetten Rollen bekommt. Nein, ich sprech' nicht vom Träumen. Ich meine, Träumen ist völlig in Ordnung, auf seine Art. Nein, ich spreche von der ganzen verdammten Pastete. Nein, kein Scheiß, Marcel, alter Knabe. Ich mag dich, das weißt du genau, und meinen Freunden erzähl' ich keinen Scheiß. Anderen, ja. Aber das ist wieder was anderes. Was ganz anderes.« Nichts zu danken. Mm. Diesen Cognac hier, so was nenne ich einen wahren Freund. Nie und nimmer würde er einen Freund anscheißen, genau so wenig wie ich. Und er ist immer für einen da. Er lässt einen wissen, dass man da ist. Von was sonst könnte man das behaupten?

Mein Wort drauf, wenn das nicht die berühmte Pamela Schaumfut ist, die da in Gesellschaft eines jungen Riesenpanda über die Straße getorkelt kommt! Was für ein schönes Paar.

9

Heute ist Sonntag – dieser stickige Friedhof, in den eine misshandelte Woche stolpert, um dort zu kollabieren –, ich bin also nicht in meinem weltbekannten Obst- und Gemüsegeschäft. Ich kann den Ruhetag gebrauchen. Gestern gab es einen Run auf Auberginen, die Preiselbeeren aus New Jersey waren mit DDT verseucht, und dann hat man mich beim belgischen Endiviensalat übers Ohr gehauen und mir zu wenig geliefert. Der Hälfte der Queens im Village blutete das Herz, weil sie ihren Samstagsfreiern Eisbergsalat servieren mussten. *Hach Gottchen!* Der Tag war ein einziges Tollhaus. Heute jedoch kann ich ausspannen. ich gehe auf ein richtiges Familienpicknick mit meiner lieben Freundin Lola-Eulalia, der nicht eben geheimen Mitbewohnerin meines Liebesnests. (Sylvia ist zu Besuch bei ihrer Schwester – in der Klapsmühle –, jedenfalls hat sie mir das gesagt. Übrigens spricht sie in letzter Zeit im Schlaf Französisch. Zuviel Proust, wenn Sie mich fragen.) Und ein überaus einnehmendes Geschwistergespann, das ich unlängst kennen gelernt habe, Churchill Downs und Ophelia von und zu Morgenlicht. Genauer gesagt, haben wir uns auf einer öffentlichen Auspeitschung kennen gelernt. Die beiden sind schwarz und knackig wie griechische Oliven. Und ziemlich politisch. Sie sind die Chefs der Nationalen Befreiungsfront von Harlem. Sie haben einen direkten Draht nach Hanoi und ins Herz des Negers. Ich glaube sogar, dass Churchill mit Ho Chi Minh in Moskau auf der Revolutionsschule war.

»Er hat die Geduld einer Trauerweide«, meinte Churchill einmal bei einem Glas Whiskey. Und dann noch einmal: »Keine Frage, er versteht sich auf die politische Strategie wie der Vogel auf den Himmel.« Also so was sagt man wohl kaum, wenn man den Betreffenden nicht ziemlich gut kennt. Oder? Ich meine damit, er hört sich nicht gerade an wie die *Daily News*. Churchill und Ophelia haben eine großartige Fassade. Sie sind Bettler, Schnorrer (und einiges andere mehr).

Nach reiflicher Überlegung kamen wir zu dem Schluss, unser Picknick in The Cloisters zu veranstalten. Alle anderen Möglichkeiten – Central Park, Battery, Riverside Drive – schienen uns etwas zu ekelhaft. Das Treibgut an diesen Stränden ist schlicht eine Zumutung – Berge von Hundekacke, Horden unbeaufsichtigter Kinder (high auf Orangeneis) und die schweißfleckigen Phantasien von Menschen mittleren Alters sind mehr, als man einem gefühlsbegabten Menschen zumuten kann. The Cloisters dagegen sind eine Umgebung mit Klasse. Die Vibes dort sind erster Güte. Ohne große Anstrengung kann man auf Tuchfühlung mit den alten gekrönten Häuptern Europas und ihren fein gekleideten Freunden gehen. Machen vielleicht hier und da ein bisschen zu sehr auf Kunst, aber immer mit Klasse.

Aber lassen wir das für den Augenblick. Bevor wir uns der Kartoffelsalatszene zuwenden, möchte ich Sie noch mit Churchills begnadeter Redekunst bekannt machen. Insbesondere mit einer Passage eines Monologs über Gewalt, den er eines Abends vor einer Gruppe organisierter weißer Touristinnen in der Vierten Mesopotamisch-Reformierten Befreiungskirche gehalten hat. (Spielt es eine Rolle, dass das Publikum für die Vorstellung einen Dollar pro Nase hingelegt hat? Macht der Umstand, dass sie Teil einer bezahlten Tour durch die Verlorene Stadt war, sie weniger wichtig und authentisch? Das Geld teilte er übrigens brüderlich mit einer progressiven Bach-Combo, die ihn musikalisch begleitete.)

»Die zeitgenössische Kultur hat Sex und Gewalt derart miteinander verwoben, dass sie nicht mehr so recht zu trennen sind, und wir finden im Sex unserer heutigen Zeit – implizit oder explizit – einen beängstigend hohen Anteil von Gewalt. Von Kindesbeinen an wird uns die sadomasochistische Liebe (nicht dass sie etwas mit Liebe zu tun hätte) geradezu eingebläut; längst ist sie Teil unserer traditionellen Phantasien und damit unserer Realität. Genau genommen ist fast jede unserer sexuellen Erfahrungen in einem solchen Maß mit Gewalt verbunden, dass sich auf der Stelle Argwohn einstellt, vermag man sie einmal nicht sofort zu sehen, und der männliche Partner, der sie nicht auf die eine oder andere Weise praktiziert, gilt als passiv oder gar latent homosexuell. In diesem speziellen Umfeld misst man, ach was, bestimmt man die Qualität der sexuellen Erfahrung nicht selten durch die Korrelation von Gewalt beziehungsweise Aggression. Ich für mein Teil halte diese Korrelation mitnichten für natürlich oder dem Menschen angeboren wie etwa die Instinktfraktion à la Lorenz. Meiner Ansicht nach ist diese Situation auf die Umgebung zurückzuführen, ursprünglich jedenfalls, und verwirrende kulturelle Werte haben sie im Lauf der Zeit noch verstärkt. Niemand kommt mit einem Hass-Liebe-Syndrom zur Welt: man entwickelt es. In Kulturen, bei denen die Haltung gegenüber der sexuellen Erfahrung nicht durch Abscheu und Strafe bestimmt wird, ist diese Korrelation zwischen Gewalt und Sexualität folglich auch so gut wie überhaupt nicht bekannt. Die Angst vor dem sexuellen Kontakt an sich wirkt beklemmend, und eine Möglichkeit, diese Beklemmung loszuwerden, ist nun einmal die Aggression. Und so weit verbreitet wie dieses Konzept von Gewalt-Liebe-Sex nun mal ist, so tief verwurzelt wie es ist, lassen wir uns, einer wie der andere, davon manipulieren und bestimmen, bis wir es übernehmen, wie andere kulturell akzeptierte Verhaltens- und Denkweisen auch. Möglicherweise haben wir – was für ein Paradoxon! – im Bett gar das Gefühl, Versager zu sein, wenn wir diese Aggressivität, diese Gewalt nicht in uns finden, weil unsere Kultur uns sagt, dass wir so und nicht anders empfinden sollen.«

Okay. Gibt Ihnen das in etwa eine Vorstellung von der erstklassigen Ware in Churchills Oberstübchen? Der Stoff ist so gut, dass man ihn schier ins Land schmuggeln muss. Und bei genauerer Betrachtung ... Nun, die Sache ist die: Eine von Churchills zahllosen halbseidenen Professionen ist die eines fahrenden Sehers (wie man es nennen könnte). Er zieht durch die Straßen Harlems und der benachbarten Stadtteile und hält seine Monologe an der einen oder anderen geeigneten Ecke. Er lässt sich dabei von seiner Schwester Ophelia und einer obskuren Freundin begleiten, auf Zither und Tamburin, und während er seine Nummer als Visionär abzieht, steppt er dazu (oder jedenfalls sieht es so aus). Die Passanten werfen Geld auf eine Decke vor ihnen, und so läuft das dann. Erst kürzlich hat er so gut und gern zwanzig Mücken kassiert, und zwar, wie er mir erzählte, an der Ecke Broadway und 111th Street; das Motto seines farbenprächtigen Monologs war »Lügen, nach denen wir leben oder Was die ganze verdammte Kiste vor dem Auseinanderfallen bewahrt«. Ein Auftritt, der ihm zehn Mücken einbrachte, trug den Titel »Kulinarische Spiele für Jungvermählte« (Ecke Amsterdam Avenue und 93rd Street).

Aber zurück zu unserem Picknick. Ich habe vorhin von Kartoffelsalat gesprochen, aber das war nur ein Scherz; ich würde diese Pampe nicht essen, würde sie mir der Prince of Wales persönlich auf allen vieren servieren. Nein, die Viktualien, die wir zu den Cloisters hinaufschleppten, waren I a Traumnahrung – Sachen, die man nur dann kredenzen und genießen kann, wenn man nicht an Muttern glaubt und ernsthaft Albert Einsteins sexuelle Ausrichtung in Frage stellt. Ich spreche hier von Soulfood, rabenschwarzer Südstaatenkost: frittierte Hähnchen – und zwar in ausgelassenem Speck, nicht in fadem Erdnussöl – Kuhbohnen mit gewürfeltem Schinken, Fleischklößchen nach italienischer Art, sprich mit Zutaten, die einem verboten sind, hat man erst einmal seinen amerikanischen Pass, zu den Fleischklößchen natürlich Ziti, außerdem Gurken mit Sauerrahm und Fenchelsamen, zwei Sorten absolut kriminellen Käses – Limburger und sonnigen Camembert – und schließlich Wein von den vorlauten Hängen Luccas. Alles notiert?

Ophelia und Lola verstanden sich vom Fleck weg großartig. Die Kommunikation zwischen zwei dunkelhäutigen Frauen ist wahrhaft tief. Und diese beiden Blumen wandelten unter Gekicher schnurstracks zurück in die Wiege der Menschheit im Zweistromland. Das klösterliche Ambiente half uns dabei, uns der zeitgenössischen Kaufhauskultur zu entziehen. Einhörner aus dem 11. und kannelierte Säulen aus dem 13. Jahrhundert haben auch nicht den Hauch von Gummi und Kunststoff. Um die unheimliche Wahrheit zu sagen, ich erkannte so einige meiner Freunde auf den Wandbehängen, und den anderen ging es genauso. Die Blicke, die man sich darauf zuwarf, in eleganten Gärten voll goldbezopfter großäugiger Zofen, das waren dieselben Blicke, die mir noch aus den alten Zeiten in Erinnerung waren.

»Das ist ja ganz reizend hier«, bemerkte Ophelia mit einem Blick durch einen Raum im romanischen Stil mit Gobelins an den Wänden, »nur sehe ich hier kaum einen von meinen schwarzen Brüdern. Genau genommen«, fuhr sie mit einem Blick an die Decke fort, »seh' ich nicht einen einzigen – außer meiner Mutter Tochter und ihren mehr als reichlichen Bruder.«

Noch bevor mir als Antwort darauf irgendeine aalglatte Plattheit einfallen wollte, meinte Churchill lachend: »Das kommt daher, Schwesterherz, dass die alle zu Hause sitzen und die Massaker von morgen planen.«

Ophelia sah ihn einen Augenblick an. »Hm, und du meinst, dass es nicht eher daran liegt, dass sie sich hier nicht willkommen fühlen?«

Churchill legte einen Arm um Ophelia. »Pass auf, Schwesterchen, du musst mal für ein Weilchen an was anderes denken als an die Revolution. Dafür ist nächste Woche noch Zeit genug. Jetzt machen wir erst mal Picknick.«

Lola schlug vor, sich den Kräutergarten anzusehen. Sie ist der Typ Mädel, der Kultur und persönliche politische Ängste nur ungern vermischt, und ehrlich gesagt, ich kann es ihr nicht verdenken. Rassenunruhen und gotische Holztäfelung haben nichts miteinander zu tun. Und falls man die beiden doch mal durcheinander bringen sollte, schießt man womöglich irgendwann auf Statuen. Apropos, die Statuen in The Cloisters sind schlicht ergreifend. Sie haben so absolut nichts von den wertlosen Ungetümen, die wir heute den Parktauben zur bequemeren Verrichtung hinstellen.

Diese Ophelia! Wissen Sie, was sie gemacht hat? Während wir draußen im Innenhof den herrlichen Kräutergarten bewunderten – ich muss gestehen, dass meine Betrachtungen (Wie findet man das? *Betrachtungen!*) etwas aus dem Geleise gerieten, weil die Luft von herrlichen Renaissanceklängen vom Band erfüllt war; ich hätte also nicht wirklich sagen können, ob ich nicht die Klänge einer Laute bewunderte, während ich ein Büschel Rosmarin betrachtete – sei's drum, während wir so über die Kräuter gebeugt standen, zupfte unser kleiner Schuss Négritude geschwind ein paar Minzblätter und verstaute sie in dem offenherzigen, ja geradezu kühnen Dekolleté ihres Kleids.

»Wo die Bien', saug' ich mich ein«, deklamierte Churchill und versetzte ihr einen deftigen Klaps auf den prachtvollen Arsch.

»Mutter Naturs Parfüm«, sagte Ophelia. »Findet man heute kaum noch in dieser vergifteten Stadt.«

»Die an ihren eigenen kranken Ausdünstungen erstickt«, sagte ich, und es war mir ernst damit. Churchill nickte beifällig.

»Ich bekomme richtig Sehnsucht nach den bedeutungsschwangeren Winden über dem Golf von Tongking«, sinnierte er, und sein Blick schweifte im wahrsten Sinne des Wortes in die Ferne dabei.

»Ich persönlich mag ja Knoblauch«, sagte Lola.

Nun, ich brauche Ihnen wohl nicht zu sagen, dass uns die Geruchssituation noch ein Weilchen beschäftigte. Und ehrlich gesagt machte mir das auch nichts aus. Unsereins muss schon buchstäblich mit der Nase darauf gestoßen werden, bevor einem klar wird, wie sehr wir gerade ihre Welt ignorieren. Warum? Haben Sie sich das je gefragt? Also meines Erachtens sind wir die unschuldigen Opfer eines Komplotts gegen den Geruchssinn. Die Welt des Geruchs hat etwas Gefährliches und Göttliches zugleich, und unsere Herrscher wissen das seit Anbeginn der Welt. Riechen, Gerüche – beides gehört zur Natur, und die Einstellung des Maschinenmenschen zur Natur muss ich Ihnen ja wohl nicht eigens erklären. Leugnen, zertrampeln, töten – das ist seine Haltung ihr gegenüber. Folglich hat keiner von uns auch nur die geringste Ahnung, woher der Wind weht. Hören Sie sich mal Folgendes an:

»Der Negrito ist in sein Milieu vollkommen eingebettet, und, was noch bedeutsamer ist, er untersucht unaufhörlich alles, was ihn umgibt. Oft sah ich, wie ein Negrito, der sich über die Identität einer Pflanze im Unklaren war, die Frucht kostete, die Blätter beroch, den Stängel knickte und prüfte und den Standort in Augenschein nahm. Und erst wenn er alle diese Gegebenheiten berücksichtigt hat, wird er sagen, ob er die Pflanze, von der die Rede ist, kennt oder nicht.«

Dieser kleine Happen von meinem Spezi Levi-Strauss sollte Ihnen in etwa eine Vorstellung davon geben, wie nahe Sie Ihrer Umgebung eben *nicht* sind. Wenn Sie das nächste Mal eine hübsche Pinie sehen, dann umarmen Sie sie.

Als wir auf unserer Museumstour die Schmuckausstellung erreichten – Ophelia hatte unsere Betrachtungen im Kräutergarten mit einem wunderbaren zehnminütigen Exkurs über die Kräuterheilkunde der Negersklaven beschlossen, der einen in seiner Schönheit schlicht und ergreifend demütig werden ließ –, drehten die Mädels schier durch. So etwas hatten sie noch nie gesehen. Ich meine, *autsch!* – man könnte sich zwei Jahre lang bei Tiffany's herumdrücken, ohne auch nur einen Bruchteil solcher Kostbarkeiten zu sehen. Das hier war Seelengeschmeide. Das Gold war so solide, dass man blaue Eier davon bekam. Die Edelsteine waren so groß und schön, dass man am liebsten in Tränen ausgebrochen wäre über dieses Maß an unbekümmerter Aufrichtigkeit. Ophelias Miene leuchtete auf wie eine Neonreklame am Times Square, als sie all den Kram sah. Ihre Augen blitzten, ihr fiel das Kinn auf den Busen, und ihr Atem glich dem eines brünstigen Tiers.

»Ach du meine Güte, Herr im Himmel, ja«, sagte sie, als ihr Blick auf eine Vitrine mit Ohrringen und Armreifen fiel. »Ich höre dich, oh Herr, mir schmilzt die Seele. Ich spüre dich in mir – tief, tief in mir. Oh ja, und mehr noch als das, viel, viel mehr ...«

Deine Musik ist so reich und lieblich, ein klares Nein zu all den billigen, popligen Imitaten, mit denen die Leute sich und ihre Weihnachtsbäume behängen. Oh, dein unverhohlenes Wunder, das Wunder eines gespreizten Geschlechts! Deine Heißhändigkeit, dein aufreizender Gang! Großer Gott! Die Wahrheit aus deinem Mund! Nur ein Wort, und ich würde zur Kindsbraut, jederzeit. Aber genau das war ich –

und der alte Kerl mit dem grauen Bart kitzelt mir noch heute die Beine, obwohl das alles nun siebzehn Jahre und Heerscharen von Liebhabern her sein muss. Schwarze Körper, gelbe, weiße, terrakottafarbene. Kleine Schwänze, große Schwänze, runde, dicke, dünne und ein paar, die kaum mehr taugten als eine gekochte Nudel. Und die Perversionen, die mit diesen Schwänzen und Körpern einhergingen. Und dann das Jahr, das ich als Maskottchen einer griechischen Catcherriege verbrachte, die sich von Stadt zu Stadt, von Matte zu Matte balgte, eine ganze Tournee.

»Du bist mein kleines schwarzes Praliné. Obwohl, so klein bist du auch wieder nicht, was? Aber wo immer ich reinbeiße, bist du köstlich.«

»Mhm.«

»Und das ist noch nicht alles. Du lernst schnell, ziemlich schnell sogar. Du bist auf dem besten Weg, die Königin aller Masseusen zu werden. Ausgezeichnet, die Massage gestern Abend. Du hast kräftige Hände für ein Praliné.«

»Diese Hände haben eine Menge Baumwolle gepflückt«, sagte ich.

Mir kommt es so vor, als hätten wir immer draußen auf dem Balkon des großen Hauses in Athen gesessen, niemals drinnen. Ich und einer von den Catchern. Der, der sich so gern massieren ließ, das war Nikos. Er hatte es außerdem gern, wenn ich ihm den schwarzen Urwald stutzte, der ihm aus der Nase wucherte. Er hatte eigens eine kleine Schere dafür. Aus Schweden, glaube ich, jedenfalls aus irgendeinem saukalten Land. Ein anderer aus dem Team, Constantine, wollte immer den Bauch gekrault haben. Das machte ihn schier verrückt. Er war der stärkste Mann, den ich je gesehen habe. Sie waren alle bärenstark, aber keiner hatte so viel Kraft wie er. Der Mann hatte praktisch überall Muskeln, an den unmöglichsten Stellen. Mit den Zehen konnte der Walnüsse knacken, und wenn er einen packte, dann wusste man, er könnte einen auch über die Straße werfen – oder noch weiter. Insgesamt waren es sechs, aber kümmern musste ich mich nur um vier. Die anderen beiden sorgten füreinander, wie richtige Griechen. Aber trotzdem waren sie nette Burschen. Sie haben nie auch nur einer Fliege was zuleide getan, was man vom größten Teil der Menschheit nun wirklich nicht sagen kann.

»Eines Tages werden meine Muskeln den Sport überhaben«, sagte Nikos, »und dann spielen sie nicht mehr mit. Was soll Nikos dann machen?«

»Dann machst du irgendwo ein nettes kleines Restaurant auf«, sagte ich. »Getoastete griechische Sandwiches, stell dir mal vor.«

Er lachte. Er hatte das haarigste Lachen der ganzen Welt.

»Was meinst du, ob meine Muskeln dann noch von der Wildheit der alten Kämpfe träumen?«

»Warum nicht? Sie haben ein Recht darauf – wie jeder andere Teil von dir auch.«

Er rieb sich lächelnd die Arme. Ich blickte hinaus auf ein kleines Fischerboot, das auf dem Wasser zu schlafen schien. »Als Kind«, sagte er, »habe ich da draußen zwei Fischer ertrinken sehen.«

»Was war denn mit ihnen? Waren sie betrunken?«

»Sie waren wahnsinnig. Vor Liebe. Sie hatten sich um ein Mädchen gestritten, ein lachendes Mädchen mit Blumen in den Augen und Brüsten für zwanzig. Sie hätte sich beiden hingegeben, aber die Fischer konnten ein solches Maß an Großzügigkeit nicht verstehen. Sie gingen mit Messern aufeinander los und ertranken.« Er blickte über die friedliche blaue Bucht. »Ihr Blut färbte das Wasser. Es war richtig schön.«

Und dann der reiche Polospieler mit der lesbischen Schwester; er hatte einen Schnurrbart wie eine Zahnbürste, sie hatte die Ohren eines Babys. Mann, war das ein Pärchen! Die Partys, die die beiden gaben. Wahnsinn! Als würde tags darauf die Welt untergehen. Man muss schon stinkreich und verrückt sein, um so zu leben. Ihre Feten gingen Tag und Nacht, bis schlicht keiner mehr stand; und ich war der schwarze Gummiball bei ihren Spielen.

»Sag mir eines, Ophelia«, sagte er eines Tages zu mir, »was denken Schwarze denn eigentlich so?«

»Dasselbe wie ihr, nur in Schwarz.«

»Als ich klein war«, sagte seine Schwester, »wollte ich schwarz sein. Ich hab' gedacht, man könnte das kaufen.«

Monique. Sie war kein schlechter Kerl. Das einzige, was ich an ihr nicht mochte, waren ihre komischen Ohren. Dass sie vom anderen Ufer war, störte mich dagegen überhaupt nicht. Nicht dass es gleich mein Lieblingssport gewesen wäre, aber wenn man es sich recht überlegt, gibt es ja wohl keinen Unterschied zwischen der Zunge eines Mannes und der einer Frau. Spaß ist Spaß. Der eigentliche mit dem Webfehler im Haushalt war der Butler, ein rothaariger Schürzenjäger mit Schnapsnase und mehr Schweinereien im Kopf als ein Fleischer in der Tiefkühltruhe. Er hatte die beiden Hausmädchen und die Köchin abgerichtet wie eine Zirkusnummer. Was sich dort in der Küche abspielte, nun, aus dem Kochbuch war es jedenfalls nicht.

»Eines schönen Tages«, sagte Jonathan, »werde ich mit dem Polo aufhören und mir was anderes suchen müssen.«

»Neben Sex, meinst du wohl«, sagte ich.

»Hier steht, der Papst hat es an der Blase«, ließ Monique uns wissen.

Bruder J. nippte an seinem Glas. »Neben Sex, ja.«

»Gärtnern vielleicht. Ich habe da von einem gehört – einem Millionär wie dir –, der will Gott in einem Rosenstrauch gesehen haben.«

Aus Moniques Ecke kam ein Rascheln. »An der chinesischen Grenze schlagen sie sich wieder die Köpfe ein. Diese rastlosen gelben Horden!«

J. ignorierte sie. »Das Problem ist nur, dass Pflanzen kein Sport sind.« Er überlegte einen Augenblick, während dem er sich die Kehle anfeuchtete, und sagte dann: »Hahnenkämpfe vielleicht. Ich könnte nach Mexiko gehen, mal sehen, wie das geht. Ich hatte schon immer den Verdacht, die Mexikaner könnten uns so einiges beibringen.«

Er hatte komische Augen. Das eine musste seiner Mutter gehört haben, das andere seinem alten Herrn. Eins war nämlich blau, das andere braun. Er war aber ziemlich gut im Bett. Seine Zunge war die reinste Eidechse. Sie huschte bei mir ein und aus, als hätte sie in den mexikanischen Bergen auf einem heißen Stein gehungert. Ein paar Minuten mit dieser Eidechsenzunge, und ich wusste nicht mehr, ob ich Mickey Maus war oder Donald Duck. Sie können stramme rosige Dampframmen loben, so viel sie wollen, wenn es drauf ankommt, dann ist eine lange, schnelle Zunge eben doch des Mädels bester Freund.

»Ophelia«, sagte Monique, und ließ die Zeitung zu Boden fallen, »wie wär's mit einer schönen heißen Dusche. Ich fühle mich so schmutzig.«

»Ich komm gleich nach, paar Minuten, ja?«, sagte J. »Sobald ich meine Zukunft auf der Reihe habe.« Er wollte sich aber wohl eher das neue Jagdgewehr ansehen, das er sich gerade geleistet hatte, komplett mit Zielfernrohr und allem Pipapo.

Die beiden hatten einen Freund, den ich wirklich gern hatte. Richtig gut aussehender Bursche, dunkelhäutig, Bosworth hieß er. Wenn Sie mich fragen, guckte bei dem irgendwo ein Schwarzer aus dem Stammbaum. Seine Großmutter mütterlicherseits, da möchte ich wetten. Abgesehen von der Hautfarbe hatte er noch etwas anderes, was schwarz war, und das war seine heiße Smartness. Weiße Männer sind trocken smart. Wie auch immer, der gute Bosworth war Innenarchitekt für reiche Leute. Was übrigens ein ziemlich gutes Geschäft ist, denn wenn es etwas gibt, wofür reiche Leute gut und gern zahlen, dann für eine erlesene Optik. Mit Sachen ohne Klasse haben die nichts am Hut. Sogar die Gläser müssen bei denen genau richtig sein, weil sonst auch das Getränk darin nichts taugt. Was mich angeht, kann man sich aus einem Marmeladenglas genauso gut besaufen wie aus einem dänischen *objet d'art* zu drei Dollar das Stück. Gin ist Gin.

Na, jedenfalls war Bosworth immer furchtbar nett zu mir. Ich meine, auf eine ganz besondere Art, weil im Allgemeinen eigentlich alle nett zu mir waren. Warum auch nicht? Schließlich wussten sie, dass ich ihnen nichts wegnehmen würde. Ich war das kleine schwarze Sexkätzchen, das Jonathan und Monique sich für ihre Orgien hielten, und in so einer Situation ist jeder nett zu jedem. Der Gedanke an ein bisschen heißen Spaß ist für jeden ein Grund zu lächeln, egal für wen er sich halten mag. Mein Kandidat für den universellen Gleichmacher ist übrigens ein großer Schwanz. Ein echtes, nüchternes Symbol für die Demokratie. Tja. Aber mich und Bosworth, diesen kaffeebraunen Schatz, verband etwas ganz Besonderes. Als wüssten wir etwas, was die anderen nicht wussten. Das Lächeln, das sich hin und wieder zwischen die anderen stiehlt, das waren wir. Und er hatte auch eine verrückte Ader, genau wie ich. Wie sonst wollte man sich seinen Assistenten, eine bucklige kleine Schwuchtel namens Esmeralda, erklären? Ach, du heiliger Bimbam! Und wissen Sie, was diese grinsende kleine Jahrmarktsattraktion behauptete?

»Katharina die Große rieb mir den Buckel, weil das Glück bringt. Und das ist nicht alles, was die bei mir rieb!« Seine eigenen Worte, so wahr mir Gott helfe. Auf Partys erschien er aufgemacht wie der kleine Lord. Manchmal trat er auch in schlicht himmelschreienden Frauenkleidern auf, die er sich, anders kann ich mir das nicht erklären, in einem chinesischen Hurenhaus zusammengebettelt haben muss.

Ich fragte Bosworth, wie in aller Welt er darauf gekommen war Innenarchitekt zu werden.

»Das war eigentlich ganz einfach«, sagte er und nippte an

einer richtig männlichen Portion Preiselbeersaft, »ich hatte eine beherrschende Mutter, die unbedingt einen Homosexuellen zum Sohn haben wollte. Aber das war nicht möglich. Ich habe eine unheilbare Allergie gegen zylindrische Gegenstände im Mund – vom Arsch ganz zu schweigen. Nicht dass ich's nicht versucht hätte, aber schon beim ersten Mal musste ich ganz furchtbar niesen. Also wurde ich das Nächstbeste – Innenarchitekt. Meiner Mutter zu gefallen war mir überaus wichtig.«

So ernst, wie er mich dabei ansah, musste ich einfach lachen. »Bosworth, Baby, du erzählst mir vielleicht Sachen. Du solltest auf dem Rummel arbeiten. Du könntest ein Vermögen damit verdienen.«

Er gab mir einen spielerischen Klaps auf die Kiste. »Lass mir Zeit. Womöglich lande ich ja noch genau da.«

Zunächst mal landete er in mir. Und selbst wenn Eigenlob stinkt, als Rummel bin ich ziemlich gut. Wir waren draußen im Sommerhaus, und es war niemand da außer Bienen und Vögeln, und ehe ich mich's versah, lag ich auf der Chintzcouch, und er stieß wie der Kolben einer Dampflok auf mich ein. Er hatte einen wunderbar schnellen Rhythmus, und das überzeugte mich mehr denn je davon, dass er irgendwo einen Tropfen Minderheitsblut in sich haben musste, denn weiße Kerls vögeln, als könnte man sie jeden Augenblick dabei erwischen, und das macht einen, Hautfarbe hin oder her, selber total nervös, und bevor man's merkt, funktioniert das eigene Getriebe nicht mehr.

Komisch, ich habe nun schon so vielen gehört, dass ich mich manchmal selbst für jemand anderen halte. »Sie«, sage ich zu mir, wenn ich über mich selber spreche oder dran denke, was mir passiert. Aber diese »Sie« zu diesem Zeitpunkt, zu dem Zeitpunkt, an dem ich »sie« für mich bin, das bin nicht wirklich ich, glaube ich wenigstens, sondern jemand anderes, jemand Ausgedachtes, den das Ich nur beobachtet. Man muss schon eine Menge anderer »Ichs«

erfinden, um in dieser Welt zurechtzukommen. Und da saß sie dann eines Tages, diese Ophelia, in einem vornehmen Restaurant und hielt Händchen mit einem älteren Mann. Sie kannte ihn nicht, aber das war durchaus in Ordnung. Er lächelte und löffelte Brei. »Du machst das schon«, sagte sie ihm und berührte, beinahe gegen ihren Willen, seine Genitalien.

»Spielt auch keine Rolle mehr«, sagte er, aber so wie er es sagte, konnte Ophelia sich des Gefühls nicht erwehren, dass er log.

Auf der anderen Seite des Lokals, das voller Geräusche war, die nicht dorthin gehörten, machte eine Frau, die Ophelia aus ihrer Kindheit zu kennen meinte, obszöne Gesten in ihre Richtung.

»Das ist ja wohl nicht nötig!«, rief Ophelia. »Wir können doch Freunde sein.«

Die Frau, die jetzt weinte, warf einen Löffel nach ihr. »Sie sind nicht meine Mutter.« Und irgendwie musste Ophelia das akzeptieren. Sie fühlte sich wunderbar schwerelos und tat sich angenehm Leid.

Dann stand sie auf der Straße und starrte in ein Schaufenster. »Wir lösen mittellose Gesten ein«, hieß es darin auf einem Schild.

Ein kleiner Junge stand neben ihr, und er hatte die Hand unter ihrem Kleid. Aber sie hatte nicht das Gefühl, dass das etwas Schlimmes war. »Sag niemandem, dass du mich gesehen hast«, schien er zu flüstern.

Ein warmes, ausgesprochen erotisches Gefühl schwappte über sie hinweg, und mit einemmal hielt sie sich seinen Kopf gegen die nackten Brüste. Er saugte daran. »Geheimnisse sind wichtig«, sagte sie. Sie konnte sich des Gefühls nicht erwehren, dass sie etwas sehr Wichtiges gesagt hatte, und musste lächeln.

Der Junge biss sie, und sie warf ihn zu Boden. Aber er kicherte nur und lief dann ohne Eile die Straße hinauf.

»Nobody is perfect!«, rief sie ihm nach, wusste aber, dass ihre Stimme ihn nicht erreichte. »Ich wollte noch viel, viel mehr sagen«, sagte sie einfach so vor sich hin.

Auf der ganzen Straße gingen lachend Schwarze in die Knie. Ihr Lachen war geräuschlos, und sie fielen in Zeitlupe. Ophelia lachte selbst und fiel ebenfalls hin. Sie konnte nicht das Geringste dagegen tun. Sie war frustriert, aber es war keine schmerzliche Erfahrung. Jemand, den sie sehr gut kannte, winkte ihr von einem der Dächer her zu. Ophelia versuchte zurückzuwinken, aber aus irgendeinem Grund wollten ihre Arme sich nicht bewegen. Sie nahm sich vor, der Person das bei Gelegenheit zu erklären.

»Ich werd' trotzdem weiter an dich denken«, rief ihr der Bekannte aus großer Entfernung, aber trotzdem geradezu zärtlich zu.

»Danke, vielen Dank«, hörte Ophelia sich zurückrufen. »Wir dürfen so was nicht vergessen!«

Ein überaus lebhaftes Bild von ihrer Mutter kam Ophelia in den Sinn. Sie sah sie auf einer Veranda beim Brechbohnenschälen. Sie sang etwas, und der Text des Lieds hatte eine ganz besondere Bedeutung und etwas mit dem Leben im amerikanischen Süden zu tun. Ophelia vermutete dies allerdings nur, weil sie die Worte, so vertraut sie ihr auch vorkamen, nicht wirklich verstand. Dann küsste sie das Foto ihrer alten Mutter.

»Es gibt Sachen, über die kann man keinem was vormachen«, sagte ein dicker alter Schwarzer lächelnd. Er lag nackt auf dem Randstein.

Panik ergriff Ophelia. »Das versuche ich doch gar nicht! Bitte!«

Der Mann grinste nur breit und schüttelte den Finger in ihre Richtung. »Denk nur immer dran, wo du bist.«

Sie hätte sich gern weiter mit ihm unterhalten, aber als sie sich auf den Mann zu zu bewegen begann, merkte sie, dass er nicht mehr da war.

Eine tiefe bedeutungsschwangere Stimme erfüllte jetzt die ganze wimmelnde Straße. »Wir dürfen uns nicht von den Erklärungen irgendwelcher Fremder verführen lassen.«

Eine ungeheure Erleichterung, ja ein Glücksgefühl erfüllte Ophelia, ein Gefühl, in das sich ausgeprägte sexuelle Sehnsüchte mischten. »Du hat ja so Recht!«, rief sie der Präsenz zu. Aus dem schönen Gefühl in ihr wurde langsam, aber sicher ein Orgasmus, und sie fragte sich nicht ganz ohne schlechtes Gewissen, ob es wohl jemand sah. Sie legte die Hände über die Gegend zwischen ihren Beinen, als wollte sie steuern, was da geschah. Trotzdem konnte sie nicht verhindern, dass sie ganz ungeniert lächelte. »Ach, was soll's«, sagte sie, mehr zu sich, als sich eigentlich schickte.

Dann saß sie in einem sauberen, auffallend schicken Zimmer in einem Haus, das ihr nicht gehörte. Auch die Kleider, die sie anhatte, gehörten nicht ihr; sie gehörten einer reichen Person, die sie ihr geliehen hatte. Ophelia wollte der Name dieser Person nicht einfallen oder warum sie ihr gegenüber so großzügig gewesen war. Sie betrachtete ihre Haut und bemerkte, dass sie nicht mehr schwarz war, worauf sie ihre eigenen Hände zu küssen begann, sachte und immer wieder. Tränen rollten ihr übers Gesicht.

»Wenn du das verstehst«, sagte ein bärbeißiger alter Kerl auf einer Couch ihr gegenüber, »dann verstehst du alles.« Er lachte mechanisch ohne den geringsten Ausdruck auf seinem Gesicht.

»Ich schulde dir nichts«, sagte sie und küsste dann wieder die neue Haut.

Ehe sie sich's versah, hatte der Alte eine Maske vom Gesicht genommen, und sie hatte ihren Bruder vor sich, Churchill Downs. Nie hatte er strahlender ausgesehen, nie gefälliger. In seiner Hand sah sie ein großes Etwas. Als Ophelia sich vorbeugte, um es besser zu sehen, wuchs das Ding durch den Raum auf sie zu und direkt in ihren Mund. »Ach du bist das«, sagte sie. Sie war überrascht, dass es sich mit dem Ding im Mund so gut sprechen ließ. Irgendwo begann eine Kapelle einen raffinierten Marsch zu spielen. Churchill hatte die Augen geschlossen und sang, und das ungemein schön. Sie hatte einen wunderbaren Geschmack im Mund. Er kam von weit, weit her und schien überhaupt nicht enden zu wollen.

»Bosworth, Schatz«, sagte ich eines Tages nach einem ziemlich verrückten Tennismatch – ihrem, nicht meinem, denn allein der Gedanke von Schwarz auf diesem Tennisplatz (bei einer ihrer ureigensten Sportarten), wäre einfach zu irre gewesen, und ich muss Ihnen wohl nicht erklären warum – »Bosworth, warum verziehen wir zwei beiden uns nicht.«

»Was?«

»Und gehen wohin, wo wir unter richtigen Leuten wären.«

»Ich glaube, ich habe dich nicht richtig verstanden.«

»Ziehen wir doch was auf, was Zukunft hätte«, fuhr ich fort.

»Hast du was genommen?«, fragte er. »Eine halluzinogene Droge? Gras?«

»Die Reise nach Jerusalem hier wird langsam penetrant. Und wenn du noch mehr Lady-Hamilton-Zimmer für reiche Schwachköpfe einrichtest, endest du noch in der Klapsmühle.«

»Siehst du nicht, dass ich die Sportseite lese?«

Ich sagte: »Baby, du hast die Zeitung nicht mehr gelesen, seit du als Kind Baumwolle gepflückt hast.«

Er stützte sich mit einem Arm auf. »Junge Dame, ich wollte, du würdest von dieser Art Rufmord absehen. Und überhaupt, falls ich in der Kindheit Baumwolle gepflückt haben sollte, dann höchstwahrscheinlich am Nil. Und zwar die langfaserige Sorte, die die besten englischen Hemden abgibt.«

Ich musste einfach hinübergehen und ihn in die Arme

schließen. Er war der niedlichste kleine Schweinsknöchel, der mir seit Jahren untergekommen war. Ich wusste, dass er mit einer deutschen Herzogin herumzog, aber das war mir egal. Niemand konnte ihn kennen, wie ich ihn kannte. Ich kannte sein geheimes Ich.

»Wir könnten nach Paris oder Rom gehen. Irgendeine Großstadt. London soll ziemlich groovy sein, hab' ich gehört.« Ich küsste ihn einige Male hinterm Ohr. Seine Haut schmeckte immer so gut. Süß wie die eines braven Kinds. »Wer weiß, was uns nicht alles Tolles passieren könnte in einer tollen Stadt. Hmm?«

Bos wand sich, bis er bequemer saß. Offen gesagt, er wehrte sich nicht gerade gegen den Vorschlag. »Jeder gute Philosoph wird dir sagen, dass die wirklichen Reisen sich in deinem Kopf abspielen.«

»Ich habe nie das Gegenteil behauptet. Aber jeder kann dir sagen, dass sie sich in manchen Städten besser simulieren lassen als in anderen.«

»Hmm. Das muss ich mir durch den Kopf gehen lassen.«

»Okay, warum rutscht du nicht ein bisschen rüber, solange du überlegst. Dann kann ich dich in den Arm nehmen, während du denkst. So. Das ist schon besser.« Mm. Er riecht wirklich wunderbar. Ich wette, seine Mutter hat ihm als Kind furchtbar viel Liebe gegeben. Am ganzen Körper auch nicht ein schlechter, nicht ein saurer Geruch. Man spürt einfach, dass ihn eine Menge Frauen in den Armen gehalten haben.

Wir gingen nach London. Esmeralda kam mit. Trotz heftiger Proteste meinerseits. Er sagte, sie seien nun schon so lange zusammen, dass sie sich unmöglich trennen könnten. Er sagte, der kleine bucklige Kerl sei ihm geradewegs aus einem seiner Kindheitsträume zugelaufen, er sei buchstäblich aus dem Nichts aufgetaucht. Und es war ihm ausgesprochen ernst, als er das sagte. Er kam geradewegs aus einem seiner Träume und stand am nächsten Morgen in seinem

Schlafzimmer. Mein Gott. Das bedeutet, er ist genauso Bosworth wie der süße Bosworth selbst.

»Womöglich noch mehr.«

Es war Esmeralda. Lächelnd stand er am Ende des sonnendurchfluteten Raums.

»Herrgott aber auch, Esmeralda. Du hast den leisesten Gang im ganzen Tierreich, verdammt noch mal.«

Bosworth lachte nur. Das heißt, eigentlich war es ein Laut zwischen einem Giggeln und einem Glucksen, ein Laut, wie man ihn von einem Kind erwartet, nicht von einem Erwachsenen. Im Allgemeinen.

»Esmeralda! Du schlimmer Junge!«, rief er. »Kannst du mich nicht einen Augenblick allein lassen!«

»Du wärst doch gar nichts ohne mich«, sagte Esmeralda und grinste dabei, als hätte er eine Maus im Ärmel.

Wie auch immer, zurück nach London. Das war vielleicht eine Szene dort, glauben Sie mir. Sie können sich das abfällige Gerede über Tee und Crumpets anhören, bis Sie schwarz werden, aber ich sage Ihnen, wenn das der Grund für die Stimmung dort ist, nun, dann schlage ich vor, dass jeder Staatschef T & C zur täglichen Pflichtmahlzeit für alle Bürger unter zweiundsiebzig erklärt. Mein Gott, die Szene dort swingt wie der Kongo in einer heißen Sommernacht. Herzog und Herzogin, Straßenkehrer und Schornsteinfeger – den Leuten da kann man wirklich nicht nachsagen, sie ließen irgendwas anbrennen. Nach ein paar Monaten hier kann ich verstehen, warum Willie Shakespeare einfach ein Engländer gewesen sein musste. Nie könnte ein derartiger Wahnsinn aus Joghurt und Gulasch entstehen. Wie sagt er gleich wieder?

»Wenn zu dem Rate der Gedanken kehren
So süß und still die Schatten alter Zeit,
Muss vieles ich, was ich gesucht, entbehren …«

Und was meine schwarze Hautfarbe anbelangt, ich kann Ihnen sagen, diese swingenden Tommys nahmen mich auf wie eine Königin. Vielleicht hat es doch etwas Gutes, dass meine Eltern in einer Vorstadt von Nairobi geboren sind.

Eines schönen Tages (wie man so schön sagt) verkündete Bosworth selig: »Heute Abend geht's auf ein Schloss. Lord und Lady Cliveden lassen bitten.«

»Ui«, sagte ich.

»Allerdings.« Es war drei Uhr nachmittags, und er mixte den mittlerweile zur Tradition gewordenen Gin & Bitter – pinkfarbenen Gin, für die, die sich mit Spirituosen auskennen. »Nobler als die geht es praktisch nicht: Verstand, Schönheit und Geld.«

»Mm. Genau meine Blutgruppe«, bemerkte ich und genehmigte mir einen halben Fingerbreit von dem Zeug. »Was zieh' ich denn da an, Bosworth, alter Knabe?«

»Nichts, absolut nichts.«

»Oh Scheiße! Sag bloß nicht, das wird wieder so ein Ringelpietz mit Anfassen?«

»Ach, nun komm schon, Ophelia, Baby. Nur weil du jetzt mittelalterliche Philosophie beim alten Tom Hibbs studierst, heißt das doch nicht, dass du mir gleich zur Spießerin werden musst, oder?« Ich meine, verflucht noch mal! Ist schließlich nicht, als wären wir wieder bei Leslies'. Das hier ist eine ganz andere Erfahrung, ein neuer Kontext, Kleines. Folglich hat auch alles, was du hier machst, ganz neue Konnotationen, ganz neue Vibes. Das verstehst du doch, Ophelia Baby vom Morgenlicht, ja? Sag, dass du's verstehst und ich mich wieder wohl fühlen kann.«

»Und was soll Esmeralda auf dieser Fete? Schlägt er das Tamburin?«

»Komm schon, Süßes. Sei lieb zu Daddy.«

Ich dachte darüber nach. Ich ging auf und ab und lauschte auf die Geräusche von draußen: Pferdegespanne, das merkwürdige Tröten – *oink-oink ahu-gah* – der neumodischen Autohupen. Vielleicht hatte er ja Recht. Leslies' – was für ein Zirkus! Auf dem Kopf, rückwärts, vorwärts, auf allen vieren und als dreilagige Schichttorte, bei der sich die Schichten selber verspeisen. Aber immer der gleiche Kuchen. Doch hier, nun ja, hier war das irgendwie anders. Hier waren wir wirklich mit von der Partie; wir standen nicht bloß rum und warteten auf den Gong, um loslegen zu können wie die Feuerwehr ohne – ach was, natürlich mit Schlauch und nicht bloß mit einem! Ich begann wirklich dazuzugehören, und ich nehme an, das ist ja wohl, worum es im Leben geht. Wenigstens sagt Churchill das immer. Apropos, ich frage mich, wo mein geiler Knuddelbär wohl gerade steckt?

Als er mir das letzte Mal schrieb, war er Privatlehrer und unterrichtete irgendwo – im Irak? – den Sohn eines reichen Scheichs. Aber das ist auch schon wieder ein Jahr her – es war kurz bevor man Franklin Roosevelt für ein Leben im Weißen Haus erkor. Man stelle sich vor, sechzehn Jahre alt und schon Lehrer! Er ist schon ein blitzgescheites Kerlchen, dieser Churchill, mein lieber Schwan. »Der Junge ist ein ganz anständiger Bursche«, schrieb er mir. »Keine Untugenden – außer denen, die man nicht auch bei jedem anderen verdorbenen, halb blinden achtundzwanzigsten Spross eines spinnigen Milliardärs erwarten würde, der in Lamm mit Reis und Luxuskarossen erstickt. Ich bin eben dabei, Karim mit den römischen Philosophen bekannt zu machen, Seneca, Cato und Konsorten. Nicht dass ich wüsste, was in aller Welt ihm das nützen sollte – außer möglicherweise, dass seine Konversation beim Abendessen gescheiter ausfällt als die seiner künftigen Gäste. So wie es aussieht, wird er ja wohl sein Lebtag nicht arbeiten müssen; auf seine beruflichen Chancen wirken seine Kenntnisse sich also nicht aus. Der Gute weiß ja gar nicht, was ihm entgeht: Arbeit macht einen Menschen menschlicher – und das ist etwas, was es um jeden Preis zu vermeiden gilt. Wann immer wir der intellektuellen Aktivitäten müde werden, gehen wir zum Bowling – Kegeljungs haben hier übrigens das tollste Leben! – oder auf die Steinbockjagd. Steinböcke sehen aus wie eine Kreuzung zwischen Antilopen und Einhörnern. Es gibt vielleicht noch siebzehn davon, und die arabischen Bonzen hier sind fest entschlossen, sie ganz auszurotten. Warum weiß ich auch nicht. Überhaupt entwickeln die Leute hier ziemlich exotische Obsessionen, womöglich weil es ihnen so völlig an Demut fehlt. Ich war anderntags dabei, wie man auf dem hiesigen Sklavenmarkt ein absolut exquisites Schwedenmädchen versteigerte. Sie war zu Hause Miss Stockholm gewesen oder so was. Brüste wie Skihänge. Karims Onkel hat sie erstanden; wir bekommen sie also womöglich noch öfter zu sehen. Was für ein Hals! Wenn das an Stockholm liegt, kann ich nur sagen, was mache ich eigentlich hier? Übrigens, mein Chef, der Scheich, sagt, er sei sich sicher, dich aus Kairo zu kennen – aus der Zeit von König Tut. Wieso hast du mir nie von ihm erzählt? Ich dachte, wir hätten keine Geheimnisse voreinander. Na jedenfalls wünsch' ich dir was, Schwesterherz. Du hörst wieder von mir, wenn die große Ernte eingebracht ist. *C.* PS. Weißt du zufällig, was ich mit meinen weißen Keds gemacht habe? Ich kann sie nirgendwo finden. Ich verabschiede mich mit einigen nachhaltigen Worten des verehrten Okbar El Fed, seines Zeichens Jongleur, Frauenschänder und Poet: ›Kunst und nichts als Kunst – wir haben die Kunst, um nicht an der Wahrheit zu sterben.‹«

Kairo? König Tut? Ich? Großer Gott! Ich komme ja ganz schön rum. Und das ohne auch nur eine Ahnung davon zu haben. Aber vielleicht ist das ja auch am besten so. Andernfalls kommt man womöglich eines Tages in Hongkong oder weiß der Kuckuck wo um die Ecke und begegnet sich selbst.

Bosworth hatte sich ausgezogen bis auf die Boxershorts und absolvierte sein tägliches Pensum Liegestütze, während er auf meine Antwort wartete. Er war wirklich topfit.

»Okay«, sagte ich schließlich. »Du kannst auf mich zählen.«

»Wunderbar«, ächzte er und stieß sich vom Boden ab. »Du entwickelst langsam, aber sicher echten Gemeinsinn.«

»Du musst mich nicht auch noch durch den Kakao ziehen, Bosworth.«

»Nein, im Ernst«, grunzte er wieder. »Ich würd' dich doch nie aufziehen.«

Fest stand, dass er wunderschöne Brustmuskeln hatte. Und glauben Sie mir, ich habe die nicht nur aus einer Perspektive gesehen. Bosworth ist wirklich ein prima Freund, gerade für ein Mädchen. Aber hallo, wie man so schön sagt.

»Einunddreißig, zweiunddreißig«, schnaufte er. »Dreiunddreißig, vierunddreißig ...«

Mir fällt da gerade was ein. »He, weißt du, wer heute angerufen hat?«

»Siebenunddreißig ... nein. Wer?«

»Lord Alfred Katz.«

Bosworth wälzte sich auf den Rücken. Seine Brust war mit hübschen glänzenden Tropfen überzogen, und die schwarzen Haare erinnerten mich an etwas im Wald – an ein Tier, das, nachdem es sich etwas wirklich Feines gegönnt hat, schwer atmend und ausgesprochen zufrieden hingestreckt auf der Erde liegt. Es hat einen ganz besonderen schweren Zug um den Mund.

»Was wollte die alte Gräte denn?«

»Er hat mich zu einem Ausritt im Park eingeladen, mit ihm und seiner Tochter April.«

»Ah ja. Weißt du, dass dem ganz persönlich 17621 malaysische Bauern gehören?«

»Echt wahr? Was macht er denn mit all den Leuten?«

»Sie quetschen ihm seine Gummibäume aus. Die Reifen von halb London haben die aus diesen Bäumen gedrückt. Und das ist wahrscheinlich nicht mal übertrieben.« Er betrachtete sein wunderschönes Ebenbild in unserem mannshohen Spiegel. »Sein Großvater hat in Afrika Millionen mit dem Sklavenhandel verdient. Millionen.«

»Was sagt man dazu?«, sagte ich. »Womöglich hat er dabei den einen oder anderen Verwandten von mir geschnappt.«

»Würde mich nicht im Geringsten überraschen.«

»Na ja, Geschichte hin oder her, ich denke, so ein kleiner Ausritt im Park wäre nicht ohne.«

»Hast du denn schon mal auf einem Pferd gesessen?«

»Nein. Aber was hat das denn damit zu tun?«

»Nichts. Absolut nichts. Ich frage nur so aus Neugier. Rein akademisch.«

»Seit wann muss man für einen Ausritt im Park eine Ahnung von Pferden haben?«, fragte ich ihn.

Er nahm mich in die Arme und küsste mich einige Male auf den Hals. »Mäuschen, falls du's je müde werden solltest, ein phänomenales schwarzes Mädchen zu sein, könntest du dich jeder Zeit als Logikerin bei Hofe bewerben. Glaub mir.«

»Mm. Mach das noch mal, ja? Ja. Das. Genau so.«

Die Party bei den Clivedens war ein voller Erfolg. Partys, sollte ich wohl eher sagen, denn eigentlich waren es mehrere. Diese Engländer haben wirklich Spaß an ihrem Spaß. Und dazwischen unterhielt ich mich immer wieder mit April Katz. Mein lieber Mann! Die ist ja vielleicht eine Marke! Und eine Unterhaltung mit der – man meint tatsächlich, in eine Einfraushow geraten zu sein. All die Leute in dem Kopf von dem Mädchen! Nein ehrlich, kaum zu glauben, das süße Ding?

Keine Bange. Ich bin Ihnen nicht ausgebüchst. Wir haben in den Cloisters auch nicht einen Raum ausgelassen. (Außerdem bin ich nicht die Art von Mistkerl, der Sie mit einer kulturellen Erfahrung anspitzt und sich dann bis zum ersten Schnee in die Latrine verdrückt. Ist nicht mein Stil.) Mir gefielen vor allem die Rüstungen. Die Jungs gingen nun wirklich kein Risiko ein. Nicht einen Zentimeter ihres hochwohlgeborenen Körpers gaben die preis. Um denen was anzutun, hätte man ihnen schon eine Handgranate in den Schoß werfen müssen. Und selbst dann bin ich mir nicht sicher, ob es groß was gebracht hätte; das Eisen um ihre Weichteile hätte für Woks für halb Formosa gereicht. So ein Ding sollte ich tragen, wenn Sylvia mich mit ihren explosiven Beleidigungen bombardiert. Nicht dass ich mich der Illusion hingebe, dass so eine Rüstung den totalen Schutz bieten könnte; meine Sylvia ist eine Meisterin in Sachen Bombardement. Sie hat Vernichtungstechnik studiert – am MIT. Die Frau hat Schützenminen erdacht – und entwickelt –, die nicht nur die stolzeste Rüstung durchdringen, sondern auch Zeit und Raum.

Ein Typ mit rotem Haar und schwarzem Schlapphut mit einer Feder im Band lächelt mich von einem Gobelin aus dem 15. Jahrhundert her an. Hab' ich ›lächelt‹ gesagt? Weil er nämlich grinst, schlicht aber ergreifend. Sein Vollbart kringelt sich wie ein Urwald aus Schamhaar. Mit welchen Lenden mag er wohl kommuniziert haben? Welche weiblichen Sekrete haben ihn wohl genährt? Sag es mir, du Liebhaber blähenden Lauchs!

Er: Hab' ich dein Geheimnis erraten, was? Du alter Schnüffelgourmet.

Ich: Ich habe kein Geheimnis, du Nippelschnäpper.

Er: Alles an dir ist ein Geheimnis. Du *bist* ein Geheimnis.

Ich: Wofür hältst *du* dich denn? Eine öffentliche Erklärung?

Er: Das Schreckliche an dir ist, dass du diesen wesentlichen Teil deiner selbst leugnest. Du geißelst dich in exhibitionistische Rasereien, nur um ihn zu kaschieren. Arme Flötennase! Ist dir nicht klar, was du tust?

Ich: Was denn, wenn du schon so gescheit bist?

Er: Du erfindest andere Leute, in denen du dich ausleben kannst. Diese anderen Seelen, das meine ich mit deinen Geheimnissen! Mietlinge, die dir deine Arbeit machen. Meinst du wirklich, du kannst den Leuten weismachen, dass diese Kreationen, diese Kreaturen, tatsächlich existieren?

Ich: Sie atmen doch, sie bewegen sich, oder etwa nicht?

Er: Das war noch nie ein Beweis dafür, dass jemand existiert. Das weiß doch sogar ein Rummelplatzdirektor wie du.

Ich: Ich habe keine Ahnung, wovon du sprichst. Ich bin nichts weiter als ein ehrlicher Gemüsehändler, der sich auf anständige Weise um sein Auskommen bemüht.

Er: Ha! Wenn du ein ehrlicher Gemüsehändler bist, dann ist Karl der Kahle ein Muffinbäcker.

Ich: Ich habe nie behauptet, dass er *keiner* ist.

Er: Wo wir schon vom König reden. Hast du von seiner jüngsten Marotte gehört?

Ich: Er kocht wahrscheinlich einbeinige Doggen.

Er: Keine Projektionen bitte. Nein, der Erhabene hat sich einen Buckligen zugelegt.

Ich: Ach wie toll! Wo hat er denn den her? Aus einem Wanderzirkus?

Er: Ganz im Gegenteil. Der Bursche ist ein maurischer Prinz.

Ich: Ein maurischer Prinz? Wie in aller Welt ist denn der von Afrika zu euch gekommen, wo immer das sein mag. Den hat wohl ein Adler verschleppt.

Er: Von wegen, er kam mit seiner eigenen Karawane. Über Italien – wo er ein Jahr lang beim großen Botto Mandoline studiert hat. Darüber hinaus hat er bei einem Mystiker in Siena sein Diplom im Kitzeln gemacht. Er hält den König bei Laune. Seit der Bucklige da ist, hat er die schrecklichen Koller beim Essen nicht mehr. Sogar zu mir ist er außergewöhnlich anständig. Er hat mir zum Geburtstag fünf normannische Bauernmädchen geschenkt. Ich komme kaum noch zur Hirschjagd. Du erwischst mich praktisch an einem Ausnahmetag, Trüffelnase.

Ich: Sag mal, ist dir mal eine Blondine mit einer Dänischen Dogge untergekommen – breite Schultern, enorme Titten? (Was natürlich nur als Scherz gemeint war.)

Er: Enorme Titten … hm … Dogge? Meiner Seel'! Die Gräfin von Grotz!

Ich: Unter anderem, nehme ich mal an. Egal, was treibt sie denn so?

Er: Treibt, die Gräfin? Wir nennen sie übrigens Gräfin Dreimal, weil sie dreimal so viel braucht wie andere Frauen, und das von allem. Tja, die treibt's praktisch mit allem und jedem. Es geht übrigens das Gerücht, sie sei eine Tochter des Papstes. Doch, wirklich. Schau dir mal ihre Augen an. Den Mund. Ganz der Papst.

Ich: Ich habe gefragt, *was* die Metze so treibt?

Er: Etwas wahrlich Amüsantes, mein Freund. Sie ist dabei, eine Damenakrobatenriege zusammenzustellen. Beim Zeus! Was für ein fideles Häuflein!

Ich: Darauf möchte ich wetten.

Er: Alles junges blaues Blut, ganz ergötzliches Völkchen, das sage ich dir. Geben die originellsten Vorstellungen bei Hofe. Die Tricks, die die Gräfin denen beigebracht hat! Ganz zu schweigen von der inspirierenden Begeisterung, die sie in ihren Darstellerherzen geweckt hat! Sie gehen ihren Spielen mit wahrer Leidenschaft nach. Meine Güte! Wenn die ihre Darbietung nicht *nach* dem Essen vorführen würden, ich sag' dir, niemand würde auch nur einen Happen anrühren.

Ich: Und so wie die Dinge liegen, werden sie anschließend selbst zu Happen, habe ich Recht?

Er: Aber natürlich.

Ich: Was gibt's denn da zu kichern?

Er: Ach, mir fällt da gerade was über den König ein.

Ich: Ich kann Geheimnisse nicht haben. Sie machen mich einsam.

Er: Na ja, es ist etwas, was er mit einer der Akrobatinnen macht.

Ich: Hör auf zu lachen und spuck es aus!

Er: Na ja, er trinkt seinen Champagner aus ihr! Was für ein königlicher Schelm! Erst schüttelt er eine Flasche von dem Zeug, dann hält er sie ihr vor die Fut und gibt ihr ein

Schaumbad, dann hält er ihr seinen gierigen Mund zwischen die Beine und trinkt, was wieder rauskommt.

Ich: Mein Gott! Was für eine kapitale Idee!

Er: Ja. Kann man sich eine ergötzlichere Art sich zu betrinken vorstellen? Jetzt bestürmen ihn die anderen Akrobatinnen, eine leckerer als die andere, doch auch mal dranzukommen. Die Champagnerhersteller sehen einem Goldrausch entgegen, glaub mir.

Ich: Muss ich auch mal versuchen. Mumm's kann ich mir freilich nicht leisten. Eher schon Seven Up.

Er: Du bist immer viel zu bescheiden. Na ja, das ist dein Problem, Regennase. Hör zu, ich muss mal dringend Wasser abschlagen. Warum kommst du nicht einfach mit? Ich zeig' dir unterwegs einige der Sehenswürdigkeiten. Könnte deinen Horizont erweitern, wer weiß.

Ich: Mach' ich doch glatt.

Er: Ich bitte dich nur um eines – halte deine Zunge im Zaum, keine Unartigkeiten bitte, ja?

Ich: Roger.

Er: Ach! Das einzige Problem mit dem Chablis ist, dass er nicht lange genug drinbleiben will, um einen wirklich zu nähren. Siehst du den Burschen mit den stählernen Augen da drüben? Das ist der berüchtigte Intimus Schlecksack.

Ich: Na, ich werd' nicht mehr! Und das da ist mein alter Freund Marmaduke Scherbelkack.

Er: Ausgesprochen fleißig, der Kerl, wenn's darum geht, öffentliche Felder zu bestellen. Und wenn er damit durch ist, verhökert er gefälschte Schenkungsurkunden an die Unzufriedenen im jeweiligen Ort.

Ich: Na, vielleicht hier, in meiner Welt jedenfalls ist er Schriftsteller. Ziemlich komischer Kauz, das will ich gar nicht bestreiten, aber alles in allem kein schlechter Kerl. Immerhin hat er Lincolns Rede bei Gettysburg geschrieben. Unter anderem.

Er: Kokolores! Na, wie auch immer, da drüben, der Nasenbohrer, der da gegen den Gaul gelehnt steht, das ist des Königs Vetter zweiten Grades, Romney von Trinkpiss. Äußerst geschickt im Debattieren. Erst vorgestern hat er mit Erasmus ein Remis herausdiskutiert.

Ich: Meiner Seel'! Wer ist denn der Fettsack, der eben die Kleine da drüben gekniffen hat?

Er: Pfui Deibel! Das ist mein lieber Freund Harold Zwick, der beste Kneifer im ganzen Königreich. Aber genug jetzt. Komm schon rein, du alberner Kerl, du. So.

Da wäre ich nun, im Land von Armbrust und Schamkapsel. Und Sie sollten mich mal sehen! Hussa! Sie kommen nie im Leben drauf, was ich anhabe. Eine schwarze Strumpfhose. Einen großen gelben Sammethut mit einer Feder obenauf – von Zeit zu Zeit wischt sie mir über die Nase, aber das ist eine Kleinigkeit, bedenkt man, wie schick das Ding ist. Eine weite violette Jacke, die zweifelsohne von jungfräulichen Sklavinnen in heller Aufregung gewirkt wurde. Ich meine, ich spüre förmlich, wie ihre filigranen Finger über die angeborene Respektabilität meiner Brust jagen. Auf Ehre und Gewissen. Und ich habe noch keinen Tropfen getrunken. Was ich jedoch zu ändern gedenke, sobald der birnenförmige Bursche mit seinem feisten Arsch vor mir den Krug wieder zurück auf den Schanktisch stellt. Er hat die Schleuse weit offen, und sein seliges Gurgeln ist bis hinüber zum Zelt des Herzogs zu hören.

Dem Knaben gebricht es ganz offensichtlich an Stolz. *Uff!* Jetzt lässt er auch noch einen ziehen! Der Furz von dem Schweinepriester bläst mir um ein Haar die Feder vom Hut! Was für ein Pesthauch! Mir tränen die Augen. Der Kerl hat doch wohl einen Krötenfriedhof im Arsch! Er hat die Luft vergiftet. Drei Stare sind eben links von mir aus einer Weide gekippt. Und meinen Sie, der würde sich umdrehen, um sich für seine übel riechende Geste zu entschuldigen?

»Hören Sie auf zu schieben, Sir«, sagt er aus heiterem Himmel heraus und atmet mir Erinnerungen an gebratene

Nierchen und alte Züchtigungen ins zarte Gesicht. »Es ist genügend für alle da, das kann ich Euch versichern.«

»Ich habe nicht geschoben«, antworte ich mit angemessener Entrüstung. »Das kann ich Euch versichern.«

Sein Blick misst mich von Kopf bis Fuß. (Was für eine Visage! Scharen von Grützbeuteln, über die sich ein Netz geplatzter Äderchen zieht.) »Sir, Ihr seid Euch ganz offensichtlich nicht bewusst, gegen wen Eure Impertinenz geht.«

»Gegen einen furzenden Saufaus«, sage ich und kneife dabei die Augen zusammen, wie es mir vor Jahren Onkel Clyde gezeigt hat.

»Gickelgackel!«, schreit er. »Welch teuflische Niedertracht! Ihr beleumdet das Geschlecht der Bourbonen. Bankart, dreckschlündiger! Ich werd' dich durchbohren!« Und damit zieht er den Dolch.

Wer will schon Misshelligkeiten? Nicht meiner Mutter Sohn. Nicht die Bohne. Warum sollte ich eigens von Limoges hierher kommen, um mich aufspießen zu lassen? Können Sie mir das sagen? Wie hätte ich wissen sollen, dass sich unter seinem Walrossäußeren eine Sprungfeder derartiger Aggressionen verbarg? Ich verlege mich aufs Winseln: »Guter Sir, ich habe die Erhabenheit des Mannes vor mir nicht erkannt. Möge mein Papagei mich beißen wie einen Mongolen! Bitte, gütige Fürstlichkeit, gestattet mir, Euch in grenzenlosem Selbsthass meine Entschuldigung auszusprechen.« Und dann – das wird ihm gefallen – beuge ich mich vor und drücke ihm einen Kuss auf den fettigen (wie sollte es anders sein?) Ärmel seines rotsamtenen Gewands.

Was ihn völlig verblüfft. Er blickt mich an – oh, diese Augen! Flussmuscheln aus einem verseuchten Bach –, er blickt mich an, als hätte ich ihm eine Affäre mit Judas Ischariot gestanden. »Oh! Tja … also wirklich.«

»Ich bin dieser Tage nicht ganz bei mir«, fahre ich fort und wische ihm etwas – es sieht ganz nach Taubendreck aus – von der Schulter. »Ärger an der Heimatfront, wisst Ihr.

Nichts als Ärger. Meine Frau hurt mit den Stallburschen herum, mein Sohn hat sich aufs Plündern von Opferstöcken verlegt … ich meine, nach allem, was ich für ihn getan habe … und meine Weingärten sind voller Rebläuse.« Ich drücke ein paar Tränen in die Augen.

»Oh, der arme Mann«, sagt er und legt mir gleich einen Arm um die Schulter. »Ihr steckt mir ja mächtig im Dreck! Ich vergebe Euch. Du lieber Himmel! Hätte ich auch nur die Hälfte von Euren Sorgen, ich würde mit einem Krummschwert um mich hauen wie ein Sarazene. Armer Hund!« Jetzt nimmt er mich fest gegen die Brust.

»Ihr seid zu liebenswürdig, Sir. Ich danke Euch vom Grund meines Darms.«

Zwei Jungs schleppen einen frisch erlegten Rothirsch vorbei. Wenigstens vier Pfeile ragen aus dem Kadaver, und das Blut, na ja, darauf gehe ich hier lieber erst gar nicht ein.

»Also, dann macht Euch mal überhaupt keine Sorgen«, sagt er. »Ihr habt in mir einen Freund – Henri de Navarre, zu Euern Diensten. Ihr und ich, wir werden uns königlich amüsieren.«

»Pierre du Bac«, sagte ich.

»Pierre du Bac und sein Intimus Henri. Fürwahr, er und ich, wir werden uns auf allerlei trefflich männliche Art verlustieren, schlag er sich die Abscheulichkeiten zu Hause mal getrost aus dem Sinn.«

»Da fühle ich mich doch gleich schon viel besser«, sage ich und schnäuze mich kräftig.

»Zunächst mal«, sagt er, »nehmen wir zusammen einen zur Brust. Einen Schluck von diesem fürwahr robusten Calvados aus der Normandie. Der Wein, den die anderen hier trinken, ist im Vergleich dazu nichts weiter als Katzenpisse. Komm schon, Pierre, alter Knabe, neig den Krug und ertränk die dreckigen Rebläuse damit. Na also. Braver Bursche. Also, fühlst du dich nicht schon ein klein bisschen besser? Ha! Ha! Dacht' ich's mir doch. Das ist verdammt noch mal der beste

Saft, den man je kredenzt hat. Wenn ich hier ein Geständnis machen darf, ich würde es nicht über den Tag schaffen, hätte ich nicht meinen Calvados, um meine schreckliche Furcht zu ertränken. Greif dir eine von den gebratenen Wachteln, und wir schauen mal auf etwas Kurzweil im Zelt des Herzogs vorbei. Um den Herzog tut sich immer was. Wenn er keine Hure bei sich hat, sitzt er über einem Komplott, und wenn er keine Kabalen schmiedet, dann spielt er eben Karten. Wie oft schon gewann ich beim Hasard ein feines Gespann Percherons.« Er stößt mich mit dem Ellenbogen an. »Meistens sind sie alle so besoffen, dass sie einen Buben nicht von einer Stiftsdame unterscheiden können.«

»Dann geschieht es ihnen ganz recht«, sage ich. Der Calvados sorgt bereits für einen Bauernaufstand in meinen Knien.

»Genauso sehe ich das auch, Pierre. Ich sehe schon, du und ich, wir sind Brüder im Geiste.«

Ich umarme ihn – oder versuche es wenigstens, denn er ist ein derart üppiges Behältnis französischer Leckereien, dass mein Arm schlicht nicht um seinen Wanst reichen will. Er lässt ob des Drucks gleich wieder einen ziehen, aber diesmal stoße ich mich nicht daran. Der Leibsdunst eines Kumpels hat, wie wir alle wissen, mit Gestank nichts zu tun. Wogegen der Furz eines Fremden eine jammervolle Angelegenheit, ein Nachtgesang der Entwürdigung ist. Trompeten, Flöten, Tamburine. Blaublütiges Lachen. Zofengekreisch. Grafen. Erfahrenes Gelächter. Überlegenes Geknurr seitens einer Meute aus bester Zucht. Hufgetrappel (und das gelegentliche Plumpsen eines Rossapfels). Das Rauschen von Taubenflügeln über dem freien Feld. Das sind die Geräusche rund um mich und Henri, meinen beleibten Freund. Prachtvolle Düfte durchziehen die Luft. Nichts Krankes korrumpiert diese Atmosphäre. Nie habe ich mich so wohl gefühlt (im Schritt verspüre ich eine gewisse Leere, aber das ist ja wohl kaum das Ende der Welt). Ein feister brauner Hase hoppelt vorbei, aber mich erstaunt überhaupt nichts mehr. Warum sollte hier kein Hase vorbeihoppeln – wenn er will?

Wir stehen vor dem Zelt der Herzogs.

»Er wird dir gefallen, Pierre«, sagt Henri. »Er hat auch nicht eine Untugend, die du, die Möglichkeit vorausgesetzt, nicht selbst haben möchtest.«

»Ist er heikel, was Bauern aus dem Loiretal angeht?«

»Ach was. Er riecht nichts lieber als den Geruch eines ehrlichen Landmanns. Wenn er was nicht verputzen kann, dann ist das die vom Ehrgeiz getriebene obere Mittelschicht. Leute, die ihn bitten, den Paten ihres Kindes zu machen, um damit vor ihrer buckligen Verwandtschaft prahlen zu können. So etwas stößt ihm auf. Wenn er etwas nicht verstehen kann, dann sind das Leute, die hochkommen wollen.«

»Na ja, Emporkömmlinge sind ja auch das Letzte! Diese Arschkriecher widern mich an!«

»Es wärmt mir das Herz, dass du das genauso siehst, Pierre.« Er bedenkt meinen Rücken mit einem satten Klaps. Wir werden prächtig miteinander auskommen. Ihr seid schwer in Ordnung, ihr Burschen von der Loire.«

Der Herzog sitzt auf einem Diwan hingestreckt und unterhält sich mit einem Falken auf seinem Handgelenk. Zu seinen Füßen sitzt ein rosiges Konglomerat aus blauen Augen, großen Brüsten, langem Blondhaar, beringten Fingern, einer Mandoline und einer Stimme wie gesponnenes Gold. Mir geraten die Sinne ins Schwimmen. Sie blickt mich einen Augenblick an, ihr zartes Mäulchen geöffnet, da sie nicht zu singen aufhört, und ich werde auf der Stelle Teil ihres Lieds. Ach, der Transvestismus meiner albernen Seele! Großer Gott! Hätte das faulige Artischockenherz zu Hause auf dem Hof nur etwas von diesem naiv-unschuldigen Gedicht!

»Navarre!« Der Herzog steht auf. »Du alter Lämmerschwanz! Ich habe dich nicht gesehen, seit man heute morgen den Hirsch erlegt hat. Hat noch einen meiner Hunde umgebracht, bevor es krepiert ist, das Vieh!« Er schüttelt den Kopf und seufzt (ziemlich prägnant, wie ich fand). »Dem Köter war einfach die hohe Kunst der Angst nicht beizubringen. Tja, das ist wohl der Preis für die gute Zucht.«

Ein Kerl mit schmalen Schultern, der in der Ecke des Zelts schläft, wacht auf und ruft: »Nicht mit mir, darauf kannst du Gift nehmen!« Dann schläft er wieder ein.

Ich kichere ein bisschen, nur um zu zeigen, dass ich aufgeschlossen, lebenslustig, ungefährlich und willens bin, alles zu tun, nur damit man mich mag, dass ich, mit einem Wort, rundum zur Sorte glücklicher französischer Bauern gehöre. Für mich ist angerichtet, und es gibt Absurdität.

»Der arme Harold«, sagt der Herzog mit einem Nicken in die Richtung des Schlafenden. »Hat sich nie davon erholt, dass man seine Mutter als Hexe verbrannt hat.« Er nimmt einen Schluck Wein aus einer Schale. »Ich hab's ihr oft genug gesagt, Maggie, habe ich gesagt, sag den Richtern einfach: Nein, ich habe nicht mit Kröten gesprochen, geschweige denn mit längst verstorbenen Dämonen. Herrgott noch mal, die lassen dich gehen, glaube mir. Aber das undichte alte Weibsstück wollte davon nichts hören! ›Eher verleugne ich mich selbst als meine Stimmen‹, sagte sie. ›Alle Schwuchteln Frankreichs können mir die nicht nehmen.‹ Man stelle sich vor! Sodom und Gomorra! Wer von uns hört nicht Stimmen – Herrgott, erst gestern Morgen beim Scheißen im Palast habe ich eine gehört –, aber deswegen lässt man sich doch nicht auf dem Scheiterhaufen verbrennen?« Er gluckst wie unter einem Schluckauf und schüttelt das imposante stämmige Haupt.

Navarre hat mir inzwischen einen Becher Wein gereicht, den ich in zwei männlichen Zügen lehre. Großer Gott! Die Freude, die in diesem Traubensaft steckt. Man muss sich wirklich fragen, warum jemand im Vollbesitz seiner geistigen Kräfte zu einem sumpfigen Glas Bier greifen sollte. Draußen erklingen Trompeten. Pferde galoppieren vorbei.

Höre ich das Schreien des Wilds? Und hat mir dieses begehrenswerte Wesen gerade zugezwinkert? Ob Jacques, dieser Tölpel, zu Hause auf meinem Hof wohl den Schweinekoben ausbessern mag?

»Was hört man denn so von den Schweizern, Mylord?«, fragt der dicke Navarre und kratzt sich im Schritt.

»Was man von denen immer hört«, sagt er. »Sie wollen mehr Geld. Das ist deren Nationalhymne. Eh wir's uns versehen, kassieren die bei uns für jede Wunde, die sie uns zufügen.«

»Das machen die Alpen, Sire«, höre ich mich sagen, als wäre ich bei ihrer Unterhaltung schon seit gestern dabei. »Leute aus den Bergen sind nur halbe Menschen.«

Er lächelt mich an. »Bei den Hinterbeinen meiner Traber, du hast völlig Recht! Berge sind für Ziegen. Wir müssen uns dieser Tage mal über die menschliche Natur unterhalten. Weisheit und Gefühl, ein Mann ganz nach meinem Geschmack. Frankreich braucht Männer wie dich. Meinst du nicht auch, Navarre?«

»Dasselbe habe ich gestern der Herzogin gesagt, Mylord«, sagt er und lächelt mich aus seiner Dornenhecke heraus an. »Was ist ein Land ohne Gefühl und Weisheit? Ein leeres Weinglas, weiter nichts.«

»Navarre, erinnern Sie mich doch, das mit dem Bischof anzusprechen, sobald wir wieder in Reims sind.«

»Verzeihen Sie mir, Mylord, aber der geile Schelm wird noch nicht einmal wissen, wovon Sie sprechen.«

»Genau deshalb will ich das mit ihm diskutieren.«

»Komischer Knabe, der Bischof«, meint Navarre zu mir. »Spielt während der Messe an sich herum.«

»Hört sich gefährlich an«, sage ich. »Schwer zu sagen, was für kranke Ideen dem im Kopf herumschwirren. Den sollte man im Auge behalten, wenn Ihr mich fragt.«

Der Herzog strahlte mich an, ganz unverhohlen – wie die Morgensonne den Wald. »Deine Nase«, sagt er liebevoll und richtet einen beringten Finger auf mich, »was für eine Nase. Sie erinnert mich an einen Schafhirtenball.«

»Ich danke Ihnen, Mylord.«

»Ich wusste doch, dass ihr beide euch vertragen werdet«, sagte Navarre.

Der schmalschultrige Schläfer ist wieder zu hören. Er wimmert, stöhnt, kreischt – mit schriller Frauenstimme. »Meine Stimmen! Meine Freunde!«, schreit er. Irgendetwas hat von ihm Besitz ergriffen. »Der König wird davon hören. Ihr könnt sie mir nicht wegnehmen. Lasst mich los! Nehmt eure dreckigen Hände von mir! Ich bin eine Herzogin. Flegel! Saukerls! Affen! Ich nehme mir dafür eure Seelen – passt nur auf! Ihr werdet in der Hölle bluten, auf ewig. Was wisst ihr speckigen Drecktiegel schon von jenseitigen Dingen? Ihr seid doch dumm wie Brot, einer wie der andere. Spricht der Wind etwa zu euch? Wisst ihr um das Geheimnis der Spinnwebe? Wisst ihr, dass das Einhorn, das ihr im Wald aufgespießt habt, Johannes der Täufer war? Ihr abscheulichen Schwachköpfe! Ihr unbeschreiblichen Augenblicke der Leere! Golgoth! Wek! Pandred! Helft mir! Schnappt sie euch! Tötet sie!«

Dann stößt er einen Schrei aus, der mir das Blut in den Adern gefrieren lässt. Wir alle stehen wie gebannt in der schrecklichen Stille danach. Keiner kann sich bewegen. Der Herzog reißt sich schließlich zusammen. Ein spilleriger Domestik geht auf Harolds verdrehten Körper auf dem Diwan zu und starrt ihn an. »Er ist tot«, flüstert der Mann. »Der arme wahnsinnige Graf ist tot.« Langsam zieht er eine schwarzgoldene Samtdecke über die Leiche mit dem starren Blick.

»Du liebe Güte«, sagt die Sängerin.

Der Herzog leert einen Becher Calvados. »Das war seine Mutter, so wahr mir Gott helfe.«

Das Mädchen beginnt auf der Mandoline zu spielen und singt dazu. Navarre und ein anderer Bediensteter, beiden war die Angst anzusehen, tragen die verhüllte Leiche aus dem vom Schicksal gezeichneten Zelt. »Heute ist der Tag der Amsel«, murmelt Navarre. »Nehmt euch in Acht.«

Ein blauäugiger junger Knappe beginnt ein lateinisches Gebet herunterzurasseln. Der große Wolfshund des Herzogs knurrt leise vor Angst. Ich schleiche auf Zehenspitzen hinaus. Ich laufe durch den dichten Wald. Es ist totenstill. Man möchte meinen, jemand hat die Geräusche gestohlen. Ein Reh springt lautlos an mir vorbei. Ich sehe ein großes schwarzes Eichhörnchen von einem Baumwipfel zum nächsten fliegen. Eine Wachtel mit leuchtenden Flügeln taucht vor mir auf, und ihr Geflatter wischt mir kalt übers Gesicht. Ich stolpere in eine Grube. Was sind denn das für haarige, schwarze Dinger? Eine Familie von Wildschweinen? Sie wühlen mit der Schnauze und fressen, was immer sie finden. Mit einem Mal heben sie den Kopf und sehen mich. Ihre Hauer blitzen böse. Sie haben winzige rote Augen. Bluten Sie? Zwei große stoppelige Viecher stürzen sich auf mich. Ich kann mich nicht bewegen. Sie müssen schrecklich schnaufen und grunzen, aber ich kann sie nicht hören. Warum höre ich nichts? Ich kratze und zerre an mir, um zu verschwinden. Ich wühle mich durch gold-blau-rote Fäden. Ein schrecklicher Schmerz fährt mir durch das Bein. Irgendetwas hat mich aufgeschlitzt. Wie verrückt zerre ich an den schweren Fäden. Ich schreie meinen eigenen Namen. Ich bin es! Ich! Ich bin nicht du Bac. Ich bin ich!

Ich reiße mich in Fetzen und steige aus dem Gobelin …

Sylvia: (kommt aus der Küche auf der linken Seite der Bühne) Puh! Du stinkst nach Pilzen und Torf. Wo zum Teufel warst du denn?

Ich: (werfe mich auf der Bühnenmitte aufs Bett) Dasselbe könnte ich dich fragen.

Sylvia: (mixt sich einen Drink an der Vitrine rechts vom Bett. Sie trägt das Haar ganz anders, als wir es bisher von ihr kennen. Sie tut zugleich abfällig und geheimnisvoll.)

Du kennst die jämmerlichen Einzelheiten meines Lebens. Es wäre wohl entwürdigend für uns beide, sie herunterzurasseln wie den Fahrplan eines Vorortszugs. Aber deine verrückten Heimlichkeiten, also, das ist doch was, was nie aufs Tapet zu kommen scheint. Nicht wahr?

Ich: (seufzend lege ich die Knie übereinander) Du weißt verdammt gut, dass du ein nicht weniger aktives Geheimleben hast als irgendein Weibsbild sonst. Und wir wissen beide sehr gut, dass du die letzten drei Wochen nicht zu Besuch bei deiner Schwester Mary in Girls' Town warst.

Sylvia: (geht lachend vor dem Bett auf und ab) Als wärst du die letzten drei Wochen in Baltimore gewesen, um Recherchen über die ersten katholischen Familien in Maryland anzustellen. Jetzt hör aber auf!

Ich: (stehe langsam auf und gehe an die Hausbar) Okay. Okay. Ganz wie du willst. Du hast Recht. Ich war noch nicht mal in der Nähe von Baltimore. Ich habe die drei Wochen versoffen – in einem chinesischen Tempel in Paris.

Sylvia: (erstaunt, aber wir sind nicht sicher, dass es echtes Erstaunen ist) Mein Gott! Ich auch!

Ich: (proste ihr mit meinem Drink zu) Na so was! Damit wäre unser Phantasieleben ja endlich synchronisiert!

Sylvia: (strahlt noch immer Staunen aus, ist aber eine derart gute Schauspielerin, dass wir nach wie vor nicht wissen, ob sie uns nicht auf den Arm nimmt) Nein, ehrlich, ich meine es ernst.

Ich: (nehme einen tüchtigen Schluck) Warum nicht, Baby? Ich meine, Knigges Klassiker handelt schließlich nicht von der Etikette der Realität, oder? (es klingelt an der Tür, sehr laut)

Sylvia: Du liebe Güte! Die Gäste. Sie sind eine halbe Stunde zu früh dran.

Ich: (lächle wie ein alter Filmstar vor Publikum) Schon okay, Sylvia, Baby, ich mache auf. Kümmere du dich mal um das Eis. Die alten Schluckspechte sind wahrscheinlich schon auf Entzug. Die trockene U-Bahn-Fahrt muss doch wenigstens zehn Minuten gedauert haben. (Ich gehe nach links ab, noch immer den frischen Drink in der Hand. Wir hören Zachary freudig kichern.)

(Er kommt auf die Bühne, in einem absurd langen Mantel und einem kleinen runden Hut. Um den Hals hat er einen langen roten Schal, der ihm tief über Bauch und Rücken hängt. Er liest aus einem Buch; ein betrunkener George hinter ihm schiebt ihn vor sich her.)

Zachary: »Der Mensch des Neolithikums oder der Urgeschichte war also der Erbe einer langen wissenschaftlichen Tradition; doch wenn der Geist, der ihn wie alle seine Vorgänger inspirierte, der Gleiche gewesen wäre wie der der Moderne, wie könnten wir dann verstehen, dass er *stehen geblieben* ist und dass mehrere Jahrtausende der Stagnation wie eine Wand zwischen der neolithischen Revolution und der heutigen Wissenschaft stehen?« (George kreischt laut auf, er ist völlig betrunken und stößt Zachary auf den Bühnenboden, wo auch der betrunken zu wiehern beginnt.)

10

Ich nehme nicht an, dass in einem klasse Publikum wie diesem hier sich jemand für die Kindheit eines Buckligen interessiert, aber ich will sie Ihnen trotzdem nicht vorenthalten. Man kann schließlich, wie Hegel gesagt hätte, nicht ewig von Windbeuteln und Selbsttäuschung leben. Meine Mutter war eine baumlange Lesbe, mein Vater freier Flötist. Soviel ich weiß, haben sie sich bei einem Wirtshausputsch in Schleswig-Holstein kennen gelernt, gleich nachdem man die Mauren vertrieben hatte. Oder war das Sinbads Beschneidung? Die Einzelheiten kenne ich nicht so genau, aber was das Ergebnis anbelangt, bin ich mir sicher. Ich meine, wenn ein buckliger Zwerg nicht um seine Existenz weiß, wer dann? Meine frühesten Erinnerungen drehen sich um einen Koloss von einer Dänischen Dogge namens Harry (meiner Mutter Vorstellung von einem Babysitter) und ein geradezu irrsinnig schönes achatäugiges kleines blondes Mädchen aus dem Haus nebenan. Mit nebenan meine ich in einem anderen Teil des Waldes, da die Gegend, in der wir hausten, beim besten Willen nicht als besiedelt oder gar bebaut zu bezeichnen war. Adler, Wombats, Wölfe, Hexen – diese Art von Gelichter trieb sich bei uns rum, und an einem verregneten Tag hätte man meinen können, in der Achselhöhle eines Riesen gelandet zu sein. Und wo wir gerade vom Regen sprechen: das, was bei uns vom Himmel fiel, war zwar nass, das schon, hatte aber nichts mit dem zu tun, worum der Landmann betet und was die Freiluftballetteuse verflucht. Nein, unser Regen, das waren – wie mir meine Mutter erklärte, als ich noch klein war – die Tränen aller Tiere dieser Welt, vom Anbeginn aller Zeit. Wenn es bei uns regnete, dann schwieg selbst der sonst so anmaßende Wind, und die riesenhaften Bäume verhielten sich das übliche Knarren. Noch gut einen Tag nach einem solchen Seelenlass wirkte unser Wald so völlig verstört, dass ich mich nicht aus dem Haus traute. Ich sah zu, mich in der Nähe von Harry, dem Tier, herumdrücken zu können, dessen Größe – oder war es sein Geruch? – mir ein gewisses Gefühl von Sicherheit gab.

Mein Vater war oft über längere Zeiten von zu Hause weg. Trollfeste, Ghulenhochzeiten, hier und da eine öffentliche Häutung, eine schwarze Messe, ein Kannibalendiner oder ein schlichtes bäuerliches Fickfest, er und seine Flöte waren ziemlich gefragt. Die genannten Anlässe haben wohl etwas, was unbedingt der Flötenbegleitung bedarf. Da die familiären Instinkte meines alten Herrn nicht sonderlich ausgeprägt waren, bewahrten ihn die ständigen Abwesenheiten zweifelsohne vor dem Durchdrehen. Abgesehen davon war das Honorar fürstlich, bedenkt man unsere agrarische, unkapitalistische Wirtschaft, und auch die Nebenleistungen waren nicht zu verachten. Ich will sie hier nicht aufzählen und überlasse sie lieber ganz Ihrer Phantasie. Meine Mutter hatte natürlich ihre eigenen Bedürfnisse und künstlerischen Ausdrucksformen, und wann immer mein Vater nicht zu Hause war und die Energien der beiden nicht von endlosen lautstarken – spirituellen wie physischen – Konfrontationen aufgezehrt wurden, widmete sie sich diesen, ganz und gar.

»Wenn ich was nicht ausstehen kann«, haderte sie immer wieder mir gegenüber, »dann ist das, ständig einen Kerl im Nacken zu haben.«

Warum habe ich nie jemanden im Nacken, hätte ich sie gern gefragt, aber dann hätte sie mir nur Wehleidigkeit vorgeworfen. Was für ein Irrsinn! Einer buckligen Zwergtunte Wehleidigkeit vorwerfen zu wollen! Die Logik meiner Mutter war bestenfalls im Kontext der Schauerlyrik zu begreifen. Wäre ich schlecht aufgelegt, ich würde mich hier zu der Behauptung versteigen, das ganze Leben sei ausschließlich in diesem Kontext zu verstehen. Aber mir ist klar, was immer ich denke, vermag den Fall des Laubs nicht zu ändern, also belassen wir's dabei. Unser aller Freund, die Ewig Lächelnde Krampfmaschine wurde lange, lange vor uns in Gang gesetzt, und nicht eines ihrer Teile bedarf der Wartung, glauben Sie mir.

Ich habe ja den starken Verdacht, dass meine alte Dame Präsidentin von Lesbians International war. Sie war für die Lesbenbewegung, was Rousseau für die französische Revolution war. Sie war Vordenkerin und Vaterfigur, Organisatorin und Spendeneintreiberin in Personalunion. Sie machte sich für lesbenfreundliche Gesetze bei den Parlamentariern stark. Ihre Feder war Quell und Ursprung ihrer Literatur. Ihre Slogans zierten die Plakate der ganzen Welt.

Wählt einen Kessen Vater ins Weiße Haus! Spart Wasser! Lesben duschen mit Lesben! Lesben sind Teil unseres natürlichen Erbes! Sie ersann den Internationalen Lesbenaustausch, und ihre Sei-lieb-zu-Lesben-Woche hat sie praktisch im Alleingang zur nationalen Einrichtung durchgeboxt. Sie veröffentlichte zahllose Bücher: *Sieben einfache Pfannengerichte für die allein stehende Lesbe; Übungen gegen die Midlife-Crisis für Lesben; Machen Sie das Beste aus Ihrer Homosexualität?* Etwas ganz Besonderes war ihr wöchentlicher Newsletter: Meldungen, Telefonnummern, Haustierbörsen, Jobangebote – ehrlich, neben ihrer Postille wirkte Reuters wie eine Untergrundoperation mit Hektograph. Mit zehn Jahren zeichnete ich bereits für die Überschriften des Newsletters verantwortlich. Meine eigene verkorkste Sensibilität gab meinen Schlagzeilen einen schier unerträglich köstlichen Dreh. Auf der Journalistenschule jedenfalls lernt man so etwas nicht.

Wie auch immer, diese Lesbenkiste war bei ihr nur eines von vielen Interessen. So hatte sie zum Beispiel auch eine internationale Orgienvermittlung, die sich ganz der Auslotung und Erweiterung unserer verbotenen Phantasien verschrieben hatte; dann war sie noch im Vorstand einer weltweiten konterrevolutionären Operation. Sie kannte wenigstens tausend faschistische Söldner – beim Vornamen! (Ein genealogisches Kuriosum, aber ein Fakt nichtsdestotrotz: Wie ich aus Papieren ersehen konnte, hatte eine Tante meiner Mutter die – schmutzigen – Finger bei der Verbrennung der Jungfrau im Spiel.) In dieser letztgenannten Position hatte meine Mutter natürlich auch die jeweils moderne Kollektion von Schusswaffen zu kennen. Die Ansichtsexemplare stapelten sich bis unters Dach. Man konnte sich keinen Keks aus dem Küchenschub mopsen, ohne dass einem eine Knarre entgegenfiel. Mamas persönliches Lieblingsstück war eine Springfield 30-30 mit Zielfernrohr. Das Ding was so menschlich, dass man es nachts Intrigen schmieden hörte. Oh, die Besessenheit dieses Dings – welch tödliche Komplotte! Sie werden mir das jetzt nicht glauben, aber diese Büchse plante einen Anschlag auf Gott.

In diesem Augenblick sagen Sie sich zweifelsohne: »Okay, genug der geodätischen Daten! Was ist denn nun mit dem Buckligen?«

Na schön, hier haben Sie mein eigenes Lied. Wenn es Sie nicht stört, genehmige ich mir eine kleine Brotzeit aus Leberwurst und Zwiebel dabei. Ich bin am Verhungern. Seit fünf Uhr morgens habe ich nichts mehr gegessen. So lange schneide ich nämlich schon an dem kilometerlangen Porno mit der achatäugigen Kleinen und einer Handvoll Kinder aus dem örtlichen Lumpenproletariat rum. Was mir vorschwebt, ist eine Undergroundbewegung mit richtig scharfen Streifen für die emotionell unterprivilegierte Jugend. Schweinkram für junges Gemüse. Ich habe nie verstanden, wieso Pornographie nur für Erwachsene sein sollte. Schmerz ist doch auch für alle da, warum also nicht auch die Lust? (Ich bin noch dabei, das eine oder andere Problem mit dem Vertrieb auszubügeln. Meine Mutter hat vorgeschlagen, ich sollte über den bereits etablierten Pornounderground gehen – sie hat top Connections nach Berlin, Rio, New York und Paris, aber ich traue diesen Leuten nicht über den Weg. Ich persönlich käme lieber direkt mit Avantgardeschulen – auf einer sauberen Basis von Fifty-fifty – ins Geschäft.) *Mmm.* Erstklassig, diese Leberwurst! Hausgemacht. Omi Schmidlepp aus dem Schwarzwald macht sie, und nicht nur Wurst, auch den würzigsten Presskopf, den man sich vorstellen kann. Die Zwiebel ist allerdings ein bisschen stark. Wie lange bleibt eine süße Bermudazwiebel wohl süß?

Wie auch immer, zurück zu mir. Ich bin keineswegs als Esmeralda geboren; den Namen habe ich mir ausgesucht, als mir klar wurde, dass ich kein hundertprozentiger Junge war. Mein Geburtsname war – ist? – Maxwell; zum Teufel damit. Ich wäre nicht bei diesem Autoaufkleber von einem Namen geblieben, selbst wenn ich nicht einer von Gottes Kunstfehlern gewesen wäre. Und gleich noch ein Gedanke, den Sie sich in ihren Eintopf brocken können: Wer würde schon in einem buckligen Zwerg etwas anderes vermuten als einen krummen Hund?

Mit den Worten meines bevorzugten Schraubendoktors: »Das Selbst ist, solange es dem ›objektiven Element unverpflichtet‹ bleibt, frei, alles mögliche zu träumen und sich vorzustellen. Ohne Beziehung zu dem objektiven Element kann es für sich alles sein – es hat unbedingte Freiheit, Macht, Kreativität.«

Geht runter wie Öl, was? Die Sorte Worte, die man sich statt billigem Aftershave zu Weihnachten wünscht. Ich hoffe, sie bringen Sie nicht auf dumme Gedanken; es ist nun mal meine Geschichte. Ihre Zeit kommt auch noch – kriechen Sie nur mal lange genug schön brav den richtigen Leuten in den Arsch.

Wie Sie sehen, ist meine Familie ausgesprochen locker, was die wirtschaftliche Orientierung angeht. Wann immer meine Mutter ein bisschen Schotter brauchte (was auch immer ihre Kritiker behaupten mögen, die Mitgliedsbeiträge von Lesbians of the World waren nicht eben üppig; Forschung, Public Relations und operationelle Kosten waren sehr hoch), packte sie Turnschuhe, Franzbranntwein und Bademantel ein und tourte als Damencatcherin in der Provinz. Manchmal wurde ich – in einer ganzen Reihe von Kostümen, versteht sich – vermietet: an Schaubuden auf dem Rummel, Mysterienspiele, an königlichen Besuch (unsere Gegend war über Jahrhunderte Ferienziel für verblichene Aristokraten gewesen, schließlich waren wir auf Vergnügungen spezialisiert, die nirgendwo sonst in Europa zu haben waren. Mit den üblichen christlichen Erfahrungen und Tabus hatten wir nichts am Hut); außerdem war ich ein ausgezeichneter Zeuge bei öffentlichen Auspeitschungen. Maximilian der Freundliche dekretierte 1248 aus menschlichen – wie auch poetischen – Gründen, dass der Verurteilte bei meinem Anblick (als krassestem Beispiel extremster Möglichkeiten menschlichen Elends und Unglücks) erkannte, was für ein Glück er eigentlich hatte und so keine Schmerzen empfand. (»Hör auf zu schreien. Und wenn du zehnmal ein armer Tropf bist, du hattest es noch nie so gut!«) Leute, die unser Dorf der Entartung und heidnischer Animalität bezichtigen, passt mal gut auf: Ich könnte Ihnen ein halbes Dutzend Weltstädte nennen, wo die Schuldigen eine nicht halb so faire Behandlung erfahren. Mein offizieller Titel ist Hofbuckel – der König selbst hat ihn mir verliehen. Für meine Arbeit bekomme ich vierzig Pelken – zehn Dollar in Ihrer Währung. Damit lassen sich in unserer Gegend eine Menge Rübenpasteten erstehen.

Augenblick. Ich habe hier einen belgischen Hasen, der guten Tag sagen möchte.

»Hallo, Leute! Erinnert ihr euch an mich aus der abgekarteten Nummer mit dem Igel? Also ...«

Das genügt! Fort mit dir, du publicitygeiles Karnickel! Zurück mit dir in dein Kohlfeld! Großer Gott! Gib so einem pelzigen kleinen Scheißkerl den kleinen Finger und er mopst dir jede Intrige im Kopf.

Unser Dorf ... oh, was für eine rasende – und überflüssige – Zwölftonsymphonie! Die Stadtväter waren Flüchtlinge aus den Schriftrollen von Kumran. Und die Jungs waren nicht von gestern. Wenn Sie glauben, die waren mit einem Schluck Wasser und einer geschmacklosen Oblate zufrieden, dann sind Sie schief gewickelt. Sie waren Fleischfresser, bis auf den letzten Mann. Da hätte mal einer versuchen sollen, denen ein Symbol anzudrehen! Die Müllmänner hätten seine sterblichen Überreste noch wochenlang von der Stadtmauer gekratzt. Mit Abstraktionen hatten die nichts am Hut. Das kann ich Ihnen sagen. Der Obmann des Rats, insgesamt sind es sieben Leute, ist ein glänzender schwarzer Riese namens Jomo – übrigens der einzige Nigger im ganzen Land. Man sagt, dass er in Sansibar Scheich Ahmed Bel Suduans Scharfrichter war – bis zu einer Meinungsverschiedenheit über die Honorierung von Überstunden. (Jomo hatte anderthalbfachen Lohn verlangt; außerdem hatte er wohl in seinem Zimmer gekocht.) Dann haben wir da noch Cedric, den fidelen Waldschrat, Blaster von der Blutigen Armbrust, George den Hintertückischen Schreiberling, Zachary vom Unheiligen Gral, einen, den wir nur als Nase kennen, Katz, den Verkniffenen Wucherer und Lola, die Singende Fut. Die einzige Frau ist ein gar feiner Gourmet; ich werde an anderer Stelle noch auf sie eingehen. Belassen wir es hier dabei, dass sie eine Nonne und bei den Dominikanerinnen von St. Jean de Luz (im Baskenland) ausgebüchst war; in ihrem Kloster hatte man sie als Singende Nonne gekannt. Dieses formidable Septett bestimmte das Schicksal und definierte die Launen des Dorfs. Ich brauche wohl nicht eigens zu betonen, dass die Tagesordnung unseres Rates selten mit Schlaftabletten wie Lehrergehälter oder die Fluoridierung unseres Trinkwassers verkleistert war.

Was mich zu unserem Schulsystem bringt. Die Maus hat rote Strümpfe an. Kommt ein Mann die Treppe rauf. Einmal eins ist eins. Drei Chinesen haben sieben Kilo Reis. Wie viele Pfund … Mit so etwas belastete man bei uns die Köpfe der Kinder erst gar nicht. Wir mögen unsere Fehler gehabt haben, aber vorsätzliche Dummheit gehörte mitnichten dazu. An unseren Schulen bildete man die jungen Leute zu Kunsthandwerkern in der alltäglichen Realität des Lebens heran. Kulturelles – die Buchlektüre mit anderen Worten oder das Aufsagen von Knittelversen – überließ man den ganz offensichtlich Zurückgebliebenen, Kindern, die beim Streben nach gesunder Realität und wahrer Originalität nur unter die Räder gekommen wären. (Was die Idiotie einer »kulturellen« Erziehung anbelangt, so möchte ich hier mit Alfred North Whitehead einen Ihrer eigenen Leute zitieren: »Was nun ist der nächste Schritt in der Ausbildung des kindlichen Verstands? Der Erwerb der geschriebenen Sprache; mit anderen Worten, die Vermittlung der Wechselbeziehung von Laut und Symbol. Herr im Himmel! Sind unsere Erzieher vom Wahnsinn gestreift? Sie stellen plappernde Würmchen im zarten Alter von sechs Jahren vor eine Aufgabe, bei der ein Weiser nach lebenslangen Mühen verzagen mag.«) Wir haben unsere Kinder aufs Leben vorbereitet! An unseren Schulen gab es Kurse im Handwerk des Lebens – sprich im Lügen, Stehlen, Denunzieren sowie in der edlen Kunst sich zu drücken, darüber hinaus im Schnorren, Fälschen, Ficken und Lecken sowie in den Feinheiten des Überfalls und des Tötens mit Messer, Pistole und Gift.

Selbstverständlich waren diese Handwerke in weitere Kategorien unterteilt, um dem Kinde die Möglichkeit zu geben, sich zum Spezialisten unter Spezialisten zu bilden, was ihm überall auf der Welt beruflich wie überhaupt eine starke Verhandlungsposition gab. So konnte ein Kind sich innerhalb der Disziplin »Lügen« etwa auf den Verrat von Familie oder Freunden spezialisieren (eines unserer meistbesuchten Seminare überhaupt behandelte den Verrat am eineiigen Zwilling), von Liebespartnern, des Vaterlands (einige unserer begabtesten Kinder absolvierten diesen Kurs, teils um der schieren Freude willen, die sie dabei hatten, dem ersten Verrat – den an sich selbst – mit dem Verrat am eigenen Land noch eins draufzusetzen, teils weil der Lehrer, ein schrecklich einnehmender Bursche mit einem zuckenden Ohr, einer der drei Nationalisten war, die seinerzeit am Ausverkauf Indochinas – ihres Vaterlands – an die Holländer beteiligt gewesen waren). Als weiteres Beispiel: Innerhalb des recht umfangreichen Fachs »Ficken« bot die Schule Spezialfächer wie Stellungen für Mädchen: 1. auf dem Rücken liegend (der optimale Einsatz von Händen, Fingern und Beinen, das kontrapunktische Heben und Senken des Beckens sowie die effektive Kreisbewegung mit dem Arsch); 2. die Reiterstellung (zur Vermittlung der heiklen Beziehung zwischen verhaltenem Kanter, Springreiten und gestrecktem Galopp, der Einsatz der Zunge in vorgebeugter Haltung, das Baumeln der Brüste in einer für den Mann mit den Lippen erreichbaren Höhe und – selbstverständlich – der Sitz im Sattel rücklings; 3. die Fellatio (sachtes Knabbern am Schwanz, Kitzeln mit der Zunge bei gleichzeitigem Manipulieren des Sphinkters bzw. Einführen eines Fingers in den Anus; die Schlucktechnik von verhalten bis zum Anschlag beim Orgasmus); 4. das Lecken und Schlucken der Eier. Für die Jungs war das Lernziel etwas anders gelagert: 1. die anspruchsvolle, aber lohnende Kunst der Büchsenschleckerei (die drei wesentlichen Zungenbewegungen im Verhältnis zur Klitoris – im und gegen den Uhrzeigersinn sowie der Vertikalschlag auf und ab, der die ganze Möse in all ihrer buschigen Breite bedient; zu guter Letzt das konzentriert-gezielte Jonglieren des Lustknopfes selbst); 2. die Hundestellung (das Stoßen des vornüber – über Stuhl oder Bett – gebeugten Mädchens oder auf allen vieren, sowie die richtige Manipulation von Brüsten und Klitoris in eben dieser Position); 3. der Schoßfick; 4. die Nummer auf der Seite (liegend) und 5. der Unterwasserverkehr. Ebenso erforschte und systematisierte man die Kunst des Analverkehrs, die ja nach den Kreuzzügen für gut ein Jahrhundert verschwunden schien.

Kurzum, unsere Kurse deckten jede sexuelle Eventualität ab – so wie man den Lehrlingen des weltbekannten Cordon Bleu die endlosen Möglichkeiten und Geheimnisse der Nahrungsmittelzubereitung (bis hin zum Einsatz von Gänseschreien beim Anrühren von Bratensoße) beibringt – oder eintrichtert, wenn man so will. Ein Absolvent unseres Fickseminars vermochte jedem Angehörigen der menschlichen Rasse in jedem Winkel der Welt in ein orgiastisches Delirium zu versetzen (vorausgesetzt der Betreffende war nicht bereits tot).

Um im Lehrplan weiterzugehen: Flagellation und das Beibringen von Schmerz-Lust im Allgemeinen (es gab sogar eine Einführung in die Feinheiten des Peitschenknüpfens); Homosexualität (sowohl der männlichen als auch weiblichen Sorte), die Kunst des Trios und der Orgie – all dies rundete die Unterweisung in Sachen Sexualität ab. Es versteht sich von selbst, dass Lehrer wie Schüler diese Akte bei der Vorführung mit dem ihnen eigenen Flair interpretierten – so wie keine zwei Köche eine Krabbensuppe auf völlig gleiche Weise zubereiten, selbst wenn die wesentlichen Bestandteile die gleichen sind. Wir hatten da zum Beispiel eine ganz besonders begabte junge Dame namens Mimi, die Tochter von Magda, der Brunnenfrau, die die Kunstfertigkeit im Schwanzlutschen (bei gleichzeitiger Behandlung des Skrotums) in ganz neue Sphären hob. Mimi gab Konzerte im ganzen Land, und wenn ich mich recht erinnere, brachte sie es schließlich zur Direktorin für Orale Freuden am Hofe von König Dais in Bangkok. Ihre Vorstellungen waren im wahrsten Sinne des Wortes aufregend und schon Wochen im voraus bis auf den letzten Platz ausverkauft. Man konnte von Glück reden, wenn man noch auf einem Baum vor dem Saal Platz bekam. (Nie werde ich den Nachmittag vergessen, an dem ein riesiger alter Wabashbaum unter der Last von einhundertachtzig ekstatischen Zuschauern zusammenbrach, von denen jeder Einzelne wenigstens einen Knochenbruch davontrug.)

Übrigens war der Boden unter diesen natürlichen Zuschauerrängen derart samengetränkt, dass Gärtner ganz außergewöhnliche Summen für einen Eimer davon bezahlten, da er sich ausgezeichnet als Blumenmulch eignete. Auch Bettelmönche waren ganz scharf darauf, weil die Erde, gemischt mit Einhornscheiße und Adlerschreien eine ausgesprochen heilende Packung abgab.

Einer der vielen publikumswirksamen Aspekte von Mimis wöchentlichen Konzerten war, dass sie ihre Mitwirkenden aus dem Publikum wählte. Im Gegensatz zu anderen großen Konzertreisenden brachte sie ihre Begleiter nicht mit. Ihre Methode sorgte für eine rege Publikumsbeteiligung – einen bei Theatermachern allenthalben besonders begehrten Effekt. Ja man kann sogar sagen, dass der Aufmarsch hoffnungsvoller Erektionen ein reizendes Vorspiel für die Hauptvorstellung des Abends bot. (Dabei fällt mir ein … Sobald ich auch nur einen freien Augenblick haben sollte, möchte ich Ihnen von unserem jährlichen Handorgelfest erzählen, bei der unser Dorf den wirkungsvollsten Masturbator zu krönen pflegte.) Der Glückliche, den Mimi sich zum Begleiter erkor, bekam automatisch die Auszeichnung »Ständer des Jahres« und damit einen Status, der bei uns schlicht nicht zu überbieten war.

Nun, ich hoffe, Sie haben damit einen hinreichenden Einblick ins Bildungsprogramm unseres Dorfes. Wie Sie sehen, liebten wir unsere Kinder; entsprechend gaben wir ihnen das Beste mit auf den Weg. Und das ist ja wohl die eine wahre moralische Verpflichtung, die die ältere Generation gegenüber den Jüngeren hat. Alles andere ist schlicht und ergreifend Quatsch. Andere Kulturen gehen mit ihren Kindern ganz und gar schändlich um, und die unbedeutenden Leute, zu denen diese Kinder heranwachsen, haben – im Gegensatz zu den unseren – nicht die geringste Beziehung zur Realität. Ich zitiere den allseits bekannten Psychologen und Anthropologen Dr. Gordon Allport: »Was bewirkt unser Erziehungsstil bei einem Kind? Nun, zunächst einmal macht es das Kind vorsichtig. Es muss sorgsam auf seine Impulse achten. Nicht nur wird es für sie bestraft, wenn sie den Regeln der Eltern zuwiderlaufen oder ihnen unbequem sind, es hat in solchen Augenblicken darüber hinaus das Gefühl, dass man ihm die Liebe entzieht. Entzieht man ihm die Liebe, ist es allein, exponiert, verzweifelt. So lernt es aufmerksam auf Zeichen elterlicher Zustimmung oder Missbilligung zu achten. Sie haben die Macht, und es liegt an ihnen, ihre bedingte Liebe zu geben oder zurückzuhalten. Ihre Macht und ihr Wille sind die entscheidenden Faktoren im Leben des Kindes. Die Wirkung ist verheerend.«

Lassen Sie mich Ihnen noch ein bisschen von meiner Kindheitsliebe April erzählen. In der ganzen Gegend gab es kein aufregenderes junges Ding. Ihr Vater war so sehr damit beschäftigt, hinter dem schnellen Geld herzulaufen (so handelte er zum Beispiel mit Escudos in Panama City und Zürich), und ihre Mutter ging derart in ihrem Kräutergarten (wo sie Aphrodisiaka anbaute) auf, dass sie keine Zeit für April hatten, was aber völlig in Ordnung war. Ein Haar auf einem Büffelarsch hätte nicht freier sein können als sie. Zapfenstreich war bei uns erst, wenn der Magen knurrte. Und April war unersättlich. »Summ es, und wir spielen es«, sagte sie immer wieder und stieß mir dabei liebevoll den Ellenbogen in die Rippen. Die Tragödie des Lebens besteht darin, dass es nicht annähernd genügend Leute gibt, die so etwas sagen. Die meisten würden sagen: »Summ es, und ich lauf' um mein Leben.« Was bleibt, wenn der Mensch keinen Spieltrieb mehr hat? Ein versteinerter Wald.

Augenblick. Eine Inderin im Publikum hebt die Hand.

»Ja, Madame?«

»Eine Frage, Sir. Hat man in Ihrem Dorf den Kindern Marihuana erlaubt?«

»Das hing ganz davon ab, Mrs ... Mrs ... ah ja, Madame Pandit Gupa.«

»Wovon denn, Sir?«

»Ob genug für alle da war.«

»Ah ja. Danke vielmals, Sir.«

»Keine Ursache, da bin ich sicher.«

Hmm. Ob die nicht womöglich die CIA geschickt hat? Der rote Punkt auf ihrer Stirn sieht mir nicht ganz koscher aus. Habe ich sie nicht auf einer von Perle Mestas Feten gesehen? Wie auch immer, wie gesagt ... April. *Mm.* Die Kleine war Erdbeergelee auf einem warmen Buttercroissant. Sie war schwer in Ordnung. Zweihundertprozent. Ich stehe auf sie bis auf den heutigen Tag. Nie war ich mir bei ihr wie ein Buckliger vorgekommen, auch wenn ich eindeutig einer war – bin.

»Es, Baby«, sagte sie und schlug ein Bein unter, »der Tag heute hat das Zeug, was Besonderes zu werden.«

»Ich weiß genau, was du meinst.«

»Jetzt liegt es an uns, dieses Zeug richtig zu mischen und eine preiswürdige Zabaione zu bauen.«

»Bisher haben wir's noch immer geschafft, April, Baby. Und ich spüre nicht den Hauch eines Rückschlags in mir!«

Sie beugte sich herüber – wir saßen auf dem Stumpf einer mächtigen 1000-jährigen Tanne, die bei so manchem heidnischem Ritual zum Einsatz gekommen war –, sie beugte sich herüber und küsste mich. »Du und ich«, sagte sie. »Ich und du. Wir sind einmalig.« Ihre Augen sahen Vögel meilenweit über uns, ihre Ohren hörten noch das Stöhnen schlafender Blumen, und tief, tief in ihr hatte sie Tänze, die Männer, Frauen und Kinder in Tierhäuten um dampfende Blutopfer an Naturgötter aufgeführt hatten. Sie tanzte diese alten Blutgedichte von Zeit zu Zeit, eigens für mich, in den geheimen Winkeln unseres Walds, und in diesen hemmungslosen Augenblicken schienen die Pflanzen rundum von menschlicher Leidenschaft erfüllt, so satt waren ihre Farben, so verschwitzt glänzten sie. Von Aprils ekstatischem Puls aus ihren Bauten getrommelt, kamen die Tiere des Waldes zusammen und beobachteten sie, kaum einen Hauch von uns entfernt, aus Verstecken mitten im Laub; ihr brünstiger Duft griff einem zwischen die Beine, packte einen am Hals. Ihr ekstatisches leises Winseln war wie wunderbare Musik. Ich selbst war wie versteinert, kaum dass ich einen Atemzug tat. Sie tanzte in den intimen Fluren meiner Seele. Ja genau genommen war sie in diesen ekstatischen Anfällen meine Seele.

Wir hatten eine ganze Reihe von Spielen und einfallsreichen Aktivitäten, so dass uns auch nicht einen Augenblick langweilig war. (Aber so untypisch wie unsere Gemeinschaft war, darauf sollte ich an dieser Stelle hinweisen, stellte Langeweile nie eine sonderliche Bedrohung für unsere Lebensart dar.) Wann immer wir zum Beispiel etwas Taschengeld brauchten, trugen wir Briefchen zwischen Liebenden hin und her oder verbreiteten Gerüchte für Leute, die davon profitierten; wir spielten Geister für Séancen, versorgten Lügner mit Alibis oder vertraten den Stadtschreier, wenn dieser wieder mal zu betrunken für seine Runde war. Unser Lieblingsspiel bestand darin, uns nachts in die Träume anderer Leute zu schleichen. Es war dies eine Fähigkeit, mit der meine reizende April geboren war, und sie teilte sie mit mir.

Zuerst aßen wir eine besondere Süßigkeit aus Toffee, Sonnenblumensamen und einer gemahlenen Seite Shakespeare. Dann legten wir uns nebeneinander in ihren Alkoven, verschränkten unsere Arme, konzentrierten uns auf eine ganz spezielle Weise auf jemanden im Dorf, und noch eh man sich's versah, waren wir Personen in seinem Traum. Teil des Tricks war es, sich vorzustellen, wir selbst seien die auserwählten Träumer. Wir hielten einander fest, um unsere Kräfte zu vereinen, stellten uns den Betreffenden in einer Szene vor, die wir tatsächlich irgendwann einmal beobachtet hatten: beim Kauf von Artischocken im Gemüsegeschäft, beim Trinken in einem Pub (im Mechanischen Schlachthaus vielleicht) oder beim Kartenspielen im Park; dann stellten wir uns vor, mit den Manierismen des Betreffenden zu sprechen, nahmen seine charakteristischen Gesten an, und wenn die Person einen Schmerbauch hatte oder hinkte, stellten wir uns vor, dieses Hinken zu sein oder eben der Bauch. Im Falle unserer hinreißenden Stadthure Anemon Spreizreiz, die wir uns besonders gern für unsere Traumabenteuer aussuchten, stellten wir sie uns in den wildesten Sexspielen vor, und es gab keine Ramme im Ort, die wir nicht in der Hand hatten, streichelten, umschmeichelten, als wäre sie der Erlöser selbst. Das einzige Risiko in unserem Spiel war die Möglichkeit, dass April ihre magischen Kräfte verlieren oder sie aus dem einen oder anderen Grund nicht einsetzen könnte – dann wären wir aus dem Traum nicht mehr herausgekommen, nachdem wir unseren Spaß gehabt hatten. Was für eine schreckliche Art, aus der Welt zu verschwinden.

Wenigstens sah ich das so. April sah das philosophischer. »Denk doch an all die fabelhaften Leute und Geschöpfe, die in den Träumen der Leute leben«, sagte sie. »Nehmen sich wirkliche Menschen dagegen nicht albern aus? Außerdem«, fügte sie mit einem Grinsen voll unendlicher Anspielungen hinzu, »woher willst du wissen, dass wir nicht selbst in jemandes Traum existieren?«

Ich musste ihr beipflichten. Mir wollte nichts einfallen, um ihr das Gegenteil zu beweisen. Einem von Ihnen vielleicht?

In einer windigen Nacht, als der Wald draußen tobte und den Himmel weiß glühende Blitze zerrissen, schlichen wir uns in den Traum eines unserer Stadtväter, der Unersättlichen Armbrust. Er war offensichtlich betrunken schlafen gegangen, voll des süßen Weins, und wir wissen alle, welche Wirkung dieser auf Schleusen hat.

Mist! Jetzt habe ich den Zettel mit Namen und Adresse des Mannes verloren. Der ist mir doch nicht etwa aus der Tasche gefallen. Großer Gott! Ich wette, die standen auf der Rückseite des Schriebs, mit dem mir der Beamte auf der Gemeindeverwaltung die Jagdabgabe quittiert hat. Nicht dass ich die blöde Abgabe hätte zahlen müssen; ich hätte wildern können wie eine Menge anderer Burschen auch, und keiner hätte etwas gemerkt. Wenn sich mal einer erwischen lässt, dann gibt er dem Wildhüter eben ein, zwei Karnickel oder vielleicht einen fetten Fasan, und damit hat es sich. Ah, hier ist das verdammte Ding. Hol mich der Teufel! Hab ich mir das doch glatt auf dem Grundriss des Hauses von dem Mann hier in Florenz notiert – Gaetano de Fillipi, Piazza de Margherita Cervantes. Nimm dich vor den großen Hunden hinter und vor dem Haus in Acht. Ich und Angst vor Hunden? Wie albern. Mir ist noch kein Hund untergekommen, der mir nicht aus der Hand gefressen hätte, wenn ich es will. So eine Gabe muss natürlich angeboren sein. Nicht einer, der einem das beibringen könnte. Tja, Signore, ich sage es ja nicht gerne, aber Sie müssen sterben. Doch, doch, ich hab' schon den Richtigen. Also stirb. *Pffft!* Ich persönlich habe ja nichts gegen Sie. Einen Menschen persönlicher Gefühle wegen umzubringen ist nun wirklich das Dümmste, was man sich vorstellen kann. Das hier ist ein Auftragsmord, Signor de Fillipi, ein schlichter, klarer Kontrakt. Ich habe bereits hundert Gulden dafür kassiert; weitere hundert bekomme ich, wenn Sie beiseite geschafft sind. Es ist eben mein Geschäft, das Metier, für das ich mich entschieden habe, wie man in der Branche so sagt. Gedungen hat mich Ihr Schwager in Rom, Paolo Romanelli, mit dem Sie, wie man mich informiert hat, eine Reihe geschäftlicher Unternehmen betreiben: Sie produzieren Ziegel, Fliesen, Wagenräder, haben eine Gerberei, eine Samtweberei und einen Betrieb für seltene Farben, deren Ingredienzien ein sorgsam gehütetes Familiengeheimnis sind. Nun denn, es sieht wohl ganz so aus, als wären Sie ihm ein schrecklicher Dorn im Auge, ein Magenschmerz, der einfach nicht vergehen will. Er weiß, dass Sie ihn um einen Gutteil seines Anteils am Profit betrügen und dass Sie, teuflisch cleverer Bursche, der Sie sind, nur der Tod dazu bewegen wird, Abstand zu nehmen von Lug und Trug. Aus eben diesem Grund bin ich hier in Ihrer arroganten, stinkenden, aber eingestandenermaßen sehr schönen Stadt. Sehen Sie, solange sie am Leben sind, ist ihm selbst nämlich keines vergönnt. Als intelligenter Mensch, als Mann, der seine Sinne beisammen hat, werden Sie das sicher verstehen. Übrigens, ich habe gehört, Sie seien mit Raffael, dem Maler, befreundet. Gut. Vielleicht malt er Ihnen zum Gedächtnis ein hübsches Porträt. Oder macht Ihnen eine nette Büste, falls er sich auf so was versteht. Moment! Ich hab's! Eine Totenmaske, ja, eine Totenmaske, die Ihre Familie sich ins Esszimmer hängen kann. Man könnte sie sogar auf Ihren angestammten Platz an der Tafel platzieren, etwas, das vielerorts Tradition hat, das weiß ich. Sie bräuchten also keine Angst zu haben, damit etwas

Abwegiges zu tun – einen Akt, der in der gemeinschaftlichen Erfahrung keinen Platz haben könnte – und dass die Nachbarn jedes Mal ausspucken, wenn sie Ihre Familie auf der Straße sehen.

Ich will mir nur noch diesen Liter Wein genehmigen. Die Lider der Nacht sind dann schwer genug, um unser kleines Geschäft ungesehen erledigen zu können. Tageslicht und Blut wollen ohnehin nicht zusammengehen. Ist einfach eine zu unsensible Paarung. So scharf und flink wie mein wunderschönes Messer ist, wird er nichts spüren; er wird noch nicht einmal wissen, was seinen Tod herbeigeführt hat, so schnell, still und schmerzlos wird das gehen. Womöglich schreit er noch nicht einmal. Normalerweise stoßen sie nämlich einen Schrei aus. Nicht weil es wehtun würde, sondern weil sie Angst haben. Ah, dieser eine letzte Angstschrei! Dieser aus dem Erstaunen geborene Laut. Wie oft habe ich ihn gehört, wie oft habe ich ihn herbeigeführt. Drei, vier Dutzendmal? Er bleibt mir in Erinnerung. All diese Schreie sind Teil meines guten rechten Arms, meines Werkzeugs, wie ich ihn nenne. Und manchmal, wenn es mir nicht sonderlich geht, wenn ich nicht so recht ich selber sein will, dann huschen mir ihre Schreie über den Arm, ergreifen Besitz von ihm – sie werden mein Arm, ohne dass ich etwas dagegen tun könnte. Es hilft nichts, dass ich ihn schlage, beiße, packe und schüttle; ich kann ihn mit einem Kissen ersticken, ihn in einen Eimer Wasser stecken, um das Geschrei zu ertränken, aber es hilft einfach nichts. Sie müssen von selbst wieder verschwinden; dann gehört auch mein Arm wieder mir.

Der Bauer und seine Frau, die da drüben heiße Maronen knacken, was für ein herrliches Paar. Stämmiger, starker Schlag. Was für eine Fähigkeit zur Arbeit, zur Plackerei; sie ähneln den Tieren auf ihrem Hof. Sie hatten einen guten Tag auf dem Markt. Sie haben einen netten Schnitt gemacht mit Gemüse und Fleisch. Die werden schlafen wie die Steine heut Nacht. Nachdem Sie einander im Bett verschlungen haben, versteht sich. Sie steht ihren Mann, diese Frau; nicht umsonst hat sie diese kräftigen Beine, dieses heiße Hinterquartier. Diese Brüste! Mein Gott! Ich sehe ihren Gatten hineinspringen wie in eine Heumiete. Das Lachen der beiden! Macht mich ganz scharf. Wenn ich hier noch länger sitzen bleibe, springt mir mein Ding aus der Büx!

Gott, diese Kälte hier draußen beißt einen bis aufs Blut! Ekelhaft! Morgen geht's wieder zurück in mein geliebtes Rom, so wahr mir Gott helfe. Diese Aufträge im Norden altern einen um Jahre. Die Unterhaltung meiner Knochen hat einen bitteren Unterton angenommen. Ich hätte mir einen Schluck von dem Wein mitnehmen sollen. Ich schulde mir wirklich eine Pause. Die beiden Burschen, die da vor mir herstolpern. Nicht eine Sorge auf der Welt. Ganz eindeutig. Hoppla! Jetzt ist einer von ihnen gestürzt. Und der andere steht lachend dabei. Lässt ihn ganz von allein wieder hochkommen, während er eine Stange Wasser abstellt. Großer Gott! Der Mann hat einen Riemen von der Größe einer ausgewachsenen Gurke! Den Schädel könnte er einem einschlagen mit so einem Ding.

»Guten Abend, die Herren. Begießen wir die Straße, damit es nicht gar so staubt?«

»Ganz richtig.«

»Der Staub kann hier aber auch schon ekelhaft werden.«

»Man kommt gar nicht mehr heraus aus dem Niesen. Ah, ich muss wohl ein Fuder von dem Zeug in mir haben. He, Giulio! Wach auf! Hier hast du was gegen den Durst. Ha ha ha.«

Jetzt sehe ich es vor mir, de Fillipis Haus. Gleich an der Ecke. Garten mit einer Mauer drum rum. Erst mal das Fleisch für die Tölen. So, rasch über die Mauer damit. Lass sie erst mal fressen. Und dann ein paar Minuten verdauen. Ihr letztes Abendmahl. Ich hoffe, die glauben an Gott. Das Zeug, das Giufreda, der Apotheker, ins Fleisch gemischt hat, müsste sie im Nu auf immer umhauen. So, rüber damit. Man höre sich dieses Gejaule an. Dieses Geschmatze. Können's gar nicht erwarten, dran zu glauben. Ich stell mich mal besser unter den Turm da, während die sich das Leben nehmen. Oh! Es läutet! Großer Gott! Jetzt heißt es aufgepasst. Elf Uhr. Unser Mann sollte jeden Augenblick nach Hause kommen, von seiner letzten Partie Karten im Club.

Schwarze Hunde. Mausetot. Wunderschön. Schau Sie dir an, wie friedlich sie daliegen, im Blumenbeet unter dem Limonenbaum. Nicht eine Menschenseele kann mich hier drin sehen. Am besten hinter die Tür. Das Licht im Fenster da oben. Seine Frau? Furz mir bloß leise! Ah, das ist schon besser. So Blähungen können richtig wehtun. Die Dienstboten sind hinter dem Haus zugange. Das weiß ich. Ich spüre, dass die's miteinander treiben. Es riecht nach guter Küche. Ich werd' mal mit unserer Beatrice reden müssen, wenn ich wieder zu Hause bin. Ihre Suppen sind in letzter Zeit ziemlich dünn geworden. Außerdem hat sie sich meiner Frau und meiner lieben Mutter gegenüber einen Ton angewöhnt! Da ist er. Das Tor bewegt sich. Rasch eine Hand über seinen Mund. Die Klinge mitten ins pochende Herz. Er dreht eine halbe Pirouette und fällt, sachte …

Großer Gott im Himmel! Es ist mein Bruder! Mein eigener Bruder! Gott steh mir bei!

11

Bosworth lehnte sich – leidlich zufrieden mit sich und obendrein betrunken (seine Schrapnellwunde heilte recht gut) – in seinen Stuhl zurück und nahm einen großen Schluck von seinem Scotch mit Wasser. Er besah sich die Szene in der Bar des Café Happy Times in Saigon. Es wimmelte nur so vor asiatischen Huren. Hier und da steckten sie an den Tischen die Köpfe zusammen. Andere saßen kichernd neben lauten GIs. Wieder andere standen an der langen Bar, die Arme um den einen oder anderen Soldaten gelegt, der ihnen den Arsch tätschelte, während er sich betrank. Zwei von den Huren – sie waren noch ziemlich jung, siebzehn, wie Bosworth schätzte – tanzten verträumt miteinander zur Musik aus der Jukebox. Nur bei Bosworth saß keine. Sein einziger Gefährte am Tisch war C.W. Cox, ein anderer amerikanischer Soldat. C.W. war eingeschlafen, die Arme als Kissen auf dem Tisch, schnarchte er ganz erbärmlich vor sich hin.

In der Tür stand – eine Trauerweide von einem Kerlchen – der zierliche alte Kellner; er hatte eben einen Zigarettenstummel aus der Tasche gekramt. So alt wie er war, erinnerte er Bosworth an etwas, was Jean-Paul Sartre über Neugeborene gesagt hatte: »Die Welt scheint noch immer von Wilden bevölkert, die dumm genug sind, ihre Vorfahren in ihren Neugeborenen wiedergeboren zu sehen. Man hält dem Säugling Waffen und Schmuck des Toten unter die Nase; auf die geringste Bewegung hin erfolgt ein großes Geschrei – ein Großvater ist wieder auferstanden. Kein Wunder, wenn er danach von sich sehr vorsichtig spricht, mit verhaltenem Atem, nicht selten in der dritten Person; diese armselige Kreatur weiß sehr gut, dass er sein eigener Großvater ist.«

Eine junge Hure mit ungewöhnlich großen Brüsten für eine Vietnamesin drückte sich an seinem Tisch vorbei; sie zeigte Bosworth die Zunge und bewegte sie anzüglich. Er zeigte ihr die seine. Sie zuckte verdutzt, aber völlig ungerührt die Achseln und ging weiter.

Bosworth hatte die ganze Woche über gevögelt, was das Zeug hielt und war somit weder verspannt noch ausgehungert; er konnte also durchaus wählerisch sein, was Zeitpunkt und Partner einer sexuellen Begegnung anging. Er hatte noch zwei Wochen Urlaub, bevor er wieder zu seiner

Einheit im kambodschanischen Dschungel zurück musste, wo sie Tag und Nacht nichts anderes zu tun hatten, als Menschen zu jagen und umzubringen – wenn nicht gerade umgekehrt die Nordvietnamesen hinter ihnen her waren. Er nahm einen weiteren Schluck von seinem Scotch und rieb sich die Schrapnellwunde am Bein. Bedauerlicherweise würde nie wieder jemand seine perfekt proportionierten Waden bewundern; er dachte an die endlosen Komplimente an den Stränden der Reichen und Schönen der Welt.

»Das muss daher kommen, dass du königliches Cherokeeblut in den Adern hast«, hörte er allenthalben, »denn bei Bauern und Korbflechtern findet man solche Waden einfach nicht.«

Nun, damit würde er zu leben haben. Schwieriger war da schon, damit leben zu müssen, dass ihm die Wunden nicht der Feind, sondern einer seiner eigenen Kameraden beigebracht hatte. Albee Clay Oglethorpe, ein schreckhaftes Landei aus Alabama mit einem ziemlichen Tatterich, hatte in der Hitze eines feindlichen Hinterhalts an der Grenze seine Handgranate nicht weit genug – nicht annähernd weit genug – in die Richtung geworfen, in der man den Feind vermutete, so dass sie vor Bosworths Füßen gelandet war. Oglethorpe hatte sie letztlich nur aus demselben Grund geworfen, aus dem so viele der anderen in den Dschungel feuerten – um die eigene Angst loszuwerden (und, wer weiß, vielleicht kam man sich auch stark dabei vor).

»Tut mir wirklich Leid, Bos«, sagte Oglethorpe später in einem der Zelte, während die Sanitäter Bosworth eine Transfusion gaben. »Aber ich sag' dir, als ich das Scheißding geworfen habe – und ich habe vier Charlies gesehen, wirklich! –, hat mein Nebenmann mich aus Versehen mit dem Ellbogen erwischt. Ehrlich.«

»Leck mich am Arsch«, sagte Bosworth, der zusah, wie

das fremde Blut aus dem Plastikbeutel in der Hand eines verschwitzten jungen Quäkers in seinen eigenen Körper lief.

»Mensch, Bos. Das kannst du doch nicht machen, Mann.«

»Du kannst mich mal!«

Cox schnaubte im Schlaf und stieß in einem spastischen Zucken seine Mütze vom Tisch. Ein hoch gewachsener junger Green Beret mit einer Zigarre im Mund stolzierte großspurig hinüber zur Musikbox und drückte »The Yellow Rose of Texas«. Zum dritten Mal. Sein Gesicht erinnerte Bosworth an die fiese Primitivität von High-School-Turnlehrern. Typen, die es darauf anlegten, ihre Schüler miteinander raufen zu sehen, vor allen anderen – und wenn man nicht so recht wollte, dann nannten sie einen ein Muttersöhnchen und eine Schande für die ganze Schule. Einmal hatte einer von diesen Tieren Bosworth gezwungen, einen Mitschüler zu verprügeln, der sich danach – er hatte nicht die geringste Chance gehabt – in der Turnhalle erbrach, bevor er heulend in den Duschen verschwand. Der Lehrer lachte nur; er kriegte sich kaum mehr ein. Bosworth blieb den nächsten Tag zu Hause; er konnte sich die Geschichte nicht verzeihen und hasste den Kerl. Der Junge, den er verprügelt hatte, ließ sich tags darauf an eine andere Schule versetzen, so dass Bosworth ihm wenigstens nicht den Rest des Schuljahrs aus dem Weg gehen musste. Er war furchtbar erleichtert, als er davon erfuhr, und hätte sich um ein Haar schriftlich bei dem Jungen bedankt.

»Weißt du was, Bos«, hatte ihm der Turnlehrer später gesagt, »du bist nicht viel besser als der kleine Schisser, auch wenn er's war, der gekotzt hat. Dieselbe Sorte Waschlappen. Bist dir ein bisschen zu gut, um so 'n richtiges Raubein zu werden. Ich kann bloß hoffen, dass unser Land nie auf Kerle wie dich angewiesen ist, wenn's mal an die Verteidigung unserer Freiheiten geht. Großer Gott.«

Die anderen Jungs sahen ihn komisch an. In ihren Mienen spiegelte sich die zunehmende Anpassung – die Billigung männlicher Brutalität –, schon gar wenn der Befehl dazu von oben kam. Man konnte in diesen Visagen die widerliche Verschlagenheit, den feuchten Eifer des Novizen sehen, der abends, nach einem Tag ritueller Selbsterniedrigung im Namen der Kirche, unter der Bettdecke Hand an sich legt. Bosworth konnte sich sehr gut vorstellen, wie so einer einen dunkelhäutigen Ungläubigen zu Tode trat.

Eine der Huren an der Bar kreischte auf. »Du böser Yankee!«, rief sie.

»O Baby«, sagte ein Soldat mit Mondgesicht und runden Augen. Er schwankte betrunken und grinste dabei. »Hat dich noch nie einer gekniffen?«, fragte er lachend. »Mensch! Bei uns daheim ist das ein Nationalsport.«

»Yankee tun Lin Go weh«, sagte sie und rieb sich den Hintern.

»Hast du nicht gehört?«, sagte er mit breitem Grinsen. »Ihr habt hier Krieg. Totalen Krieg.« Er gab ihr einen klatschenden Klaps auf den Arsch.

Aufgebracht in ihrer Muttersprache schimpfend, schob das Mädchen ab und setzte sich zu zwei anderen Huren, deren glatte Gesichter porzellanartig ausdruckslos waren.

»Das Problem mit diesen Schlitzaugen ist, dass sie keinen Humor haben«, sagte der Soldat und wandte sich wieder seinem Glas zu. »Die haben keine Ahnung, was für ein verdammtes Glück sie haben. Sollten froh sein, dass wir sie nicht in Grund und Boden bombardieren wie ihre kommunistischen Brüder.«

Bosworth musste an seine eigene Schwester denken. Sie hatte eben ihren Abschluss gemacht, in Bennington, und packte die Koffer, um nach Nairobi zu gehen. Sie hatte ein Fulbright-Stipendium, das es ihr erlaubte, am Beispiel der Suaheli und Kickaya die Kommunikation zwischen Stämmen zu studieren. Seine Eltern waren eigens aus dem

Reservat in Oklahoma gekommen, um ein paar Tage mit ihr in New York zu verbringen. Seine Eltern waren ziemlich betucht. Sie hatten ihren Anteil am Öleinkommen des Stammes in Aktien – General Motors, Du Pont und Dow Chemical – investiert. Bosworth hatte seine moralischen Probleme mit diesen Investments; immerhin unterstützte man damit genau die Sorte Firma, die rund um den Globus den Tod auf dunkelhäutige und gelbe Menschen regnen ließ.

»Die Weißen sind nun mal einfach nicht glücklich, wenn sie nicht grade jemanden umbringen«, hatte sein Vater irgendwann mal bei einer ihrer Diskussionen über moralische Fragen zu Bosworth gesagt. »Und das machen sie, ob ich ihre Firmen nun unterstütze oder nicht. Ich müsste verhungern, wollte ich ihrem Wahnsinn entkommen. Die Cherokee haben ein altes Sprichwort: ›Ein Präriehund scheißt sauberer, als der weiße Mann sich fühlt.‹«

»Ich kann mir nicht vorstellen, dass deine indianischen Vorfahren sonderlich stolz auf dich sind, Bosworth«, hatte ihm einer der Ausbilder während der Grundausbildung gesagt. »Die guten alten Cherokees, die waren doch ganz versessen aufs Massakrieren.«

»Nicht doch, Sir. Sie waren freundliche, friedliche Leute.«

»Werd mir hier bloß nicht frech, du kleiner Scheißkerl!«

»Würde ich mir nie erlauben, Mr. J., Sir. Ich wollte nur sagen, dass meine Vorfahren friedfertige Leute waren, die keiner Fliege was zuleide getan hatten, bis der weiße Mann kam und sie zu betrügen und umzubringen begann.«

»Mit so frechen Sprüchen fliegst du hier schneller raus, als du denkst.«

»Ich bin in dieser verfluchten Scheiße hier gelandet, weil ich am College dumm genug war, zur Reserve zu gehen«, erzählte Bosworth jetzt dem schlafenden Cox. »Da haben sie mich natürlich eingezogen. Hätte ich nein gesagt, ich wäre im Knast gelandet – bei menschenunwürdigem Fraß und Gesindel. Hey, genau wie hier!«

Ein Mädchen mit dicken roten Lippen und schlafwandlerischer Ausstrahlung nahm neben Bosworth Platz.

»Du wollen machen fickificki mit mir?«, fragte sie.

Bosworth lächelte. »Ach, ich weiß nicht so recht.«

Sie nahm seine Hand und führte sie ihren nackten seidigen Schenkel hinauf bis zu ihrer stark behaarten Fotze; dort hielt sie sie fest. »Gung Ho gut. Viel Tricks und Spaß.« Sie bewegte dazu das Becken unter seiner Hand.

»Darauf möchte ich wetten. Aber ich muss mir das noch überlegen. Ich mach so was nicht gern Hals über Kopf.«

Das Mädchen streckte die Zunge heraus ließ sie flink ein paar zweideutige Kunststückchen absolvieren. »Sehr gut Zunge. Schnell. Auch gut blasen machen.« Sie schob sich einen seiner Finger in die Möse und lächelte müde. »Nicht viele Geld. Zwei, drei Stunde Spaß.«

Bosworth überlegte ein, zwei Augenblicke, und ohne dass er so recht hätte sagen können, warum, legte er die Hand wieder auf den Tisch. Aber durchaus höflich. »Hört sich nach einem guten Angebot an«, sagte er. »Wirklich. Wer kann da widerstehen.« Sie streckte die Hand und legte sie ihm auf den Schritt. »Hm, ja. Pass auf, ich sag' dir was. Warum trinken wir nicht was zusammen und lernen uns kennen? Okay?«

»Okay, Joe«, antwortete sie und drückte ihm den mittlerweile recht steifen Schwanz. »Der General«, sagte sie und drückte sein Ding gleich noch mal. Sie lachte.

»Oh, ja, dem General geht's gut.« Auch er musste lachen. Aber er zuckte – oder besser wand sich – dabei. Ihm kam eine verrückte Idee. »Du bist nicht zufällig eine Spionin, oder? Vietcong?«

»Vietcong?« Sie kicherte. Dann nickte sie übertrieben, sichtlich belustigt, eine Karikatur ihrer selbst. »Ja. Gung Ho großes Cong-Girl.«

»Ich dachte, ich frag' lieber mal«, sagte Bosworth. »Versteh mich nicht falsch. Ich habe nichts gegen Charlie. Nur falls du für den Cong spionierst, würde ich's eben lieber wissen, um mein inneres Blatt umzustecken. Versteht du, mich drauf einstellen und so.«

Die ganze Haltung des Mädchens änderte sich schlagartig, vom Ausdruck bis zur Ausstrahlung. Mit geradezu zärtlicher Aufrichtigkeit sah sie ihn an. »Du nett. Ich dir nichts machen. Wahr.« Und diesmal führte sie seine Hand an ihr Herz.

Bosworth war von der Geste gerührt. Er hatte bis dahin eher mit ihr geschäkert, jetzt jedoch nahm er sie aufrichtig ernst. »Okay«, sagte er, »und ich werd' dir auch nichts tun. Komm, trinken wir was.« Er winkte dem hageren alten Kellner, der gelassen durchs Lokal schwebte wie eine Feder im Wind.

»Coca-Cola«, sagte das Mädchen.

»Scotch und Coca-Cola für die Dame«, sagte Bosworth dem Mann mit dem Ziegenbärtchen und dem wässrigen Blick. Der verbeugte sich lächelnd und verschwand an die Bar. Draußen lärmte eine große Düsenmaschine über den Himmel.

»Drache«, sagte das Mädchen und verzog angewidert das Gesicht.

»Da hast du Recht. Böser, böser Drache.«

»Drache Mörder.« Aufmerksam musterte sie sein Gesicht. »Du nicht gern töten, ja?«

»Absolut nicht«, antwortete er mit einem Schluck von dem frischen Drink, den der Alte ihm fast lautlos vorgesetzt hatte. »Es ist die reine Wahrheit, wenn ich dir sage, dass ich nie einen umgebracht habe, jedenfalls soviel ich weiß. Wenn ich schieße, dann viel zu hoch, manchmal sogar absichtlich auf die Bäume. Und manchmal hab' ich einen von den Charlies laufen lassen, obwohl ich ihn im Visier hatte.« Sachte und mit einem Lächeln legte er eine Hand auf die ihre. »Wenn die anderen in meiner Einheit das wüssten, sie würden mich für krank halten.« Er lachte.

»Besser gesagt, man würde mich wahrscheinlich vor ein Kriegsgericht stellen und zu Zwangsarbeit verurteilen. Mein lieber Mann!« Einige Augenblicke sah Bosworth sich mit einem riesigen Hammer Steine klopfen, während ein dicker Kerl mit einem Gewehr auf ihn aufpasste, der gelegentlich einen starken Strahl Tabaksaft in den Sand schießen ließ.

»Du netter Junge, sehr netter Junge«, sagte sie ihm. »Du heißen?«

»Bosworth Horn.«

»Ich Duc Sun Lin.«

Später am Nachmittag küsste Bosworth, glücklicher als zu irgendeinem Zeitpunkt in den letzten zwei Jahren, Lins Brüste, streichelte sie und knabberte an ihrem unendlich schönen Bauch. Schließlich sagte er: »Ich werd' desertieren.«

Sie küsste ihn mehrfach auf Gesicht und Brust, und Bosworths Haut fühlte sich an, als ob jedes Mal eine kleine Knospe aufblühte. »Ich liebe dich«, sagte sie. Sie stellte sich nackt vor ihn hin und stemmte die Hände in die Hüften. »Ich jetzt essen machen.«

»Erstklassige Idee. Ich versteh' das nicht: Jeder Zentimeter an mir ist heute dicke zufrieden. In den Armen meiner Mutter zu Hause in der Reservation könnte ich mich nicht besser fühlen. Komm, lass dich noch mal küssen.« Er beugte sich vor und küsste ihr Schenkel und Möse. Sie lächelte selig dabei. »Na jedenfalls«, fuhr er fort und wusste sehr wohl – und es störte ihn nicht im Geringsten –, dass Lin mit ihren paar Brocken Englisch so gut wie kein Wort verstand, »jedenfalls kehre ich hier und heute der Armee der Vereinigten Staaten den Rücken und verschreibe mich ganz und gar der nationalen Befreiungsfront. Eine Pontonbrücke, die ich gerne verbrennen will.«

Lin (sie hatte sich aus irgendeinem Grund ein loses Kleid übergezogen) hantierte in der winzigen Kochnische, hackte weiß Gott was klein und erhitzte eine Pfanne mit Öl. Bosworth roch Shrimps und chinesischen Kohl. »Ich gute Freunde bei Befreiungsfront«, sagte sie. »Vielleicht du sie treffen? Heute Abend?«

»Ja, gern. Toll.« Er zog einen blauen Herrenkimono an, den Lin ihm ans Fußende des Bettes gelegt hatte. Er betrachtete sich einen Augenblick und konnte dann nicht anders. »Wem gehört der denn, Lin?«, fragte er. »Deinem Freund?«

Sie blickte ihn fast mitleidig an und sagte dann mit einem traurigen Lächeln: »Gehören mein Vater. Amerikanische Soldaten ihn töten.«

Bosworth hasste sich auf einmal. »Großer Gott! Tut mir Leid. Tut mir so Leid.« Rasch ging er zu ihr hinüber und küsste ihr die Hand. »Verzeih mir.«

»Natürlich. Wie du können wissen, dass von Vater? Nicht traurig sein. Okay?«

»Ja. Okay.«

Seltene Düfte und leise Kochgeräusche füllten das Zimmer wie exotische atonale Musik. Lin erledigte ihre Arbeit mit tadellos flüssigen Bewegungen und natürlicher Ungezwungenheit. Nie hatte Bosworth, der schon viele Mädchen nach dem Sex das Abendessen hatte zubereiten sehen, eine derart poetische Effizienz und Klarheit erlebt. Alle anderen Mädchen in seinem Leben schien diese primitive Erfahrung nervös zu machen, als wären sie uneins mit ihr. Nahrungsmittel schienen mit ihnen auf Kriegsfuß zu stehen und umgekehrt. Die Mahlzeiten, die sie auf den Tisch stellten, wirkten in der Regel weniger wie ein Triumph für sie als wie eine Niederlage; als hätten die Rohmaterialien sie unterjocht.

Das Telefon klingelte. Der schrille Lärm schien die seltene Melange aus Düften zu zerstreuen. Lin erstarrte und blickte den Apparat an, als versuche sie mithilfe übersinnlicher Kräfte die Botschaft zu erraten, ohne rangehen zu müssen. Nachdem es viermal geklingelt hatte, hob sie ab und plapperte schon im nächsten Augenblick überschwänglich in ihrer magischen Sprache los, die für Bosworth – als er sie vor einem Jahr zum ersten Mal gehört hatte – auf der Stelle voller ganz besonderer Bedeutungen gewesen war.

»Mein Bruder«, sagte sie, als sie schließlich auflegte. »Er heute Abend kommen. Mit Freund.« Damit wandte sie sich wieder der Mahlzeit zu.

»Mhm, mir soll's recht sein. Was macht dein Bruder denn?«

»Er dir sagen.«

»Okay. Ist wohl auch besser so.«

»Wir jetzt essen«, sagte sie, und wie durch Zauberhand erschien die Mahlzeit auf einem unauffälligen kleinen Bambustisch am Fenster mit Blick auf die bevölkerte Saigoner Straße.

»Lin, du bist unglaublich."

»Ja. Danke. Oh! Du essen mit Stäbchen? Sehr schön. Sehr schön.«

»Weißt du was?«, sagte Bosworth, einen Bissen Shrimp mit etwas Reis im Mund. »In dem Kimono und mit den Essstäbchen komme ich mir überhaupt nicht mehr wie ein Amerikaner vor.«

Sie lachte. »Du nie Amerikaner gewesen, Bosworth.«

Er ließ sich das einen Augenblick durch den Kopf gehen. »Ja, da hast du wohl Recht.«

Er starrte aus dem Fenster und dachte an etwas, was ein indianischer Freund – Collegeabsolvent wie er selbst – einem Soziologen gesagt hatte, der anlässlich einer Feldstudie auf der Reservation gewesen war (mit seiner asexuellen Frau, die weite Bluejeans und eine Fischermütze trug, »damit mich die verflixte Sonne nicht erwischt«, wie sie sagte; außerdem begrüßte sie immer wieder irgendwelche Menschen, die sie nie zuvor gesehen hatte, mit einem lauten »Hallo!«): »Was mir an der weißen Gesellschaft am meisten

Angst macht, ist die schreckliche Einsamkeit. Ich will damit sagen, dass ihr nie einsamer zu sein scheint, als wenn ihr mit anderen zusammen seid ... Was ihr Freundschaften nennt, sind meist nichts weiter als etwas, was wir als exklusive Bündnisse von zwei, drei, vielleicht auch einem Dutzend Leuten bezeichnen würden, Bündnisse gegen die Welt. Die Sensibilität von Stammesangehörigen schließt alle mit in eine Erfahrung, die kein Weißer je erfahren wird ... Es ist zum Lachen, wenn diese isolierten Weißen sich für die Integration der Indianer stark machen. Für uns hört sich das an, als würden sie sagen: ›Komm zu uns und sei einsam.‹ Schon das Wort *Integration* ist unehrlich. Ihr wolltet uns nie integrieren, wir sollten uns nur einfügen. Wie kommt es nur, dass euch Weißen jeder kulturelle Unterschied – nicht nur zwischen euch und den Indianern, nein, überall in der Welt – ein Dorn im Auge ist?«

»Das darfst du laut sagen«, murmelte Bosworth vor sich hin.

Er wandte den Blick wieder dem Tisch zu und sah Lin Duc an. Sie sah ihn an, wie sie zuvor das Telefon angesehen hatte, bevor sie den Hörer abnahm. Bosworth griff unter den Tisch und rieb die Wunde an seinem Bein.

Lins Bruder Dinh redete wie ein Wasserfall, während er in dem Zimmer auf und ab ging. Obwohl er schmal war, leuchtete er von innen heraus und erfüllte den Raum mit einer enormen, aber ganz und gar unaufdringlichen Präsenz. »Schrecklich, was die Amerikaner sich einreden. Ihre Angst hat ihr Denken ganz und gar korrumpiert. Sie reden sich ein, sie töten mein Volk, weil wir böse Kommunisten sind, die die Welt versklaven wollen. Sie reden sich ein, die Welt kann nur frei und schön sein, wenn alle Roten tot sind. Sie sind überzeugt, dass in Nord- und Südvietnam die Massen von ihrem bösen Herrn in Hanoi hereingelegt und betrogen werden und dass sie jede Gelegenheit nutzen würden, das

Joch der Sklaverei abzustreifen. Sie denken, die Befreiungsfront würde ohne die Unterstützung nordvietnamesischer Soldaten zusammenbrechen oder wäre von den überlegenen Kämpfern der südvietnamesischen Armee schnell besiegt.

Also, offensichtlich machen die Amerikaner sich mit solchen Lügen, mit solchem Unsinn nur selber verrückt. Sie kämpfen nicht gegen eine Armee, mein Freund. Sie kämpfen gegen die ganze Bevölkerung im Norden und so gut wie die gesamte Bevölkerung im Süden. Und jeder einzelne von ihnen wird mit Freuden im Kampf gegen die Amerikaner und ihre Freunde fallen. Kapitulation oder aufzugeben ist eine Phantasie, die die Amerikaner in ihrem Wahnsinn erfunden haben. Für die Vietnamesen ist beides undenkbar, glaub mir. Undenkbar.«

Er blieb vor dem Tisch stehen, um etwas Tee zu trinken. Bosworth und Lin und der Freund ihres Bruders, ein junger Buddhistenmönch, warteten schweigend darauf, dass er fortfuhr.

»Die Amerikaner sind mordende Eiferer. Die einzige Art zu leben, die sie ertragen, ist ihre eigene, und egal auf welche Weise, sei es direkt durch Mord, sei es indirekt, indem man jemandem den Hahn abdreht, versuchen sie jede andere Art zu leben zu zerstören. Ganz einfach, weil sie zutiefst Angst vor allem haben, was anders isst, schläft, geht, denkt oder sich auch nur anders liebt. Man hat ihnen diese Angst von der Wiege auf eingeredet. Und sie wissen es noch nicht einmal. Sie suchen nach hehren Rationalisierungen für ihr Fühlen und Handeln. Sie können sich dieser Wahrheit nicht stellen.«

Der junge Buddhistenmönch ließ ein beifälliges Brummen hören; mit dem Anflug eines Lächelns nickte er Bosworth zu. »Das Ganze ist furchtbar blöd«, sagte er und verspürte dabei eine authentische (keine sentimentale, strategische) Scham.

»Nein«, sagte der Mönch, »es ist die reine Bösartigkeit.

Sie sind sich der Zerstörung durchaus bewusst. Die machen das nicht unabsichtlich.«

»Oh, ganz meine Meinung«, sagte Bosworth. »Oder nicht ganz. Aber fast ganz.« Er sah sich um, weil er erwartete, dass jemand die Unterhaltung – oder was immer das sein mochte – wieder aufnahm. Aber sie sahen ihn lediglich an. »Ich meine, es gibt hier schon ein paar Amerikaner, denen es gar nicht schmeckt, was sie da tun.«

Lin, ihr Bruder und der buddhistische Mönch sahen einander an. »Warum hören sie dann nicht damit auf?«, fragte Dinh.

Bosworth machte: »Äh …«, aber es wollte nichts weiter kommen. Er überlegte einige Sekunden. »Ich weiß auch nicht«, fuhr er schließlich fort. »Und sie wissen's auch nicht.«

Der Mönch lachte, mehr oder weniger. »Ein wirklich merkwürdiges Volk, das mit seinen Handlungen nichts zu tun hat. Ich frage mich wirklich. Erfindet ihr auch Leute, die das Essen und Trinken für euch besorgen?«

Bosworth lachte, weil er das wirklich komisch fand. »Vielleicht. Ja, wirklich, vielleicht. Ich weiß, dass ich es immer wieder gemacht habe – ich meine, bevor ich hierher gekommen bin.« Er schwieg einen Augenblick. »Ich habe da einen Kurs im College derart gehasst, dass ich mir vorstellte, ein Ostdeutscher zu sein, der sich einen Tunnel in die Freiheit gräbt, nur um ihn durchzustehen.« Er besah sich seine Nägel. »Ich habe jetzt noch den Dreck davon unter den Nägeln, Herrgott noch mal!«

Lins Bruder kam herüber und setzte sich zu Bosworths Füßen. »Mein Freund«, sagte er und legte Bosworth eine Hand aufs Knie, »der Vietnamese ist da ganz anders. Er ist ganz und gar der Mensch, der dazu steht, was die Person, die seinen Namen trägt, macht. Die Amerikaner, fürchte ich – womöglich sogar alle Menschen im Westen –, verstehen das nicht oder können es nicht ganz glauben. Sie verstehen nicht, dass wir … dass wir nicht gespalten sind. Lass mich dir da was vorlesen, nur als Beispiel. Sehr aufschlussreich.« Er holte zwei Zeitungsausschnitte aus seiner leichten Baumwolljacke. »Die beiden Meldungen hier, aus eurer eigenen amerikanischen Presse, zeigen ganz genau, was ich meine.« Er hielt einen der Ausschnitte hoch (er hatte ihn ganz offensichtlich schon unzählige Male in der Hand gehabt). »Du erinnerst dich, vor ungefähr drei Wochen? Der schlimme Zusammenstoß zwischen euren Truppen und der Volksarmee bei Gio Linh? Nun, unsere Leute, ja, *unsere* Leute kämpften mit höchster Tapferkeit, und viele sind gefallen, so wie natürlich auch viele von euch gefallen sind. Nun, das hier hatte eine ziemlich wichtige amerikanische Zeitung dazu zu sagen: »An der Schlacht nahmen etwa 400 grüne junge kommunistische Soldaten teil, *viele offensichtlich high auf Heroin*. Viele der feindlichen Soldaten waren gerade mal 17 Jahre alt. An einigen der Gefallenen fand man Päckchen mit Heroin. ›Die einzige logische Erklärung ist die, dass sie das Zeug vor dem Angriff nehmen‹, sagt Capt. James D. Oenbrink, ein Militärarzt aus Palm Beach, Florida. ›Es macht sie praktisch betrunken. Die wissen nicht, wie ihnen geschieht, und es ist ihnen egal.«

Dinh hörte auf zu lesen und lächelte müde; bedächtig schüttelte er den Kopf. »Wie absurd, wie schrecklich absurd. Siehst du das, Bosworth, mein Freund? Amerikaner können sich kein bedingungsloses Heldentum vorstellen, keine bedingungslose Identifikation mit Idealen, mit Leidenschaft, mit der physischen Person. Also erklären sie sie sich durch die Behauptung, diese tapferen Jungen müssten auf Drogen gewesen sein – die, wie wir alle wissen, die Funktion haben, einen von sich selbst zu trennen. Sie sorgen sozusagen für eine operative Illusion.« Er lachte verhalten. »Aber schon der gesunde Menschenverstand müsste einem sagen, dass man auf Heroin einschläft, nicht kämpft.« Er hielt den anderen Zeitungsausschnitt hoch, damit Bosworth, Lin und der Buddhist das herrliche Belastungsmaterial sahen. »Das hier erschien in einer anderen amerikanischen Zeitung ungefähr eine Woche nach der ersten Absurdität. Aber wie ihr selbst sehen könnt, ist der zweite Artikel sehr klein und man hat ihn geradezu schüchtern auf die vorletzte Seite gesetzt, mitten unter die ein- und auslaufenden Schiffe.« Er kicherte, und die anderen, Lin und der Mönch, stimmten auf der Stelle ein in diese angenehme Geste (die Bosworth vor seinem Besuch in Vietnam praktisch nur unter jungen Frauen gesehen hatte, jedenfalls in seinem eigenen Land). Bosworth hätte zu gern mitgekichert, aber das Ganze war zu neu und schien zu diesem Zeitpunkt in seinem Leben irgendwie nicht passen zu wollen. Mehr als ein aufrichtiges Grinsen brachte er nicht zusammen. Vielleicht in sechs Monaten, dachte er rasch, vielleicht kommt das Kichern dann ganz von allein. Selbstverständlich werd' ich es nie so gut können wie sie, aber sicher besser als irgendein sentimentaler Amerikaner. »Also: ›Eine Untersuchung, so erklärte ein Sprecher der ersten amerikanischen Infanteriedivision heute, hat ergeben, dass die feindlichen Soldaten, die letzten Sonntag nördlich von Saigon gefallen sind, kein Heroin dabei hatten, wie nach der Schlacht berichtet worden war.‹«

Jetzt konnte sich der junge Mönch, dessen Gesicht wie unter einer ewigen inneren Sonne leuchtete, nicht mehr halten. Er beugte sich vor und verschwand für Sekunden in einem wilden Gackern, wobei er klatschend die feingliedrigen kleinen Hände zusammenschlug. Din, der das zu schätzen wusste, wartete sensibel, bis der Mönch seinem Entzücken Luft gemacht hatte, bevor er fortfuhr. »›Bei dem weißen Pulver in den kleinen Päckchen, die man auf dem Schlachtfeld gefunden hat, handelt es sich um eine Mischung aus Kaliumpermanganat, einem Desinfektionsmittel und Fungizid, Kalziumhydrat, wie man es zur Aufbereitung von Wasser benutzt, und gewöhnlicher Seife.‹«

Bosworth stellte sich die Szene vor (was ihm nicht schwer fiel, schließlich kannte er sie seit einem Jahr; es war nicht viel schwieriger, als sich sein mit Wimpeln und Pinups tapeziertes Zimmer im Studentenheim vorzustellen): GIs, einer wie der andere nicht ganz bei sich, spitz wie Nachbars Lumpi und von Kopf bis Fuß voll Dreck, die geheimnisvollen weißen Päckchen an den abgerissenen, blutverschmierten Leichen der Vietnamesen und der schreckliche, schwachsinnige Drang, sich etwas einfallen zu lassen, und sei es etwas so Groteskes wie Heroin – ein Comicstrip. Er sah sich selbst am Rand der mit Leichen übersäten Dschungelszene; wie durch die verwirrende Distanz einer Linse beobachtete er die Kameraden: schlammverschmiert, stoppelbärtig, die formlos geschwitzten grünen Uniformen eher Dschungelgewächse als von surrenden Nähmaschinen in einer geistlos aseptischen amerikanischen Fabrik genähtes Symbol.

»Hey, Lieutenant! Schau dir mal das Zeug hier an. Was meinste, was das is'? Opium? Mann, ich möchte wetten, dass es irgend'ne Droge ist. Ich hab' da 'n Typ gekannt, der war in Korea, der hat gesagt, die Schlitzaugen knallen sich mit Opium oder weiß Gott was zu, bevor sie in den Kampf ziehen. Abgedrehtes Volk! Mann, die haben absolut nichts gespürt. Riecht jedenfalls komisch. Wie ihre Besitzer. Ha, ha.«

Lin schenkte ihm etwas Tee nach. Sie verströmte einen wunderbar zarten Duft. Überhaupt hatte sie etwas, was sie so ganz anders machte als die Mädchen, die er zu Hause in den Staaten gekannt hatte – etwas, was praktisch im diametralen Gegensatz zu diesen stand. Sie kam ihm vor wie etwas aus einem alten Lied. Als ihre Hand die seine berührte, lächelten sie einander an.

»Manchmal«, sagte der Mönch, »frage ich mich, ob die westliche Kultur erst völlig verschwinden – oder ausradiert werden – muss, bevor die Menschheit sich in ihrer ganzen wahren Pracht entfalten kann. Ich überlege mir das immer wieder.« Er sah Bosworth an. »Man könnte sagen, der Traum neigt sich dem Ende zu und der Alptraum der Realität steht vor der Tür.« Er verbeugte sich lächelnd. »Eine freie Übersetzung von Tric Doc Nygen, einem großen vietnamesischen Dichter. Einer meiner Favoriten, wie ich wohl nicht eigens zu sagen brauche.«

Irgendwo draußen war eine Nachrichtensendung auf Vietnamesisch zu hören. Gleich nebenan zupfte jemand eine Mandoline. Ein Straßenhändler pries lautstark die Waren an, die er auf seiner kleinen Karre feilbot. Dann löschte das lang gezogene *hrrrnn* einer Honda schlagartig alle anderen Geräusche aus. Lin setzte sich neben Bosworth und legte eine ihrer Hände in seine. Ihr Bruder, der zum Fenster hinausgestarrt hatte, nahm einen tiefen Zug von einer amerikanischen Zigarette, wandte sich dann um und starrte Bosworth einen Augenblick wortlos an. Dann fragte er: »Was meinst du dazu?«

»Das Ganze ist ziemlich schrecklich. Ziemlich schrecklich und absolut verrückt.« Er trank einen Schluck Tee. »Du hast Recht. Irgendetwas oder irgendjemand muss da weg – vielleicht sogar alles und jeder.« Er wandte sich Lin zu, dann dem Mönch. »Wie viele Menschen, meint ihr, sind Opfer anderer Leute Halluzinationen?«

Der Mönch warf anmutig die Arme gen Himmel. »Drei Viertel der Menschheit.« Er hörte auf zu lächeln und nahm einen zutiefst verdrossenen Ausdruck an. »Und alle leben sie außerhalb der USA.«

Dinh trat in die kleine Kochnische, öffnete die untere Tür des Kühlschranks und kramte hinter dem Kühlaggregat zwei Colt-Pistolen hervor. Er steckte sich eine in den Hosenbund, die andere gab er dem Mönch, Thich Nhan Ho, der sie unter seiner Kutte verschwinden ließ.

»Schließt du dich uns an?«, fragte Dinh Bosworth.

»Ja, ja, natürlich«, sagte er mit einem Blick auf Lin.

»Selbst wenn ich eine andere Wahl hätte, und die habe ich nicht, ich würde mich euch anschließen. Ich nehme an, das haben so einige von den Tieren seinerzeit dem alten Noah gesagt.«

Lins geschmeidige Hand schien die seine zu absorbieren.

Im Bett fühlte er sich Lin in dieser Nacht näher als irgendjemandem, mit dem er je in seinem Leben geschlafen hatte. Auch der Sex war befriedigender denn je. Zuvor war er sich danach immer vorgekommen wie Treibgut am Strand. Diesmal war die Küste weit, weit weg; er war Teil des Meers.

Am folgenden sonnigen Nachmittag ging Bosworth aufrechten Gangs, geduscht, rasiert, in frischer Uniform – ein durch und durch respektables Rädchen der amerikanischen Militärmaschinerie – die Straße des Inneren Friedens hinauf auf den frisch renovierten amerikanischen Offiziersclub zu. Seine Lederabsätze hallten Schritt für Schritt mit forscher Kompetenz; im Vergleich dazu schien des schlurfende Getrappel der Vietnamesen schwächlich, verstohlen, irgendwie nicht ganz real. Er schwang seinen Ranzen von der rechten Schulter auf die linke, um den Salut zweier GIs auf Mädchenjagd zu erwidern. Wie Pfadfinder sahen sie aus. Vor dem weißen Marmoreingang des Clubs (wo er einem aufdringlichen jungen Vietnamesen, der ihm unbedingt die Schuhe putzen wollte, etwas Kleingeld gab) sah er auf die Uhr. Zufrieden mit dem, was ihm die Uhr zeigte, stieg er die Treppe hinauf und trat in das Haus.

Ein aalglatter, buckelnder Vietnamese in einer weißen Jacke erbot sich seine Tasche in Verwahrung zu nehmen, aber Bosworth lehnte ab. »Danke«, sagte er, »aber hier ist mein Rasierzeug drin.«

»Ah ja«, sagte der ausgesprochen eifrige grauhaarige Mann. »Rasieren.«

Bosworth ging unter einem überdimensionalen Farbfoto von Präsident Johnson vorbei aufs Klo. Er war gerade beim

Pinkeln, ohne wirklich zu müssen, als ein ziemlich betrunkener Colonel von der Air Force hereinkam. »Mann o Mann«, sagte er, als er sich neben Bosworth an der Pissrinne aufbaute. »Mit dem, was ich in der Blase habe, könnte ich halb Peking ersäufen.« Ein kräftiger Strahl bestätigte seine Behauptung. Bosworth hatte schon immer Probleme damit gehabt, wenn jemand auf der Toilette neben ihm stand, und so verkrampfte er sich auch jetzt, so dass seine Quelle versiegte. Er hoffte inständig, der Colonel würde es nicht bemerken. Er verstaute seine Apparatur und wandte sich ab.

»Haben Sie gehört? Nordkorea hat sich eins von unseren Schiffen geschnappt?«, sagte der Colonel, dessen Strahl noch immer zu hören war.

»Nein. Nichts gehört.«

»Na, jedenfalls haben sie eins gekapert, die kleinen Scheißer. Wissen Sie, was ich machen würde? Ich würde ihnen mit der Atombombe kommen. Im Ernst. Die ganze Bagage ausradieren. Dann wäre damit sofort Schluss.«

»Vielleicht haben Sie Recht«, sagte Boworth. Er nahm seinen Khakiranzen auf und ging zur Tür.

»Und wie ich Recht habe«, sagte der Colonel, der seinen Penis schüttelte, um die letzten Tropfen loszuwerden. »Da würden die ein für allemal sehen, wer der Herr im Haus ist.«

»Wenn Sie es so sehen«, sagte Bosworth rasch und warf einen verstohlenen Blick auf die Uhr. Er musste sich sputen.

Einen Augenblick später saß er in der großen Lounge und bestellte bei einem schweißglänzenden Vietnamesen in der obligatorischen weißen Jacke einen Scotch mit Soda. Die Lounge war gerammelt voll mit amerikanischen Offizieren; die einen saßen in Gruppen beisammen, die anderen standen an der langen Bar aus Walnussholz. Sie alle schienen ziemlich zufrieden und bei bester Gesundheit zu sein. Sauber, stämmig, adrett aufgemacht in ihren maßgeschneiderten Uniformen. Bosworth tastete mit dem Fuß nach seiner Tasche. Nachdem er seine Bestellung aufgegeben hatte, fragte er den Kellner, wo er telefonieren könnte. Die Telefone, sagte der, befänden sich auf dem Flur. Bosworth bedankte sich und sagte, er müsste rasch einen Anruf tätigen, er sei gleich wieder da.

»Sehr wohl, Sir«, sagte der Mann in makellosem Englisch. »Ich werde Ihnen Ihren Tisch freihalten. Sie können sich drauf verlassen.«

»Wunderbar.«

Draußen auf dem Korridor warf Bosworth einen weiteren Blick auf die Uhr und sah sich besorgt um (er war jetzt richtig nervös). Nur wenige Meter von ihm entfernt plauschten freundlich zwei Posten, beide mit Maschinenpistolen. Nicht zu schnell, aber auch nicht zu lässig ging Bosworth in Richtung Tür.

»Sir«, sagte der alte Mann, der plötzlich aus dem Nichts auftauchte, und Bosworth blieb wie erstarrt stehen. »Gehen Sie schon?«

»Bin gleich wieder da«, sagte er und rang sich ein Grinsen ab. Er unterdrückte ein schreckliches Verlangen, den Mann niederzuschlagen und abzuhauen. »Ich lass mir nur rasch die Schuhe putzen.«

»Oh ja. Schuheputzen gut«, sagte der Mann. »Aber Sie bekommen auch unten, beim Barbier. Ja?«

»Nein. Junge vor Tür«, antworte er scharf und trat rasch aus dem Haus und die Marmortreppe hinab. Kaum hatte er den Gehsteig erreicht, wo Dinh am Steuer eines Wagens mit laufendem Motor auf ihn wartete, riss eine ungeheure Explosion die ganze Wand des Clubs auf und stieß ihn nach vorn. Er schlüpfte in den Wagen, und sie schossen davon.

»Ziemlich stark, dieses neue deutsche Dynamit«, sagte Dinh und manövrierte sie gekonnt durch den von Panik erfassten Verkehr.

»Großer Gott!«, flüsterte Bosworth mit einem Blick zurück. »Da hängen ja brennende Leichen in den Bäumen!«

»Ausgezeichnet!«

Fünf Jeeps rasten mit jaulenden Sirenen an ihnen vorbei in Richtung des Clubs. Die Gesichter der amerikanischen Soldaten darin waren verkniffen vor Angst und Wut.

Zwei Tage später betrat Bosworth das große neue Gebäude der Militärpolizei an der President Ky Avenue. Das antiseptisch riechende Erdgeschoss war auf Hochglanz gewienert; Dutzende von schwer bewaffneten amerikanischen und südvietnamesischen MPs hingen herum, waren an den Schreibtischen zugange, standen Wache. Der rotgesichtige Sergeant am Empfang salutierte. »Morgen, Sergeant«, sagte Bosworth kumpelhaft locker, als er den Gruß erwiderte. »Ob Sie mir wohl weiterhelfen können?«

»Ich will's gern versuchen, Lieutenant. Was liegt denn an?«

»Tja, ich versuche da einen meiner Leute zu finden. Treibt sich hier in Saigon rum, auf Urlaub, und hat mich jetzt schon ein paar Mal versetzt. Da hab' ich mir gedacht, vielleicht hat er ja einen über den Durst getrunken, wissen Sie, und in irgend'ner Bar ein paar Leute angerempelt. Und jetzt habt ihr ihn hier.«

Der junge Sergeant lachte auf. »Soll ja schon vorgekommen sein. Wie heißt er denn?«

»Kosinsky, Michael Kosinsky.«

»Okay. Kosinsky. Mal sehen.« Der Sergeant begann die handschriftlichen Eintragungen in der großen Kladde vor ihm durchzugehen. Drei MPs lachten über den zotigen Witz eines vierten. Ein halbes Dutzend südvietnamesischer MPs kam – marschierte – vorbei. In ihrer grimmigen Mitte führten sie einen Gefangenen in Handschellen, einen Vietnamesen. Er blutete aus einer Wunde am Kopf, die Bosworths Ansicht nach von einem Gewehrkolben stammte.

»Nichts«, sagte der Sergeant einige Augenblicke später.

»Ihren Kosinsky haben wir nicht hier, Lieutenant.« Ihm kam ein Gedanke, den er wohl witzig fand. »He! Vielleicht ist er zu Charlie übergelaufen.« Er lachte überschwänglich los.

»Man kann nie wissen, Sergeant«, sagte Bosworth, der die Phantasie seines Gegenübers tatsächlich amüsant fand. »Tja, ich schätze, da muss ich wohl woandershin. Tut mir Leid, dass ich Ihnen hier die Zeit stehle.« Er sah auf die Uhr.

»Kein Problem, Lieutenant. Schließlich stehen wir auf derselben Seite. Ist doch mein Job.«

»Na, jedenfalls danke.« Bosworth wandte sich ab und ging. Dann blieb er noch mal stehen und drehte sich wieder um. »Sagen Sie«, begann er, »bei Ihnen wird nicht zufällig bald die Post abgeholt?«

»Wo Sie schon fragen, ja«, antwortete der Sergeant. Er warf einen Blick auf die Uhr an der Wand. »In zirka zehn Minuten fährt ein Jeep auf die Post.«

»Wissen Sie, Sie könnten mir da wirklich helfen. Ich hätte hier ein Mordsbündel Post von meinen Leuten nach Hause, und ich komme heute einfach nicht mehr dazu. Könnten Ihre Jungs das nicht für mich abliefern?«

»Gern.«

»Großartig. Dann geh ich's mal rasch holen.«

In wenigen Minuten war Bosworth wieder da (Dinh hatte direkt gegenüber der Einrichtung geparkt). Er schleppte einen großen, in Manilapapier verpackten Karton.

»Lassen Sie mich mit anfassen«, sagte der Sergeant und griff nach dem Karton. »Sieht mir ziemlich schwer aus, das Ding.«

»Danke. Herrgott, was schicken die Kerls denn nach Hause? Ein ganzes Dorf?«

»Zuzutrauen wär's ihnen.« Sie stellten den Karton in eine Ecke vor dem Korridor, in dem die MPs arbeiteten. »Da steht er gut«, sagte der Sergeant.

»Ausgezeichnet, wirklich ausgezeichnet. Mann, Sie haben ja keine Ahnung, wie froh ich bin, das Ding hier los zu sein.«

»Eine Stunde, und es ist unterwegs nach San Francisco.«

Dinh und Bosworth fuhren einige Straßenzüge weiter und parkten dann vor einem großen Straßencafé an der Straße der Vielen Erinnerungen. Beide sahen sie auf die Uhr.

»Kaffee oder was Stärkeres?«, fragte Dinh.

Bosworth stieß ein belustigtes Schnauben aus. »Ich wollte, ich wäre so eiskalt wie du, Dinh.«

»Du machst das ganz wunderbar, Bosworth, mein Freund. Du entwickelst die innere Gelassenheit wahren Engagements.«

Bosworths Blick fiel eben auf eine über die Maßen schöne und elegante Frau, allem Anschein nach eine Europäerin, die mit einem feisten, mit Auszeichnungen behängten südvietnamesischen Heeresoffizier beisammen saß, da erfolgte die Explosion. Sie war doppelt so schwer wie die erste. Sie hatte eine geradezu unirdische Qualität; wie eine Eruption auf dem Mond.

»Der Timer ist absolut präzise«, bemerkte Dinh mit einem Blick auf seine Schweizer Uhr.

Die blonde Frau, die wie eine Europäerin aussah, begann zu schreien.

Bosworth befand sich in einem großen Raum auf der Rückseite eines Buddhistentempels in einem der Außenbezirke Saigons. Mit ihm waren es fünfzehn Leute, von denen viele auf dem Boden saßen. Bosworth und Lin saßen auf einem niederen Diwan und hielten sich bei der Hand. Dinh war dabei und auch Thich Nhan Ho. Alle Anwesenden, so schätzte Bosworth, waren zwischen zwanzig und dreißig Jahre alt, auch die drei Frauen, die außer Lin mit von der Partie waren. (Hübsche, elegante junge Frauen, angespannt, aber nicht verspannt; Frauen, bei deren unverstellter Anmut er sich wie ein ganzer Mann vorkam.) Irgendwo in der Ecke brannte Räucherwerk, dessen Geruch sich wie ein Band unmittelbarer Sinnlichkeit um alles legte, die Anwesenden, ihre Aussagen, ihre Ideen.

»Ich will mal Englisch sprechen«, begann Thich, »da unser amerikanischer Freund unserer Sprache nicht mächtig ist und wir anderen hier den Vorteil haben, uns in seiner Sprache ausdrücken zu können. *Vorteil* sei hier in Anführungszeichen gesetzt.« Er erntete damit belustigtes Gemurmel.

»Nicht dass Englisch an sich böse wäre«, sagte eine junge Frau mit silbernen Ohrringen. »Aber es kommt darauf an, wer es im Munde führt.«

Allgemeines Gelächter erfüllte den Raum.

»Ja, natürlich«, sagte Thich mit einer kleinen Verbeugung in Bosworths Richtung, um ihn in die Reihe der *Guten* aufzunehmen.

Ein Junge mit Bürstenschnitt stand auf. Ihm fehlte das rechte Ohr (Bosworth erfuhr später, dass es ihm ein Polizeichef abgeschnitten hatte, dem seine Antworten bei einem Verhör nicht spontan genug waren). »Dem muss ich doch widersprechen«, sagte er.

»Ah ja?«, antwortete Thich. (Der Anflug des für ihn typischen Lächelns umspielte sein Gesicht wie ein Lied einen Frühlingsnachmittag; manchmal war es ganz deutlich zu sehen, manchmal lauerte es direkt unter der Haut.)

»Ja«, fuhr der junge Mann fort, »ich möchte behaupten, es ist die Sprache des Bösen.«

In der Gruppe wurde gemurmelt, und einige sahen einander mit belustigter Überraschung an. Bosworth hätte um ein Haar laut aufgelacht vor Vergnügen.

»Wenn du so freundlich wärst, uns aufzuklären warum«, sagte Thich.

»Ja, mit Vergnügen.« Der Jüngling holte tief Luft und begann: »Ich nehme Folgendes als gegeben: die Gefühle und Vorstellungen, die vor *dieser* Sprache existieren, sind böse. Die angelsächsischen Grundhaltungen gegenüber dem Leben sind paradox, da sie gegen das Leben sind. Ja, in ihren großen Möglichkeiten sogar lebensfeindlich. Ihr seht das Problem.«

»Ja, ja«, sagten einige aus der Gruppe.

»Also. Ich habe weitere Erklärungen. Englisch ist eine Sprache der Macht. Leben war für die Angelsachsen von Anfang an ein Machtkampf, nicht ein Ringen um Ruhe, Bedeutung und den erfüllenden Reichtum von Mensch und Natur. Und da haben wir es. Die tiefsten Implikationen dieser Sprache, der Sprache unserer Feinde – Augenblick! Ich meine hier die Menschen, die uns auszuradieren versuchen –, ihre tiefsten Implikationen sind Macht und die Abspaltung des Menschen vom Menschen. Es ist dies aber das Gewebe jeglicher Kommunikation.«

Er stand zwei, drei Sekunden lang schweigend da, dann sagte er: »Das wär's. Ich danke euch.« Damit setzte er sich.

»Ein höchst interessanter Exkurs«, sagte Thich. »Und äußerst aufschlussreich. Jetzt möchte ich aber auf den Sinn und Zweck unseres Treffens kommen und natürlich auch unseren neuen Freund willkommen heißen: Bosworth, den amerikanischen Soldaten.« Er verbeugte sich vor dem Genannten, und die Gruppe zollte seiner Anwesenheit Beifall.

»Ich danke dir, Thich«, sagte Bosworth. »Aber erst muss ich noch zwei Dinge sagen: Ich bin Indianer, Cherokee, nicht Amerikaner. Und ich *war* Soldat. Jetzt bin ich etwas anderes. Ich weiß noch nicht was. Vielleicht ein Novize der Revolution. Vielleicht ein Halbblut, ein Cherokeenamese.«

Einige lachten. Es war ein zartes höfliches Lachen, ganz nach asiatischer Art. Auch Thich ließ es hören. »Selbstverständlich«, sagte er, »gibt dir das eine neue Identität. Sehr gut. Also. Zur Tagesordnung. Heute in einer Woche beginnt die Nationale Befreiungsfront einen organisierten Angriff auf amerikanische Stellungen und Kräfte rund um Saigon.

Seit einiger Zeit schon wissen wir um die Möglichkeit eines solchen Angriffs, er kommt also nicht unbedingt überraschend. Was uns jetzt, nachdem dieser Feldzug auf eine feste Grundlage gestellt ist, noch zu tun bleibt, ist Folgendes: Wir müssen uns um die tapferen Soldaten kümmern, die ab sofort in der Stadt eintreffen werden. Wie man mir zu verstehen gegeben hat, haben wir zweitausend Gäste in unserer Mitte aufzunehmen. Also. Jeder Anwesende hier muss den Bürgern seines Viertels Bescheid geben. Den Bürgern, in deren Häusern die engagierten Besucher Unterschlupf finden sollen, sowie denen, die nicht ihr Haus, sondern spirituellen und psychologischen Beistand und Verständnis stellen.« Er wandte sich an Bosworth. »Psychologie, das ist doch einer der liebsten Begriffe in den Programmen der USA, nicht wahr?«

»Einer der absoluten Favoriten bei uns zu Hause«, antwortete Bosworth. »Sie ist wesentlicher Bestandteil von allem. Sie gerät uns sogar ins Essen.«

Hier und da war halb unterdrücktes Gekicher zu hören. Lin lehnte sich liebevoll an ihn.

»Du bist großartig«, flüsterte sie.

»Und total verrückt«, gab er flüsternd zurück.

»Total verrückt gut.«

Thich räusperte sich, trank etwas Tee und fuhr fort. »Wir sehen mit den Besuchern einer ebenso großen wie schweren Woche entgegen, einer Zeit, die unserer ganzen Kraft, unserer geballten Anstrengungen und all unserer Liebe zu unseren Prinzipien bedarf.« Er legte eine Pause ein. »Die Koordination läuft über mich selbst und Dinh. Wenn nicht über den einen, dann über den anderen. Irgendwelche Fragen? Bitte.«

Nicht eine Hand hob sich. Dinh stand auf. »Ich möchte die Gelegenheit wahrnehmen, unserem Freund Bosworth für die großartige Arbeit, die er während der letzten paar Tage für den Freiheitskampf geleistet hat, unsere Dankbarkeit und Kameradschaft zu zeigen. Abgesehen von der fast totalen Zerstörung der Gebäude, in denen die faschistischen Invasoren untergekommen waren, kamen bei den beiden herrlichen Explosionen vierunddreißig amerikanische und sieben Marionettensoldaten um.«

Alle erhoben sich klatschend. Bosworth stand ebenfalls auf und verbeugte sich, um seine Anerkennung zu zeigen. Seit seiner Kindheit in der Reservation hatte er sich keiner Gruppe mehr so zugehörig gefühlt. Damals hatte er eine Reihe ungemein mühseliger Initiationsriten bestehen müssen, um in die Reihen der Männer aufgenommen zu werden. So war er durch ein großes Loch im Eis in einen gefrorenen See gesprungen und hatte mit bloßen Händen einer Klapperschlange die Fänge gezogen – unter den Augen der Stammesältesten (und seines ausdruckslosen Vaters).

»Ich danke euch«, sagte er. »Ich danke euch allen vielmals. Aber was ich getan habe, war eigentlich, und mir ist absolut ernst damit, es war praktisch nichts im Vergleich zu den furchtbaren Dingen, die euch die Amerikaner angetan haben.« Er setzte sich wieder. Gegen seinen Willen traten ihm Tränen in die Augen. Er versuchte das jedoch erst gar nicht zu verbergen, weil er sich nicht schämte. Im Geiste sah ihm sein Vater zu, und der lächelte. Einige Minuten später, nachdem die meisten der jungen Revolutionäre gegangen waren, kamen Dinh und Thich herüber zu Bosworth.

»Machen wir doch einen Spaziergang im Tempelgarten«, sagte Thich. »Dinh und ich würden gern eine Mission mit dir diskutieren.«

»Okay. Kann Lin mitkommen?«

»Aber ja. Sie ist bei allem dabei, was wir tun. Sie ist das Blatt an unserem Baum.«

Draußen im Garten wurde Lins Hand eins mit der seinen. Orchideen, Mimosen, Zwergweiden, Kumquats, Palmen absorbierten auf wunderbar lyrische Weise ihre Gegenwart. Es war eine natürliche und perfekte Umgebung für die bedeutsamen und vertraulichen Dinge, die stattfinden sollten. Die feinfühligen, niemals aufdringlichen Pflanzen nährten sich von Geheimnissen, sammelten sie; nichts von dem Gesagten, nicht ein Wort konnte ihrer gutmütigen Gefräßigkeit entgehen. Bosworth reagierte entsprechend; nie hatte er die Natur als so intim und menschlich empfunden; nie schien sie derart an seinem Schicksal teilgehabt zu haben. Er und sie atmeten ganz unmissverständlich im Rhythmus. Wie Liebende.

»Mein lieber Freund«, sagte Thich, der neben ihm und Lin herspazierte, »wir möchten, dass du General Westmoreland ermordest.«

Als Bosworth diese schlichten Worte in all ihrer absoluten Klarheit hörte, wusste er, dass der alte Bosworth, die Person, der er einmal gewesen war, nicht mehr existierte; wer genau er geworden war, sollte er erst einige Zeit später erfahren.

Das Büro von Amalgamated Press im zweiten Stock der Rue de La Paix 14, mitten im Geschäftszentrum von Saigon, war eine Gruft toter Gerüche – Zigarrenrauch, Kohlepapier, die Ausdünstungen von Schreibmaschinen, menschlicher Schweiß. Zwei Fernschreiber ratterten. Charlie Manger, der Chef des Büros, genehmigte sich einen Drink mit John W. Appleby, einem der Korrespondenten von AP. Appleby saß auf Mangers Schreibtisch; Manger saß an der Schreibmaschine.

»Irgendwo in diesem Höllenloch von einer Stadt«, sagte Manger, »gibt es einen Amerikaner, der sich als GI ausgibt, und man kann es drehen und wenden, wie man will, irgendwie hat der mit den beiden jüngsten Bombenanschlägen zu tun – den auf den Offiziersklub und den auf das Hauptquartier der Militärpolizei. Komm das in etwa hin, Appleby, alter Knabe?«

»Korrrekt«, antwortete Appleby und goss sich einen Fingerbreit Bourbon hinter den Schlips.

»Und so steht's in Ihrer Story hier?«

»Sie haben sie doch in der Hand. Lesen Sie sie, dann sind Sie im Bild.«

Manger nahm ebenfalls einen großzügigen Schluck und lehnte sich, ohne Applebys Artikel aus den Augen zu lassen, zurück in den Stuhl. »Hm. Die können Sie sich sonst wohin stecken.«

»Tut mir Leid, Mr. Manger. Aber davon steht nichts im Gewerkschaftsvertrag.«

Manger rieb sich das Kinn, nahm einen weiteren Schluck und rieb sich dann wieder das Kinn. »Aha. Und das ist absolut alles, was Sie haben?«

»Wer bin ich denn, dem amerikanischen Volk eine wichtige Information vorzuenthalten«, antwortete Appleby, der auf dem Schreibtisch herumrutschte, um es bequemer zu haben.

Manger blähte die Backen und blies; einige Sekunden starrte er durch das große Fenster hinaus. Dann richtete er den Blick wieder auf Applebys Artikel. Er legte ihn weg und drehte ein frisches Blatt in die Maschine. »Appleby, wir zwei beiden, wir brauchen uns im Kampf gegen den weltweiten Wahnsinn.«

Appleby, der bis dahin keine Miene verzogen hatte, lächelte zum ersten Mal. »Ich weiß, was Sie meinen, Sir, und Sie können ganz auf mich zählen.«

»Der Bastard muss irre sein. Sie haben ihn einer Gehirnwäsche unterzogen oder was weiß ich«, sagte Manger mit einem Blick auf das erwartungsvolle leere Papier.

»Keine Frage.«

Langsam begann Manger einen neuen Artikel zu tippen. »Die Alliierten steckten heute in Saigon die Köpfe zusammen, um eine Lösung für die jüngste Bedrohung in diesem Krieg zu finden – einen geistesgestörten amerikanischen

›Soldaten‹, der verdächtigt wird, die jüngsten beiden Bomben in einem Offiziersklub und im neuen Hauptquartier der MP hinterlassen zu haben. Glücklicherweise, so die Behörden, waren die Bomben defekt und haben nur geringen Schaden angerichtet. Es fanden jedoch zwei Zivilisten den Tod. Der Überzeugung der Behörden zufolge handelt es sich bei dem ›irren Bombenleger‹ um einen fahnenflüchtigen Zivilisten, einen Neger, der hier bei einer zivilen Spedition als Lkw-Fahrer angestellt war und offensichtlich die Uniform eines GI gestohlen hat. Der Mann, dessen Namen die Behörden aus Sicherheitsgründen nicht nennen wollen, hat angeblich Verbindungen zu von Kommunisten kontrollierten ›Black-Power‹-Gruppierungen in den Vereinigten Staaten. Laut einem mit dem Fall befassten Militärpsychologen fühlt der Mann sich ›von den Weißen verfolgt‹.«

Manger lehnte sich zurück, um zu lesen, was er sich aus den Fingern gesogen hatte. Schließlich lächelte er. »Jawollja!«, sagte er und begann wieder in die Tasten zu hauen.

»Ich wusste doch, dass Ihnen was einfällt, Chef«, sagte Appleby, dessen Lächeln zu einem konspirativen Grinsen wurde. »Darauf trinke ich einen.« Was er denn auch tat.

Sie dachten schon, Sie wären mich los, stimmt's? Können Sie vergessen. Eher werden Sie Ihre angeborene Wassersucht los, so wie wir den Laden hier im Griff haben. Das Beste, was ich Ihnen raten kann: Immer schön locker bleiben, dann wird das schon. Verklemmte Leute gehen immer leer aus. Sie wissen es, und ich weiß es auch.

Mein Obst- und Gemüseladen hat sich derart gemacht, dass ich ihn an Blaster und Shoeless Grogan abgetreten habe, einen anderen meiner ehemaligen Saufkumpane von der Braunsteintreppe. (Nicht dass wir die Szene aufgegeben hätten; wir schauen an den Wochenenden vorbei.)

So haben die Jungs Gelegenheit, ein bisschen Knete anzuschaffen und sich um ihre Gesundheit – und Korrespondenz – zu kümmern. (Mitch zum Beispiel hatte seiner Mama dreiunddreißig Jahre nicht geschrieben.) Die beiden haben den Laden super im Griff. Grogan ist ein Zauberer mit Chicoree, Sellerie, Brunnenkresse und Eskariol. Er hat's wirklich drauf, das Zeug am Leben und Atmen zu halten; richtig knackig sieht das Grünzeug bei ihm aus. Ich für mein Teil mach' ja im Augenblick etwas ganz, ganz anderes. Gleich ein Stück die Straße rauf von meinem alten Laden habe ich einen neuen – einen Doppelladen – aufgemacht: eine Nadaria, sprich einen Laden für Nichts, und eine Fantasia. Um die beiden so hygienisch wie nur möglich zu trennen, habe ich eine dünne Sperrholztrennwand aufgestellt; außerdem habe ich die Sockelleiste mit flüssigem Gummi versiegelt, damit nichts durchquillt.

Um dem Vorwurf arroganten Kommerzdenkens vorzugreifen, möchte ich gleich vorneweg sagen, dass ich meine Unternehmen nicht aufgemacht habe, um einen schnellen Dollar zu machen. Ich würde mich geradezu als pragmatischen Romantiker bezeichnen, versuche ich doch mit dieser Geste ein gewaltiges öffentliches Bedürfnis zu befriedigen, oder besser Bedürfnisse, um die sich, seien wir mal ehrlich, sonst keiner schert. Alles klar? In meiner Nadaria bekommen Sie astreines Eins a Nichts – oder nichts Gegenständliches, wenn Ihnen das lieber ist. Stellen Sie sich nur vor, was das für Ihre ohnehin schon massiv unter Beschuss stehende zeitgenössische Seele tun wird! Ihr ganzes Leben hat man Sie in Geschäfte gelockt, gezerrt und gezwungen, *etwas* zu kaufen. Man hat Sie – gegen Ihren Willen – zum Käufer von Dingen geformt. Die Wahnsinnigen, die diese materialistische Welt regieren, haben ihr zutiefst menschliches Bedürfnis nach *Nichts* auf grausame Weise unterminiert, und das aus keinem anderen Grund als dem, dass sie eine Heidenangst davor haben. In unserem Bedürfnis nach dem Nichts liegt die Saat ihres Untergangs. Meine Nadaria ist dem Motiv entsprechend schlicht gehalten: einige völlig leere Regale und eine kleine Gefriertruhe für den Fall, dass Ihnen der Sinn nach tief gefrorenem Nichts stehen sollte. Und noch was: Sie können bei mir durchaus für nur fünf Cent kaufen. »Ach, Sir, für fünf Cent Nichts, bitte, ja?« Im Gegensatz zu anderen Geschäftsleuten würde meinen Ohren eine solche Kundenbitte nicht im Geringsten missfallen. Und dann gibt es da noch etwas, vor dem sich meine Kunden nun sicher nicht zu fürchten brauchen: dass mir die Ware ausgeht.

Was meinen zweiten Laden angeht. Nun, die Welt, in der wir leben, ist so geschmacklos und dumm und auf geradezu faschistoide Weise auf- und zudringlich geworden, dass sie an unserem (sprich Ihrem) Phantasieleben nagt. Dem nicht genug, habe ich läuten hören, dass es im Kongress (insbesondere im Sicherheitsausschuss) Pläne gibt, die Phantasie gesetzlich streng zu regulieren! Lassen Sie sich das mal durch den Kopf gehen und weinen Sie drüber. In meinem Geschäft nun können Sie Phantasien kaufen, und das nicht etwa unter dem Ladentisch. Sie brauchen sich dessen nicht zu schämen. Ich meine, geniert sich ein Diabetiker, wenn er sich Insulin holt, um seinem Mangel abzuhelfen? Natürlich nicht. Bei mir können Sie Phantasien mieten (pro Tag oder pro Woche, länger würde sie nur abnutzen). Oder Sie können sich Ihre eigenen Phantasien neu einstellen oder runderneuern lassen, ganz wie Sie wollen. (Selbst ein Rolls-Royce bedarf hin und wieder der Wartung.) Sie können meinem Fantasy Club beitreten, der Ihnen eine Phantasie pro Monat garantiert, oder Sie entscheiden sich für ein komplettes maßgeschneidertes Programm. Das Programm ist, ich muss es wirklich sagen, eine Wucht. Dagegen nehmen sich die 80-Tage-Pauschalreisen nach Europa geradezu lächerlich aus. Ja, ehrlich gesagt, ich pfeife auf die! Was hat man denn, ist die Reise erst mal vorbei? Ich sage Ihnen, was man hat: einen übersäuerten Magen von fettigen Schmorgerichten und lausigem Wein. Mein Phantasieprogramm bietet Ihnen eine ganz neue Welt voll unendlicher Möglichkeiten. Phantasien für den Morgen, für den Nachmittag und den Abend. Phantasien fürs Duschen oder während Sie auf ein Ferngespräch warten oder irgendwo um eine Flasche billigen Gin anstehen, Phantasien, während Sie die Frau von gegenüber mit dem Hausschlüssel hantieren sehen, während Sie ihrem Chef zuhören, wenn er wieder mal Ihre beste Werbeidee als die seine verkauft. Und so weiter. Ich habe Programme ganz für spezielle Leute in ganz speziellen Situationen entwickelt. Frauen, die in der Vorstadt mit Querschnittsgelähmten leben. Schwarze Schuhputzer, die früher mal Leichtgewichtschampions waren. Wegen Betrugs einsitzende Börsenmakler mittleren Alters. Junge irisch-amerikanische Mädchen mit trinkenden Busfahrern als Väter ... Gibt Ihnen das in etwa eine Vorstellung von meiner Szene? Wenn, dann stimmt mit Ihnen was nicht (ich empfehle in diesem Fall einen stämmigen finnischen Masseur).

Ach übrigens, falls sich das mit dem neuen Laden entwickeln sollte, werde ich womöglich, ganz in der Tradition der alten Handwerksmeister, den einen oder anderen Lehrling einstellen. Sollten Sie also einen jungen Menschen kennen – Junge, Mädchen, egal –, dessen Phantasie und Schneid ihn für das Leben im allgemeinen Schwachsinn dieser Welt unbrauchbar machen, na dann notieren Sie doch seinen Namen auf einen Fetzen Packpapier und schicken ihn mir.

Raten Sie mal, wem ich gestern Abend vor dem Electric Circus begegnet bin? Der Gräfin! Ach du dicker Vater! Sie befand sich in Begleitung einiger nobler Herrschaften aus der Uptown, und sie waren gerade aus einem mehrere Häuserblocks langen Lancia gestiegen. (Chauffiert hatte sie ein baumgroßer Hippie mit tollem Silberblick und rotem Fez.) Die Gräfin war bestens in Form, muss ich sagen. Allein schon die Aufmachung, die unsere Fliegerstaffeln an der

Dew Linie in Alarmbereitschaft versetzt haben dürfte: die authentische Uniform eines Gefängniswärters aus den Südstaaten, inklusive der glänzenden schwarzen Mütze.

»Hi, wie geht's denn so, Alter?«, fragte sie mit einem Klaps auf meinen überbeanspruchten Krämerrücken.

»Jeder Tag ein Volltreffer«, flunkerte ich. »Wie kommst du denn zu dem Dialekt?«

»Wieso denn? Hast du Vorurteile gegen uns Leute aus dem Süden?«

»Ich doch nicht. Nicht die Spur. Aber als wir uns das letzte Mal sahen, hattest du noch eine Engländerin drauf.«

Sie zuckte die Achseln. »Die hab' ich aufgea'beitet, Gutster. Die konnte einfach nicht mehr.« Sie musterte mich genauer. »Du machs' doch nich' etwa auf ehrlich, Alter, oder?«

Ich schauderte vor Abscheu. »Nicht doch, Himmelherrgottnochmal! Wie kannst du das nur von mir denken – von einem der letzten großen Simulanten der Welt?«

Sie kratzte sich am Arsch und spuckte auf den Gehsteig – genauso wie wir es von einem Gefängniswärter aus den Südstaaten erwartet hätten. »Na, da bin ich ja mächtig froh. Ich hatt' schon Angst, du wärst mir übergeschnappt oder was!«

»Wenn ich etwas nicht verloren habe, alte Hütte, dann ist das mein Talent zu überleben«, sagte ich. »Des Menschen bester Freund ist noch immer sein Schminkkästchen.«

»Das kannst du laut sagen.« Sie gab mir einen Stups unter mein Hamlet-Kinn. Sie griff sich ihren feisten Millionär (fragen Sie mich nicht, woher ich wusste, dass er Millionär war. Ich wusste es eben. Richtiges Geld rieche ich eine Meile gegen den Wind). Dann stürzten sie sich in die wartende Lasterhöhle. Bevor sie verschwanden, wandte sich noch eine aus der Gesellschaft, eine glitzernde Metze mit großen Augen, an mich und sah mich an: »Du meine Güte!

Ihre Nase! Die gehört ja in ein Heim für schwer erziehbare Gören!«

Sylvia, die schon mal vor mir in den Electric Circus gegangen war, um zu sehen, ob ihr der Laden auch geheuer war, kam wieder heraus. »Ziemlich abgedrehte Szene«, meinte sie. »Eine Menge von Leuten werden da drin zu Farbklecksen.«

»Warum in aller Welt sollten sie?«

»Was fragst du mich«, sagte sie und zuckte die Achseln auf diese falsche Libanesenart, die sie so hat. »Vielleicht haben sie Persönlichkeitsprobleme.«

Ich nahm sie am Arm und bugsierte sie in Richtung Eingang. »Es muss doch eine wissenschaftliche Erklärung dafür geben«, sagte ich, ganz der dänische Wissenschaftler – oder so gut es eben ging.

»Warum?«

»Was hast du denn nur gegen Bedeutung?«

»Ha! Du musst was sagen.«

Wie auch immer, ich kam rasch dahinter, was da los war. Dieses Lusthaus für Menschen mittleren Intellekts verfügte über eine Reihe vielfarbiger Lichter, die über die versammelten Amüsierwilligen hinwegzuckten, und das Ganze wirkte milde wie eine kaleidoskopische Halluzination. Ich bestellte mir auf der Stelle einen Albert Schweitzer – Gin, Rum und Champagner, das Ganze ordentlich homogenisiert – und für Sylvia einen doppelten Johnny Walker Red on the rocks. Es ist albern, in einem solchen Schuppen nüchtern bleiben zu wollen.

»Du hast mich seit Monaten nicht mehr ausgeführt«, begann Sylvia. »Wieso denn heute?«

»Aus schlechtem Gewissen«, sagte ich und trank mein Glas halb leer, kaum dass die Oben-ohne-Kellnerin (mittelgroße Titten) es mir vorsetzte. »Und aus unerträglicher Liebe.«

Sie schnaubte und schluckte etwas von ihrem Drink weg

(man spielte chinesischen Rock 'n' Roll). »Ha! Du hast echt Probleme. Du kannst dir das eine ohne das andere einfach nicht vorstellen. Krank.«

»Jeder sucht Gott auf seine eigene Art.«

Mehrere Hundert Menschen wimmelten um uns herum, zuckten, krümmten sich und wurden abwechselnd rot, grün, lila und gelb.

»Du redest vielleicht einen Scheiß«, sagte sie.

»Wir sprechen hier über die Beziehung zwischen Liebe, Neurose und Religion. Nicht über organische Chemie.«

Sie trank etwas von ihrem Scotch. »Du redest trotzdem Scheiß.«

Ich seufzte. Ich musste einfach. »Großer Gott. Wo ist denn die Wahrheitsfindung abgeblieben – die Analyse, die Objektivität?«

»Du hast sie beerdigt.«

Ich trank noch etwas, um meine Verzweiflung zu betäuben. Sylvia ist eines jener Furcht erregenden Geschöpfe, die die Ägypter auf ihre Friese gebannt haben. Durch Prozesse, die im Tierreich nicht nachvollziehbar sind, haben sie sich auf der Erde gehalten und weiterentwickelt. Damals, in der Frühzeit, versuchten die Menschen mit »Dingen« wie Sylvia fertig zu werden, indem sie sie in ihre Kunst integrierten – sie gaben ihnen in ihren Tempeln einen herausragenden Platz. Heute lässt sich das Problem leider nicht mehr so effektiv lösen – das Christentum will davon nichts hören. Ein weiterer Grund, das Verschwinden von Dämonen zu betrauern. Der moderne Mensch ist furchtbar beschränkt.

Ich sah mich in der Halle des Bergkönigs nach einem geeigneten Aufhänger für einen Themenwechsel um (ich weiß, wann ich geschlagen bin). Und ich fand einen. Kaum fünf Meter weiter saß nämlich die Gräfin, mitten in ihrem – oder sollte ich sagen geschmückt von ihrem – kleinen Mob. »Ich werd' nicht mehr«, sagte ich, »das ist doch eine alte Bekannte von mir. Die Gräfin von Liederkranz.«

»Wo?«

»Na da«, sagte ich und wies auf ihre Eminenz.

»Du meine Güte! Du meinst Captain Bligh?«

»Ach, das ist doch nur Maskerade.«

»Sie ist jedenfalls wirkungsvoller als das Strafgesetzbuch.«

Ich trank meinen Schweitzer ganz aus und machte der Kleinen mit den runden Möpsen Zeichen für eine Runde. »Eigentlich sieht sie ziemlich gut aus – auf ihre eigene überdimensionale Art.«

Sylvia sah mich so richtig fies an. »Ah, ich verstehe! Eine von deinen heimlichen Mätressen?«

Ich versuchte es so schmerzlos wie nur möglich zu machen. »So sexbesessen wie du dir einbildest, bin ich auch wieder nicht.«

Sie zeigte mir einen der Dämonen in ihr, ein Lächeln wie schwarze Schwingen vor einem vollen Mond. »Du Ärmster. Dein Bedürfnis, als normaler Mensch durchzugehen, ist das Jämmerlichste, was ich je gesehen habe. Ich meine, wirklich. So was von lächerlich – als hätte Himmler den Juden im Ghetto was von Stadtsanierung erzählt.«

Gin, Rum und Champagner trafen sich in meinen Fingerspitzen und Zehen, um Komplotte zu schmieden, und ich verließ mich darauf, dass sie sich etwas einfallen ließen, um mich von meinen irdischen Schikanen zu befreien. Die sich windenden Tänzer rund um uns schienen unter den Farbspielen in Stücke zu fallen. Ein hoch aufgeschossenes Negermädchen in einem Minirock, der ihr kaum bis über die Möse reichte (ich schwöre bei Gott, sie hatte sich die Schamhaare weiß gefärbt), erlebte unter Zuckungen eine Reinkarnation; ein madonnengesichtiger Jüngling mit schulterlangen blonden Haaren, der eine ihrer Hände in der seinen hatte, grinste über alle vier Backen. Auf der leuchtend grünen Bühne priesen vier junge Kerls in Tierfellen lautstark die Freuden innerer Welten und LSD. Ich hätte unmöglich den Beweis führen können, dass wir uns nicht in den Magen eines geistesgestörten Dinosauriers verlaufen hatten. Mein Schwerpunkt, Sitz meines Empfindungsvermögens, zugegebenermaßen ein alter Schmeichler – na schön, er versucht zu den unmöglichsten Zeiten was aufzureißen und vorbestraft ist er auch –, wie auch immer, mein Schwerpunkt begann seine Zweifel daran zu haben, wo er war. Ich wandte mich Sylvia zu, um etwas zu sagen. Sie war nicht mehr da. Auf ihrem Platz saß jetzt der kleine feiste Millionär. Ich wollte mich am Kopf kratzen, merkte aber, dass das nicht ging, weil ich die zur Wärteruniform gehörige Mütze aus schwarzem Lackleder trug. Erschrocken ließ ich die Hand sinken und streifte dabei meinen ungeheuren Balkon.

»Gräfin«, sagte der feiste Mann, während er an der enormen Zigarre zog, »haben Sie sich mein Angebot noch mal überlegt?«

Ich lachte. »Ich muss gestehen, Poochie, ich habe es größtenteils schon wieder vergessen. Bitte, sei ein guter Junge, und mach's mir noch mal.«

Er schüttelte seinen glänzenden kleinen Kopf. »Ach Gräfin! Wenn ich nicht so furchtbar verliebt in Sie wäre, Ihre Gleichgültigkeit triebe mich in den Wahnsinn. Wirklich. Tja, das Angebot. Es ist eigentlich ganz einfach: Kommen Sie zu mir nach Ecuador und leiten Sie unseren fabelhaften Spielplatz im Seendistrikt. Unser elitärer kleiner Zufluchtsort bedarf Ihrer phantastischen Talente.« Er lächelte durch den Zigarrenrauch – ein Puppenlächeln, das den Blick auf zwei Reihen winziger Zähnchen freigab; es erinnerte mich an meinen Onkel Hugo, der als Anreißer für eine Jahrmarktsattraktion in Prag gearbeitet hatte, bevor die Nazis kamen und ihn und die anderen umbrachten. »Sie brauchen nur Ihren Preis zu nennen, meine Liebe.«

Helena wandte sich mir zu und rief – völlig unnötig – durch den herrlichen Lärm: »Gib dich nicht zu billig her, Freda!«

»Ich doch nicht, Darling«, antwortete ich mit einem Zwinkern für sie. »Ich habe ja viele Schwächen, aber die gehört nicht dazu.« Ich richtete meinen hochmütig-belustigten Blick wieder auf den kleinen Poochie. »Und wer kommt denn so in euer abgelegenes Paradies?«

Er lachte kehlig und strahlte dabei wie ein Schweinchen, das eben den Bauern auf den rauchenden Grill gelegt hat. »Die Crème de la Crème, aus der ganzen Welt.«

Ich nippte an meinem Champagner und zog an der langen russischen Zigarette, die mir Henry Du Pont geschenkt hatte, der sich neben mir vollaufen ließ; er klatschte dazu im Takt der Musik. »Sehr interessant. Sagen Sie mir noch eines: Wem gehört das alles – außer Ihnen? Für wen würde ich da arbeiten?«

»Einige der Leute dürften Sie bereits kennen. Der Baron de Sousa, Max Longenhoff, Prinz, der Schweizer Stahlmagnat, die Pariser Modeschöpferin Lily Puegot, Nino Martelli, der italienische Segler. Eine wunderbare und sehr, sehr wohlhabende Gruppe.«

»Aha. Ich kenne sie alle, mehr oder weniger. Außer diesen Longenhoff. Nie von ihm gehört.«

Poochie beugte sich durch den Zigarrenrauch und die wie verrückt blitzenden Lichter und sagte beinahe flüsternd: »Ist nicht sein richtiger Name. In Wirklichkeit heißt er«, er sah sich um, um sicherzugehen, dass ihm keiner von den Fremden zuhörte, die es hier haufenweise gab, »in Wirklichkeit heißt er Martin Bormann.«

Ich war sprachlos. Von all den Dingen, die dieser Name bei mir wachrief. Während die schwarze Kellnerin mit den reizenden spitzen Brüsten (lächelt sie mich an? Ich muss mir ihre Nummer geben lassen) uns frische Drinks vorsetzte, dachte ich an Martin Bormann – an Martin Bormann und mich. Das letzte Mal, dass ich Martin gesehen hatte, war in der Nacht von Hitlers Tod. Er lief durch den zerbombten Garten der Reichskanzlei, unter der sich der Führerbunker befand, in dem sie alle mit Dr. Sax gewesen waren. Um uns herum wurde wie verrückt geschossen, Bomben fielen, Sirenen umhüllten uns wie mitten in einem Hurrikan. Eine von Boschs Visionen war nichts gegen die brennende Stadt. Leuchtspurgeschosse durchzogen den Himmel. Der ätzende Geruch von Sprengstoff erstickte die Luft. Feuer verschlangen die Stadt.

»Beeil dich, Freda!«, rief er über die Schulter. »Komm mit mir! Hier lang. Mach schnell!«

Irgendetwas ließ mich stehen bleiben, was weiß ich nicht. Eine Granate explodierte direkt neben der Kanzlei und riss ein Riesenloch in die Wand. Ich war mit einemmal furchtbar verwirrt und hatte Angst. Ein Teil von mir sagte, lauf mit Martin davon, du stirbst sonst hier in Berlin. Er hatte seine Flucht schon Wochen zuvor geplant. Jeden Schritt durch Deutschland, Frankreich, Spanien, bis nach Südamerika. Die andere Hälfte sagte nein. Ich wusste, ich musste zu meinem Vater, so schnell wie möglich.

»Beeil dich, Freda!"

Ich lief aus dem Garten hinaus und los in Richtung der Kellerwohnung meines Vaters in der Gartenstraße.

»Wo willst du denn hin, du dummes kleines Luder?«, schrie er hinter mir her.

Ich antwortete nicht. Ich lief einfach weiter. Ein gutes Stück die Straße hinauf rollten zwei russische Panzer, die die Wohnungen beschossen.

»Luder! Du Luder!«, heulte er, und gerade als ich um die Ecke lief, schoss er hinter mir her. Die Kugel schlug wenige Zentimeter neben meinem Kopf in die Mauer, eine Handvoll scharfer Splitter fuhr mir ins Gesicht. Ich spürte nichts.

Es wurde immer wieder behauptet, Martin sei von Russen auf der Straße erschossen worden, schließlich brachten die alles um. Aber natürlich habe ich diese offiziellen Geschichten niemals geglaubt. Martin ist praktisch unverwüstlich. Die einzige Möglichkeit, den umzubringen, wäre durch einen Pflock ins Herz. Er ist nicht wirklich menschlich. Es folgten Wochen des Wahnsinns! Was tat ich nicht alles, um nicht länger Freda Schwitters zu sein und die Gräfin zu werden. Dokumente mussten gefälscht werden, andere verbrannt, die Gesichtsoperation bei dem kleinen tschechischen Arzt am Stuka Platz. Das Geld und die unsäglichen Schweinereien, die ich mit ihm machen musste für die paar Veränderungen im Gesicht. Wie froh war ich, ihn schließlich töten zu können – den Mann, der mich buchstäblich geschaffen hatte, den einzigen Menschen, der wusste, dass ich nicht ich war. Den absurden Laut – einen kleinen Furz – den er von sich gab, als er starb.

Vermisse ich den Kitzel, die Gefahren dieser Tage mit Martin Bormann? Ich war nur ein Mädchen, fünfzehn Jahre alt, und Martin gab mir die Macht über Leben und Tod aller Deutschen, aller außer dem Führer und Eva. Die waren tabu. Die einzigen, die diese beiden vernichten konnten, waren sie selbst. Was sie ja denn auch taten. Wir verbrannten sie danach, heute sind sie Asche im Wind. Ich selbst habe einen Benzinkanister über ihnen geleert. Übrigens auf Bitte von Göring. Er meinte, es sei so etwas wie ein persönlicher Touch. (Die Soldaten standen für den Nazi-Touch, nehme ich an.) Er hatte solche Angst, die Russen könnten seine Leiche in die Hände bekommen und ausgestopft auf ewig in Moskau aufstellen, wo ihn jeder bespucken konnte. Martin fand es amüsant, einem jungen Ding wie mir – seinem Marzipankindchen, wie er mich nannte – die Macht zu geben, seine Launen auszuleben. Martin war im Gegensatz zur allgemeinen Behauptung keineswegs geistesgestört. Durchaus nicht. Das Leben anderer war ihm nur einfach egal.

»Ich fand, Frau Hofer und ihr Gatte, der preußische Oberst, waren auf der Party sehr unhöflich zu dir«, sagte er, »du nicht auch?«

»Na ja, eigentlich schon.«

»Ohne jeglichen Grund. Nur weil sie dich nicht akzeptieren.«

»Ach was. Wen interessiert schon, was die denken.«

»Und natürlich ist das despektierlich mir gegenüber.«

»Ja. Du hast schon Recht, Martin.«

»So was magst du wohl nicht, oder?«, sagte er dann.

»Ganz und gar nicht.«

»Und du willst natürlich, dass man sie bestraft.«

»Ja. Ich verlange, dass man sie bestraft.«

»Ah, gut. Deine Befehle werden auf der Stelle ausgeführt, mein Schätzchen.«

Er griff dann zum Telefon und rief seine Geheimpolizei an (die noch geheimer war als die Himmlers), der er die sofortige Verhaftung von Oberst Hofer und seiner Frau befahl, der Vorwurf: Untreue gegenüber dem Dritten Reich. Man hat nie wieder von ihnen gehört. Man hat sich praktisch um jeden gekümmert, den ich je hatte nicht leiden können, der je gemein zu mir gewesen war, seit ich zurückdenken konnte. Ausgelöscht. *Pfft!* Buder, das Schwein, wegen dem ich in der Volksschule hatte weinen müssen, im Geschichtsunterricht. Lisa Kampf, die mondgesichtige Sozialarbeiterin, die mich in der Küche arbeiten ließ. Der schmierige Fleischer, der meinen armen alten Vater betrog, weil der nicht wusste, wie die Waage funktionierte. Mein Onkel Horst, der uns nie Geld gab, um über die Runden zu kommen. Alle diese Leute bekamen, was sie verdient hatten, und keiner hatte eine Ahnung, worum es ging, wer veranlasst hatte, dass die Gestapo sie in ein Konzentrationslager steckte. Und das war noch nicht alles. Martin fragte grundsätzlich nach meinem Rat, wie er vorgehen sollte, wann immer er den geringsten Zweifel hatte. Er verließ sich sozusagen auf die Kraft meiner Unschuld.

»Der Club für junge Offiziere in Helsinki«, sagte er eines Abends. »Weißt schon, die homosexuelle Elite der SS in Finnland? Die machen mir Sorgen.«

»Ja, Martin, Liebster?«

»Das perverse Gesindel ist ein Sicherheitsrisiko. Was, wenn ein russischer Agent sich als Homosexueller ausgibt und so an wichtige Informationen gelangt?«

»Ich weiß, was du meinst.«

»Meiner Ansicht nach sollte man die auf der Stelle aus dem Verkehr ziehen, bevor da noch was passiert. Meinst du nicht?«

»Zweifelsohne, mein wunderbarer Martin. Du hast ja so Recht mit deinem Verdacht.«

Noch in derselben Nacht wurde ein Dutzend Männer festgenommen, in den fallenden Schnee hinausgezerrt und wegen »Hochverrats« exekutiert. Keine Verhandlung. Kein Verhör. Nur das Erschießungskommando war zu hören. Martin war immer ganz ungemein zufrieden mit sich, wenn er so eine Säuberung mit meinem Rückhalt ausführen konnte; er überschüttete mich danach immer geradezu mit tollen Geschenken. Jacken aus Leopardenfell. Ein Mercedes-Coupé. Ein echtes Perlenkollier. (Das selbstverständlich nur vom Hals einer unseligen reichen Frau gekommen war – »im Interesse des Vaterlands«, versteht sich. Aber mich kümmerte doch nicht, um welchen Hals sie gehangen hatte. Schließlich hatte sie zu Anfang mal einer Familie von Austern gehört, was sollte das also schon für eine Rolle spielen?)

Martin war schon komisch. Als Wahrer von Sinn und Würde des Dritten Reichs konnte er es nicht haben, wenn andere sich sexuell amüsierten; in seinen eigenen skandalösen Sexpartys sah er jedoch überhaupt kein Problem. Und sie waren wirklich wild! Was für ein Einfallsreichtum! Ich spüre sie heute noch am ganzen Körper, jetzt im Augenblick. Im Mund, auf der Zunge, in der Möse, im Arsch, Schwänze in den Achselhöhlen, Bisse an den Brüsten. Guter Gott! All die Leute dort! Martin lud gern eine Handvoll seiner Kumpane seiner persönlichen Geheimpolizei ein (den einzigen Menschen, denen er – mehr oder weniger – trauen konnte), und ich trommelte einige von meinen Freundinnen zusammen, eine wie die andere kreuzfidel und zu jeder Schandtat bereit (ich meine, was sollte man in dieser verrückten Zeit sonst schon tun?), und ab ging die Post. Die längste dieser Orgien dauerte eine ganze Woche. Wir waren dazu in Martins Haus in den Alpen, unweit von Berchtesgaden. Mein Gott, was für ein Fest! Zu was für absolut phantastischen Dingen der Mensch doch fähig ist!

»Das ist ja ein richtiges FKK-Lager – nur unter Dach«, sagte meine Freundin April eines fidelen Abends. »Noch nie habe ich so viele Nackte auf einem Haufen gesehen. Schau sie dir an!«

»Ja. Ist es nicht herrlich?« Weigand, der ausgestreckt auf dem Teppich lag, eine Flasche Schampus neben sich, kaum eine Elle von seinem enormen baumelnden Schwanz. Er sah aus wie ein großer weißer Panther. »Genau wie in meiner Kindheit am See in Garmisch. Hilda da drüben auf Kurt sieht meiner Cousine Maria sehr ähnlich, außer dass Maria niemanden an ihren großen Titten saugen ließ. Großer Gott! Guck doch mal, wie die ihn reitet! Autsch! Jetzt ist er ihr rausgerutscht. Schon hat sie ihn wieder drin. Bravo! Was für ein Prachtarsch! Entschuldigt mich, Mädels, aber das lass' ich mir nicht entgehen.«

Er sprang praktisch durch den großen Raum, um zu Hilda hinüber zu kommen; sein großer rosa Penis, der mit einemmal pochend hart ist, zog ihn an wie ein Magnet. Hilda kreischte auf, als der Oberst sie von hinten packte. Er nahm sie bei den Brüsten, hob sie, ohne sie von Kurz wegzuziehen, von seinem Schwanz und rammte ihr von hinten sein Monster dorthin, wo sich eben noch Kurts wohlgesitteter Gast verlustiert hatte. Unter ihrem Gekreisch und Kurts entzücktem Gelächter besorgte er es ihr. Und das ordentlich. Sie stießen und schoben und wanden sich einige Minuten, bis Kurt, mit seiner Rolle als Zuschauer nicht länger zufrieden, ihren willigen Kopf auf sein nach wie vor aufrechtes Geschoss beugte, das Hilda fast ganz zu verschlucken schien. Weigand brachte das nicht aus dem Takt. Was für eine bewegliche Partnerin sie doch war. Keine von den dummen Kühen, bei denen immer nur einer auf einmal ran kann.

»Ah, Ernst«, murmelte April auf ihrem Sessel hinter mir. »Du Schlingel!«

Ich sah mich um und sah Major Ernst von Hassler, ein für gewöhnlich außerordentlich korrekter, ja abweisender Bursche (das heißt, solange er nüchtern war), auf allen vieren. Er leckte Aprils Beine. Jemand hatte ihm mit rotem Lippenstift ein großes Hakenkreuz auf den bloßen Rücken gemalt. April trank kichernd Champagner dabei. Sein gezwirbelter Schnurrbart kitzelte ein wenig. »Köstlich, Ernst«, sagte April. »Ich wollte, du könnest das meinem Masseur beibringen.«

Das Grammophon spielte Marlene Dietrich; ihre Stimme mischte sich unter das Gelächter, das Kichern und das gelegentliche Kreischen im Wohnzimmer und in dem großen Schlafzimmer den Flur hinauf. Ilsa und ein dralles, aber ausgesprochen attraktives Mädchen namens Bettina tanzten vor dem großen Spiegel, und es war amüsant, die unwirkliche Reflexion ihres nicht-existenten Selbst in so harmonischer Bewegung mit lebenden Menschen zu sehen. Während sie langsam tanzten, küssten sie sich und spielten aneinander herum. Sie waren beide ziemlich betrunken, was aber keinen Einfluss auf ihre Art zu tanzen hatte. Bettina steckte Ilsa die Zunge ins Ohr. Auf der mit Fellen belegten Couch unter dem großen Hitlerporträt, lag Martha (sie hat so herrliches langes schwarzes Haar) bewusstlos – zumindest waren ihr vor Müdigkeit die Augen zugefallen, während Iggy Schultz – *Oberleutnant* Schultz, 'tschuldigung – mit der Zunge im dichten Pelz ihrer Muschi zugange war. Was ihm seine Arbeit – oder sein Vergnügen, sollte ich wohl sagen – etwas erschwerte, war der Umstand, dass sie sich seitwärts eingerollt hatte; aber er arbeitete ausgezeichnet von hinten, seinen Schwanz in ihrem Nacken. Er hätte um ein Haar mit den Beinen eine Lampe neben Marthas Kopf umgestoßen, aber sie richtete sich kurz vor dem Umfallen von selbst wieder auf. Fast am anderen Ende des Zimmers saß George, der als Schreiberling für Goebbels – diesen menschlichen Abschaum – arbeitete; er aß eine Riesenwurst, zu der er Bier trank, während Rosemarie ihm – in nichts weiter als hochhackigen schwarzen Stiefeln – von hinten den Nacken massierte. Ihre länglichen Brüste mit dem leichten Aufwärtsschwung streiften ihm den Kopf, wann immer sie sich vorbeugte, um ihm die haarige Brust zu kraulen.

Martin konnte ich nirgendwo sehen, also entschloss ich mich, ihn suchen zu gehen. Ich war schon wieder scharf auf ihn. Wenn ich erst mal in Fahrt komme, vor allem bei einer unserer Orgien, dann brauche ich es wenigstens ein halbes Dutzend Mal, sonst fühle ich mich merkwürdig hungrig und werde richtig aggressiv. Es braucht eine ganze Menge, mich zufrieden zu stellen. Ich bin in dieser Beziehung nun mal ein Tier und ziemlich stolz darauf. Gott sei Dank hatten Feinheit, vornehme Artigkeiten und ähnlicher Unsinn bei mir nie eine Chance. Vielleicht liegt es daran, dass meine Mutter gestorben ist, als ich noch ein Baby war, und ich mich auf der Straße durchschlagen musste, während Papa arbeiten war. Mir wird schlecht beim Anblick dieser zerbrechlichen, höflichen Geschöpfe, die allenthalben zu sehen sind, kotzübel wird mir. Ich würde sie am liebsten ohrfeigen, so fest es nur gehen will – mal sehen, ob man denen nicht ein bisschen animalische Leidenschaft einprügeln kann. Dann könnten sich ihre Gatten zur Abwechslung mal ein bisschen amüsieren und bräuchten sich nicht im Wirtshaus nach Weibern umsehen, bei denen sie mal so richtige Ferkel sein können. Ja, eine ordentliche

Tracht Prügel, das ist es, was diesen zimperlichen, hochmütigen Ludern fehlt, um ihr Blut in Wallung und ihre weiblichen Säfte zum Sieden zu bringen. Im Augenblick bilden diese Säfte nämlich nur stinkende tote Pfützen in unterirdischen Höhlen.

»Hans! Du tust mir weh!«, rief Hilda aus.

»Sei still«, sagte er. »Gewöhnst dich schon dran.«

»Mein Hintern tut mir noch weh von heut' Nacht. Du solltest mehr Creme drangeben.«

In der Ecke begann Martha unter den Zuwendungen von Iggys einsatzfreudiger Zunge zu stöhnen vor Lust.

»George, Schatzi, magst du's so?«

»Du bist wunderbar, absolut wunderbar. Schenk mir doch noch etwas Bier nach, ja?«

April, das ungezogene Gör, goss dem armen Ernst kichernd ihren Champagner über den Kopf. Da ich vor Verlangen schier vergehen wollte, ging ich auf der Suche nach Martin den Flur hinauf. Zu sehen, wie die anderen ihren Spaß hatten, machte mich schier verrückt, das kann ich Ihnen sagen. Mir war ganz kribbelig zwischen den Beinen, so scharf war ich. So wahr mir Gott helfe, ich hätte gute Lust gehabt, jemandem einen Fetzen Fleisch aus dem Körper zu beißen. Gelächter drang aus unserem Schlafzimmer. Martins und das einer Frau. Dann eine weitere Stimme. Zachary. Ich kenne seinen vulgären Bierhallenbariton. Es ist schon komisch, aber Zachary ist ein ehemaliger Priester. Man hatte ihn als Säufer und Hurenbock seines Amtes enthoben und aus seiner schlesischen Gemeinde gejagt. Außerdem hatte er Geld unterschlagen. Ein Mann, der keine halben Sachen macht. Zachary hätte einem Säulenheiligen das Geld aus der steinernen Tasche geklaut. Glaube ich wenigstens. Aber genauso gut könnte er es immer noch mit Gott gehalten haben. Das Leben ist wirklich komisch. »Ein Verbrechen, was man mit Christi Bild gemacht hat«, hat er mir mal gesagt. »Ein prächtiger Bursche aus der

Gosse, und sie haben eine lappige Schwuchtel aus ihm gemacht. Pfui!«

Ich stieß die Schlafzimmertür auf. Ah! Was für ein Anblick! Ein Akrobatentrio vom Rummel, wenn ich es Ihnen sage! Kosta Berne, eine kleine Rothaarige und Teilzeitkraft der SS (sie arbeitete als Informantin), eine Wölfin unter Wölfen, wenn Sie wissen, was ich meine, saß mit dem Rücken zu Zachary aufgespießt in dessen Schoß, während er mit ihren Brüsten jonglierte, und zur gleichen Zeit oder in derselben Bewegung, könnte man sagen, lutschte sie dem vor ihr stehenden Martin den Schwanz. Er hielt ihren struppigen roten Kopf, während sie ihn bei den Arschbacken hielt. Man hätte sich keine gekonntere Darbietung wünschen können als diese drei. Viele Menschen gehen durchs Leben, ohne je auch nur ein halb so nettes Arrangement erlebt zu haben. Ihre Koordination war ganz ausgezeichnet (warum auch nicht, schließlich sind diese Leute keine Neulinge auf der Orgienbühne): das Auf und Ab von Kostas Kopf war perfekt auf die Stöße von Martins Schwanz abgestimmt, während Zacharys Schoß so verständnisvoll geführt war, dass er Kosta auch nicht einen lustvollen Schubs aus der Reihe versetzte – nichts, was sie von ihren oralen Freuden abgelenkt hätte, nichts, was sie sich in einseitiger Ekstase zurückziehen ließ. Wirklich bewundernswert.

Ganz plötzlich drangen aus der Küche im Untergeschoss die Radionachrichten herauf. Es war Goebbels. »Meine Herren, in hundert Jahren wird man in einem schönen Farbfilm die schrecklichen Tage zeigen, die wir durchleben. Möchten Sie nicht in diesem Film eine Rolle spielen? Halten Sie jetzt durch, damit die Zuschauer in hundert Jahren nicht johlen und pfeifen, wenn Sie auf der Leinwand erscheinen.«

Jedes einzelne seiner Worte – sie waren mir alle seit langem vertraut, ihre Andeutungen, ihr maßloser Zorn –

schwebte in einen Winkel meines Gehirns, in dem nichts, in dem nie was passiert. Ich hatte auch jetzt nicht das Gefühl, dass etwas passierte. Jemand schaltete das Radio aus. Merkwürdigerweise war mir, als hätte ich die knurrende Stimme überhaupt nicht gehört. Es passierten so viele ähnliche Dinge, die einfach nicht real schienen. Auch die anderen dort taten, als hätten sie nichts gehört. Also vielleicht hat ja keiner etwas gesagt.

»Martin«, sagte ich, »du bist mir vielleicht ein durchtriebener Schlingel. Sich so einfach zu verdrücken mit seinen Spielkameraden. Schäm dich.«

Er lachte. »Freda, meine Liebe, so beschäftigt wie du warst, als ich dich das letzte Mal gesehen habe? Unter der Dusche. Mit Kurt.« Schlagartig legte sich ein Ausdruck unendlicher Wonnen über sein Gesicht, als Kosta, ihre Technik ändernd, die Spitze seines Schwanzes mit kleinen elektrischen Berührungen ihrer Zunge zu kitzeln begann. »Ah, das ist wunderbar, Kosta, Liebste. Deine Zunge ist eine Meisterin. Mm. Sie hat ein Offizierspatent verdient. Oberst bei der inneren Sicherheit. Zwei goldene Sterne. Genau. Verlass dich drauf.«

Ich stand da und überlegte, wie ich bei ihrem Spaß mitmischen könnte, aber noch während ich mir verschiedene Möglichkeiten durch den Kopf gehen ließ, etwa Martin – was er besonders gern hat, die Zunge in den Hintern zu stecken (oder ›die Rosette zu küssen‹), – wie er es nannte –, sah ich, dass sie kurz vor einem fieberhaften Höhepunkt waren. Was für ein künstlerischer Triumph, wenn sie alle zusammen kamen! Es käme einem Kammerkonzert von Beethoven gleich! Zachary begann zu schnaufen, Martin, dessen Gesicht rot anlief, schloss die Augen, Kosta stieß sich seinen Schwanz in den Rachen und grub ihm die Fingernägel in die Backen. Schließlich kamen sie wie ein Wesen: Zachary heulte auf und biss Kosta in die Schulter, Martin stieß einen tiefen Seufzer aus (wie ein Märtyrer, der sein Leben für Christus lässt), und Kosta, deren geknebeltem Mund sich einige halb erstickte Schreie entrangen, erstarrte in einem Krampf, der schließlich ihren ganzen Körper erschauern ließ. Es wurde mir erst gar nicht klar, aber ich hatte mit einer Art Stöhnen in ihr Konzert mit eingestimmt. Dann schien der ganze Raum, wie zum Leben erwacht, aus sich herauszuspringen, und die drei explodierten – wie eine riesige menschenfressende Blüte im Blutrausch – vor Lust. Pflanze und Tier wurden eins. Was merkwürdig ist, denn schließlich ist es nichts anderes als eine Art Tod. Aber kommt es dazu nicht immer, wenn jemand Teil von etwas anderem wird? Er hört auf zu sein, was immer er vorher war. Ein merkwürdiger Tod, so viel steht fest. So merkwürdig, dass es unser Fassungsvermögen übersteigt.

Kosta, Zachary und Martin, die drei trunkenen Akrobaten, brachen auf dem großen Nerzteppich zusammen, wo sie eine Weile wie betäubt liegen blieben, völlig zufrieden, völlig verausgabt. Ich lag mitten unter ihnen. Ich spürte das Fell geradezu schaurig köstlich an meinem nackten, hungrigen Körper. All die kleinen Tiere – waren sie etwa nicht gestorben, um zu diesem Teppich zu werden? Natürlich. Sie waren kreischende kleine Nager gewesen; jetzt waren sie ein wunderbar weicher Teppich und schmeichelten meiner Haut. Ist alles so einfach.

»Weißt du«, murmelte Martin, sein Kopf auf meinem Bauch, »dass wir gestern siebentausend Russen umgebracht haben. Auf der Krim.«

»Nur siebentausend?«, murmelte Zachary schläfrig und irgendwie nicht ganz da.

»Ja«, sagte Kosta, ohne die Augen zu öffnen, »das sind wirklich nicht sehr viele, Martin. Gibt schließlich Millionen von den miesen Schweinen.«

»Ich habe mich nicht klar genug ausgedrückt«, sagte Martin, der Kostas Fuß streichelte, der auf seiner Brust lag. »In einem einzigen Gefecht mit unserer Fünften Panzerdivision. Versteht ihr. Und es war nur ein Gefecht von vielen.«

Zachary drehte sich auf den Bauch und griff nach der Champagnerflasche am Fuße des riesigen Betts. »Ah«, sagte er nach einem ordentlichen Schluck, der größtenteils in seinem Bart landete. »Das hört sich schon anders an, mein lieber Martin. Wirklich.« Er rülpste. »Ganz anders.«

»Mm«, machte Kosta. »Absolut, Martin. Viel, viel besser.«

»Ihr dürft nicht denken, dass unsere Panzerjungs ihre Form verlieren«, sagte Martin und trank einen Schluck Cognac aus einem übergroßen Schwenker. Er reichte ihn mir. »Das wäre unpatriotisch.«

»Undenkbar«, rülpste Zachary.

»Was passiert denn mit toten Russen, Martin?«, fragte ich, das herrliche Brennen des Cognacs auf der Zunge.

Er lachte kurz auf. »Sie werden Dünger.«

»Gut so. Dann erfüllen sie wenigstens *einen* Zweck.« Zachary entfuhr ein kehliger Laut, wie aus einer Höhle. »Wurde auch langsam Zeit, mehr kann ich dazu nicht sagen.«

Jetzt kicherte Kosta leise. »Martin, weißt du, was mir unser dicker General Hochmuth letzte Woche gesagt hat?«

Martin begann den Pelz zwischen meinen Beinen zu kraulen. Ich spreizte die Beine etwas, damit er besser rankam. »Nein, Kosta. Was hat unser dicker alter Hochmuth dir denn gesagt.«

Sie kicherte wieder, die Augen nach wie vor zu. »Na ja, Martin, er meinte, die Russen töten weit mehr Deutsche, als man uns offiziell sagt, und wir verlieren den Krieg. Das hat er mir gesagt, Martin.«

Ich spürte Martins Körper vor Zorn erstarren. »Hochmuth ist ein dreckiger Lügner und ein Verräter!«, schrie er und grub die Finger so fest in meinen Schenkel, dass ich aufschrie. »Und er wird mir teuer für die Verbreitung dieser ekelhaften Lügen bezahlen. Sehr teuer.«

Kosta setzte sich auf und beugte sich über Martin, ihr dickes rotes Haar fiel ihr übers Gesicht auf die vollen trägen Brüste. »Aber Martin … das haben auch schon andere gesagt. Meine Cousine Ramina hat von ihrem Mann einen scheußlichen Brief gekriegt, in dem es heißt, ihm erfrieren seine Soldaten zu …«

Martin sprang auf wie von einer Riesenfeder geschnellt und schlug ihr klatschend ins Gesicht. Peng! Peng! »Du verlogene, elende kleine Hure!«, schrie er. »Ich könnte dich dafür ins KZ werfen lassen, solchen Mist zu reden.«

Kosta begann zu schluchzen. »Bitte, Martin,. Bitte. Es tut mir Leid.«

»Schwein!«, schrie er.

Er riss sie vom Boden, trat die Tür zum Balkon auf und trug sie hinaus. Ich hatte furchtbare Angst, war aber aufs Äußerste gespannt darauf, was er wohl tun würde.

»Martin!«, schrie sie, »bitte nicht!«

»Schau doch mal, wie dir das gefällt, du Stück Dreck«, sagte er und warf sie vom Balkon. Sie stieß einen schrecklichen Schrei aus. Einige Augenblicke später drang ein sattes Platschen herauf, als sie zwei Stock tiefer im See aufschlug.

»Mein Gott«, hörte ich mich sagen

Martin kam wieder hereingestampft und rief sein Büro an. Wütend warf er eine Druckschrift zu Boden, die er gerade las; er las ständig, um neue, raffiniertere Methoden für dies und jenes zu finden. Das Heft landete vor meinen Füßen. Ich hob es auf; der Autor hieß Hebb. Ich las eine Zeile, die Martin unterstrichen hatte: »Die beschränkten Hunde haben nicht Verstand genug, sich zu langweilen.« Dann schrie Martin ins Telefon. Er wies einen Untergebenen an, auf der Stelle General Hochmuth festnehmen zu lassen und bis zum Morgen zu isolieren. »Ich habe den fetten Mistkerl noch nie ausstehen können«, sagte er und legte auf. »Dem ist einfach nicht zu trauen.«

Ich streckte ihm die Arme entgegen. »Komm her zu mir, Martin, Liebster. Lass mich dich trösten.«

Er leerte seinen Cognacschwenker und lag dann in meinen Armen. Er murmelte grimmig etwas von Loyalität, von Hitler, vom Tod.

Zachary stieß einen Seufzer aus. »Die arme, dumme kleine Kosta. Ich habe ihr geraten, ihre kleine Zunge in Zaum zu halten. Na ja, einmal Krämertochter, immer Krämertochter.« Er trank – und verschüttete – noch etwas Champagner. »Die Herkunft kommt immer durch, glaubt mir.«

Martin begann an meiner Brust zu saugen wie ein Baby, das etwas Trost bei seiner Mami sucht. Abends konnte Martin nicht einschlafen, ohne erst eine meiner Brüste im Mund zu haben. Ich weiß von so vielen Männern, die das brauchen, könnte mir aber denken, dass keiner der anderen Nazigrößen um Hitler sich das von Martin hätten träumen lassen. Sie kannten ihn nur als Rohling von ebenso grimmiger wie raffinierter Effizienz. Ich warf einen Blick hinauf zu dem großen Porträt des Führers über dem Bett. Nacht für Nacht (und manchmal auch tagsüber) sah er unseren kleinen Schweinereien zu. Was für ein prüder Kerl er doch war. Was machte ich nicht alles nur deshalb, um dieses Porträt zu schockieren. Obwohl, etwas war schon komisch …

Eine von Goebbels Mätressen hat mir gesagt, Eva Braun hätte ihr erzählt, Hitler treibe mit ihr die verdorbensten Ferkeleien. Vor allem eines ist mir im Gedächtnis geblieben; es hatte mit ihren Monatsbinden zu tun. Du meine Güte. Und dass er gern Frauenkleidung anzieht. Natürlich nur hinter riesigen verschlossenen Flügeltüren. Es durfte auch nicht der Hauch einer Möglichkeit bestehen, dass sie jemand bei einem ihrer merkwürdigen Spiele überrascht.

Unsere Träumerei wurde durch den Auftritt Aprils unterbrochen. Sie war ziemlich betrunken und trug Kurts Luftwaffenmütze verwegen schief auf dem schönen goldenen Haupt. Sie hatte einen schlicht himmlischen Körper. Weißer Samt. Dicke vorstehende Brustwarzen, die rund um die Uhr so rot und lebendig waren, dass man immer den Eindruck hatte, sie hätte eben jemanden gesäugt. Und dazu einen Hintern, der alle Männer sich nach ihr umdrehen lässt, wenn sie vorbeigeht. Mit ihren wiegenden Hüften schwebt sie die Straße entlang, sollte man sagen, da April nicht ging, als müsse sie irgendwohin. Sie schlenderte dahin, um Freude in den Tag zu bringen. Wenn ich nur fünf Dollar hätte für jede Phantasie, die Aprils Hintern ausgelöst hat. Ich wäre mehrfacher Millionär.

»Du meine Güte«, sagte sie mit ihrem spöttischen Lächeln. »Ihr seid doch nicht etwa alle schlafen gegangen, oder? Die lange Fahrt in die Alpen nur auf ein Nickerchen. Also wirklich!«

»April, Mäuschen!«, rief Zachary. »Komm sofort her und lass dir von Pater Zachary einen dicken Kuss geben.«

Zacharys Vorstellung von einem Kuss war so unorthodox wie ein auf dem Kopf stehendes Kreuz. Anstatt aufzustehen, um ihr einen Kuss auf die Lippen zu drücken, als sie auf ihn zutrat, kam er gerade mal auf die Knie und grub sein Gesicht in die sonnigen Löckchen zwischen ihren Beinen und drückte ihr einen Kuss auf die Fut. »Mm«, sagte er und sank zurück auf den Teppich, »was für eine endlose Palette von Aromen du doch bist! Hätte es in meiner Gemeinde Nonnen wie dich gegeben, nie im Leben hätte ich den Dienst des Herrn quittiert.« Er wandte sich an Martin. »Weißt du, Martin, alter Knabe, die Kirche hat ihre Macht über die moderne Einbildungskraft einzig und allein deshalb verloren, weil sie die sexuelle Teilhabe an der höheren Ehre des Herrn zum Verbrechen erklärt hat.«

Martin grunzte. »Die Kirche ist ein Pott Altweiberkacke. Einer dieser Tage schütten wir dem Papst diesen Pott über den Kopf. Merkt euch meine Worte. Der Führer hat mir erst neulich gesagt, falls der Vatikan die Diplomaten nicht herausgibt, die sich dort verstecken, dann holen wir sie uns.« Er lachte. »Ich frage mich, wie seine Heiligkeit das wohl finden würde, den Lauf einer deutschen Maschinenpistole im Arsch. Hah!«

»Oh nein«, sagte April, »wenn ihr über Politik reden wollt, dann gehe ich wieder.«

»Nein! Nicht doch!«, rief ich und zog sie zu uns auf den Teppich. »Gib mal den Champagner rüber, Zachary, alter Gierschlund. Wo sind denn nur deine Manieren?«

April nahm einen großen Schluck, dann noch einen. Sie beugte sich über Martin, legte ihren Mund auf den meinen und spritzte mir den Champagner in den Rachen. Ein bewundernswert komisches Mädchen! Vielleicht hat sie ihre charmante Art von ihrer Mutter, einer berühmten Filmschauspielerin, die jahrelang die Mätresse von Kepple, dem Kohlenmagnaten, war. April war ihre uneheliche Tochter. Man munkelte, der Alte habe das Bett nicht nur mit der Mutter geteilt. Und warum auch nicht? Ich meine, wenn einer Kanonen fabriziert, um Leute über den Haufen zu schießen, wieso sollte so einer es nicht mit der eigenen Tochter treiben?

»Mir kommt da eine fabelhafte Idee«, gab April bekannt. »Machen wir doch einen Film. Einen ganz wunderbar verrückten Film.«

Martin klatschte in die Hände. »Bravo! Ich werd' euch zeigen, was für ein großartiger Schauspieler ich bin.«

»Daran hat nie einer gezweifelt, Martin«, sagte Zachary, nur dass Martin die Ironie entging. Wenn es um Humor ging, fehlte Martin die Intelligenz. Vielleicht weil er geistreiche Leute für Schwächlinge hielt.

Aprils Film – was für ein Film! Sie hatte einen so abwegigen Sinn für Spaß! Unser Film, den Helmut, der Kammerdiener, drehte (der früher mal Filmvorführer gewesen war, bevor er wegen Erpressung saß), erzählte die wahre Geschichte der schönen Helena. Oh, diese April! Sie spielte die Hauptrolle (es war schließlich ihr Film), Martin spielte Hektor, Zachary spielte Paris (ein Paris mit Glatze und Bart!), und ich gab Andromache, Hektors Gemahlin. April hatte eine Weile die besten Schulen besucht (ihre Mutter hätte sie zu gern als feine Dame gesehen, wissen Sie), und so hatte sie einigermaßen Ahnung, was Geschichte anging. Martin durfte Hektor – der letztlich mehr der Heldentyp war als Paris – nur deshalb spielen, weil er einen größeren Schwanz als Zachary hatte, nicht etwa wegen seiner überragenden Schauspielerei. Ich hatte später Gelegenheit festzustellen, dass überall auf der Welt – Paris, Rom, Hollywood – gute Rollen aufgrund gewisser genitaler Fertigkeiten vergeben werden, und warum auch nicht? Wie oft habe ich mitbekommen, dass man Schauspieler nach solchen Maßstäben charakterisiert. »Magnani ist wunderbar. Sie spielt mit der Möse.« Oder: »Das Aufregende an Richard Burton ist, dass man auf der Bühne seinen Ständer spürt. Das bringt die Bretter zum Schnaufen.« Zacharys Schwanz war übrigens dicker als Martins, was eine hitzige Debatte auslöste, was das Werkzeug eines Mannes wohl effektiver macht, Länge oder Breite. April entschied die Diskussion wie üblich auf ganz unerwartete Art.

»Ein dicker Schwanz ist besser zu lutschen«, sagte sie und hielt Zachary als Beweisstück hoch. »Ein langer Schwanz ist im Mund verschwendet, weil es im Rachen nichts zu kitzeln gibt. Aber dafür umso mehr in der Büchse.«

Martin strahlte. »Gut gesprochen. Auch beim Schwanz geht nichts über deutsche Wertarbeit. Zachary, mein Freund, deine ungarische Herkunft mütterlicherseits hat deine Männlichkeit ganz schmählich verraten.«

Zachary beguckte sich den hart werdenden Stößel in Aprils kleiner Hand und meinte: »Mein Kleiner, du hast das Urteil über dein Schicksal gehört. Schluss mit unter die Röcke gucken, künftig siehst du einer Frau ins Gesicht. Haben wir uns verstanden? Du gehst das Leben völlig falsch an.«

Natürlich spielt es meiner Erfahrung nach überhaupt keine Rolle, wie lang oder dick das fragliche Stück ist. Was zählt ist, ob es geistreich genug ist, im richtigen Augenblick die Phantasie spielen zu lassen. Meine Möse wird müde beim Gedanken an die Tonnen tumben Fleisches, das nur Trübsal in ihre Saftigkeit stieß.

Wie auch immer, unser Film war ein Riesenspaß. Die anderen – acht übersättigte Nudisten in verschiedenen Stadien der Trunkenheit – versammelten sich im Rosengarten, um unserer Vorstellung beizuwohnen. Sie aßen, tranken und grölten dabei wie die Zuschauer zu Shakespeares Zeiten, bevor das Publikum auf die Idee kam, dass es vornehm und wohlgesittet dazusitzen hatte. Oh, Sie machen sich kein Bild davon, was diese wahnsinnigen Griechen hinter den Mauern von Troja so anstellten! Belassen wir es dabei, dass Sie die wahre Geschichte in den Schulbüchern nicht finden, nicht im Entferntesten. Wussten Sie zum Beispiel, dass der wahre Grund für den Streit – des Pudels Kern, wie mein lieber Freund Sartre sagen würde – nicht die Geschichte zwischen Paris und Helena, sondern die zwischen Helena und Andromache war? Die beiden hatten eine leidenschaftliche Affäre, was Hektor vor Eifersucht rasend machte, ganz zu schweigen davon, wie es dem Königspaar – Hekabe und Priamos – und den Hofschranzen stank. Kein Aas schien sich daran zu stören, dass Hektor und Paris nebenbei noch ihre kleine inzestuöse Bi-Kiste hatten oder dass Kassandra ihre – selbstverständlich pornographischen – Bilder von Erzfeind Achilles an die Wände ihres Schlafgemachs schmierte. Aber andererseits, wann war das Leben je fair?

Es war nicht weiter überraschend, dass die Szene, bei der der Produktion die Gäule durchgingen, die Nummer zwischen mir April, Helena und Andromache war. Ein Triumph der Zungen, wenn ich so sagen darf.

Helena: Sag es mir noch einmal, Andromache, dass du an keine denkst außer mir. (Sie beugt Andromache hintenüber.)

Andromache: Ich sag es doch! Helena, Herzliebste, ich sag es doch!

Helena: Denkst du an mich, wenn du in Hektors Armen liegst?

Andromache: Ja doch! Ja. Ich könnte nicht eine seiner abscheulichen Berührungen ertragen, stellte ich mir nicht deine Hand dabei vor.

Helena: Gut, gut. Jetzt sag mir noch mal, wie dein Leben war, bevor die Götter mich in diese Szene gezerrt haben.

Andromache: Ach, süßeste Helena! Retterin meiner Mutter Träume! Ich war der Dreck unter dem Huf eines Kamels, der Schleim, den die Mägde aus den Kochtöpfen spülen, der einsame Wind, der in tiefster Nacht über die Dächer wehte, das starre Auge des toten Fisches, den es an eine verlassene Küste spült.

Helena: (zieht sie wieder hoch und drückt sie an sich) Was wäre das Himmlischste, was dir im Augenblick widerfahren könnte, du wunderschöne bebende Frau?

Andromache: (fährt mit beiden Händen Helenas Rücken auf und ab, wobei sie zügellos stöhnt) Die erlesene Lyrik deiner Zunge, sich mit der harrenden Zartheit meiner geheimen Kemenate reimen zu hören.

Helena: Wunderbar, liebste Andromache. Solche Worte machen meinen eigenen Körper zum Schrein von tausend Harfen. (Andromache legt sich auf den Diwan, und Helena spreizt ihr die Beine so weit, bis ihr Geschlecht völlig offen vor ihr liegt. Helena kniet nieder und steckt den Kopf zwischen Andromaches Schenkel.) Ach, honiggetränkte Andromache! Du Blüte von Trojas königlichen Gärten! Tausend seidige Wonnen flüstern meiner pochenden Haut ihre Geheimnisse zu! Der Geschmack deiner Klitoris ist das wahr gewordene Versprechen des Frühlings! (Damit taucht sie leckend wieder in Andromache ein.)

Andromache: (windet sich, während sie die Finger in Helenas lange blonde Haarpracht flicht) Ahh! Hohe Priesterin aller Wonnen. Nachtigall meiner unerfüllten Stille! Meine Seele steigt auf zu deinem Lied.

Helena: Damit werden wir eins, eine doppelhäuptige Liebe mit einem einzigen Ziel (damit besteigt sie Andromache in der 69er-Stellung, und beide lecken sie heftig los. Auftritt Hektor und Paris, Arm in Arm, in trunkenem Glück, ein zotiges Lied über eine Sirene mit einer blinden Leidenschaft für einen alternden Tintenfisch auf den Lippen).

Paris: … und so hielt er sie mit zehn Armen …

Hektor: … und begrapschte sie ohne Erbarmen … (sieht, was die Mädels da treiben) Augenblick mal! Beim Zeus! Was für eine Art Ungeheuer haben wir hier?

Paris: Beim Jupiter! (Er zieht einen Kopf an den Haaren hoch, um sich das Gesicht anzusehen, und steckt ihn dann wieder zurück in den Schritt; dasselbe macht er mit dem anderen Kopf.) Helena hier, Andromache da, oder anders herum, lieber Hektor, oder beide. Vereint in der Liebe niederer Mühen.

Hektor: Widernatürliche Weiber! Entartete Gorgonen! Die Peitsche, Paris, die Peitsche! Züchtige sie! Bis ihr Blut ihre Schande tilgt!

Paris: (nimmt eine dünne Peitsche vom Boden auf) Wohlan, Hektor. Möge meine Peitsche zu ihrem Gewissen werden und sie fortan führen. (Beginnt Helena und Andromache auszupeitschen. Kreischend springen die beiden vom Diwan und laufen auf der Bühne herum. Paris jagt die Peitsche schwingend hinter den beiden her. Hektor heult vor Zorn und Lust und schließt sich mit seinem Schwertgurt der Prügelei an. Frauen reagieren auf die Peitsche zu gleichen teilen mit echten Schmerzen und rasender Lust.

Auch Männer sehen dadurch die merkwürdigeren ihrer Leidenschaften entflammt. Mit einemmal betritt Königin Hekabe [geborene Ilsa] die Bühne. Sie ist sprachlos ob der Szene.)

Hekabe: (richtete einen Finger auf Helena, dann auf Andromache) Ist unser Garten eine Schlangengrube. Schändliche Leiber! Oh Wahnsinn! Oh Verrat!

Helena: (außer sich) Ich kann's erklären! Es ist alles ganz einfach.

Hekabe: Zeus! Strafe! Donner, Blitz und Zerstörung! (Und genau das bricht über die Bühne herein.)

Aber lieber Gott im Himmel, das Wunderliche daran war der Zufall, mit dem unser spaßiger Bühnendonner mit einer tatsächlichen Explosion in Haus und Garten zusammenfiel – der Anschlag eines Attentäters, der es auf Martin und seine Nazifreunde abgesehen hatte. Und diese Explosion, die für einige Augenblicke die Gegenwart auslöschte, in deren Gegenwart meine Identität als Freda wurzelte, löschte auch diese Identität aus, so dass ich mich – als Andromache in Troja zurückbleiben sah. April blieb als Helena, meine Gefährtin. Beide waren wir als Gefangene, wie man wohl sagen könnte, unseres eigenen Neuarrangements von Identität, Zeit und Raum dazu verurteilt, in diesem raffinierten Gaukelspiel zu verweilen, bis uns jemand erlösen und zu unserem wahren Selbst zurückführen würde (falls es so etwas tatsächlich geben sollte), sei es nun ein ähnlich verrückter Zufall, sei es die Hand Gottes, sei es die ausufernde Phantasie irgendwelcher Verrückter zu irgendeinem Zeitpunkt in der Geschichte – denken Sie an die Zeit, in der die Erde als Scheibe galt und jeder sich entsprechend verhielt – oder wenn die Polizei aus einer inneren strategischen Notwendigkeit heraus einen Attentäter für den Premierminister erfindet, der dann auf der Flucht zum Objekt einer internationalen Menschenjagd wird, zum Spielball staatsbürgerlicher Phantasien (wo doch die Polizei selbst den Mord begangen hat, auf Geheiß einer anderen politischen Faktion). Aber wir wissen doch alle, dass dieser Mythos, dieser erfundene Mensch, trotzdem zur Realität wird, dass er seinen Platz einnimmt in der in fortwährender Veränderung begriffenen Dimension zwischen dem, was ist und was nicht ist und dem, was logisch durchaus sein könnte.

Belassen wir es dabei, dass wir alle um unser Leben liefen. Ich weiß nicht, was aus Paris, Hektor und Hekabe geworden ist, aber was mich und Helena anbelangt, wir landeten im Bauch des phantastischen hölzernen Pferdes, dass die cleveren Griechen gebaut hatten, um die faulen Trojaner zum Narren zu halten. Wir hausten eine ganze Weile darin, zusammen mit Dutzenden von anderen Trojanern (und einigen besiegten Griechen), die von draußen alles mitgenommen hatten, was sich nur hatte tragen lassen. Wie außerordentlich! Pfeil' und Schleudern des wütenden Geschicks im Bauch einer Metapher kauernd zu entrinnen! Helena und ich – oder April und ich oder alle vier von uns, was weiß ich – vereinfachten, sprich komplizierten unser Leben, indem wir die Identität einfacher trojanischer Hausmädchen annahmen. Andernfalls wäre das Leben im Pferdebauch nicht zu ertragen gewesen – bei all den klebrigen Kerlen.

»Hier drin stinkt es vielleicht«, sagte April eines Morgens zu mir und sah sich in unserem merkwürdigen Flüchtlingslager um.

»Ja«, antwortete ich, »aber draußen stinkt es auch.«

Sie verzog das Gesicht. »Für wie lange müssen wir uns hier verkriechen?«

»Was fragst du mich?«

Sie rieb sich den Hintern. »Paris, der Schwachkopf, sollte sich mal den Kopf nachsehen lassen. Er hätte nicht gleich so zuzuhauen brauchen. Autsch! Das tut mir noch weh bis ins Grab.«

Einige Meter weiter, gleich neben einer Öffnung im Bein des ungeheueren Pferds, gab eine junge Mutter ihrem plärrenden Säugling die Brust; ihr müder bärtiger Gatte, der kein Schwert mehr im Gurt hatte und dessen Toga in Fetzen hing, nagte verträumt an einem Knochen.

Ich merkte auf einmal, dass Thor, mein Hund, nicht mehr bei mir war. Ich sah mich um. Er war nirgendwo zu sehen. »Hat jemand einen großen schwarzen Hund gesehen?«, rief ich in den abgerissenen Haufen.

»Ein Vieh mit Schaum vor dem Maul und einem eisernen Kreuz um den Hals«, antwortete eine alte Frau von weiter hinten. »Ja.«

Sie lachte gackernd, ein Laut, der aus einem gesprungenen Stein hätte kommen sollen. »Den wirst du nie wieder sehen. Odysseus hat ihn mitgenommen, auf seinem Schiff.«

12

Sie haben mich vermisst, stimmt's? Wo es wohl stecken mag, das spinnerte kleine Dickerchen – das haben Sie sich doch gefragt, hab ich Recht? Im Gefängnis? In irgendeiner Gefriertruhe? Ach was. Ich war nur in einem anderen Stück. Einem richtigen Hammer! Wir hatten Premiere in einem neuen Theater, dem Missing Link Playhouse. Und diesmal werde ich Ihnen ein bisschen aushelfen, indem ich Ihnen sage, dass ich die Sekretärin spiele. Bitte rascheln Sie mir nicht mit Bonbonpapier. Na denn mal Vorhang auf! Wahre Freundschaft auf dem Prüfstand!

Hoppla! Mir fällt da gerade was ein, was Ihnen das Ganze vielleicht ein bisschen bequemer macht. Und zwar etwas, was mir der famose Gelehrte G. Wilson Knight erst vorgestern gesagt hat. Wir waren bei unserem Plausch auf Shakespeare gekommen und er meinte bezüglich seiner neuen

Feldtheorie: »Sein Held ist kein starr konzipierter isolierter ›Charakter‹, er steht vielmehr in direkter und lebendiger Beziehung zu seinem dramatischen Umfeld ... genau diese Art von ›Beziehung‹ steht grundsätzlich hinter Shakespeares Einsatz von Symbolik im Unterschied zum Einsatz von Personen.«

Okay. Dann mal los mit den Saturnalien.

SZENE I

ORT DER HANDLUNG IST DAS BÜRO VON LUTHER WATSON. ER IST LEITENDER ANGESTELLTER. ER IST VON TELEFONEN UMGEBEN UND DEM DRUM UND DRAN SEINER POSITION. ER TELEFONIERT GERADE, WÄHREND SEINE SEKRETÄRIN, MISS BEDERMEYER, DEN STIFT IN DER HAND, GEDULDIG WARTET.

WATSON

(in den Hörer)

Nein! Nein! Da liegen Sie völlig falsch. Ich versichere Ihnen, der argentinische Schweinemarkt ist so stabil wie eh und je. Was? Machen Sie sich doch nicht lächerlich! Die Brasilianer würden es nicht schaffen, ein einziges Schwein aufzuziehen! *(Ein anderes Telefon klingelt und er geht ran.)* Hallo? Ah, Briggs. Bauen Sie mir doch sechs Lufttanker statt drei. Warum? Weil Wasser passé ist! *(Wieder ein anderes Telefon klingelt.)* Amalgamated Alloys? Ich hätte da einige Beanstandungen an Ihrer letzten Lieferung. Sämtliche Träger waren um Eins-Komma-Eins-Fünf-Acht Millimeter zu kurz! Nein, tut mir Leid. Aber die können Sie wieder einschmelzen. Alle. *(Greift nach einem weiteren Hörer.)* Philbrick & Morgan? Gut. Kaufen Sie mir 14000 Anteile von AC & C. Korrekt. Ich habe mich entschlossen, den Markt aufzukaufen. Nein. Nur für den Herbst. *(Er legt auf, macht eine kleine Pause, um über sich selbst zu staunen, und wendet sich dann seiner Sekretärin zu.)* Wo war ich?

SEKRETÄRIN

Sie waren mitten in einem Brief an die Philippinischen Töchter der Amerikanischen Revolution.

WATSON

(lehnt sich zurück)

Ah ja. »Anbei finden Sie einen Scheck über 5000 Dollar, der Ihnen dabei helfen soll, auch zukünftig so gute Arbeit zu leisten wie bisher. Glauben Sie weiterhin an das, woran Sie glauben. Halten Sie das Banner hoch! Bleiben Sie wohlauf! Amen.«

SEKRETÄRIN

Haben Sie heute noch was für mich, Sir?

WATSON

(mit einem tiefen Seufzer)

Nein, meine Gute. Ich bin ziemlich geschlaucht. Außerdem erwarte ich wichtigen Besuch – meinen alten Freund Jonathan Weeks.

SEKRETÄRIN

(mit einem zufriedenen Lächeln)

Ein ausgesprochen reizender und attraktiver Mensch.

WATSON

In der Tat. Und ein Bursche, der jeder mit Freundschaft verbundenen Verantwortung gerecht wird. Nichts, was der nicht für einen Freund tun würde. *(Er schlägt mit der Faust auf den Schreibtisch.)*

SEKRETÄRIN

(fast verzückt)

Ich verstehe, ich verstehe.

WATSON

(lächelt selbst ganz verträumt)

Freundschaft und Glaube, zwei meiner liebsten Qualitäten. *(Sie träumen einen Augenblick.)* Gäbe es davon nur mehr auf der Welt.

SEKRETÄRIN

Und sei's nur ein kleines bisschen.

WATSON

(Den Tränen nahe beim Gedanken daran.)

Ja, und sei's nur eine *(er macht die entsprechende Geste)* Prise. *(Einen Augenblick später ist er wieder ganz der Geschäftsmann.)* Ach, Miss Bedermeyer, bevor Sie gehen, sehen Sie doch mal, ob Sie Mrs. Watson zu Hause erreichen.

SEKRETÄRIN

Aber gern. *(Sie steht auf, um zum Telefon zu gehen.)* Wie geht es Mrs. Watson dieser Tage denn so, Sir?

WATSON

(ängstlich)

Mrs. Watson ist immer tipptopp in Form. Sie ist nun mal der Typ Frau.

SEKRETÄRIN

(während sie wählt)

Freut mich zu hören. *(Beide lauschen sie in den Hörer.)* Scheint besetzt zu sein.

WATSON

Ich frage mich, mit wem sie wohl spricht.

SEKRETÄRIN

(im Scherz)

Es gibt nur eine Möglichkeit, das herauszufinden – den Apparat abhören lassen!

WATSON

Daran habe ich auch schon gedacht … äh, ich meine, ich weiß, dass es Leute gibt, die so etwas machen.

SEKRETÄRIN

(nach wie vor vergnügt)

Die Polizei macht das doch ständig.

WATSON

Glückspilze. *(Lässt sich das einen Augenblick durch den Kopf gehen.)* Tja, Miss Bedermeyer, ich denke, das wäre dann alles für heute.

SEKRETÄRIN

Geht in Ordnung, Sir.

ALS SIE DIE TÜR ERREICHT, KOMMT JONATHAN HEREINGESTÜRMT. ER IST DER GUT AUSSEHENDE GUTE FREUND.

WATSON

(streckt ihm die Arme entgegen)

Jonathan!

JONATHAN

(streckt ebenfalls die Arme)

Luther! *(Sie umarmen einander.)* Alter Freund und Kupferstecher!

WATSON

Altes Haus!

SEKRETÄRIN

(im Gehen)

Es ist wunderbar, zwei alte Freunde beisammen zu sehen.

SIE GEHT.

JONATHAN

(mit einem tiefen Atemzug)

Es tut gut, am Leben zu sein.

WATSON

(mit einem Arm um Jonathan's Schulter)

Findest du nicht auch? Schau nur mal aus Fenster, die saubere, gesunde Art und Weise, mit der die Natur ihrem Geschäft nachgeht. Das Gold der Blätter … die Vögel schweben selig durch die frische Luft …

JONATHAN

Mensch! Das erinnert mich an unsere Zeit im College zu Beginn der Football-Saison.

WATSON

Ah ja … ein sauberes, gesundes Leben *(Sie beginnen zu rangeln wie seinerzeit auf dem Sportplatz.)* Halbstürmer nach vorn!

JONATHAN

(stürzt an ihm vorbei)

Touchdown! *(Lachend fallen sie einander wieder in die Arme.)*

WATSON

Freundschaft! Was wäre das Leben ohne sie?

WEEKS

(zieht sich die Kleidung zurecht)

Ein Witz. Eine Wüstenei.

WATSON

Genau. Jonathan, du bist mein bester und liebster Freund ... und ich möchte das mal ausnutzen und dich um einen Gefallen bitten.

WEEKS

Ich würde alles für dich tun, Luther, alter Knabe. Schieß los.

WATSON

(legt wieder einen Arm um Weeks' Schulter)

Danke, lieber Freund. *(Er überlegt.)* Jonathan, ich möchte, dass du der Liebhaber meiner Frau wirst.

WEEKS

(einen Augenblick völlig verblüfft)

Der Liebhaber deiner Frau?

WATSON

(nickt)

Ja.

WEEKS

Du machst Witze.

WATSON

Ich wollte, es wäre so. Aber ich meine es absolut ernst.

WEEKS MACHT EINE ERSTAUNTE GESTE

WATSON

Die Sache ist die, ich möchte etwas beweisen.

WEEKS

Was denn, in Gottes Namen?

WATSON

Dass meine Frau mich nicht wirklich liebt. Dass sie ein

grausames Spiel mit mir spielt. Dass sie im Grunde ihres Herzens eine Hure ist! Und um das ein für allemal zu beweisen, möchte ich sie im Bett mit einem anderen erwischen.

WEEKS DEUTET MIT DEM FINGER AUF SICH

WATSON

Genau. Es würde viel zu lange dauern und wäre viel zu schmutzig, würde ich warten, bis sie mich – sozusagen – spontan, ohne mein Zutun – betrügt.

WEEKS

(reibt sich nachdenklich das Kinn)

Ja ... natürlich.

WATSON

(klopft ihm klatschend auf den Rücken)

Ich wusste doch, du würdest mich verstehen. Also, machst du's?

WEEKS

(zuckt fast hilflos die Schultern)

Warum nicht? Freundschaft ist Freundschaft.

WATSON

Wunderbar! *(reibt sich freudig die Hände)* Ah, dem Luder werd' ich's zeigen!

WEEKS

Aber woher willst du wissen, dass Sie sich darauf einlässt? Immerhin soll sie ihren Gatten mit seinem besten Freund betrügen.

WATSON

(gequält und erfreut zugleich)

Genau das wird ihren niederträchtigen Kern treffen. Es gibt der ganzen Geschichte einen so herrlich perversen Dreh.

WEEKS

Hmm ... Vielleicht hast du Recht. Na dann, wann soll ich anfangen?

WATSON

Noch heute Abend. Ah, ich kann die Berichte über deinen Fortschritt kaum erwarten.

WEEKS

Ich soll dir Bericht erstatten?

WATSON

Natürlich. Ich will jeden Schritt auf dem Weg ihrer Selbstvernichtung auskosten.

WEEKS

Wird dich das … äh … nicht aufregen? Ich meine, wenn du hörst, dass wir dich betrügen?

WATSON

Nicht im Geringsten, lieber Jonathan. Ich bin emotionell völlig unbeteiligt. Ich komme mir wie Sokrates bei einer seiner Beweisführungen vor.

WEEKS

Wie Sokrates? Na ja, umso besser.

WATSON

Ja, seit Jahren habe nichts mehr so emotionslos gesehen. *(Er tätschelt sich lächelnd den Bauch. Dann wirft er einen Blick auf die Uhr.)* Mein Gott! Zeit zum Essen. *(Er legt einen Arm um Weeks.)* Du bist natürlich mein Gast, alter Freund.

WEEKS

Das ist sehr großzügig von dir, Luther.

WATSON

Wir gehen in meinen Club. Heute gibt's geräucherten Schellfisch.

WEEKS

Scheint mir ein gutes Gericht für den Beginn eines Verrats.

SIE BRECHEN GERADE AUF, ALS EINES DER TELEFONE KLINGELT. WATSON STÜRZT ZURÜCK AN DEN SCHREIBTISCH.

WATSON

(ins Telefon)

Hallo? Oh, Simpson & Wainwright …

HIER BEGINNT DIE AUSBLENDE

Ich möchte, dass Sie jede einzelne Dose algerische Sardinen aufkaufen. Ich zwinge die ganze Delikatessenbranche in die Knie!

AUSBLENDE

SZENE II

WATSONS BÜRO. ER IST VOLLAUF BESCHÄFTIGT, UNTERSCHREIBT KORRESPONDENZ ETC. SEINE SEKRETÄRIN, MISS BEDERMAYER, SITZT VOR DEM SCHREIBTISCH. ER IST IN BESTER FORM.

WATSON

(reicht seiner Sekretärin einen Packen Briefe)

So, das hätten wir, Miss Bedermeyer. Eine Verjüngungskur für sieben Konzerne.

MISS BEDERMEYER

(mit ehrfurchtsvollem Blick auf den Stapel Papier)

Und drei schlicht umwerfende Fusionen! Ah, Sie sind wirklich in großartiger Form heute Morgen, Mr. Watson. Sie müssen einen unglaublich geruhsamen, befriedigenden Abend gehabt haben.

WATSON

Allerdings. Einen der besten seit Jahren.

MISS BEDERMAYER

(verträumt)

Tja, der häusliche Herd … Eheglück.

WATSON

Ich war die Nacht über in der Stadt, in meinem Club.

MISS BEDERMEYER

Arme Mrs. Watson. Ich hoffe, sie hatte etwas, um sich nicht völlig verlassen zu fühlen.

WATSON

(mit einem triumphierenden Grinsen)

Würde mich nicht überraschen.

MISS BEDERMAYER

Was für eine wunderbare Frau. Ich kann mir nicht vorstellen, dass sie je an etwas anderes denkt, als ihren Mann zufrieden zu sehen.

WATSON

(strahlt beim Gedanken an den Verrat)

Ganz recht, Miss Bedermeyer. Ihren Gatten zufrieden zu sehen!

MISS BEDERMEYER

(mit einem verträumten Seufzen)

Sie muss die reinste Florence Nightingale sein.

WATSON

(ebenfalls mit einem Seufzen)

Ja. Sie nimmt sich der Bedürftigen an.

WÄHREND DIE BEIDEN IN GEDANKEN BEI IHRER JEWEILIGEN PHANTASIE SIND, IST EIN SUMMEN ZU HÖREN. MISS BEDERMEYER SPRINGT AUF UND EILT HINAUS INS VORZIMMER. EINEN AUGENBLICK SPÄTER KOMMT SIE MIT JONATHAN ZURÜCK.

WATSON

(springt auf und streckt die Arme aus)

Jonathan! Kamerad!

WEEKS

(nicht ganz so überschwänglich)

Guten Morgen, Luther.

WATSON

(an seine Sekretärin gewandt)

Das wäre für den Augenblick alles, Miss Bedermeyer. Und bitte, keine Störungen während Mr. Weeks hier ist. Egal, welcher Konzern mich gerade braucht!

MISS BEDERMEYER

(zieht sich rückwärts gehend zurück)

Ganz wie Sie wünschen, Sir.

WATSON

Na dann ... Raus mit den guten Neuigkeiten, Jonathan.

WEEKS

(zurückhaltend)

Die gute Neuigkeit?

WATSON

(ungeduldig)

Ja … du hast mich doch gestern Nacht verraten, oder?

WEEKS

Na ja, nicht direkt.

WATSON

Nicht direkt?

WEEKS

Luther, dir Hörner aufzusetzen, ist nicht so einfach, wie du denkst.

WATSON

Was ist denn passiert, was war denn nun?

WEEKS

(verlegen)

Na ja, ich … Ich habe … *(verlegen)* sozusagen die Basis geschaffen.

WATSON

(explodiert)

Nun spann mich doch nicht auf die Folter. Ich will doch nichts weiter wissen, als was nun zwischen dir und diesem Ekel von meiner Frau passiert ist. Alles, was ich zu hören bekomme, sind Floskeln. *(Er fasst sich an den Kopf.)*

WEEKS

Tut mir Leid, alter Freund. Verzeih mir. *(Er richtet sich auf.)* Also. Deine Frau hat mir immerhin einige Freiheiten gestattet.

WATSON

(hocherfreut)

Ah! Das hört sich doch schon ganz anders an. *(Er reibt sich die Hände.)*

WEEKS

(zärtlich)

Ich durfte ihren Fuß messen.

WATSON

(geplättet)

Du …

WEEKS

Wir haben uns angenehm unterhalten, und ich habe mit ihr gewettet, ich könnte die Größe ihrer Pumps erraten.

WATSON

(wie im Fieber)

Was hatte sie denn zu dem Zeitpunkt an?

WEEKS

Na, alles. Wie auch immer, ich schätzte und lag falsch. Da ich es nicht glauben konnte, als sie mir die Größe sagte, gestattete mir das liebe Ding, selbst nachzumessen.

WATSON

Und wie genau hast du das angestellt?

WEEKS

(völlig nüchtern)

Mit einem Maßband aus dem Nähkorb des Hausmädchens.

WATSON

(steht aufgebracht auf und beginnt auf und ab zu gehen)

Jonathan, du lügst mir hier doch nicht irgendwas vor, oder?

WEEKS

Ich verstehe nicht, was du meinst, mein Freund.

WATSON

Na, es wird doch wohl etwas … etwas Aussagekräftigeres, Belastenderes, Befriedigenderes passiert sein … Oder etwa nicht? Mein Gott, ein gut aussehender Bursche wie du und eine geborene Hure wie meine Frau. Das ist doch eine Kombination, die ungeachtet der Umstände gewisse Ergebnisse zeitigen sollte! *(Weeks zuckt die Achseln)* Also, was … was ist denn nun passiert, nachdem du mit ihrem Fuß durch warst?

WEEKS

(zögert einen Augenblick schüchtern)

Na ja, um dir die absolute Wahrheit zu sagen …

WATSON

(entzückt ob der Aussichten)

Ah, genau das, was ich will – die Wahrheit!

WEEKS

Ich habe sie geküsst.

WATSON

(macht einen Luftsprung vor Freude)

Ich wusste es! Ich wusste es!

WEEKS

Ich habe sie … hier geküsst. *(Er weist auf seinen Daumen.)*

WATSON

(ehrfürchtig)

Du hast sie *(er hebt den Daumen)* hier geküsst?

WEEKS

Ja. Genau hier. *(Er weist noch mal auf seinen Daumen.)*

WATSON

(geht mit erhobenem Daumen drohend auf Weeks zu)

Du hast meine Frau auf den Daumen geküsst?

WEEKS

(weicht verängstigt zurück)

Ja …

WATSON

(packt ihn)

Du Wahnsinniger! So geht das nicht weiter! Du verschwendest nur meine Zeit. *(Er stößt Weeks unsanft in Richtung Tür.)* Tu was! Du Unmensch!

WEEKS STÜRZT HINAUS; DAS LICHT BEGINNT AUSZUGEHEN.

WATSON

(wie ein enttäuschter Gläubiger)

Freundschaft – noch nicht mal darauf kann man mehr zählen.

AUSBLENDE.

SZENE III

ABERMALS WATSONS BÜRO. WATSON SITZT ALLEIN AN SEINEM SCHREIBTISCH ÜBER IRGENDWELCHEN PAPIEREN. ER HAT SICH LEICHT VERÄNDERT. ER SCHEINT PHYSISCH WIE PSYCHISCH GESCHWÄCHT. ER WIRKT ABGEARBEITET. DAS TELEFON KLINGELT.

WATSON

(nimmt ab)

Ja? Oh ... Cheelcroft & Rogers? Die Lage auf dem Kaffeemarkt, sagen Sie? Ich sollte alles aufkaufen? Alles für 'n Appel und n' Ei, meinen Sie? Na ja, wenn Sie wollen, kaufen Sie alles auf, tauschen Sie's gegen die algerischen Sardinen ein. Ich habe meinen Geschmack an kleinen Fischen verloren.

ER LEGT AUF UND STARRT EINEN AUGENBLICK HINAUS IN DIE WEITEN DES RAUMS. MISS BEDERMEYER EILT HEREIN. SIE BRINGT EINE VASE MIT EINER EINZELNEN ROSE HEREIN.

MISS BEDERMEYER

Eine Rose aus der Picardie!

WATSON

Picardie? Wo liegt die denn?

MISS BEDERMEYER

Na, wo alle Liebenden leben!

WATSON

(verblüfft)

Liebende ... ja, natürlich. Eine Brutstätte der Verdorbenheit! Eine Zuflucht des Verrats! Die Picardie!

MISS BEDERMEYER

(bestürzt)

Mr. Watson!

WATSON

(beruhigt sich)

Tut mir Leid, Miss Bedermeyer. Verzeihen Sie. Meine Nerven sind am Ende. Ich schlafe in letzter Zeit nicht sonderlich gut.

MISS BEDERMEYER

Wohnen Sie denn noch immer im Club?

WATSON

(zögernd)

Ja, ich bin noch im Club.

MISS BEDERMEYER

(nach einem Augenblick)

Na ja, dann wollen wir wieder mal. Wir hatten da eine Korrespondenz mit dem Boys Club of America.

WATSON

Ja ... schicken Sie denen einen Scheck über 10000 Dollar.

MISS BEDERMEYER

(schreibt)

Soll ich nicht auch ein paar nette Worte dazu schreiben?

WATSON

Richten Sie den armen Jungs die besten Grüße aus und sagen Sie ihnen, sie sollen sich vor ... vor kleinen Aufreißerinnen in Acht nehmen!

MISS BEDERMEYER

Aber Sir!

WATSON

(springt auf)

Schicken Sie mir Jonathan Weeks rein!

MISS BEDERMEYER

(springt entsetzt auf und läuft wie aufgescheucht durch den Raum)

Jonathan Weeks! Jonathan Weeks!

WIE DER BLITZ KOMMT WEEKS INS BÜRO GELAUFEN; ER HAT SEIN JACKETT NOCH NICHT RICHTIG AN.

WEEKS

Zu Diensten!

MISS BEDERMEYER STÜRZT VON PANIK ERGRIFFEN HINAUS.

WATSON

(packt ihn)

Da bist du ja! Wo ist dein Bericht?

WEEKS

(entzieht sich ihm)

Mein Bericht? Natürlich … Wir hatten einen absolut reizenden Abend!

WATSON

Jetzt hör mal auf mit den Lügen. Schluss mit den Faxen.

WEEKS

Du schnüffelst nach Lügen wie ein Hund nach Hydranten.

WATSON

Aber sie hat uns doch nicht enttäuscht, oder? Sie hat ihr wahres Ich gezeigt! Sie hat sich im Wissen um meine Schwäche gesuhlt! Sag es!

WEEKS

Sie war himmlisch.

WATSON

(schreit vor Entzücken und Schmerz zugleich)

Oh dem Himmel sei Dank! *(Triumphierend stolziert er durch das Büro.)* Bestätigung, dein Name sei Weib!

WEEKS

Sie sagte ganz und gar außergewöhnliche Dinge.

WATSON

Was? Was?

WEEKS

(stolz)

Sie sprach über Dinge, die sie interessieren.

WATSON

Dinge, die sie interessieren? *Pa!* Hat sich das Luder dir hingegeben?

WEEKS

Sie hat es versprochen …

WATSON

(seine Miene hellt sich auf)

Sie hat es versprochen.

WÄHREND DIE LICHTER AUSGEHEN.

WEEKS

Sie hat versprochen, sich die Angelegenheit ernsthaft zu überlegen.

AUSBLENDE.

SZENE IV

DAS BÜRO SPIEGELT WATSONS VERFALL. ES IST EIN SAUSTALL GEWORDEN. MISS BEDERMEYER IST MIT SAUBERMACHEN UND AUFRÄUMEN BESCHÄFTIGT.

MISS BEDERMEYER

(plappert vor sich hin)

Wie der sich in letzter Zeit gehen lässt … Ich verstehe das einfach nicht … Wo er doch so pingelig war.

SIE RÜCKT WEITER DINGE ZURECHT ETC. EINEN AUGENBLICK SPÄTER KOMMT WATSON HEREIN. ER IST PRAKTISCH EIN ANDERER MENSCH. ER SIEHT AUS, ALS HÄTTE ER IN SEINER KLEIDUNG GESCHLAFEN. ER GÄHNT. ER HAT EINEN SCHUH IN DER HAND.

Guten Morgen, Mr. Watson.

WATSON

(kratzt sich gähnend auf dem Weg hinter seinen Schreibtisch)

Mein Rücken bringt mich noch um.

MISS BEDERMEYER

Oh, tut mir Leid. Haben Sie sich beim Squash im Club etwas gezerrt?

WATSON

(nimmt einen Stapel Post zur Hand, sieht ihn kurz an und wirft ihn dann über die Schulter)

Ich habe auf einer Pritsche unterm Dach geschlafen.

MISS BEDERMEYER

Unter dem Dach?

WATSON

Ja. Ich habe da vorübergehend meine Zelte aufgeschlagen …

MISS BEDERMEYER

Aber Sie haben doch so viele schöne Zimmer unten im Haus …

WATSON

(wehmütig)

Ich kann sie nicht mehr betreten … Sie sind so … unzugänglich geworden. *(Das Telefon klingelt. Watson hebt langsam ab.)* Hallo … Standard Oil? … Nein, danke. Ich bin nicht mehr im arabischen Sandmarkt. *(legt auf)*

MISS BEDERMEYER

(besorgt)

Haben Sie schon gefrühstückt, Mr. Watson?

WATSON

Ich habe einen Apfel von einem Blinden gekauft.

MISS BEDERMEYER

Meine Güte. Sie müssen sich ja nach einer Tasse Kaffee sehnen.

SIE EILT HINAUS, UM EINE ZU HOLEN.

WATSON

(hält einen Scheck hoch und sieht ihn sich an)

Eine Dividende von 20000 Dollar … Was nützt mir die jetzt noch? Mit wem soll ich die teilen? Was kann ich mir damit schon kaufen außer noch mehr entsetzliche Enthüllungen? *(Er zerreißt den Scheck langsam und wirft ihn über die Schulter.)*

MISS BEDERMEYER KOMMT MIT EINER DAMPFENDEN TASSE KAFFEE UND EINEM HÖRNCHEN HEREIN.

MISS BEDERMEYER

Hier, Sir. Das sollte Sie gleich etwas aufmuntern.

WATSON

(nimmt ihre Hand und küsst sie)

Meine einzige wahre Freundin.

MISS BEDERMEYER

(als sie sich aus dem Büro zurückzieht)

Es ist mir eine Ehre, für einen Mann von Ihrem Charakter und Rang zu arbeiten, Mr. Watson.

SIE GEHT HINAUS. WATSON TAUCHT SEIN HÖRNCHEN IN DEN KAFFEE UND KAUT NACHDENKLICH. JETZT KOMMT LANGSAM, VERSTOHLEN, MIT SCHLECHTEM GEWISSEN JONATHAN HEREIN. WATSON SIEHT IHN NICHT. ER STEHT EINEN AUGENBLICK DA, RÄUSPERT SICH. WATSON REAGIERT NICHT.

WEEKS

(nach einer Weile)

Luther …

WATSON

(hebt langsam den Kopf)

Eine Stimme, die meinen Namen ruft …

WEEKS

Ich bin's, Luther. Dein alter Kumpel Jonathan Weeks …

WATSON

(verträumt)

Jonathan Weeks … *(Er wendet sich abrupt um und schreit:)* Jonathan Weeks!

WEEKS

(tritt in Watsons Blickfeld)

Ich wollte dich nicht beim Frühstück stören, Luther.

WATSON

(ganz die tragische, gebrochene Gestalt)

Denk dir nichts. Was ist schon eine kleine Stärkung im Angesicht einer großen Nachricht?

JONATHAN NICKT VERSTÄNDNISVOLL

Du hast doch gute Nachricht für mich, mein Freund, oder?

WEEKS

Ich habe die Nachricht, die du willst, Luther.

WATSON

(auf tragische Weise zufrieden)

Na also … hat die Hure von Babylon endlich ihr wahres Ich enthüllt …

WEEKS

Sie hat versprochen, mit mir ins Bett zu gehen …

WATSON

(springt auf)

Hurra!

WEEKS

… weil sie weiß, wie sehr du es willst.

WATSON

(erstaunt)

Was?

WEEKS

Sie hat mir offenbart, dass sie von Anfang an gewusst hat, dass du mich angestiftet hast. *(Watson bleibt vor Schreck die Luft weg.)* Aber es hat ihr nicht wirklich was ausgemacht, wenn du's so wolltest. Sie sagt, es gäbe nichts auf der Welt, was sie nicht tun würde, um dir eine Freude zu machen … Selbst wenn es bedeutet, dich zu betrügen. *(Er legt eine Pause ein, während Watson dämonische Züge annimmt)*. Luther, deine Frau liebt dich!

WATSON

(schreit)

Nein! Nein!

WEEKS

Doch!

WATSON

(das Tier in ihm ist gestellt)

Das ist doch ein Trick, den ihr beide euch ausgedacht

habt, um mich in den Wahnsinn zu treiben! Euer Vernichtungsschlag!

WEEKS

(tritt auf ihn zu)

Du Ungeheuer! Du bist es doch, der *mich* zerstört hat. Ich habe mich in deine Frau verliebt ... und als sie allmählich nachgab, da habe ich gedacht, sie würde meine Liebe erwidern. Dann muss ich erfahren, dass sie alles nur für dich getan hat! Für dich, der sie hasst! Und ich ... ich wurde das Opfer! Weggeworfen zu werden, um Liebe und Freundschaft betrogen. *(Er holt eine Waffe heraus.)* Du Monster! *(Erschießt ihn. Dann richtet er die Waffe gegen sich selbst.)* Ich habe nichts mehr. Der Witz hat sich ausgespielt. *(Erschießt sich und bricht über Watson zusammen.)*

MISS BEDERMEYER

Oh, Sirs! *(Während sie die beiden anstarrt, beginnt ein Telefon zu klingeln. Das Klingeln wird aufdringlicher, dann gibt der Apparat auf.)*

VORHANG

13

Churchill gähnte, reckte sich, furzte und kratzte sich dann ausgiebig unter der linken Achselhöhle.

»Herrgottnochmal! Wenn ich auch nur noch einen einzigen offiziellen Bericht darüber lese, wie Negerunruhen in den Griff zu bekommen sind, dann dreh' ich durch, das kann ich euch sagen! Hört euch das an.« Er nahm eine Zeitung zur Hand. »Wie Clevelands Bürgermeister George Walkowitz heute bekannt gab, hat ein eigens eingerichteter Beraterstab für Rassenunruhen ihm Belege dafür vorgelegt, dass sich in seiner schwer geprüften Stadt Black-Power-Gruppen für die kommenden Sommermonate für den Barrikadenkampf bewaffnen. Falls, so der Stab, der sich aus

Angehörigen des Stadtrats und Vertretern verschiedener Bürgergruppen zusammensetzt, nicht auf der Stelle etwas zur Verbesserung der Lebensbedingungen der schwarzen Bevölkerung getan würde, käme es zu einer offenen und blutigen Revolution. Der Ausschuss schlägt einen Notfallplan mit fünf Sofortmaßnahmen vor: 1) die Einrichtung besserer Spielplätze für Negerkinder mit, u.a., Unterweisung im sportlichen Wettkampf und Bodybuilding-Programmen; 2) die Einrichtung kultureller Erwachsenenprogramme an den High Schools, um Negern, Männern wie Frauen, die Möglichkeit zu geben, gemeinsam mit Weißen Sinn für Theater, Musik und die bildenden Künste zu entwickeln; 3) die Einrichtung von Berufsbildungszentren, in denen junge, für die höhere Schulbildung ungeeignete Neger, Jungen wie Mädchen, sich zu Automechanikern, Tischlern, Näherinnen oder in Hauswirtschaft oder Lebensmittelverarbeitung ausbilden lassen können; 4) die Integration schwarzer und weißer Kirchen zu einem für beide Seiten förderlichen Ausdruck von Religiosität und spiritueller Entwicklung; 5) die Einrichtung monatlicher Prüfungen für diejenigen Angehörigen der Negergemeinde, die an Bürotätigkeiten bei der Stadtverwaltung interessiert sind.

Bürgermeister Walkowitz gab seiner Überzeugung Ausdruck, dass ein solches Programm im Falle einer nachdrücklichen Umsetzung durch Clevelands weiße Gemeinde zu einer ›ganz erheblichen‹ Senkung der Unzufriedenheit unter den Negern führen würde; es wäre ein unermesslicher Beitrag dazu, ›die großartigsten Traditionen und Werte unserer amerikanischen Demokratie zu teilen‹. Er hat vor, sich die ganze Woche über mit seinem Sonderberater für Negerfragen, Churchill Downs, Professor für Sozialanthropologie, zusammenzusetzen. Der Gast aus Ghana hat erst kürzlich ein Stipendium der Ford Foundation über 120 000 Dollar für die wissenschaftliche Untersuchung der mit der Stadtsanierung verbundenen Probleme erhalten. Bürgermeister Walkowitz dazu: ›Professor Downs und ich haben nicht vor, dem Pessimismus und der düsteren Stimmung nachzugeben, die einige Faktionen in unserer großartigen Stadt befallen zu haben scheinen. Wir werden unsere Beratungen nicht beenden, bevor wir nicht eine brauchbare Lösung für unsere Probleme gefunden haben. Professor Downs hat mir versichert, dass es durchaus historische Präzedenzfälle für eine dynamische Verschmelzung der Bedürfnisse verschiedener Bevölkerungsgruppen gibt.‹ Professor Downs Schwester, Miss Ophelia von und zum Morgenlicht, Direktorin des Dritten Ägyptisch-Baptistischen Tempels in der Walker Street, betreibt die Einrichtung einer schwarz-weißen Aktionsgruppe in ihrer Gemeinde.«

Churchill ließ die Zeitung – die *Cleveland Herald-Tribune* – sinken und stieß einen Seufzer aus, als wollte er sein unseliges schwarzes Leben aushauchen.

»Oh *merde.* Hast du das gehört, Schwesterchen, Baby?«

Ophelia nippte an einem hohen Kristallglas voll kühlem Heineken und legte das Buch weg, das sie gerade las – *Wahnsinn und Familie* von R. D. Laing –, und bedachte ihren Bruder mit einem strahlenden Lächeln. »Hab' ich, mein glänzender schwarzer Bruder, hab' ich. Für das Geschwätz kriegst du 'n Maismuffin – vorausgesetzt du hast darüber hinaus zehn Cent. Aber reg dich deswegen nicht auf, Schatz. Ich sag' dir doch, in dieser Welt kannst du nur überleben, wenn du dir deinen Sinn fürs Absurde bewahrst. Glaub mir, das ist die einzige Ausrichtung, die funktioniert.« Sie trank wieder von ihrem kalten Bier und wischte sich geziert das Schaumbärtchen von ihrer braunen Oberlippe. »Ich persönlich finde die Situation amüsant. Schon mal deine Doppelrolle. Der geheime Kopf von Clevelands Black-Power-Bewegung auf der einen Seite und der Sonderberater des Bürgermeisters *gegen* Black Power auf der anderen.«

Churchill kicherte leise in sich hinein. »Da hast du auch wieder Recht. Es ist wirklich zum Brüllen. Aber ich habe wirklich Probleme damit, nicht auf den Schwachsinn der weißen Mittelschicht zu reagieren. Die Leute sind verrückt, von ihren Augenbrauen bis zum kleinen Zeh.«

Nachdenklich richtete Ophelia den Blick einen Augenblick auf ihre eigenen Füße. Ihre Zehennägel waren eine Galerie. Auf jeden Nagel hatte sie ein winziges Farbporträt eines revolutionären Helden geklebt. Vom Nagel eines großen Zehs lächelte Mao Tse-tung. Vom Nagel des anderen großen Zehs kam das selige Lächeln von Ho Chi Minh. Flankiert waren sie von Che Guevara, Castro, Trotzki, Tshombé, Jean-Paul Sartre, Malcolm X, Régis Debray und, am kleinen Zeh des linken Fußes, das Heiligenantlitz von Klaus Fuchs. Um ihnen etwas Bewegung zu verschaffen, wackelte sie mit den Zehen.

»Sie sind nicht nur verrückt«, sagte sie mit einem Blick hinüber zu Churchill, »sie sind bösartig, was noch viel schlimmer ist. Die Leute sind mordlüstern. Du weißt es, ich weiß es, sie wissen es, und alle unsere schwarzen, gelben und roten Freunde wissen es.« Sie verstummte, um wieder an ihrem Bier zu nippen, und fuhr dann leise und mit fester Stimme fort. »Die Weißen waren immer schon Mörder, und sie werden immer Mörder bleiben. Du darfst nicht vergessen, Süßer, dass Jesus ein Schwarzer war.«

»Ja«, sagte Churchill schleppend und blickte zu Boden.

Sie waren einige Augenblicke gemeinsam still. Es war nichts weiter zu hören als die fernen Laute einiger Kinder, die auf einer Wiese die Straße hinauf Ball spielten. Ophelia störte die Stille schließlich. »Wir sollten nicht düsteren und unrealistischen Reflexionen darüber zum Opfer fallen, was hätte sein können. Wir müssen uns um die existentielle Gegenwart kümmern, Bruder, Baby. Und wo wir schon davon sprechen, warum kümmerst du dich nicht um ein weiteres kühles Bier für deine kleine Schwester, die dich sehr bewundert? Ich bin am Verdursten.«

Churchill war bereits unterwegs zum Kühlschrank.

»Könnte selber auch eins vertragen. Was gutes Bier angeht, verstehen diese Holländer ihr Geschäft.«

Ophelia (ein Bild makelloser und beherrschter Geschmeidigkeit in pinkfarbener italienischer Seidenhose und schwarzem Kaschmirpulli, ebenfalls aus Italien) beugte sich vor und machte den teuren Plattenspieler an, worauf Buxtehudes C-Moll-Konzert für Harfe und Mandoline den Raum durchflutete oder ihn, besser gesagt, auf ätherische Weise durchdrang. Ophelia öffnete sich der Musik ganz und gar, ließ sie in jeden Teil von sich eindringen, selbst in die geheimen Winkel, von denen niemand wusste außer sie selbst. Die erlesenen kontrapunktischen Wonnen bahnten sich mit ihrer klaren lyrischen Art einen Weg zurück in die frühesten Überbleibsel ihrer Kindheit. Mit einem euphorischen Lächeln schloss sie die Augen und genoss einige Momente zutiefst weiblicher Seligkeit.

Churchill füllte sein eigenes Glas. »Verzeih mir, wenn ich dich in deinen Träumereien störe, Schatz, aber hast du Cedric in letzter Zeit gesehen? Wir waren gestern verabredet, und er war nicht da.«

Auf einer prickelnden Welle knackiger Mandolinentöne kehrte Ophelia in die Gegenwart zurück. »Ah ja. Hab' ich ganz vergessen. Er hat heute Morgen angerufen, du hast noch geschlafen. Er konnte gestern Abend nicht kommen, ein Sonderkommando hat ihn auf Verdacht aufgegriffen und bis heute Morgen aus dem Verkehr gezogen.«

»Auf Verdacht! Ein eindeutiger Verstoß gegen die Mallory-Regel! Aber warum sollten die eine weiße Tunte auf den Verdacht hin festnehmen, etwas mit Black Power zu tun zu haben?«

»Vielleicht hielten sie ihn für einen Schwarzen, der als Weißer durchgehen will. Was weiß ich?«

Filigran umschmeichelten sie die Harfen- und Mandolinenklänge, spielten auf ihren Gesichtern und berührten die Oberfläche ihrer schwarz-weißen Augäpfel.

»Verdammt. Ich hoffe, die Bullen haben nichts rausbekommen aus ihm. Er ist die Schlüsselfigur für den Schlag am Maifeiertag.«

»Tatsache? Was soll er denn dabei? Einen Schwuchtelaufstand anführen?«

»Ich muss doch bitten, Schwester. Sprich nicht so unfreundlich über das dritte Geschlecht. Cedric ist hoch intelligent und ausgesprochen engagiert, durch und durch ein Revolutionär. Er steht auf unserer Seite gegen die weißen Unterdrücker.«

»Schon gut, schon gut. Ich mach' doch nur Spaß. Mm. Diese Harfe ist der Inbegriff des Gegenteils von Unterdrückung. Hör dir das an.«

Churchill lauschte einige Augenblicke. »Stimmt. Eine Harfe – ungehindert und rein. Aber zurück zu Cedric. Er ist unser Kontakt zur Air-Power-Scene.«

»Air Power? Was ist das denn? Habt ihr den Sauerstoff unter Kontrolle gebracht?«

Churchill trank den Rest seines kühlen Biers. »Eigentlich ein Geniestreich, taktisch wie psychologisch. Der Anfang, so kann man sagen, einer ganz neuen Dimension auf dem Gebiet der Revolution.« Er steckte sich eine große schwarze kubanische Zigarre an und stieß eine dicke, wohlig würzige Wolke aus, die die Musik sofort auf raffinierte Weise umgarnte und in ihre eigene Szene zog, was aromatisierte Klänge zur Folge hatte. »Wir bedienen uns bei unserem Schlag gegen Whitey seiner eigenen Methoden und Werkzeuge. Indem wir ihn aus der Luft bombardieren. Cedric ist mit einem Piloten von der Luftwaffe aus Fort Blair hier ganz in der Nähe befreundet. Der wird am Morgen des großen Tages eine voll beladene B-52 stehlen, damit über die Stadt fliegen und Gefängnis, Rathaus und das Hauptquartier von Clevelands Bürgerwehr bombardieren.« Er inhalierte einen Hauch Kuba. »Selbst wenn die Weißen von einem Dialog zwischen Schwarz und Weiß reden, wollen sie einen bloß verarschen. Am Status quo ändert das nichts. Sie haben alle Macht, wir keine. Und was immer unter solchen Umständen vor sich geht, ist nichts weiter als ein sinnloses Ritual, auf das noch nicht mal der unzufriedenste aller Aborigines hereinfallen würde.« Er leckte sich genüsslich die Lippen. »Das Einzige, was Whitey wirklich versteht, ist die Dialektik der Obstruktion.«

»Mm«, machte Ophelia über ihrem Glas Bier, »gutes Argument.« Churchill öffnete die Laschen am Bund seiner grauen Flanellhose, um seinem stattlichen Bauch etwas Erleichterung zu verschaffen, seufzte dankbar auf und fuhr dann fort: »Ausgebombte Ruinen. Kannst du dir das Entsetzen dieser Scheißkerle vorstellen? Das erste, was denen in den Sinn kommt, darauf möchte ich wetten, ist: Der Vietcong greift die Vereinigten Staaten an! Himmel Herrgott noch mal! Ich kann's kaum erwarten, die Angst auf ihren Schweinevisagen zu sehen. Stell dir vor: der erste feindliche Bombenangriff in der Geschichte dieses milchgesichtigen Landes?«

»Leider, so fürchte ich«, sagte Ophelia, »werden sie trotzdem nicht begreifen, wie es ist, die Bomben abzubekommen, anstatt sie zu werfen. Ich hoffe also, du rechnest nicht damit, bei denen so etwas wie Mitgefühl auszulösen – für das Leiden anderer, meine ich.«

Churchill schnaubte grunzend. »Nein, Süßes, so naiv bin ich auch wieder nicht. Wir wollen ihnen nur eine Heidenangst einjagen. Paradox ist nur, indem wir uns der einzigen Methoden bedienen, die sie kapieren, korrumpieren und entwürdigen wir unsere eigenen Leute. Ein schreckliches Dilemma, aber nicht zu umgehen.«

Ophelia stand auf und streckte sich wie ein wunderbares sinnliches schwarzes Tier. »Wie praktisch alles auf dieser bekloppten Welt«, fügte sie nach einem vollmundigen nigerianischen Gähnen hinzu.

»Ja, da hast du vermutlich Recht. Ich habe in letzter Zeit

mal ein bisschen Marcuse gelesen, und der hat ein paar beunruhigende Sachen zu sagen zur Situation ganz allgemein.« Er beugte sich vor und griff nach einem Taschenbuch, das auf dem Couchtisch aus Mahagoni und weißem Marmor lag. »Die Leistungsfähigkeit des Systems macht die Individuen untauglich für die Erkenntnis, dass es keine Tatsachen enthält, die nicht die repressive Macht des Ganzen übermitteln. Wenn die Individuen sich in den Dingen wiederfinden, die ihr Leben gestalten, dann geschieht das nicht, indem sie den Dingen das Gesetz geben, sondern indem sie es hinnehmen — nicht das Gesetz der Physik, sondern das ihrer Gesellschaft.«

»Hört sich ziemlich unabwendbar an, nicht?«

»Die Antwort ist der Aktivismus auf Straßenebene. Punkt.«

Die Musik ging zu Ende. »Buxtehude, ich liebe dich!«, rief Ophelia aus.

Das dunkelgrüne Princess-Telefon klingelte – eine gedämpfte ruhige Wortmeldung, ein zivilisierter, vernünftiger Ruf. Es war, als raune einem ein nettes Mädchen etwas ins Ohr.

»Aufstand der Massen«, sprach Churchill mit fester, klarer Stimme in den weiblichen Apparat. »Cedric, Schatzi! Wo steckst du denn? Oh ... diese miesen Bullen. Die haben dir doch hoffentlich nichts getan, oder? Nicht doch! Na ja, das machen die wahrscheinlich mit jedem. Aber die haben doch nichts rausbekommen aus dir, oder? Gut. Sehr gut. Haftschalen noch in Ordnung, ja? Großartig. Ha ha, ja hört sich wie eine Zweideutigkeit an, ich weiß, war aber nicht so gemeint. Was mich anbelangt, geht unser Privatleben niemanden etwas an. Jeder nach seiner Fasson. Genau. Ganz deiner Meinung. Wer will schon sagen, was normal ist. Sicher. Klar. Ich habe sie alle gelesen: Kinsey, Masters, Sacher-Masoch. Ich weiß. Sogar bei Tieren? Is' wahr? Hab' ich gar nicht gewusst. Wow! Is' ja toll. Eisbären. Mach Sachen! Aus Dokumentarfilmen? Von russischen Wissenschaftlern? Eine ganze Generation von Sodomiten? Junge, Junge, das ist ja 'n Ding. Nein, *Son of Lassie* habe ich nicht gesehen. Ich komme kaum noch ins Kino. Was? Kinder gucken so was ständig und haben die Message unterschwellig absorbiert? Mensch! Okay, hör mal, unterhalten wir uns doch darüber, wenn du vorbeikommst, ja? Okay. Gegen halb vier. Alles klar. Bis dann.«

Churchill zündete sich seine Zigarre erneut an und zog daran, bis sie wieder zum Leben erwachte. »Dieser Cedric. Das ist mir vielleicht einer. Wirklich.«

Ophelia hob den Kopf aus dem Buch. »Arbeitet er noch immer noch beim CVJM?«

»Mhm. Er gibt Schauspielunterricht. Einen Abendkurs für straffällig gewordene Jugendliche und Schulversager. Sie spielen eine Menge elisabethanische Dramen voll sinnloser Diskussionen.« Er genehmigte sich ein Schlückchen von Ophelias Bier und schmatzte genüsslich. »Apropos Abend, bist du zum Essen zu Hause?«

»Geht nicht, Bruderherz. Wir haben eine kleine Feier mit kaltem Buffet in der Kirche. Danach leite ich die Damen in einer Diskussion über eine künftige Integration schwarzer und weißer Frauenkultur.«

Churchill strich sich nachdenklich über das Kinnbärtchen und sah zum Fenster hinaus in einen Garten, in dem ein Blutroter Hartriegelstrauch am Aufblühen war. »Und was genau heißt das?«

Sie stand lachend auf und drückte ihm einen Kuss auf die Backe. »Ist derselbe alte Quatsch nur in neuer Verpackung.«

»Wollt ihr schwarze und weiße Make-up-Geheimnisse austauschen? Oder Rezepte? Eine Mischung aus Sklavenküche und Vorstadt-Cordon-Bleu? Ich hab's: sechs Einsatzmöglichkeiten der Aggression weißer Frauen im schwarzen Boudoir!«

Sie gab ihm einen Klaps auf den fast schon feisten Hintern. »Du sagst es. Solltest vielleicht selbst statt meiner hingehen.«

Er drückte sie an sich. »Nur gut, dass dich die Stadt dafür bezahlt. Ich meine, dieser Unsinn könnte einen durchaus verdummen.«

»Ach, manchmal ist es ganz lustig. Wir haben da eine unheimlich verklemmte Protestantin in der Gruppe, die mir schon lange in den Ohren liegt, zu ihr nach Hause zu kommen. Um ihre Kinder zu unterrichten. Sie will, dass ich ihnen …« Ophelia konnte sich kaum halten vor Lachen und stützte sich auf ihren Bruder, um nicht zu fallen. »Sie will, dass … dass ich ihnen … Negerspirituals beibringe!«

Worauf auch Churchill aufzuheulen begann vor Lachen. Einige wenige kulturell aus Zeit und Raum fallende Augenblicke lang hielten sie sich und ermunterten einander mit subversivem Stammesgelächter. Ihre schwarzen Lachtränen wuschen auch die letzte Sandburg, die die weiße christliche Phantasie je an die Küsten unserer Realität gestellt hat, zurück ins Meer. Und diese Ergüsse des Tränenapparats, dieses Verströmen, dieser Leitungsbruch, diese fruchtbare Überschwemmung hatte so gar nichts gemein mit dem, was den Weißen so mühelos und wohlfeil über die blassen Backen rinnt. Weiße Tränen verhalten sich zu schwarzen wie Ginger Ale zu edlem Wein.

Denken Sie doch mal: Wie oft haben Sie schon einen Neger weinen sehen? Genau. Negertränen haben Seltenheitswert. Und noch seltener sind Weiße, die welche gesichtet haben. Sie sind gegen schwarzes Gesetz, und das aus einem sehr guten Grund. Der Neger hat Respekt, ja Ehrfurcht vor seinen Tränen. Sie haben etwas Magisches und sind allein deshalb nicht zu verschwenden, schon gar nicht auf Nichtigkeiten wie einen Niednagel, schlechte Frisuren, geplatzte Verabredungen zum Essen, unglückliche Affären, klumpige Matratzen oder Pech beim Würfeln; genauso gut könnte man Flugbenzin in Rasenmäher geben.

Schwarze Tränen sind für den Tod eines Kindes, für den Einsturz der chinesischen Mauer oder gegen Schneestürme in der Zeit der Aussaat im Lenz. Übrigens ist die Strafe für den Missbrauch dieses mächtigen Stoffes sehr streng: keine Tränen mehr! Man stelle sich vor, man braust in seinem neuen Porsche durch die Alpen, einen grauen Kaschmirpulli um den Oberkörper, herrliches klares Wetter, die Serpentinen ein Gedicht. Ein gebratenes Täubchen im Picknickkorb, eine Flasche Neuilly-Bœuf im Champagnerkübel. Die junge Prinzessin von Griory erwartet einen im Chalet. Lächelnd nimmt man mit hundert Sachen die Kurve. Urplötzlich sieht man sich vor einer Lücke (die Straße ist noch nicht fertig); es geht jäh einige tausend Meter in die Tiefe. Man springt auf die Bremse. Aber die Bremsflüssigkeit ist ausgelaufen! Man schießt einfach darauf zu … Alles klar? (Es vergehen Jahre, die Suchtrupps gehen in die zweite Generation, und man hat noch immer keine Leiche gefunden.)

»Wenn man bedenkt, dass solche Leute das Land regieren«, sagte Churchill, nachdem er sich wieder gefasst hatte.

»Wirklich ein starkes Stück«, meinte Ophelia, »wirklich. Die Geschichte hat wirklich einen perversen Humor.«

Später am Abend dann, bei einer Flasche erstklassigem polnischem Wodka, den Churchill von einem Freund im polnischen Konsulat hatte (dem blonden Wassily Wsyniski, mit dem zusammen Churchill in Moskau revolutionäre Taktiken studiert hatte; Wassily hatte mit Christine Keeler und Profumo zu tun gehabt, den Hauptfiguren des großen Sexskandals 1962 in London, aber die Presse hatte das übersehen; der Skandal hatte übrigens weitaus erheblichere Auswirkungen auf die europäische Politik, als man gemeinhin sehen will). Churchill und Cedric gingen diverse Aspekte des Schlags am 1. Mai durch. »Haben deine Schüler die dreihundert Stinkbomben gebastelt?«, fragte Churchill seinen Freund.

Cedric grinste übers ganze Gesicht. »Allerdings. Meine Jungs sind Arbeiter, die hängen sich rein. Schon gar, wenn es darum geht, den Schweinen was heimzuzahlen, die sie ihr ganzes Leben lang rumgeschubst haben.« Er schluckte ein Gläschen Wodka weg, und nachdem er wieder zu Atem gekommen war, sagte er: »Unsere Stinkbomben kontaminieren Cleveland für die nächsten zwanzig Jahre, so toll sind sie. Wir haben gestern Abend eine in einem Kino in Shaker Heights ausprobiert – das Laden war in zwei Minuten leer.«

»Ausgezeichnet. Was ist mit der Einsatzgruppe ›Feueralarm‹?«

Cedric zwinkerte ihm zu. »Die Operation haben wir ausgearbeitet wie ein Schweizer Uhrwerk. Einhundertfünfzig halbwüchsige Kinder im städtischen Findelhaus, einhundertfünfzig Feuermelder. Meine Verbindungen zum Findelhaus sind ausgezeichnet. In den Feuerwachen wird auch nicht ein Löschzug mehr stehen. Siebenhundertzehn Fahrzeuge mitsamt Leitern rasen, sozusagen wie die Feuerwehr, durch die Stadt!«

Churchill lachte kehlig. »Wunderbar, Cedric, Schätzchen, wunderbar. Na dann lass mal sehen. Ah ja, die Feuermelder in den Kaufhäusern.«

Cedric holte einen Zettel aus seiner Tweedjacke. »Alles im Griff, jede Einzelne: Ottinger's, Kahn's, Bamberger's, Ludlow & Janney's, Goldheimer's. Unsere Hausmeisterbrigade steht Gewehr bei Fuß.«

»Gut. Ich hoffe, sie können, bei aller Akkulturation, ihre Impulse beherrschen und halten sich an die Anweisung, nicht zu plündern.«

Nach einem weiteren Gläschen leuchtete Cedrics Gesicht wieder auf.

»Na, mit einigen Verstößen werden wir wohl rechnen müssen. Das von den Weißen gesetzte Beispiel ist nicht so einfach zu überwinden. Ehrlichkeit braucht seine Zeit.« Er stieß Luft durch die zusammengepressten Lippen. »Puh! Ist der Wodka heiß oder was?«

»Cedric, alter Knabe, du hast einen wunderbaren Blick für unser Problem. Ich trinke auf die Schönheit deines Intellekts und deinen Schneid!« Churchill hob sein Glas und trank es aus. »Ahh! Mutter? Ja, lieber Freund, es gilt, den Schwarzen nach seiner eigenen Art zu prägen. Das ist das erste große Problem, das uns bevorsteht, hat die Revolution die Vergangenheit und den Dünkel der Gegenwart erst mal ausgelöscht. Im Augenblick existiert er ja kaum, jedenfalls nicht im authentischen Sinne dieses Konzepts. Er ist eine operative Illusion, die Projektion einer politischen Phantasie der Weißen, der er Leben eingehaucht hat, um in der Welt der Weißen zu existieren. Und so ist er für sich, seine Familie und die schwarze Gemeinde eine Reaktion auf diese schreckliche Rolle, die er den ganzen Tag spielt. Wie soll eine aus der Reaktion geborene Identität authentisch sein, wurzelt sie doch im Mythos der Weißen?« Er schüttelte traurig den Kopf. »Manchmal denke ich, sein einziges Selbst ist seine schwarze Haut. Die Ironie ist natürlich, dass ihm diese Hautfarbe, mit der die Natur ihn ausgestattet hat, damit er physisch im Lauf der Jahrtausende überleben konnte, zum Verhängnis geworden ist.« Er stieß einen tiefen Seufzer aus. »Das Leben ist wirklich verrückt!«

Cedric, der mittlerweile ziemlich betrunken war, kicherte. »Eure Geschichte kann einen ja richtig runterziehen. Nur über die Runden kommen zu können, indem man alles ist, nur nicht man selbst! Existenz und Überleben schließen sich damit gegenseitig aus. Also wirklich, *wow!* Da liegt der Hund begraben.«

»Ja. Das ist wohl der Augenblick, in dem für gewöhnlich Gott seinen Auftritt hat.« Er schenkte Cedric und sich noch einen ein.

Cedric sah grinsend zu, wie die farblose Flüssigkeit das

kleine Glas füllte. »Dessen Referenzen ja nun auch nicht gerade unproblematisch sind.«

»Nein, eine Unbedenklichkeitsbescheinigung kriegt der wohl kaum.«

»Ha, ha! Aber wie es in dem Witz so schön heißt: ›In erster Linie ist sie schließlich ein Nigger.‹«

»Gefällt mir. Absolut. Genau mein Geschmack.«

Cedric entschuldigte sich, um aufs Klo zu gehen, und während er draußen war, ließ Churchill die Gedanken schweifen. Auf den Wodka herrlich gelöst, ohne die ihm von der Gesellschaft aufgezwungenen Abwehrmechanismen völlig offen für praktisch jede interessante Möglichkeit (metaphorischer oder anderer Art), sah er sich in einer Landschaft voll sanfter, wissender Schwingungen, inmitten einer ungezähmten Palette raffiniert sanfter Farben in einem linden, nach Curry duftenden Land. Keine Spur von eisiger Geometrie, nicht eine dünne gerade Linie, die einem ihre finite Länge aufzwang. Er war wieder in Kampala, wo er die von Weißen Patern geleitete Grundschule besucht hatte, während sein eigener Vater, Afu, in der Küche des Hotels Speeck aushalf und seine Mutter, Kula, Hausmädchen bei den Davis-Hobbses, der Familie eines britischen Staatsbediensteten, war (die käsige Tochter trug eine Zahnspange und guckte einen immer so merkwürdig von der Seite an). Und er hatte nicht etwa die glitschige Treppe der Zeit genommen, um dorthin zurückzukehren, sondern war im Hier und Jetzt dort drüben; er hätte nicht sagen können, wie ihm geschah. Er träumte auch nicht. Merkwürdige Laute waren zu hören – Laute, die sich nicht nur ausbreiteten und dabei Bögen beschrieben, sie machten darüber hinaus auch noch ein Geräusch in der Luft. Und Gerüche, die lachten.

In dem kleinen Park vor dem Hotel fläzten sich, in allerlei Stellungen, Bettler – Stellungen, die nicht schicklich waren, das war Churchill klar. Ihre Lumpen bedeckten nur

Teile ihrer Körper, andere Teile waren sich selbst überlassen. Zweien oder dreien der Bettler fehlte ein Arm oder ein Bein.

Churchill versuchte eben zu einem Schluss darüber zu kommen, was er diesen Menschen gegenüber empfinden sollte – er selbst kam sich weich, fast knochenlos vor, was aber gar nicht so schlecht schien –, als ihn ein magerer Bettler mit einer halben Banane in der Hand ansprach: »Was bist du nur für ein albernes Ding.«

Churchill streckte die Hand nach ihm, um ihn zu berühren, schaffte es jedoch nicht ganz. »Meine Mutter hat deine gekannt«, sagte er in einer Stimme, von der er sofort wusste, es war nicht die seine.

»Deine Erinnerungen sind alle Lügen!«, schrie der Mann und warf Churchill die halbe Banane ins Gesicht.

Die anderen Bettler lachten auf oder begannen obszön zu kichern; völlig zwanglos krochen sie aufeinander herum. Keiner schien der Szene besondere Aufmerksamkeit zu widmen. Ihre Gedanken waren woanders.

»Irren ist doch menschlich, wieso kannst du mir nicht verzeihen?«, rief Churchill. Es hatte zornig klingen sollen, aber als der Satz sich geformt hatte, war dieser Zorn wie weggewischt; wie närrisch begann er zu lachen und streichelte dabei sein Gesicht.

Er bemerkte, dass die Bettler verschwunden waren und fühlte sich plötzlich einsam; er hatte Angst. Unter dem großen Brunnen stand allein ein hoch gewachsener knochiger Mann. Er war splitternackt. Er hatte seinen ungeheueren steifen Penis in der Hand. Und das nicht etwa aus Angabe, soviel war Churchill klar. Es hatte irgendeinen Sinn. Churchill überkam ein starkes und reines Bedürfnis, dem Mann das zu sagen. Er versuchte dieselbe Miene aufzusetzen wie ein Kandidat, den er kürzlich auf einem Wahlplakat gesehen hatte. »Wir dürfen nicht aufhören, für unsere Ideale zu kämpfen«, flüsterte er dem Mann zu, obwohl er einige substanzlose Meter von ihm entfernt stand.

»Ich will aber nicht, dass alles einen Sinn hat«, entgegnete der Mann und begann sich wie wild einen runterzuholen.

Von Panik ergriffen, stürzte Churchill auf den Mann zu. »Denk doch an deine Familie! Bitte!«

Ehe er sich's versah, war er von Kopf bis Fuß – er war jetzt ebenfalls nackt! – mit dem Samen des Mannes bedeckt. Er wusste, dass sich das nicht gehörte und hoffte inständig, niemand, der irgendwie wichtig oder gar mächtig war, konnte ihn sehen. Verstohlen warf er einen Blick durch den Park und auf das Hotel. Dann begann er das Sperma abzuwischen und leckte es sich von den Fingern. Es schmeckte nach Erdbeermarmelade – genau wie die, die sein Vater im Hotel geklaut und mit nach Hause gebracht hatte. Er hatte ganz plötzlich das Bedürfnis, ein bisschen um seinen Vater zu weinen, beschloss aber, sich das für später aufzubewahren. »Ich danke Ihnen vielmals, Sir«, sagte er, aber der Mann war verschwunden. Zwei weiße Touristinnen standen jetzt an der Stelle, an der er gestanden hatte. Sie begannen zu schreien und zu deuten, aber irgendwie waren ihre Worte für ihn nicht zu hören. Er hatte den Verdacht, dass sie Mundgeruch hatten. »Sie werden nicht lange hier sein«, sagte er über die Frauen.

Mit einemmal war er ein kleiner Junge im Bett seiner Eltern, die sich flüsternd über ihn unterhielten. Ihre Körperwärme erregte ihn und machte ihn ganz schwach; er hatte das Gefühl, jeden Augenblick ins Bett pinkeln zu müssen. Er wusste nicht, was er machen sollte. Er dachte daran zu weinen. »Komm mir doch nicht mit deinem Pipikram«, sagte seine Mutter grinsend und gab ihm eine Ohrfeige.

»Ich hab' doch gar nichts gesagt«, sagte er. »Brave Jungs wissen, wo sie hingehören.« Er bemerkte, dass das Schlafzimmer gar nicht das war, das er kannte. Er fragte sich, ob er das ansprechen sollte, aber noch als der Gedanke sich verdichtete, bekam er es mit der Angst, und er versuchte ihn zu vergessen. »Möglichkeiten haben keine Bedeutung«, sagte er, einfach so vor sich hin. Jetzt begannen seine Eltern allerhand schlimme Sachen zu machen, was eine Welle der Scham über ihn hinwegschwappen ließ. Plötzlich begann er auf ihre sich windenden nackten Körper einzuschlagen. Seine Schläge verfügten jedoch nicht über die Kraft, die er zu haben meinte, sie hatten die Wucht von Wattebäuschchen. Seine Eltern achteten noch nicht mal auf ihn. Also griff er nach den großen Brüsten seiner Mutter, die jetzt auf seinem Vater saß, und hielt sich daran fest.

»Wieso bist du nicht bei der Arbeit?«, hörte er sich seinen Vater fragen, der in diesem Augenblick wie ein Schulfreund aussah, dem gegenüber er ziemlich gemischte Gefühle hatte. Dann wurde ihm schlagartig klar, dass die Person, an die er sich klammerte, seine Schwester war, und er schrie entsetzt auf. Er begann sich aufzulösen.

Jetzt befand er sich im Dschungel. Es war viel Zeit vergangen, und er fühlte sich weise, weich und ausgesprochen großzügig. Auf dem schmalen Dschungelpfad spielten zwei nackte Kinder mit einem Hund. Die Szene atmete eine wunderbare Süße. Wie ein Bonbon spürte er diese atmosphärische Süße im Mund. »Hier fangen wir an!«, verkündete er den Kindern, und seine Stimme war lauter als beabsichtigt. »Wir haben unsere Wurzeln im Herzen des anderen.«

»Das glaubst auch nur du«, sagte eine alberne Stimme. Churchill hob den Blick ins Dickicht der mächtigen Bananenstauden. Auf einem riesigen Blatt saß eine kleine Frau, die über und über mit grauen Haaren bewachsen war. Sie verströmte eine extreme Ferne und gleichzeitig eine Intimität, die jedes Verständnis überstieg.

»Die Innenschau war nie deine Sache«, antwortete er und zeigte ihr trotzig die klassische Geste mit dem Finger. Die alte Frau lachte gackernd und biss in eine große rote Frucht.

»Du großer fetter Nigger!«, rief sie und spuckte den Bissen nach ihm.

Die Kinder drehten sich nach ihnen um. Ihre glatten Gesichtchen strahlten, nicht ein Bissen problematischer Nahrung hatte ihre Zähnchen berührt. Mit vollen, bedeutungsschwangeren Stimmen begannen sie über alles mögliche zu singen. Mit erhabener träger Schönheit schwebten die Wörter aus ihrem Mund. Obwohl ihm die genaue Bedeutung ihrer Worte entging, sagte ihm die Idee an sich zu, und er war dankbar, dass die Kinder sich überhaupt mit ihm abgaben. Als er sie sich näher ansah, begriff er, dass einer davon er selbst war, als kleiner Junge. Bevor ihm klar wurde, was er da machte, umarmte und küsste er sich.

»Woher wusste ich, dass ich dich hier finden würde?«, murmelte er, während er sich streichelte, küsste, in sich aufging.

Aus der Ferne, vielleicht in den sanften Hügeln auf der anderen Seite des Dschungels, die ihn zu ersticken drohten, waren jetzt Explosionen zu hören. Bumm. Bumm. Bumm. Churchill wusste, er würde bald gehen müssen, und zwar mit dem kleinen Jungen auf seinem Arm.

14

An einem strahlend schönen Nachmittag im Mai schlenderte ein junger Spanier von sechzehn oder siebzehn Jahren den Strand von Palma de Mallorca entlang. Er hieß Miguel. Er arbeitete als Page im neuen Hotel Jaime V. Sechs Tage die Woche schuftete er wie ein Pferd. Ältere Leute waren beeindruckt von ihm.

»Miguel«, hatte Josh, sein alternder Chef, ihm einmal gesagt, »du bist ein guter Junge. Schaust die reichen Leute nicht komisch an. Stehst nicht ständig mit den Händen in den Taschen herum. Das Leben meint es gut mit dir. Glaub mir.«

Drei Jahre lang hatte er an der Abendschule (bei den Laienpriestern) Englisch und Französisch gelernt. Er wollte es zu etwas bringen und ein erstklassiger Empfangschef werden. Miguel war ein drahtiges, hageres Kerlchen; Hunger und Arbeit und eine gewisse Angst vor dem Leben ganz allgemein hatten ihn dazu gemacht.

Der Strand war sauber und verlassen. Was Miguel nur recht sein konnte, denn er war nicht in Stimmung für Unordnung, materieller oder anderer Art. Vor allem war er froh, dass keine halbnackten Mädchen beim Baden waren, sonst wären wieder seine Gedanken mit ihm durchgegangen und hätten sich darauf gerichtet, was zwischen seinen Beinen geschah. Er wusste, das dadurch viele Männer daran gehindert wurden, als Denker wahre Größe zu erreichen. Und er hatte so einiges, das er sich durch den Kopf gehen lassen wollte. Der heiße Sand unter seinen bloßen Füßen fühlte sich angenehm an. Er trat nach einer Muschelschale – ein bedeutungsloser Akt, der einen bedeutungslosen Gegenstand betraf, welcher längst seinen weltlichen Zweck erfüllt hatte und zu nichts mehr gut war. Dann zog ein dunkler Fleck am Strand seine Aufmerksamkeit an, der seinen Atem sofort schneller gehen ließ; eine Flasche, eine verkorkte Weinflasche (das Etikett war natürlich längst abgelöst). Fast verstohlen näherte er sich ihr. Von Kindesbeinen an hatte er davon geträumt, irgendein großartiges Schicksal, eine Bestimmung in so einer geheimnisvollen Flasche zu finden! Mit leicht zitternder Hand hob er sie auf und zog so sachte, wie nur irgend möglich den Korken heraus. Oh, wie wunderbar! Wie vollkommen! Sie enthielt tatsächlich eine Nachricht: ein großes zusammengerolltes Blatt. Er fischte es heraus und las die in eleganter Handschrift geschriebenen Zeilen.

Du unseliges, armes Schwein. Du wirst dir den Rest deines

dummen Lebens wünschen, diese Flasche nicht geöffnet zu haben. Ich bin Atheist, so dass mir der Trost der Beichte nicht zur Verfügung steht. Also mache ich dich zum geheimen Teilhaber. Ich teile dir hiermit mit, was für ein Scheusal ich bin – die Verbrechen, die ich gegen mein Menschsein und das anderer begangen habe.

Punkt 1: Ich bin ein Dieb. Ich stehle anderer Leute Ideen, Herzen, Besitz, Illusionen. Erst letzte Woche habe ich einem Mann seine Integrität gestohlen und dann noch die Frau. Ich kenne ihn seit der Schule.

Punkt 2: Ich bin ein Lügner. Ich lüge sogar, wenn es nicht nötig ist. Mir ist die Wahrheit physisch unangenehm. Gestern zum Beispiel habe ich einen wildfremden Menschen belogen, was das Wetter angeht.

Punkt 3: Ich bin abartig veranlagt. Kein Angehöriger des Tierreichs ist sicher vor meiner Lust. Man sucht mich in sechs Ländern wegen Verbrechen gegen die Schicklichkeit. Heute Abend werde ich mein Bestes tun, einen großen irischen Setter in meine Hütte zu locken.

Punkt 4: Ich bin ein Hypochonder. Ich klage ständig über eingebildete Krankheiten. In diesem Augenblick habe ich ein Pflaster über einem Schnitt, der nicht existiert.

Punkt 5: Ich bin eitel: In meiner Wohnung in Helsinki (ich habe auch eine in Budapest) habe ich nicht weniger als zehn Ganzfigurspiegel. Regelmäßig stehe ich mitten in der Nacht auf und betrachte mich darin. Ich bewahre meine abgeschnittenen Zehennägel auf und führe seit zwanzig Jahren eine Tabelle über meinen Stuhlgang.

Punkt 6: Ich bin außerdem ein Sklave des schnöden Mammons. Ich tue alles für Geld. Beim Sex denke ich an ganze Kammern voll Geld und werde völlig zum Tier (natürlich habe ich das nie einer meiner Geliebten gebeichtet, das versteht sich von selbst).

Punkt 7: Ich glaube an gar nichts. Gott ist ein schlechter Scherz. So, das wäre es, mein neugieriger und nunmehr auf immer belasteter Freund. Ich kann dir nicht sagen, wie erleichtert ich bin – ich scheine nachgerade zu schweben, weil du durch deine schlichte Geste die Verantwortung für all diese Verbrechen übernommen hast. Ich habe meine Unschuld wieder.

Dein neuer dickster Freund, Judas Nase

(Ja, ich war es, der ihm den Verräterkuss aufgedrückt hat.)

Miguel stopfte das Blatt langsam wieder zurück in die Flasche und steckte den Korken wieder ein. Dann schleuderte er die Flasche wieder zurück ins Meer. »Verflucht sei die Milch deiner Mutter!«, schrie er.

Er stand einige Augenblicke da und starrte der tanzenden Flasche hinterher, die allmählich mit der zurückgehenden Flut verschwand. Wütend stapfte er den Strand entlang zurück in die Stadt. Sein Verstand übersäte den Sand jetzt mit sinnlichen nackten Frauenkörpern, und jeder einzelne davon lächelte ihm in unsäglicher Komplizenschaft zwinkernd zu.

15

Sylvia liegt auf dem Rücken. Seit wenigstens fünf Minuten schon starrt sie das volle Bücherregal an der Wand an, ohne auch nur ein Wort zu sagen. Sie feuchtet sich die Lippen an, möchte etwas sagen, entscheidet sich dann dagegen. Es ist einfach zu unwichtig. Ein Wortwechsel zwischen ihr und ihrem Bruder vom Vortag – es ging um seine blöde kleine Frau Margie und silberne Salzstreuer, die ihrer Mutter gehört hatten. Sie hört ihren Therapeuten hinter ihr etwas auf seinen Block schreiben. Was sie irritiert. »Was schreiben Sie denn da?«, fragt sie und wendet den Kopf nach ihm um. »Ich habe doch gar nichts gesagt.«

»Warum haben Sie Ihrer Ansicht nach denn nichts gesagt?«

»Ich hab' zuerst gefragt!«

»Meinen Sie, Ihr Schweigen hat irgendwie mit dem Traum zu tun, den wir beim letzten Mal untersucht haben?«

»Welcher Traum?«, fragte Sylvia. Sie befingert die Knöpfe ihrer grauen Kaschmirstrickjacke.

»Na den, wo Sie mit Ihrem Bruder auf die – wie sagten Sie so schön? – ›unbeschwert bekloppte‹ Reise gehen. Mit jemandem namens Zachary – ›einen sehr wichtigen Fremden‹, haben Sie ihn genannt.«

»Ach der Traum«, sagte Sylvia. »Tja, hm … die Sache ist die, ich kenne keinen Zachary. Genau gesagt kenne ich den Namen überhaupt nur aus Romanen – ach ja, und von dem Schauspieler, Zachary Scott, aber der ist doch schon gestorben. Außerdem machte ich mir grundsätzlich nichts aus Hollywood-Typen. Die sind mir zu vulgär.«

Der Therapeut, ein Hüne von einem tiefschwarzen Neger, räuspert sich. »Wieso, denken Sie, macht Ihnen der Traum – oder unser Gespräch darüber – derart zu schaffen, dass Sie heute nicht reden wollen? Und falls Sie sich erinnern, Ihr Bruder hieß in dem Traum George und nicht Willie, wie er in Wirklichkeit heißt.«

»George?«

»Ja«, antwortet der Therapeut, »und er war Schriftsteller – Romancier.«

»Das ist doch ein Witz! Mein Bruder könnte keine Einladung schreiben, geschweige denn einen Roman.«

»Aber irgendwas hat es damit auf sich, Mrs. B., irgendwas. Denken Sie, Sie schämen sich, diesen Zachary erfunden und Ihren Bruder zu einem Schriftsteller namens George gemacht zu haben? Haben sie ein schlechtes Gewissen deswegen?«

Sylvia lacht auf. »In Träumen beginnt die Verantwortung.«

»Hm?«

»Yeats. Wie auch immer, vielleicht habe ich sie ja auch

gar nicht erfunden, vielleicht existieren sie ja in einer anderen Welt, einer Welt in einer Welt. Oder so ähnlich. Sie wissen ja, was Jung über das universelle Unbewusste sagt. Dass es in allen möglichen Formen und Bildern in jedem von uns steckt. Was halten Sie davon, Dr. Jomo? Vielleicht sind wir beide, Sie und ich in diesem Zimmer, nur eine Realität von vielen. Was meinen Sie?«

Dr. Jomo räuspert sich wieder. »Das mag alles durchaus möglich sein und ist als Spekulation sicher ganz interessant, aber es hilft uns beiden hier nicht weiter. Also sprechen wir doch über George und Zachary.«

»Na, wenn Sie meinen. Machen wir es mal eine Zeit lang auf Ihre Art. Aber ich möchte, dass wir in der nächsten Sitzung auf die anderen Möglichkeiten zurückkommen. Wie Sie selbst schon des Öfteren gesagt haben: ›Es ist Ihr Geld, Mrs. B.‹. Na denn: Zachary und George ... hmm ... Vielleicht ...« Sie rutscht etwas herum und legt sich die Hände aufs Gesicht, um sich zu konzentrieren. »Könnte sein, dass Zachary mein Vater ist. Er hat immer geschimpft, wenn meine Mutter mit Saccharin gesüßt hat. Zachary, Saccharin. Ja. Und in dem Traum führt er uns, mich und meinen Bruder ... weg von meiner Mutter ... weg vom Saccharin. Und mir war das durchaus recht, und ich nehme wohl an, dass ich deshalb nichts sagen konnte – weil ich Angst hatte, ein böses Mädchen zu sein, weil es mir recht war. Ich habe sie wirklich gehasst. Und dass mein Bruder zu George wird, dem Schriftsteller ... Tja, Ich wollte immer, dass er was wird ... ich meine, was Besseres als bloß Durchschnitt ... was Außergewöhnliches, Kreatives, also ... Oh, Augenblick! Ich hab's! Damit er mir und unserem Vater eine Geschichte schreiben kann! Und sich selbst. Das könnte er schließlich als Schriftsteller ... Unsere wahre Familiengeschichte schreiben ... richtig stellen, was falsch ist ... George, der Richtigsteller. Junge, Junge! Und wenn das tatsächlich so ist, dann war Zacharys Führungsrolle – also die meines

Vaters – nur eine Tarnung für meinen Bruder, der mich eigentlich führt … weil es für mein Bewusstsein nicht akzeptabel wäre, ein solches Projekt so direkt zuzulassen – schließlich spräche daraus die Verachtung für die Unfähigkeit meines Vaters, irgendetwas richtig zu stellen. Das Tabu gegen solche Gefühle ist einfach zu stark.«

Sie hält inne, lässt aber, wie zum Schutz, die Hände vor dem Gesicht.

»Ausgezeichnet«, lobt sie ihr Therapeut, der fleißig Notizen macht. »Ich denke, das bringt uns weiter.«

»Aber bedeutet das, dass ich in Wirklichkeit gern meinen Bruder zum Vater hätte – wo er doch dessen rechtmäßigen Platz als Führer einnimmt?«

»Tja, das wissen wir nicht. Gehen wir dem doch nach.«

»Ich frage mich, warum ich auf George gekommen bin. Warum nicht Charlie oder Maxwell?«

»Das frage ich Sie.«

»Jetzt fangen Sie wieder an. Sie hören sich an wie mein unheimlicher Gatte, Helsinki-Stinky. Spießt einen an die Wand wie ein Schmetterling.«

»Ach, hat er das in letzter Zeit mal gemacht?«, fragt Dr. Jomo, während er sich unter dem Knarren seines Sessels zurechtsetzt.

»Wenn er nicht gerade irgendeine bekloppte Masche ausheckt, ist das sein Lieblingssport.«

»Bekloppte Masche?«

»Und das ist noch untertrieben. Können Sie sich ein Geschäft vorstellen, in dem man *Nichts* verkauft! Großer Gott! Was wird dem Spinner wohl als Nächstes einfallen? Berufsschulen für Meerjungfrauen, wette ich.«

Es entsteht eine zarte Pause. »Übrigens«, sagt Dr. Jomo, »wissen Sie, dass Sie Ihren Gatten nie beim Namen nennen? Heute nennen Sie ihn den Gauner aus Helsinki-Stinky. Letzte Woche war er Rumpelstilzchen. Wie zum Teufel heißt er denn nun wirklich?«

Sie kichert. »Tja, nennen wir ihn doch heute mal … äh – Gelb. Okay?«

»Gelb? Warum denn?«

»Warum nicht?«

»Haben Sie denn je einen Gelb gekannt?«

»Nicht schon wieder!«

Dr. Jomo zündet sich eine Zigarette an und nimmt einen tiefen Zug. Die dichte weiße Wolke zieht über Sylvias Kopf. »Na schön … Wir haben uns Gedanken darüber gemacht, warum Sie Ihrem Bruder den Namen George gegeben haben.«

»Oh Gott. Ich bin so müde. Warum explorieren zur Abwechslung nicht mal Sie? Ich bleibe liegen und höre zu.«

Er lässt ein kehliges Lachen hören. »Es gehört zu meinem Beruf, mich so weit als möglich aus Ihren Explorationen herauszuhalten.«

»Wie heißt das noch mal, wenn Ihnen das nicht ganz gelingt? Gegenübertragung?«

»Genau.«

»Was, wenn es dazu kommt?«

»Nun ja, ich projiziere auf Sie – beziehungsweise auf die Situation hier – meine eigenen Probleme und Erfahrungen. Ich reagiere auf Ihre Phantasien mit eigenen, Sie absorbieren mich, ich absorbiere Sie.« Er räuspert sich und zieht an seiner Zigarette.

»Hm. Hört sich irgendwo toll an. Ein Festival der Phantasie. Haben Sie ein Beispiel?«

»Das ist nun wirklich nicht …«

»Ach, kommen Sie schon, Dr. Jomo. Seien Sie kein Spielverderber.«

»Na gut, schön. Mal angenommen, Sie kommen auf etwas, was mit Negern zu tun hat, richtigen oder eingebildeten. Da ich ein Neger bin und darüber hinaus sehr wohl weiß, dass Sie sich dessen bewusst sind, könnten Sie damit meine Sensibilität, meine Ängste und Erfahrungen als Neger provozieren oder wenigstens wecken. In diesem Augenblick würde sich alles, was zwischen uns bisher als Arzt und Patient gewesen ist, grundlegend verändern. Ich würde, in gewissem Sinne, meiner Identität als ›objektiver Arzt‹ verlustig gehen. Ich würde womöglich zum schwarzen Antagonisten und würde Sie entsprechend sehen. Verstehen Sie? Dann ginge ich womöglich sogar noch weiter und würde, während Sie Ihr Phantasienetz spinnen, Sie mit meinem eigenen Netz umspinnen und mich selbst mit hinein. Ich könnte so weit weg gehen und Sie mitnehmen oder hier lassen.

Ich beginne eigene Erfahrungen wieder zu erleben, seien es nun authentische, also gelebte, oder nicht authentische, die nur auf Wunschdenken beruhen. Möglich, dass ich mich so in eine traumatische Erfahrung zurücklocken lasse, bei dem ich Opfer des Wahnsinns einer Weißen geworden war. Der ich erlaubt hätte, meine Bedürfnisse, meine Verletzlichkeit auszunutzen und mich zu manipulieren! Eine dämonische weiße Göttin, die ganz zufällig die einzige Verbindung zwischen meinem kleinen Geburtsort und der großen Welt draußen war, in die ich unbedingt hinauswollte, um nicht zu vergehen. Diese Frau nun war die Gattin des reichsten Mannes in unserer Stadt – der ganz zufällig hin und wieder seinen homosexuellen Neigungen zu frönen pflegte –, und sie war wahnsinnig und grausam und über alle Maßen schön. Außerdem war sie sensibel wie eine junge Wespe. Sie ließ mich dem Lied der Lerche lauschen, führte mich ins geistige Leben ein, in die unermessliche Welt kreativer Phantasie und den ach so unerträglich messbaren Augenblick gezielter Demütigung. Ich begann als Houseboy auf ihrem Landsitz in Madison, New Jersey, und brachte es bis zur Nummer eins in ihrem satinbezogenen Bett: fünf Generationen seidenweicher Inzucht um meinen unwürdigen schwarzen Leib. Wir saßen in der großen Küche und diskutierten über Lyrik, während Jasper, ihr

Gatte, es draußen in den Stallungen bei den schmuddligen jungen Kerls versuchte, die sich um die Pferde kümmerten.

›Also, du schrecklicher Heide‹, sagte sie dann, ›jetzt sag mir doch mal etwas über Marvells Einsatz der Metapher in »An seine spröde Geliebte«.‹

›Marvell‹, pflegte ich darauf zu seufzen, ›was für ein Mann.‹

›Ja, ja. Mal abgesehen davon. Sein Umgang mit der Metapher, bitte.«

›Schon gut, schon gut. Er bedient sich einer Metapher für die Zeit – *Doch rückwärts immer näher jagen / Hör' ich der Zeit beschwingten Wagen* –, um seiner Perspektive Nachdruck zu verleihen, die da ist, endlich einen wegstecken zu wollen.‹

›Verkehr haben zu wollen.‹

›Verkehr haben zu wollen. Der Wagen jedenfalls ist eine Metapher, und dann die andere Zeile – *Gäb' es in Fülle Welt und Zeit* – soll der Kleinen klarmachen, dass sie nur ein Augenblick in seinem Leben ist und ihr Leben davon abhängt, diesen Augenblick zu nutzen. Marvell bettet das Individuum in metaphorische Reflexionen über sein Menschsein.‹ Ich schenkte mir eine Cola ein und nippte daran.

›Was halten Sie davon, Mrs. Twimbly?‹

›Ich bin sehr zufrieden mit deinen Fortschritten, junger Mann. Du machst dich bestens. Du wirst eines Tages noch etwas darstellen. Benutz nur weiter deinen Verstand. Und jetzt sei ein Schatz und mix mir noch einen von deinen unvergleichlichen Daiquiris.‹

›Etwas darstellen‹, sagte ich, während ich am Spülbecken mit den Getränken zauberte. ›Heißt das, ich werde dann ein Weißer und bin kein Nigger mehr?‹ Das eisige Glas, das ich durch die unermesslichen Weiten der noblen Küche trug, fühlte sich herrlich an.

›Nie im Leben‹, sagte sie und nippte an ihrem Drink. ›Aber die Leute werden dich nicht mehr wie einen behandeln, auch wenn ihre Ansichten die alten bleiben.‹ Sie sah mich an – mit ihrem verrückten Shirley Temple-Blick – und lächelte.

›Sie brauchen mich ja nicht gleich gern zu haben‹, sagte ich und kaute auf meinen Kartoffelchips.

Sie schnaubte. ›Die haben genug Probleme damit, ihre eigenen Leute gern zu haben.‹

›Eines Tages komme ich schon noch raus aus diesem armseligen Kaff! Dann lebe ich in Paris oder London. Im West End.‹

›Immer schön der Reihe nach, du schönes schwarzes Tier. Aber zurück zu Marvell: Sag mir doch, wie er die Bilder seiner Metaphern in der »Spröden Geliebten« aufbaut und erweitert. Mm. Aber vorher möchte ich dir noch sagen, dass du im Bett gestern einfach *super* warst. Meine Brüste tun noch immer ein bisschen weh, aber das ist okay.‹

›Danke‹, sagte ich. ›Ich hab' mich wohl vergessen und sie ein bisschen zu heftig gebissen. Also ... Marvell ... *hmm* ... er reitet mit allen möglichen Bildern auf der Vergänglichkeit aller Dinge herum – Gemüse, zum Beispiel, und dann der Wurm ...‹«

Dr. Jomo räusperte sich. »Und so geht das weiter, Mrs. B.«

»Alle Achtung«, sagte sie. »Wer hätte gedacht, dass Sie als Psychoanalytiker *so* angefangen haben.«

»Na Sie, Mrs. B.«

»Ich? Versteh' ich nicht.«

»Das war nicht meine wahre Geschichte. Ganz und gar nicht.«

Fast zornig setzt Sylvia sich auf. »Was?«

»Nichts was. Das war nur meine Version Ihrer Phantasien über mich. Als Beispiel einer so richtig satten Gegenübertragung. Aber Sie verstehen jetzt, wie das geht, ja?«

Sie steht auf und beginnt in dem von Büchern gesäumten Sprechzimmer auf und ab zu gehen. »Lassen Sie mal sehen, ob ich das richtig verstanden habe. Sie sehen sich als scheinbar objektiver Arzt aus Ihrer objektiven Position gezwungen – vielleicht durch etwas, was ich sage, etwas, was einen so genannten empfindlichen Teil von Ihnen berührt –, und das veranlasst Sie zu einer Gegenübertragung, der Projektion einer Ihrer eigenen Phantasien auf mich. Aber diese Phantasie – oder vielleicht auch wahre Geschichte, was weiß ich – ist ganz zufällig eine Wiedergabe oder Neugestaltung einer meiner eigenen Phantasien über Sie. Sie muss nicht mal eine der Ihren sein. Stimmt das?«

»Genau.«

»Das heißt, alles, was hier passiert, kann durchaus nur ein komplexer Austausch von Übertragung und Gegenübertragung sein, von Phantasie und Gegenphantasie, und die wahre Geschichte, ich meine, die tatsächlichen Ereignisse gehen über Bord.«

»Kommt gar nicht so selten vor. Natürlich haben Sie dabei eines übersehen, und das ist die Notwendigkeit, aus dieser Gegenübertragung, aus dieser reifizierten Phantasie Realität zu *schaffen.*«

»Oje!«, sagte Sylvia wie ein verblüfftes kleines Kind.

»Was ich sagen will, ist Folgendes: Meiner Ansicht nach haben Sie alles getan, um von mir Ihre Phantasie dadurch bestätigt zu bekommen, dass ich sie zu meiner eigenen mache. Und Sie Ihnen als Realität zurückgebe. Ein perfektes Beispiel für die manipulative Kraft der Phantasie.«

Verblüfft und erstaunt zugleich starrt sie ihn an. »Sie meinen, ich habe das von Anfang an so geplant?«

»Ja. Sie können mich kontrollieren, ja kastrieren, wenn ich Ihnen gestatte, Ihre Phantasie über mich auszuleben. Ich glaube nicht, dass Ihnen an mir selbst etwas liegt – weder an meiner Realität, noch an meinen Phantasien bezüglich dieser Realität. Damit würden sie nämlich nicht klarkommen, das wäre Ihnen viel zu kompliziert, nicht nur, was mich anbelangt, sondern überhaupt. Schaffen Sie es dagegen auf die andere Tour, geht das sehr wohl. Sie haben die Macht und müssen sich mit der anderen Welt erst gar nicht abgeben. Ach übrigens, in der Schöpfung, die ich gerade auf Sie zurück projiziert habe, waren Sie natürlich die anmaßende reiche Frau.«

Sein Stuhl quietscht. »Und dann besteht natürlich noch die Möglichkeit, dass ich Ihr Material unbewusst in mein eigenes Wunschdenken – in meine Vorstellung, wie die Vergangenheit hätte sein sollen – integriere und diese Vergangenheit dann ganz ohne weitere Verbindung zu Ihnen auslebe.

Sylvia sitzt kraftlos auf der Couch. Verstört und auch ein bisschen verängstigt, sieht sie ihren Bombenerfolg direkt vor ihr auf der Bühne eingehen. »Guter Gott, das ist ja verrückt, was für ein Kuddelmuddel! Aber sagen Sie mir noch eines: Warum sollte ich denn das alles überhaupt wollen?«

Dr. Jomo stößt einen gewaltigen Seufzer aus. »In diesem Fall verweigern Sie sich einer beängstigend neuen Situation mit einem beängstigend neuen Menschen. Sie haben, erstens, bei mir Hilfe gesucht, zweitens bin ich zufällig ein Neger, ein Angehöriger einer Rasse also, die Sie für gewöhnlich nicht um Hilfe angehen, sondern als minderwertig abtun. Diese beiden Faktoren sind einfach zu viel für Sie. Und außerhalb meiner Praxis halten Sie es höchstwahrscheinlich mit allen so.«

Sylvia erschrickt. »Sie meinen, ich erfinde die Leute – und lebe dann mit meinen Erfindungen?«

»Genau. Jeder macht das. Ständig. Es ist nun mal die Art und Weise, wie der Mensch mit dem Leben umgeht. Der Mensch ist einfach zu schwach, um sich der wahren Realität zu stellen. Woher soll ich zum Beispiel wissen, dass es den Mann, den Sie mir da als Ihren Gatten beschrieben haben, tatsächlich gibt?«

Sylvia springt auf. »Natürlich gibt es den kleinen Scheißkerl! Herrgott, vermutlich versucht er in diesem Augenblick

Johannes den Täufer zu einer Vortragsreise zu beschwatzen.«

»Bitte, Mrs. B., beruhigen Sie sich wieder. Ich versuche Ihnen doch nur zu zeigen, wie die Leute das Leben verdrehen, verzerren, neu schaffen, nur um sich nicht dem unglaublichsten aller Phänomene stellen zu müssen. Dem Sein. Nehmen wir ruhig mal an, es gibt Ihren Gatten. Wie soll ich nun wissen, dass alles, was Sie mir über ihn erzählen – seine Charakteristika, seine bizarren Machenschaften, die Exoten, die er zu Freunden hat –, wie soll ich wissen, dass das wirklich er ist?«

Sylvia ist völlig entgeistert. »Aber, mein Gott, Dr. J., woher sollen wir denn dann wissen, dass nicht die ganze Welt eine Erfindung ist?«

Dr. J. lächelt und hebt in einer bedacht beschwörenden, philosophischen Geste die großen Hände. »Wir wissen es nicht.«

Sie sehen einander an – Dr. J. belustigt, Sylvia völlig verblüfft. Dann wirft er einen Blick auf die Uhr auf seinem lederbezogenen Schreibtisch. »Tja, ich sehe, die Stunde ist um. Dann bis Freitag.«

Sylvia macht sich zögernd auf den Weg zur Tür. »Bis Freitag – falls es so etwas tatsächlich gibt.« Sie schließt die Tür hinter ihr.

Jomo steht auf, streckt den hünenhaften schwarzen Körper und reibt sich mit beiden Händen das Gesicht, als wolle er es wieder zum Leben erwecken, oder vielleicht war es auch nur eingeschlafen. »Mein lieber Mann«, sagt er in den Raum. »Was für ein Leben. Was für ein Leben.«

Das Telefon klingelt. Er lässt es zweimal klingeln, betrachtet es dabei lächelnd, bevor er rangeht. »Ja? Ah, Geneviève, altes Mädchen! Wo steckst du denn? Ah, ich verstehe, alles klar. Tja, ich habe dich schrecklich vermisst. Eine kleine Gesellschaft bei dir? Hört sich … mhm … aber, natürlich. Mit Freuden. Ich könnte über, sagen wir mal, das Ritual der Entfremdung sprechen. Ein Aufsatz, den ich eben geschrieben habe, für die *Vierteljahrsschrift für Existenzielle Psychiatrie*. Schön, schön. Und was ... ach, wie wunderbar. Du kennst eben meine Schwächen, Geneviève. Versprich mir einen *pot au feu*, und ich bin dein Sklave. Philip ist nicht dabei? Zu schade. Tja, ich hoffe, die Geschäfte sind ihm hold in Spanien. Genau. Also dann, Freitag, halb acht. Auf Wiedersehen, meine Holde.«

Er reibt sich freudig die Hände. Geneviève Palmer. Geneviève Novodny Palmer, genauer gesagt. Ein Füllhorn mit rosiger Haut und blauen Augen aus der gefräßigen Oberschicht Budapests, das jählings in der gegenwärtigen Szene aufgetaucht war. Mm. Ein Traum die Frau. Hätte Franz Kafka eine wie sie gekannt, er hätte es nicht nötig gehabt, den *Prozess* zu schreiben. Geld wie Heu. Ihrem Gatten gehört die Hälfte eines jeden Wagens, der in Amerika vom Fließband geht. Was für ein wunderbarer Wochenmarkt von einer Frau. Allein ihr Akzent steht für ein Jahrtausend stilisierter Lasterhaftigkeit. Nicht ein gesunder Knochen in ihrem üppigen Leib. Sie ist die Mama, für die jeder Junge Papi meucheln möchte, um sie aufs Kreuz legen zu können. Wenn die Frau ihr mitteleuropäisches Lachen lacht, schreien Mönche aus dem fünften Jahrhundert vor Schmerzen auf. Ah, Gen – was werden wir zwei beiden nicht alles anstellen! Dinge, die in der psychiatrischen Fachliteratur noch nicht einmal aufgeführt sind. Gott sei Dank bin ich in Form.

Er fällt jäh vornüber und absolviert rasch zehn Liegestütze. »Jawoll!«, sagt er im Aufstehen und lächelt dabei. »In Topform. Nicht einer unter fünfzig Therapeuten in der Stadt macht mir das nach.« Er verbeugt sich vor den Büchern rund um ihn. Möge euch, Kollegen, verweichlichte weiße Kastraten, die Apfelkonfitüre eurer Mütter weiterhin gute Dienste tun.«

Ein Blick auf die Armbanduhr sagt ihm, dass er noch

fünfzehn Minuten bis zum Mittagessen mit Dr. Charles Blye, dem Direktor des Zwischenstaatlichen Komitees für Drogenmissbrauch bei Teenagern, hat. Er nimmt eine Zeitung vom Schreibtisch und überfliegt die Schlagzeilen: »Gen. William C. Westmoreland verlangt, die amerikanische Truppenstärke in Vietnam um 206 000 Mann zu erhöhen, ein Ersuchen, das in der Regierung Johnson heftige Debatten auf höchster Ebene ausgelöst hat.« Er seufzt. »Klarer Fall von Psychose, dieser arme Irre.« Er überfliegt eine andere Seite. »Erzbischof Terence J. Cooke auf Überraschungsbesuch bei seinen alten Freunden im Misericordia Hospital in der Bronx. ›Das‹, so flüsterte ein Patient, ›ist das wunderbarste Erlebnis meines Lebens.‹« Er gestattet einem mächtigen Furz die Freiheit. »Herrgott, was für ein farbloser Betrug. Verklemmte alte Homos als Stellvertreter Gottes!« Er sieht sich einen anderen Artikel an: »Amerikanische Radioastronomen zeichneten während der letzten Woche Frequenzstrahlungen von außerhalb der Erde auf; der Ansicht britischer Kollegen nach könnten sie von anderen Zivilisationen kommen.«

Er muss lachen. »Warum nicht? Wir haben Zivilisationen rundum. Jeden Augenblick entsteht irgendwo eine neue. Jede davon sendet Signale, die der andere einfach nicht wahrhaben will. Die Jungs aus der Forschung verlassen sich viel zu sehr auf die Realität ihrer Karteikästchen. Ein Problem, das wir Dichter nicht haben.«

Um seine Verabredung zum Mittagessen einzuhalten, nimmt er den Weg durch den Park. Es ist ein heiterer Tag, voll Energie. Zu allen Schandtaten bereit. Dr. Jomo atmet tief durch. Was spirituelle Nahrung angeht, denkt er bei sich, geht doch nichts über echte frische Luft und Sonne. Ihm kommt der Gedanke, dass das Wetter womöglich auf die Autos auf den Straßen wirkt; wenigstens benehmen sie sich nicht so verrückt wie sonst. Seine Gedanken huschen über das unmittelbare Terrain. (Er lächelt über einen Penner, der ausgestreckt auf einer der Bänke schläft; ein unbeschuhter Fuß baumelt herab; er hält eine leere Weinflasche im Arm.) Ob ich der Frau, dieser Mrs. B., wohl helfe? Ist es da zu einer wesentlichen Veränderung gekommen? Oder stecke ich mit ihr unter einer Decke, in einer endlosen Verschwörung und betreibe Unterstützungstherapie? Ist ihr die Therapie zur Sucht geworden? Ich fürchte fast. Die Krücke ohne Ende. Sie kommt jetzt über ein Jahr zu mir, und falls überhaupt, waren die Veränderungen nur sehr, sehr klein. Sie hat nicht mehr so oft Kopfschmerzen, und sie schläft jetzt sieben Stunden durch anstatt früher fünf. Ach ja, und sie ist netter zu Taxifahrern, die mit ihr ins Gespräch zu kommen versuchen. Aber bin ich dafür Psychoanalytiker geworden – um Großstädterinnen den Tagesablauf zu arrangieren. Ich hatte Träume: Durchbrüche, charakterliche Umwälzungen, aus der Wüstenei der Verzweiflung geborene Visionen, die Blockaden großer Talente wollte ich lösen. Lauter so Zeug. Und was bildet sich diese arme Frau nur alles ein! Großer Gott im Himmel! (Er lächelt über eine forsche alte Frau im Tweedkostüm, die von zwei kräftigen schlanken Afghanen durch den Park gezogen wird.) Glaubt sie tatsächlich, ich kaufe ihr all den Mist ab? Ich meine, die Frau lebt das Leben jeder Heldin aus jedem Groschenroman, der ihr je in die Finger gefallen ist. Es sei denn, *ich* bin der Verrückte. Hm, der junge Mann, der da auf mich zukommt, seine Augen die reinste Hochseilnummer, der bräuchte ein paar Sitzungen auf der Couch. Müsste ihn natürlich festbinden.

Die direkte Therapie? Ist sie die Antwort auf alle Probleme? Die Leute auf den Boden ihrer – und meiner Neurosen – ringen? Sie aus ihren Nestern zu treiben, aus dem Kokon ihrer komplexen Tricks und Kniffe, ist immerhin eine Methode, sie in die Erhabenheit der wahren Existenz zu zwingen. Die Kategorien ihrer existentiellen Ängste zerschlagen … sie auf die erhabene Schwelle bugsieren, auf der ihre Kategorien ihnen keinen größeren Dienst mehr leisten als eine Taschenlampe in der Hölle. All die Worte, die Gespräche werden zum real existierenden Ersatz für die Dinge, die sie beschreiben sollen, und los geht's. Eine ebenso merkwürdige wie faszinierende Strategie gegen die Authentizität. Als würde unsere Kleidung, während wir schlafen, unsere Identität annehmen und mit unseren Privilegien spazieren gehen. Darüber müsste man unbedingt mal etwas schreiben. Ich werde mir gleich heute Abend einige Notizen machen, das heißt ich sollte mir unbedingt ein gerüttelt Maß von dem vorzüglichen Cognac gönnen, den Schwester Eulalia für gewöhnlich serviert. Die modernste Nonne im ganzen Land. Die Madame Pompadour der Kirche. Wenn der Papst nur wüsste, was er an ihr hat. Die Wucht in Tüten – eine Frau geradewegs aus dem alten Testament.

»Wo das Arts Festival ist? Gleich da vorne, zwei, drei, Querstraßen.«

»Wir gehen uns zwei neue Godards ansehen.«

»Tolle Idee. Die Franzosen haben wirklich ein Gespür für Spaß.«

Mein Gott. Zwei Homosexuelle, die ihr Leben durch die französische Kultur leben. Na ja, von mir aus. Eine Kultur, die schon vom Wesen her asexuell ist. Aber letztlich gilt das ja für jede Kultur. Würde auch einen guten Essay abgeben. Vielleicht sollte ich auf diese Spaziergänge eine Stenotypistin mitnehmen. Bei all den Einfällen. Schwester Eulalia ... ja ... merkwürdige Art, eine Nonne kennen zu lernen ... beim Nervenzusammenbruch ihrer Schwester Mildred. Das arme gequälte Ding. Hat sich mitten auf der Fifth Avenue die Kleider vom Leib gerissen und ist fluchend auf die Autos losgegangen. Drei Funkstreifen voll rotgesichtiger irischer Bauern haben sie schließlich eingefangen und zu Boden gezwungen – direkt vor dem Plaza. Ich fand sie während meiner Runde in Bellevue (wo ich einen Tag die

Woche Krankenhausdienst tue), in Zwangsjacke auf der großen Station mit den Puerto Ricanern und Negern, zwischen Spinnern und menschlichen Wracks. Wenn ich je eine Schlangengrube gesehen habe! Der Laden stank wie das Reptilienhaus im Zoo. Nach Krokodilkacke und Pythonschweiß. Ich habe den Geruch noch heute in der Nase. Scheußlich! (Er reißt das weiße Seidentuch aus der Brusttasche seines Sakkos und schnäuzt sich mit aller Kraft.) Pfui Deibel! Und erst die Patienten, die dort als Wärter arbeiten! Einer wie der andere sieht aus, als wäre er in einem deutschen Wirtshaus aufgewachsen. Wo ihre scheeläugigen Mütter Kellnerinnen gewesen waren. Da muss man sich wirklich fragen, ob Euthanasie wirklich eine so unmenschliche Idee ist. Auch etwas, was ich mir mal genauer überlegen sollte, gründlich und ohne Sentimentalität. »Schaffen Sie die vielen Leute aus meinem Spielzimmer!«, verlangte sie von mir, kaum dass sie mich sah. »Natürlich«, sagte ich. »Wird sofort erledigt.« Ich ließ ihr von den Wärtern die Zwangsjacke abnehmen. »Preiset den Herrn!«, rief sie, als sie frei war. Sie sah aus wie ein neugeborenes biblisches Kind. Sie war verrückt geworden, um sowohl zu sich selbst als auch zu ihren historischen Ursprüngen zurückzukehren. Meine Pflicht bestand darin, ihr bei dieser Rückkehr behilflich zu sein und dann dafür zu sorgen, dass sie sich ihre Rückkehr in diese Welt mit all ihren Reichtümern noch einmal überlegte. In dieser Phase habe ich manchmal das Gefühl zu lügen. Diese Welt ist bestenfalls ein vorübergehender Abgrund. Freud wusste das besser als irgendeiner von uns, und wir geben dem alten Knaben für seine finsteren Einsichten diesbezüglich kräftig aufs Dach. All diese Heiligen der letzten Tage – hmm … köstlicher Hauch Chanel No. 5 von dem hochmütigen rothaarigen Feger … –, die Anpassung predigen, Verhandlungen mit der Umgebung, sind, wenn nicht überhaupt Narren und Scharlatane, so wenigstens Fälscher, die mit wohlklingenden Worten masturbieren. Ich spreche von Horney, Blanton, Menninger, Adler und Konsorten. Drogenhändler, nicht weniger kriminell als die oben in Spanish Harlem. (Er tritt rasch zurück auf den Randstein, um dem Kotflügel eines weißen Cadillac zu entgehen; die Frau mit der dunklen Brille am Steuer beachtet ihr Opfer noch nicht einmal. »Pass doch auf!«, schreit er in die dünne Luft. »Verrücktes Luder!«) Wollen mal sehen ... ah ja ... Sie alle verkaufen das Ritual des Seins, nicht die Realität. Das Ritual des Seins ... Vielleicht ist die Realität einfach zu beängstigend, um sie pur zu erfahren. Der Mensch braucht das Ritual, um sich selbst zu entziehen. Hm. Interessanter Gedanke. Ein weiterer Aufsatz? Fangen wir doch von vorn an. Der vorgeschichtliche, primitive Mensch. Phantastisches geht in ihm und rund um ihn vor. Er wusste nicht, ob diese außergewöhnlichen und erschreckenden Vorgänge in der Natur – Blitz, Donner, Schnee – nicht irgendwie Teil seiner inneren Welt, Teil all der verrückten, wunderbaren und erschreckenden Gefühle und Gedanken – einschließlich seiner Träume, Alpträume, Halluzinationen und Visionen – waren.

Es wäre also nur natürlich und logisch, der Mittler in dieser phantastischen Show sein zu wollen ... oder einen Mittler zu haben, der das alles aus dem Bereich des Unmittelbaren, Überwältigenden in eine sicherere Entfernung rückt.

So erfand er alle möglichen Rituale. Er machte sich selbst zum Ritual (als würde man eine GmbH aus sich machen, um nicht für jede Schweinerei wie Prozesse oder Schulden haftbar zu sein, auch wenn man sie selbst verschuldet hat und nicht etwa die ritualisierte GmbH). Und wie machte er das? Ganz einfach. Er erfand mit dem Schamanen einen Zauberer für seinen Stamm. Dieser Schamane war selbstverständlich eine Projektion seiner und ein Surrogat für sich selbst. Eine Art Personifizierung des Unterbewussten. Dieses Ich-Surrogat, der Medizinmann, erlaubte dem primitiven Menschen den Dialog mit sich selbst, vor allem mit dem verrückten Teil seiner selbst. Was für eine unglaublich clevere Strategie! Das nenne ich Selbsterhaltungstrieb! Mein lieber Mann! Und all die anderen Rituale … erfüllen alle denselben Zweck … ihn sich selbst zu entziehen. Ihn zum Gemeinschaftswesen zu machen und schließlich zu politisieren. Je mehr man nämlich man selbst ist, desto weniger ist man *die*, und ohne *die* hat man schließlich keine Gruppe mit all ihren Vorteilen, mit all ihrer Macht und so weiter und so fort. Regentänze, magische Riten, die Einrichtung der Religion selbst … alles Rituale, um das Sich-Selbst-Sein einfacher – und damit natürlich weniger authentisch – zu machen. Nehmen wir Gott, oder die Götter ganz allgemein … jede einzelne dieser erstaunlichen Kreaturen – halb Tier, halb Mensch – vor einer halben Million Jahre muss sich wie Gott gefühlt haben. Großartig. Aber was für eine Struktur soll ein Dorf haben, wenn jeder sich für Gott hält und entsprechend benimmt? Das reine Chaos. Aber nur hinsichtlich der politischen Struktur, nicht hinsichtlich der individuellen. Also kommt man überein, Gott aus dem Individuum herauszunehmen und, konkret wie im übertragenen Sinn, in den Himmel zu stellen. Dann hat man mit einemmal die Einrichtung der Kirche, die – in ihrer ursprünglichen Form – nicht mehr und nicht weniger als die kollektive Projektion der Gottgefühle der einzelnen Gemeindemitglieder war. Hm. Gefällt mir. So kann ich mich selbst verehren, ohne dass mein Nachbar befürchten muss, von mir in meinem Gottsein überwältigt oder gar verschlungen zu werden; und Sie wissen, wozu das den Mann von Nazareth macht? (Er lächelt eine schmalnasige Mutter mit abweisender Miene an, die ein hübsches sabberndes Kind vorbeischiebt.)

Und jetzt kommt der fatale Haken. Das Ritual, vom Menschen erfunden, um sich zu retten, hat die Oberhand gewonnen. Es ist zur Großen Maschine geworden. Es beherrscht ihn und wird ihn weiter beherrschen und auf ewig davon abhalten, er selbst zu werden und damit sein eigener Herr. Was für ein Paradoxon! *Das* Paradoxon schlechthin. Ausgerechnet das Mittel, das der Mensch ersinnt, um sich als solcher halten zu können, erweist sich als genau das Hindernis, das ihn von seinem Menschsein abhält. Das Lebensritual tötet Leben, Augenblick für Augenblick. Und hier kommt die Psychoanalyse ins Spiel … Ist nicht auch sie ein Aspekt des Großen Rituals, der es letztlich nur stärkt? Schon mal die klassische Surrogation des Patienten … seinen Dialog über mich zu führen, anstatt sein Unbewusstes direkt zu konfrontieren. Ich bin sein Unbewusstes. Da haben wir es doch schon, das Ritual des Selbst. Und dann … das Ritual der Vergangenheit … Es ist schlicht unmöglich, die Vergangenheit noch einmal zu erleben, und sei sie auch erst ein paar Minuten vorbei – also ritualisieren wir sie und nennen sie Gegenwart. Und dann die Träume! Was könnte weiter entfernt sein von einer echten Mitwirkung am Selbst, als sich im Schlaf all die bekloppten Leute als Funktionen seiner selbst auszudenken? Was das Aufspalten seiner selbst angeht, ist das ja wohl nicht zu schlagen. Ich frage mich, ob das auch schon der primitive Mensch gemacht hat. Ich meine, ob seine Träume dieselbe Funktion hatten – oder ob er sie auf magischere Art eingesetzt hat. Hat er überhaupt geträumt? Hmm. Guter Gedanke. Träume sind sicherlich mit dem Aufkommen einer repressiven Gesellschaft verbunden; falls der Mensch also nicht in einer solchen Gesellschaft zu leben hätte, müsste er ja womöglich sein so genanntes reales Leben nicht länger in Träumen führen, wo er dann doch tagsüber er selbst sein könnte – oder wann immer er eben nicht schläft. Ich denke, das wäre einen Gedanken wert. Verdammt, ich wollte, ich hätte mein Notizbuch dabei. Sollte mir wirklich mal überlegen, ob ich auf diese geistsprühenden Spaziergänge nicht eine flinke, stramme Sekretärin mitnehmen sollte.

Wie auch immer ... um endlich zur Hauptsache zu kommen ... das ganze Konzept von Krankheit und Heilung in unserer Gesellschaft. Das Ritual der Krankheit und das Gegenritual der Heilung. Diese Leute sind beileibe keine tollwütigen Wölfe im Wald oder Vögel, die vom Himmel fallen. Krank sind die nur gemessen an unseren Konventionen des Gesunden – oder am Ritual zeitgenössischen Seins! Was passiert also? Wir lassen uns ein neues Ritual einfallen: die Psychoanalyse! Heilige Maria! Was für eine Situation! Eine Abstraktion zur Berichtigung einer Abstraktion. Eine Maschine zur Reparatur einer anderen Maschine. Augenblick ... denke ich mich hier nicht um Kopf und Kragen, sprich um meinen Beruf? Oh, jetzt stellt sich der Hunger ein, und wie! Haben meine Gedanken etwa Ängste geweckt, die sich jetzt als Hungergefühle niederschlagen? Ist Essen nicht auch Ersatz für Sein, in fester Form? (Nachdenklich reibt er sich den Bauch und leckt sich die Lippen dabei. Ein lauter Verdauungsfurz entfährt ihm. Die Miene einer älteren Dame in einem französisch geschnittenen grauen Flanellkostüm, die eben vorbeikommt, drückt unverhohlen ihre Abscheu aus. Wie ein Pfeil durchschießt ihn die Scham.) Die Pingeligkeit der Oberschicht. Das hat doch schon Rom zerstört. Was soll's. Ein anständiges Omelett, Schinken und Käse? Tut's nicht. Ein Clubsteak mit Lyoner Kartoffeln und herben Endivien. Hinterher vielleicht etwas weichen Camembert. Genau. Kommt schon eher hin. Immerhin brauche ich eine Grundlage für die absurde Diskussion danach – Programme gegen das Kiffen bei Halbwüchsigen. Warum nicht mal den totalen Krieg gegen die Gier bei den Reichen? Oder eine Radiokampagne gegen Lügen in der Werbung?

Diese Mrs. B. Was für Phantasien mag sie wohl im Augenblick über mich haben? Bin ich oben und rammle sie? Oder reitet sie mich? Bin ich der schwarze afrikanische Stammesfürst, der auf dem Sklavenmarkt um sie feilscht? Vielleicht bin ich ihr Gatte – Gelb. Ich kenne einige Burschen, die tatsächlich mit ihren hübscheren Patientinnen ins Bett gehen. Sie halten es für gesünder, die Patientin ihre sexuelle Übertragung ausleben zu lassen. Aber Mrs. B. könnte sich ja durchaus etwas ganz anderes vorstellen. Wir beide zusammen in einer fremden Stadt. Von allen möglichen merkwürdigen Menschen umgeben, die die merkwürdigsten, wenn auch menschlichen Dinge tun. Eine Atmosphäre von ganz eigener Art. Ungewöhnliche Geräusche; tückische Brisen umschmeicheln unsere Körper; die Menschenmengen rufen uns komplizierte, beunruhigende Dinge zu; ein nackter Mann mit blau bemaltem Körper tanzt vor uns wie ein Derwisch und schlägt ein Tamburin dazu; ein halb nacktes Mädchen mit großen goldenen Ringen an den Ohren und schelmischem Lächeln brät Fleisch am offenen Feuer und singt vor sich hin. Ein großer starker Kerl ringt mit einem grimmig brummenden Bär. Sylvia greift ängstlich nach mir, ist aber gleichzeitig fasziniert. Ich sage ihr ein paar tröstliche Worte.

»Die Leute wollen uns nichts tun.«

»Warum führen sie sich dann so auf?«, fragt sie.

»Die sind eben so«, erkläre ich.

Großer Gott! Ich werd' nicht mehr – wenn da nicht Schwester Eulalia aus der wilden Horde kommt! Sie trägt ihre Nonnentracht, aber aus irgendeinem Grund hat sie das Haar nicht unter einer Haube versteckt. In langen schweren schwarzen Wellen fällt es ihr auf die Schultern. Nie habe ich sie so strahlen sehen. Trägt sie ein großes Geheimnis in sich? Sie trägt ein riesiges Schild. Sie baut sich vor uns auf, und ich lese, was in großen Lettern darauf steht.

Die letzte Botschaft unseres Herrn Jesus Christus, wie er sie einer der Getreuen unter dem Kreuz zugeflüstert hat:

»Meine arme weinende Bittstellerin, du vergeudest deine Tränen an einen tragischen Irrtum. Ich bin nicht der Mann, den du dir vorstellst, noch will ich es sein. Nichts von alledem wäre passiert, wärst du vernünftig gewesen und in deinem Drang nach Unsterblichkeit bei den Götzenbildern deiner heidnischen Vorfahren geblieben. Bitte. Hör mein Lied, so wie es nun einmal ist, und versuche es zu verstehen.

Der Stoß des römischen Speers trieb die Schwalben aus meinem Baum, der Wolf in meinem Wald heulte auf vor Pein. Die Flüsse ersticken und winden sich mit meinem Blut. Ich, der ich meinem Volk Frieden zu bringen hoffte, habe die Pestilenz über mich gebracht, ein einfacher Mensch mit der Bürde der Wahnträume anderer auf den Schultern. Jede meiner Handlungen, von der ersten bis zur letzten, von der liebevollen Berührung eines Blinden bis hin zum Verstreuen einiger Brotkrumen über das Meer – ist ein Vers in einem Lied der Unschuld, das man als Schlachtruf gegen die goldäugigen Autoritäten missverstehen wollte. Ihr habt mich benutzt, in eurem rasenden Hass, eurem Bedürfnis, eure beneideten Unterdrücker zu stürzen, ihr habt mich benutzt und meine ach so endliche Menschlichkeit korrumpiert. Tag und Nacht wird das Flüstern der Wellen in unserem Galiläischen Meer euch daran erinnern, und eher noch werdet ihr die Gezeiten umkehren als diesen Fait accompli. Glaubt mir, nicht einen Augenblick war mir danach, ein Gott zu sein. Ich war ein schlichter Bursche, der sein Bestes als Bürger gab, ein ehrlicher Kerl, der seinem Mitmenschen zu einer echten Chance verhelfen wollte inmitten dieser korrupten, wahnsinnigen Welt! Ich bin beileibe kein Revolutionär, wie ihr sagen würdet. Und mit einemmal verliert ihr jedes Maß und Ziel! Was hat man nicht alles aus mir gemacht, was mit der Wahrheit nicht das Geringste zu tun hat. Judas' Haufen wüster Revolutionäre versucht mich zu manipulieren, die römischen Herrscher benutzen mich als Sündenbock, die reichen Rabbiner sichern sich ihre stinkende bourgeoise Pfründe, indem sie mit meiner Person von ihrer mittlerweile offensichtlichen Korrumpiertheit ablenken, und du, du elende greinende Frau, hast mir und dem Rest der Welt die schlimmste aller Ungerechtigkeiten angetan, indem du mich zum Sohn Gottes gemacht hast. Nichts wird je wieder beim Alten sein! Ich sterbe mit dem einen Gedanken: Ich hätte ein gutes Leben führen, vielleicht sogar die Bäckerstochter heiraten können, ein Mädchen mit wunderbaren Brüsten, deren Liebreiz und Hingabe mein Leben etwas weniger einsam gemacht hätten. Mit meinem letzten Atemzug verfluche ich dich. Der Mann, den ihr wirklich sucht, schläft in diesem Augenblick in einem Olivenhain vor Damaskus.«

Ich frage mich: Was mache ich an diesem absurden Ort? Und wo ist die kranke Mrs. B.? Verschwunden, wie sollte es anders sein. Ich war doch auf dem Weg zum Lunch. »Mrs. B.? Wo zum Teufel sind Sie?« Großer Gott! Da sieht man wieder mal, was passiert, wenn man auch nur einen Augenblick nicht aufpasst und ein bisschen Vertrauen und Willen zur Teilnahme zeigt! Die zwischenmenschliche Psychiatrie gerät da schon mal aus der Spur. Kein Wunder, dass die Freudianer so auf Distanz gehen und sich derart zieren. Sie wollen jeden Abend zum Essen zu Hause sein. Geschäft ist schließlich Geschäft. Früher haben solche Leute auf Zahnarzt studiert. »Mrs. B.! Kommen Sie zurück!« Ich wette, die hat sich in ihre Kindheit in Milwaukee verdrückt.

»Na so was, Dr. Jomo«, ruft Schwester Eulalia aus und legt mir den Kopf an die Schulter, »was in aller Welt bringt Sie denn hierher?«

»Eine Folge exzessiver psychischer Großzügigkeit, Schwester. Aber das würde jetzt zu weit führen. Trotzdem … Was machen Sie denn hier, liebe Schwester?«

»Das frage ich mich auch schon. Aber ich weiß es nicht.« Sie wirft einen Blick über die brodelnde Menschenmenge, die schmuddlige Straße ganz allgemein, als erwarte sie eine Antwort – auf osmotischem Wege.

»Na, uns wird schon was einfallen, keine Bange. Bisschen Phantasie, bisschen Muskelschmalz, schon ist es geschehen.«

Sie lächelt. »Vergessen Sie mir das Gebet nicht, Dr. Jomo.«

»Keine Sorge, Schwester. Ich dachte, wir teilen uns die Arbeit. Sie besorgen das Beten, ich gebe Muskelschmalz und Verstand.«

Sie hakt sich sachte bei mir unter. »Wunderbar, ganz wunderbar.«

»Freut mich, dass wir uns einig sind. Also ... Sehen Sie die kleine Straße, die da vorne links abgeht? Wo der Mann mit dem Esel steht? Also, die Straße, die strahlt mir etwas aus. Ist reine Intuition, wohlgemerkt. Aber ich habe das Gefühl, die Straße versucht mir etwas zu sagen. Sie führt irgendwohin, und sie will uns dahin mitnehmen.«

Sie legt ihre Hand in die meine. »Mm. Jetzt spüre ich es selbst. Es ist wie Samt, der sich in mir bewegt.«

»Schön. Dann fangen Sie mal an zu beten, dann laufen wir los. Und beten Sie drum, dass wir irgendwo anders landen. Und um ein bisschen Effet bei der Rematerialisation oder was auch immer wir brauchen. Okay? Dann mal los!«

Die ungepflegte dicke irische Putzfrau, die auf dem Boden der Pfarrei kniete, hob den Kopf. »Schwester Eulalia, Sie arbeiten einfach zu viel. Die Ansprüche der Kirche werden Sie noch auffressen. Das dürfen Sie mir glauben. Ich sage das mit aller Demut, versteht sich.«

Schwester Eulalia, die an ihrem Schreibtisch saß, lachte und unterschrieb zwei weitere Briefe.

Mrs. Kavanagh rubbelte einen Fleck vom Boden. »Wenn die gute Dame hier wäre und nicht in Dublin, ich bin sicher, sie würde Ihnen in ihrer Mutterliebe sagen, einen Erholungsurlaub einzulegen.«

Die Schwester ging sämtliche Papiere auf ihrem Schreibtisch durch, fand schließlich zwei Briefmarken unter einer Rechnung über sieben neue Englischbücher – High-School-

Niveau – und klebte sie auf die frisch adressierten Kouverts. »Die Arbeit muss nun mal gemacht werden, und sie obliegt nun mal mir. In unserer Gemeinde liegt einiges im Argen, dass wissen Sie doch, Mrs. Kavanagh.«

Mrs. Kavanagh machte sich an die weiße Wand neben der Tür; jemand hatte dort mit Buntstift seinen Namen gekritzelt. »Die Karre aus dem Dreck ziehen, was? Und wo ist die gute Schwester Margaret derweil, wenn man fragen darf? Ich sag' Ihnen wo. Drüben in der Bücherei, und das den ganzen lieben langen Tag. Macht da Recherche für den neuen jungen Priester, Pater Pérez, der die wahre Geschichte der Franziskanerinnen schreibt. Von Anfang an. Haben Sie das gewusst?« Sie gab wieder etwas Clorox auf ihren Lappen und rieb drauflos. »Nette Arbeit, wenn man sie kriegt, würde ich sagen.«

»Sie und Pater Pérez sind ernsthaft bei der Sache. Sie arbeiten zum Wohl der Kirche und ihrer intellektuellen Tradition.«

»Das mag ja sein, Schwester, und ich für mein Teil wäre die Letzte, die eine so schöne und glorreiche Tradition mit faulen Eiern bewerfen würde. Aber Sie und ich, wir wissen doch beide, dass die verzweifelten Menschen in unserer Gegend hier kaum Zeit haben, sich die schmuddligen Füße zu waschen, geschweige denn in ein Geschichtsbuch zu schauen.«

Schwester Eulalia stand vom Schreibtisch auf und trat an den großen grünen Aktenschrank, in dem sie die Akten über alle bedürftigen Schäfchen ihrer Gemeinde aufbewahrte. Sie suchte nach der Akte über die Familie Hernández. »Ja«, sagte sie, nicht ganz bei der Sache, »unsere Leute leiden arge Not. Ihr Kampf ums Überleben ist unser Kampf.«

Mrs. Kavanagh stieß ein komisches Geräusch aus. »Andere mögen's ja vielleicht nicht merken, aber für mich ist das klar wie Kloßbrühe: Schwester Margaret hat ziemlich komische und unreligiöse Gedanken und Gefühle, was den jungen Pater Pérez angeht. Das kann ich Ihnen sagen, Schwester. Wenn Sie einem alten Weib die natürliche Ehrlichkeit ihrer Zunge nachsehen wollen.«

Sie fand die gesuchte Akte und begann sie durchzugehen. »Ah, Mrs. Kavanagh, ich fürchte, Sie gucken viel zu viel fern.«

Die alte Frau hauchte auf den Messingtürknauf und rieb ihn spiegelblank. »Mag ja sein, dass das Fernsehen voller Quatsch ist, Schwester, aber das ist die richtige Welt auch.« Sie stand auf und öffnete die Tür, um zu gehen; Bürsten, Lumpen, Eimer und Poliermittel schmückten sie wie einen verrückten Weihnachtsbaum. »Na ja«, sagte sie, »ich hoffe, Sie erinnern sich an meine Worte, falls die beiden ausreißen und nach Miami gehen.« Mit einem satten Klicken fiel die Tür hinter ihr zu.

Schwester Eulalia stieß einen tiefen Seufzer aus, schüttelte belustigt und resigniert zugleich den Kopf und setzte sich mit der Akte der gebeutelten Familie Hernández zurück an den Tisch. Luis, der Vater, war ein Epileptiker und verlotterter kleiner Dieb. Die Mutter, Theresa, ging nebenbei auf den Strich. Ihre beiden älteren Jungs, Juan und Carlos, waren beide in der Besserungsanstalt; ihnen stand ein Prozess wegen des Mordes an einem Krämer während eines Überfalls in der Bronx bevor. Die älteste Tochter war von der High School geflogen; sie hatte auf dem Spielplatz Marihuana gekauft. Die siebzehnjährige Margarita war geistig zurückgeblieben, und das Baby, Francisco, hatte einen Kopf stehenden Magen, der operiert werden musste. Die Stadt bezahlte ihnen keine Sozialhilfe mehr, nachdem die Eltern den Sozialarbeiter vergangene Woche die Treppe ihres Ghettodomizils hinuntergeworfen hatten – er hatte den Ernst ihrer Bemühungen um eine Erwerbstätigkeit in Frage gestellt. Luis hatte früher mal als Automechaniker gearbeitet, und Theresa wusste, wie man Plastikblumen macht; das hatte sie bei den barmherzigen Schwestern gelernt – in einem Heim für schwererziehbare Mädchen in San Juan.

Starr blickte sie auf die erschreckende Bilanz vor ihr, eine Pyramide von Beweisen, bei der sie sich wie ein ägyptisches Sandkorn vorkam. Zum hundertsten Mal diese Woche sah sie sich mit der Tatsache konfrontiert, dass die Werkzeuge der Vernunft für einen großen Teil menschlichen Lebens einfach nicht taugen. Aber da ihre ganze Bildung – außer der in Bezug auf Gott – ihr eingeschärft hatte, das Ziel des Menschen bestehe darin, die Geheimnisse dieser Welt zu definieren, kategorisieren und dann zu meistern, kämpfte sie gegen das wachsende Bedürfnis an, Probleme wie die Familie Hernández mit Absurdität und Metaphysik anzugehen. Außerdem machte ihr jeder Gedanke, der der Unvernunft – sprich Verrücktheiten und Alleinflügen – Tür und Tor öffnen könnte, furchtbare Angst. Grund dafür war ihre Schwester Mildred, dieses Fleisch gewordene himmelschreiende Beispiel für Unordnung, das gegenwärtig für die Gänseblümchen in der Klapsmühle sang. Mildred hatte mit Gottes Königreich auf Erden gehadert, solange Eulalia zurückdenken konnte. Im Alter von zehn Jahren hatte sie sich geweigert, lesen und schreiben zu lernen und hatte es stattdessen vorgezogen zu malen. Sie hatte jede Art von formeller religiöser Unterweisung verweigert und war zum Verdruss ihrer Umwelt in die Ladenkirchen gegangen und hatte mit Puerto Ricanern und Negern gesungen, getanzt, sich mit ihnen auf dem Boden gewälzt. Sie hatten gedacht, sie hätte sich geändert, als sie nach zwei Jahren College (sie war am Goddard gewesen) mit dem Peace Corps auf die Philippinen ging, um den Huks bei ihrem Kampf um ein vermeintlich besseres Leben zur Seite zu stehen. Drei Monate später sahen sie, wie sehr sie sich geirrt hatten: Mildred war in einer Frachtmaschine aufgetaucht, an eine Traube seltener Bananen gebunden – eine Sendung des philippinischen Landwirtschaftsministers an das philippinische Konsulat in New York. Sie hatte sich in einer täuschend echten Pappmascheekopie einer anderen Bananentraube versteckt. Ihre Flucht aus dem Peace Corps hatte insgesamt zwölf Tage gedauert, Manila, San Francisco, New York.

»Ich wollte, Mutter hätte sie in Dublin behalten«, hatte ihr Bruder Kevin damals gesagt.

»Ich finde es erstaunlich«, sagte Kevins Frau Meaghan, »ein gestörtes Ding wie Mildred in einer Familie mit zwei prachtvollen Menschen wie Sally und dir? Das zeigt doch wieder mal, wie wenig man über Gene weiß, findest du nicht?«

Was Kevin angeht, der hatte nie im Leben irgendjemandem die geringsten Scherereien gemacht. (Es stimmte allerdings, dass der Alte, der sich irgendwann aus dem Staub gemacht hatte, eine ganz unverhohlene Verachtung für Kevin hegte – einen »pennygesichtigen kleinen Hosenscheißer« hatte er ihn genannt.) Kevin war bei der New Yorker Polizei (bei der Sitte); und er war unnachgiebig, was seine Arbeit anging. Fast im Alleingang hatte er den exklusivsten, teuersten Prostitutionsring in der Stadt ausgehoben, den die Zeitungen als Diplomaten-Refugium bezeichnet hatten, da leicht die Hälfte der männlichen Kundschaft ausländische Diplomaten bei den Vereinten Nationen oder aus verschiedenen Konsulaten gewesen waren. Ein halbes Dutzend der Gesandten wurde auf der Stelle nach Hause beordert, und die Affäre drohte sich zum internationalen Zwischenfall auszuweiten. Vier Millionärsgattinnen ließen sich scheiden, und Callgirls, die fünftausend Dollar die Woche verdient hatten, unter ihnen die berüchtigte internationale Schönheit Diana Harrod (das Golden Girl des Lasters, eine Gespielin von Persönlichkeiten aus allen sozialen Schichten) war für einige Wochen in Haft.

Außerdem wurden einige hochrangige Angehörige der

Polizei degradiert; wie Kevins Schnüffelei an den Tag brachte, hatten sie den Ring für beträchtliche Summen gedeckt.

Eine weitere Besonderheit Kevins war seine puristische Weigerung, seine heilige Autorität von Angehörigen der Unterwelt besudeln zu lassen. In den fünf Jahren, die Kevin bei der Polizei war, hatte er nicht weniger als fünf widerspenstige Kriminelle erschossen, darunter auch eine Frau; sie hatten sich gewaltsam der Verhaftung widersetzt. Es war genauso ein Rekord wie seine Verhaftungsrate. Er hatte zwei Belobigungen des Bürgermeisters für besondere Leistungen.

Sogar die Kirche war auf Kevins devoten Dienst an der Öffentlichkeit aufmerksam geworden. »Mein Junge«, hatte ihm Kardinal Spellman bei einer Benefizveranstaltung der Polizei gesagt, »der Gewinn der Polizei ist ein Verlust für die Kirche. Sie hätten einen erstklassigen Priester abgegeben.« Kevin konnte nicht anders, er weinte, als er das hörte. Als der Kardinal starb, kniete Kevin den ganzen Tag in St. Patrick's. Erst zwei Wochen später, als er zwei ehemalige Playboy-Bunnys und eine berühmte lesbische Jazzsängerin wegen gewisser Vorgänge in einer Suite des Plaza verhaftete, überwand er seine Depression.

Es klopfte an der Tür. »Herein«, sagte sie. Der kleine Bucklige, der als Hausmeister in der Pfarrei wohnte, trat ein.

»Störe ich?«, sagte er mit einem schüchternen Grinsen.

»Nein, eigentlich nicht.«

Er setzte sich in den großen schwarzen Ledersessel neben ihrem Schreibtisch. Er schien ihn zu verschlucken. »Also«, begann er einen Augenblick später, »die alte Hütte hier braucht dringend ein paar Reparaturen. Im oberen Stock tropft wieder mal die Rohrleitung, in der Tagesstätte im Keller haben wir einen Kurzen in der Leitung, jemand hat das große Fenster im Vorbau zum Garten hin eingeworfen.«

Sie seufzte kopfschüttelnd. »Oh je. Die endlosen Details bei der Arbeit des Herrn.«

»Die Bude hier möchte sterben, Schwester. Warum wollen Sie das nicht sehen? Und auch die Leute in der Gemeinde würden endlich gern den Löffel abgeben.«

»Na, na. Sie dürfen der Verzweiflung nicht nachgeben.«

Ein schrilles Lachen entrang sich der merkwürdigen Gestalt. »Verzweiflung, von wegen! Ich sage nur, wie's ist, Schwester. Die Bude hier ist genauso fertig wie die bekloppten Leute hier. Sie stehen auf verlorenem Posten.«

»Sie haben ja keine Ahnung, was man mit einem bisschen Glauben erreichen kann. Man darf nicht aufgeben. Nie.«

»Hören Sie. Wenn ein Rennpferd immer wieder verliert, dann setzt man nicht mehr drauf. Sie machen den Zossen nicht schneller, nur indem sie den Typ am Schalter mit Zehnern füttern. Ich meine, das ist nun mal so. Nach dem verrückten Prinzip haben Leute schon Vermögen verloren.« Behutsam schält er das Zellophan von einer langen schwarzen Zigarre, feuchtet sie mit der Zunge an, damit sie nicht an den Lippen klebte, und steckte sie an. Der Rauch wirkte in dem keuschen Büro wie ein arroganter Gesandter einer gemächlichen fremden Kultur.

»Sie haben doch nicht etwa wieder auf Pferde gewettet, oder?«

»Ich geb nicht auf. Aber Sie wechseln das Thema, Schwester. Ich versuche dahinterzukommen, wieso Sie sich Tag für Tag für eine chancenlose Sache stark machen. Und vielleicht kommen Sie dadurch ja selber drauf.«

Die Schwester sah ihn einen Augenblick an, ohne zu antworten, dann lachte sie. »Ah, Sie Schelm! Sie ziehen mich wieder auf. Ich kenne Sie.«

Er stieß den Rauch durch die Nase, und einen Augenblick lang sah er aus wie ein alter Dämon. »Ich ziehe niemanden auf, nicht so, das wissen Sie. Ich meine es ernst. Wirklich.« Er klopfte sich auf die Backen, und einige Rauchringe schwebten auf die Schwester zu. »Sie haben wirklich Klasse.

Sie sollten sich nicht für diesen Misthaufen aufreiben. Wenn Sie schon in dem Geschäft bleiben wollen, warum gehen sie dann nicht wenigstens dahin, wo man Sie zu schätzen weiß? Zu den Leidenden der Oberschicht, zum Beispiel. Sie verdienen Ihre Hilfe nicht weniger als das ordinäre Volk hier. Ich meine, nur weil sie reich und sauber sind, heißt das noch lange nicht, dass ihnen kein Deal mit Gott zusteht.«

»Ich fühle mich unter den Leuten hier zu Hause«, sagte die Schwester. Es befiel sie eine durchaus merkwürdige Scham. »Ich komme auch von der Straße, sozusagen. Meine Eltern kommen aus der unteren Schicht, wie Sie ja wahrscheinlich wissen. Ehrlich gesagt, die Oberschicht macht mich nervös.«

Er lachte. »Sie machen die nervös. Sie sind so viel besser als die, und das wissen die. Sagen Sie mir eines. Wie sind Sie denn in der Branche gelandet? Ich meine … in dem Beruf.«

Die Schwester ließ sich das einen Augenblick durch den Kopf gehen. Soll ich die Unterhaltung fortsetzen? fragte sie sich. Kann ich ihm trauen? Kann ich mir selbst trauen? Was passiert hier zwischen diesem krummen kleinen Kerlchen und mir? Er sollte sich einer Nonne gegenüber keine derartigen Vertraulichkeiten herausnehmen. Warum lasse ich so was zu? Habe ich für eine besondere Verbindung zu ihm gesorgt? Dann setzte ein unfreiwilliger Prozess in ihr ein, oder besser gesagt, es begann sich sachte und organisch etwas in ihr zu lösen. Schwester Eulalia dachte und fühlte nicht mehr nur wie eine Nonne. Dieses Hier von ihr, in gewisser Weise ihre größte persönliche Leistung, trat beiseite, gab seine beherrschende Stellung auf (oder wenigstens legte es die vielen Fäden aus der Hand), und die normale Frau in ihr mit ihrer eigenen Geschichte persönlicher Erfahrungen und Entwicklungen machte sich bemerkbar. Die Nonnenpersönlichkeit sah diesen Pluralismus mit Unbehagen. Ich wusste, dass so etwas passieren kann, vor allem bei Frauen. Merkwürdigerweise schien der kräftige, männliche Zigarrenrauch den Prozess zu fördern. Er hatte eine unausweichliche Alltagsrealität, eine Hierheit. »Zunächst einmal weil meine Mutter es wollte«, antwortete sie schließlich.

»Das hab' ich mir fast gedacht«, sagte er. »Aber warum wollte Ihre Mutter das denn?«

Sie stützte den Kopf auf die geöffneten Hände. »Gute Frage. Tja, zunächst mal weil jede irische Familie gern eines ihrer Kinder als Priester oder Nonne sehen würde.«

»Oder als Polizisten.«

»Das, so glaube ich, hat seine Ursache darin, diese Kinder versorgt sehen zu wollen: sie brauchen sich schließlich ihr Lebtag nicht mehr um Kost und Logis zu sorgen. Das ist sehr wichtig, vor allem bei der Mittel- und Unterschicht, wo beides schrecklich knapp war. Und dann natürlich der starke Wunsch, einer Organisation wie der Kirche anzugehören, die so viel Macht über ihr Leben hat.«

»Gefällt mir«, sagte er und paffte genüsslich vor sich hin. »Ziemlich raffiniert.«

»Aber ich bin sicher, meine Mutter hatte darüber hinaus ihre ganz persönlichen Gründe dafür, mich als Nonne sehen zu wollen.« Die Kirchenglocken schlugen zur halben Stunde, mächtige Töne, blind und taub – Töne, die ganz woanders hingehörten, in ein fernes Land mit Feldern und Wiesen, ein kleines Dorf mit einem Esel hier und da. Sie wartete, bis der Lärm vorbei war. »Ich denke, sie bedauerte die Entscheidungen, die sie in ihrem eigenen Leben zu treffen hatte, so entwürdigend wie sie – jedenfalls ihrer Ansicht nach – waren, und dann natürlich die Entscheidungen, die ihr das Leben aufgezwungen hatte. Ein armes Bauernmädchen. Einen Mann heiraten zu müssen, ob sie ihn nun mag oder nicht. Meinen Vater geheiratet zu haben, der sich als Säufer entpuppte. Sich von anderen deswegen runtermachen, ja fast wie Abschaum behandeln lassen zu müssen. Mit jemandem sexuell verkehren zu müssen, wo sie heute noch denkt, das sei was für Tiere. Und dann die Arbeit und die Verantwortung, Kinder gebären zu müssen, um die man nie gebeten hat.« Sie lächelte. »Mit anderen Worten, meine Mutter war das klassische Opfer, und sie wollte mich als Nonne sehen, um das alles durch mich, durch ein Leben in mir ungeschehen machen zu können. Verstehen Sie, ihrer Ansicht nach bin ich sie, ist sie ich. Tag für Tag sitzt sie schaukelnd in ihrem alten Rohrstuhl und stellt sich vor, diese Gemeinde zu leiten.« Sie muss plötzlich lachen, ein wunderschönes schwärmerisches Mädchenlachen. »Wissen Sie, dass ich ihr jeden Tag schreiben, über alles Bericht erstatten muss, was ich so mache. So bekommt sie ihr tägliches Drehbuch.«

Er schlug klatschend auf die Armstütze des großen Sessels. »Wunderbar!«

»Das ist noch nicht alles«, fuhr die Schwester fort. »Wenn sie mir schreibt, und sie schreibt zweimal die Woche, gibt sie mir bestimmte Anweisungen. Wie ich mit einem speziellen unartigen Kind zu sprechen habe. Oder was ich einem jungen Mädchen sagen soll, das heiraten möchte. Was die Köchin den Nonnen und Priestern kochen soll, die hier leben. Bis ins Detail. Sie sagt mir sogar, was ich zu denken habe, wenn ich abends zu Bett gehe. Können Sie sich das vorstellen?«

»Das ist ja phantastisch, Schwester. Wirklich. Sogar irgendwie verrückt. Wird Ihnen das nicht manchmal zu viel?«

»Zu Anfang, ja. Heute nicht mehr. Ich habe da eine Technik entwickelt, eine andere Persönlichkeit, die mit mir nichts zu tun hat und sich darum kümmert. Es geht mittlerweile ganz automatisch, es ist Routine geworden, wie so viele andere Dinge auch, wissen Sie.«

Er sah sie an, amüsiert und liebevoll, dann weichte seine

Miene sich auf und wurde ernst. »Was ist mit der Kirche? Und Gott? Ist das auch Routine?«

»Für einige sicher. Es ist ein Beruf wie jeder andere auch.«

»Ich meine für Sie.«

Sie tat einen Blick in sich hinein und sagte dann: »Nicht in den schönsten Augenblicken. Dann passiert irgendetwas. Es entsteht ein echtes Band. Und dann bin ich etwas anderes. Ich bin an einem anderen, vielleicht göttlichen Ort.« Sie lächelte von innen heraus. »Es ist wunderbar.«

»Und das ist dann Gott? Dieser andere Ort, dieses andere … Ding?

»Ich denke doch. Ja.«

»Hmm.«

»Sie können sich das nicht vorstellen, stimmt's?«

»Vielleicht. Mir geht's manchmal so, wenn ich betrunken bin. Das ist ziemlich toll.«

Sie lachte. »Das meine ich nicht. Mein Erlebnis ist etwas ganz, ganz anderes.«

Er warf einen prüfenden Blick auf seine Zigarre, dann auf sie. »Können Sie das beweisen? Dass ihres anders ist – oder besser?«

Sie zuckte die Achseln. »Na ja, ich nehme mal an, jeder findet Gott, wenn man es so nennen will, auf seine eigene Art.«

Er drohte mit dem Finger. »Kommen Sie schon, Schwester. Das war herablassend, jetzt spielen Sie die Chefin. Das ist eine billige Ausrede. Und das wissen Sie auch.«

Verlegenheit und Ärger erfassten sie. Der Gedanke, dass jemand so mit ihr reden konnte, schon gar ein buckliger Zwerg! Das war doch absurd! Sie wusste nicht, was sie machen sollte. Schweigend rang sie mit ihrer Verwirrung. Die Nonne und die Normale, Vergangenheit und Gegenwart, lagen ächzend und stöhnen im Clinch. Angst und Kraft maßen sich mit Blicken. Schließlich obsiegte ihr gesunder Menschenverstand, dieses wunderbare Ding ohne den Schutz einer speziellen Kleidung. Und sie war erleichtert, buchstäblich federleicht. »Sie haben Recht. Ich hab' mich gedrückt.« Sie lächelte sanft und schüttelte dann den Kopf. »Nein, beweisen kann ich es nicht. Vielleicht sprechen wir beide von ein und demselben … Ding. Ekstase.«

»Und die ist immer gut, Schwester«, sagte er, »egal wie Sie dazu kommen.«

»Sie sind sehr streng mit mir, wissen Sie das?«

»Vielleicht. Aber ich versuche Sie weder auf den Arm zu nehmen, noch will ich Ihnen wehtun. Nie würde ich Ihnen etwas tun wollen. Ich mag sie.« Er paffte schwelgerisch. »Vielleicht liebe ich Sie.«

»Ich weiß, dass Sie mir nichts tun wollen.« Um etwas Zeit zu gewinnen, um eine neue, vielleicht neutrale Zone für ihr Wesen zu schaffen, warf sie einen Blick durch das makellos polierte, nach Putzmitteln duftende Büro. Die Merkwürdigkeit, die Ungleichheit dieser Konfrontation spielte plötzlich keine Rolle mehr in ihrem politischen Bewusstsein. Bubers Botschaft, die sie so viele Male gelesen hatte und doch – wie so viele andere Botschaften von außerhalb ihrer selbst (so rein sie auch gewesen sein mochten) – fast immer als Kunstwerk in ihrer Nische geblieben war, ergab mit einemmal, wo sie eher gelebt wurde als gedacht oder in Begriffe gefasst, einen herzerwärmenden Sinn. »Das Grundwort Ich-Du kann nur mit dem ganzen Wesen gesprochen werden.« Natürlich. Aber darin lagen Lichtjahre. Ganz wörtlich kam ihr auf Zehenspitzen Bubers Botschaft in die plötzlich klare Gegenwart ihres Geistes. »Wer mit dem ganzen Wesen zu seinem Du ausgeht und alles Weltwesen ihm zuträgt, findet ihn, den man nicht suchen kann.«

»Ich sehe Sie in Afrika«, sagte er.

»Ach? Warum denn?«

»Nun, ich weiß auch nicht, warum mir das gerade in den Sinn kommt. Aber Sie waren doch mal in Afrika, nicht wahr? Ich habe es im Diözesanblatt gelesen.«

»Ja«, sagte sie. »Ich war ein Jahr im Kongo.«

»Muss hart gewesen sein.«

»Mm. Allerdings, sehr hart. Ich bin gerade mal mit dem Leben davongekommen. Aber wissen Sie, es war das erstaunlichste Jahr meines Lebens, und ehrlich, ich begegnete dort wahrhaftig Gott.«

»Im Niggerdschungel?«

»Ja, in der angestammten Heimat des schwarzen Menschen.« Sie verstummte, um sich das Jahr vors geistige Auge zu rufen. Sie lächelte dabei in sich hinein, schloss aber den Zwerg in ihr Lächeln mit ein. Mehr noch, er war nicht weniger Teil des Lächelns als sie. In diesem Augenblick ihrer Suche durch die Welt war er in gewisser Hinsicht ihr Du. »Vielleicht ist das überhaupt das einzige Mal, dass man ihn sieht: der Augenblick vor dem Tod. Was meiner Ansicht nach daran liegt, dass man wohl nur im Angesicht des Todes alle Ansprüche, alle zivilisierten Schutzmechanismen fallen lässt und so wirklich menschlich wird. Erst das gibt Gott die Möglichkeit, einen zu erreichen.«

»Ich glaube nicht an Gott, Schwester.«

»Oh und wie Sie an den glauben! Sie glauben nur, es sei Schwäche, es einzugestehen.«

Der Zwerg ließ ein verächtliches Schnauben hören. »Da kennen Sie mich aber schlecht.«

»Besser als Sie glauben, mein Freund.«

»Okay. Wenn Sie drauf bestehen. Was ist denn im Kongo passiert, was Sie und Gott einander nahe gebracht hat.«

Sie roch, sie schmeckte die ungezügelte Luft der zerstreut liegenden Hütten von Konmora. Und die Geräuschkulisse, die immer ein bisschen beunruhigend war – die schwarzen Stimmen, die Tierlaute, die Vogelschreie. Sie war das genaue Gegenteil einer weißen Geräuschkulisse. Die Laute der Weißen wiesen die der Schwarzen zurück, sie waren eher verängstigtes Leugen, als etwas Positives und Eigenständiges, etwas Absolutes. Die schwarzen Laute blieben einem in der Haut wie atmende Wesen. Weiße Laute waren Laute, nichts weiter, sie hallten einfach an einem vorbei. Jetzt, in diesem Augenblick, in ihrem Büro, spürte sie die schwarzen Schwingungen auf der Haut. »Ich fand es wunderbar und beängstigend zugleich«, sagte sie. Und auf einmal war sie wieder dort. Ah ja.

Kimo, der junge Häuptling von Kula, redete ganz offen mit ihr in jener durchzitterten Januarnacht. »Schwester Eulalia«, sagte er, seine Stimme sonor, voll Feuer, samtweich, »Sie und die anderen Schwestern müssen auf der Stelle fort von hier. Ihr Leben ist in Gefahr.«

»Wir können nicht gehen, Kimo. Wir können unsere Arbeit hier nicht im Stich lassen. Die Missionsschule, das Krankenhaus, all die Dorfbewohner, die auf uns angewiesen sind. Wir würden sie und uns verraten, liefen wir jetzt davon.«

Er legte ihr seine kräftige schwarze Hand auf die Schulter. »Sie müssen das alles vergessen. Es gehört der Vergangenheit an. Und die Vergangenheit existiert in meinem Land nicht mehr. Aber Sie existieren noch, Schwester, Sie und die anderen gütigen, liebenden Schwestern. Aber Sie müssen eines wissen: die Bwaki wüten wie die Wahnsinnigen. Sie brandschatzen, töten, zerstören auf jede erdenkliche Weise. Sie können nicht verstehen, was diese Menschen bewegt. Hass und Wahnsinn verzehren sie. Vom Alkohol ganz zu schweigen. Unmöglich, sich in Ruhe mit ihnen zusammenzusetzen und zu diskutieren. Sie sind zur Ruhe nicht fähig. Sie wollen blutige Rache üben an der Welt, die sie unterdrückt hat. Was ich Ihnen zu sagen versuche, Schwester, man wird Sie und Ihre wunderbaren Nonnen nicht nur töten, sondern vergewaltigen und foltern, bevor man Sie schließlich ermordet.« Er verstummte für einen Augenblick. »Verzeihen Sie mir, dass ich so direkt bin, aber es geht nicht anders.«

Sie saßen auf der Treppe vor dem weiß getünchten Missionsgebäude. Es war stockdunkel. Einige halb nackte Kula hatten sich vor der Mission versammelt und unterhielten sich leise. Von der unbefestigten Straße weiter unter kam abwechselnd das Jaulen und Bellen einer der vielen Promenadenmischungen des Dorfes herauf. Ein Radio in der Mission brachte zwischen alter amerikanischer Tanzmusik Meldungen über den Bwaki-Aufstand. Aus den Bäumen hinter der Mission kam immer wieder das Kreischen der Fledermäuse. Die surreale Gegenüberstellung dieser Laute, dazu Kimos in Oxford geschulter Akzent, versetzten Schwester Eulalia in schaurige Gefühle. Gewöhnlich fühlte sie sich wie ein ganzer, einheitlicher Mensch. Jetzt jedoch versuchte jedes Geräusch sowohl in seiner Absolutheit als auch in seiner reichen Palette autonomer Implikationen (die wiederum anderen Geräuschen zuwiderliefen) ihre offizielle und persönliche Einheit zu zerstören. Sie in ihre widersprüchlichen Identitäten zu zerteilen. Kimos Akzent war für sie in diesem fernen afrikanischen Dschungeldorf eine besondere Herausforderung, weil er sie in ihre eigene Schulzeit in England zurückversetzte; die Hunde weckten den Teil ihrer Identität, die im Ghetto von Harlem Dienst getan hatte; das leise Geflüster der Eingeborenen einige Meter weiter war ihr Hier; die amerikanische Bigbandmusik enthüllte ihre verlorene, kasteite normale Weiblichkeit; die hektischen Meldungen über den Krieg schufen eine neue verängstigte Person der Zukunft. Sie versuchte alle diese Personen zu unterdrücken (alle verlangten freigelassen zu werden, um ihrer Wege zu ziehen) und sich gleichzeitig auf das unmittelbare Problem als Leiterin der gefährdeten Mission Unserer Lieben Frau von der Barmherzigkeit zu konzentrieren. Aber sie wehrten sich, diese verschiedenen Mitglieder ihres Lebens, mitsamt den verschiedenen Ländern, aus denen sie kamen. Sie versuchte besondere Reserven an Kraft und Energie aufzubieten, nicht aus ihr selbst heraus (ihre Energie hatten sich die anderen Identitäten mit ihren durchaus authentischen

Forderungen unter sich aufgeteilt), nein, sie wandte sich an jemand anderen, jemand weiter weg, über ihr. An die neue Schwester Eulalia vielleicht, die so endlos fern (aber natürlich auch wieder ganz nah) war und in gewissem Sinne eine göttliche Abstraktion, ein Stern im Weltall, der Signale verstrahlte und Licht.

Jetzt drang aus dem fernen Dschungel der Klang uralter Trommeln herüber, das Eingeborenentelefon. Runde weiche Botschaften, eindringlich, nachhaltig, unendlich subtil.

»Ich habe keine Angst, Kimo«, sagte sie schließlich und faltete die glatten weißen Hände im Schoß.

Er seufzte so tief, dass man es für ein Stöhnen hätte halten können. »Liebe Frau. Ich weiß, Sie haben keine Angst. Sie haben Gott auf ihrer Seite. Ihre Traditionen, ihr Intellekt haben die ganze Geschichte christlichen Märtyrertums zum Trost. Ich bin mir dessen bewusst. Aber so wunderbar gewisse Dinge auch sein mögen, Bach, gregorianische Gesänge, sie ändern nichts an den schlichten Gewohnheiten des Zentralnervensystems, das kann ich Ihnen versichern. Gott, Geschichtsbücher, alle singenden Mönche der Welt werden es nicht am Schreien hindern, wenn die trunken wütenden Bwaki-Krieger Ihnen die Finger ausreißen und die Brüste abschneiden.« Er senkte den Kopf. »Ich kann den Gedanken nicht ertragen. Ich habe das miterlebt. Sie wollen nicht nur Ihren Körper zerstören und entweihen. Sie wollen Ihre Seele. Sie wollen Ihre Ewigkeit zerstören. Ich werde das nicht zulassen, meine Liebe. Nie und nimmer.«

Sie nahm seine Hand und hielt sie in ihren beiden Händen wie das Kind seiner schmerzlichen Sorge. »Na schön. Ich sage Ihnen, was ich mache. Ich ...« Sie wurde von einer lauten Meldung aus Stanleyville unterbrochen: »Nach einem Tag heftiger Kämpfe mit aufständischen Bwaki mussten die Regierungstruppen sich aus Detroce zurückziehen. Laut General Oto, der die Kräfte auf dreitausend Mann schätzt, fanden dabei dreihundert Rebellen den Tod.

Dem General zufolge stehen erwiesenermaßen ausländische kommunistische Kräfte hinter dem Aufstand. Die Regierung wiederholt den Befehl, alle Ausländer in Kotus Nordwestprovinzen sofort zu evakuieren, da die Rebellen dort im großen Umfang Gräuel an den Malu begehen.«

Sie holte tief Luft und fuhr fort: »Ich werde die Schwestern darüber abstimmen lassen, ob wir bleiben sollen oder lieber fliehen. Wie auch immer ihre Entscheidung ausfallen wird, ich werde mich daran halten.«

Ein steinalter, gebeugter Mann, der am Stock ging, erschien aus der atmenden duftenden Dunkelheit. Er sagte etwas auf Kula und schenkte Schwester Eulalia drei Mangos, die in ein Bananenblatt gewickelt waren. Bevor sie sich bei ihm bedanken konnte, hatte er sich verneigt und war verschwunden. »Was für ein lieber alter Mann«, sagte sie.

»Würden Sie bitte noch heute Nacht mit den anderen Schwestern darüber reden«, flehte Kimo sie an.

»Ja. Ich verspreche es. Aber was ist mit dir? Hast du keine Angst, die Bwaki könnten dich und die anderen hier im Dorf töten?«

Er starrte einige Augenblicke auf seine Hände. »Nein. Ich bin auf der Seite der Bwaki.«

Alles in ihr kam zum Stillstand. Sie war ein gelähmter Augenblick, losgelöst von Vergangenheit, Gegenwart und Zukunft. »Du bist was?«

»Ich habe mich und meinen Stamm der Sache der Bwaki verschrieben. Wir haben uns der Rebellion gegen die weißen Unterdrücker angeschlossen.«

Der Augenblick, der ihr Jetzt gewesen war, zog in eine andere Zeit zurück, um sich Kraft zu holen. »Oh, so ist das.«

»Die Bwaki wollen nur die Weißen und ihre schwarzen Marionetten vernichten. Der Tag der weißen Blutkörperchen ist vorbei, liebe Schwester. Wir stehen auf der Schwelle des Erwachens. Bis jetzt war die ganze Geschichte ein schlimmer Alptraum.«

Was er da sagte, war viel zu gewichtig und komplex, um es dort auf der Treppe zu assimilieren und zu verarbeiten. Für den Augenblick musste es eine einfache Handlung tun. Sie stand auf und strich über den Rücken ihrer Tracht. »Ich gehe mal rein, um mit den anderen zu sprechen. Ich lasse Sie sofort wissen, was wir beschlossen haben.«

Etwa drei Stunden später begannen die Bwaki ihre Orgie unter Amerikanern und Europäern; sie wurden vergewaltigt, gefoltert, ermordet, ihr Eigentum wurde verbrannt. Die Täter waren eine bewaffnete Horde von etwa hundert halb nackter Bwaki, die entweder high auf Haschisch oder betrunken waren. Die Schreie ihrer weißen Opfer, insgesamt einundvierzig, darunter zehn Angehörige des Peace Corps, mischten sich auf absurde Weise mit dem freudigen Johlen der Bwaki und dem wilden Gelächter der Dorfbewohner, die sich größtenteils ebenfalls betranken und dem Spektakel als verzückte Zuschauer beiwohnten. Einige von ihnen, merkwürdige junge Leute, sorgten bei den Festivitäten für eine weitere schaurige Dimension, indem sie Geschrei und Gebärden der weißen Opfer nachäfften, die man – auch die sieben Nonnen – auf die von Mond und Flammen beleuchtete Straße hinauszog. Dort rissen ihnen die ekstatisch tobenden Bwaki die Kleider vom Leib. Ihre weißen Körper inmitten von so viel Schwarz schienen zu grotesk, um menschlich zu sein, und damit etwas abstoßend Unnatürliches, das die Natur (deren Komplize die blinde allumfassende Dunkelheit war) selbst ausmerzen musste, um dem Wahnsinn ein Ende zu machen und das Gleichgewicht – oder die Einstimmigkeit – wiederherzustellen.

Man folterte die Weißen, schlug sie, vergewaltigte sie; die wild lodernden Flammen der brennenden Häuser verliehen der Szene den Anschein vom Ende der Welt. Über jedem der Weißen tobte eine Schar kreischender Bwaki. Vier Männer vom Peace Corps wurden von einem Dutzend Bwaki vergewaltigt, die ihnen, als sie des Treibens müde wurden, mit Macheten die Genitalien abhackten (später dann auch noch Arme und Beine und schließlich den Kopf).

»Oh bitte!«, schrie ein blutüberströmter Junge. »Mutter im Himmel! Hilf mir! Oh Mutter!« Zwei schwankende Bwaki zogen ihn zu einem der brennenden Häuser hinüber, schlugen ihm mehrere Male mit den Gewehrkolben auf den Kopf und warfen ihn dann in die Flammen.

Ein anderer Mann, man hatte ihm die Ohren abgeschnitten und er blutete stark aus dem Anus, schrie: »Lasst mich gehen! Oh bitte lasst mich gehen! Ich gebe euch Geld, so viel ihr nur wollt!« Ein lachender Bwaki in einem Leopardenfell schnitt ihm darauf die Genitalien ab und stopfte ihm die blutenden Körperteile in den Mund, bevor er auf seinem Bauch zu tanzen begann. Ein nackter kleiner Junge, der einige Meter weiter in der Menge stand, klatschte entzückt in die Hände, johlte wild und stampfte mit beiden Füßen, als würde auch er einen verhassten Weißen zugrunde richten.

Zwei Bwaki, die von anderen Kämpfen bereits mit Blut bespritzt waren, rangen mit drei von Schwester Eulalias Nonnen, Schwester Margaret, Schwester Theresa und Schwester Mary, die ohne ihre Tracht gar noch feister wirkte. Mary und Teresa weinten und schrien, als die Männer sie bissen und schlugen, Margaret dagegen gab auch nicht einen Laut von sich, während sie mit dem tobenden schwarzen Hünen rang, der auf ihr saß. Ihr unvorstellbares Schweigen machte den Mann noch rasender, und er schlug sie mehrere Male ins Gesicht, um ihr irgendeinen Ton zu entringen, aber außer Blut wollte nichts kommen. Ihr Körper wurde schlaff, als der Bwaki sie wild zu vergewaltigen und zu beißen begann. Er leckte ihr das Blut vom Gesicht, das aus Mund und Nase kam. Die Menge kreischte beifällig.

»Töte ihr Geschlecht!«, rief jemand.

»Ja, ja!«, skandierten einige. »Ja, ja!«

Die feiste Schwester Mary stieß einen markerschütternden Schmerzensschrei aus, als der Mann, der sie vergewaltigte – er hatte sie mittlerweile über sich gezogen – ihr einen Nippel abbiss und sein Gesicht in der Fülle ihrer blutenden Brust zu reiben begann. »Rette mich, Jesus, Herr!«, heulte sie. »Rette mich!«

Ein anderer Bwaki schloss sich ihm an. Er trat die Schwester so heftig in den gewaltigen Hintern, dass Sie über den blutsaugenden Mann fiel. »Jesus Herr Scheiße!«, rief der Mann aus. Er drosch mit einem Knüttel auf ihren Hintern und Rücken ein und rief dabei. »Jesus Scheiße! Jesus Scheiße!«

Der Mann unter ihr riss ihr brutal die mächtigen Hinterbacken auseinander und drang in sie ein. Der zweite Bwaki ließ darauf den Knüttel fallen, warf sich auf ihren Rücken und rammte ihr sein Glied in den sich öffnenden Anus. Der Haufen Eingeborener schrie jubelnd auf. Abwechselnd bellend und winselnd umkreiste sie eine völlig überdrehte Promenadenmischung; dann und wann schnappte sie zu.

Auch Schwester Theresa sah sich von zwei der betrunkenen schwitzenden Krieger gepeinigt. Sie lag auf dem Rücken. Einer der Krieger saß auf ihr und rieb ihr seine Genitalien übers Gesicht, während der andere sie wie ein Rasender zwischen den Beinen leckte und biss. Ihr Widerstand ließ allmählich nach. Unter dem Tosen des Feuers stürzte eines der brennenden Häuser in sich zusammen. Rauschschwaden umhüllten das Dorf und die außer Rand und Band heulenden Horden. Aus dem Wahnsinn der Gerüche drang der Gestank von brennendem Fleisch. Schließlich explodierten die in einer der Hütten des Peace Corps gelagerten Kerosinkanister und beleuchteten die Szene für Augenblicke mit einer Supernova aus Splittern und brennendem Holz. Die dämonischen Horden brachen in Jubel aus.

Direkt vor dem brennenden Missionsgebäude verschlangen die völlig dem Blutrausch verfallenen Krieger buchstäblich Schwester Anna und Schwester Catherine. Zwei lachende, blutverschmierte Rebellen hielten die sich heftig zur Wehr setzende Schwester Anna fest, während ein Dritter ihr mit der Machete eine ihre großen Brüste abhackte. »Ahhhhh!«, kreischte sie, als das Blut über ihren sich windenden weißen Körper schoss. »Hab Barmherzigkeit, Jesus!« Dann stieß ihr der Mann, außer sich vor Erregung, die Machete in den Bauch und schlitzte sie auf. Ein Sturzbach von Blut ergoss sich aus ihr. Der Mann ließ die Machete fallen und begann, durch den Anblick vollends dem Wahnsinn verfallen, an ihren Eingeweiden zu zerren – Gedärme, Lunge, Herz, was immer sich greifen ließ, er warf es in die Masse kreischender, tanzender Kula und mordlustiger Bwaki hinter ihm.

»Ja! Ja!«, kreischte eine Frau. »Gut machen! Gut Blut!«

Die beiden Männer, die Schwester Anna gehalten hatten, ließen ihren zerfleischten Leib fallen, und zwei andere begannen ihr unter Geschrei in ihrer eigenen Sprache Kopf, Arme und Beine abzuhacken. Dann warfen sie die abgetrennten bluttriefenden Gliedmaßen in die Luft.

»Böse Schwester!«, schrie eine Frau, die einen der Arme auffing. »Alle fort. Oh ja!« Wie von Sinnen begann sie mit dem blutigen Arm auf einen Mann neben ihr einzuschlagen. Der Eingeborene, der die Schläge abbekam, reagierte mit wildem Gelächter.

Eines der ersten Häuser, das man geplündert und angesteckt und in dessen Flammenhölle man dann – mit Maschinenpistolen zu blutenden Lumpenbündeln geschossen – die Besitzer, einen Inder und seine Frau, geworfen hatte, war die Kurzwarenhandlung. Neben dieser peitschte man einen armen jungen Kerl aus dem Peace Corps, wenn man ihn nicht gerade zu einer Reihe sexueller Handlungen zwang. So musste er etwa zwei betrunkene Krieger fellieren, und während er vor einem kniete, kam ein kleiner Junge, der das recht komisch fand, aus der Menge und pisste ihn an. Ganz unvermutet befreite der junge Mann sich von seinen Peinigern und rannte auf den Dschungel etwa fünfzig Meter hinter dem Laden zu. Diese Entwicklung der Dinge amüsierte die Bwaki, da der arme Kerl sich ganz vorzüglich als Zielscheibe verwenden ließ. Die beiden gekonnt und kräftig geschleuderten Speere, mit denen man ihn erlegte, trafen ihn im Rücken und staken vorne noch ein gut Stückchen heraus. Das Publikum klatschte und tat ob der Zurschaustellung von so viel Talent lauthals seine Bewunderung kund.

Etwas ganz Besonderes, ein Ritual könnte man sagen, vollzog sich ein Stück weiter unter dem ausladenden Geäst eines gewaltigen uralten Eukalyptusbaumes. Man hatte dort Schwester Bertha an ein mächtiges, aus zwei Balken von einem Stapel hinter der Mission gefertigtes Kreuz gefesselt, das gegen den Stamm des großen Baums gelehnt stand. Ein riesiges Freudenfeuer aus Möbeln, Betten und Papieren, die aus der Mission stammten, beleuchtete, was da geschah. Die Zuschauer rund um das Spektakel waren besonders zahlreich und laut, und die schwarzen schwitzenden Körper glänzten im Feuerschein. Kürbisse mit hausgemachtem Bier wurden in der aufgestachelten, trunkenen Menge herumgereicht. Man schlug Trommeln, zu deren Rhythmen sich der eine oder andere in der Menge zu wiegen begann. Um die fünfzig Krieger – fast alle stark angetrunken – stießen im Freudentaumel Schreie aus, tanzten, schlugen Speere, Gewehre und Knüttel gegen die nackte Nonne am Kreuz. Einige der Bwaki waren bereits umgekippt und lagen schnarchend auf der Erde, ihre schwarzen Körper mit dem Blut ihrer weißen Opfer beschmiert. Über den bewusstlosen, dreck- und blutverschmierten Körper eines Mädchens vom Peace Corps gestreckt, lag ein baumlanger magerer Krieger, splitternackt bis auf das Kruzifix und den Rosenkranz der Nonne um seinen Hals. Hin und wieder regte er sich und versuchte sich kraftlos an ein paar Stößen mit dem Becken gegen das Geschlecht des Mädchens (dessen Schenkel obszön gespreizt waren), bevor auch er mehr oder weniger das Bewusstsein verlor.

Weder Ekstase noch Wildheit ihres Überfalls hatten dem Humor der Bwaki Abbruch getan. Zwei von ihnen – ein muskelbepackter Riese, der andere ein kleiner dicker Bursche mit einem silbernen Ring durch die Nase – hatten sich als Nonnen verkleidet, bis hin zu den weißen gestärkten Häubchen. Auf der Ebene der komischen Darbietung war ihr Auftritt als Transvestiten ein Riesenlacher für die entrückte Menge (und für sie selbst). Auf der tieferen Ebene der Identität taten sich surreale Abgründe auf. Der Anblick zweier frenetischer schwarzer Nonnen, die eine nackte kreischende weiße Frau über die Erde schleiften, hatte nun wahrlich etwas von einer höheren Realität.

»Ich Nonne!", schrie der Riese. »Ich Nonne. Niggernonne!«

»Mister Nonne!«, schrien die anderen lachend. »Mister Schwester!«

Vom anderen Ende des Dorfes her waren Schüsse aus Gewehren und Maschinenpistolen zu hören.

Schwester Bertha am Kreuz wirkte so obszön wie erhaben. Mit dem kahl geschorenen Kopf wirkte sie auf den ersten Blick wie ein seltsamer Mann, ein Eindruck, dem der üppige weiße Körper – die vollen spitzen Brüste mit ihrem kühnen Aufwärtsschwung, das opulente Stundenglas von Taille und Hüften, die eleganten Linien ihrer glatten weichen Schenkel – auf schockierende Weise widersprach. So hatte es in gewisser Hinsicht den Anschein, dass da im Schein der knackenden Flammen zwei Menschen – ein fremder Mann und eine Frau – aneinandergefügt waren. Ihr Kopf hing auf die eine Seite, und in ihrem Gesicht spiegelten sich nicht etwa Todesangst oder Abscheu, sondern eine erhabene ewige alterlose und offenäugige Geistlosigkeit wie das einer Marmorstatue aus der Renaissance. Nicht eine Träne, nicht ein Fleck, nicht ein Makel verunzierte dieses unendlich glatte und klare Bild. Ihr Schamhaar war ein Inbild unmittelbarer Menschlichkeit, etwas, was den ansonsten so großartigen Darstellungen des Nazareners am Kreuz von jeher fehlt.

Die Zeremonie begann, als ein grauhaariger alter Bwaki, der Häuptling, feierlichen Schritts aus der wimmelnden Menge und vor das Kreuz trat. Er trug ein schimmerndes Zebrafell; seine Handgelenke schmückten goldene Reifen. In kurzer Entfernung von Schwester Berthas Beinen blieb er stehen und sagte etwas, nein, sang die hängende Gestalt im Leierton an. Er rezitierte irgendein rituelles Gebet. Die Menge war plötzlich still und nur der Lärm der unmittelbaren Umgebung, das Knacken des sinnlich tobenden Feuers, das gierig Hab und Gut der Mission verschlang, war zu hören. Das melodische, keineswegs hysterische Gebet mochte zwei Minuten gedauert haben, als er plötzlich auf Schwester Berthas Gesicht wies und drei, vier Worte schrie; dann folgte eine abschließende horizontale Geste mit der flachen Hand. (Von irgendwo aus dem Dorf kam ein lang gezogener Schmerzensschrei, aber niemand aus dem Kreis um Kreuz und Feuer schien ihn zu hören.) An diesem Punkt der Zeremonie trat ein junger Krieger vor den Häuptling, reichte ihm mit geneigtem Haupt einen langen Dolch und zog sich mit einer weiteren Verbeugung wieder zurück. Die Waffe schimmerte elegant im orangeroten Schein. Der Häuptling küsste den Dolch, drückte die eben geküsste Seite der Klinge Schwester Bertha gegen die Stirn (ihr starrer, leerer Ausdruck hatte sich nicht verändert, ihr Körper hatte auch nicht einmal gezuckt angesichts dessen, was rund um ihn vorging; sie befand sich in tiefer Trance). Plötzlich stieß der Häuptling ihr den Dolch zwischen die vollen, festen Brüste und befreite mit minimalem Kraftaufwand ihr schlagendes Herz. Das Blut, das sich dabei über ihren Körper ergoss (beim Eindringen des Dolches hatte sie sich aufgebäumt, die erste Bewegung seit einiger Zeit, aber ihrem Mund entrang sich nur ein langes sanftes Seufzen, kein Schrei), dieses Blut wirkte nicht etwa abstoßend oder beängstigend wie bei den anderen, deren Blut ihre Schönheit besudelt hatte; ihr Blut dagegen trug zum Eindruck einer überirdischen Sinnlichkeit bei, der sie umgab.

Als der Häuptling ihr das pochende Herz aus der Brust nahm, schnappte die Menge, wie ein Mann, nach Luft, dann folgte ein ehrfürchtiges, sonores »Ahhh!«. Er hielt das blutende Herz so, dass es jeder sah, sprach laut einige Worte und riss dann, eher mit der jähen Wildheit eines Tiers als ein Mensch, mit den Zähnen ein Stück heraus. Das Gesicht voll dunkler Spritzer, begann er schluckend zu kauen; Blut lief ihm aus dem Mund. Er sagte wieder etwas und reichte das Herz dann einem strahlenden Krieger mit einem Gewehr. Auch der biss ein Stück heraus, bevor er das lebende Herz weitergab. Mit sichtlichem Genuss leckte der Häuptling sich Schwester Berthas Blut, das ihm Unsterblichkeit verhieß, von Händen und Armen. So verschlang man die Schwester, und ein Dutzend Krieger nahmen mit ihrem Fleisch ihr Wesen in ihr eigenes Fleisch, ihr eigenes Wesen auf. Jeder von ihnen leckte sich, nachdem er das kleiner werdende Herz weitergereicht hatte, sorgfältig, bis zum letzten Tropfen das Blut von Händen und Lippen. Noch während man das Herz ehrfurchtsvoll von Hand zu Hand reichte, tanzten die Eingeborenen und Scharen von Bwaki-Kriegern zum Rhythmus der kleinen Trommeln.

Zwei kleine Jungs warfen einen der kläffenden Dorfköter ins Feuer. Einige Krieger, die noch immer nicht genug hatten, liefen auf der Straße auf und ab und schossen in die Häuser, sowohl in die Hütten als auch in die Ziegelgebäude der verhassten Fremden. Einige der Eingeborenenfrauen trieben es – vom allgemeinen Wahnsinn mitgerissen, von Haschisch und selbstgebrautem Bier berauscht – unter hysterischem Gelächter mitten auf der Straße mit den Kriegern. Gnadenlos durchdrang der Gestank von brennendem Fleisch, menschlichem wie tierischem, die rauchschwangere Luft. Draußen im Busch bellte, von den Flammen angezogen, wie von Sinnen eine Hyäne. Und dann dröhnte laut amerikanische Tanzmusik durch die Straßen. Artie Shaw.

Schwester Eulalia saß in Kimos Haus, einer großen strohgedeckten runden Hütte auf einer leichten Anhöhe am Nordende des Dorfs. Im Halbkreis um sie saßen neben Kimo selbst die beiden Anführer der Bwaki, Benda und Luku. Benda, ein junger Mann Mitte zwanzig, dessen Gesicht eher ägyptische als negroide Züge aufwies, war ein Konsortium engelhafter Verachtung. Um den Hals trug er eine schwere Kette aus handgetriebenem Silber und Türkisen, in die mehrere gebleichte Fangzähne eingearbeitet waren. Von den Ohren hingen massive silberne Ringe. Er war nackt bis an die Taille; sein Madrasrock leuchtete in Rot und Gelb. Luku, Anfang vierzig, war der geborene Jäger, ein Wesen von reiner, durch nichts zu korrumpierender Energie. Sein inneres Leuchten, seine tiefe Ausstrahlung verdarb auch nicht ein Hauch von Intellektualität. Zu beiden Seiten seines Gesicht war ein S eingraviert, und seine Zähne waren spitz zulaufend gefeilt. Er trug das Fell eines Ozelot.

»Die Jungs hauen mächtig auf die Pauke«, sagte Benda mit einem schelmischen Lächeln. (Sein Akzent zeugte von einer guten englischen Privatschule.) »Ich kann mir vorstellen, dass Ihnen das alles ausgesprochen widerwärtig ist, Schwester Eulalia.«

»Ein unsägliches Gräuel«, sagte sie. Kraft ihres Verstands hatte sie Geist und Gefühl in weite Ferne gerückt, um nicht vor Abscheu und Entsetzen zu vergehen.

»Was nicht einer gewissen Ironie entbehrt«, hakte Benda nach, »schließlich macht Ihre Kirche das seit Jahrhunderten: die Inquisition, die Kreuzzüge, der Krieg gegen die Wallonen sind nur einige Episoden, die mir dazu einfallen. Wir könnten sogar in der Bibel nachsehen.«

»Sie müssen wahnsinnige Unmenschen sein, daran Freude zu haben«, sagte sie.

Luku lachte. »Unsere Schwester ist was Besonderes«, sagte er, und auch er hatte einen britischen Akzent. »Sie würde eine gute Ehefrau und Gespielin abgeben.« Er nahm einen Schluck aus der Flasche Scotch und reichte sie Benda. Kimo fühlte sich sichtlich nicht wohl in seiner Haut, nahm das Ganze aber philosophisch. Immer wieder senkte er den Blick auf den Boden – meist nachdem er in den Gesichtern der anderen nach einer Antwort gesucht hatte, nach einem Versprechen, nach einer neuen Dimension von Realität.

»Gegen meine historischen Fakten kommen Sie nicht an, was, Schwester?«, fragte Benda und nahm einen Schluck aus der Flasche. »Ah ja, das überrascht mich nicht. Ihr weißen Christen seid alle gleich. Ihr weigert euch, Euer Machtmonopol zu teilen. Ihr verweigert uns schlicht – und grob – das Recht, dieselben Gräuel zu begehen wie ihr. Euer Konzept, euer ganzes System basiert auf Herrschaft und Überlegenheit. Bei jedem Verstoß gegen diese apriorische Eitelkeit dreht sich euch der Magen um, aber lernen tut ihr daraus nichts.«

Für Schwester Eulalia war er das Fleisch gewordene Böse. Sie hatte das Gefühl, dass er unendlich mehr war als nur der höhnische Wilde, der da vor ihr saß und auf ihre physische Vernichtung sann. »Was soll dieses absurde Verhör?«, fragte sie und klammerte sich an ihren Stuhl. »Warum bringen Sie es nicht hinter sich und bringen mich um?« Sie wandte sich an Kimo. »Was haben sie vor, Kimo?«

Er machte eine irritierte Geste mit den Händen. »Liebe Schwester, ich bin nicht der Architekt ihrer Gedanken. Sie sind ihre eigenen Herren.«

»Wissen Sie«, sagte Benda mit einem gefrorenen Lächeln, »es ist jammerschade, dass ihr armen Dummköpfe euch auf eure Missionen nicht besser vorbereitet habt. Ein bisschen Lektüre hätte genügt. Gestatten Sie mir, Ihnen ein paar Worte von jemandem vorzulesen, den Sie kennen dürften. Frantz Fanon.« Er fischte ein Pamphlet aus den Falten seines Rocks und las vor: »›In der Dekolonisation steckt also die Forderung einer vollständigen Infragestellung der kolonialen Situation. Ihre Definition ist, wenn man sie genau beschreiben will, in dem altbekannten Satz enthalten: Die Letzten werden die Ersten sein. Die Dekolonisation macht diesen Satz wahr. Deshalb ist, wenigstens von außen gesehen, jede Dekolonisation ein Erfolg.

Die nackte Dekolonisation lässt durch alle Poren glühende Kugeln und blutige Messer ahnen. Denn wenn die Letzten die Ersten sein sollen, so kann das nur als Folge eines entscheidenden und tödlichen Zusammenstoßes der beiden Protagonisten geschehen. Dieser ausdrückliche Wille, die Letzten an die Spitze rücken zu lassen, sie in einem (wie gewisse Leute meinen: allzu schnellen) Tempo die berühmten Sprossen, die eine organisierte Gesellschaft kennzeichnen, hinaufklettern zu lassen, kann nur siegen, wenn man alle Mittel, die Gewalt natürlich eingeschlossen, in die Waagschale wirft.‹«

Er steckte das Pamphlet wieder weg. »Das dürfte wohl etwas Licht auf die Situation werfen, meine liebe absurde Schwester.« Lächelnd stand Luku auf und trat auf sie zu. Er hob den Rock ihrer schwarzen Nonnentracht hoch, so dass ihre bloßen weißen Schenkel zu sehen waren. Sie tat, als gebe es ihn nicht. Sie wusste, es würde ihm nur gefallen, wenn sie sich zur Wehr setzte wie eine gewöhnliche Frau. Diese Anerkennung würde sie ihm nicht zollen. Um Fassung zu bewahren. Sie konzentrierte sich auf einen Nachmittag in Dublin, auf den Gesangsunterricht bei einem dicken Priester namens O'Toole. »Ah! Was für Schenkel.

Was sich mit denen alles anstellen lässt.« Ohne ihren Rock fallen zu lassen, wandte Luku sich an Benda. »Bruder, hören wir auf mit dem Gerede und gönnen uns unseren Spaß. Die leckere Dame hier wartet auf die Taufe.« Er griff ihr zwischen die Beine. »Kein Zweifel. Alles da.« Er roch an seinen Fingern und leckte sie ab. »Mm. Geißblatt.«

Kimo ließ den Kopf hängen ob so viel unglaublicher Unverschämtheit, worauf Benda lachen musste. »Armer Kimo. Die weißen katholischen Lehrer deiner Jugend haben dich vergiftet mit ihren Schuldgefühlen. Du kannst einem leid tun. Sie hindern dich daran, wahrhaftig und von ganzem Herzen ein Schwarzer zu sein.« Er verstummte und blickte gönnerhaft auf den sichtlich bekümmerten Kimo herab. »Ich hoffe, das hält dich nicht davon ab, dich voll und ganz unserer Sache zu widmen. Das wäre ein unangenehmer Fehler.« Er trank einen Schluck Scotch aus der Flasche. »Weißt du was, lieber Kimo, es ist durchaus möglich, mit dem Kopf an verschiedenen Orten zugleich zu sein. Aber dein Herz kann nur an einem Ort sein und sonst nirgendwo. Bitte versuche das zu verstehen, es ist von größter Bedeutung.«

Kimo nickte langsam. »Ich verstehe.«

Schwester Eulalias abwesende Distanziertheit nahm ein jähes Ende. »Dreckschwein!«

Luku schlug ihr hart ins Gesicht. »Dummes Luder!«

Benda stieß einen heiteren Laut aus. »Na dann, Schwester, Schluss mit dem Theater. Gehen wir über zu Reinigung und Wiedergeburt, wie das bei Ihnen heißt. Bitte, wenn Sie so freundlich wären und die heilige Kleidung ablegen würden.«

Sie hatte Angst, spürte aber auch eine nie gekannte Kraft, und zum ersten Mal in ihrem Nonnenleben begriff sie die Herausforderung ihrer Berufung. »Nichts, was Sie meinem Körper antun könnten, kann meinem Geist etwas anhaben. Sie verschwenden Ihre Zeit.«

Luku warf einen prüfenden Blick auf ihre Brüste. »Mm. Gar nicht so ohne.«

»Bitte Schwester, die Kleidung. Widmen wir uns doch mal dieser Beziehung von Geist und Fleisch.«

Um sich gegen die bevorstehende Prüfung zu wappnen, nahm sie – in den tiefen Regionen des Wer-bin-ich, Wo-bin-ich und Was-passiert-mit-mir – einen raschen und komplexen Persönlichkeitswechsel vor, bevor sie sich aus dem Stuhl erhob, um Bendas Forderung nachzukommen. Sie wurde zu einer jungen Konvertitin in einem alten Mysterienspiel, das sie in London gesehen hatte. Das gottesfürchtige Mädchen, das von protestantischen Dorfrohlingen traktiert wurde, die gegen die Macht des Papstes aufbegehrten. So wurde die Abscheulichkeit, in der sie sich sah, zu einem Bühnenstück, und was immer man ihr Scheußliches antun würde, es war Theater, Schein – aber natürlich ein Theaterstück mit einer Moral. Nachdem sie ihre Rolle in dem Stück arrangiert hatte, legte sie die Nonnentracht ab. Was sie andernfalls (im wahren Hier) vor Scham und Ekel hätte vergehen lassen, verwandelte sich in der Realität ihrer neuen Identität in Freude an der Überlegenheit und glühenden Stolz: Sie konnte sich kopfüber in diese demütigende Erfahrung stürzen und sie absorbieren, anstatt dagegen ankämpfen zu müssen, sie konnte rückhaltlos, ja mit Vergnügen teilhaben an Sinnlichkeit, Schmerz und geistiger Marter, da sie alles in etwas anderes verwandeln würde. Was den drei Schwarzen da wie schockierende Willfährigkeit, ja Lust an diesem Spiel erscheinen musste, wäre für sie – in ihrer Rolle – die leidenschaftliche Freude an ihrem Mut, ihren Überzeugungen als bedrängte Maid aus dem 17. Jahrhundert. Sich hier furchtsam zu ducken, zu verweigern, zur Wehr zu setzen, hätte diese Maid zur unwürdigen Kämpferin Christi gemacht, hätte ihr den Triumph genommen, das Spiel an sich zunichte gemacht. Je stärker ihre Sinnlichkeit reagierte, desto mehr Leben gewann die andere Realität, deren zutiefst paradoxer Brennstoff sie war. Diese schwarzen Männer konnten angesichts einer solchen Logik nur verlieren. Während Schwester Eulalia ihre asketische, aber elegante schwarze Kleidung ablegte, legte sie die Person, die Realität ab, an der sich die bevorstehende abscheuliche Aufführung orientierte; darüber hinaus machte sie das (im Sinne einer Metapher) vollends zu dieser Maid, ertrug diese doch die Demütigungen in diesem Stück ohne den Schutz des Gewands.

»Schau doch, Benda! Die Dame lächelt!«

»Ach was!«, rief Benda aus, der aufstand und vor die nun nackte Nonne trat. Er musterte sie. »Lass dich davon nicht täuschen, Luku. Mit ihrem Lächeln zeigt sie nur ihre Verachtung für uns.«

Luku, der ihren Bauch, ihre vollen Schenkel, ihre Brüste, berührte, sagte: »Nein, nein, es ist ein Lächeln der Leidenschaft, der weiblichen Erregung. Siehst du das nicht? Schau dir doch die Farbe an, die ihr heiß ins Gesicht schießt und sich über die drallen Formen ausbreitet. Fühl doch, wie die Haut unter ihrer Wollust anschwillt. Schau! Schau dir die Augen an, Benda! Das sind die Augen einer Frau im Bett. Mann, o Mann!«

Ungläubig suchte Benda das leuchtende, lächelnde Gesicht nach Hinweisen für eine Täuschung ab. Er berührte ihre vollen duftenden Lippen, ohrfeigte sie dann zweimal kräftig und schrie: »Lügnerin! Schwein!«

Seine Schläge waren ein köstlicher Hauch in das Feuer unter der gemarterten Christin. Ihr Geist gewann im Aufsteigen eine herrliche Fülle.

»Diese Frau ist wunderbar!«, heulte Luku. Er griff von hinten nach ihren Brüsten, drängte seine Leisten gegen ihre festen Hinterbacken und biss ihr lustvoll in die Schulter. Sie stöhnte in ihrer aus der Liebe zu Jesus geborenen Lust. »Ich muss sie haben!«, rief Luku und warf sie auf den Lehmboden der Hütte. Sie leistete keinen Widerstand; ganz im Gegenteil, die Vollkommenheit ihrer Verwandlung von Realität und Identität machte ihre Hingabe zur logischsten und natürlichsten Sache der Welt. So spreizte sie denn die Beine und hob die Knie, auf dass die zum Triumph gewordene Demütigung ihren Lauf nehmen konnte. Luku stieß ihr sein schwarzes Glied in den rötlich-schwarzen Urwald und grunzte dabei vor Erstaunen, Leidenschaft und primitiver Lust. Tief fuhr er ihr mit der Zunge in den offenen, seufzenden Mund, und Schwester Eulalia – nunmehr selbst im Rausch der Sinne – verschluckte sie schier. Zu diesem Zeitpunkt befand sie sich im ersten Aufzug ihres Stücks aus dem 17. Jahrhundert; mit Leib und Seele war sie die von Gott erwählte Maid und wusste, jede Schikane, jede Obszönität brachte sie der Seligsprechung ein Stück näher. Mit einem Aufschrei schlug sie die Beine um Luku, der sie leckend und beißend – er schlug ihr die Zähne in Gesicht, Hals und Lippen – stieß wie ein in Rage geratenes Tier. Seine Haut war für sie die weiße Haut eines feigen Dörflers aus dem 17. Jahrhundert, und in ihren Ohren – den Ohren der einfachen Maid auf dem Weg in den Himmel – hörte sie den tosenden Beifall des Publikums, das Zeuge dieser kathartischen Vorstellung war.

»Wir werden es dir schon zeigen!«, schrie Benda, der in seiner Verwirrung noch immer ganz außer sich war. »Wir bringen deine elende Eitelkeit schon zu Fall!«

In diesem Augenblick wälzte sich Luku (eine glänzende schwarze Masse spielender Muskeln, nachdem er es geschafft hatte, sich den Ozelot von den Schultern zu zerren) völlig entrückt auf den Rücken und manövrierte Schwester Eulalia auf seinen Schoß. Ihr eigenes Zutun stand an Heftigkeit dem Lukus in nichts nach. Sie biss, ritt, rieb sich an ihm nicht weniger heftig keuchend als er sich an ihr. Die Verwandlung war vollzogen, wonnetrunken überließ sie sich ihrer Lust.

Benda, dem Verständnislosigkeit und maßloser Zorn die

eleganten Züge verzerrten, zog ihr völlig unvermutet seine kurze bleibeschwerte Peitsche über die Hinterbacken. Feuer durchzuckte sie. Mit einem ekstatischen Schrei rammte sie ihr Schambein gegen Lukus. »Sprich mir nach!«, befahl Benda mit einem erneuten Schlag. »Gott ist Dreck!«

»Gott ist Dreck!«, kreischte sie, während sie sich schiebend und drängend auf Luku wand, der vor Seligkeit die Augen geschlossen hatte.

Wieder traf sie klatschend Bendas Peitsche, diesmal auf den Rücken. Wieder schrie die Schwester vor Wonne auf.

»Gott ist Kotze!«, schrie er.

»Gott ist Kotze!«

Weitere Schläge folgten, mal höher, mal tiefer bis hinab auf die Hinterbacken und die schwitzenden Schenkel. »Das Christentum ist ein Gräuel gegen das menschliche Leben.«

»Das Christentum ...« Ihre Freude drohte ihr das Bewusstsein zu rauben. Schweiß strömte ihr über das hochrote Gesicht. »Das Christentum ... ist ... ein Gräuel ... gegen ... das menschliche Leben!«

Lukus kräftige schwarze Hände packten ihre mit Striemen bedeckten Backen so heftig, dass seine scharfen Nägel Blut zogen. Zwischen tierischem Grunzen entrang sich seinem Mund hin und wieder ein Schrei. Benda, der vor Zorn bebte, lief der Speichel von den Mundwinkeln. »Ich pisse auf das Jesuskind!« Seine Peitsche schoss ihr über den Arsch.

»Ich ... pisse ... auf ... auf das Je-sus-kind!« Sie stand an der Schwelle vollkommener Gnade. Die Welt – und sie selbst – wurde zu einem gestaltlosen Haufen von Klängen, Farben und Gefühlen, von unerträglicher physischer und spiritueller Euphorie.

»Die Peitsche fuhr ihr über den Nacken. »Tod allen Weißen!« Ihr ganzer Rücken war mit leuchtenden roten Striemen übersät.

Sie kam jetzt zum Höhepunkt. Ihr ganzes Wesen sah sich in Millionen symphonischer Teilchen zerfetzt, und bei der

Berührung mit der Unendlichkeit entrang sich ihr ein lang gezogener schriller Schrei. Auch Luku begann unter den ersten Wehen eines Orgasmus zu schreien. Benda, vollends zum Dämon geworden, ließ die Peitsche fallen, und während Eulalia sich noch immer in die Himmel eines Höhepunkts weitete, der einer Heiligen würdig war, warf er sich auf ihren Rücken und riss eine Statuette der Mutter Gottes mit dem Kind aus den Falten seines Eingeborenenrocks, die er ihr in die entflammte Vagina schob. Ihr zweiter Höhepunkt entzündete sich an diesem sakralen Gegenstand – jede Faser, jeder Nerv, jede Hirnzelle wurde zum Nordlicht einer ganz unglaublichen Vision. Dann trieb sie auf einer Hochebene sanft pulsierender Stille; zarte Klänge aus dem Universum umrankten dieses gestirnte Plateau. Und dann sah sie Ihn ... die flüsternden Farben und Dämpfe fügten sich zum erhabenen Antlitz des Herrn. Was für eine unermessliche Weisheit, was für eine väterliche Präsenz! Sein Gesicht war ihr unsagbar vertraut und ganz und gar unerreichbar zugleich. Er lächelte und sagte etwas, und Schwester Eulalia spürte, wie sie sanft in Seine allwissenden Worte entschwand.

»Komm zu mir, meine geliebte Tochter«, hieß Gott sie, Seine Stimme eine Wolke von ungeheurer Weichheit, die sie aufnahm, bis sie verschwand.

16

George kratzt sich am Kopf, fährt mit der Hand über den stoppeligen Dreitagesbart auf dem hageren, nicht zu leugnenden Gesicht und blickt über den ewig begriffsstutzigen Eichentisch auf seine Mitblume, Pierre Montand. »Dieses muffige Wirtshaus geht mir langsam, aber sicher auf die Nerven, Pierre. Es juckt mich schon an den Fußsohlen.«

Pierre lacht, und seine Feistheit kichert mit – das Ganze

eignet sich mehr für ein blubberndes, zischendes, brodelndes Schmorgericht mit Nierchen und Lauch als etwas, dem man Vor- und Nachnamen geben möchte. »Du bist mir schon ein komischer Vogel, alter Freund. Du beschwerst dich übers Leben, als wäre es neu für dich.« Wieder brodelt er blubbernd auf. Der Zwiebelgeruch seines Atems ist zum Wahnsinnigwerden. »Du hättest von edlem Geblüt auf die Welt kommen sollen und nicht als Bastard und Dieb und jetzt auch noch als Mörder.« Er schluckt den Rest seines Weins weg und bestellt mit einem Faustschlag auf den hirngeschädigten Tisch ein weiteres Glas.

George seufzt, bohrt in der Nase und schnippt ein Klümpchen gestriger Lyrik davon. »Pah! Ich wollte das alte Weib doch nicht umbringen. Hätte sie nicht geschrien, es wäre ihr überhaupt nichts passiert.« Er begann zu kollern – es war kein Lachen, kein Kichern, sondern ein altes, einsames andalusisches Kollern – eine reiche Familie aus Suffolk, die Baillies, um genau zu sein, hatte es im 14. Jahrhundert in England eingeführt, nachdem ihr die eigenen Laute ausgegangen waren. »Mir war, als steche ich in einen Krapfen voll Marmelade!«

»Glaub ich dir schon«, sagt Pierre, »sie war nicht umsonst die Frau des Bäckers.« Er lutscht an einem Stück Hühnerklein, als wäre er mit ihm in den Kindergarten gegangen.

Einen Schluck Wein im Mund, sieht George sich um in dem Schweinekoben von einem Gasthaus, das natürlich auch eine öffentliche Schenke ist, die jedem offen steht, der das Geld für ein Glas hat und einen Schurz über den Lenden. In arroganter Unordnung fläzen Spitzbuben aus sämtlichen Gärten Englands herum. Kein Funken Moral, nicht der geringste Respekt für Gott, Vaterland oder die eigene Mutter. Größtenteils waren es Männer, aber dazwischen ist auch die eine oder andere Metze von geradezu unglaublicher Schamlosigkeit zu sehen – ein Adieu an das Mittelschichtmenuett, wie man es kennt (vom Hörensagen, versteht sich, sowie durch voyeuristische Blicke von außen). Das Geschäft der Kerle mehr oder weniger für alle zu sehen, wie zur Zeit Heinrichs VIII., die Schamkapseln pikant zwischen den engen Hosen, Flecken von allem, was im Leben so tropft, auf dem Wams, hier und da ein dünkelhaft gerüschtes Hemd. Was die Hüte anbelangt – eine Schauspielertruppe wäre begeistert; einige zieren sogar lange Federn (von Vögeln, die zwar den Mund aufmachen durften, nur hatte keiner auf sie gehört). Ein pöbelhafter Chor von Körpergerüchen, Speisen und Spirituosen (und auch ein gefallener Schlotfeger war dabei).

Eine forsche Dame mit geröteten Pausbacken zwinkert George ganz ungeniert zu, der mit einer müden Handbewegung abwinkt, was aber nicht als Korb zu verstehen ist, sondern eher als »Ich schaffe kaum, was ich um die Ohren habe, aber vielleicht später mal, mein süßes Kind«. In einer Ecke des Schankraums streiten sich zwei Kerle um die Anteile an dem einen oder anderen Coup. Sie werden langsam, aber sicher böse.

George stößt eine Lungevoll kummervoller Luft aus. »Ich glaube, ich habe Skorbut.«

»Hmm. Vielleicht solltest du dich mal ordentlich zur Ader lassen.«

George schüttelte den Kopf. »Nein. Du denkst an Gicht. Skorbut ist was anderes. Was ich brauche, ist ein warmes Klima und frisches Obst.«

Ein alter Mann, der wie ein Intimus von Schafen und Ziegen anmutet, kommt Flöte spielend herein. Auf den Fersen folgt ihm ein zerlumpter kleiner Verführer von einem Kindchen, das mit dem Hut von Tisch zu Tisch geht.

»Wusstest du, dass unser guter König Hal Tanzmusik schreibt? Wenn er nicht gerade eine seiner Gattinnen einen Kopf kürzer machen lässt«, sagt Pierre, der jetzt einen Hähnchenhals in den Fingern hält.

»Und warum auch nicht?«, sagt George.

Pierre, der George merkwürdig anstarrt, sagt eine Weile nichts. »Ja. Durchaus. Ich sehe, was du meinst.«

George treibt es mit seinem Wein und sagt, wie zu sich selbst (mit einem kleinen Lächeln, einem weichen Riss in der Brustwehr der Welt): »Wir haben zusammen Latein gelernt, wir zwei.« Er schüttelt die schönen goldenen Locken. »Aber die Tage sind nicht mehr zu gebrauchen.«

Das kesse Flittchen kommt herüber. Sie grinst von Muttermal zu Muttermal. Netter Hintern. Aus ihrem Auge blitzt wie ein Splitter ihr Witz. »Wie wär's, die Herren? Einen Schilling für Handarbeit?« Sie stupst Pierre unter den Überhang. »Würd eurer Weltsicht wirklich gut tun, das sag ich euch.«

»Allerdings«, sagt Pierre und greift spielerisch nach ihren Fingern.

George sieht sie durchdringend an, ein Blick von unverhohlener Poesie. »Du könntest meine Schwester sein.«

Ein Kichern und ein Lachen, dann legt sie eine Hand auf die volle Brust. »Mensch, da wären wir ja vielleicht in den Hintern gebissen, was?«

»Na«, sagt George, »nicht dass ich das bei deinem bereuen würde.«

Sie sieht ihn belustigt und mit größerem Interesse an als zuvor. »Du bist mir ein rechter Schelm, was?«

»Mm.« Nach wie vor im Besitz eines ihrer Mädchenfinger, setzt Pierre alle die saftigen Hebel, Winden und Kräne seiner Körperfülle in Bewegung, um sich zu erheben. »Ich werd mal mit dem Mädel hier meine Seele und na-du-weißt-schon-was erleichtern gehen, George. Ich überlass' dich ein Weilchen deinen Visionen, ja?«

Ein brüderliches Lächeln von George. »Du hast etwas so Natürliches, Pierre. Gefällt mir.«

Die Kleine windet sich prustend, und die beiden ziehen untergehakt los. Pierres Rechte steckt bereits eine erstklassige Parzelle auf ihrem ungezähmten Hinterteil ab. Als sie die knarrende alte Treppe hochsteigen, sieht George ihnen nach. »Latein wäre für den nichts gewesen. Absolut nicht.«

Eine ziemliche Flasche Lärm von den beiden, die hinten in der Ecke die Beute teilen. Glas geht zu Bruch. Es wird gedroht und geflucht. Ein ausgewachsenes Krachen, als ein Körper erst auf einen Stuhl bumst und dann auf den Boden. Routinemäßiges Fußgetrappel von Management und Hausdienern, die zur Aufräum-Szene gesprungen kommen. Wild triumphierendes Gelächter. Die normale Geräuschkulisse liederlichen Schenkenlebens stellt sich wieder ein. Der Bettelknabe kommt auf George zu und hält ihm seinen von Schweiß kompromittierten alten Hut unter die Nase, die anständig ist.

»Siehst mir nicht grade verhungert aus«, sagt George dem kleinen Kerlchen.

Der Junge macht ein Gesicht wie gemalt. »Meine Fresse. Müssen Sie deswegen gleich ein Stinkstiefel sein.«

»Hm. Ja, da hast du auch wieder Recht. Hat schließlich nichts mit der Situation zu tun, oder?« Er gibt ihm ein paar halbe Pennys.

Der Junge steckt sie ein und grinst ihn aus seiner persönlichen kleinen Jauchegrube heraus an. »Nicht so scharf drauf, unsereinen verhungern zu sehen, was?« Damit rennt er in das Unterholz der fleckigen Tische.

»Bisher nicht«, sagt George seinem Verschwinden.

Er sinniert über die Geräusche von draußen. Wagenräder rumpeln quietschend vorbei. Ein Pferd wiehert. Händler preisen ihre Waren an. »Federn! Hier gibt's Federn. Schöne Gänsefedern!« Ein Hahn kräht; aufgescheuchtes Flügelgeflatter. Eine Kinderstimme ruft nach der Mutter. Sie antwortet aus der Ferne. Eine hohe näselnde Stimme voller Entbehrungen, voller Liebe und schwindender Jugend. George denkt sich ein Gesicht dazu aus. Schlechte Zähne, aber fleischige Backen, die Lippen tragen bereits ab Mittag das Versprechen des Abends in sich. Jemand stößt ins Horn. Der Postbote hat irgendeine Absurdität zu verkünden. George erinnert sich an ein andermal, als er zu Besuch hier in Exeter war, mit seinem Vater. Sie waren den weiten Weg von Southampton gekommen, um seine verhutzelte alte Oma zu besuchen, die hustend den Geist aufgab. Der Vater war auf irgendeinem Hof vom Dach gefallen – nach einem letzten sinnlosen Seufzer im Gefolge einer hektischen, gurgelnden Explosion allzu menschlicher Erleichterung. Was für ein Jammer! Warum nur musste ich das Rot dieses vermaledeiten Gebäcks vergießen?

Das Gesicht der Schenkenmetze taucht – nebst ihrem nackten Milchzeug – über dem Geländer der Empore auf. Ihr rosiges Antlitz ist eine Brutstätte spritzig-flüchtiger Wonnen. »Sicher, dass du nicht mitmachen willst, Bester?«, erkundigt sie sich.

»Nicht dass du mir nicht gefallen würdest«, sagt er und hebt dazu die Stimme über den trunkenen Lärm, »ganz und gar nicht. Ich meine, an dir ist ja wahrlich genug dran für zwei.« Er nimmt einen Schluck Wein. Sein Hals ist pulvertrocken. »Ich habe nur einfach soviel anderes im Kopf. Und ich habe nur die eine Phantasie. Verstehst du?«

»Ich denke schon.« Ihr Haar ist ein Epos liederlicher Unordnung, ein Anblick, bei dem Richtern der Schandpfahl in den Sinn kommen muss.

»Außerdem«, fährt George fort (ein alberner Strahl nachmittäglichen Lichts kitzelt ihm das Gesicht), »ist da noch deine Ähnlichkeit mit meiner Schwester.«

»Hast du schon gesagt. Wie heißt die denn?«

George gestattet einem Grinsen die Flucht. »Ich habe gar keine. Ich habe das aus einem ganz anderen Grund gesagt.«

Die Metze erlebt einen Anflug von Heiterkeit. »Du liebe Güte! Du bist vielleicht ein Scherzbold.«

Unvermutet reißt die grobe Hand des halb nackten Pierre sie aus seinem Blick.

»Hm«, meint George murmelnd zu seiner eigenen Präsenz, »der Humor hier ist schläfrig.«

Ihm bleibt nichts anderes, als das Angebot des säbelbeinigen Schenkengarçons – einen weiteren Becher Wein und eine kleine Schüssel Flussmuscheln – zu akzeptieren. Die Visage des armen Taugenichts ziert eine Narbe, die Hinterlassenschaft eines blitzenden Kneifs. »Macht drei Pennies«, murmelt der Mann.

»Der reine Diebstahl«, sagt George und wirft sie ihm hin.

»Ich weiß«, sagt der Kerl, »aber ich bin nicht der Wirt.«

George lässt einen wohl gerundeten dreizackigen Furz ziehen, aber keiner stört sich daran. Nicht einer unter diesen Engländern, der sonderlich manierlich gewesen wäre. Zu sehr spürte man hier der kleinlichen Anforderungen des Lebens mächtigen Druck. Ein Bursche, der ihm vertraut scheint, hohe Wangenknochen, belesenes Auge, kommt von einem Tisch ganz in der Nähe herüber, setzt sich zu ihm, legt ihm eine immerhin saubere Hand auf die Schulter und spricht ihn an.

»Du trägst ein Geheimnis im Gesicht.«

George reibt sein Gesicht. »Würde mich nicht wundern. Ich habe mich heute morgen nicht gewaschen.«

»Ich habe dich beobachtet und denke, ich hätte da einen Plan für dich.«

Eine vorsichtige, aber nicht feindselige Musterung des Kerls. »Kenn ich dich nicht von irgendwoher?«

»Schon möglich«, antwortet der Besucher. »Ich würde aber nicht drauf wetten, jedenfalls nicht zu viel.«

»Ich bin kein Hasardeur.«

»Wie gescheit von dir. Nun, wir wissen beide, dass du hier nicht glücklich bist.«

»Fahr er fort.«

»Unser Problem ist, dass du gar nicht hier bist.«

»Du verdienst dir doch mit derlei Gefasel nicht etwa dein Brot?«

Der Mann schüttelt den gepflegten Kopf. »Pater hat Geld.«

»Gut.«

»Hatte Geld, sollte ich sagen. Er ist letztes Jahr an einem Bienenstich gestorben.«

»Ein Jammer. Was war er denn für einer?«

Der Bursche schluckte ein paar Mal. »Du meinst, aus welchem Holz er geschnitzt war? Tja, ein anständiger Kerl, im Grunde seines Wesens. Hat nichts auf sich kommen lassen, wenn du weißt, was ich meine.«

»Mir ist so einer recht, ein alter Knabe, der nichts auf sich kommen lässt«, eröffnet ihm George. »Das zeugt von, äh, Stolz.«

»Oh ja. Da darfst du laut sagen.« Einige samtige Augenblicke lang blickt er zur Tür hinaus. Eine Taube fliegt vorbei. Dann: »Sag mal, gehst du auf die Fuchsjagd?«

George schüttelt den Kopf. »Nie und nimmer. Das Vergießen von Tierblut ist mir wider das Naturell.«

Eine Prunkwinde rankt sich in das Gesicht des Burschen, so freut er sich. »Ich kann dir gar nicht sagen, was für eine Freude mir das bereitet! Wirklich.« Eine spürbare Pause. »Mein Plan für dein unmittelbares Heil ...«

»Entschuldige«, fällt George ihm ins Wort, »aber was schaut denn für dich dabei raus?«

»Nichts. Nicht das Geringste.«

»Dann ... äh ... warum machst du es dann?«

Der Mann überlegt einige Augenblicke und zuckt dann die Achseln. »Weiß ich ehrlich gesagt auch nicht. Irgendwer, irgendwas scheint mich zu drängen.«

»Hmm. Eine Art Zauber, was meinst du?«

»Ja. Durchaus.«

»Ah ja. Na schön. Zu deinem Plan.«

Der andere, der Auserwählte Helfer, lächelt und nickt. Er öffnet den Mund, um seine Perlen der Weisheit herauszulassen, sieht dann die Schüssel mit den Flussmuscheln, als habe er sie bisher nicht bemerkt, starrt George an und meint: »Deine Miesmuscheln. Du hast nur eine gegessen!«

»Ich weiß«, sagt George, ohne sich auch nur im Geringsten zu schämen.

Der andere legt George geradezu flehentlich eine Hand auf die seine. »Aber warum denn nicht, mein lieber Mann? Diese Muscheln sind der Stolz dieses Tals.«

»Tja, irgendwas scheint mir damit nicht zu stimmen.« Sinnend, aber keineswegs vorwurfsvoll sieht er sich die fraglichen Gegenstände an. »Sie scheinen zu träumen. Findest du nicht?«

Drei Augenblicke lang umfasst der Kurzsichtige die Schale; eindringlich scheint er sie zu verhören. »Ich hätte das nie so gesehen. Aber ich verstehe durchaus, was du sagen willst. Doch.«

»Ausgezeichnet.«

Der andere nimmt seine Seele wieder aus dem Muschelschlummer und rutscht auf dem (ausgesprochen eichenen) Stuhl zurück. »Also, kommen wir endlich zu meinem Plan. Schreib einfach dem Sheriff von Gloucester und sag ihm, das Ganze war ein schrecklicher Fehler. Dass du das nun wirklich nicht gewollt hast. Dass eine solche Tat absolut und vollkommen außerhalb deiner angestammten Wünsche liegt. Verstehst du?«

George überlegt sich das. Ihm juckt der Fuß, aber er sieht davon ab, etwas dagegen zu tun. »Mm. Und was dann?«

»Es wird Folgendes passieren, und zwar haargenau. Er liest deinen Brief, ist davon ausgesprochen bewegt und sagt sich: ›Donnerwetter! Wir haben hier einen Burschen von höchster Qualität, dem das Schicksal gar übel mitgespielt hat. Das kann man nicht zulassen.‹ Und damit stellt er dir eine offizielle Begnadigung aus.«

»Oh?«

»Absolut. Ich kann es dir sogar garantieren.« Er fasst in

eine geheime Innentasche seiner Jacke. »Ich habe die Begnadigung hier.« Er reicht George etwas Aufgerolltes.

George beäugt die unmittelbare Gegebenheit des Dings, befingert sie, und da er keiner ist, dem man so einfach das Innerste nach außen kehrt, schnüffelt er an seinen königlichen Ecken und Kanten. »Zweifelsohne echt, nehm ich mal an. Die Handschrift ist tipptopp, das muss ich sagen.«

Der andere ertränkt nahezu die gesamte Umgebung in seinem Lächeln. »Ich wusste doch, es wäre dir recht!«

George räusperte sich. »Erledigt er so etwas selbst? Oder ist das die Arbeit eines gemieteten Fingers?«

Ein Kopfschütteln von dem anderen. »Das ist etwas, was ich nicht preisgeben darf.«

»Oh! Tut mir Leid.«

»Na dann …« Wieder tunkt er die Hand ins Innere seiner Jacke. »Hier ist dein Brief. Wenn du deinen Namen an den Fuß setzen würdest, da wo ich das kleine x gemacht habe, dann wird die Geschichte, wie mein Tutor gesagt hätte, zum Fait accompli."

So kommt George dem taktvollen Geheiß denn nach. Diesmal ohne wie ein dummes Landei Fragen zu stellen.

»Prächtig! Und hier die Begnadigung des Sheriffs für die unglückliche Tat gegen die unzeitige Bäckersgattin aus Exeter. Und wieder mal gibt die Geschichte klein bei.« Er steht auf (worauf unser steinaltes Eichenholz, wie sollte es anders sein, ob so viel Plötzlichkeit knarrt). »Du bist damit ein freier Mensch.« Wieder das tischverschlingende Grinsen. »Natürlich nur so frei als dir das deine Phantasie und die Umstände erlauben.« Er drückt Georges mehr oder weniger willige Hand.

»Furchtbar nett von dir, altes Haus«, sagte George.

»Bitte, darauf wollen wir hier lieber nicht eingehen.«

»Oh. Na schön. Sag mal, ich frage mich, wie es wohl Pierre geht.« Ein Zwinkern seines Wohltäters. »Oh, der sitzt in der Wolle.«

»Das weiß ich. Aber wie geht es ihm dort?«

Der andere schüttelt den Kopf. »Diese niedere Art von Humor solltest du dir verkneifen, mein lieber Freund.«

»Tut mir Leid.«

Der andere geht; er drückt sich zur Tür hinaus, vorbei an einem volltrunkenen, reglos rülpsenden Klumpen mit einer Nase, die »God Save The Queen« hätte spielen können, hätte sie nur Gelegenheit dazu gehabt. George wendet sich wieder seinem Weinbecher zu und beginnt zu sinnieren. Das Brodeln in der Schenke hat etwas zugenommen; es wird gestritten, Stühle rumsen, darüber der Gesang eines schlumpigen jungen Dings mit Pockennarben auf dem durch Ausschweifungen vorzeitig verfallenen Herz.

»Es puffte, als er eindrang«, sagte George vor sich hin. »Eine Puderwolke stieg auf. War es das Make-up der Dame? Oder war es Puderzucker? Du lieber Gott! Vielleicht war es ja gar nicht die Bäckersfrau, die ich da abgestochen habe! Vielleicht war es ja tatsächlich ein Krapfen voll Marmelade. Ich meine, das Kreischen hätte ja auch von ganz woanders herkommen können. Ich muss zugeben, dass ich nach all der Zecherei nicht mehr bei mir war. Hmm. Die Möglichkeit, dass da ein Krapfen gestorben ist, eröffnet nun wirklich ganz neue Möglichkeiten. Oder vielleicht nicht?«

Natürlich sagt niemand etwas darauf, noch nicht einmal die murmelnden Stinktiere mit den federgeschmückten kecken Hüten am Nachbartisch. So winkt George denn dem Burschen und bestellt einen Teller Schweinshaxe in Aspik. Schließlich muss der Mensch etwas essen, egal wie es um ihn steht.

Er sieht sich angestarrt; jemand will seinen Charakter verstehen.

»Eine Schweinshaxe. Sehr wohl, der Herr.« Schon entschwindet er im Gedränge der Schenke. Dann jedoch nimmt er durch seine Rückkehr alles zurück.

Der Kellner – er hat einen ergrauenden Bart auf den Hängebacken und Zähne, die kein Mensch haben wollte, unter welchen Umständen auch immer – weicht Georges anständigem Blick aus und mustert statt dessen den Dreck unter seinen Nägeln. »Lerchenpastete, Sir«, sagt er schließlich. »Sie ist unser ganzer Stolz.«

George schüttelt den Kopf. »Nein, nein. Ich kann unmöglich etwas essen, das fliegt.«

Der Bursche kratzt sich den alten Ranzen und tritt nervös von einem Bein aufs andere (die Notdurft scheint zu drängen). »Wir geben Pilze hinein.«

Ein erneutes Kopfschütteln von George. »Ich möchte nichts, was am Himmel gelebt hat.«

Na gut. George stellt mit der Schweinshaxe so allerhand an. Ihm kommt etwas in den Sinn, der ja bekanntlich nicht unmittelbar mit der schamlosen körperlichen Tätigkeit der Speichelsekretion befasst ist, ja der, um genau zu sein, ganz und gar seine eigene Art und Bedürfnisse hat, die eher grenzenlos (und ortslos, versteht sich) sind; er gleicht, sagen wir mal, einem Vogel mit vollem Bauch. Nun, in diesen zeitlosen Freiraum kommt ihm die Erinnerung an einige Zeilen, die er seinerzeit, ein paar Jahre jünger als jetzt, in der Bibliothek des Priesters in London gelesen hat: »Woher nun kommt bei allen Freien der Adel? Aus einem gütigen, mit nobler Moral umkränzten Herzen … Kein Mensch ist ein Schurke, es sei denn, es kommt dies aus seinem Herzen.« Geschrieben hatte dies (das heißt, es wurde zuerst gesungen) einer jener melancholischen Troubadoure in der Mitte des Dreizehnten, vor einigen Hundert Jahren.

(An dieser Stelle nun muss man sich etwas Zeit verstrichen vorstellen.) George gab kein Pardon, wenn auch keinen Grund zum Anstoß; schlürfend, lutschend, schwelgend begibt er sich auf die Ebene der Haxe, und als er eins wird mit ihren Sehnen und Säften, kennt er keinen Klassendünkel, kein herablassendes Noblesse oblige; noch nicht einmal das Fett, dem man sonst gern die kalte Schulter zeigt, lässt er links liegen, auch nicht ein Jota davon, auf dass sein Gesicht so recht vor Schwein glänzt. So versunken ist er, dass er erst, als alles vorbei ist, der jungen Frau mit den tanzenden Augen und den außergewöhnlichen Ohrringen gewahr wird, die sich an seinen Tisch gesetzt hat.

»Essen Sie ruhig weiter«, sagt sie, während sie sich die Röcke glatt streicht. »Ich dachte nur, ich nehme als Vertreterin der jüdischen Geschäftsleute hier im ländlichen England die Gelegenheit für ein paar Klarstellungen wahr.«

George nickt seine Zustimmung, während er lautstark an einem spießigen weichen Knorpel saugt.

»Danke«, fährt sie fort. »Ich bin übrigens Mrs. Cecilia Katz, mein Mann ist der Silberschmied hier im Ort.« George benickt diesen Fakt. »Wir handeln mit der Eitelkeit anderer, aber wir sind gute Leute.«

»Das habe ich schon mal gehört«, sagt George.

»Das Leben als Jude ist wirklich nicht einfach. Wir tun unser Bestes, alles so zu machen, wie man es von uns verlangt, ohne dabei unsere Würde zu verlieren.«

»Ein Kunststück tiefster Verzweiflung«, räumt George ein, der im Augenblick an einem winzigen Schweinsknöchelchen lutscht.

Sie nickt. »Stimmt, das ist es, daran ist nicht zu drehen. Aber was ist der Mensch, wenn er es aller Welt recht macht, sich aber nicht mehr im Spiegel betrachten kann? Ein Schatten unter Schatten. Was macht er also? Er beschwört die Vergangenheit, wodurch er die Gegenwart leugnet und die Zukunft zur Totgeburt macht. Die privaten Abende bei uns zu Hause sind biblische Rituale.« Sie schnäuzt sich. »Der Jude ist Geschichte.« Sie bekreuzigt sich, nimmt sich eine Muschel als Wegzehrung und fährt dann fort: »Und deshalb hasst man uns und nutzt uns aus. Der Christ kann nicht zurückblicken aus Angst, in den Träumen zu verschwinden, die ihn gemacht haben. Nicht dass ich es ihm verdenken wollte, was aber auch wieder nicht heißt, dass ich ihm vergebe. Er weigert sich, den lebenden Augenblick mit uns zu teilen. Er verschlingt ihn in seiner entsetzlichen Angst und wundert sich, dass er so hungrig bleibt. Du liebe Güte. Wie lange soll das noch gehen?«

Berauschender Wein tanzt durch Georges happenverwöhnten Hals. »Vielleicht ewig«, sagt er.

Sie blickt ruhig zur Tür hinaus. Ihre roten Lippen sind voll und frisch geleckt. Sie glänzen. »Trotzdem geben wir nicht auf. Wir städtischen Juden tun wirklich alles, damit ihr Christen nicht alles gar so schwarz seht. Die Liste ist so lang wie die Straße nach Shrewsbury, und sie wird jeden Tag länger. In der Öffentlichkeit geben wir uns scheu und ängstlich, damit ihr euch stark und selbstsicher vorkommen könnt. Wir ringen die Hände, wir weichen den Blicken aus, wir vernuscheln unsere Worte, wir geben uns den Eindruck, verschlagen und schmuddlig zu sein, damit ihr euch sauber und ehrlich vorkommen könnt. Wir häufen Reichtümer an, um euch in dem Glauben zu wiegen, uns liege nichts an den spirituellen Dingen des Lebens. Wir zwingen unsere Kinder, Künstler und Intellektuelle zu werden, damit ihr euch ihnen unterlegen fühlt und ein unmittelbares Ziel für euren Hass auf euch selbst habt, den ihr ständig auf andere richten müsst, um nicht in einem Augenblick der Selbstkonfrontation unterzugehen. Unsere Frauen üben sich in geheimnisvoller Koketterie, um die wildesten und geheimsten Leidenschaften eurer Männer zu entfachen, damit sie nicht aufgeben, denn bei der gezierten Sprödigkeit eurer Frauen verbieten sich diese verderbten Träume von selbst. Eure geilen Ständer sind die Sprungstäbe zurück in eine gesunde Ursprünglichkeit, aber natürlich könntet ihr nie und nimmer akzeptieren, dass sie auf den entgegenkommenden Schlag unserer Wimpern reagieren. Und zu guter Letzt verweigern wir sogar dem Messias, für einen Ausgleich dafür zu sorgenn, dass wir das auserwählte Volk sind

– nicht ihr. Können Sie sich vorstellen, was für eine Hölle auf Erden dieses Leben wäre, würden wir ihn euch nehmen?«

George wischt sich die Hände an der Hose ab, gönnt seinem Durst eine kleine Linderung, schafft es nicht ganz, ein Rülpsen zu prellen, und sagt: »Ich will noch nicht einmal daran denken, Frau Katz.«

Sie lächelt und verhilft sich zu einer weiteren Muschel. »Würde ich auch nicht, wenn ich Sie wäre.«

»Meine gesamte Zukunft hängt ab von der Authentizität des Heiligen Gral. Unter anderem.«

Sie liefert zu seiner philosophischen Position das Strahlen einer jüdischen Mutter: »Ich verstehe. Ein junger Bursche muss seinen Weg gehen, so gut er nur kann.«

George steckt sich eine Zigarre an. »Genau.«

Sie weist auf die Innentasche seines Wamses. »Sie haben das Papier, nehme ich an.«

Duftenden Rauch ums Gesicht, tippt er auf seine Tasche. »Oh ja. In der Tat. Die knisternde Schöne hier bedeutet die Auferstehung des morgigen Tags.«

»Durch Hängen des Tags zuvor.«

»Natürlich.«

Bei einem Handgemenge unweit von ihnen geht ein Tisch zu Bruch. Man flucht. Das Geklapper von Zinngeschirr und Alekrügen. Ein Mann nennt einen anderen ein verlogenes Schwein. Ein betrunkener Zuschauer steuert den Schnörkel eines Lachers bei. Unbeeindruckt von diesen niederen Vorgängen ist eine Mandoline zu hören.

Mrs. Katz steht auf. »Na dann, Master George. Ich habe gesagt, was mir auf dem Herzen lag.

»Das haben Sie«, räumt er ein (fast in der Art seines Onkel William).

»Ich frage mich, ob Sie auch nur ein Wort gehört haben.«

»Ich verspreche, alles zu leugnen.«

Sie verstößt gegen die Schicklichkeit anderer, indem sie

ihm einen Stups unters Kinn gibt. »Braver Junge.« Auf halbem Weg durch die Tür, dreht sie sich noch einmal um. »Sagt Ihnen der Name Erasmus etwas?«

»Er ist doch in jedermanns Munde, wenn schon nicht in jedermanns Salon.«

»Na, wie auch immer, er kommt heute Abend auf Rindseuter mit Pastinaken vorbei. Er klagt, er hätte nicht eine einzige ordentliche hausgekochte Mahlzeit bekommen, seit er auf dieser Insel lispelnder Lippen gelandet ist. Armer Mann. Warum schließen Sie sich uns nicht an?«

George überlegt. »Hm. Ich habe schon frevelhaftere Vorschläge gehört.«

Sie hängt noch ein paar wunderschön trillernde Worte in die Luft: »Dann sagen wir gegen acht.«

Er spricht hinter ihr her (ihre Röcke entschwinden vom Wind gebauscht). »Wollen Sie mir nicht sagen, dass ich wahrscheinlich eine jüdische Oma habe?« Er richtet den Blick wieder auf seinen einsamen Tisch. »Um die Wahrheit zu sagen, der Mädchenname meiner Mutter war Rose.« Ein harmloses Lachen. »Wie absurd. Eine Christus-mordende Blume. Meine eigene Mutter.« In diesem Augenblick macht er sich Gedanken über die Aktivitäten seiner Mutter. Er kommt zu dem Schluss, dass sie in diesem Augenblick irgendwo oben im Norden in einer Kirche singt. Er kann das Gold in ihren Zähnen sehen, als sie die Stimme hebt (von den Brüsten ganz zu schweigen).

Er stößt einen tiefen Seufzer aus und steht auf. »Ich hoffe, Pierre der Lümmel besudelt mir da oben nicht die Unehre der Maid.« Geld wandert aus seiner Tasche auf den Tisch. Mit einem ordentlichen Trinkgeld. »Ich denke, ich gehe mir mal die Stadt ansehen«, ließ er alle und jeden wissen. »Ich hätte nichts dagegen, mir einen ordentlichen Hahnenkampf anzuschauen. Oder an der Ecke eine zündende metaphysische Debatte zu hören. Mein Kopf könnte eine kleine Rempelei vertragen.« Er sieht sich verstohlen um. »Jetzt, wo ich nicht länger ein flüchtiger Mörder bin.«

Draußen auf der mit Rossäpfeln und Unrat gepflasterten Straße fällt ihm plötzlich und ohne guten Grund etwas ein (ein blasierter weißer Ganter pinselt schwätzend vorbei, als würde sein Geschnatter jemanden interessieren. Hält sich wohl für den Bürgermeister, denkt George), Wort für Wort hat er die kleinen Veränderungen der Lippen, die nichtigen Worte zwischen zwei Landleuten eben in der Schenke im Sinn.

»Hast du schon vom neuesten Erlass des Königs gehört?«

»Nee. Gibt's wohl einen?«

»Seit heut' Morgen. Jeder junge Mann über vierzehn hat ein Jahr Waffendienst zu leisten.«

»Ach scheiß drauf!«

»Ha! Ha! Das wär' ein Anblick!«

Die Luft um ihn ist dünn, flink und so ganz ohne Dünkel. Aufgeblähtere Städte wie London und Southampton tyrannisieren einem die Lunge. Viel Einzigartiges passiert um ihn herum. Das Dorf hier, sagt er sich, ist ja völlig aus dem Häuschen vor kleinen Geschehnissen. Aber alles ist bar jeder Verzweiflung, und das ist nun wirklich höchst menschlich. Hier könnte man eine Familie großziehen und ziemlich sicher sein, dass sie auch tatsächlich wächst. Die Täuschung ist hier ein harmloses Spiel für die Straße, Lügen werden zu Blumen. Ein falsches Zwinkern erregt die Phantasie des dörflichen Mulchhaufens, und das ganze Dorf wächst und gedeiht. Die albernen Geräusche treffen hier ohne Zorn auf meinen Körper, und meine sichtbare Sterblichkeit bejaht sie. Die Schläge eines Hammers auf dem Amboss. Hufgeklapper. Hahnenschreie. Kreischende Gören. Die Rufe der Händler. Eine Kabbelei auf dem Markt. Und die Stare auf dem Schrägdach da drüben wissen sehr gut, dass ich sie sehe. Schwarze Schlingel! Keiner von denen ist je gefallen. Glückspilze. Du meine Güte! Wie oft habe ich mir im Fallen gewünscht, ein Vogel zu sein.

»Der Herr suchen ein Quartier?«

»Äh, nicht im Augenblick, nein«, sagte George.

»Ich bin Tom Yost, und ich bin immer dort neben der Pferdetränke, falls Sie mich brauchen. Lassen Sie sich ruhig Zeit.«

»Sehr freundlich, Tom.«

Mein entgegenkommender Tom hat Beine wie über ein Fass geschlagen. Aber das sollte ihn wohl nicht dabei behindern, einem freien und ungebunden jungen Burschen eine Unterkunft für die Nacht zu besorgen.

Er trifft auf eine geschäftige Schar feister Gemüsebauern; ihre Fuhrwerke ächzen unter der köstlichen Last der Natur. Wenn ich wüsste, was ich mit mir anstellen soll, ich könnte es wohl durchaus hier anstellen. Freilich nur, wenn mir das, was immer bei diesem weltlichen Theater die Fäden zieht, es erlaubt. Wer oder was mag wohl hinter dem verdammten Ding stehen? Ist es etwas in jedermanns Kopf, etwas Merkwürdiges, an das kein Herankommen ist? Eine Schimäre, wie die Mystiker sie zeichnen. Das alles murmelt er so vor sich hin, und mit einemmal: »Das wäre ja vielleicht eine vertrackte Geschichte, wenn hier bekannt würde, wer ich bin – der jüngste Spross des Herzogs von Kent.«

Er bleibt vor dem Laden eines Bettlers stehen. Drei Männer stehen in unmittelbarer Muße lachend davor. »Ist für heute«, erkundigt er sich, »hier im Dorf vielleicht ein Ereignis geplant?«

»Allerdings«, antwortet ein Bursche in einer sauberen blauen Weste, »das will ich wohl sagen. Eine Auspeitschung. Um vier Uhr.«

»Oh? Wer ist es denn und warum?«

Ein Kerl mit einem Schlammloch voll Tabaksaft zwischen den Backen (er hat dafür ganz offensichtlich auf so manche orale Wonne verzichtet) spuckt spritzend und meint: »Ein

Täschelzieher. Hat ausgerechnet den Beutel eines unserer besseren Leute geklaut.«

George nimmt das mit Kummer und einigem Abscheu zur Kenntnis. »Großer Gott!«, entfährt es ihm.

Der dritte – ein Kerl mit einem Pilzgesicht nachgerade, ein blöde grinsender Zwinkerer (der aber zeitweise auch als Schniefer Dienst tut) – kreischt auf und wippt auf den platten Sohlen. »Na, so fressen dem armen Hund wenigstens die Ratten im Loch die Zehen nicht ab.«

»Ist der arme Missetäter noch jung?«, erkundigt sich George.

»Ach was«, kommt es aus dem Sumpfloch. »Seine Hände sind ziemlich alt.«

Damit ist wohl nichts weiter zu sagen, also schwebt George weiter. Mit einem traurigen Lächeln denkt er an sein eigenes Papier (das in seiner Tasche gut verwahrt ist) und an den armen Kerl, der da zehn auf den Buckel bekommt. In den innersten Falten seines Magens beginnt sich die Haxe zu rühren. »Immer schön sachte«, mahnt er sie. »Es könnte dich einer hören.«

Auf halbem Weg die reizende Straße hinauf, die ganz eindeutig für das eine oder andere unvermutete Tänzchen ausgelegt ist, macht in der Tür eines Hutmachers ein Mädchen auf sich aufmerksam (auf sich und einiges mehr). Sie ist, ganz im Stile der Zeit, in geschmackvolle blaue Rüschen gewandet; die langen Zöpfe gehören dazu. An solchen Zöpfen könnte man sich ins Fenster eines Schlosses hangeln. Sie kann nicht anders, sie lächelt George an. Und George, als Mann an sich, ist entzückt.

»Meiner Treu, wenn du mal nicht die liebreizendste Maid bist, die ich grade seh'«, sagte George, kaum dass er nah genug ist.

»Wir sind füreinander bestimmt, meinst du nicht?«, sagt sie. »Herr im Himmel«, sagt George, und …

»Schnitt und Kopieren!«, ruft einer, ein hagerer Mann

mit dunkler Sonnenbrille, der neben einem Ungetüm von surrender Kamera sitzt. »Das war super.«

»Phantastisch gespielt«, bestätigt dies ein knubbliger Mann im Rollkragenpulli mit einem Skript in der Hand. »Die Stimmung, ganz der junge Olivier. Besser noch, was meinst du, Mel?«

»Ja, großartig der Junge. Hey, George! Die Szene ist im Kasten. Relax, Baby.«

George, der das Mädchen in den Armen hält, dreht sich geringschätzig um. »Tut mir Leid, Sir, aber ich glaube nicht, dass wir die Ehre hatten.«

Der Regisseur starrt ihn an. »Du machst wohl Witze, George. Oder bist du übergeschnappt?« Der dicke Assistent scheint verwirrt.

»George, Baby!«, kreischt er. »Hör auf damit, ja! Du auch, Debbie. Überhaupt, was ist denn mit euch? Kinder, Kinder!«

Das Mädchen, das George in den Armen hält, fragt ihn: »Sag doch, Darling, was sind das denn für dumme Rüpel? Und was ist das für komisches Gerät?«

»Ich habe keine Ahnung, liebes Kind«, antwortet er. »Unmanierliche Irre. Eine Schauspielertruppe vermutlich, die uns einen Streich spielen will. Komm, gehen wir.« Damit geht er, sein Arm um ihre Taille, der ihre um die seine, davon. Betrunkenes Gelichter. Den Frieden eines anständigen Dörfchens zu stören!

Ein Mädchen im Minikleid mit einem Schminkkasten in der Hand beginnt zu kreischen: »Großer Gott! Entweder sind die durchgeknallt oder wir! Mann o Mann!«

Der Regisseur springt auf und winkt mit den kleinen Händen. »George! George! Komm zurück. Bitte. Darüber lässt sich doch reden. Herrgott noch mal ...«

17

Zachary und ich hatten gestern Abend eine lange Diskussion in seiner neuen Wohnung, einem ausgebauten Loft mit Blick auf den Fluss. Er hat vor kurzem einen Teilzeitjob angenommen und brauchte jemanden, der ihn ein bisschen aufbaut. Außerdem hat er die Freundin gewechselt. Er konnte sich einfach unmöglich weiter mit Alma über Politik streiten. Er ist ein Linksradikaler und sie ein Rechtsaußen. Das Mädchen, gegen das er sie eingetauscht hat, ist der flexible, gebende Typ und politisch praktisch nichtexistent. Sie kellnert im Blue Duckling, einem Restaurant in Midtown. Zach unterrichtet jetzt zwei Tage die Woche am City College, am geisteswissenschaftlichen Institut.

»Die Studenten sind ja größtenteils ziemlich in Ordnung. Die haben gelernt, mit offenen Augen schlafen zu gehen«, erzählte er mir. »Ich kann es ihnen ehrlich gesagt nicht verdenken. Hätten sie auf das gehört, was man ihnen an der Volksschule beigebracht hat, ich meine wirklich zugehört, die wären doch heute plemplem.« Er streckte gähnend die Beine. »Was die – und mich, wo wir schon dabei sind – so frustriert, das ist, dass sie letztlich nur was lernen, um das System besser ausnehmen zu können. Was immer man als Bildung bezeichnen will, hatte damit nicht das Geringste zu tun. Das System sagt dir, wenn du 'n braves Kind bist und vier Jahre in diesen Witz namens College investierst, dann kriegst du zur Belohnung 'n netten Job und die Leute werden dir vertrauen, als wärst du ein richtiger Mensch. Wenn nicht, dann stell dich schon mal auf einen Posten als Fahrstuhlführer ein.«

Was er ihnen beizubringen versuchte? Antikultur. Er lehrte die sorgfältige analytische Entlarvung aller Konzepte und Methoden der abendländischen Kultur. »Ist doch alles eine einzige große Lüge«, sagte Zach. »Ich konzentriere mich insbesondere auf bestimmte soziologische Konzepte. Ein Denken, das bestimmte gesellschaftliche Ansichten zementiert, und das unter dem Vorwand, unser Verständnis unserer selbst und unseres Schicksals zu fördern.« Er stand auf und ging hinüber zu seinem Tonbandgerät. »Hör dir das an. Eine Vorlesung, die ich morgen halte. Oder auch nicht. Ihr Thema: ›Die Funktion der Rhetorik in der zeitgenössischen Machtpolitik.‹ Du kannst es dir anhören, ich gehe inzwischen duschen. Ich brauche eine Erfrischung vor dem Essen heute Abend. Ich klebe von Kopf bis Fuß vom Schulgeschwafel.«

Das Diner, von dem er sprach, war die monatliche Zusammenkunft der Herren persönlicher Freiheit, unseres alten Clubs in der 77th Street. Während Zachary mit warmem und kaltem Wasser zugange war, hörte ich mir seine – potentielle – Vorlesung an.

»Rhetorik – kalkuliert stilisierter Unsinn, mit anderen Worten – dringt von allen Seiten auf uns ein, und für gewöhnlich aus dem Mund von Leuten, von denen wir wissen, dass sie etwas von uns wollen: Politiker, Rummelplatz-Heiler, ›Erzieher‹, Werbefritzen aus Hollywood, religiöse Eiferer, um nur einige zu nennen. Wir wissen, dass diese Leute nichts Gutes im Schilde führen, dass wir nicht auf sie hören sollen. Und damit schaden wir uns: Wir sagen uns, Rhetorik ist nur etwas für Gauner und Geschäftemacher. Und das wiederum macht uns empfänglich für die nicht weniger unsinnigen Äußerungen ›höher gesinnter‹ Typen und ernsthafter Forscher auf dem Gebiet der *Condition humaine* und deren Politik. Wir lassen uns von genau den Leuten das Fell über die Ohren ziehen, von denen wir angenommen haben, sie teilten unser Bedürfnis nach Erkenntnis, unsere Suche nach Sinn. Das kann sehr gut zu einer Beschleunigung der Verzweiflung führen.

Die Rhetorik vieler Psychologen und Soziologen unserer heutigen Zeit ist besonders vollmundig und irreführend, und Erikson und seine Jünger charakterisiert eine ganz besonders irreführende Vollmundigkeit. Es gilt, die Definition von Rhetorik durch die eine oder andere Dimension zu ergänzen. Rhetorik steht nicht nur für einen individuellen sprachlichen Stil, sondern für eine bestimmte Lebensart sowie für ein politisches Engagement. Eriksons Arbeit ist in diesem Zusammenhang eher hinsichtlich seiner zeitgenössischen Relevanz zu sehen als innerhalb der Grenzen der klinischen Psychologie (obwohl auch das lohnend wäre, schließlich muss Rhetorik bei all ihrer Zweifelhaftigkeit als klinisches Werkzeug zur Heilung von Kranken herhalten). Andernfalls brauchte sie uns als gewöhnliche Sterbliche überhaupt nicht zu interessieren.

Eriksons Arbeit hat eine ganze Reihe anderer ›ernsthafter‹ Forscher inspiriert, die damit die menschliche Erfahrung und alle möglichen Daten ›verstanden‹ haben – und manipuliert. Sie haben, mit anderen Worten, das Leben um einiges schwieriger gemacht. Wir können uns bei ihnen bedanken. Lassen Sie mich eine Reihe von seinen Aussagen zitieren:

›Mit Befriedigung [!] aber kann man feststellen, dass die begriffliche Erfassung der Identität zu einer Reihe wertvoller Untersuchungen geführt hat, die, falls sie nicht deutlicher machen, was Identität ist, sich doch nützlich für die Sozialpsychologie erwiesen haben.‹

›Daher sprach ich von einem Verlust der *»Ich-Identität«*. Seit damals haben wir die gleiche zentrale Störung bei jungen, in schwerem Konflikt stehenden Menschen entdeckt, deren Verwirrungsgefühl eigentlich einem Krieg innerhalb ihrer selbst zuzuschreiben ist, und bei Rebellen und destruktiven Gesetzesbrechern, die mit ihrer Gesellschaft im Kriegszustand stehen.‹

›So haben wir zum Beispiel gelernt, dem Alter der Adoleszenz und des jungen Erwachsenen eine normative »Identitätskrise« zuzuordnen.‹

›… das subjektive Gefühl einer bekräftigenden Gleichheit und Kontinuität scheint mir das, was ich Identitätsgefühl nennen möchte …‹

Die zitierten Aussagen bestätigen sich selbst, sie sperren sich, ja verhindern eine kognitive Reaktion. ›Bekräftigende Gleichheit und Kontinuität …‹ ist lausige Lyrik und so offensichtlich unlogisch. Nicht ein einziges Mal in meiner existentiellen Erfahrung haben Gleichheit und Kontinuität auf jemanden belebend gewirkt. Aber ich will nicht pedantisch sein. Wichtiger noch als die lausige Logik und das homerische Abrücken von der menschlichen Realität ist nämlich seine augenscheinliche Unkenntnis der tiefen Kluft und des tödlichen Konflikts zwischen Identität und Sein. Und hier wiederum zeigt sich die Totalität des Konservatismus, den ich bei ihm spüre, will sagen, für ihn ist Basis, was letztlich nur aufgesetzt ist, und die Ablehnung beziehungsweise das Fehlen dieser ›Basis‹ *eo ipso* ein Zeichen von Krankheit. (Das ist dasselbe, und ich meine das nicht im Scherz, wie wenn Außenminister Rusk sagt, Friedensdemonstranten schadeten unserem politischen Gemeinwesen und gehörten entweder zur Raison gebracht oder bestraft.) Darüber hinaus weist es auf Eriksons entscheidenden Mangel als ernsthaft engagierter Beobachter: er hat kein Verständnis (oder keine Sympathie) für die politische Machtmatrix unseres zeitgenössischen Lebens. Er scheint unsere Gesellschaft von einem abgelegenen Obermittelschicht-Landhaus aus dem 19. Jahrhundert zu sehen. Meine These (und Antwort auf Erikson) ist Folgende: Identitäten sind politische Formen des Über-Ich, die einer Person übergestülpt werden, um zu verhindern, dass er sein einzigartiges und nicht-manipulatives Wesen erfährt. Insofern man eine ›erfolgreiche Identität‹ hat und die ›Identitätskrise‹ (Eriksons Lieblingskonzept bezüglich der heutigen Jugend) überlebt, hat man sein *Selbst* im Stich gelassen und ist zu *etwas* anderem geworden. Es ist dies das Wesen von

Sein oder Nichtsein und genau das, worum es bei den gesellschaftlichen Revolutionen rund um die Welt geht.

Eriksons eigentümliche Naivität (die eigentlich keine ist; sie ist das Wesen seiner Strategie, wie ich später zu zeigen hoffe) bleibt jedoch nicht hier stehen. So kann er zum Beispiel Folgendes sagen: ›Aber die verantwortlichen Negerautoren fahren fort zu schreiben, nachdrücklich zu schreiben, denn die Dichtung, selbst wenn sie die Tiefe des Nichts zugibt, kann zu etwas beitragen, was einer kollektiven Gesundung nahe kommt.‹ Gerade diese Aussage ist paradigmatisch für Eriksons Art oder Rhetorik, und es lohnt sich, näher darauf einzugehen. ›Verantwortungsvoll‹ ist der Schlüssel zu seiner Weltsicht. In Eriksons Mittelschicht-Umwelt kann es nur eines heißen, nämlich ›nett‹. Er lässt schließlich keinen Zweifel daran, dass es auch *verantwortungslose* Negerschriftsteller gibt, die man unmöglich ernst nehmen kann, weder als Künstler, noch als Angehörige einer annehmbaren Gemeinschaft. Ich wüsste ja nun zu gern, wen er damit meint? Wie äußert sich ihre Verantwortungslosigkeit? Sind sie womöglich Künstler, anstatt Propagandamarionetten der Mittelschicht? Handelten Céline, Miller oder Joyce für ihn verantwortungsbewusst? Erikson hört sich an wie der weiße Rektor einer aufrührerischen High School in Harlem, der sich seine Truppe von Spitzeln und Aufpassern zusammenstellt. Dessen nicht genug. Glaubt er wirklich, dass irgendeine Art von Belletristik – gut oder schlecht, verantwortungsbewusst oder verantwortungslos – zur ›kollektiven Gesundung [des Negers] beiträgt‹? Haben die Romane Baldwins, Ellisons und Richard Wrights auch nur die geringste Wirkung auf die verzweifelte Situation des durchschnittlichen Negers auf irgendeinem Pachthof oder im Ghetto gemacht? (Nehmen wir – welch Absurdität! – mal an, der Neger auf der Straße hätte sie überhaupt gelesen.) Ist er, wer immer er nun gerade sein mag, daran ›genesen‹? Es grenzt dies an Absurdität und enthüllt, wie bereits gesagt, einen schrecklichen Mangel an Kontakt mit eben der Realität, die Erikson da auf eine Formel zu bringen meint.

›Jugend‹ ist etwas, was Erikson (rein rhetorisch, versteht sich) fesselt, und in diesem erfundenen Land psychosozialer akademischer Riten ist er eine Persönlichkeit von einiger Prominenz, will sagen eine Kapazität geradezu. Von einigem Interesse erweist sich hier ein Blick auf die projektiven Offenbarungen seines Stils und Tons: ›Denn während wir vor zwanzig Jahren behutsam andeuteten, dass manche jungen Leute unter einem mehr oder weniger unbewussten Identitätskonflikt leiden könnten, teilt uns ein bestimmter Typus heute in eindeutigen Ausdrücken und mit der dramatischen äußeren Darstellung dessen, *was wir einst für innere Geheimnisse hielten* [Hervorhebung von mir], mit, dass sie, jawohl, in der Tat, einen Identitätskonflikt haben – und sie tragen ihn am Ärmel, aus Leder oder in der Mode der Jahrhundertwende. Sexuelle Identitätsverwirrung? Oh ja; manchmal, wenn wir sie eine Straße entlang gehen sehen, ist es uns, ohne taktlose Kontrolle, unmöglich zu sagen, wer der Junge und wer das Mädchen ist. Negative Identität? Oh, jawohl, sie scheinen alles sein zu wollen, wovon die »Gesellschaft« sagt, sie sollten es nicht sein: darin wenigstens sind sie »konformistisch«.‹

Ich kenne nicht einen jungen Menschen (sofern ihm die Angst vor autoritären Persönlichkeiten wie Erikson nicht die Intelligenz ausgetrieben hat, ganz zu schweigen von seinem Recht, auf solche Menschen negativ zu reagieren), für den das nicht eindeutig eine feindselige, geringschätzige und *irrelevante* Reaktion auf sie selbst und ihre persönliche Art, sich und die Möglichkeiten ihres Seins zu erkunden, darstellen würde. Dergleichen ritualisierte, rhetorisierte und ausschließende ›Ansichten‹ entwürdigen sie seit Generationen in Familien, Schulen und anderen Einrichtungen, die sich die Entscheidung darüber anmaßen, ob man sie

›aufnehmen‹ und belohnen soll. Es wäre demzufolge schlicht albern, von solchen Autoritäten zu erwarten, sie könnten auch nur annähernd die Verachtung – zuweilen auch den Hass verstehen –, den die Jungen (die ihre Gefühle leider allzu oft nur insgeheim und in fruchtloser Verdrossenheit untereinander ausdrücken) für sie empfinden.

Vergeblich sucht man in diesem Buch nach authentischer Relevanz in Bezug auf die Realitäten unserer heutigen Zeit, nach Ansichten und Konzepten, die so menschenformende Elemente wie Einsamkeit, Macht, Klassenkampf, Langeweile, Glaubwürdigkeit, Gewissen, Aufrichtigkeit und Unaufrichtigkeit (im Sinne Sartres) oder die Verdrängung der Sensibilität durch den Stil (eine ganz entscheidende Geste der Niederlage beim Massenmenschen) verstünden oder auch nur in Betracht zögen. Wo ist seine Verneigung gegenüber Fromm, Sullivan, Schachtel, Buber, Friedenberg, Camus, Marcuse und Laing? Wo zeigt er, dass er sich der neuen Sprachen in der Kommunikation zwischen den Gruppen bewusst wäre? Seine Strategie, vielleicht auch sein beruflicher Eifer, verweigert diesen Herren und Realitäten sowohl Gültigkeit als auch Existenz. Angesichts eines derartigen Mangels an assimilierendem Bewusstsein jedoch kann ich nicht umhin, einem Erforscher der Welt um und in uns Leidenschaft wie Substanz abzusprechen, egal wie sehr man ihn in der akademischen Welt verehrt. Er ist ein Rhetoriker, weiter nichts. Und die Wirkung von Rhetorik fußt nun mal auf der Notwendigkeit, das Publikum von seinem gesunden Menschenverstand abzuspalten, damit es die Position einer Überlegenheit a priori – das Wesen einer Machtstruktur – nicht in Frage stellt.

Besonders bestürzend äußert sich Eriksons Beharren auf dem Status quo und seine Methodik der funktionalen Vereinnahmung in dieser Passage: ›Die Möglichkeit einer echten Polarisierung zwischen der neuen spezialisiert-technologischen Identität und der universalistisch-humanistischen muss aus dem einfachen Grund zugestanden werden, dass solch eine Polarisierung das Kennzeichen der Gesamt-Identität einer Periode ist. Eine neue Generation, die mit Selbstverständlichkeit in und mit dem technologischen und wissenschaftlichen Fortschritt aufwächst, wird durch die tägliche Konfrontation mit radikal neuen, praktischen Möglichkeiten darauf vorbereitet sein, radikal neuen Denkweisen Raum zu geben.‹

Technischer und wissenschaftlicher Fortschritt eliminieren ihrem Wesen nach jede Art von wahrer Polarisierung ebenso wie jeden wahren Dialog. Sie brauchen nur jeden Tag die Zeitung zu lesen, falls Sie einen Beweis dafür sehen wollen.«

»Zachary«, sagte ich, als er frisch gereinigt aus der Dusche kam, »also ich würde sagen, du hast den Stier bei den Hörnern. Aber schon total.«

Er lachte. »Den Jungs im Soziologenturm wird einer abgehen, wenn sie das hören.«

Ich musterte meine Sandalen und überlegte einen Augenblick. »Wieso bist du Lehrer geworden, wenn du weißt, was für ein Schwindel das College ist?«

Er begann sich vor dem Spiegel den großartigen roten Bart auszubürsten. »Ich möchte sehen, ob ich nicht ein paar von den Kids erreichen kann. Die könnten ja dann vielleicht wenigstens ein bisschen wie Menschen leben anstatt wie hirnlose Zombies. Ich habe es praktisch aufgegeben, mit jemandem aus der so genannten Erwachsenenwelt Kontakt aufzunehmen.« Er lächelte mich an. »Außer natürlich mit unserem kleinen Grüppchen dämonischer Engel.«

Ich lachte mit. »Flüchtlinge der Geschichte.«

»Womöglich die letzten, die's gibt«, sagte er und setzte sich mit seiner Zigarre und einem Pernod.

»Oder die ersten.«

»Je nachdem, wie man die Geschichte der Welt sehen will.«

»Genau«, sagte ich und griff nach einem Jucken an meinem Zeh.

»Weißt du«, begann Zachary, »genau das ist der Schwindel, der jeder Art von Schulbildung zugrunde liegt – alle anderen Täuschungen sind lediglich Dekoration. Ich meine, was man uns in der Schule beibringt, vor allem unter der Bezeichnung ›höhere Bildung‹, ist abendländische Kultur pur, schlicht, aber ergreifend – das heißt die Lüge über die Menschheit, die eine Minderheit mit einer beschränkten, korrupten Weltsicht erzählt.« Er sah seinem Zigarrenrauch hinterher. »Das wahre Menschenleben ist den Buchprüfern der Kulturgeschichte viel zu prall und verrückt.« Er warf einen Blick auf die Uhr. »Du und ich, wir wissen es beide«, sagte er im Aufstehen (es war Zeit aufzubrechen), »dass nichts so passiert, wie die es erzählen.«

Auf dem Weg die alte knarrende Treppe hinab sagte ich: »Ich nehme an, da kann man nichts machen, als seine Phantasie ans Ruder zu lassen.«

»Der beste Rat, den ich jemandem geben könnte, der's nicht ohnehin schon weiß. Alles andere da draußen ist verhandelbarer Selbstbetrug.«

Ich schnupperte die Luft. »Das Beste an alten Häusern ist ihr Geruch.«

Sein kahler Kopf nickte beifällig. »Der Duft der Erinnerung. Gesterns Antwort auf Descartes.«

»Aber, Zachary«, sagte ich auf die mir eigene scherzhafte Art. »Das ist ja Lyrik. Ich wusste gar nicht, dass das bei dir auf der Karte steht.«

Er hielt mir die alte Eichentür auf. »Das ist nicht das Einzige, was du von mir nicht weißt.« Zwinkernd stieß er mir den Ellenbogen in die Seite. »Hier ist noch eine Kleinigkeit, die du womöglich amüsant findest«, sagte er und steckte mir einen Zettel zu. »Francis Bacon.«

Ich las den Zettel im Taxi uptown. »Nun sind die Schattenbilder, oder Larven, mit denen der Geist sich beschäftigt, entweder angenommen oder angeboren. Das Angenommene fließt dem Geist von außen zu; namentlich entweder von philosophischen Doktrinen und Sekten oder von verdrehten Beweismethoden. Die angeborenen hingegen sind der Natur des Intellekts eigen, der weit mehr zum Irrtum neigt als die Sinne. Denn man lasse den Menschen sich erfreuen, wie er mag, wenn es um die Bewunderung, ja die Anbetung schier des menschlichen Verstands geht, dieses eine ist gewiss: so wie ein unebner Spiegel die Strahlen der Gegenstände seiner eigenen Gestalt und seinem Ausschnitte entsprechend verdreht und verfälscht, so wenig ist darauf zu vertrauen, dass der menschliche Verstand sie wahrheitsgemäß wiedergibt, wenn er Eindrücke von Gegenständen durch die Sinne empfängt; er wird vielmehr bei der Bildung seiner Auffassungen der Beschaffenheit der Dinge das seinige beimischen.«

Unser guter alter Cedric war an dem Abend groß in Form. Er hätte als Einmannshow auf Tournee ein Vermögen verdienen können. Die Geschichten, die er uns erzählt hat! Heiliges Kanonenrohr! Vor allem die aus seiner Zeit als Agent bei der CIA. Er ist ja nun wirklich ganz schön rumgekommen. Fragen Sie mich bitte nicht, wie er überhaupt dort gelandet war. Ist schließlich seine Sache. Wenn er sich darüber auslassen möchte, so wird er das schon tun, wenn er so weit ist. Ich werde ihn nicht drängen. Was die bei der CIA nicht wussten war, dass er auch für die andere Seite tätig war. Haiti war seine Szene; dort ließ sich seine Falschheit voll und ganz ausspielen.

»Wann immer Duvalier schlecht träumte, mussten seine Tontons Macoute ein paar Leute umnieten«, sagte Cedric. »Die Nationale Sicherheit verschmolz bei ihm mit seiner Neurose.«

Ich sah Blaster ganz hinten im Saal und winkte ihm zu. Seine babyblauen Augen funkelten irre wie eh und je.

»Und natürlich arbeiteten wir Hand in Hand oder Abzugsfinger in Abzugsfinger, immerhin haben wir ihm die kommunistischen Aggressoren vom Leib gehalten. Wir gehörten zu seiner Geheimpolizei, und unsere Aufgabe bestand darin, revolutionäres Gelichter aufzuspüren, das sich mit Umsturzgedanken trug, fünf Millionen Leute mit anderen Worten, die gesamte Einwohnerschaft seiner Insel. Meine spezielle Aufgabe bestand darin, die Gruppen organisierter Aktivisten zu infiltrieren, die Drahtzieher zu identifizieren und die Erkenntnisse sowohl an Washington als auch an Duvaliers Geheimpolizei weiterzugeben. Letztere traten sofort in Aktion und das bedeutete Verhaftung, Folter und Tod.«

Einer aus der Gruppe, er hatte einen Cognac in der Hand, fragte ihn: »Was genau hast du denn in solchen Situationen getan?«

Antwort: Ich hielt den Untergrund über die Pläne der Regierung auf dem Laufenden.

F: Wie habt ihr denn Duvaliers Bedarf an Verhaftungen befriedigt?

A: Mit Mulatten der Oberschicht. Der reichen Bourgoisie. Ja selbst Leuten aus der herrschenden Clique der Militärs.

F: War es denen denn nicht ein Leichtes zu beweisen, dass diese Leute alles andere als Revolutionäre waren? Durch schlichte Logik?

A: Mit genau dieser Logik haben die sich ihren Strick gedreht. Je vernünftiger ihre Einwände, desto perfekter schien Duvalier ihre Tarnung.

F: Welcher Vergehen hatten diese Leute sich denn schuldig gemacht?

A: Selbstbeförderung, Gier, Macht über andere.

F: Waren diese Leute politisch gesehen in Wirklichkeit für oder gegen Duvalier?

A: Für Duvalier, insoweit er ihnen ihren Status als Elite

erhalten half. Jede Art von Faschismus wäre denen recht gewesen.

F: Waren diese Leute tatsächlich gegen die Sozialisten?

A: Alles, was Intelligenz, Ehrlichkeit und Selbstbestimmung beinhaltete, stellte für sie eine Bedrohung dar. Ihr Ziel war und ist die Mechanisierung des menschlichen Geistes.

F: Was ist denn mit diesen Leuten passiert?

A: Man hat sie gefoltert und umgebracht.

F: Wie kannst du das mit deinem Gewissen und deiner – anzunehmenden – Philosophie der Gewaltlosigkeit vereinbaren?

A: Die Maschinerie, die sie unterhielten, hat zu Folter und Tod von Tausenden von Unschuldigen geführt.

F: Was ist mit ihnen passiert, nachdem sie tot waren? Ich meine, wurde ihnen ein anständiges christliches Begräbnis zuteil?

F: Nachdem sie tot waren, hat man ihr Eigentum eingezogen und ihre unmittelbare Verwandtschaft des Landes verwiesen. Was ihre Leichen anbelangt, die hat man öffentlich aufgehängt, auf dass das Volk nicht vergaß, was denen passiert, die Papa Doc nicht lieben und fürchten.

F: Kannst du uns sagen, wie du dem Untergrund sonst noch geholfen hast?

A: Ich konnte ihn mit Waffen, Medikamenten, Nahrung und Geld versorgen. Ganz offen sogar, weil sie als Antiguerillagruppen firmierten. Auch moralisch habe ich sie unterstützt. Ich habe Solidaritätsbotschaften internationaler revolutionärer Gruppen an sie weitergeleitet, Gruppen, die ihrerseits am Umsturz ihrer faschistischen Regierungen arbeiteten. Außerdem konnte ich die Freilassung einiger politischer Gefangener aus Duvaliers Kerkern organisieren.

F: Gab es irgendwelche Verbindungen zur Voodoo-Szene?

A: Ausgesprochen enge. Ich habe an vielen Voodoo-Ritualen teilgenommen, um Vertrauen und Respekt der

Bauern zu gewinnen. Und schließlich bin ich selbst Voodoo-Priester geworden.

F: War das nicht eine ziemlich heikle Rolle? Bedenkt man, dass du von Anfang an eine Doppelrolle gespielt hast?

A: Alles menschliche Unterfangen ist heikel, das eine weniger, das andere mehr.

F: Was war denn der spezielle Anlass dafür, Voodoo-Priester zu werden?

A: Auf der politischen Ebene: um mich bei der Mobilisierung der Landbevölkerung gegen Duvalier der Zauberei zu bedienen, sowohl der öffentlich Anerkannten als auch der wahren. Auf der persönlichen Ebene: zu meiner eigenen Bildung.

F: Könntest du Letzteres bitte etwas ausführen?

A: Nur allzu gern. Haitis Bauern verehren den Voodoo-Zauber gerade deshalb, weil sie selbst so machtlos sind. Infolge des Zorns ob dieser entwürdigenden Ohnmacht gegenüber den Kräften, die ihr Leben zum Exkrement, zur unerträglichen Leugnung menschlicher Evolution machen, basiert ihre Spielart des Voodoo auf Hass und Rache, will sagen ihren mörderischen Emotionen und Sehnsüchten bezüglich der Kräfte der Entwürdigung, die man als Angehörige des Staatswesens nicht wirklich zum Ausdruck bringen kann. Ich kann mir vorstellen, dass die Regierung – in dem Bewusstsein, dass diese wilden und blutigen Praktiken ein harmloses Ventil darstellen – sie sogar darin bestärkt. Sie wissen sehr gut, die Millionen hungriger, verzweifelter Bauern würden, hätten sie dieses Ventil nicht, buchstäblich Amok laufen und das Land in Stücke reißen, Busch um Busch, Arm um Arm, Auge um Auge.

Demzufolge wurde ich – als Konteragent mit dem Ziel, diese Menschen zu organisieren und politisch neu auszurichten – Voodoo-Priester, da mir nur das die dazu nötige Macht- und Vertrauensstellung bei diesen Menschen gab. Anders gesagt, ich wurde zu einem der ihren – die Personifikation ihrer Phantasien, ihrer Sehnsucht nach magischer Macht. Ich war damit gleichzeitig ich selbst, ein CIA-Agent, ein Konteragent, ein Voodoo-Priester und die Projektion ihrer persönlichen und kollektiven Wünsche. Sie überantworteten sich mir, und ich lohnte es ihnen damit, indem ich durch Zauberei im Sinne ihrer finstersten Sehnsüchte handelte. Sie selbst waren dabei natürlich die gesamte Operation – Objekt, Subjekt und Empfänger. Mir gestattete meine facettenreiche Rolle, sie und ihre Bedürfnisse zu politisieren. Zusammen entwickelten wir, unter dem Deckmantel des Unterbewusstseins, ein politisches Bewusstsein. Daraus resultierten zahlreiche neue Horizonte und so einige Zwischenfälle zu Ungunsten der Macht.

F: Würdest du uns bitte ein, zwei Beispiele geben?

A: Gern. Auf welcher Ebene denn?

F: Auf der ersten, der unpolitischen.

A: Zwei Beispiele für die Zauberei gegen Personen. Ich sorgte für den Tod zweier Schweine einer bösartigen Nachbarin, einer gewissen Mama Tricot, und für einen mitternächtlichen Anfall bei High Boy, einem aktenkundigen Dieb. Diese eher traditionellen Nummern umfassen eine Seelenwanderung, die mittels einiger Fingernägel, Haare, Kotpartikel und Fotografien des Opfers bewerkstelligt wird.

F: Musstest du dich, als magischer Mittler in diesen Hassbeziehungen, in bestimmte Geisteszustände begeben?

A: Aber ja. Trance, Raserei und visionäre Halluzinationen.

F: Hast du dich irgendwelcher Drogen bedient, um diese Zustände herbeizuführen?

A: Ja, allerdings – in hohem Maße sogar.

F: Könntest du uns die nennen?

A: Alkohol, Haschisch, Meskalin und ein Kräutercocktail, der bei den Bergbauern als *Loup Grand* oder Großer Wolf bekannt ist.

F: Was genau meinst du mit »in hohem Maße«?

A: Ich meine, dass ich mich auch der Ressourcen meiner Einbildungskraft bediente. Magie, die nicht in Worte zu fassen ist. Das, womit wir alle geboren sind.

F: Würdest du das näher erklären?

A: Lieber nicht. Derlei bleibt besser unerforscht.

F: Warum?

A: Es ist der Punkt, an dem wir alle sowohl beginnen als auch enden.

F: Dann bitte die anderen Ebenen. Du hast in Bezug auf die entwürdigten Bauern von neuen Horizonten gesprochen.

A: Sie sahen sich zum ersten Mal als Menschen mit Möglichkeiten weit über ihre unmittelbare Umgebung, ihre Verzweiflung hinaus. Schluss mit dem Gefühl, auf ewig hilflos im Schweinedreck leben zu müssen.

F: Und die Zwischenfälle zu Ungunsten der Macht – welcher Art genau waren die?

A: Zerstörung militärischer Vorposten, Sabotage von Telefon- und Elektrizitätseinrichtungen, die Tötung von Soldaten und Angehörigen der gefürchteten Tontons Macoutes.

F: Könntest du uns etwas über deine Beziehungen zu den diversen amerikanischen Offiziellen auf Haiti sagen?

A: Nun, gekannt habe ich sie alle. Die Vertreter des Point-Four-Programms, zum Beispiel, die den Haitianern eigentlich landwirtschaftliche und technische Hilfestellung hätten geben sollen. Sie waren übereifrige puritanische Versager, die hier, in unserer eigenen Wirtschaft, kein Bein auf den Boden bringen konnten. Alternde Pfadfinder. Dann waren da die Leute aus der Botschaft, die Offiziere der Marines, die Leute vom Information Service und meine eigenen Kontakte bei CIA und FBI. Offiziell waren wir alle dicke Freunde, und mit den Sicherheitsleuten verband mich eine operative Intimität. Ich ging zu ihren Partys, spielte mit ihnen Tennis, ich ging mit ihnen zum Schnorcheln, ich jammerte mit ihnen über das lausige Leben auf dieser verdammten Insel, wo wir doch so kultivierte Amerikaner waren.

F: Hatten die anderen von der Sicherheit Sie denn nie in Verdacht?

A: Selbstverständlich. Aber die gegenseitige Verdächtigung gehört nun einmal dazu. Sie ist ein Überlebensmechanismus, das System schärft sie einem ein. Man wird darauf trainiert, noch nicht einmal sich selbst über den Weg zu trauen. Letzteres ist nichts weiter als ein Fall von akkulturativer Introjektion, schließlich ist das ein wesentlicher Faktor im Verteidigungsmechanismus einer Kultur, die von ihren Angehörigen verlangt, ihre Effektivität pausenlos mit Selbstzweifeln zu unterminieren. Würde man uns das nicht beibringen, die Demokratie als Manipulation würde nicht funktionieren und jedermann wäre ein Gott. Ich muss Ihnen wohl nicht sagen, was für antisoziales Unheil derartige Gefühle zur Folge hätten. Die Gesellschaft, wie wir sie kennen, würde aufhören zu existieren.

F: Gab es Situationen, in denen eine bestimmte Manifestation dieses professionellen Verdachts deine Sicherheit und – oder – Effektivität gefährdete?

A: Ja. Mir fallen da zwei solcher Manifestationen ein. Eine Sekretärin aus der Botschaft, sie hatte eine Affäre mit einem unserer Jungs, einem aus meinem revolutionären Kader, der dort als Gärtner arbeitete, erfuhr durch ihn von meiner wahren Rolle.

F: Was ist passiert?

A: Die Sachzwänge hatten Vorrang. Ich musste sie eliminieren – ich selbst habe sie bei einem Badeausflug am Cap Haitien ertrinken sehen. Ein Unfall. Den Jungen, ein prima Bursche mit einer Schwäche für weiße Mittelschichtmädchen, schickten wir in den Untergund der Dominikanischen Republik.

F: Wer war die junge Frau denn?

A: Nicht dass es wichtig wäre, alle diese Leute sind gleich – alle sind sie Anonymitätskrisen. Sie hieß Doreen Watson, war 23 Jahre alt, kam aus Uniontown, New Jersey, war Staatsbedienstete, Besoldungsklasse G7.

F: Und der junge Mann? Wer war er?

A: Luku Hohit. Ein Mulatte.

F: Hatten Sie eine persönliche Beziehung mit diesem Burschen?

A: Ah, unser alter Freund, der Verdacht.

F: Ja oder nein. Aber du brauchst die Frage nicht zu beantworten, wenn du nicht willst.

A: Ich werde sie beantworten, und sei es nur um auch den Hauch von Vertrauen und Glaubwürdigkeit in diesem Fall zu eliminieren. Ja. Der Junge war mein Liebhaber und ich werde auch die Frage beantworten, die sich jetzt auf jedermanns Lippen hier formt: Nein, ich habe das Mädchen nicht deswegen umgebracht. Sie stellte eine ernste Gefahr für unsere Operation dar, sie durfte auf keinen Fall leben. Meine Eifersucht hatte damit nicht das Geringste zu tun. Das ist die Wahrheit.

F: Und der andere Zwischenfall?

A: Der lag etwas komplizierter, und er … wie soll ich sagen? Er entbehrt nicht einer gewissen Ironie. Zwei amerikanische Anthropologen stolperten ganz zufällig in eine meiner Voodoo-Zeremonien in den Bergen bei Petionville. Sie betrieben Feldstudien – Verhaltensweisen subkultureller Gemeinschaften der Mestizenbevölkerung in der Karibik. Ich sage »stolpern«, weil sie um Mitternacht auf der Suche nach – du lieber Himmel! – nach den mythischen Schlafwandlern Unendlicher Versöhnlichkeit waren. Ich kann nicht anders, ich muss lachen. Die Leichtgläubigkeit von Wissenschaftlern! Nun, was die beiden angeht – ein Mann und seine Frau, die Doktoren Noah und Selma Hartshorn –, also denen hatte eines der Bergweiber dort, Philomena Lechic, eine liebe alte Verrückte, den Bären aufgebunden, die Berge würden von einer Gruppe Einheimischer beschützt, die regelmäßig gemeinsam – im Tiefschlaf! – durch die Berge zogen und die Träume der Bergbewohner besänftigten. Dass sie den Dunst von Alpträumen auf sich zogen, der sich in Schwaden in den Träumen der Schlafenden sammelte. Was für ein Original, diese Philomena! Zehn Leute hätten sich nicht den Unsinn ausdenken können, mit dem sie daherkam. Wie auch immer, die beiden Unschuldslämmer, die Hartshorns, gerieten auf der Suche nach den mythischen Schlafwandlern im Busch auf meinen eigenen heiligen Grund und Boden und sahen mich in Aktion. Sie wären noch nicht mal an unseren Posten vorbeigekommen, hätten die drei sich nicht zur Feier des Tages bis zur Besinnungslosigkeit betrunken. Der Anblick eines weißen – und obendrein nackten – Mannes, der einem lebenden Huhn den Kopf abbeißt und sich das warme Blut über den wilden weißen Körper schmiert, genügte, die beiden sahen sich vor einem anthropologischen Durchbruch und drehten durch. Im Geiste schrieben sie bereits ihre Arbeiten, ach was, sie nahmen bereits die Auszeichnung vom Cultural Affairs Office in Washington entgegen. Es blieb mir nichts anderes übrig, als sie zu eliminieren.

F: Wenn ich mir die Bemerkung erlauben darf, aber wurde dir das Töten damit, ganz gegen deine Prinzipien der Gewaltlosigkeit, nicht zur Gewohnheit?

A: Wir haben sie nicht getötet. Wir haben sie in ihre eigene Mythologie aufgenommen und damit gleichzeitig zum reichen Mythenschatz der Region beigetragen. Man hat sie gezwungen, eine seltene Wurzelmixtur zu essen – zubereitet hat sie übrigens dieselbe Philomena, die sie überhaupt erst auf ihre wundersame Expedition geschickt hatte –, eine Mixtur, die Gedächtnisverlust und allgemeinen Stumpfsinn zur Folge hat. Jetzt wandern sie durch die Berge – genau wie die gnadenbringenden mythischen Schlafwandler, die zu suchen sie losgezogen waren. Die

Einheimischen könnten nicht glücklicher sein über diese Bereicherung ihrer eigenen fabelhaften Machenschaften und kümmern sich rührend um sie. Philomena verabreicht ihnen regelmäßig die Droge, damit sie nie wieder aus ihrem Zustand der Geist- und Zeitlosigkeit herauskommen. Ein atemberaubender philosophischer Witz, wenn man's recht überlegt.

F: Um noch mal auf die CIA zurückzukommen. Stimmt es, dass diese Organisation direkt an der Unterdrückung der Haitianer beteiligt ist?

A: Lasst mich die Frage folgendermaßen beantworten. Duvaliers Regime hält sich durch Einschüchterung des Volks an der Macht, alles, was nach einer abweichenden Meinung aussieht, wird brutal unterdrückt. Die CIA unterstützt dies, indem sie bei der Unterdrückung von Abweichlern hilft, egal ob es sich nun um Kommunisten handelt, um Sozialisten oder einfach um Liberale. Durch Informanten und angeheuerte Agenten stöbert man jeden Haitianer auf, der etwas gegen das Regime hat und meldet ihn der Sicherheitspolizei. Und schließlich hilft sie, indem sie es zulässt, dass man diese Leute foltert, um ihnen Informationen über Freunde im Untergrund und deren Aktivitäten abzupressen.

F: Hast du je selbst an einer Folterung teilgenommen?

A: Wie ich mit Schmerzen und Abscheu gestehen muss, ja. Anfangs, als ich als Agent nach Haiti kam, war das nötig.

F: Wo findet denn so etwas statt?

A: Im Keller des Vallard-Gefängnisses.

F: Könntest du uns genau schildern, was bei einer solchen Folter passiert?

A: Lieber nicht. Ich möchte nur sagen, dass es die widerlichsten Vorstellungen waren, denen ich je beigewohnt habe – Schmerz und Entwürdigung auf niedrigster Ebene. Ein perverser Sexzirkus nimmt sich wie ein Akt engelsgleicher Reinheit dagegen aus.

F: Wer hat diese Folterungen denn vorgenommen?

A: Professionelle Folterknechte. Und einige Leute, bei denen man das nicht vermuten würde: Kabinettsminister, manchmal sogar deren Frauen und Geliebte. Dilettanten des Todes. Und natürlich hat man immer wieder ganz normale Bürger mit hinzugezogen, um dem Schrecken beizuwohnen, damit sie genau wussten, was ihnen blühte, wenn sie nicht spurten.

F: Wie stand denn die Katholische Kirche dazu?

A: Ihre autoritäre Logik zwang sie, sich auf die Seite des Regimes zu stellen und damit auf die Seite von Unterdrückung und Mord. In Ländern wie Haiti fußt die Macht der Kirche größtenteils auf der Unwissenheit, der Angst und Passivität der Massen. Gesetz, Ordnung und Gott halten sich in unheiliger Herrlichkeit bei der Hand. Alles, was dieses Arrangement bedrohen könnte, bedroht die Macht der Kirche, das heißt die Macht Gottes und muss ausgelöscht werden. Die Priester sind gar noch brutaler als die Mörder des Regimes. Diese nehmen einem nämlich nur das physische Leben. Die Priester drohen den Abweichlern unter den Bauern mit ewiger Verdammnis. Hier und da jedoch findet sich auch ein Priester, der über seinen Habit hinauswächst.

F: Was ist denn mit den Millionen und Abermillionen von Dollars, amerikanischen Dollars, die Haiti für den Bau von Straßen, Dämmen, Bewässerungssystem, Häfen und so weiter bekommen hat?

A: Die Straßen sind halb fertig, die Dämme haben keine Turbinen, Strom gibt es drei Stunden am Tag. Die Wasserleitungen sind voll Salamander. Sämtliche Projekte befinden sich in einem permanenten Zustand der Unfertigkeit oder funktionieren nur zum Teil. Die Ruinen von Karthago sind in besserer Verfassung als Haitis moderne Städte. Das Geld fließt in die Taschen einzelner Politiker.

F: Wie ist es denn um die Volksgesundheit bestellt?

F: Schauderhaft. Die durchschnittliche Lebenserwartung des Haitianers liegt bei 35 Jahren, die Kindersterblichkeit ist die höchste der Welt. Fünfzig Prozent der Bevölkerung kommt mit Syphilis zur Welt. Die Ruhr grassiert wie andernorts der Schnupfen. Psychose ist der Normalzustand. Unterernährung lässt die Hälfte der Bevölkerung im Koma dahinvegetieren.

F: Stimmt es, dass Duvalier Millionen auf einem Schweizer Bankkonto beiseite geschafft hat?

A: Ja. Einmal im Monat fliegt seine Tochter Françoise mit einem Koffer voll amerikanischer Banknoten nach Genf. Man schätzt sein Vermögen auf fünfzig Millionen Dollar.

F: Gibt es denn dort keine Inseln der Freude?

F: Keine Inseln, nur Holzhütten. Die Matrosen der amerikanischen Handelsschiffe, die regelmäßig aus Guantanamo kommen, sorgen dafür, dass die Hurenhäuser offen bleiben. Hinter jedem pickelgesichtigen Orgasmus stehen eure erzwungenen Steuerdollars. Die Bauern verhungern, während die Huren mit Chanel duschen – von eurem Geld bezahlt.

F: Aus deiner Antwort spricht ein gewisser Ärger. Würdest du sagen, dass deine Homosexualität deine Lebensanschauung verzerrt?

A: Eine berechtigte Frage, auch wenn ich nicht so recht weiß, wie ich sie beantworten soll. Mit Sicherheit kann ich nur sagen, dass das Zerrbild der breiten Öffentlichkeit von mir meine Selbstsicht verzerrt. Stellen Sie sich vor, man würde Sie als Mensch auf eine obszöne Karikatur reduzieren, die auf immer vor den Leisten eines grinsenden nackten Mannes kniet! Ich darf nicht ich selbst sein, weil man mich sonst vernichtet: der Preis meiner Authentizität, meines Lebens, ist mein Tod. Ich zu sein, heißt *nicht* ich zu sein. So wird mir die Maske zum täglichen Spiel und die Täuschung zum Habitat. Nicht ein Augenblick vergeht, in dem ich nicht mit Bloßstellung und Strafe rechnen muss. Das Geräusch, das in mir zu hören ist, ist nicht das Schlagen meines Herzens, es ist das endlose Getrappel flüchtiger Kriminellenfüße. Wenn ich an Lust denke, denke ich an Schmerz, und selbst wenn meine Lust nicht unter Schmerzen zustande kommt, und ich meine damit nicht notwendigerweise durch die Peitsche, habe ich das Gefühl, sie hat keine Bedeutung, sie ist nichts weiter als eine hirnlose, nicht ernst zu nehmende Laune. Während die übrige Welt in brokatgesäumten Salons und auf sonnigen Terrassen verkehrt, schleiche ich durch U-Bahnhöfe und lungere in den Toiletten von Bushaltestellen herum. Während die glücklichen Anderen sich auf übergroßen Betten und Seidenlaken verlustieren, verrichte ich meine Arbeit verstohlen gegen die Schmierereien feuchter Wände gelehnt oder auf den zerbrochenen Latten einer Parkbank. Soll ich euch eine typische Liaison aus meiner Welt der Schattensexualität schildern?

Erst letztes Jahr habe ich auf der Piazza di Spagna in Rom einen amerikanischen Lehrer aufgegabelt. Einen Burschen mit Frauenhänden, der an der University of Michigan Soziologie unterrichtet. Ich habe ihn angesprochen, nachdem ich gemerkt hatte, dass er seinen Baedeker nur zur Tarnung mit hatte. Er zitterte in Erwartung eines Abenteuers, und seine winzigen blauen Augen, die er sich dadurch verdorben hatte, seine ganze verängstigte Kindheit hindurch durchs Schlüsselloch der Badtür nach seiner Mutter zu lugen, standen nicht einen Augenblick still.

»Entschuldigung, wenn ich Sie so einfach anspreche«, sagte ich, »aber ich sehe einfach, dass Sie aus Cleveland sind.«

Fast hätte er das kleine Büchlein verloren. »Großer Gott! Nein! Auch wenn Detroit kaum weniger trostlos sein dürfte.«

»All die schrecklichen Autos«, sagte ich und setzte mich

neben ihn auf die breite Stufe. »Die müssen einen doch verrückt machen.«

»Das dürfen Sie laut sagen. Und die Abgase! Puh! Ich musste da einfach weg. Alles, nur nicht Detroit.«

Ich sah mir die Szene auf der Treppe an. Die Leute, die Händler, die Liebenden. Alles so typisch Rom. »Mm. Hübsch hier, nicht? So frei, so schön und alles.«

Er grinste schüchtern. »Oh, ich finde es großartig. Ich bin richtig verliebt. Rom bringt den Heiden in mir zum Vorschein.« Er kicherte ganz reizend.

»Mm. Ich weiß, was Sie meinen. Mir geht es genauso.«

»Ich führe Tagebuch über meinen Aufenthalt hier«, fuhr er fort. »Für meine Klasse daheim. Ich unterrichte Soziologie an der University of Michigan.«

»Ach? Wie schön.«

Sein kleiner Lockenkopf nickte. »Es ist intim und absolut ehrlich. Ich finde, man ist überhaupt nichts, wenn man nicht ehrlich sein kann.«

»Oh, da kann ich wirklich nur zustimmen«, sagte ich. »Unehrliche Menschen machen mich absolut krank.«

»Wissen Sie, ich hoffe meine Schüler mit dem Erlebnis Rom an gelebter Soziologie teilhaben zu lassen.«

Ich musste einfach sein Knie berühren vor Bewunderung. »Was für eine wunderbare Idee! Wirklich. Ich wollte, ich hätte Lehrer wie Sie gehabt. Es hätte meiner Schulzeit eine ganz andere Bedeutung gegeben.«

Er zeigte mir den Anflug eines feuchten Lächeln. (Ich hatte noch immer eine Hand, meine rechte, auf seinem Bein.) »Ich tippe mal darauf, dass Sie Maler sind? Oder Schriftsteller? Habe ich Recht?«

Ich drückte seinen Schenkel. »Richtig!«, log ich. »Da bin ich aber platt! Ich bin Maler. Ich bin über ein Guggenheim-Stipendium hier, um die Renaissance-Meister zu studieren.«

»Oh, wie aufregend! Ich liebe Michelangelo. Er ist so … so frei von allen *Fesseln!*« Er sah sich verstohlen um – damit ihn auch ja keiner hörte, nehme ich an. »Nach allem, was man so hört, war er, äh, na ja, vom … äh … dritten Geschlecht.« Er kicherte selig.

»Na ja«, sagte ich. »Daran besteht überhaupt kein Zweifel. Seine Liebe gehörte den Männern. Und er machte daraus auch gar keinen Hehl. Aber damals, wissen Sie, damals waren die Leute zivilisierter, was die Liebe angeht. Sie waren nicht engstirnig und kleinlich, man hatte da keine Angst. Man verstand, dass Liebe keine Grenzen kennt, keine absurden Gesetze.«

Er blickte mich völlig aufrichtig an. »Unsere Gesellschaft ist so grausam gegen alles, was nicht in ihre albernen Konzepte passt. Unmenschlich. Manchmal deprimiert mich das richtig. In Amerika verfolgt man alles Menschliche geradezu.«

Über die Maßen verständnisvolle und traurige Schwingungen kamen zwischen uns auf. Er war so ein weiches, reizendes kleines Ding. Ich hätte ihm am liebsten gleich dort auf der Treppe die Zunge in den Mund gesteckt, aber ich beherrschte mich. Ganz in unserer Nähe saßen zwei alte Damen, und ich wollte kein Gezeter riskieren. »Hör mal«, sagte ich und legte meine Hand auf die seine, »ich habe da eine wunderbare Idee. Gehen wir doch in mein Atelier, auf einen netten Schluck Frascati und *prosciutto*. Und ich habe ein paar wunderbare italienische Madrigale.«

Er badete uns beide in seinem Entzücken. »Das fänd' ich toll! Mit Vergnügen!«

»Ich wohne im Künstlerviertel. In der Via Margutta. Gleich um die Ecke.«

»Wunderbar«, sagte er.

Am Fuß der Treppe angelangt, sagte ich: »Ich bin Cedric.«

»Ich heiße Lonnie. Lonnie Beeker.«

Nun, das Mädel erwies sich als Schatz, von welcher Seite auch immer man es betrachten will. Falls ich je Mutter werden sollte, dann möchte ich, dem lieben Gott sei's gepfiffen, einen Sprössling wie Lonnie. So was von fügsam. »Nein« war bei dem nicht eingebaut. Keine Melodie, zu der er nicht sofort getanzt hätte, als wäre er zu meiner Musik geboren. Oh Jesus Maria! Ich kann euch sagen! Hier einige Kostproben der Szene in meiner Wohnung. (Aus irgendeinem Grund behielt er übrigens die Socken an.)

»Mach dir mal keine Sorgen, mein lieber Lonnie. Du bist bei mir so sicher wie bei deiner eigenen Schwester.«

»Och Gottchen! Das ist der Schönste, den ich je gesehen habe. Ehrlich. Er hat mir zugezwinkert. Sieh doch, ob du meine Mandeln kitzeln kannst. Aber vorsichtig, ja?«

Oder Folgendes: »Braves Mädchen, beug dich ein klitzeklein wenig weiter vor und nimm die schönen Beine ein bisschen weiter auseinander. Gott! Was hast du nur für herrliche Bäckchen, Lonnie, Mäuschen! Du lieber Gott! Ich fürchte, da brauchen wir ein bisschen mehr Vaseline.«

»Versuch's noch mal. Ich möchte jetzt nicht aufhören. Schieb fester. Ups!«

»Lonnie, Schatz, ich fürchte nur, ich tue dir weh. Ich hole die Vaseline. Bleib wie du bist. Nicht bewegen.«

Und: »Ooh! Cedric! Das kitzelt, ich verlier noch den Verstand! Wo hast du bloß die Zunge her? Beiß ihn ein bisschen. Mutter Maria. Ups! Dein Finger, mir brennt gleich der ganze Arsch!«

Und wie wäre es damit? »Nennt man das so? Rosette? Muss ich mir merken, du irre süßes kleines Ding du. Du lässt wohl kein Loch unerforscht, was? Ehrlich, Cedric, Schatz, ich habe mich noch nie so wunderbar gefühlt. Ich hatte ja schon gute Liebhaber, aber du bist die absolute Krönung. Dein Ding in meinem … na-du-weißt-schon-wo – wie eine Flöte aus dem 16. Jahrhundert.«

»Du weckst den Jean-Pierre Rampal in mir, Lonnie. Ehrlich. Ich hab' gedacht, Soziologen wären vertrocknete alte Knaben. Aber du bist das saftigste, zarteste Ding, das ich je gehabt habe.«

»Großer Gott, Cedric! Er wird schon wieder lebendig! Das ist ja Wahnsinn. Ich dachte, das wär's. Ich meine, ich hab' doch schon einen Liter von deinem Saft geschluckt, Guter. Du bist ja die reinste Milchkuh. Wäre die Brust meiner Mutter nur halb so nahrhaft gewesen wie dein roter Teufel da!«

»Ich wette, das schreibst du nicht in dein Tagebuch.«

»Zieh mich jetzt bitte nicht auf, ja?«

Nachdem wir fertig waren, führte ich ihn zum Essen aus, in Benno's Table, eine absolut einzigartige Arbeitertrattoria an der Piazza del Popolo. Schlichte Kost und schlichte starke Männer. Wir bestellten einen großen Teller Spaghetti al sugo und dann gebratene Kalbshaxe. Ich gab Lonnie das Mark aus meinem Knochen. Und ich meine das nicht anzüglich. Knochenmark ist eine Delikatesse, die er noch nie gekostet hatte. Beim Espresso sangen wir mit den Jungs. Wenn die was machen, die Italiener, dann machen die das richtig.

Na denn. Diese Fragmente sollten euch eine bessere Vorstellung davon geben, was sich abspielt, wenn Leute wie wir uns begegnen. Ich hoffe, ich habe niemanden vor den Kopf gestoßen. Was sagst du, Blaster? Ob ich ihn nur benutzt und dann weggeworfen habe? Du liebe Güte. Für was für einen Schweinehund hältst du mich denn? Dass ich schwul bin, macht mich doch nicht zum kaltblütigen Sadisten. Das ist das Problem mit euch so genannten normalen Leuten. Ihr meint immer, alles, was von der Norm abweicht, ist gleich unter dem Durchschnitt. Nun, da täuscht ihr euch aber. Meine Gefühle sind genauso nett und anständig wie die euren, nur ein bisschen sprunghafter.«

Aber das ist schließlich nicht meine Schuld, das wirst du mir sicher zugestehen. Die Gesellschaft lässt mich doch nicht zur Ruhe kommen. Was? Na schön, zugegeben, sie gibt keinem von uns groß Zeit zum Verschnaufen, aber sie macht Überstunden, uns armen Dingern zuzusehen. Blaster, ich habe dich noch nie so aggressiv, so nervös gesehen. Hör auf, dir Sorgen zu machen. Du bekommst deine Chance am Pult schon noch. Zähm deine Neigung, dich in den Vordergrund zu drängen, noch einen Augenblick. Ich möchte nur noch sagen, dass Lonnie und ich die ganze Zeit seines Aufenthalts in Rom über ein Herz und eine Seele waren. Er zog bei mir ein, und ich habe ihm alles gezeigt, was es in der ewigen Stadt des Schwungs und der Liebe zu sehen gibt. Wir heulten wie die Kinder, als es Zeit für ihn wurde, in dieses schreckliche Flugzeug zu steigen, das ihn in seine Märchenwelt zurückbrachte, in diesen tristen Betrug, in dem man übereingekommen ist, seinen Nachbarn nicht aufzuwecken. Es mag den einen oder anderen hier überraschen, aber wir schreiben uns weiter. Mindestens einmal im Monat, und ich meine nicht bloß ein billiges »Hallo, wie geht's?«. Wir schreiben uns aus ganzem Herzen, und ich meine das ernst. Ach, eh ich's vergesse. Lonnie ist nicht nur Lehrer, er ist obendrein Mitglied eines Schützenvereins. Seine Browning ist ihm so lieb wie nur irgendwas. Fragt mich nicht warum. Aber ich mag auch nichts von diesen ganzen sexualsymbolischen Erklärungsmustern hören. Okay. Blaster. Du bist dran. Gib dein Bestes, du alter Halunke.

Blaster: »Ist es nicht komisch, dass diese Schwuchteln – ist nicht bös gemeint, Cedric – uns einfachen Leuten ein schlechtes Gewissen für ihre Ferkeleien einzureden versuchen? Wie Cedric, der eure liebenswürdige Aufmerksamkeit mit Beschlag belegt und mir die Schuld gibt, wenn ich mich aufrege. Wir sollten in den nächsten Tagen ein weltweites Treffen von Heteros und Schwuchteln einberufen und ein paar von diesen Problemen ansprechen. Ein bisschen Koexistenz hat noch keinem geschadet, und wir könnten alle eine Menge mehr davon gebrauchen. Wie die Zeitungsausschnitte, die ich hier habe, nun wirklich beweisen. *Andy Warhol hat verdient, was er bekommen hat! Er ist ein gottverdammter Lügner und ein Betrüger. Wenn er den Mund aufmacht, kommen Lügen heraus.* In der Zeitung hier heißt es, die Frau, eine gewisse Valerie Solanas, die einen gewissen Andy angeschossen hat, hat einen Verein gegründet, SCUM – die Society for Cutting Up Men. Und hier noch ein Schulbeispiel, wie Miss Eubanks bei uns in der dritten Klasse Staatsbürgerkunde gesagt hätte. Der Präsident der Columbia University, Grayson Kirk, hat heute bekannt gegeben, dass die Universität nach den jüngsten Unruhen auf dem Campus 78 Studenten suspendiert hat. Wenigstens für ein Jahr.

Aber genug davon. Als Erstes, möchte ich euch sagen, dass ich in letzter Zeit viel gelesen habe – im Rahmen meiner Weiterbildung. Ich reiß' mir den Hintern auf, mich über meine Vergangenheit als Ballermann hinauszuarbeiten. Mir wird klar, was für ein beschränktes Leben das war. Ich meine, ich hab' doch kaum gelebt, und wusste es noch nicht mal! Nicht dass ich nicht meine Freude dran gehabt hätte, im Gegenteil. Ich kenne 'ne Menge Leute, hochnäsige Typen, die jetzt sagen würden: Das ist doch absurd! Aber lasst mich euch mal was sagen: Wenn man dem menschlichen Leben die Absurdität nimmt, was zum Teufel bleibt dann? Ich sag' euch was: Verdauungsstörungen! Und manchmal ein Furunkel am Hintern. Aber egal, im Zuge meiner Weiterbildung schlage ich sämtliche neuen Wörter nach, die mir unterkommen. Und neulich stolpere ich über 'n ganz dolles Ding: *fungibel*. Weiß hier jemand, was das kleine Schätzchen bedeutet? Dacht' ich mir schon. Nix da! Zu spät, Zach. Hättest dich früher melden sollen. Also, *fungibel* heißt, dass man etwas statt etwas anderem verwenden kann, als wär's von vornherein das Richtige gewesen. Alles klar? Ich geb euch ein Beispiel. Mal angenommen, ich geh in meinen Country Club auf ein paar nette Bahnen im Pool. Ich habe die Badehose an und denke an meinen ersten

Stecher vom Brett, da sagt mir der Manager, dass der Pool geschlossen ist. Er klopft mir auf die Schulter und sagt, ich soll's nicht so tragisch nehmen, der Pool ist zwar geschlossen, aber die Tennisplätze sind bestens in Schuss. Warum geh' ich nicht auf ein paar Sätze raus, meint er, das würd' mir genau so gut tun wie Schwimmen. Ich würde den Unterschied gar nicht merken. Was, frage ich, ist da passiert? Was ziemlich Raffiniertes: der Ersatz übernahm die Rolle des Eigentlichen. Das Tennismatch und meine paar Bahnen waren fungibel. Und es kommt noch raffinierter. Mal angenommen, ich hätte es gar nicht in den Club geschafft, wegen eines Katers vielleicht oder Zahnschmerzen. Also rufe ich einen von euch Jungs hier an und sage ihm, er soll an meiner Stelle hingehen. Und ihr macht alles, was ich hätte machen sollen, solange es dem Club recht ist, versteht sich, dass einer von euch kommt statt mir. Und damit seid ihr fungibel für mich, ihr habt mein Erlebnis an meiner Statt. Damit seid ihr ich. Ist das nicht wunderbar! Seht ihr, was sich mit ein bisschen Bildung in Eigenregie und einem Griff zum Wörterbuch alles machen lässt?

Ich brauche cleveren Leuten wie euch nicht zu sagen, was für großartige und zuverlässige Möglichkeiten sich einem mit diesem Hit namens fungibel eröffnen. Grenzen setzt da nur die eigene Phantasie, das dürft ihr mir glauben. Ich würde sogar sagen, es wäre eine verdammt gute Idee, wenn jetzt jeder hier für fünf Minuten den Kopf senkt und sich auf die unglaublichen Vorzüge vor uns konzentriert. (Man verharrte fünf stille Minuten gesenkten Haupts.) Okay. Dann wollen wir wieder. Oh, ich würde es für ausgesprochen passend, ja sogar relevant halten, euch noch etwas zu sagen, was sich mir jüngst offenbart hat, diesmal in einem Greyhound-Bus auf der Fahrt nach Washington zu meiner alten Mutter, die an Arthritis leidet. Das gute alte Mädchen arbeitet noch immer. Sie befehligt die Küchenhilfe in der Kantine des Ministeriums für Fisch- und Forstwirtschaft. Ich saß neben einem schwarzen Prachtburschen – und ich will mir hier keinen Zwang antun, weil er 'n Neger war, ich bin nicht der etepetete Typ. Der Bursche hatte was von einem Aristokraten, er sah so aus wie einer von diesen kräftigen Insulanern, wie man sie in Filmen so sieht, Typen, die es den ganzen Tag treiben – wenn sie nicht gerade nackt im Meer rumschwimmen! Na jedenfalls las er grade, was ich immer gern sehe, weil es zeigt, dass jemand sich nicht in das alltägliche Elend rund um ihn fügt. Als er merkte, dass ich ihm sozusagen über die Schulter gucke, da legte er einen Finger auf eine Stelle im Buch, die ich lesen sollte. Und da stand Folgendes:

›Die Definition des Realitätsprinzips als gesellschaftliche Notwendigkeit bleibt formalistisch, solange sie nicht voll und ganz der Tatsache Rechnung trägt, dass das Realitätsprinzip, wie es heute existiert, nur das Prinzip *unserer* Gesellschaft ist. Anpassung an die Realität wird einfach als Anpassung an die Gesellschaft interpretiert. Das Realitätsprinzip hatte in der Vergangenheit verschiedene Inhalte und es wird sich wieder und in dem Maße ändern, in dem die gesellschaftliche Ordnung sich ändert.‹

Ich wünschte, ich hätte Zeit gehabt, über so ein wichtiges Thema mit ihm zu diskutieren. Aber gerade als ich den Mund aufmachen wollte, kam der Bus jäh zum Stehen, mitten auf dem Highway, so dass ich fast aus dem Sitz geflogen wäre. Ich dachte, wir hätten irgendwas angefahren. Aber das war's nicht. Zwei Frauen hatten den Bus gestoppt, ein Mädchen, das unbeschreiblich schön war mit ihrem endlosen goldenen Haar, und eine ziemlich beeindruckende Negerin in einer Art afrikanischem Eingeborenkostüm. Ich weiß nicht, ob sie sich verkleidet hatte, für mich jedenfalls sah sie ziemlich echt aus. Genauso wie die Maschinenpistole über ihrer Schulter. Die Blondine war übrigens, jetzt wo mir das einfällt, selber recht interessant aufgemacht. Sie trug grüne Barrassachen, hatte ein bisschen was von

Robin Hood, ziemlich schick irgendwie. Na gut … oh, hier kommt's.

»Wir haben beschlossen, das Treffen nicht in Washington abzuhalten«, sagte die Blonde. »Ist zu brenzlig dort.«

»Oh?«, sagte er und stieg mit ihnen aus.

»Ich hoffe doch, du kannst eine Piper Club fliegen«, sagte die Negerfrau. »Das ist nämlich alles, was wir haben, um aus dem Klan-Gebiet hier rauszukommen.«

»Wir haben zwei von ihren Hohen Priestern«, sagte die Blonde. »Die werden noch kräftig singen vor ihrem letzten Abendmahl.«

»Das hoffe ich doch«, sagte der Mann. »Wir müssen so viel wie möglich über ihre Infrastruktur herausbekommen.«

Das letzte, was ich noch hörte, als die beiden wieder ausstiegen, war die Negerin, die sagte: »Das hört sich jetzt vielleicht komisch an, aber ich rieche da 'ne Menge arabisches Geld. So wie's aussieht …«

Und schon ging's los. Sie befanden sich knapp vor Cambridge in Maryland. Übrigens, mir war so, als hätte ich die Blonde vorhin draußen rumhängen sehen. Oder wenigstens jemanden, der ihr ziemlich ähnlich sieht. Sie schien auf jemanden oder etwas, keine Ahnung, zu warten. Komisch, als ich sie gesehen habe, hat mich das an meine Zeit als Kulissenschieber im alten Hippodrome in St. Louis erinnert. Da hingen die Schauspieler so hinter der Bühne rum, vor ihrem Auftritt, genauso. Wissen Sie, so als würden sie im Auf-und-Ab-Gehen träumen. Na ja, spielt jetzt wohl keine Rolle. Wollen mal sehen. Wo war ich?«

Ganz hinten im Raum wurde plötzlich gerauft. Cedric und einer der Kellner lagen sich in den Haaren.

»Du bist ein schrecklicher Mensch!«, schrie der Kellner Cedric an.

»Beruhig dich wieder«, sagte Cedric und zerrte vergeblich an dem jungen Mann. »Du hättest mich nicht schlagen sollen.«

»Und du hättest nicht so über Lonnie reden dürfen! Wer gibt dir das Recht zu derart selbstherrlichen Urteilen, was die Erfahrungen eines anderen angeht?«

»Seid still!«, rief George. »Schafft den Spinner hier raus!«

Der Mann sprang auf einen Tisch. »Nicht bevor ich den letzten Fetzen von meinem Freund Lonnie aufgesammelt habe, der bei euch Verrückten hier herumliegt!«

»Oh, Mann!«, stöhnte Jomo, der rabenschwarze Neger. »Du hast wohl nicht begriffen? Wir sind dir doch weit voraus.«

»Im Namen Lonnie Beekers«, schrie der arme Kerl, »exorziere ich hiermit seine Darstellung.«

Er sprang vom Tisch und rannte hinaus. Cedric warf, wenn auch eher gutmütig, ein Brötchen nach seinem hüpfenden Kopf.

»Wo wir das hinter uns hätten«, sagte Blaster, »kann ich wohl mit meiner Vorstellung weitermachen. Mal sehen ... ah ja. Ich war bei meiner Weiterbildung etc. etc. Beim Kampf gegen meine Dämonen, könnte man wohl sagen. Die niedrigeren Elemente meines Charakters, die Gesellschaft und Umstände in erschreckende Dimensionen gefüttert haben. Ich weiß, ich bin nicht der Erste, der das sagt, aber in meinem Fall ist das die Wahrheit. Wie meine Mutter oft genug zu uns gesagt hat, ihr esst, was auf den Tisch kommt, oder ihr verhungert. Das ist es, in einem Wort gesagt. Oder in einem Satz.«

Blaster gab sich alle Mühe, wirklich, aber es ist nun mal nicht so einfach, in seinem eigenen Labyrinth sowohl Führer als auch als Tourist zu sein. Er brauchte ein bisschen Hilfe, und natürlich sah ich es als meine Pflicht, ihm unter die Arme zu greifen – so gut ich eben konnte, versteht sich (ich will ja nicht, dass einer auf den Gedanken kommt, ich hielte mich für Gott). Also schloss ich die Augen, sammelte alle meine umherschweifenden Gedanken und Energien und schaltete mich auf Blasters Frequenz – wie wir das damals im italienischen Untergrund mit unseren Geheimsendern gemacht haben (Heldentaten, von denen ich Ihnen einen dieser Tage erzählen muss). Ich hatte erst meine Probleme, so wie Blaster in sich selbst herumirrte. Verstehen Sie? Von einem Persönlichkeitsprogramm zum anderen. Was völlig in Ordnung ist, nur dass man eben eine verdammt starke Sende- und Empfangsanlage braucht, um damit durchzukommen. Sie brauchen sich nur anzusehen, was aus Radio Free Europe geworden ist, wenn Sie ein Beispiel brauchen. Okay. Schließlich und endlich trafen sich unsere Signale. Blaster jedoch gab mir zu verstehen (ich kann hier nicht sagen wie; damit würde ich unser kleines Geheimnis verraten, worauf wir sofort den Feind am Hals hätten, und dann – *bumm!* – wäre es aus mit uns), also, er gab mir zu verstehen, dass ich die eigentliche Sendung übernehmen sollte, während er mir soufflierte. Das entsprach im Augenblick eher seinen Kapazitäten. So was kommt durchaus hin und wieder mal vor.

Na schön. Fangen wir an (ihr müsst auf UKW schalten, Herr gott nochmal!). »Mm«, meinte Blaster, »so eine Fundador knallt vielleicht rein. Ich trau mir glatt vier Runden mit Philadelphia Jack O'Brien zu und würde sie nicht mal spüren. Also dann ...« Er griff in seine Tasche und holte ... »Ich möchte euch eine Kurzgeschichte vorlesen, die ich letzte Woche geschrieben habe. Ich möchte wetten, keiner von euch hätte gedacht, dass ich für so was zu haben bin. Stimmt's? Genau. Da sieht man wieder mal, wie wir uns irren können, wenn's um anderer Leute Talente geht. Zu den Retourkutschen komme ich später.

Ich weiß, es gibt in unserer kleinen Welt Leute, die sich eine ganze Menge Geschichten über mich ausgedacht haben, die alle auf einem falschen Verständnis der Fakten basieren. Und dann hat man mich mit diesen Geschichten ersetzt. Also, wenn mich schon einer erfinden muss, dann bin ich das lieber selber. Das scheint mir doch wohl nur fair. Meiner Meinung nach ist das so: Wenn den Leuten die Lügen über sich selber ausgehen, dann machen sie sich an andere. Offensichtlich aus schierer Verzweiflung. Überrascht euch was? Dass der alte Blaster mit derart starkem Tobak aufwartet? Der alte Blaster, immer so unbeschwert, der hätte doch nie auch nur einen Gaul scheu gemacht. Hört sich nun wirklich nicht nach mir an, was? Was ist bloß in den armen Knaben gefahren? Das fragt ihr euch doch, oder? Hat der was genommen oder was? Na, dann sortiert euern Hirnkasten mal besser um. Nur so als guten Rat. Und bis ihr so weit seid, hier meine Geschichte. Sie heißt ›Die Farbe des Herbstes‹. Es handelt sich praktisch um eine fiktionalisierte Darstellung einer Episode aus meinem Leben. Ich hab' mir die Mühe gemacht, jedem eine Kopie zu machen, die ihr zum weiteren Studium mit nach Hause nehmen könnt. Da habt ihr dann Zeit, alles mögliche reinzulesen, was nicht drinsteht, oder auch um die Perlen zu absorbieren, die tatsächlich drin sind. Außerdem schicke ich eine Kopie ans FBI, damit sie sie in meine Akte geben können. Ich versuch' den armen Kerlen ja zu helfen, wo's nur geht. Zum Beispiel Benzingeld zu sparen. Aber genug der Vorrede. Hier ist die Geschichte.«

Alice rief plötzlich: »Guck, Papi! Die Blätter bluten!«

Sie kamen eben vom kahlen Asphalt der Straße und standen jetzt vor dem Park. Die Bäume wirkten aufregend auf das Auge, das sich auf das Grau in Grau der Straße eingestellt hatte, und so schien das Laub tatsächlich voll Blut. Seine siebenjährige Tochter an der Hand, starrte Carl in den Park.

»Das sieht nur so aus«, sagte er. »Das ist die Farbe, die sie kurz vor ihrem Tod annehmen.«

»Nein, nein!«, protestierte Alice und riss sich los. »Sie bluten wirklich. Blätter bluten wie Menschen.« Sie lief zwischen die Bäume, bückte sich und griff nach dem Laub.

Wie immer tat es Carl auf der Stelle Leid, etwas gesagt zu

haben, was der Realität seiner Tochter zu widersprechen schien. »Na ja, vielleicht hast du ja Recht«, rief er ihr nach. Aber es hatte keinen Sinn. Er sah die Worte auf halbem Wege zu ihr nach Luft schnappend zusammenbrechen.

Alice kam wieder gelaufen. »Hier, Papi. Die sind für dich, zum Mitnehmen, wenn du heute wieder fährst. Damit du nicht so alleine bist. Okay?«

»Okay«, sagte er und küsste sie, weil er sie mehr liebte als irgendetwas auf dieser Welt. Dann steckte er die Blätter in seine Jackentasche. Sie gingen weiter in den Park, wobei Alice ihn, jung wie sie war, sachte zog, als flüchteten sie, dachte Carl, sie und die anderen, irgendwohin und müssten sich beeilen, damit man sie nicht erwischte. Wer wohl hinter ihnen her war, dachte er.

»Setz mich auf eine Schaukel, Papi«, rief Alice, als der Spielplatz vor ihnen auftauchte, von schriller Aktivität und kindlichen Forderungen erfüllt wie ein Ballon. Kinder, wo man hinsah, und Carls erste Reaktion war, einfach wieder zu gehen. Er konnte Orte nicht leiden, die an den Wochenenden voll verzweifelter Kinder waren, die ihren Spaß hatten, mit einem Elternteil, fast immer dem Vater, der nichts als Deplatziertheit ausströmte, weil er in Kinderspielen keinen Platz haben konnte. »Willst du wirklich da rein?«, fragte er. »So voll wie's ist, Schatz, und bei all dem Lärm. Und alle Kinder werden sich um die Schaukel raufen.«

»Ja«, antwortete sie fest, »ich will da rein. Und du gibst mir Anschwung.« Sie lief in den Wahnsinn vor ihnen, und er folgte ihr, langsam.

Er hätte das alles gern anders gemacht. Er wusste, dass etwas nicht stimmte, weil es nicht ging. Die Größe und Tragweite seiner Gefühle für das Kind schlugen in dem Augenblick um, wenn er sie einmal die Woche abholen kam. Wo will man mit einem kleinen Kind schon hingehen? fragte er sich, als er den Spielplatz aus Beton und Eisen betrat. In den Zoo, in den Park, in ein Museum …

»Schaukel mich höher!«, verlangte sie, und für einen Augenblick hatte er das Gefühl, mit ihren Spielbedürfnissen eins zu sein. Und er schaukelte sie höher. Inmitten der Verzweiflung – die anderen Väter trugen, wie Kinder, die Uniform des Spiels, und sie sprachen mit den Kindern wie Kinder: »Toll, Kleines, ganz toll. Siehst du, ich hab' dir doch gesagt, dass du das kannst! Papi ist ja so stolz auf dich.« –, inmitten dieser Verzweiflung hoffte er, sie könnten zu irgendeiner Übereinkunft kommen. Eine, die sie beide entlasten und füreinander frei machen würde. »Langsam«, sagte er. »Noch höher, und du fällst womöglich raus.«

Ein paar von den anderen Vätern warfen ihm Blicke zu, eine Einladung zur Verschwörung: »Herrgott, was gäb' ich jetzt für ein Bier!« schienen sie zu atmen, aber Carl reagierte nicht darauf. Ich mache das für mich und die meinen. Wir machen nicht durch, was ihr und die euren durchmacht. Diese obligatorische Erfahrung bildet eine negative, in sich geschlossene Welt, dachte er, und ich weigere mich, sie zu betreten.

»Papi«, begann Alice, als sie von der Schaukel stieg, ihn bei der Hand nahm und zur nächsten Station, den Wippen, zog. »Warum können wir nie zu dir gehen, dahin, wo du wohnst?«

Er setzte sie auf die Wippe, dann sich selbst, unsinnig schwer im Vergleich zu ihr, und hob sie dann in die Luft.

»Warum nicht, Papi?«

Er machte sich an die Aufgabe des Wippens. Es schmerzte in den Beinen. »Na ja«, begann er seine Erklärung, »wo ich wohne, ist es nicht sehr bequem, weißt du. Es ist ziemlich klein.«

Sie kam herunter, und noch bevor er sie wieder hochgehen ließ, stieg sie ab. »Das würde mir gar nichts ausmachen. Wirklich nicht.«

»Warten wir damit lieber, bis Papi eine größere Wohnung

bekommt. Okay?« Sie nahm ihn bei der Hand. Er warf einen Blick über den Spielplatz, was sie sonst noch machen könnten. Die Schrillheit der anderen Kinder schien ihm jetzt geradezu hysterisch, nicht glücklich, wie sie sein sollte, da war er sich sicher. Er hoffte verschämt, die anderen Männer würden nicht herübersehen zu Alice und ihm. »Wie wär's mit ein paar Mal rutschen? Dann gehen wir in den Zoo.«

»Na gut«, sagte sie, und angesichts der Resignation in ihrer Stimme kam er sich wie ein Verbrecher vor. Weiter hinten auf dem Spielplatz begannen ein Mädchen und ein Junge sich um die Schaukel zu streiten. Ihr gelangweilter Vater eilte nach hinten und drohte damit, ihnen eine zu schmieren. »Warum zum Teufel könnt ihr beiden nicht genauso Spaß haben wie die anderen Kinder?«, schrie der Vater sie an.

Alice benutzte zweimal pflichtbewusst die Rutsche. Das erste Mal winkte sie ihm zu, bevor sie losließ, und er winkte zurück. Beim zweiten Mal, er hatte bereits den Arm in Bereitschaft, um ihr zuzuwinken, saß sie nur da; dann rutschte sie los.

Er wollte sie fragen, warum sie nicht gewunken hatte, fürchtete sich aber vor dem, was sie sagen könnte. Langsam spazierten sie in Richtung der eingesperrten Tiere, durch die blutenden Bäume und das verdorrende Gras.

»Papi, stimmt es, was Mami sagt«, begann Alice, »dass du mit einer anderen Frau zusammen wohnst?«

»Nein, das stimmt nicht«, log er und hasste sich dafür. Er wünschte, er könnte ihr das alles irgendwie erklären. Er wusste, dass das nicht möglich war. »Warum hat sie es dann gesagt?«

»Ich weiß auch nicht, Liebes.«

»Lügt Mami denn?«

»Sie hat sich wohl einfach getäuscht, das ist alles.« Warum musste Barbara ihr das antun? fragte er sich.

»Können wir deshalb nicht zu dir gehen – weil jemand anders da ist?«

»Mäuschen, ich hab' dir doch …«

»Mich würd's nämlich nicht stören«, sagte sie und griff inbrünstig mit beiden Händen nach der seinen. »Ich wäre ganz lieb zu ihr, und ich würd's Mami nicht sagen. Ehrlich, großes Ehrenwort.«

Er blieb stehen. »Bitte«, begann er, verzweifelt ob der Unmöglichkeit der Situation, »hör zu. Ich wohne mit niemandem zusammen.«

»Tust du doch«, sagte sie und er sah die Tränen. »Du willst mich bloß nicht dort haben! Du traust mir nicht!« Und noch bevor er etwas sagen konnte, lief sie auch schon den Weg hinauf Richtung Zoo. »Du magst mich nicht!«, rief sie und legte an Tempo zu.

In diesem Augenblick brüllte ein Löwe, und als er den endlosen Weg hinter ihr her zu laufen begann, rief er: »Alice! Alice! Warte doch!« Während er seine eigenen Tränen zurückhielt, überlegte er, wie es wohl wäre, von so einem Tier zerfleischt zu werden.

18

Aprils Tagebuch: 10. Febr.

Absolut wunderbarer Tag im Zoo. Skizzen von den Tieren gemacht. Kohlestift. Völlig weg von den Tigern! Was für eine elegante Kraft. Und so, so total in sich gekehrt. Denen ist es völlig egal, was vor ihrem Käfig passiert. Sie sind so was von *cool*, anders kann man es nicht nennen. Und das Baby! Zum Knuddeln! Am liebsten hätte ich es mit nach Hause genommen. Ich habe drei rasche Studien gemacht, wie es an einem Riesenbatzen rohem Fleisch zerrt. Der alte Hornburger an der Königlichen Akademie hier in

Stockholm wird stolz auf mich sein. Er findet mich sexy, meint aber, ich hätte kein Talent. Wenn er sich mal von meinem Busen losreißen und sich zur Abwechslung mal meine Arbeiten ansehen würde, könnte er noch was lernen. Was soll ich mit meinen Möpsen anstellen? Sie mit Panzerband flach kleben? Ich meine, sie könnten mich als Künstlerin ruinieren.

Bei den Löwenkäfigen ein wunderschönes kleines Mädchen mit ihrem Vater gesehen. Sie weinte. Das arme süße kleine Ding. Was ihr wohl so zugesetzt hat? Ihr Vater machte auch einen ziemlich unglücklichen Eindruck.

Grusliger Zwischenfall: ein merkwürdiger kleiner Mann, der Ballons und Popcorn verkaufte – und seine Nase! Heilige Maria Mutter Gottes! Sie hätte aus Antwerpen im 15. Jahrhundert sein können! Na wie auch immer, dieses Geschöpf schlurft auf mich zu und flüstert mir ins Ohr, ob ich an »geheimen Nüssen« interessiert sei.

»Was soll das denn sein?«, fragte ich ihn.

»Die Sorte Nüsse, die du in deinen Träumen isst, Süße.«

Igitt! Ich hätte die Polizei rufen sollen.

11. Febr.

Erinnerst du dich noch an den schüchtern hübschen Jungen, von dem ich dir erzählt habe? Der, der immer Blumen malt, selbst wenn das Modell ein leckeres nacktes Mädchen ist. Der muss ja vielleicht Probleme haben (oder seine Augen sind nicht ganz dicht). Na jedenfalls, ich habe ihn endlich zum Essen in mein Atelier gekriegt. Unter dem Vorwand, ich bräuchte Hilfe mit meinen Blumenarrangements. Er willigte ein, aber erst nachdem er mich hoch und heilig schwören ließ, dass ich mal mit zu seiner Großmutter komme, um mir seine Sammlung schwedisches Krakeleeporzellan anzusehen – was immer zum Geier das sein soll.

Wenn ich je eine Verführungsszene gesehen habe! Ich

musste praktisch bei null anfangen und mich buchstäblich auf die Hinterbeine stellen.

»Mm«, sagte ich, »ist der frische Dill nicht superb!«

»Oh ja!«, sagte er und stürzte sich auf den Salat. »Meine Großmutter …«

»Damit machen sie auch die herrlichen Essiggürkchen. Ich sterbe für Essiggürkchen.«

»Zur richtigen Zeit, natürlich.«

»Genau. Was macht denn dein Gürkchen, Sven?«

»Mein Gürkchen?« Er sondierte seinen Teller. »Ich hab' doch gar keines.«

Ich kicherte. »Ach was, natürlich hast du eins. Und ein ordentlich Großes obendrein, da kenn' ich mich aus.«

Jetzt war er wirklich verwirrt. »Aber ich sag' dir doch, April, ich habe kein Gürkchen auf dem Teller.«

»Bist du sicher. Auch nicht auf einem der Stühle?«

Er blickte erschrocken nach den Stühlen, und stand sogar auf, um auf seinem eigenen nachzusehen. »Nein«, sagte er. »Kein einziges Gürkchen zu sehen.«

Du siehst, was ich meine? Ich musste echt ackern. Aber ich gab nicht auf. (Seine Augen waren so unverschämt schön. Wie die eines Luchses im Dschungel. Ich konnte es kaum aushalten.) Als wir bei der Nachspeise angelangt waren (Kirscheis, übrigens) versuchte ich es sozusagen mit einem verzweifelten Endspurt.

»Dir steht ein Dessert à la Hollywood bevor, Sven.«

»Ist ja toll!«, sagte er. »Du meinst mit Cowboys?«

»So könnte man sagen.« Ich setzte mich breitbeinig auf seinen Schoß. »Genau wie im Kino«, sagte ich und rutschte ziemlich unzweideutig auf ihm herum. »Die Pilgerväter aßen ihr Eis immer so. Häppchenweise.« (Ich sollte wohl hinzufügen, dass ich eine ganz, ganz enge Baumwollhose trug, so dass seine Phantasie nicht allzu viel leisten musste.) »Also, du fütterst mich, und ich füttere dich.«

»Oh ja«, sagte er und schob mir ein Häppchen in den

Mund. »Ich glaube, ich habe das in einem John-Wayne-Film gesehen. Wirklich interessant, diese Pilgerväter.«

Ich rutschte mit dem Hintern herum, direkt über seinem schwedischen Stahl. Nur dass der nicht gehärtet war! Spinn ich? »Magst du auch so gern reife Kirschen?«, sagte ich und steckte ihm eine in den Mund.

»Obst ist furchtbar gesund«, meinte er schmatzend.

Um der Gemütlichkeit willen setzte ich mich noch mal zurecht. »Vor allem pralles, reifes Obst, erinnert an Mädchen, findest du nicht?«

Er nickte. »Genau. Wir haben im Biologieunterricht gelernt, dass gerade die weibliche Kirsche alle Vitamine enthält.« Er schob mir einen Löffel voller Früchte in den Mund.

»So eine Schulbildung zahlt sich wirklich aus. Wann hast du denn das letzte Mal so eine weibliche Kirsche gegessen, Sven Baby?«

Er guckte mich verwirrt an. »Eine weibliche Kirsche, meinst du? Warte mal … ah ja! Im Garten meiner Großmutter, letzten Herbst.«

Guter Gott! Kein Wunder, dass Ingrid Bergmann den Ithaker geheiratet hat! Aber wie du ja weißt, liebes Tagebuch, ich bin keine, die gleich das Handtuch wirft, wenn's mal nicht so glatt läuft. Ich meine, die haben das Alte Testament nicht umsonst über uns geschrieben.

»Hör mal, Sven«, sagte ich ein Weilchen später (bei einer schwedischen Zigarre übrigens, worauf viele Schwedinnen der besseren Schichten stehen), »die Luftfeuchtigkeit hier bei euch in Stockholm ist wirklich schrecklich. Ich mach's mir 'n bisschen bequemer und lege meine lästigen Sachen ab, ja?«

»Da hast du nur allzu Recht«, sagte er und nickte mit seinem göttlichen, zotteligen Kopf. »Den Körper zu ersticken, ist nicht gesund.«

»Wie schön, dass wir da einer Meinung sind, Schätzchen«, murmelte ich und gab ihm einen freundschaftlichen Klaps auf die Backe. »Das ist wirklich ein Thema, das ich gern mal ausführlicher diskutieren würde.«

Er nickte nur und zeigte mir sein schönstes nordisches Lächeln. Du weißt schon, bei dem man Sibelius zu hören meint? Na, jedenfalls wurde ich von Minute zu Minute schärfer. Du weißt, wenn einen was fickrig macht, dann ist das der Frust.

»Wenn's dir nichts ausmacht, Liebster, zieh ich mich gleich hier aus, okay?«

Er nickte wieder. »Nur zu. Wir Schweden halten nichts von falscher Zurückhaltung.«

»Guter Junge. Ich denke, damit haben wir alles, was es zu einem guten Fußballmatch braucht.«

Also zog ich mich einfach aus. Und mir war zu diesem Zeitpunkt wirklich bitter ernst damit. Der Augenblick der Wahrheit war nah. (Ich meine, Herrgott noch mal, es sind schon Jungs die Wände hochgegangen, wenn ich bloß die Bluse aufzuknöpfen begann!) Nun, ich brauche dir ja nicht eigens zu sagen, was ich darunter anhatte: den wunderbaren zitronengelben Slip mit den schwarzen Spitzensäumen, dazu den passenden BH mit den Löchern für die Nippel. Dabei ist noch jeder ausgeflippt. In der Hälfte unserer Bundesstaaten in Amerika würden sie einen einsperren, wenn man so was nur erwähnt!

»Mm«, sagte ich und reckte mich vor ihm. »Da fühlt man sich doch gleich viel freier.«

»Hier in Schweden erlauben wir der Haut zu atmen«, informierte er mich, ohne auch nur mit der Wimper zu zucken.

Mamma Mia! Ich schwöre! Ich glaube nicht, dass sich sein Ding auch nur gerührt hat. Ehrlich, dem hätte längst der Schaum vor dem Mund stehen sollen. Hatte ich ausgerechnet eine schwedische Schwuchtel erwischt? fragte ich mich. Ich kam zu dem Schluss, dass ich einfach zu subtil gewesen war. Ein gewisser kultureller Unterschied war schließlich nicht von der Hand zu weisen.

»Na, Sven, findest du meine Sachen hübsch?« fragte ich und baute mich direkt vor ihm auf. Praktisch vor seiner Nase. Hätte er mir die Zunge rausgestreckt, sie wär' mir hinten rausgekommen, so nah war ich. Ich war kurz davor, loszukeuchen, um ehrlich zu sein. Ich hatte das Gefühl, mir müssten jeden Augenblick die Brustwarzen explodieren und die Nationalhymne pfeifen!

»Und wie«, sagte er. (Er hörte sich etwas gedämpft an, weil er durch mein Höschen sprach. Wenn du weißt, was ich meine.) »Mein Cousin Haldeman ist übrigens Modedesigner.«

»Was du nicht sagst?« Ich beugte mich vor und hielt ihm mein nicht unerhebliches Milchzeug vor die Augen. »Ist der BH nicht raffiniert? Ich meine, mit den Löchern und so, damit die Nippel zu sehen sind?«

»Total«, sagte er. Seine Nase berührte meinen rechten Nippel. »Besonders der handgenähte Saum. Ihr Amerikaner seid uns in Sachen Originalität um Längen voraus.«

»Da kann ich dir nicht widersprechen, mein Knuddelbär, du. Nicht die Bohne.« Ich schob ihm meine Titten ins Gesicht. Der letzte Typ hat dabei geschrien. Natürlich war der aus New Hampshire, was das teilweise erklärt. Ich tat, als würde ich das Gleichgewicht verlieren – *»Oops!«* –, und griff ihm in den Schritt, um nicht zu fallen. Nun, dreimal darfst du raten, liebstes Tagebuch, worauf ich dort stieß? Einen ellenlangen Ständer? Einen Kurzwellensender? Denkste! Sein Ding war völlig ungerührt – wie Bonnie Prince Charlie am Tag, an dem er den Hosenbandorden bekam.

Jetzt reichte es aber! Ich beschloss, zum Angriff überzugehen. Zum Teufel mit der schwedischen Moral!

»Sag mal, Sven«, sagte ich und zog mir das Höschen zurecht (es war ja auch etwas eng und obendrein zu klein),

»hast du gewusst, dass ich in der französischen Freistilringerriege bin?«

»Was du nicht sagst«, sagte er mit einem Blick in die weißen Täler meiner Schenkel. »Wie reizend.«

»Nicht wahr. Erst neulich haben wir ein paar ganz tolle Griffe gelernt. Komm mit ins Schlafzimmer, und ich zeige sie dir.«

»Prima!«, rief er aus. »Fitness! Davon bin ich ein Fan, wie man bei euch sagen würde.«

»Gut«, sagte ich und nahm ihn bei der Hand. »Dann hab' ich da das Richtige für dich. Das würde sogar einen Yogi verrückt machen. Ha, ha!«

»Ha, ha!«

»Von mir ganz zu schweigen.«

»Ha, ha!«

Am liebsten hätte ich ihm in die Eier getreten! Aber ich war nun mal entschlossen, das über die Bühne zu bringen. Ich meine, meine gesamte Ehre als Frau stand auf dem Spiel. Alles klar? Im Schlafzimmer angekommen, wandte ich mich ihm zu und sagte: »Erst musst du dich auch ausziehen, Sven, Baby. Mit Kleidern funktionieren die Griffe nicht.«

»Oh ja«, meinte er, »das verstehe ich voll und ganz.«

Tja, ich dachte, ich drehe durch, als er schließlich nackt vor mir stand: Sein Körper war ein absoluter Mittsommernachtstraum. Ein Muskel neben dem anderen. Nicht ein Grämmchen Fett an dem Kerl, ich schwör's. Und sein Schwengel! Liebes Tagebuch, ich weiß, du denkst, ich übertreibe wieder mal, wenn ich sage, es war der Eiffelturm, nur auf den Kopf gedreht. Aber es ist die Wahrheit. Die Schweden könnten daraus eine Touristenattraktion machen und Millionen kassieren. Nein, ehrlich.

»Du bist ja wie geschaffen fürs Freistilringen, Sven«, sagte ich und hatte meine liebe Mühe, nicht einfach zu schreien. Bei mir unten war natürlich die Hölle los. »Deine Großeltern müssen Gesundheitsapostel gewesen sein.«

Aus seinem Lächeln sprachen fünf Generationen Bescheidenheit. »Ein einwandfreier Lebenswandel und Schneebäder reichen völlig aus.«

»Ein todsicheres Erfolgsrezept«, bekam ich gerade noch heraus. Mit übermenschlicher Anstrengung riss ich mich von seinem Meisterstück los. »So, ich schlüpf nur noch rasch aus meinen Sachen, dann legen wir los.« Gerade dass ich sie nicht zerriss, meine Sachen, und dann stand ich da, in all meiner oft gepriesenen Glorie. Hat er auch nur Farbe bekommen? Habe ich auch nur ein Schlucken gehört? Nicht die Bohne! Nicht mein Sven. »Okay«, sagte ich mit brechender Stimme, »dann mal zum ersten Griff – äh, Trick, meine ich. Man nennt das die beidhändige Kalbsfessel mit halber Drehung.« Ich beugte mich vor und schnappte mit den Zähnen nach seinem Ding. »Und es gibt ihn mit Fritten oder ohne!«, nuschelte ich, bevor ich ihn zu verschlingen begann. Ich schaffte wenigstens die Hälfte mit dem ersten wilden Versuch.

Tja, liebstes Tagebuch, ich kann dir sagen, als sein Eiffelturm aufzustehen begann, hätte er mich um ein Haar mit hochgehoben. Ich klammerte mich an seine Schenkel und lutschte drauflos. Einige Minuten später nahm ich den Kopf zurück, guckte zu ihm hoch und sagte: »Ziemlich guter Trick, findest du nicht?«

»Sehr interessant«, sagte er und blickte seinerseits auf mich herab. »Wirklich sehr interessant. Gibt es einen französischen Freistiltrick, den ich lernen könnte?«

»Allerdings«, sagte ich und sprang auf (ich stieß mir den Kopf an seinem Liebesknochen und sah einen Augenblick Sterne). »Das möchte ich meinen, Sven, Baby. Ist schließlich eine Sportart für zwei. Ich zeig' dir den zweilagigen Furchtriller. Ist natürlich nur eine freie Übersetzung, wie du sicher verstehst. Im Original kommt der Ausdruck aus der Gegend von Toulouse, ich meine, er ist Dialekt. Also, ich lege mich auf den Rücken, so, ja? Ziehe die Beine etwas an und nehme sie auseinander. Und natürlich greife ich nach hinten und halte mich am Bettrahmen fest, damit ich nicht davonschwebe, was schon mal vorkommen kann, wenn man nicht aufpasst. So, jetzt legst du dich her, dein Gesicht zwischen meine Beine, genau so. So, und jetzt lass mal deine Zunge sehen. Braver Junge. Eine schöne lange Zunge ist genau das Richtige für diesen Trick. Jetzt nimmst du mit beiden Händen meine Brüste. Mm. So ist's gut. Schau doch mal, ob du die Nippel mit Daumen und Zeigefinger zu fassen kriegst. Genau so. Ich denke, es kann losgehen. Hast du's bequem da unten? Gut. So, jetzt ist deine schöne lange spitze Zunge dran. Du stellst dir vor, du wärst ein Maulwurf, der sich durch drei Meter Kirscheis zu graben hat. Fang am besten mit der kleinen Kirsche an, die ein bisschen wie ein Blütenstempel aussieht. So ist's brav. Genau!«

Liebes, liebes Tagebuch. Als es mir schließlich kam, hätte ich mir fast den Arm gebrochen, mit dem ich mich am Bettrahmen festhielt. Was für ein Glück, dass mein Atelier ziemlich abseits liegt, meine Schreie hätten nämlich Tote geweckt. Ich bin nicht sicher, aber ich glaube fast, ich habe kurz das Bewusstsein verloren.

»Hab ich's richtig gemacht?«, fragte Sven und setzte sich auf.

»Absolut, Baby«, sagte ich verträumt. »Teil zwei ist das Dauerstoßen. Steck nur einfach alles, was du hast, da rein, wo du grade die Zunge hattest, und stoß kräftig zu.«

Wie ein Nordlicht zuckte ein verständnisvolles Leuchten über sein reizendes Gesicht. »Den Trick kenne ich! Bei uns hier in Schweden nennt man das ficken.«

»Na, ich werd' nicht mehr!«, sagte ich.

»Doch, ehrlich.«

»Dann nichts wie los!«

Was er denn auch tat. Und wie-*auuuh!*

Die Sache ist die, liebes Tagebuch, die Schweden, die nun

mal viel freizügiger und gesünder sind als die Amerikaner, haben's einfach nicht gern so indirekt. Die verstehen Indirektheit noch nicht einmal! Bei denen kommt alles vom Herzen. So sind die nun mal.

14. Febr:

War mit Sven beim Radrennen. (Entschuldige, liebstes aller Tagebücher, dass ich gestern nicht mit dir geplaudert habe, aber Sven und ich waren gestern den ganzen Tag im Bett, die schwedische Nationalhymne üben.) Die Schweden hegen fürs Radrennen etwa dieselbe Begeisterung wie wir für den Raubüberfall. Ich meine, die gehen das an, als wären sie nicht ganz richtig im Kopf. Ich persönlich fand's eher langweilig. Außer den Beinen von den Radfahrern, die einfach unglaublich sind, so was von kräftig (Kokosnüsse könnten die mit den Schenkeln knacken wie Eierschalen, aber ich bin keine Masochistin, was sollte ich also von einem solchen Vergleich haben? Du verstehst?), und dann ein paar Massenkarambolagen, wo es wenigstens ein bisschen Blut zu sehen gab.

Ein anderer merkwürdiger Zwischenfall: Während ich durch das Stadium irrte, auf der Suche nach dem Damenklo, kam ein freundlicher Asiat auf mich zu und gratulierte mir zu der guten Arbeit, die ich für die Sache des Volkes, wie er sich ausdrückte, in Vietnam geleistet hätte. Wie bitte? Ich sagte ihm, ich sei nie in Vietnam gewesen. Was er lustig zu finden schien, der liebe Mann.

»Ah ja«, sagte er mit einem breiten Lächeln, »ich verstehe Ihren Wunsch, inkognito zu bleiben. Ganz wie es sich für eine Agentin gehört. Aber bitte, nehmen Sie meinen herzlichen Dank entgegen, im Namen der gesamten Nationalen Befreiungsfront.«

Also was soll man davon halten? Ich meine, er hat mich nicht anzumachen versucht, so viel steht fest, weil er danach einfach wieder in der Menge verschwand. Aber was soll's, ich nehme an, so was passiert in Stockholm jeden Tag. Nur, woher wusste er, dass ich April Katz heiße? Als er sich verabschiedete, hat er nämlich meinen Namen gesagt.

16. Feb:

Mami hat ihre Diät wieder aufgenommen, Joghurt und Weizenkeime, nur weil ich erwähnt habe, wie gut ihr das Smörgåsbord hier bekommt. Und noch was … sie hat sich richtig in die Sozialarbeit gestürzt, ich vermute mal, um 2000 Jahre Schuld loszuwerden. Ihr Lieblingsprojekt ist – ab sofort, versteht sich – die Einrichtung eines Skilagers für unterprivilegierte Jungs aus Palästina. Also ehrlich! Kannst du dir einen Juden auf Skiern vorstellen?

Papi beschäftigt sich in jüngster Zeit ausgerechnet mit seinem Stammbaum. Er will unbedingt beweisen, dass er ein direkter Nachkomme von einem Grafen Dag von Kahtzenbog ist, der im 17. Jahrhundert in Südschweden eine große Nummer gewesen sein muss. So eine Art Bohemien und Bänkelsänger – von der großen Nummer mal abgesehen.

»Ich werd' mir das nicht länger bieten lassen«, schimpfte Papi. »Mich einen Juden zu nennen!« Sogar einen schwedischen Akzent hat er sich zugelegt!

Jedem das Seine, kann ich dazu nur sagen. In dem Augenblick, in dem man diese Welt zu ernst nimmt, ist man verratzt.

18. Febr:

Ist das nicht zum Lachen: »›Liturgische Künste! Entwürfe für eine Kapelle auf dem Mond.‹ Das Ganze ist natürlich rein hypothetisch«, sagte Maurice Lavanoux, der Chef vom Dienst, »obwohl ich mit Leuten von der NASA gesprochen habe, und die meinten, völlig abwegig sei das auch wieder nicht.«

Ich frage mich, wann die Töchter der Amerikanischen

Revolution ihren Mondflug antreten. Es ist wirklich zum Schießen, ein Amerikaner zu sein. Und wo wir schon dabei sind, wie fühlt man sich denn so als amerikanisches Tagebuch? Jetzt mal ganz ehrlich, würdest du nicht lieber einem richtigen Exoten gehören? Einem chinesischen Filmstar vielleicht?

20. Febr.:

Wieder ein komischer Zwischenfall: War gestern Abend mit Sven auf einer Hippiefete – ich sag' dir, wenn die Schweden feiern, dann bleibt kein Stein auf dem anderen! –, und irgendwann, während die Combo an der Bar saß und sich die kollektive Kehle begoss, erspähte ich einen schönen Mann mit traurigen Augen und langen schwarzen Koteletten. Er stand allein in einer Ecke mit einem Schnapsglas voll Aquavit. Als ich ihn beobachtete, überkam mich ein ganz merkwürdiges Gefühl. Als wäre die Zeit zusammengebrochen, ich weiß auch nicht, als wäre ich dort im Raum, aber gleichzeitig auch noch woanders, und zwar vor ganz langer Zeit. Ich hatte das Gefühl, ihn zu kennen, dass wir irgendwo, irgendwann mal was miteinander gemacht hätten, oder vielleicht auch nicht in der Vergangenheit, weil, wie ich grade gesagt habe, weil die normale, lineare Zeit – gestern, heute, morgen – völlig durcheinander geraten zu sein schien, jedenfalls in meinem Kopf. Ich fühlte mich von ihm angezogen. Als schwebte ich in der Luft.

»Kennen wir uns nicht?«, fragte ich ihn.

Er lächelte auf eine liebe, traurige Art und sagte dann mit einer Art französischem Akzent: »So gern ich jetzt sagen würde, natürlich, muss ich ganz ehrlich sagen, nein, ich glaube nicht."

Ich war beunruhigt und nervös. »Sind Sie sicher?«, hakte ich nach.

»Ziemlich. Es wäre mir unmöglich, eine so schöne Frau wie Sie zu vergessen.«

»Aber ich weiß einfach, wir haben uns schon mal gesehen ... wir sind zusammen gewesen. Ich bekomme nur das Bild nicht so ganz scharf.«

»Wie schmeichelhaft von Ihnen. Aber ...« Damit schüttelte er den Kopf.

»Wie heißen Sie denn?«

»Jorge«, sagte er. »Graf Jorge Fragonda.«

»Gott, Sie kommen mir so bekannt vor. Graf Jorge Fragonda ... Sind Sie Franzose oder Spanier?«

»Spanier. Aus Burgos, einer Stadt nördlich von Madrid.«

»Was machen Sie denn?«

Er lachte zurückhaltend. (Ein ausgesprochen aristokratisches zurückhaltendes Lachen. Nicht etwa ein albernes Kichern, wie man es bei den unteren Schichten hört.) »Oh, alles mögliche. Dinge, die Sie wahrscheinlich entsetzen würden.«

»Aber nein!«, rief ich. »Sagen Sie's mir doch, bitte. Ich bin niemand, der so leicht zu entsetzen wäre.«

In diesem Augenblick stöberte Sven mich auf und drängte mich, trotz meiner Proteste, mit ihm zu tanzen. So ein blöder Idiot! Als ich ein paar Minuten später wiederkam, war Jorge verschwunden. Ich habe die ganze Party nach ihm abgesucht, aber er war nirgendwo, buchstäblich, nirgendwo mehr zu finden.

22. Febr.:

Franklin Delano Roosevelt ist wieder zum Präsidenten gewählt worden. Er ist reich, er sieht gut aus, und wenn man den Zeitungen glauben darf, verkleidet er sich nicht als Navajo wie die anderen Präsidentenspießer. Ich würde das als gutes Zeichen sehen, du nicht? Vielleicht wird unser Land ein Flecken Erde, auf dem ein intelligenter Mensch leben möchte. Wenigstens für ein paar Monate im Jahr. Ich meine, Herrgott noch mal, Hotdog-Reklame im Grand Canyon und Bingo in der Kirche. So was von *ordinär.*

In der Malerei mache ich Riesenfortschritte. Ich werde so verdammt gut, dass es fast schon peinlich ist. (Da du nun mal stockblind bist, liebes Tagebuch, musst du eben mein Wort dafür nehmen. In Ordnung? Okay.) Professor Hornburger, fürchte ich, verfällt langsam. Er trinkt jetzt auch bei der Arbeit und geistert praktisch nur noch herum. Irgendwas muss in seinem Privatleben vorgehen, nehme ich an. Er kümmert sich kaum noch um die anderen Studenten. Die meiste Zeit sitzt er neben mir (mit einer Flasche schwedischen Dynamits) und schwätzt völlig (jedenfalls künstlerisch gesehen) irrelevantes Zeug. Hier einige Beispiele:

»Sagen Sie, Miss Katz, machen Sie auch diese amerikanischen Brustübungen?«

»Brustübungen? Wozu? Wie finden Sie das Blau hier, Professor?«

»Dann machen Sie doch wohl spezielle Rückenübungen, oder? Um einen derart aufrechten, um nicht zu sagen aggressiven Busen zu bekommen. Oder, Miss Katz?«

»Ich bin so geboren. Mache ich das richtig hier, mit dem Rot?«

»Also, ich weiß einfach, dass ich Recht habe, wenn ich sage, Sie müssen doch ein Geheimrezept haben, bei diesen schon abnormal phantastischen Kurven und der Fülle Ihres Hinterquartiers. Das werden Sie doch zugeben, meine Liebe, oder?«

»Ich gebe gar nichts zu, Professor Hornburger. Das ist alles in Ihrem Kopf. Ich trage hier zu viel Farbe auf, oder?«

»Sie erinnern mich an ein Mädchen in Oslo (schluck, schluck). Wir haben im Bett Halva gegessen. Sie hatte die unglaublichsten Zähne. Sehr sauber, wie kleine Reißzähne, genau wie ihre. Putzen Sie Ihre reizenden Zähnchen oft, Miss Katz, Darling?

»Wie jede andere anständige saubere Person, putze ich sie vor dem Schlafengehen. Na so was, der Pinsel ist zu weich. Muss wohl falscher Zobel sein.«

»Ja, hübsche weiße Fänge, wie die von Hilda. Hören Sie, würden Sie einem alten Mann einen Gefallen tun, Miss Katz? Helfen Sie ihm, seine Vergangenheit zurückzuerobern. Beißen Sie mich in den Hals. Hier. Nur ein kleines bisschen, ja. Bitte?«

»Hören Sie auf, sich wie ein alter Dummkopf zu benehmen! Denken Sie an Ihre Studenten, *bitte!* Und wischen Sie sich die Augen aus, um Himmels willen!«

»Gehen wir das Problem doch mal auf andere Weise an, Miss Katz. Können Sie sich nicht – sagen wir mal, für fünfeinhalb Minuten – vorstellen, dass ich Clark Gable bin?«

»Nein, Professor, das kann ich beim besten Willen nicht. Noch nicht mal für anderthalb Minuten. Tut mir Leid. Jetzt das Gesicht ... Finden Sie nicht auch, es sieht aus wie von Poussin?«

»Wen interessiert schon Poussin! *Pussi* – ich möchte mit Ihnen über Pussi reden!«

Armer alter Trottel. Und ich hatte gehofft, er würde mir bei meinem Wandgemälde helfen – Leif Ericsons Entdeckung von Massachusetts. Was soll's. Das Leben ist nicht einfach, daran kann man nichts ändern.

23. Febr.:

War heute mit Sven auf dem Rummel. (Wir kommen ständig auf interessante, nicht ganz alltägliche Sachen, die wir zusammen unternehmen können.) Junge, Junge! Was für komische Vögel diese Schausteller doch sind! Ein schwarzer Riese – mehr blau als schwarz – mit einem buckligen Zwerg auf der Schulter. Und dann diese merkwürdige kurzhaarige Blondine mit dem größten Hund, den ich je gesehen habe. Wie ein Shetland Pony. Wahnsinn. Ich würde dem Ding nur ungern im Dunkeln in der Dusche begegnen. Wie auch immer, die Blondine hatte eine tolle Gedankenlesenummer mit ihrem Hund. Das Tier war eine Art Medium für sie. Der Hund stellte sich vor einen der Zuschauer, beschnüffelte ihn, starrte ihn an, wie Tiere das so an sich haben, und die blonde Frau sagte einem, was die betreffende Person dachte – Gedanken, die ihr Gedanken lesender Hund ihr übertrug. Hast du schon mal so was gehört? Natürlich musste es ein Trick sein. Die Leute, die der Hund beschnüffelte, gehörten zweifelsohne zu ihrer Gang. Selbst die rothaarige Dame, die schreiend hinausrannte, nachdem Madam Freda (so hieß die Blonde) einige ihrer Erlebnisse erzählte, die die Rothaarige als Sozialarbeiterin in New York gehabt hatte. Natürlich hat das dumme Publikum sich von der Nummer einseifen lassen, alle außer mir. Man braucht sich das doch nur logisch zu überlegen: Wenn man derartige Zauberkräfte besitzt, was macht man dann auf einem Rummelplatz in Stockholm, kannst du mir das sagen? (Es sei denn, die haben etwas anderes im Schilde, was man auf den ersten Blick nicht sieht. Aber wer will schon über so unheimliches Zeug spekulieren? Ich armes kleines Häschen jedenfalls nicht.)

26. Febr.:

Erinnerst du dich noch an den tückischen kleinen Lumpenkerl, der mir die geheimen Nüsse verkaufen wollte? Na, rate mal, wo ich den heute Morgen gesehen habe? Er saß vor meiner Wohnung auf der Treppe! Und weißt du, was er mir gesagt hat?

»Sah aus wie ein nettes Plätzchen für einen Traum«, sagte er, »also habe ich mich hergesetzt und bin auf der Stelle eingeschlafen..«

Wie bitte?

»Es schickt sich nicht, auf anderer Leute Treppe zu schlafen«, sagte ich ihm.

"Woher wollen Sie das wissen. Haben Sie's mal versucht.«

»Nein, aber ... igitt!« Ich nahm meine Flasche Ziegenmilch und ging wieder rauf. Was sich manche Leute so erlauben!

28. Febr.:

Extrablatt! Extrablatt! Mama ist einer Nudistenkolonie beigetreten! Nein, Baby, ich würde dich doch nicht auf den Arm nehmen. Meine alte Dame, die sich bis zu ihrem siebenunddreißigsten Lebensjahr im Dunkeln anzog, läuft in aller Öffentlichkeit nackt herum! Sie hat in einem Magazin – *Sonnengott*, wenn du's wissen willst – gelesen, dass die Farben in der Kleidung den Körper langsam vergiften. Also fährt sie jeden Morgen nach Kaffee und Bagel hinaus in die Kolonie, Gluckholdt Woods (G. war offensichtlich der Vater der schwedischen Nackten), reißt sich die Kleider vom Leib und spaziert im Evaskostüm herum. Unvorstellbar!

»Ich komme mir vor wie eine Fünfzehnjährige«, sagte sie mir. »Nicht nur, dass mein Körper kribbelt und glüht, auch meine ganze geistige Einstellung hat sich um dreihundert Prozent gebessert. Um die Wahrheit zu sagen, April, Schatz, ich komme mir vor wie ein neuer Mensch. Wie neugeboren, sagt man wohl, wie neugeboren.«

»Ich verstehe«, sagte ich, und konnte mich gut beherrschen. »Aber schämst du dich nicht? Ich meine, wenn du so rumläufst, dass dich jeder sehen kann.«

»Wir sind alle natürlich, wie die Bäume«, sagte sie. »Und Bäume schämen sich nicht voreinander, oder?«

»Da ist wohl was dran, Mama.«

»Glaub mir, April, Liebstes, man lernt die Menschen viel besser kennen, wenn Sie nichts anhaben.«

»Und das mehr als im üblichen Sinn, da möchte ich wetten.«

»Keine Täuschung, kein falscher Stolz. Alles ganz und gar menschlich.«

»Mm. Hört sich jedenfalls besser an als andersrum. Und nebenbei kriegst du auch noch all die ultraviolette Strahlung ab.«

»Genau. Die hätte ich fast vergessen. Absolute Lebensspender.«

Das gute alte Mädchen; süchtig, anders kann man das nicht nennen. Ist aber allemal besser, als tagein, tagaus mit der schwedischen Sektion von B'nai B'rith rumzuhängen. Ich meine, die hatten sie so weit gebracht, noch im Wetterbericht antisemitische Parolen zu sehen.

2. März:

Das große Thema – oder wenigstens eines der großen Themen (neben den gegenwärtigen Schlagern Sex, Langeweile und Freidenkertum) – sind die Deutschen. Ob sie ganz Europa übernehmen und in ein großes Reich bierseliger Aufmärsche verwandeln werden. Horden von Nazis sind in der Stadt. Sie sehen furchtbar gut aus, aber die meisten von ihnen sind Tunten. Jammerschade. Ihre Körper versprechen nämlich viel Spaß. Eines würde mich ja interessieren: warum sie ständig feucht um den Mund sind und warum sie ständig lächeln? Was zum Teufel ist so komisch? Lächeln sie, weil sie die Menschheit derart hassen?

Papi ist dieser Tage ziemlich nervös. Er ist davon überzeugt, dass die Deutschen über kurz oder lang alle Juden umbringen werden. Umso fleißiger beschäftigt er sich mit seiner fixen Idee, er sei ein schwedischer Aristokrat. Ich sehe immer wieder in den Spiegel, um herauszufinden, ob mich irgendetwas als Jüdin verraten könnte, habe aber bislang nichts gefunden. Ich könnte genauso gut Miss Aquavit sein. Außerdem habe ich bei mir unten nachgeguckt, aber nichts scheint mir auf eine Jüdin zu deuten, und auch Sven hat bisher nichts gesagt. Mir kommt da ein komischer Gedanke: Ob die Nazis nicht vielleicht besondere Detektoren im Schwanz haben, die ausschlagen, wenn sie in einer Jüdin stecken? Was für eine Methode, Juden aufzuspüren! Oh, oder vielleicht schmecken jüdische Frauen anders. Ich muss das mal mit Sven diskutieren. Er hat immer so witzige Ausdrücke dafür: die Pfanne auslecken oder Seezunge machen. Ich muss dir das ja wohl nicht näher erklären, liebes Tagebuch, oder? Alles, was ich sage, ist, dass er der beste Tiefseetaucher ist, den ich je gekannt habe (und ich habe eine ganze Menge gekannt). Seit wir zwei unsere ganz unglaublich tollen Sitzungen für Geist und Körper haben, besucht Sven seine Großmutter nicht mehr. Ohne dass ich auch nur ein Wort gesagt hätte.

4. März:

Gestern Abend war ich eine ganze Weile wie besessen von Papi; ich lag nach dem Essen (Rindfleisch süßsauer mit winzigen Nudeln) im Wohnzimmer und blätterte in einem Magazin, ohne mich so recht zu konzentrieren … und ließ so meine Gedanken laufen, während Papi auf der anderen Seite am großen Fenster stand und sich den Sonnenuntergang ansah. Er muss furchtbar angestrengt nachgedacht haben, weil es gar nicht lange dauerte, da kamen seine Schwingungen oder was immer das sein mochte bis zu mir herüber und mischten sich mit meinen. Ich bemerkte es in dem Augenblick, in dem ich mir eine Anzeige für eine neue Gesichtscreme für helle Haut ansah. Gerade hatte ich noch daran gedacht, sie mir vielleicht mal zu kaufen, ganz beiläufig, wie man eben am späten Nachmittag an so etwas denkt, und noch bevor ich mir auch nur vorstellen konnte, mir damit das Gesicht einzucremen (das heißt, mir ein Bild von mir vor dem Spiegel in meinem Zimmer auszudenken, während ich gleichzeitig ein Bild von mir hatte, wie ich in einem Magazin blättere – was mich eigentlich schon in zwei verschiedene Personen aufgeteilt hätte, verstehst du?), na jedenfalls, noch bevor ich an die Creme denken konnte, dachte ich an Wilcox, einen Jungen in Princeton, der mir erklärte, warum ich nicht die geringste Chance hatte, dass Sigma Phi – die Verbindung – mich in ihren Dinerclub aufnehmen würde.

»Du scheinst nicht verstehen zu wollen, Katz«, sagte Wilcox gerade. »Es ist nichts Persönliches. Es ist nur einfach so, dass die Mitglieder Juden für Termiten im Gebälk des Christentums halten.«

»Ach, komm schon, Wilcox«, sage ich, »das ist ja wohl ein schlechter Scherz.« Er schüttelte den Kopf, setzte seinen Krug an und trank einen Schluck Bier. »Ganz und gar nicht, Katz, alter Knabe. Die Jungs fürchten, dass unser Lebensstil sich in null Komma nichts in Luft auflösen würde, wenn sie dich oder überhaupt einen Juden aufnähmen, dass wir über kurz oder lang eure kleinen Käppchen auf hätten und einen fetten Arsch.« Er rülpste. »Sie fürchten den totalen Verfall, Katz.«

»Aber das ist doch albern«, sagte ich.

»Da bin ich mir gar nicht so sicher. Ihr Juden seid nun mal furchtbar clevere Leutchen, und euer Judentum geht euch über alles.«

»Das stimmt doch gar nicht«, sagte ich. »Wir wollen nur einfach nicht verschwinden, Wilcox. Das hat mit Eitelkeit oder ethnischem Kolonialismus, wie ihr das nennt, überhaupt nichts zu tun.«

Aber ich wusste, da war ich nicht ganz ehrlich mit ihm. Ich kenne nicht einen Juden, mich selbst eingeschlossen, der sich nicht vom Käppel bis zu den Hühneraugen für was Besseres gehalten hätte als der Rest der Welt – die weit besser dran wäre, wenn zur Abwechslung mal alle Juden wären. Erst dann herrschte wahres Verständnis, wahre Brüderlichkeit. Es gäbe keine Konflikte zwischen irgendwelchen Gruppen, keinen Klassenkampf. Wir hätten alle dieselben Gewohnheiten, und niemandem würde auch nur die kleinste Spitzfindigkeit entgehen wie jetzt, wo eben nicht alle Juden sind. Und was da jetzt passiert! Die Deutschen, diese Schweineschnauzen fressenden Ungeheuer, werden uns umbringen. Alle außer mich. Mich kriegen die nicht. Ich mag ja als Jude aufgewachsen sein, aber das war ein Versehen. Ich treibe meinen schwedischen Ahnherrn schon noch auf, und wenn es das Letzte ist, was ich in meinem Leben mache. Verdammt, diese April ist doch ein hübsches Ding! Ob sie wohl mal einen anschleppt, der auch tatsächlich was kann? Wäre schön, einen Schwiegersohn zu haben, mit dem ich reden könnte. Einen, der auch noch was anderes im Kopf hat als Klamotten und sie ins Bett zu kriegen. Das Kind hat aber auch schon die strammste Bluse, die ich mein Lebtag gesehen habe. Erinnert mich an ihre Mutter in gewissen Augenblicken von früher. Dieses gewisse rassige Etwas, das sich nicht mit dem Schmetterlingsnetz fangen lässt, so sehr man es auch versucht. Der alten Dame habe ich es heute Morgen im Halbschlaf besorgt. Ob das bei den Nudisten wohl so gang und gäbe ist? Muss ja hart sein für die Männer dort.

Da stand ich nun, und stritt mit einem belgischen Polizisten. »Sie können einen Amerikaner nicht so einfach rumschubsen«, sagte ich ihm. »Die Schuld liegt doch eindeutig ...«

»... bei Ihnen. Sie sind falsch abgebogen. Hier haben Sie Ihren Strafzettel. Und jetzt halten Sie den Mund und gehen, Herr Amerikaner.«

Joe Louis hätte ihm aufs Maul gehauen. Mann, war das eine Augenweide, als der es Schmeling, dem deutschen Bastard, besorgt hat. Mit einem Schlag hat er ihm das Rückgrat gebrochen. Ich wollte, ich hätte so einen Schlag. Als harter Knochen gehen die Leute doch gleich ganz anders mit einem um. Hallo, Joe. Klasse Kampf! Ich war direkt am Ring und hab' dir die Daumen gedrückt, Mann. Tut gut, so ein Handschlag von dieser schönen schwarzen Hand. Und kräftig ist sie auch, darauf möchte ich wetten. Was für ein Kerl. Da sind wir nun auf diesem schmuddligen Schiff, ich, meine Eltern, mein Großvater Benya, der pausenlos auf Jiddisch vor sich hinbrabbelt. Es stank nach Scheiße und ungewaschenen Füßen. Meine Mutter war ständig am Heulen. Vater ging auf und ab, damit seine Beine kräftig blieben. Jetzt ist er im Altenheim Mount Hebron in Milwaukee.

Seine Leibspeise war Kascha mit Hühnerbrühe. Ich habe ihm versprochen, dass er jeden Tag einen Teller bekommt. Bella ist im Bett viel aufgeschlossener, seit sie da draußen nackt rumläuft. Sie mag's jetzt schon morgens vor dem Aufstehen. Sie ist dann wie ein kleines Mädchen. Noch im Halbschlaf, und ihre Stimme ist ganz weich, als würde sie träumen. Papi! flüstert sie, wenn es ihr kommt. Papi! Ich frage mich, ob sie sich danach überhaupt noch dran erinnert. Wir sprechen ja nicht darüber. Noch nicht mal beim Duschen durfte ich ihr zusehen. Das hat sie von ihrer Mutter. Wer wohl dieser Sven ist, von dem April ständig erzählt? Gibt es ihn überhaupt? Oder ist das nur so eine Phantasie von ihr? Wenn es ihn wirklich gibt, warum bringt sie ihn nicht mal zum Essen mit oder so was?

Das Mädchen kann einem ja auch faustdicke Lügen erzählen, wenn ihr danach ist. Wie damals in Rom, als sie gesagt hat, sie geht auf die Musikschule, bis wir dahintergekommen sind, dass sie sich mit diesem verkommenen Marquis abgab, der arglose Touristen mit gefälschten Meisterwerken aufs Kreuz gelegt hat. Junge, Junge, das war ja vielleicht ein Geniestreich, als ich und Moranda den Mehlmarkt aufgekauft haben! In der ganzen Gegend kam nicht eine einzige Nudel in den Topf, wenn die unseren Preis nicht bezahlten. Das Geheimnis bei Geschäften ist das Tempo. Zuschlagen wie der Blitz, während die anderen alle schlafen. Was soll daran falsch sein? Im Geschäftsleben ist alles erlaubt. Deswegen ist es ja so stimulierend. Das fordert den angeborenen Tiger im Mann. Und Mussolini? Ich meine, was wollte der denn überhaupt? Die armen Ithaker, so kommen die doch nicht voran. Rom wieder zum alten Glanz zurückführen, das will er doch wohl, oder? Juden den Löwen zum Fraß vorwerfen und was weiß ich. Mein Gott, Signora Bevelaqua, was für eine wundervolle Séance! Die Frau verstand ihr Geschäft. Und diese Augen. Augen mit fernen Stimmen im Glanz. Als ich mich mit der ägyptischen Prinzessin aus der Zeit Tutenchamuns unterhalten durfte, das war schon phantastisch, wenn auch ein bisschen zum Fürchten. Man stelle sich das vor: Millionen und Abermillionen von Stimmen und Präsenzen im All, seit Anbeginn aller Zeiten. Die alle nur auf ein gutes Medium wie Signora Bevelaqua warten, um zu einem durchzukommen, und einen davon zu überzeugen, dass man unsterblich ist und schon von Anfang an zu den verschiedensten Zeiten und unter den verschiedensten Identitäten gelebt hat. Einfach überwältigend, anders kann man das nicht sagen. Das menschliche Bewusstsein ist ewig und unergründlich. So jedenfalls meinte die Signora, und, hol mich der Teufel, ich glaube ihr. Fragt sich natürlich, warum mir dann all der Kleinkram hier so zusetzt. Vielleicht ist mein Glaube an mich selbst nicht stark genug. Wir sind alle Opfer der Alltagswelt, dieser Welt voll kleinlicher Illusionen und wenig Rückgrat. Das stinkt doch zum Himmel. Wie's scheint, war ich ein Busenfreund des mächtigen Cheops. Ich war Inspektor für die innere Entwicklung. So jedenfalls, glaube ich, hat die Prinzessin gesagt. Angeblich haben wir endlos über die Domestizierung des Nilflamingos als Schlachtgeflügel diskutiert.

»Ihr Brustfleisch schmeckt wie das Abendlicht«, schwärmte er.

»In der Tat, oh mächtigster aller Herrscher«, sagte ich. »Das Wasser läuft einem zusammen beim Gedanken an die Freuden der Natur.«

»Ich sehe schon Tausende von Segeln aus ihren weichen rosa Federn gewoben.«

»Wenn die Barbaren unsere rosa Flotte sehen, sinken sie vor Angst und Schrecken auf die Knie.«

»Verschwenden wir nicht einen Tag länger, Inspektor! Hauch er dem Projekt Leben ein!«

»Eure erhabene Majestät, auf demütigen Füßen bahne ich meinen Weg durch die vielköpfige Brut.«

Die samtene Nilnacht war die Seele aller Menschen vereint in atmender Unendlichkeit.

Menschenskind! Schau sich einer die Kalesche da unten an! Das muss der schwedische König sein. Mein Lebtag habe ich noch keine so großen Pferde gesehen. Und so weiß. Ein reines kräftiges Weiß. So eines müsste man mal im Arm haben. Oh. So was möchte ich einmal in mir haben. So viel kräftiges Weiß. »Hey, April! Schau dir das an! Komm her, schnell!«

19

Was schreist du denn so? Ich bin doch nicht blind. Na schön. Geht das also wieder los.

Wo soll's denn diesmal sein? An einem Ort von raffinierter Kompromisslosigkeit, so viel steht fest. Sagen wir mal, auf einer Wiese wintrigen Marzipans im Zentrum von Tiflis. Und was mache ich da? Oh! Hör doch auf zu schnauben! Ich mache den Streikbrecher bei einem nichtexistenten Streik, und der Teufel soll mich holen, wenn er nicht wieder auftaucht (mit Pilzmelone und was weiß ich), diese Landplage mit zwei Brennpunkten, diese Fleisch gewordene Antwort auf die Toilettenspülung … Ohh! Er respektiert noch nicht mal die Anspannung künftiger …

»Da wären wir wieder.« Es war mehr als eine Bemerkung. »Von den Lastern anderer zusammengeführt.«

»Wie kommt es nur«, begann ich (meine territoriale Schande führte zu einem völlig überspannten Stil), »dass das Unsägliche unseres Augenblicks Blume sein muss?«

Natürlich stellt man so eine Frage nicht aus der Annahme landläufiger Dialektik heraus, und die Erwartung einer Antwort hätte niemanden gefordert außer wieder mich selbst.

»Der Bauer dort«, sagte er mit einem Zwinkern in Richtung unserer schlimmsten Ängste, »verrichtet seine Notdurft in der Naschhaftigkeit der Zukunft.«

Ich hob schon zur Wiedergutmachung an, als mir klar wurde, dass ich nicht Mitglied der Gilde war. (Die Genese gruppenübergreifender Bescheidenheit gestaltet sich nun einmal so und nicht anders; die Art von Erhellung, die man später von den allzu üppig Ausgestatteten als billige Noblesse oblige abgetan sieht. Aber andererseits ...) »Sammelst wieder Fragmente der Verlegenheit, was?« Ich konnte mit einiger Sicherheit davon ausgehen, er würde mich wegen meines britischen Akzentes, der traditionell solche Seitenhiebe begleitet, nicht gleich kupieren.

»Ich werde darauf erst eingehen, wenn dein Sinn für Schicklichkeit eine gewisse männliche Reife erreicht.« Er tätschelte mich dort, wo ich es erwartet hatte. »Inzwischen ...« Er gab einen jener wildsamtenen Laute von sich, die ihn immer wieder von der Pflanzenwelt unterscheiden. »... haben wir unsere Arbeit zu erledigen.«

Es scherte ihn nicht im Geringsten, dass gerade mal einen Metzenwurf von uns sich in hundert Jahren eine schreckliche politische Katastrophe zusammenbrauen würde.

Er blickte mir ins verschlagenere meiner Augen (Soll ich mir einen realisierbaren Kontext verweigern lassen, nur weil mein Paps sich im Zimmer des Hausmädchens verlustiert hat?) und begann: »Zum Aufwärmen ein paar zahnlose Definitionen ganz elementarer Art.«

»Meine späten Einsichten gehören mir ganz allein«, sagte ich, »mein Weitblick dagegen ist mein Geschenk an die Gemeinschaft. Sprich nur.«

Eine Art Krampf befiel seine Präsenz, was bei mir folgende Beobachtung auslöste: Zur Selbsterniedrigung gehören immer zwei.

»Noch so ein perfider Tropus«, warnte er mich, »und kein geringerer als de Sade wird dir deine Schleimsuppe einflößen.« Lautlos akzeptierte er meine Entschuldigung. »Also dann. Definition Numero eins: Saumseligkeit.«

»Ein totes Pferd, das sich noch immer nach der Peitsche sehnt.«

»Unaufrichtigkeit.«

»Ein Ballon am Nachmittagshimmel.«

»Einsamkeit.«

»Ein im Schlaf hingesprochener Gruß.«

»Erfüllung.«

»Die Fähigkeit Schmerz zu ertragen, ohne ihn mitteilen zu müssen.«

»Freundschaft.«

»Ein Ast, der das Gewicht einer Nachtigall zu tragen vermag.«

»Hm«, verströmte er. »Wie ich sehe, hast du dich nicht umsonst gekratzt.«

Natürlich musste ich darauf etwas sagen, und das mit haargenau dem richtigen Quäntchen falscher Bescheidenheit. »Was soll's, ein Drittel der Nation ist arbeitslos.« Aber hat er mich gehört?

»Essenz.«

»Was bleibt, nachdem man die Hände hochgeworfen hat.«

Er räusperte sich, und siebenhundert politische Gefangene in Madrid bekamen eine Extraration Wasser. »Gar nicht so erbärmlich, wie ich zugeben muss.« Er nestelte an seinem Bauch, aber allein auf Anraten seines Arztes, da dürfen Sie sicher sein. »Leise Äußerungen von den umstehenden Lakaien.«

»Ich habe nie behauptet, dass wir alleine seien, und die Aufzeichnungen werden mir Recht geben, falls nötig.« Jetzt senkte ich die Stimme. »Diese armen Leute haben nicht weniger Recht auf ihre Endlichkeit als wir auf unsere Entfremdung.«

Er maß meinen Senf, und ich bin mir nie so billig vorgekommen wie in dem Augenblick. Aber andererseits … Oh, tut mir leid. Seine Stimme war klaftertief in meinem Ohr, als er sagte: »Du bist der Typ, der sich immer an nichts ahnenden Orten versteckt und Dinge flüstert, die keine Geheimnisse sind.«

Ich frage Sie – sollte ich mich von der inhärenten Kraft einer solchen Aussage einlullen lassen? Ist es wirklich immer nötig, sich ins Unausweichliche zu fügen? Nehmen wir zum Beispiel Budapest während der …

»Ich bin am Verhungern«, gestand mein unentwirrbar mit mir verbundener Ankläger ohne auch nur einen Hauch symbolischer Zweideutigkeit. »Meinst du, der Laden hier ist berühmt für seine Pilzomeletts?«

Ich legte den Arm um die ganze Geschichte seiner angedeuteten Schultern und versicherte ihm (obwohl ich hier klarstellen möchte, dass ich absolut kein speichelleckender Anhänger von Raum-Zeit-Konzepten bin), dass dem nicht so sei.

»Verdammt aber auch!«, rief er (ohne der Heiterkeit meiner eigenen Züge Abbruch zu tun). »Dann gehen wir doch in die verstohlene kleine Trattoria in der Nähe des Brunnens und genehmigen uns zwei Nierchen in Sherry und ein, zwei Teller unverzagten Endivien.«

Muss ich betonen, dass wir beide eine Geschichte der Bilder etablierten, als wir (unter anderem) Arm in Arm durch die gesammelte Langeweile der umliegenden Felder in die erst kürzlich entdeckte Wirtschaft zogen? Postkarten unserer kindlich unschuldigen Reise schmücken praktisch jeden religiösen Haushalt im westlichen Europa. Generationen unfruchtbarer Ehefrauen trinken auf unsere entfesselten Hintern und schlagen dann ihre Gatten ins impotente Gesicht. Ich könnte fort fahren, aber womöglich gibt es hier nichts weiter zu enthüllen als das, was Sie am wenigsten erwartet haben.

Mein Freund – dieses Stück Mulch vom Boden eines

Urwalds, das überlebt hat, um uns seine Version der Geschichte zu erzählen – verwirrte mehr als nur die Schwerkraft, als er sich nach hinten beugte, um einen Fenchelsamen ins Gesicht des logischen Positivismus zu spucken, und teilte mir seine Beobachtung mit (nichts, was ich über Tischmanieren wusste, könnte eine solche Geste erklären, und es schien mir auch nicht so, als stünde sie in den Gebräuchen des Gastlandes ganz obenan. Aber …
»Lügen.«

»Wo?« (Noch heute singt mir das Ohr von Anfang, Mitte und Ende seiner augenblicklichen physischen Reaktion.)

»Nenn mir den wahren Grund für die Moral des Lügens?«

»Wenn ich mit dem Gorgonzola hier fertig bin …«

»Ist das Lügen im Grunde seines Wesens nicht etwas Heiliges? Etwas frei zu erfinden, ist mit einiger Wahrscheinlichkeit der erste kreative Akt des vorgeschichtlichen Menschen – billige Lügen besudeln die Heiligkeit dieses Akts, der in Wirklichkeit eine Form der Magie ist (oder als solche gilt).«

»So weit«, antwortete ich und lutschte an meinen Zähnen, »hätte ich keine Einwände.«

»Was wir bräuchten, ist eine Wissenschaft dessen, *was* geschieht – wenn wir mal davon ausgehen, dass die Ästhetik die Wissenschaft dessen ist, was nach allgemeiner Übereinkunft *nicht* geschieht.«

Ich gönnte mir einen Stumpen, und er schien sich nicht dran zu stören. Er hatte seine eigenen Laster. »Appellierst du an mein Erinnerungsvermögen?« Clever, eh?

Er fuhr fort (und ich könnte schwören, dass er meinen Zigarrenrauch nicht ausstieß). »Kann man es so sagen: Jegliche Kommunikation ist ein Arrangement oder die Interpräsenz, die entsteht, wenn zwei oder mehr Leute sich darauf einigen, eine Lüge oder eine Hoffnung bezüglich der Natur dessen zu teilen, was sie gerade tun?«

Der Kellner, ein reformierter Drückeberger, der offensichtlich andere Gebiete zu erobern hatte als dieses, brachte uns das Obst, bevor er den Drang dazu völlig verlor. Aber seine Engstirnigkeit soll mich hier nicht stören.

»Ich sehe bislang keine Möglichkeit, deine These zu widerlegen«, ließ ich meinen Freund wissen, und warum auch nicht? Geheimnisse hatten zwischen unseren Abgründen keine Chance.

»Ist Verrat nicht eigentlich ein Verstoß gegen den Vertrag des Nicht-Geschehens – und der Schock ob der Leere, die einen dabei überfällt (wobei die Leere das Private ist oder das geheime Selbst, das die Übereinkunft auf die vermittelnde Lüge auf immer hatte schützen sollen)? Wer sollen wir sein? Das ist doch die erste Frage, die es zwischen zwei Menschen zu vermitteln gilt. Die nächste: Wohin sollen wir gehen? In welches Abenteuer, in welche Lüge? Die Rückkehr ist freilich etwas ganz anderes. Ich verspreche, nichts zu tun, was unsere Reise ruinieren könnte, sagen sie beide.«

Ich schob ihm eine Apfelspalte zu, ohne dafür irgendwelche Dankbarkeit zu erwarten. Aus folgendem Grund: Wir saßen nicht unfreiwillig beisammen; es fehlte also die Panik, sich durch Höflichkeiten zu verbünden, verstehen Sie? »Was du da sagst, ist bereits in meinen Lebensstrom gesickert.«

Er entschied sich für die nächstbeste Alternative, zum Schlucken des zerkauten Apfels und fuhr dann sorgsam, fast schon wirklich (er hielt, mit anderen Worten, auf ganz wunderbare Weise ungeheure Kräfte in Schach, was nun wahrlich nur ein ausgesprochen tumbes Publikum bei seiner deliriösen Empathie außer Acht lassen kann) fort: »Man kann den künstlerischen Schaffensakt als gelebtes und damit nutzloses System von Lügen verstehen, will sagen, von Lügen, die ihren Zweck fürs Erste erfüllt haben.« Er machte eine ausladende Geste mit seinen Patschhändchen, die keinem etwas hätten tun können (aber die natürlich gerade deshalb nicht zu übersehen waren). »Man muss weiterlügen.«

Ich bin mir ziemlich sicher, es war nur gut, dass er nicht öffentlich redete, denn ein Publikum hätte nahezu jede seiner Aussagen entsprechend seiner eigenen, all zu menschlich unterdrückten Bedürfnissen verdrehen können. Ich falle hier durchaus nicht aus der Rolle, wenn ich sage (weigere mich jedoch, das bis in die letzten Einzelheiten zu diskutieren), dass er in etwa zu diesem Zeitpunkt – zwischen Cognac und der Dämmerung der Zivilisation – durchblicken ließ, er habe in der Vergangenheit (na, das möchte man wohl annehmen; wenn nicht, dann zum Teufel damit) mehr als nur einige Augenblicke unübertroffener Entschlossenheit und Klarheit gekannt.

Ich würde sagen, wir belassen es dabei. Er hatte was zu tun, und ich hatte (ohne jemandem zu nahe treten zu wollen) noch was im Ärmel. Ich setzte ihn in den 2 Uhr 24 nach Wladiwostock, wo man ihm – wenn meine Berechnungen stimmen – eine Anstellung in einem Streichelzoo versprochen hat. »Man blickt im Zweifelsfalle immer wieder auf seine erfolgreichen Lügen zurück«, erklärte er und blies auf seine Finger, als der Zug aus dem Bahnhof zu sickern begann. »Ich könnte auch von Ausschlachten sprechen. Etwas anderes ist unsere Geschichte nicht.«

»Bestünde die Möglichkeit, herauszufinden, wer der Urlügner ist?«, rief ich seinem verschwindenden Klecks hinterher.

Er kicherte (ohne Bosheit? Na, was soll's.) »Genauigkeit ist immer eine Ausflucht!«, brüllte er leise, wie ich es beschreiben würde. Und ich muss gestehen, dass seine schwimmende Maxime mich bislang nicht im Stich gelassen hat.

Brüllte er … Ich frage Sie, auf welche Art wissenschaftlicher Kameradschaft ich wohl hoffen könnte, würde ich stattdessen sagen: sein Körper strahlte die Worte aus?

Oh … hier ist noch was: Einem Lauern zufolge, das sich bei meinem (!) Gedächtnis einzuschmeicheln versucht, besteht die Möglichkeit, dass mein kleiner Freund (von wegen! Der Schreiber seiner eigenen Verkörperungen, würde es besser treffen) mir Folgendes gesagt hat: »Und was deine – *pah!* – Nase anbelangt … so ist sie eine durch allgemeinen Gebrauch korrumpierte Vision.«

Auf der anderen Seite, aufgrund bloßen Hörensagens brauchen wir das nun wirklich nicht zu akzeptieren.

20

Es war der letzte Tag vor den Leichtathletikmeisterschaften aller städtischen Sportplätze, und Zach Williams, zehn Jahre alt, war bereit. Den ganzen Sommer über hatte er Tag für Tag auf dem Sportplatz der Phelps Public School – gleich gegenüber von seinem Haus – trainiert. Er hatte eine bestimmte Zeit auf den Hochsprung verwandt, danach auf den Weitsprung und schließlich auf den Hundert-Meter-Lauf. Nicht lange und er hatte in diesen drei Disziplinen jeden in seiner Gewichtsklasse besiegt.

Überhaupt war Zach in der 35-Kilo-Klasse anerkanntermaßen der Champion aller Sportplätze im Bezirk Columbia Heights. Er hatte auf seinem heimatlichen Sportplatz sämtliche Medaillen gewonnen, die es nur gab, und bei den vier Stadtteiltreffen in diesem Sommer hatte er jeden Wettkampf gewonnen, bei dem er angetreten war. Die älteren Sportler in der Schule, die ihn trainierten, waren natürlich ungemein stolz auf ihn. Er war ihr Junge, wie sie immer wieder sagten. Der beste von den Sportlern an der Phelps war Johnny Cannon, der um die zwanzig sein mochte, und Zach konnte mit Stolz von sich sagen, der Einzige von den Kleinen zu sein, mit dem Cannon die technischen Aspekte der Leichtathletik besprach. Die anderen Jungs konnten Zach deswegen nicht leiden, aber das war ihm egal.

Eine Regel dieser Leichtathletikveranstaltungen war, dass jeder Junge nur in einer Disziplin antreten durfte. Zach hatte das immer gestunken, wo er nun mal in drei Disziplinen herausragend war. Um seine Talente so richtig entfalten zu können, trat er bei jeder Veranstaltung in einer anderen Disziplin an, die er dann auch immer gewann. Er war ein schlankes, explosiv sehniges Kerlchen mit einer für seine Größe schier unglaublichen Energie.

Er schlief nur unruhig in der Nacht vor den Stadtmeisterschaften, in der die Besten von allen Sportplätzen der Stadt gegeneinander antraten. Beim Frühstück, zu dem es nichts weiter gab als ein Glas Milch mit einem rohen Ei, sagte seine Mutter: »Wenn du nicht richtig isst, verhungerst du noch. Ich frag' mich wirklich, was los ist mit dir.«

Er hatte keine Lust, mit ihr die Einzelheiten seines Trainings zu diskutieren, also sagte er einfach: »Ich hab' keinen Hunger.« Aus Sicherheitsgründen schob er noch ein »Ich ess ordentlich zu Mittag« nach.

Mrs. Williams schüttelte den Kopf, murmelte etwas über kleine Jungs und ihre Macken und verschwand wieder in der Küche.

Es war jetzt zehn, das heißt, Zach musste noch eine Stunde rumkriegen, bevor es losging. Er ging in sein Zimmer, seine Sportsachen holen. Er war so aufgekratzt, dass er das Gefühl hatte, seine Nervosität müsste ihn jeden Augenblick verschlingen, aber er dachte an das, was seine Trainer ihm über die Bedeutung der Ruhe und seinen Energiehaushalt gesagt hatten, und so konzentrierte er sich mit aller Kraft darauf, seine Aufregung zu unterdrücken. Er ging langsam in seinem Zimmer auf und ab, wie ein Häftling in seiner Zelle, guckte ganz beiläufig an die Decke, auf den Boden, aufs Bett und was immer es sonst noch zu sehen gab. Er sagte sich immer wieder, wie ruhig, wie locker, wie sicher er sich seiner selbst war. Er probierte verschiedene Gesichtsausdrücke aus – Langweile, Sorglosigkeit, ja, um sich in die richtige Stimmung zu bringen, gähnte er gar.

Dann holte er seine Sportsachen aus der kleinen Kommode: rote Stutzen, Sweatshirt, Trikot und ein dickes Handtuch. Das Trikot war seiner Ansicht nach das schönste auf der ganzen Welt: Es hatte diagonale Streifen auf der Brust, Trophäen vergangener Triumphe, rot, weiß und blau. Er hatte berühmte Leichtathleten mit diesen Streifen gesehen und seine Mutter überredet, sie ihm auf das Trikot aufzunähen. Schließlich nahm er noch zwei Zitronen heraus. An denen würde er während des Wettbewerbs lutschen, anstatt sich den Bauch voll zu stopfen, wie das viele von den anderen Jungs in ihrer Dummheit machten, da war er sich sicher; ganz zu schweigen von all dem Wasser, das ihnen im Bauch herumschwappte. Er gab alles zusammen in einen kleinen Matchbeutel, durchquerte rasch die Wohnung in der Hoffnung, seine Mutter würde ihn nicht aufhalten, und versuchte, ruhig zu bleiben.

Er war immer noch ziemlich ruhig, als er auf den Sportplatz kam. Die anderen Jungs, die an den Wettbewerben teilnahmen, hatten sich unter »dem Baum« versammelt, dem einzigen, den es auf dem Sportplatz gab. Unter die Sportler hatten sich eine ganze Reihe Jungs gemischt, die selbst nicht teilnahmen und nur so zum Spaß dabei waren. Sie waren besonders laut und trieben allerhand Unfug. Die Jungs, die bald in einer der Disziplinen antreten würden, saßen größtenteils im Schneidersitz auf dem Boden und machten bei dem Unfug nicht mit. Es war ein strahlender Tag und furchtbar heiß, und der große Sportplatz, auf dem es normalerweise hoch herging, war jetzt verlassen und still.

Zach sah sich um, bis er Johnny Cannon erspähte, der ein bisschen abseits vom Haufen mit einigen der älteren Jungs beisammen saß. Er ging zu ihm hinüber und setzte sich.

Cannon, ein hübscher blonder Kerl, klopfte Zach auf die Schulter und sage: »Hi, Champ. Holst du uns heute 'ne Medaille?«

»Klar doch«, sagte Zach und er lachte dabei, um den älteren Jungs, deren Augen jetzt auf ihm ruhten, zu zeigen, dass er das alles nicht so ernst nahm. Er mochte die älteren Jungs, und er wollte nicht, dass sie ihn für großspurig hielten. Cannon klopfte ihm wieder auf die Schulter und wandte sich dann wieder seinen Freunden zu. Zach verhielt sich still und hörte zu. Sich zu entspannen, fiel ihm jetzt leicht.

Ein Weilchen später kam Joe Gaines, der Platzwart, ein ehemaliger Football-Spieler, herüber und gab bekannt, es sei Zeit. Die Teilnehmer an den Meisterschaften sollten in drei Autos zum Stadion fahren. Die Fans nahmen den Bus. Zach verließ den Sportplatz mit Cannon und vier anderen Jungs. Joe Gaines fuhr ihren Wagen. Zach dachte an den Wettkampf. Er war ziemlich zuversichtlich, wie man es von guten Sportlern kennt, und in diesem Augenblick fand er es unfairer denn je, sich auf eine Disziplin beschränken zu müssen. Er konnte nicht verstehen, was so schlimm daran sein sollte, auf mehr als nur auf einem Gebiet gut zu sein, und warum man ihn das nicht unter Beweis stellen ließ. Dann fasste er einen Entschluss. Zum Teufel mit denen. Ich trag mich auf zweien ein, unter einem anderen Namen. Kein Mensch wird es merken, schließlich fanden die verschiedenen Wettkämpfe zu verschiedenen Zeiten in verschiedenen Ecken des Stadions statt.

Sie waren einige Minuten unterwegs gewesen, ohne dass jemand in der allgemeinen Nervosität etwas gesagt hatte, als Cannon sich zu Zach herüber lehnte und sagte: »Immer schön ruhig bleiben, hörst du?«

»Alles klar«, sagte Zach und lehnte sich in den Sitz zurück. Er freute sich über alle Maßen, dass Cannon, der große Läufer, ihm sagte, dass er ruhig bleiben solle.

Als sie sich am Stadion aus dem Auto drängten, hieß Joe Gaines sie alle stehen bleiben und legte zwei von den Jungs die Arme um die Schultern. »Also«, sagte er an die Gruppe gewandt, »ich möchte, dass ihr da drin euer Bestes gebt. Wenn ihr gewinnt, prima, wenn ihr verliert, dann seid nicht enttäuscht. Nehmt es einfach, wie's kommt, es ist nun wirklich nicht der letzte Wettkampf. Verstanden?«

Sie alle sagten ja, und dann gingen sie durchs Tor. Zach kam auf den Namen, den er benutzen würde: Billy Jordan. Unter dem Namen würde er sich beim Hochsprung anmelden.

Das Stadion war ein Meer sich bewegender Körper. Auf dem Platz liefen und gingen Jungs jeder Größe, jeden Alters herum, einige in Turnhosen, andere in lockerer Sommerkleidung. Hier und da standen kleine Tische, an denen die Schiedsrichter saßen, umringt von den Jungs, die sich für den jeweiligen Wettkampf anmelden wollten. Die Ränge des Stadions füllten sich mit Zuschauern von den Sportplätzen der ganzen Stadt. Jeder Sportplatz hatte seine eigene Sektion, über der ein großes farbiges Banner mit seinem Namen schwebte. Zach beschloss, sich für den Hundert-Meter-Lauf und den Hochsprung einzutragen, bevor er sich umzog. Er war nicht nervös, als er sich für den Lauf eintrug, aber nachdem er auf die andere Seite gegangen war, um zum Tisch für den Hochsprung zu gelangen, bekam er es mit der Angst. Sein Mund wurde ganz trocken und er fuhr sich immer wieder mit der Zunge über die Lippen. Es war niemand zu sehen, den er kannte, und einen Augenblick später stand er als Billy Jordan auf der Liste. Dann ging er sich umziehen.

Die Umkleide war voller lärmender, schwitzender, zerzauster Jungs. Jeder der Jungs, der sich umzog, war von zweien oder dreien seiner Freunde umringt, die ihn ermutigen und unterstützen wollten. Zach setzte sich zu einigen Jungs von einem anderen Sportplatz und zog sich aus.

Er konnte es kaum erwarten zu sehen, welche Wirkung sein schönes gestreiftes Trikot auf die Jungs um ihn hätte. Als er es angezogen hatte, ganz gemächlich und elegant, bekam er seine Belohnung. Die anderen Jungs starrten ihn an, als wäre er ein großartiger, beeindruckender Champion, der gekommen war, um sie in die Pfanne zu hauen. Einer der Jungs starrte Zach so gebannt an, dass er vergaß, sich die Shorts hochzuziehen. Zach ließ sich Zeit, auf den Platz hinauszugehen; und auf dem Weg entging ihm kein einziger Seitenblick auf ihn, auf seine stolze Haltung, auf die schönen Streifen auf seiner Brust.

Er fand einen Fleck auf dem Rasen etwas abseits der Masse, warf Handtuch und Sweatshirt hin und wartete darauf, seinen Namen für den Hundert-Meter-Lauf zu hören. Er machte sich keine allzu großen Sorgen, dass er sich für zwei Wettkämpfe eingetragen hatte. Jeder der Wettkämpfe hatte mehrere Durchgänge, es gab schließlich mehrere Klassen, und er wusste, er könnte an einem teilnehmen, sich ein paar Minuten ausruhen und dann rechtzeitig für den anderen fertig sein. Die Sonne war angenehm warm auf seinen nackten dünnen Armen und Beinen, und die Wärme half gegen den merkwürdigen Knoten in seinem Magen, der ebenso auf Nervosität und Aufregung zurückzuführen war wie auf seine Freude. Er biss in die Zitrone und saugte bedächtig daran.

Einige Minuten später hörte er seinen Namen aus dem Lautsprecher an der Aschenbahn. Er startete gleich im ersten Lauf. Im Vergleich zu Zach und seinen hübschen Streifen wirkten die anderen Jungs an der Startlinie schäbig, unprofessionell, geradezu absurd. Zach spürte, dass sie Angst vor ihm hatten. Der Starter rief den Jungs zu, ihre Plätze einzunehmen, und scheuchte die Zuschauer von der Bahn. Zach wählte bewusst die Außenspur; seine bloßen Füße fest in die Löcher gestemmt, wartete er auf den Schuss.

Der Starter, der direkt neben der Aschenbahn stand, hob

die schwarze Pistole und rief: »Auf die Plätze! Fertig!« Und schoss. Zach sprang aus der Hocke, als die Pistole losging, und im nächsten Augenblick raste er die Aschenbahn lang. An der Dreiviertelmarke war er seinem nächsten Verfolger so weit voraus, dass er kurz den Kopf wandte, um zu sehen, wo genau er im Verhältnis zu den anderen war. Er nahm das Zielband vier Meter vor dem Jungen hinter ihm.

Joe Gaines kam auf ihn zugelaufen, als er von der Aschenbahn ging. »Wunderbarer Lauf, Kleiner. Herrgott, was für ein Sieg!« Er gab ihm einen Klaps auf den Hintern. Zach, der schon befürchtete, dass Gaines ihn begleiten und hinter sein Geheimnis kommen könnte, bedankte sich rasch und eilte davon. Das erste Rennen hatte ihn gerade mal richtig aufgewärmt, und als er sich jetzt auf dem Boden ausstreckte, das Sweatshirt um die Schultern, die Zitrone im Mund, war er kaum außer Atem. Einige Minuten später stand er wieder auf, sah sich rasch um, ob ihn auch keiner beobachtete, und ging dann über den riesigen Sportplatz hinüber zur Hochsprunganlage. Hier war er der einzige Junge von seinem Sportplatz.

Der größte Teil der Jungs sprang mit dem linken Bein ab und hatte sich deshalb rechts vom Sprungständer angestellt. Zach, der mit dem rechten Bein absprang, stand mit drei anderen links. Der erste Durchgang begann mit der Latte auf einem Meter zwanzig. Zwei der Jungs von rechts hatten die Latte bereits geworfen, als Zach endlich sprang. Er schaffte die Höhe mit Leichtigkeit und einem kürzeren Anlauf als sonst; dann sanken seine Füße auch schon in die weiche kühle Erde der Grube. Schnell stand er auf, wischte sich ab und ging dann wieder hinüber, wo er seine Sachen liegengelassen hatte. Er legte sich hin. Der Beifall nach seinem Sprung interessierte ihn kaum. Ist doch ein Klacks, dachte er sich, als er so dalag, mit der Zitrone im Mund. Unbeeindruckt vom hysterischen Kreischen und Pfeifen auf den Rängen, wartete er darauf, seinen Namen für den zweiten Durchgang beim Hundert-Meter-Lauf zu hören. Einige Minuten darauf war es so weit.

Wieder nahm er die Außenbahn, und kaum war der Startschuss gefallen, schoss er ein weiteres Mal die Strecke hinauf. Er gewann auch diesen Durchgang, aber wie er bemerkte, folgte ein Junge mit braunem Gesicht und kurz geschorenen Haaren dicht hinterdrein. Nach diesem Lauf brauchte er die Rast auf dem Rasen schon etwas dringender als zuvor, und als er wieder über den großen Platz hinüber zum Sprungstand ging, war er nicht mehr so schnell. Der Zitronengeschmack in seinem Mund war zu intensiv, so dass er ein paar mal kräftig spuckte.

Etwa die Hälfte der Springer waren beim ersten Durchgang ausgeschieden, und Zach war jetzt der Einzige, der mit dem rechten Bein absprang. Es störte ihn, dass er als Einziger links vom Ständer gar so auffiel. Um so schnell wie möglich wieder wegzukommen, nahm er einen geradezu verzweifelt kurzen Anlauf. Er schaffte die Latte und landete in der weichen Erde, wo er einen Augenblick sitzen blieb; der weiche mehlige Lehmsand schmeichelte seiner Haut. Es gab in der ganzen Gruppe jetzt nur noch einen Konkurrenten, der Zach interessierte, und das war ein hoch aufgeschossener Junge in schwarzer Badehose, der den Anlauf fast gemächlich nahm und dann mühelos sprang. Zach sah noch zu, wie der Junge die Latte mit langsamer, selbstsicherer Anmut nahm, bevor er wieder ging.

Während er so im Gras lag, blieb Johnny Cannon auf dem Weg zu seiner eigenen Disziplin, für einen Augenblick bei ihm stehen. »Wie fühlst du dich denn, Champ?«, fragte er.

»Ziemlich gut.«

»Prima. Bleib liegen, bis es so weit ist. Lauf mir nicht rum wie die anderen da.«

»Okay. Alles klar.«

Cannon zwinkerte ihm zu und ging dann wieder.

Der dritte Lauf war der vorletzte. Zach spürte eine gewisse Müdigkeit in den Beinen, und als der Schuss knallte, kam er nur langsam weg. Auf halber Strecke war ihm der Junge mit dem dunklen Gesicht etwa einen Meter voraus. Zach gab, was er hatte, um den Jungen einzuholen, und den Rest der Strecke hatte er nur eines im Kopf, mit dem Jungen mitzuhalten; er dachte noch nicht mal mehr an den Sieg. Sie gingen gleichzeitig durchs Ziel.

Zach keuchte schwer, als er sich hinlegte. Die Zitrone genügte jetzt nicht mehr, um seinen Durst zu löschen, und schließlich ging er, wenn auch schweren Herzens, an den nächsten Wasserspender. Er schluckte einen halben Mundvoll, gurgelte mit dem Rest und spuckte ihn aus. Der Weg hinüber zur Sprunganlage dauerte jetzt etwas länger, und er wünschte sich mittlerweile, der Wettkampf wäre endlich vorbei.

Von den Hochspringern waren nur noch fünf übrig geblieben, darunter Zach und der hoch aufgeschossene Junge mit dem lockeren Stil. Zach schaffte die Latte diesmal nur um Haaresbreite und landete schwer in der Grube. Er blieb lange genug, um die anderen scheitern zu sehen. Nur der Lange kam über die Latte. Sie würden sich im nächsten Durchgang allein gegenüberstehen. Zach vergaß die schönen Streifen auf seiner Brust, als er sich den anderen Jungen näher betrachtete. Er wollte, der Kerl hätte nicht gar so lange Beine gehabt. Die Sonne schien ihm heißer denn je.

Beim letzten Lauf hatte der Junge mit dem dunklen Gesicht die Bahn neben ihm. Zach warf einen Blick hinüber, als sie beide verkrampft an der weißen Startlinie knieten. Er kam zu dem Schluss, dass er ihn hasste. Und nicht nur ihn, sondern überhaupt alle Jungs mit dunkler Haut auf der ganzen Welt. Beim Startschuss kam der Junge mit dem dunklen Gesicht schneller weg als Zach, dem die Beine wehtaten. Sie schienen ihm jetzt furchtbar schwer. Trotzdem rannte Zach verbissen, verzweifelt hinter ihm her.

Seine Beine schienen mechanisch stampfende Kolben; sie hatten nichts mit seinem übrigen Körper zu tun. Da der andere Junge frischer war, blieb er Zach bis zur Ziellinie um einen Meter voraus. Die Brust vorgereckt, die Arme beeindruckend weit ausgebreitet, warf er sich ins Zielband. Der Junge auf dem dritten Platz war Zach an der Ziellinie ziemlich nah.

Zach war zu erschöpft, um den Jungen mit dem braunen Gesicht so zu hassen, wie er ihn gern gehasst hätte, und zu müde, jedenfalls fürs Erste, um sich selber böse zu sein, weil er nicht gewonnen hatte. Einer der Offiziellen nahm Zach und den Jungen mit dem dunklen Gesicht bei den Armen und führte sie hinüber an einen kleinen Tisch, wo es die Medaillen gab.

»Ihr Jungs habt euch ein gutes, knappes Rennen geliefert«, sagte der Mann strahlend, aber Zach hörte ihm nicht zu. Er dachte nur an die Silbermedaille und an den Hochsprung, den er noch zu absolvieren hatte. Der andere Junge trug ein triumphierendes Lächeln zur Schau.

Sie erreichten den kleinen Tisch. Der Offizielle, der sie dorthin geführt hatte, wandte sich an den Mann hinter dem Tisch: »Hier hast du sie, Bob. Die Plätze eins, zwei und drei.«

Der Offizielle am Tisch lächelte und griff nach der Goldmedaille für den Sieger. »Glückwunsch, mein Sohn«, sagte er zu dem Jungen mit dem dunklen Gesicht. Er gab ihm die Medaille und drückte ihm die Hand. »Ich wünsch' dir noch viele weitere Siege.« Der Junge mit dem Siegerlächeln auf dem dunklen Gesicht sagte: »Danke, Mister. Vielen Dank.« Mit einem glücklichen Blick auf die Medaille trat er zurück und sah sich sofort von gratulierenden Freunden umringt.

Dann wandte der Offizielle sich an Zach. »Und die hier ist für dich, mein Junge. Tut mir Leid, dass du nicht gewonnen hast, aber vielleicht klappt's ja beim nächsten Mal.« Zach, der noch immer heftig atmete, nahm erschöpft die Medaille entgegen, dankte dem Mann und ging dann langsam zurück zu dem Fleck, wo er seine Sachen abgelegt hatte. Er wandte sich einen Augenblick nach dem dunkelhäutigen Sieger um, der mit seinen Freunden über den Platz schlenderte; seine Arbeit bei den Stadtmeisterschaften war getan. Dann spähte Zach über den Platz hinüber zur Sprunganlage, wo er in einigen Minuten gegen den anmutigen schlanken Jungen anzutreten hätte. Man würde die Latte mit jedem Sprung höher legen. Er stellte sich den Jungen vor, wie er mit Leichtigkeit über die Latte schwebte, während er selbst sich müde darauf zulaufen und dann alle Kraft in seinen schmerzenden Beinmuskeln zusammennehmen sah, um überhaupt hinüberzukommen. Entkräftet legte er sich auf sein Handtuch und betrachtete dann einen Augenblick teilnahmslos seine Silbermedaille. Dann schloss er die Augen; mit großer Anstrengung wischte er sich mit dem Sweatshirt den Schweiß vom Gesicht. Dann begann er sich für seine Niederlage zu verachten.

Einige Minuten später raffte er sich auf und machte sich auf den Weg zur Sprunganlage. Er hatte kaum ein paar Schritte getan, als ihn eine schreckliche Müdigkeit befiel; wie sinnlos das doch alles war. Plötzlich konnte er nicht mehr. Er drehte sich um und ging zurück zu seinem Rastplatz. Er schnappte sich Handtuch, Sweatshirt und Medaille und schleppte sich zurück in die Umkleide. Seine Selbstverachtung wurde von Schritt zu Schritt größer; er hatte verloren. Wut und Müdigkeit lasteten schwer auf ihm, und schließlich ließ er die Medaille fallen und begann sich die hübschen Bänder vom Hemd zu reißen. Aber sie waren so fest aufgenäht, dass er schließlich das ganze Hemd packte und zerriss.

»Ich werd' nie wieder bei so 'nem Dreckswettkampf mitmachen, solange ich lebe«, sagte er wütend. »Niemals!« Er war zu müde und zu verwirrt und viel zu zornig, um zu heulen, und seine Haut spannte zum ersten Mal in seinem Leben unter einem Sonnenbrand.

»Ophelia, Schatz«, sagte Neugerborn, »ich glaube, heut' Abend bist du mit Kochen dran.«

»Ja, ich weiß«, sagte sie. Sie wischte sich den Sand von den Füßen und schlüpfte wieder in die Sandalen. »Aber was ich nicht weiß, ist, wonach unserem kunterbunten Häuflein der Sinn steht.«

Ophelia durchquerte den großen Raum, um in den Küchenbereich zu gelangen. »Maddy und Jack mögen keinen Hackbraten. Du erinnerst dich, ja? Sie haben ihn das letzte Mal nicht mal angerührt.«

»Na wenn schon. Zum Teufel mit ihnen. Die haben doch immer was zu maulen. Wie sind die denn überhaupt dazu gekommen?«

Sie begann die Dosen auf dem Regal durchzugehen. »Ganz einfach. Uns fehlten noch zwei Leute für die Miete, nachdem die Hansens im letzten Augenblick gekniffen haben und lieber nach Europa gegangen sind. Maddy und Jack waren die Ersten, die auf unsere Annonce im *East Hampton Star* geantwortet haben.« Sie begann den großen Kühlschrank durchzugehen. »Damit war es auch schon passiert.«

»Zu blöd, dass ihr nicht noch gewartet habt und ein bisschen wählerischer gewesen seid«, sagte Neugerborn und nahm einen Schluck Wodka Lemon.

»Zu blöd, dass du nicht aufhören kannst, dir über Abgeschlossenes Gedanken zu machen. Wir mussten den Rest der 3000 Dollar Miete zusammenbekommen, und das schnell. Weißt du, was wir machen könnten? Lammkeulen mit Reis und Bohnen, dazu eine Riesenschüssel total verrückten Salat. Den du zubereiten darfst. Sagt dir das zu?«

»Ich träum' schon davon. Hört sich gut an. Vielleicht geb' ich statt dem Oregano etwas Pot ins Dressing.«

Lachend kam Ophelia zurück in den Wohnbereich. »Was für ein Schlingel du doch bist, Neugerborn. Ich wette, deine

Mutter hat keine Ahnung, was für einen schlimmen Jungen sie hat.«

Durch das Rauschen der Brandung und die stechende flache Sonne erschien das große Haus in den Dünen auf einmal exponiert. Hier käme die Natur an erster Stelle. Vor ihrem Panoramafenster schwebte seelenruhig ein Seemöwenpärchen vorbei.

»Sag's ihr aber bitte nicht«, sagte er. »Ich bin die letzte Illusion, die sie hat. Arbeitest du noch immer für den verrückten Forscher?«

»Und wie«, sagte sie. Sie drehte sich in dem Lehnsessel so, dass sie auf die Dünen hinaussah. »Er ist ja eigentlich ziemlich patent.« Sie lächelte Neugerborn an, ein ungezogenes, verschmitztes Lächeln. »Er wird uns ins 21. Jahrhundert führen.« Sie schwieg einen Augenblick. »Na, wie war das?«

Neugerborn lachte auf und schlug mehrmals auf die Armstütze des Sessels. »Einfach wunderbar! Wir sollten das beruflich machen! Ehrlich. Oh Gott!«

Ophelia kicherte. »Gelebte Storys aus dem *New Yorker*!«

»Die Küchenszene war ein Juwel, Baby. Der Blick über die Regale, in die Gefriertruhe und erst der Text: ›Dazu eine Riesenschüssel total verrückten Salat. Den du zubereiten darfst‹! Mal ehrlich ... Hast du das grade eben erfunden oder ist das aus einer Geschichte?«

»Ich hab's im Fernsehen gesehen«, sagte sie, »ein absolut perfektes lausiges kleines Fernsehspiel über ein verliebtes Paar bei einem Urlaub auf Fire Island. Aber natürlich habe ich dem Ganzen meinen eigenen Dreh gegeben.«

»Ein klassischer Augenblick, wenn die Kleine den Typ den Salat machen lässt. Herrgott, aber es ist doch auch wirklich unglaublich, wie die Leute tatsächlich zu der Scheiße werden, die sie lesen und sehen, findest du nicht?«

»Ich wette, unsere kleine Szene hier spielen im Augenblick achtzig Prozent der Sommerurlauber in Amagansett.«

»Keine Frage«, sagte er und nippte an seinem Glas, »und wenn die Schurken nicht grade Maddy und Jack heißen, dann eben Debbie und Mel.«

»Und Mel ist Marktforscher.«

»Ja! Und Deb ist Kinderbuchlektorin bei einem Verlag.«

»Und erzählt für ihr Leben gern, wie oft sie *Alice im Wunderland* gelesen hat.« Ophelia macht eine entsprechend affektierte Geste mit der Hand.

Es entstanden einige magische Augenblicke: Stille, als ihr Bewusstsein sich in den kulturellen Altwässern zu setzen beginnt, in denen sie gefangen waren; eine blitzende, von Sand durchsetzte Sonne; das Rollen schäumender Meereswellen; zwei verängstigte Möwenschreie ... so erlebten Ophelia und Neugerborn das Einswerden mit den unsteten weichen Dünen.

Schließlich beendete folgender Satz von ihm diesen zarten Aufschub der Zeit: »Gehen wir doch zum Abendessen zu Hordon's. Gönnen uns ein gutes Steak und verschrecken sie mit deiner schwarzen Haut.«

»Okay.«

»Und hinterher können wir über die alten Tage an der Sorbonne reden und ausgiebig vögeln.«

»Können wir nicht zuerst ausgiebig vögeln?«

»Tja, warum nicht? Aber was, wenn ich danach geistig so erschöpft bin, dass für eine Unterhaltung nichts mehr übrig ist?«

»Ein kalkuliertes Risiko.«

Später am Abend dann, sie waren mit Vögeln fertig (eine ziemlich befriedigende Szene, in jeder Hinsicht) und hatten noch mal kräftig über die Reaktion auf ihren Auftritt bei Hordon's gelacht (der Kellner hatte ihr Ente serviert statt Steak und dann auch noch zwei Desserts), da sagte Neugerborn (der auf dem Rücken lag, ein Bein über Ophelias Schenkel): »Warst du je im Blauen Eber, einem Bistro in der Rue du Bac?«

»Mhm. Der Chef war ein kleiner Algerier mit einem großen Muttermal am Kinn.«

»Genau. Er hieß Albert. Ungemein netter Typ.«

»Mhm. Und obendrein ein Polizeispitzel.«

Neugerborn regte sich. »Ach was?«

»Allerdings«, sagte Ophelia und fuhr mit einer Hand sein Bein entlang. »Und als Gegenleistung für seine vorzügliche Arbeit ließen sie ihn ungestört seinen Drogengeschäften nachgehen.«

»Drogen? Ich werd' nicht mehr. Er schien so, tja, gewöhnlich, und ... äh, harmlos.«

»Ich hab den kleinen Scheißer nicht einen Augenblick für harmlos gehalten. Für mich stank der vom ersten Augenblick an.«

Neugerborn streichelte einen ihrer Nippel. »Da hast du wahrscheinlich bessere Instinkte als ich.«

»Du meinst, weil ich schwarz bin?«

»Genau.«

»Und weil Schwarze nicht mit dem Verstand arbeiten, sondern mit ihrem tierischen Instinkt. Stimmt's?«

»Korrekt«, sagte er und umschiffte eine von Ophelias reichlichen Brüsten mit einer Hand.

»Andere benutzen ihre Körper.«

»Weiße die Körper von Schwarzen. Wieder ein Volltreffer.«

Ophelia sah dem Pulsieren der Schlagader an Neugerborns Knöchel zu. »Was hast du denn seinerzeit in Paris gemacht, Neugy?« Sie spürte den Schaum des Meeres angenehm auf der Haut.

»Was mir meine Mutter immer gesagt.«

»Und das wäre?«

»Lächeln, während du so tust als ob.«

Vor dem Glashaus schrien zwei Möwen einander über die Brandung hinweg zu.

»Und unter welchen Umständen musstest du das denn, Monsieur Haar-auf-der-Brust?«

»Ich hatte ein Guggenheim-Stipendium.«

Seine Hand blieb auf ihrem appetitlichen schwarzen Bauch liegen.

»Aha. Und welcher Art von Fälschung genau hast du dich unter der Schirmherrschaft der Kupferbarone schuldig gemacht?«

»Ein absoluter Hammer, die Wucht in Tüten: das geheime Liebesleben Benjamin Franklins während seiner Zeit als amerikanischer Botschafter in Paris. Wie es aus den ziemlich freizügigen Briefen eines elsässischen Zimmermädchens hervorgeht. Briefe, die ich – wie sollte es anders sein? – selbst ausgegraben habe.«

Ein Laut des Entzückens sprang Ophelia aus der Kehle. »Klasse, wirklich klasse. Hast du die Arbeit je zu Ende gebracht?«

»Natürlich nicht. Ich habe meine ganze Zeit darauf verwandt, mir die Szene an der Rive Gauche zu geben.«

»Zu geben? Wie einen leckeren Windbeutel? Wie die Ehre? Oder wie eine Kugel?«

Neugy legte sich so, dass sein Arsch an die Decke guckte. Er wartete einige Minuten, die Nase in dem weichen Daunenkissen, dann murmelte er: »Alle drei, würde ich sagen.« Dann hob er den Kopf und guckte direkt in Ophelias Achselhöhle (die sich ihm, da sie die Arme über dem Kopf hatte, in ihrer ganzen geheimnisvollen schwarzen Kringeligkeit darbot) und sagte: »Aber nicht dass du mir diese Aussage oder meinen verhaltenen Ton dahingehend interpretierst, ich würde mich oder meine Bemühungen herabwürdigen wollen.«

Ophelia musterte Neugys muskulöse Wade und meinte dann: »Du versuchst mein Urteil zu beeinflussen, das Unerzwingbare zu erzwingen. Ich denke, was ich will.«

Neugys Kopf sank wieder zurück in das weiche Kissen und seine Worte wurden von den Daunen gedämpft: »Ganz recht und gut gebrüllt.«

Als sie sich so Neugys Hintern ansah, spazierte gemächlich ein Lächeln auf Ophelias schwarze Haut. »Sag mal, Neug. Hast du als Junge oft was auf den Hintern gekriegt?«

Er drehte sich herum und legte einen Arm halb um Ophelia. »Nicht mehr als gut für mich war.« Er blies ihr gegen die Kehle. »Und du?«

Ophelia hörte ein tiefes Wehklagen; es hörte sich nach einem Ozeanriesen fünfzig Meter vor dem Haus an.

»Weißt du was? Ich kannte den Typ in Paris, der die Briefe des Zimmermädchens geschrieben hat. Absolut phantastischer Bursche. Hat ganz gut gelebt vom Fälschen solcher Dokumente. Er hat einem Freund von mir einen gefälschten Brief Villons an seine Mutter verkauft.« Sie zog ihm sachte die Fingernägel über den Rücken. »Was hältst du davon?«

Er stöhnte. »Versuch's doch morgen noch mal. Im Augenblick gefährdet es meine Stabilität.«

»Okay.«

»Wollen wir nicht ein bisschen über die Sorbonne reden?«

Sie betrachtete den Unterschied zwischen ihrer und seiner Haut und fragte sich, ob es wohl ein Buch mit einer simplen Erklärung dafür gab. »Ich bin müde.«

Tags darauf beobachteten Ophelia und Neugerborn draußen am Strand bei einem Glas gekühlten Rosé, was sich in Sachen Haut und sozialer Interaktion so tat: eine ziemlich belebte Szene; auch zwei verschiedene, aber gleichermaßen ungeschickte Volleyballspiele gehörten dazu.

»Hast du die vorzeitigen Bäuche an all den Kerlen mittleren Alters gezählt?«, fragte Ophelia.

»Nein. Aber ich nehme dich beim Wort, dass die Zahl erheblich ist – und soziologisch relevant.«

»Die weißen Prinzesschen da zeigen zu gern, was sie haben. Die bombardieren die armen Jungs ja geradezu.«

Neugy ließ Sand durch die Faust rieseln. »Das ist nichts

im Vergleich zu dem, was sie machen, haben sie sich erst mal einen geschnappt.«

»Guck dir mal die Beine an.«

»Ich bin mal mit der Kleinen in dem rosa Bikini gegangen«, sagte Neugy. »Hör mal. Wie wär's mit ein paar Leckerbissen von der Sorbonne?«

Ophelia lachte. »Ich hab' dich doch nur auf den Arm genommen, Neug. Ich war nie an der Sorbonne. Ich habe in einem Jazzclub getanzt.«

»Du warst gar nicht an der Sorbonne?«

»Einmal, mit einer Freundin, nur zu Besuch.«

(Ach, zum Kuckuck mit den beiden. Vergessen wir sie. Leute, die nicht offen und ehrlich miteinander kommunizieren können, Leute, die Fakten verzerren oder unterdrücken, sind der Mühe nicht wert. Es gibt genügend natürliche Krankheiten auf der Welt: Cholera, Gelbfieber, Krebs; da muss man man die Leute nicht auch mit spirituellen und geistigen Patienten behelligen. Ich meine ...)

»Neugy. Was war das eben? Diese merkwürdige statische Entladung?«

»Keine Ahnung«, sagte er. Er sah sich um und in den Himmel. »Muss wohl irgendeine elektrische Störung in der Luft gewesen sein.«

Ophelia schüttelte den Kopf. »Nee, nee. Das war etwas anderes. Merkwürdig. Als bekäme man einen Radiosender über den Heizkörper rein.«

»Na ja, wir leben auch in einer seltsamen Zeit. Ich meine, die Natur ist ein bisschen durchgedreht. Die vielen Atomtests haben alles auf den Kopf gestellt. Ich habe irgendwo gelesen, dass es im Amazonasgebiet schwere Schneefälle gegeben hat.«

»Mm. Wirklich sehr merkwürdig. Davon kriegt man ja eine richtige Gänsehaut.« Sie hörten einen Schrei und großes Gelächter von einem der Volleyballplätze.

Zwei junge Männer, beide ohne Bauch, schlenderten vorbei. Sie konnten nicht anders, als Ophelia eingehend zu mustern.

»Na schön«, sagte Neugy und streckte sich auf ihrem Strandtuch aus. »Erzählst du mir eben von deiner Zeit im Jazzclub.«

Ophelia lächelte. »Später. Ich hab' eine bessere Idee. Ich hab' den Kindern da oben beim Football zugesehen. Und ich hab' mir eine Geschichte über sie ausgedacht.«

Neugy zerquetschte eine Sandfliege auf seinem Bein. »Hey, tolle Idee. Und wenn du fertig bist, denk ich mir eine aus.«

Sie drohte ihm spielerisch mit dem Finger. »Fängst du schon wieder an, Neugy, Baby. Du drängelst schon wieder so aggressiv.«

»Tut mir Leid«, sagte er geknickt. »Ich werd drauf achten.«

Ophelia richtete ihren lächelnden schwarzen Blick wieder auf die Football spielenden Jungs in der Ferne. »Also, ich möchte, dass du dir die Kinder dort mit ganzer Konzentration ansiehst.«

»Ja.«

»Mach deinen Kopf ganz frei. Hör auf dir vorzustellen, wie gut die dralle Blonde da drüben im Bett wäre. Konzentrier deine Gefühle ganz und gar auf den Jungen in den roten Shorts. Er ist sozusagen die Hauptfigur. Fertig?«

»Ja.«

»Okay. Los geht's!«

Marvins best gehütete Unwahrheit war seine Liebe zu seinem Vater, den er im tiefsten Innern für einen zweitklassigen Sperling hielt. Seine zweitliebste Lüge war der schimmernde Beweis für seine Zugehörigkeit zur Hochbegabtenklasse an der Public School 189: Er wusste sehr gut, dass selbst die trübste Tasse für eine Streicheleinheit gut war, solange sie etwas auswendig hersagen konnte; da brauchte einem nicht gleich nach Gelehrsamkeit sein. Seine dritte heimliche Freude schließlich war die Erkenntnis, dass nur die vulgären Dummköpfe unter den Kindern zuschlugen; nichts auf der Welt konnte ihm seine Überzeugung nehmen, dass er als Knirps der glorreiche Underdog war.

Er ließ sich diese Lebensweisheiten durch den Kopf gehen wie ein alter Koch, der Soße auf die leckeren Sachen im Bratrohr gab, als er auf der Couch – eigentlich ein Gartenmöbel – die Knie anzog und sich ein Epos über Gut und Böse und schwer geprüfte, aber ganze Männer ansah, das er sich schon zweimal im Spätprogramm angeguckt hatte; er konnte sich mehr oder weniger mit Henry Fonda identifizieren. Er sah sich in einer offensichtlich unbestimmten oralen Beziehung mit einem Käsetoast. Nur einen Herzschlag von ihm saß in einem knarrenden Sessel seine Mutter, eine Frau mit tiefschwarzem Haar, andächtig in eine Sammlung moderner französischer Theaterstücke vertieft. Sie trug Trägerhemdchen und Shorts, beide geradezu aggressiv dürftig, jedenfalls blieb nichts der Phantasie überlassen, und wie selbst ein Bantu hätte sehen können, hatte sie weder in diesem, noch in irgendeinem anderen Leben auch nur einen Augenblick der Ruhe gekannt.

»Du wirst noch blind von der Glotze«, sagte sie, ohne den Blick von der französischen Bühne zu nehmen.

»Warum hast du sie dann gekauft?«, fragte Marvin und nahm ein Stück Käse auf die Zunge.

»Dein Vater wollte sie unbedingt. Der würde alles tun, um der Realität aus dem Weg zu gehen.« Ihre Stimme war eine kulturelle Gewürzkogge, randvoll mit Geschmäckern, Gerüchen und den Tonfällen verschiedenster Länder, Stämme, Kulturen. »Warum gehst du nicht raus zu deinen Freunden?« Sie ließ nicht locker. »Üb dich ein bisschen im Umgang mit anderen.« Resolut blätterte sie die Seite um; fast erwartete man, ein paar von den handelnden Personen zu Boden purzeln zu sehen. »Schließlich eignet sich gerade der Strand bestens, deine Persönlichkeit zu ergründen und deine Mitmenschen auf eine Art und Weise kennen zu lernen, wie die hektische Kälte der Stadt sie einem verwehrt.«

Hier gingen ihre Philosophien jedoch auseinander: Er mochte New York, gerade wegen des isolierten, geschützten Lebens dort. Trotzdem stand er auf, wenn auch mit einem Seufzer, der einer Rabbinerkonklave würdig gewesen wäre, und ging zur Tür.

»Geh schön spielen«, riet seine Mutter ihm, und es hörte sich an wie die Anweisung einer francophilen Regisseurin an einen viel versprechenden jungen Star. »Aber überanstreng dich nicht, okay?«

Marvin brummte und tappte dann aus dem Sommerhaus in die unermessliche Herausforderung von Sand, Wasser und frischer Luft. Er war zwölf und wünschte sich, auf der Stelle dreiundzwanzig zu sein und in einem Cadillac Cabrio den Riverside Drive entlang zu fahren.

Nachdem er fast eine halbe Stunde lang Strand und Dünen abgesucht hatte, eine Zeitspanne, in der sich – wie er wohl wusste – eine ganze Stadt ausradieren oder ein Meisterwerk von da Vinci abstauben ließ, stieß Marvin auf eine Gruppe seiner Sommerfreunde, die an einem abgelegenen, kaum besuchten Abschnitt des Strands irgendwelchen Unfug anstellten. Er vergab der Sonne ihre unbeabsichtigte Grausamkeit und dem Sand seine gnadenlose gojische Dummheit (auf Geheiß seines Religionslehrers versuchte er sich gerade in Demut zu üben) und bereitete sein Herz auf die Freuden des Gruppenspiels vor.

»Marv, fang!« Und schon im nächsten Augenblick hatte er einen Football im Arm und raste ausgelassen in Richtung eines imaginären Touchdowns im Sand. »Du lernst es ja doch noch, Marv«, sagte der, der geworfen hatte, Amlan, ein kloßgesichtiger Junge von dreizehn Jahren, dessen Eltern unentwegt im Zustand der Gnade schwebten, weil ihr Spross an einer Privatschule an der East Side untergekommen war. Marvin schätzte diese Würdigung, hatte sie doch vorübergehend die Dämonen seiner Fettleibigkeit und Unsportlichkeit exorziert.

»Ich hab' trainiert«, keuchte er, in freudiger Erkenntnis, wie unschuldig Wörter waren. Wem hat schon mal ein geschändetes Wort in die Fresse gehauen?

Das grinsende Grüppchen junger Sportler bestand neben Marvin und Alan noch aus drei weiteren Jungs: David Pincus, ein zungenfertiges Kerlchen mit feuchten Augen, dessen Eltern mit Broadwayfinanziers verkehrten; Arnold Boston, hager und krumm wie ein Araber, dessen schöner, asketischer Blick selbst Blumen beschämte, und schließlich Arthur Krause, dem die Hartnäckigkeit kulinarischer Rekordversuche von Mutter und Großmutter langsam, aber sicher den Hintern ins Kreuz wachsen ließ. Arthur hatte einen Onkel Morris, der bei der Familie lebte und ihnen diese Großzügigkeit damit dankte, ein freimütiger Seelenverwandter Moses Maimonides' zu sein. Dieses Quintett halb nackter, schwitzender Jungs – man hätte sie für Philister an den Gestaden des Sees Genezareth halten können – und ihre hohen Stimmen hatten diesen Abschnitt von Sand, Steinen und schäumender See ganz und gar für sich allein.

»Komm schon«, rief Pincus – das war der mit den Beziehungen. »Ziehen wir ein Spiel auf. Wozu haben wir denn den Ball?«

»Ganz recht!«, lobte Marvin in lyrisch formloser Anerkennung den beherzten Vorschlag des Freunds.

»Mein Vater kennt Tom Harmon!«, rief Arnold einer ahnungslosen, aber nicht unbedingt uninteressierten Welt zu, bevor er den Strand hinab raste, als erwarte er einen langen Pass.

Einige Augenblicke später spielten sie eine Art Footballmatch, eine Übung, die mit gnadenloser Ausschließlichkeit an diesem speziellen Flecken Strand und unter diesen speziellen Spielern zu Hause war. Sie stolperten, verloren den Ball, kollidierten wie kleine Nijinskys, aber genau das gab ihrem Spiel den intimen Charme der Vergeblichkeit – wie der einer gewissen Sorte Frau, die weiß, dass die zerzauste Schlampigkeit, die dem öffentlichen Bild so abträglich ist, ihren Liebhaber zu Hause entzückt und verführt. Marvin vergaß die häuslichen Spinnweben, selbst seine außerordentlich gescheite kleine Schwester Deborah, und überließ sich wie im Delirium dem Durcheinander des Spiels. Das Meer bildete ein Publikum von absoluter Komplizenschaft, und am Himmel über ihnen war nicht ein ungläubiges Wölkchen zu sehen.

»Ich geh' nach der High School auf die Akademie«, gab Alan bekannt, als er sich nach einem Sturz aufrappelte und sich auf den Jungen, der den Ball hatte, warf. »Keiner hat so gute Noten wie ich.«

»Woher willst du das wissen?«, fragte Marvin eher wie einer, der in einen geheimen Plan eingeweiht werden wollte, als einer, dem nach einem Beweis für eine Aussage war.

»Ich weiß es eben«, antwortete Alan, der Pincus den Ball abnahm und davonflog. »Da brauch' ich keinen zu fragen.«

Marvin, der aus seiner Phantasie auftauchte – er dirigierte die Bostoner Philharmoniker, bei denen Alan im Orchestergraben saß —, sah als Erster die dunklen Schemen zweier Fremder, die von Norden her auf sie zukamen. Wie jeder, der sich jäh aus dem Schlaf gerissen sieht, reagierte er in seiner Überraschtheit mit einer irrationalen Sorge. Als die beiden fremden Jungs näher kamen, sahen auch die anderen von Marvins Gruppe sie, aber keiner sagte etwas, als gäbe es eine unumstößliche Absprache, Außenseiter zu übersehen. Die beiden Jungs waren braun gebrannt, und Marvin war sich sicher, dass sie Italiener oder Spanier waren. Ihre Sonnenbräune schien Marvin geradezu professionell; sie hatte nichts von der Unentschlossenheit seiner eigenen Farbe, von der er wusste, sie wäre einige Tage nach seiner Rückkehr nach New York wieder dahin.

Unter den amüsierten Blicken der beiden Fremden, die

etwa im selben Alter waren wie sie, also elf oder zwölf, setzten sie ihr Spiel fort, ihre Kompetenz kaum mehr als eine brüchige, private Übereinkunft unter einem derart kritischen Blick.

»Ihr spielt ja vielleicht beschissen«, sagte einer der dunklen Jungs mit einem kräftigen Schlag auf die Schulter seines Kameraden.

»Ja«, spottete der andere mit einem Leuchten im Gesicht, wie es nur die Verachtung hervorbringen kann. »Ihr könnt ja überhaupt nicht spielen.« Sie überschütteten die Gruppe mit ihrem schwarzen Gelächter.

Die anderen sahen einander an, ohne etwas zu sagen. Schließlich sagte Pincus als Ältester mit taubenhafter Unsicherheit: »Das sagst du.« Fast unsichtbar flatterte seine unsichere Antwort in die entweihte Atmosphäre.

Die beiden Fremden, die bis dahin wie Eingeborene in einem primitiven Dorf im Sand gekauert hatten, standen auf. Einer von ihnen trat kühn auf Pincus zu. »Das sag ich nicht bloß, du Schwuchtel.« Damit entwand er Pincus den Ball.

»Hey!«, entfuhr es Marvin. »Hör auf.«

Jetzt kam der andere Junge herüber, ein Lächeln auf dem Gesicht, das auch nie einen einzigen Augenblick der Unsicherheit gekannt hatte. »Hast du ein Problem?« Er stieß Marvin und stellte ihm dabei geschickt ein Bein. Dass Alan vor Staunen der Atem stockte, änderte nichts an der Realität von Marvins Sturz. Als Marvin den Blick hob und in die leuchtenden Tigeraugen des Jungen sah, stob in seinem Magen die Angst auf wie eine Schar Wachteln, und als sie ihm in die Lenden fuhr, sah er sich plötzlich als einen der stärksten Männer der Welt, der den Körper des Jungen mit bloßen Händen zerquetschen würde wie eine Bretzel.

»Gehen wir«, sagte der erste der beiden Invasoren, dann zogen sie mit ihren Trophäen, ihrer Überlegenheit und dem Football, ab.

Die fünf Jungs schienen wie gelähmt – wie auch der Zorn des Vulkangottes Pompeji mitten in der Bewegung hatte erstarren lassen; sie konnten den beiden Eindringlingen, die den Strand hinaufschlenderten, nur hinterher sehen, bis sie um die Biegung der kleinen Bucht verschwanden. Marvin war liegen geblieben wie eine in aller Öffentlichkeit abgeschmetterte und geächtete Idee. Schließlich atmeten die fünf Jungs wieder auf.

»Schweinepriester«, sagte Arthur mit einem Tritt in den dummen Sand.

»Aber echt«, pflichtete Arnold ihm mit einem ausdruckslosen Nicken bei. »Ich wette, die hatten Messer«, gab Marvin im Aufstehen seine Meinung dazu. Er wischte sich den Sand ab. »Diese Ithaker und Spanier kämpfen doch immer so.«

»Genau«, sagte Pincus, dessen Gesicht wieder einen normalen Ausdruck annahm. »Die kämpfen nie fair.«

Arnold rundete das Klagelied ab. »Gegen einen mit Messer richtest du einfach nichts aus.«

Sie gaben sich alle Mühe, einander zu helfen, sich nicht gar so beschissen zu fühlen, als sie auf einer der Dünen einen Mann stehen sahen. Er beobachtete sie.

»Großer Gott!«, sagte der Mann laut. Sie konnten sehen, dass er den Kopf schüttelte. »Zwei gegen fünf!« Und mit einem homerischen Lachen verschwand er in den Hügeln aus Sand.

Sie sahen einander fragend an, als identifizierten sie sich nicht mit den fünf Jungs, die der Mann da eben verhöhnt hatte; als wollten sie die richtigen fünf Leute finden, von denen der Mann gesprochen hatte, jeder für sich.

»Für wen hält der sich denn?«, sagte Pincus.

»Genau«, murmelte Marvin, »so ein Riesenblödmann.« Dass er mit Pincus einer Meinung war, gab ihm ein warmes Gefühl der Nähe zu ihm.

Ein unausgesprochenes Einvernehmen hieß sie, sich

langsam vom Ort der Konfrontation zu entfernen, den Strand zu verlassen und landeinwärts an eine felsige Stelle in den Marschen zu gehen. Das Licht hatte etwas von seiner Schärfe verloren; eine düstere Qualität hatte sich eingeschlichen und die Atmosphäre gepackt. Was zuvor rosig gewesen war, war jetzt grau; was sich zuvor bewegt hatte, stand jetzt still. Einige wortlose Minuten später, in denen jeder der Jungs sich tiefer ins Labyrinth seines Seins geflüchtet hatte, sahen sie sich am Rande einer Art Schlucht. Mächtige ölige schwarze Felsen säumten sie, und auf dem Grund, vielleicht zehn Meter unter den Jungs, befand sich ein stehendes Gewässer, ein Teich, der mit den schamlosesten Wucherungen der Natur bedeckt war. Hier und da wuchs, anstatt sich zu verstecken, ganz unverfroren ein verkrüppelter Baum, ein verkümmerter Strauch, und der Odem des Orts war, wie der Atem eines schlafenden Riesen, voll modriger Melancholie. Die trostlose Ursprünglichkeit dieses Flecks hielt die Jungs für eine ganze Reihe von Augenblicken in ihrem Bann. Der erste Gedanke, den Marvin hatte, als er aus der Trance wieder auftauchte, war merkwürdig irrelevant: Er fragte sich, ob er wohl jemals wieder nach Hause finden würde.

»Mensch«, murmelte Arthur. »An so einem Ort könnte man einen Schatz finden, da wette ich drauf.«

»Ob Piraten wohl so weit heraufgekommen sind?«, fragte Pincus. Er war ganz der unbestechliche Kartograph.

»Piraten waren überall«, hörte Marvin sich sagen und kam sich sehr intuitiv vor, ganz und gar eins mit dem Leben.

Der schmalnasige Arnold hob einen großen Stein auf und warf ihn grimmig in den Teich unter ihnen. Mit einem schlammigen Glucksen, einem ganz anderen Geräusch als dem Platschen eines Steins in sauberem Wasser, tauchte er ein, und die grünen Schleimspritzer, die folgten, landeten dick und kränklich auf dem felsigen Ufer wie der Fleck eines Fluchs.

»Ich werd' mir das mal näher ansehen«, sagte Alan mit einer nahezu aggressiven Autorität, die seine Stimme den ganzen Nachmittag nicht gehabt hatte. Er sagte es mit der Dringlichkeit eines Kriminalers, der drauf und dran war, etwas Unmoralisches und Ungesetzliches aufzuklären.

»Ich komme mit«, sagte Arthur und kletterte über einen Felsen, als hätte er nicht einen Tag in seinem Leben Übergewicht gehabt.

Sie folgten ihm alle, einer wie der andere, und Sekunden später befanden sie sich auf halber Höhe auf dem obszönen, brütenden Hang.

»Macht, dass ihr wegkommt!«, forderte eine hohe klare Stimme. Sie blieben stehen und sahen sich um. Unter ihnen, etwas zu ihrer Rechten, neben einigen verkrüppelten Bäumen am Ufer des dumpfigen Teichs, stand ein kleiner, bis auf eine kurze schwarze Hose nackter Junge. Er hatte geradezu verblüffend blondes Haar und das Gesicht eines empörten Chorknaben. »Macht schon«, rief er. »Verschwindet. Das ist mein Versteck.«

»Wer sagt das denn?«, sagte Pincus höhnisch.

»Na ich«, antwortete der Junge trotzig. Er hielt sich an einem Ast des Baumes fest, der irgendwie wahnsinnig wirkte. »Ich hab's entdeckt.«

»Hast du eben Pech gehabt«, rief Krause.

»Genau«, mischte Marvin sich ein. »Also halt den Mund, Kleiner, und leg dich nicht mit uns an.« Die Jungs verspürten eine Art gemeinsame Elektrizität, ein sattes Summen, das sie verband, etwas, was vorhin am Strand völlig gefehlt hatte. Sie fühlten sich einander nahe und stark und wütend wie ein Rudel von Tieren.

»Sucht euch euer eignes Versteck!«, sagte der engelhafte blonde Junge. Sein Befehl kostete ihn sichtlich Kraft. Er bückte sich nach einem abgestorbenen Zweig und drohte ihnen damit. »Verzieht euch!«

Ohne zu überlegen, als wäre er alle fünf von ihnen, nicht nur er selbst, hob Marvin einen Stein auf und warf ihn nach dem Jungen. Er traf ihn an der Schulter, und der Junge stieß einen spitzen Schmerzensschrei aus. Dann begannen die Jungs, sich mit einemmal völlig einig, den Jungen mit Steinen zu bombardieren.

»Dir werden wir's zeigen!«, schrie Arnold, und seine Stimme, eben noch weich und kindlich, war mit einemmal von Wahnsinn gestählt.

Einer der Steine traf den Jungen ins Gesicht, und sofort begann ihm das Blut über den nackten Körper zu laufen. Er schrie jetzt unaufhörlich, was die Steine mit geradezu unglaublichem Zorn fliegen ließ. Sie trafen seinen kleinen Körper von Kopf bis Fuß, und die Aufschläge klangen dumpf wie der Tod. Als ein weiterer Stein gegen seinen blutenden Kopf krachte, taumelte er an den Rand des Gewässers. Dort schwankte er, und als ein Stein aus der Hand des schier wahnsinnigen Pincus ihn am Ohr erwischte, fiel er mit einem letzten Aufschrei, in dem sich Schmerz und Entsetzen mischten, in den grünen Teich.

Die Jungs starrten in den trägen Aufruhr des fauligen Wassers unter ihnen, auf die blutigen Schlieren, die sich auf dem ekligen Grün bildeten, auf den ertrinkenden Jungen, der sich darin wand; dann, als sie irgendwie wieder in ihre früheren Ichs zurückfanden, krabbelten sie hastig an den Rand der Schlucht.

»Wir waren nicht hier!«, rief Pincus, als sie oben ankamen. »Wir sagen einfach, wir waren nicht hier!«

Ophelia und Neugerborn warteten auf ihre Cocktailgäste. Im Radio spielte man Musik für den späten Nachmittag – Shep Fields and his Rippling Rhythm –, in die man hin und wieder eine Meldung mischte: Senator McCarthy spürt zwei weitere Homosexuelle im Außenministerium auf, Frank Costellos Deportation wird erneut aufgeschoben.

Käse und Crackers – Brie auf Melba Toast, um genau zu sein – und kleine Scheiben polnischer Wurst lagen wie Köder auf dem großen runden Couchtisch mit der Glasplatte aufgereiht. Ophelia trug ein auffälliges Kleid aus bedruckter Seide, das um ein Haar über den Boden wischte, so lang war es. Neugys Kleidung war nicht weiter außergewöhnlich; er schien immer eine saubere weiße Hose und ein blaues Polohemd zu tragen, selbst wenn er nichts anhatte. Seine blauen Augen waren klar, und auch sie waren sauber aufgemacht: sie kamen gradewegs aus einer Reklame für Malzmilch.

»Wer, sagtest du gleich wieder, sind diese Leute?«, fragte Ophelia mit einem prüfenden Blick auf ihre Nägel.

»Die Whitcombs sind Designer aus Southampton, die Millers leben über ihre Anteile an der De Beers Diamond Co. vom Schweiß und Elend der Bantu, und John Bolton nebst Freundin Nancy arbeiten beide für die Rockefeller Stiftung.« Er warf sich einige gesalzene Mandeln in den wohlerzogenen Mund, und nachdem er sie einer angemessenen Anzahl von Kauvorgängen unterzogen hatte, nippte er an einem Martini.

»Aha«, sagte Ophelia. »Damit wird das Bild schon etwas deutlicher. Die beiden letzten sind die, die du abzocken willst, stimmt's?«

»Du hast es erfasst.«

»Und das Geld von der Stiftung? Wofür brauchst du das?«

Weitere Cashews wanderten in sein Mahlwerk. »Mein Projekt in Nordafrika. Eine zweijährige Studie religiöser Rituale in ihrem Verhältnis zum politischen Verhalten der Riffs.« Er konnte sich ein Grinsen nicht verkneifen. »Eine Wucht von einem Projekt. Absolut solide.«

Ophelia begann sich einen feuchten Genuss zu kredenzen. »Werden diese ach so sauberen weißen Leutchen sich nicht vor Staunen auf ihren ach so vornehmen Arsch setzen, wenn sie sehen, dass du mit einem Bimbo zusammenlebst?«

Er nickte. »Im tiefsten Inneren, ja. Aber auf der Oberfläche, dort, wo die Eisbahn des Lebens steht, werden Sie's aufregend finden. Die werden sich kaum noch einkriegen, so liberal werden die sich vorkommen, so schick, fortschrittlich, gönnerhaft und überlegen. Und wir zwei, wir werden das alles manipulieren, all diese eiskalten, aalglatten Lügen, die sie leben. *Comprenez-vous?*«

»Allerdings, Neug, Baby, und wie. Ich bin hin und her gerissen zwischen absoluter Bewunderung und totalem Abscheu.« Sie lachte vage.

»Ich auch«, sagte er. »Aber das gilt ja wohl so ziemlich für die *condition humaine* überhaupt.«

Sie kostete ihren Martini. »Mm. Pernod ist großartig. Viel besser als Wermut.«

»Oh, absolut. Wermut ist Katzenpisse.« Er gab ihr einen Klaps auf den Hintern, als sie an ihm vorbeikam. Sie trat an die Verandatür, von der aus man die Zufahrt zu seinem Haus in den Dünen sah. »Du hast einen klasse Hintern. Wirklich. Muss wohl an deiner Art zu gehen liegen. Weiße Frauen haben keine solchen Hintern. Sie gehen zu schnell. Nun sag schon … wer waren denn die Weißen, die dich als Kind adoptiert und mit nach Paris genommen haben?«

Ophelia starrte schweigend durch die riesigen Glastüren; sie vibrierte in ihrem Seidenkleid wie ein arktischer Sonnenuntergang. »Da kommen sie. Oh, Neugy! Um Himmels willen! Warum hast du mir nicht gesagt, dass einer von denen ein buckliger Zwerg ist?«

»Du hast nicht gefragt.«

»Welcher von ihnen ist es denn?«

»Der mit dem Rockefeller-Geld.«

21

Falls Sie jemand fragen sollte, Sie haben mich in letzter Zeit nicht gesehen. Ich habe keine Lust, mich mit Fragen oder Vorschlägen abzugeben. Mir hängen hier zu viele Schnüffler herum. Nicht einen Augenblick können sie einem seine Ruhe lassen. Privatsphäre ist unamerikanisch. Schon das Verlangen danach ist schlimmer als die Mitgliedschaft bei der Kommunistischen Partei. Na wie auch immer, ich ziehe mich für eine Weile aus dem Verkehr. Bei all den Sachen, an denen ich arbeite, brauche ich meine Ruhe. Eines meiner ganz großen Projekte ist eine humane Lösung für mein Problem mit Sylvia. Ich habe vor, sie nach Kreta deportieren zu lassen. Ich will ihr wirklich nichts Böses, ich kann sie nur nicht mehr um mich haben. Sie kann dort in Ruhe leben und vielleicht – wenn sie sich etwas Mühe gibt – lernen, wie man eine Olivenpresse bedient; dann könnte sie sich in die Gemeinschaft dort einfügen, vielleicht sogar einen sauberen kretischen Witwer kennen lernen, damit wäre sie doch fein raus. Ich bin dabei, die nötigen Beweise – allesamt fingiert, versteht sich – dafür zusammenzustellen, dass sie sich illegal im Land aufhält. Das braucht seine Zeit, ist aber die Mühe wert. Ich meine, ich werde sonst noch verrückt. Seit einigen Wochen ist sie in Belgrad, als Kindermädchen für Pauschaltouristen. Das gehört zu ihrem Job bei Hi Fly, dem Reisebüro, wo sie angestellt ist. Etwas unehrliche Arbeit hat noch keinem geschadet. Na jedenfalls sitzt sie mir im Augenblick nicht im Nacken wie sonst, wissen Sie, mit dummen Fragen über meine Aktivitäten im Untergrund – und warum ich ständig Selbstgespräche führe, und das auch noch mit verschiedenen Stimmen.

»In deinem Brutkasten geht's wohl derzeit besonders drunter und drüber«, sagt sie. »Jetzt quatschst du schon mit spanischem und französischem Akzent. Letzte Woche dachte ich glatt, ich hätte eine japanische Schwuchtel im Haus.«

Zum Teufel mit ihr. Was für eine Spießerin – die könnte einen Pfadfinder nicht von einem Troll unterscheiden. Eines Tages muss ich mir mal die Umstände meiner Ehe mit ihr genauer ansehen. Vielleicht komme ich dann ja drauf, dass sie ein ganz anderer geheiratet hat. Wobei mir etwas einfällt, was ich gestern Abend komponiert habe. Oder war es Tag? Ich bin mir nicht sicher, um ehrlich zu sein. Ich weiß nur, dass ich es beim Beziehen des Betts heute Morgen unter meinem Kissen gefunden habe. Passen Sie auf:

Wonnige Blicke, ein ständiges Kommen und Gehen
Wonnige Blicke, der Verliebten Pelz wärmen
Wonnige Blicke von perliger Klarheit
Und sagen: Ich bin bereit, wenn du bereit bist.
Aber nur denen, die ihnen stark genug sind.

Die Wahrheit eben. Nichts Billiges, nichts Vergängliches, nichts von dem Kram, den man heutzutage in Nachtclubs zu hören bekommt. Das ist nicht mein Stil. Ich mag Sachen, die durch den Lauf der Zeiten flüstern. Dauer, das ist es, worauf ich kann. Ich wollte, ich wüsste noch, an wen ich gedacht habe, als ich das runtergehauen habe. Jedenfalls war es nicht Sylvia, bei deren Blicken ich an die Kartenverkäufer in der U-Bahn denken muss. Herrgott. Lüfte einen Rock, und was findest du? Fünfzig Jahre Sibirien!

Mein Job am Weltinstitut für Zeitgenössische Dialoge ist wie für mich geschaffen. (Ich habe ihn über eine Annonce im *Daily Worker* gekriegt.) Ich hätte absolut nichts dran auszusetzen. Ich reiße meine sechs Stunden am Tag ab, und die Arbeit könnte nicht einfacher sein. Ich schrubbe die Böden, checke die Müllschlucker (die manchmal mit dem merkwürdigsten Kram verstopft sind, das kann ich Ihnen sagen), und ein paar Mal die Woche stelle ich Öl und Wasser nach, wenn die Mischung sich verstellt hat, weil dann nämlich unsere Gastprofessoren die Wände hochgehen. Aber meistens läuft alles wie geschmiert. Ich weiß das, weil ich mich bei den Dialogen mit dazusetzen darf. Hin und wieder springe ich auf, um ans Telefon zu gehen, das eine, das wir haben, oder an die Tür, die nach hinten auf eine Gasse hinausführt. Es klingeln immer dieselben Leute – Typ wilde Hyazinthe –, die sich als Meister des Dialogs und weltberühmte Logiker ausgeben, sich letztlich aber nur vor ihren Mittelschicht-Verantwortlichkeiten oder vor dem Wehrdienst drücken wollen.

»Machen Sie auf. Ich möchte rein! Ich bestehe darauf! Hören Sie endlich auf, das Institut wie einen Privatclub zu führen. Ideen gehören der ganzen Welt, der Natur. Wenn ihr so weitermacht, werdet ihr bald noch ein Monopol auf die Luft haben wollen. Ich hätte da ein paar ganz entscheidende Dinge über die Beziehung zwischen Ethik und Besitz zu diskutieren. Die ganze Frage der Gewalt in unserer Zeit hängt damit zusammen. Außerdem …« Peng!

»Biete, euer Egselens, nur ein baar Minuten Sie mir erlauben mich zu sietzen und middir zu disgoutieren. Chabe egsdrem berseeenlichen Gonzeptieber Nodwenigkeit von freie emosionale Gontagt in Ersiehung von hoch gesteerte Ginder. Und …« Peng!

Schmarotzer, alle miteinander. Das weiß ich aus Erfahrung. Ich habe einmal den schlimmen Fehler gemacht, einen von den Typen reinzulassen – das heißt in dem Fall war es eine Frau. Sie war noch nicht mal drei Stunden bei uns, da hatte sie ihr Hauptquartier auch schon in der Dusche aufgeschlagen, briet Fischbuletten auf ihrer Kochplatte, im Büro des Direktors obendrein, und hatte einen absolut einwandfreien Dialog – über männlich-weibliche Machtverhältnisse bei subkulturellen Gruppen in Lateinamerika – mit irgendeinem Mist aus ihrer Kindheit in Weißrussland sabotiert. Einer unserer besten Köpfe, ein

Bursche aus Istanbul, er war dort zehn Jahre hintereinander Stadtmeister im Debattieren gewesen, warf das Handtuch und saß dann hilflos heulend am Tisch.

Aber hören Sie doch mal bei folgendem hübschen Gespräch rein, das erst heute Morgen oben auf der Sonnenterrasse erblühte (die bei uns seit der Schenkung einer betuchten Schweizerin als Pascal-Deck und Studierecke firmiert). Debattierende waren zwei lebenslange Stipendiaten, die ganz zufällig auch noch ganz senkrechte Burschen sind. (Ganz im Gegensatz zu einem anderen Pärchen, das ich Ihnen da nennen könnte, die mich pausenlos nach Kaffee und Gebäck zu schicken versuchen. Was ich mir natürlich nicht bieten lasse. Wenn ich meine Fressalien von zu Hause mitbringe, können die das wohl auch.)

»Ich gebe zu bedenken, dass die Basis eines autoritären Systems nicht die politische Macht über die Massen ist, sondern eine Angst vor den Wundern und damit vor dem Chaos der menschlichen Phantasie.«

Das war unser Mann aus Holland.

»Da muss ich widersprechen«, widersprach Slivianos, unser Grieche. »Ich behaupte, das autoritäre System wurzelt tief in der Religiosität.«

»Du musst ja wohl verrückt sein«, sagte Holland.

»Quatsch«, sagte Slivianos. »Ich habe nie im Leben klarer gedacht. Absolute Autoritätsstrukturen sind irdische, menschliche Wiedergaben der Absolutheit Gottes. Derartige Strukturen sind zutiefst religiöse – und damit bewunderungswürdige – Versuche, das menschliche Sehnen nach einem Leben in einer göttlichen Ordnung zu festigen.«

»Des Menschen größte Angst«, sagte Holland und starrte Griechenland dabei festen blauen Blicks an, »ist die vor seiner unendlichen Menschlichkeit. Seine Phantasie trägt ihn so weit über seine unmittelbare Situation hinaus, dass er es mit der Angst bekommt. So droht ihm mit dem Ausdruck seiner Phantasie über seine unmittelbaren Grenzen hinaus entweder das Jenseits oder die Vernichtung. Und wie verfährt er in dieser paradoxen Situation? Er sorgt, bewusst oder unbewusst, für eine politische Ordnung, die diese Phantasie, die ihn vernichten könnte, wie seine Ängste ihm sagen, unterdrückt.«

Slivianos schüttelte den zotteligen schwarzen Kopf wie ein großer Wasserbüffel, der sich anschickte, auf einen winzigen kleinen Jäger loszugehen. »Mein lieber Kollege, deine Analyse riecht stark nach Verachtung für deine Mitmenschen. Du solltest dich schämen.«

Hollands Gesicht spannte sich wie ein Finger um einen Abzug. »Ganz im Gegenteil, mein teurer griechischer Freund, ich bin voller Liebe für meine Mitmenschen und meine Analyse fußt auf eben dieser Liebe und der Hoffnung auf ihre Unsterblichkeit. Es ist eher deine Meinung, die nach Verachtung stinkt wie ein riesiger Furunkel.«

Offensichtlich ohne zu wissen, was er machte, und ohne seinen wütenden Blick von Holland zu nehmen, begann Slivianos langsam Blätter aus seinem Notizblock zu zerknüllen, die er sich in den Mund stopfte, zerkaute und schluckte. »Gestatten Sie mir, Sie darüber aufzuklären, Mr. Edamer, dass Leute wie Sie in meinem Land noch nicht mal auf offener Straße mit anständigen Leuten reden dürften.« Er schluckte würgend ein Pfund Papierbrei.

Der Holländer drückte sich mit wachsender Intensität, offensichtlich ohne den Schmerz zu spüren, den er sich doch zufügen musste, einen Kugelschreiber in den Hals. »Mr. Olivenöl, ich sehe mich gezwungen, Sie darüber zu informieren, dass wir in Holland Leute wie Sie als Ungeziefer betrachten, das wir einmal im Monat mit dem entsprechenden Spray behandeln.« Einige Tropfen Blut erschienen an seinem Hals, wo die Spitze des Kugelschreibers in die Haut eingedrungen war.

In diesem Augenblick, als es ganz danach aussah, als sollten unsere hohen Standards im intellektuellen Diskurs von animalischer Proletenhaftigkeit besudelt werden, erhob sich unser Fellow aus der Seenregion von Sansibar, ein Mr. Perkins, ein großer tiefschwarzer Physiker, an seinem Ende des Tisches (einem ungeheuren Rund, das einst ein Stamm aus den philippinischen Mahagoniwäldern gewesen war) und bellte: »Meine Herren, ich glaube, es ist Zeit für unseren nachmittäglichen Körperkontakt!«

Dieser spezielle Teil des Institutsprogramms, der bei intellektuell weniger anspruchsvollen Organisationen (etwa dem CVJM) lediglich ein Freizeitspaß gewesen wäre, war nicht nur eine willkommene Abwechslung vom intensiven geistigen Austausch, er war eine ganz wichtige Komponente unserer ganzen Forschung. Er war mit anderen Worten ein wesentlicher Teil unseres Dialogs überhaupt. (Ich kann nicht anders, ich sage *unseres*, obwohl ich nur der Hauswart bin – um die Toiletten kümmern sich übrigens zwei großartige taubstumme Zwillinge, die uns eine reiche Bolivianerin geschickt hat –, aber ich habe irgendwie das Gefühl, dass ich nicht weniger zum Leben der Operation beitrage als jeder andere hier. Natürlich würde ich mir nie anmaßen, mich selbst als Fellow des Instituts zu bezeichnen, so wie ein Klavier nie die Frechheit hätte, sich als Teil der Sonate zu sehen.)

Wie auch immer, alle standen auf und bildeten einen Kreis. »Na dann mal los, alle miteinander!«, sagte die für Hautkontakt zuständige Eulalia Cabrera de la Portinoy, eine Ethologin aus Uruguay und ein Bild von einer Frau. »Streckt die Zunge raus!«

Auf der Stelle züngelten zwölf rosige Organe in den Raum, darunter mein eigenes. »Und jetzt wackeln«, dirigierte Dr. Eulalia und machte es mit der eigenen Zunge vor. »Lassen Sie sie Ihre Freude und ihr Wissen spüren. Befreien Sie sie von der Schinderei im Kerker Ihres Mundes! Lassen Sie sie schießen, züngeln, springen, sich drehen! Lassen Sie Ihre Zungen zu Vögeln werden! Wunderbar!«

Und das war es wirklich. Ganz eindeutig begannen die Anwesenden eine neue Dimension des Seins zu spüren, ein neues Element zwischenmenschlichen Dialogs. Dr. Eulalia lächelte zufrieden.

»Und jetzt nehmen Sie ihren Nachbarn bei der Hand. Schön. Jetzt lassen Sie alle Botschaften in Ihren Fingern eins werden mit Ihren eigenen. Lassen Sie die tiefsten Sehnsüchte in Ihren Fingern eins werden mit Ihren eigenen tiefsten Sehnsüchten.«

Ich hielt Händchen mit einem chinesischen Dichter, Lin Wang, und die uralten Ausstrahlungen seiner knochigen Porzellanextremitäten waren so reich, so irre, dass ich das Gefühl hatte, meine Hände müssten sich gleich in kantonesische Hummern verwandeln. Heiliger Birnbaum! Aber auch einiges von meinem Wald- und Wiesenkram muss in ihn gefahren sein; was er so mit seinen Gesichtsmuskeln anstellte, hätte man jederzeit für die Folgen einer Opiumsucht halten können. Nur ein Stückchen weiter schwitzte der schwarze Physiker wie ein Weltmeister; er hielt die Hände unseres großen Historiographen aus Dublin, Dr. Molve O'Toole.

»Ist das nicht wunderbar?«, rief Dr. Eulalia.

»Ja! Ja!«, riefen wir alle gemeinsam aus.

»Sind wir nicht Teil des Universums?«

»Ja! Ja!«

»Oh, tiefste menschliche Erfahrung und Symbiose!«, heulte sie wankend, ihre eigenen Hände weit von sich gestreckt. »Oh totales Versinken in menschlicher Freude und Energie!«

»Freude und Energie!«, riefen wir einstimmig. Taumelig vor Ekstase hielten wir einander schunkelnd und wankend bei den Händen. »Nun die Nasen reiben!«, kommandierte sie. »Aber dass mir keiner den anderen loslässt!«

»Oh Freude! Oh Freude!«, skandierten wir. »Oh tiefste Saftigkeit!« Unsere universal aktivierten und sensibilisierten Nasen rieben sich gegeneinander, und wie aus einem Körper entfuhr allen ein Stöhnen der Erleuchtung und frei werdender Kraft.

Dr. E. – Eulalia – Junge, Junge! – das nenne ich Avantgarde – riss Professor Wills Breedlove (Bibelforscher, London) das Hemd aus der Hose und trillerte: »Jetzt der Bauch! Reibt den Bauch eures Bruders!« Ihre Augen schimmerten wie schwarze Diamanten, als sie die beträchtliche Wampe des alten Knaben aus Yorkshire zu massieren begann. Es war ganz unglaublich, wie das Reiben der Bäuche die falschen Identitäten hinwegfegte, die Selbstschutzsysteme, die so untrennbar mit unseren Körpern verbunden sind. Ich befand mich unter den zersetzenden Händen von Dr. Wang bereits auf halbem Weg zurück in die kindliche Unschuld, als Slivianos im Banne der fliegenden Hände des Holländers mit einem Knabensopran die griechische Nationalhymne anzustimmen begann.

»Geben Sie sich sich selbst zurück«, keuchte Wang mir zu, während er mich frenetisch rieb.

»Ich habe gestern Turnen geschwänzt«, hörte ich mich sagen.

»Lass deinen Nabel die Wahrheit sprechen!«

»Mami, mein Bär ist weg«, wimmerte ein winziges Stimmchen in meinem Mund.

»Ich bin zwei Fischerboote im Hafen!«, rief der große Schwarze.

»Mein Bruder, der Mistkerl, schummelt!«, heulte eine abgründige fremde Stimme aus Dr. O'Toole. »Ui! Was knabbert denn da?«

Eh ich's mich versah, verschwand ich in den Falten meiner eigenen Haut …

»… und Sie behaupten, Sie haben keine Ahnung, wie Sie hierher kommen?«, sagt der kahlköpfige feiste Alte mit dem schwarzen Bart und den großen Ohren.

»Nicht die geringste.«

»Wissen Sie denn wenigstens, woher Sie kommen?«

»Nö.«

Er seufzt und kratzt sich den Bauch. »Sehr eigenartig. Sind Sie sicher, dass Sie sich nicht furchtbar betrunken und dann in ein Flugzeug gesetzt haben?«

»Die Möglichkeit besteht, nehme ich an, aber nach den Bergen hier zu urteilen, gibt es doch meilenweit keinen Flugplatz.«

Sein kleiner alter Kopf nickt. »Das stimmt. Die einzige Transportmöglichkeit nach Elaheeb, das ist die nächste Stadt, wäre auf dem Rücken eines Kamels, und einmal die Woche fährt jemand hin. Gelaufen können Sie unmöglich sein, Sie würden sonst halb tot aussehen. Und das ist nicht der Fall.«

»Mir geht's prächtig. Als hätte ich grade eine ganze Nacht geschlafen.«

Einige schwer beladene Kamele drängen sich an der Hütte vorbei. Geführt werden sie von einem mageren dunkelhäutigen Jungen und einer Frau, deren Gesicht größtenteils ein Schleier verhüllt.

»Neigen Sie grundsätzlich zum Lügen?«, fragt mich der alte Mann.

»Könnte ich nicht so ohne weiteres sagen. Vielleicht wenn Sie mir Gelegenheit geben ...«

Wieder seufzt er und blickt dann müde auf die schmale steinige Straße hinaus. »Ich weiß nicht, was ich davon halten soll. Da taucht plötzlich wie aus dem Nichts und splitternackt ein Fremder, ein Ausländer, in einem Dorf mitten im Atlas auf.« Er fährt sich mit der Hand über das alte Gesicht. »Ich frage mich ... Ist es möglich, dass Sie der Messias sind?«

»Ich schätze, ich könnte alles und jeder sein.«

Er lächelt vage. »Ja, da haben Sie wohl recht ... wo Sie so überhaupt keine Identität zu haben scheinen. Amnesie ... nein, ich glaube nicht. Ich habe Leute mit Gedächtnislücken gesehen, aber die waren ziemlich merkwürdig, als lebten sie in einer anderen Welt, was bei Ihnen ja nicht der Fall ist.«

»Ich habe furchtbaren Hunger. Könnte ich vielleicht etwas zu essen haben?«

Er nimmt eine kleine Bronzeglocke vom Tisch und klingelt. Im nächsten Augenblick kommt ein hagerer Mann mit einem reich bestickten Käppchen auf dem Kopf und bloßen Füßen herein. Die Hände gefaltet, verbeugt er sich. »Einige Scheiben Ziegenfleisch und einen Teller von unserem Weichkäse. Ist Ihnen das recht?«

»Ja doch. Hört sich mehr als ausreichend an.«

Mit gutturalen Lauten sagt er dem Mann etwas, der daraufhin nickt und sich lautlos entfernt. Dann wirft er einen Blick auf die Uhr. »Unser Direktor für spirituelle Rehabilitation wird jeden Augenblick die Dorfbewohner zur Versammlung rufen. Hon Do ist ein wunderbarer Mensch mit einer Diamantenmine von Wundern in der Seele. Er dürfte Sie sehr beeindrucken. Hoffe ich.«

»Was macht er denn?«

Er hilft den primitiven Arabern hier im Dorf, sich und die neue Welt zu verstehen.«

»Welche neue Welt?«

Lächelnd reibt er sich die alten Hände. »Ach so, ja, natürlich, als merkwürdiges Neutrum, als Mensch ohne Vergangenheit, ohne Anteil an Geschichte und Evolution, kannst du nicht wissen, was sich auf der Welt zugetragen hat.« Er stößt einen tiefen Seufzer aus. »Die verfaulte alte Welt hat vor zehn Jahren ihr Ende erlebt. Unsere chinesischen Brüder haben jetzt das Sagen. Es hat ja lange gedauert, lange genug, aber die Weißen sind endlich besiegt. Ihr Wahnsinn, ihre Zerstörungswut hat ein Ende gefunden. Jahrhunderte ihrer Schreckensherrschaft sind für immer passé.«

Der Diener erscheint mit einem Tablett.

»Tja,«, setzt der Alte von neuem an, »ich schätze, da werden wir wohl in dieser neuen Geschichte einen Platz für Sie finden müssen. Was meinen Sie? Ihnen steht diese Welt völlig offen, ist Ihnen das klar? Ihr Geist existiert an sich, als unbeschriebenes Blatt, Ihr Verstand ist noch nicht zugeschissen mit der Kacke einer bourgeoisen Welt. Ist es nicht so, mein Freund?«

Ich blende mich aus …

Bitte. Sie müssen eines verstehen. Ich versuche nicht, Sie mit meiner Einsamkeit zu verführen. Ebenso wenig wie Ihnen meine Verzweiflung Fesseln anlegen soll. Ich versuche einzig und allein mein Menschsein, meine unendliche Menschlichkeit mit Ihnen zu teilen. Wie Sie bin ich ein Wanderer in meiner eigenen verlorenen Welt. Für jeden Drachen, den ich töte, lauert als Maus verkleidet ein neuer auf mich. Nur Ihre absolut ungenierte Sympathie und Kameradschaft kann mich vor einem Ende als anthropologisches Artefakt in einem Museum bewahren.

Jeden Abend vor dem Einschlafen mache ich dasselbe wie morgens nach dem Aufwachen. Ich frage mich: Wo soll ich hingehen? Und: Wer soll ich sein? Sind wir alle nichts weiter als übermäßige Ansammlungen von Kummer, Schmerz und unbändiger Angst? Sind unsere Leistungen illusorische Versuche, uns so etwas wie eine einzigartige menschliche Substanz zu geben, die wir in Wirklichkeit gar nicht haben? Gibt es auch nur einen einzigen Punkt, auf den wir deuten und ohne Zögern sagen können: Da, da bin ich? Oder sind wir, tragisch und absurd zugleich, nichts weiter als das, was andere uns zugestehen wollen, weil wir es mit ihnen genauso halten? Und, du meine Güte, was, wenn sich dieser Mitverschwörer dann als unsere eigene Erfindung entpuppt?

Tja, wissen Sie, was sie darauf zu sagen hatte?

»Schatz, ich habe keine Ahnung, wovon du redest, und wüsste ich es, würde ich mich vermutlich nur furchtbar langweilen. Wenn du jetzt das Licht ausmachen würdest und deinen Mund dort bewegst, wo ich was davon habe?«

Dichte Dampfwolken hingen in der Dusche. »Was zum Teufel ist Ihnen denn nun in Barcelona passiert?« rief der schwergewichtige nackte Mann über das Prasseln des Wassers hinweg.

»Sie wollten uns nicht haben, das ist alles.«

»Was soll das heißen? Sie sollten doch ein Büro eröffnen und Kundschaft ranholen.«

»Nicht einer von denen, mit denen ich gesprochen habe, hatte das Gefühl, er bräuchte uns. Sie meinten …«

Der schwergewichtige Mann rieb sich prustend. »Verdammt noch mal! Es ist Ihre Aufgabe, sie davon zu überzeugen, dass sie unsere Dienste brauchen.«

»Sie sagten, der spanische Konsument hat mit dem amerikanischen nichts gemein, dass die ganze Psychologie von Kaufen und Verkaufen dort völlig anders gelagert ist.«

Die Haut des Dicken wurde vom Einseifen und Rubbeln ganz rot.

»Schafscheiße! Das ist doch blanker Defätismus, weiter nichts. Ich habe mein Lebtag kein Land gesehen, das mit amerikanischem Werbe-Know-how nicht besser gefahren wäre. Herrgott, schauen Sie doch, was Markson in Zürich gemacht hat.

»Die Spanier sind eben anders gebaut als die Schweizer. Außerdem …«

»Schafscheiße! Jeder will besser leben.«

Die Duschen gingen aus, und ein Angestellter brachte große Handtücher, die sie um sich wickelten.

»Außerdem haben Sie Angst, es könnte zum Bürgerkrieg kommen. Ein gewisser Franco würde gern ans Ruder kommen, und dann …«

»Ausreden, nichts als Ausreden. Soll ich Ihnen mal was sagen? Sie sind in der falschen Branche. Wenn ich's Ihnen sage. Sie sollten sich woanders bewerben. Sie gehören zu diesen … diesen Introvertierten. Sie sollten in einer Bibliothek arbeiten, vielleicht irgendwo eine kleine Pension leiten. Irgendwo, wo's ruhiger zugeht. Ich sag's mal ganz gerade raus: Ihnen fehlt einfach der richtige Kampfgeist.«

Ich befinde mich in einer großen Turnhalle, deren Vertrautheit mich schier erdrückt. Die verschiedensten Gerüche erzählen mir Geheimnisse, die ich nicht wissen will. »Ich brauche meine Privatsphäre!«, schreie ich. Es nützt jedoch nicht das Geringste. Ein Fußgeruch behauptete sich mit abscheulicher Arroganz. Ich weiß, ich sollte ihn auf der Stelle auf seinen Platz verweisen, aber mir sind die hiesigen Methoden dafür nicht geläufig, also lasse ich es ihm durchgehen. »Unser Tag kommt schon noch«, murmele ich in der Hoffnung, dass ich es nicht so leise gesagt habe, dass es sich heimtückisch und billig anhört.

»Du würdest noch dein Leben verschachern«, sagt ein wabbeliger Typ in Shorts, der ganz in der Nähe mit einem Basketball übt.

Ich versuche mir den Ball zu schnappen, als er vom Brett zurückkommt, aber ein derart spontaner Akt ist zum Scheitern verurteilt. Ich geniere mich und verspüre den dringenden Wunsch, in einem der vielen Gerüche zu verschwinden, der mich einige Augenblicke völlig in Anspruch nimmt. Ein ziemliches Stück von mir entfernt üben Jungs – stramme, ehrliche Kerls, die nur Suspensorien tragen – eine großartige akrobatische Nummer ein. Ihre Entfernung verwirrt mich, so dass ich nicht mehr so recht weiß; irgendetwas sagt mir, dass diese Distanz nicht in Metern zu messen ist. Der Drang zu verstehen zwingt mich zu einem, wie ich meine, klaren und effizienten Sprint. Aber bei aller Effizienz, die Entfernung zu diesen herrlichen, vertrauenswürdigen Akrobaten verringert sich auch nicht um einen Zoll.

»Kapierst du's jetzt?«, fragt ein Bursche an der Turnstange. Ohne zu überlegen, schleudert er mir einen Tennisschuh ins Gesicht, der mich auf der Stelle in meine nasse Wiege zurückbringt.

»Können wir nicht drüber reden?«, flehe ich ihn an, aber meine unbeabsichtigten Tränen verraten meine Worte.

Plötzlich halten wir uns bei den Händen. »Wir haben beide Gefühle, aber die spielen hier keine Rolle«, sagt er, als wir unsere Eltern mit einer festen Umarmung und einem Zungenkuss denunzieren, unsere kompromisslose Unermesslichkeit von Gelächter gesäumt.

»Irgendwas stimmt hier nicht«, sage ich.

Er geht wortlos und allmählich zu Boden. Sein Lächeln ist das Beste an ihm.

Zwei ganz erstaunlich große Frauen tragen mich an Armen und Beinen gefasst. Meine Lenden verspüren eine nie gekannte Freiheit. Mir entfährt ein ziemlich schreckliches und unmännliches Kichern. Ich habe das starke Verlangen, die Geschichte zu genießen, ohne mich zu kompromittieren, aber neben diesem mächtigen Wunsch verspüre ich gleichzeitig ein wohliges altes Gefühl, dass sich so etwas immer erst viel später entscheidet.

»Haben wir irgendetwas gemeinsam?«, fragt eine Stimme, die die meine sein muss, aber irgendwo anders herzukommen scheint.

Sie lachen nur wissend und obszön und beginnen dann entscheidende Informationen über etwas auszutauschen, dessen wahre Bedeutung gerade mal einige wenige Zentimeter aufreizend vor mir liegt. Die Blonde hat mehr als wackere Brüste. In ihrer Verfügbarkeit haben sie etwas Dämonisches. Meine ganze Existenz schwelgt in der unendlich aufregenden Weichheit dieser Brust. Ich beiße einen Nippel durch und lasse mir ohne Reue das Blut in den Mund fließen.

»Die werden nie dahinterkommen«, sage ich mächtig, als hätte ich mehrere Faden Wasser über mir.

Die beiden unergründlich aufrichtigen Mädels lachen ungeniert weiter. Sie wissen, dass ich ein kleiner Schlingel bin.

22

Bosworth und Churchill sahen sich, in einem kleinen Straßencafé in Nizza, mit zwei Tatsachen konfrontiert: 1) sie verfügten zusammen über nicht mehr als zwölf Francs und 2) der Mann, für den sie arbeiteten, war bereits zwei Tage überfällig.

»Na, Church«, begann Bosworth, »was meinst du?«

Churchill trank seinen Espresso aus. »Dasselbe wollte ich dich grade fragen.«

Bosworth schüttelte den Kopf. »Ich versteh' das nicht. Amerikanische Staatsdiener sollten nicht zwei Tage zu spät kommen. So was kommt doch bloß bei Leuten ohne Beziehungen vor.«

Churchill sah einen Esel langsam einen Milchkarren die Rue Buta heraufziehen. »Ich weiß. Irgendwas scheint da nicht in Ordnung zu sein. Vielleicht ist sein Zug in einem Tunnel in den Alpen stecken geblieben.«

Bosworth befingerte nachdenklich sein Cognacglas. »Schon möglich. Aber ich bezweifle es. Diese Tunnel sind schließlich keine Leimruten.« Er nippte an seinem Glas. »Wenn er bis sechs nicht aufkreuzt, schreiben wir ihn ab. Okay?«

»Okay«, sagte Churchill. Sein schweifender Blick fiel auf einen alten Mann mit Baskenmütze, der sich gegenüber um einen Obst- und Gemüsestand kümmerte. »Und die Forschungsarbeit, schätz' ich mal, schmeißen wir weg.« Der Obst- und Gemüsemann begann seine eigenen Trauben zu verzehren.

»Das wäre eine verdammte Schande. Schließlich haben

wir hier großartiges Material.« Er blätterte in einem dicken Packen mit Schreibmaschine betippten Papiers. »Fangtechniken französischer Fischereikooperativen im Mittelmeer … der Einsatz von Schlagnetzen bei Ebbe … die Langleine auf offener See … die selektive Aufteilung des Fangs … Strukturen der Beiratswahl … Alles, was man nur wissen will.«

Churchill steckte sich eine Gauloise an. »Oder wenigstens was die amerikanische Fischereiverwaltung interessieren könnte. Ich frag' mich ja, ob den amerikanischen Fischern das wirklich was bringt.«

Bosworth zuckte die Achseln. »Wer weiß? Aber ich glaube, dass da was ganz was anderes dahintersteckt, du nicht? Wie bei allem, was diese Beamten so treiben. Letztlich dient die Studie doch nur der Rechtfertigung ihrer Existenz. Die müssen sich was einfallen lassen, um ihren Job zu behalten.«

»Ja«, sagte Churchill, während er sich ausgiebig streckte, und eine Perrier-Reklame ansah. »Und um das Ganze auf eine ordentliche Basis zu stellen, heuern sie Collegepfeifen wie uns für die Feldforschung an. Die sind wirklich fein raus.«

Der Kellner, ein sperlingsgesichtiger Bursche mit einem sehr ernsten kleinen Schnurrbart, fragte sie, ob sie noch eine Runde wollten. Er hielt ein schmuddliges weißes Geschirrtuch wie ein Kind einen Teddybären, und während er auf ihre Antwort wartete …

»Warum machen wir nicht einen Spaziergang und kommen dann wieder zurück«, schlug Bosworth Churchill vor.

»Okay. Ich könnte meiner Schwester eine Postkarte schicken.«

»Wie viel Trinkgeld?«, sagte Bosworth, der sich seine Handvoll französisches Kleingeld ansah. »Ich bin mir da nie so sicher.«

»Nette ruhige Stadt«, sagte Churchill auf ihrem Weg die Rue Passey hinauf. »Mir gefallen die Palmen.«

»Ich hab' gar nicht gewusst, dass du eine Schwester hast«, sagte Bosworth. Er trat einen kleinen Schritt zurück, als ein Motorrad vorbeiraste.

»Mhm.« Churchill erwiderte das neugierige Lächeln zweier Schulmädchen. »Ich hätte gedacht, die Leute hier wären an den Anblick eines Schwarzen gewöhnt.«

»Was macht sie denn so?«

Ein Zeitungsjunge hielt Bosworth eine Ausgabe des *Gigaro* hin und ...

»Sie träumt viel.«

»Ha! Ha! Und sonst?«

»Sie studiert Chemie. Am Novody-Institut in Kiew.«

»Im Ernst?«

Sie kamen an zwei alten Engländerinnen vorbei, die vor dem Hotel Negresco ihre Dackel ausführten. Einer der Hunde knurrte Churchill an. Die alte Dame, die ihn an der Leine hatte, sagte: »Sei nicht ungezogen, Charles.«

»Hat sie ein Stipendium oder was?«

»Sozusagen. Sie war Sekretärin bei einem Russisch-polnischen Importeur in San Francisco, und der Typ hat sich in sie verknallt. Sie ist ein richtiger Wonneproppen, meine Ophelia. Und als er dann wie jedes Jahr nach Hause fuhr ... sein Importgeschäft war nur Tarnung, in Wirklichkeit war er ein Spion ... hat er Ophelia mitgenommen.« Er nickte einem eleganten älteren Herrn mit einer Jachtmütze zu. »Und was die Chemie anbelangt, ich schätze, dafür hat sie wohl einfach Talent.«

Bosworth nickte angenehm überrascht. »Was hielten denn eure Eltern davon?«

»Gar nichts. Die sind längst tot.«

Ein Eisverkäufer hatte kein Glück bei ihnen. »Tot? Aber hast du mir nicht gestern auf der Blue Dolphin gesagt, deine Eltern hätten so 'ne Art Klinik in Lagos?«

»Tatsächlich? Wieso ich das wohl gesagt haben mag ...«

»Würde ich auch gern wissen«, sagte Bosworth.

»Muss wohl daran liegen, dass ich wirklich nicht weiß, wo oder wer sie sind. Wir sind Waisen. Man hat uns als Babys in einem Bahnhof in Salt Lake City ausgesetzt.«

Sie blieben vor einem ... sie blieben neben einem ... auf der anderen Straßenseite befand sich ein Süßwarenladen mit einem Foto von Maurice Chevalier mit einer Schachtel Pralinés ... und seine ... seine Augen glänzten vor Freude.

»Na dann sag mir doch mal eines«, fuhr Bosworth fort, »wie bist du denn an der Uni in Grenoble gelandet, wo wir uns kennen gelernt haben? Das ist allerhand für ein schwarzes Findelkind, das musst du zugeben, Church.«

Churchill lachte und schlug Bosworth, der einen guten Kopf kleiner war als er, auf den Rücken. »Grips. Und das schlechte Gewissen der Weißen.«

»Ah ja. Tja, wenn's nach Präsident Wilson ginge ...«

»Wird es aber nicht. Der mag ja ein netter Kerl sein für einen Weißen, aber er ist ein Waschlappen.«

»Na jedenfalls ist ein Gesetz unterwegs, das dem Neger nach oben helfen soll. Gleicheres Recht und so.«

Churchill streckte die Beine, lehnte sich auf der Bank zurück und starrte hinaus auf das grünlich-blaue Mittelmeer. »Alles Lügen. Weißt du was, Bosworth, wenn ich mein Diplom in Meeresbiologie habe, gehe ich nach Sansibar, um den sagenhaften ...«

»Nett.«

»Und was hast du mit deinem Leben so vor?«

Bosworth beguckte sich die Jacht, die vor Anker lag. »Ich gehe zurück nach Ceylon und mache mit meinem Bruder eine Schule auf.«

»Hm. Ist das deine Kaste? Bist du ein Parse oder so?«

»Ja. Alle meine Vorfahren haben studiert.«

»Es sind die Unberührbaren, die sich um die Elefantenkacke kümmern, oder?«

Bosworth seufzte. »Eines Tages müssen wir für die armen Teufel was tun.«

»Ja. Ist das nicht, was der andere Typ da sagt, dieser, äh … Gandhi. Ich hab' gehört, der lebt von einem Glas Wasser und sieben Erdnüssen am Tag.«

»Und ein bisschen Obst«, sagte Bosworth. »Feigen und Datteln.«

Der tückische Schirokko, der den ganzen Tag über gelauert hatte, kam aus dem Süden und hatte auf seiner Reise den uralten Geschmack und die Unerschütterlichkeit des Meeres aufgelesen, war mittlerweile …

»Ziemlich unerträglich«, sagte Churchill. In der Erkenntnis, dass das Ultimatum für die Ankunft des amerikanischen Beamten näher rückte, rissen sie sich zusammen und gingen zurück zum Café.

Beim Abendessen etwas später – Bosworth hatte Schnecken und Kalbshaxe in Sherry, während Churchill die Herausforderung eines Tintenfisches in seiner eigenen Tinte annahm – hatten sie das Vergnügen, einen pensionierten französischen Akademiker kennen zu lernen, der seine ganzen Ersparnisse abgehoben und sich in ein Unternehmen eingekauft hatte, das nach versunkenen Schätzen suchte. Der Mann hatte am Nachbartisch gesessen und ganz offen ihrer Unterhaltung gelauscht; schließlich hatte er die Distanz nicht länger ausgehalten und sich selbst eingeladen und zu ihnen gesetzt. Dieser Bursche (man nehme zur Kenntnis: unschuldiger Tick an der Lippe, schweigendes graues Haar bis auf die Schultern, und die Augen eines Otters beim Dammbau) steckte sich ein frisches Knabberstäbchen in den Mund, nahm es dann wieder heraus und sagte: »Seid ihr beiden Jungs auf der Walze?«

Bosworth und Churchill sahen einander an – Sollte das ein Scherz sein? –, und Churchill fragte den Mann: »Sie sind nicht etwa schwul, oder?«

»Großer Gott, nein!«, antwortete der Knabe. »Ich bin völlig normal.«

»Was immer das ist«, murmelte Bosworth.

»Ja, Sportsfreund«, sagte Churchill. »Da musst du dir schon was Besseres einfallen lassen.«

Der Mann stieß einen Seufzer aus, legte die Knabberstange weg und griff in die Jackentasche. »Du meine Güte, was ist bloß aus dem Vertrauen geworden? Na ja ... ich habe hier ein Dokument, das meine tiefe Heterosexualität beweist.« Er holte einen weißen Umschlag heraus, der von einem Gummiband zusammengehalten war. »Ein überwältigender Beweis, wenn ich das sagen darf. Sehen Sie sich das an, meine Freunde.«

Bosworth holte ein Dutzend Fotos heraus, französische Postkarten, besser gesagt, richtige Schweinereien. Jedes einzelne Foto zeigte ihren Gast am Tisch in aussagekräftigen Aktionen mit einer Frau – oder Frauen, da auf einigen der Fotos drei Teilnehmer zu sehen waren.

»Ziemlich gut, finden Sie nicht?«, bemerkte der Mann.

»Nicht schlecht«, sagte Churchill, der eines davon auf den Kopf stellte. »Wirklich, nicht schlecht. Welcher von denen sind Sie?«

Gascar war anzusehen, dass er in seiner Ehre gekränkt war. »Das war nicht nett von Ihnen.« Churchills Blick sagte: Einen Punkt für den Schwarzen. »Regen Sie sich nicht künstlich auf, Paps. Wer ist denn die Braut?«

»Eine Cousine von mir. Petulia, ein wunderbares junges Ding, zu allen Schandtaten bereit.«

Bosworth blätterte die Fotos durch; hier und da pfiff er leise oder er lachte auf. »Junge! Diese französischen Fotografen verstehen sich auf den Umgang mit Licht. Die Schatten sind ausgezeichnet. Was das wohl für eine Papierstärke ist? Und nicht eine Aufnahme falsch belichtet!«

Churchill sah sich eines der Fotos genauer an. »Wie kriegt man denn bei so was noch Luft, Doc?«

»Gar nicht«, gab der andere zu. »Ich habe den Atem angehalten.«

In einem anderen Lokal, dem schicken Café Lux, bei Cognac und Zigarren, sagte der Mann: »... und unter anderen Altertümern hat man unbezahlbare Statuen entdeckt, phantastischen Schmuck, mehr Goldmünzen, als man zählen konnte, und ...«

Bosworth tippte ihm auf den Arm. »Diese irdenen Behälter ... diese Amphoren ... waren da vielleicht auch Manuskripte drin, Professor Gascar?«

Professor Gascar nickte. »Absolut. Gedichte, Dramen, historische Abhandlungen, geheime Botschaften des einen oder anderen Kults. Ganz tolles Zeug, mein Freund, ausgesprochen anregend.«

»Gut. Passen Sie auf, wenn Sie aufhören, mich ›mein Freund‹ zu nennen, nenne ich Sie Pierre.«

Auf Gascars Gesicht kam es zu einer völligen Détente sämtlicher muskulärer Provokationen. »Selbstverständlich. Und wie absolut anständig von Ihnen. Aber Sie wissen natürlich, dass ich nicht Pierre heiße. Ich heiße André.«

Churchill legte Gascar einen Arm um die alten Schultern. »Jetzt nur nicht petzen, Paps. Wir sitzen alle im selben Boot, das ist alles, was zählt. Okay?«

Der amerikanische Beamte hatte sich natürlich nicht mehr blicken lassen, und das aus gutem Grund: Er war ertrunken, in der Badewanne eines Hurenhauses in Genf. Und man hatte ihn noch nicht einmal abgemurkst (den einen oder anderen *petit mort* mal außer Acht gelassen). Nein, er erlitt ganz einfach einen Herzanfall nach einigen unglaublich cleveren Praktiken, von denen er bis dahin nur beim Blättern in versauten Magazinen geträumt hatte. Als er noch jünger gewesen war.

»Wo war das denn?«, fragte Bosworth.

»Am Comer See«, sagte Gascar. Sie waren sich zu dem Zeitpunkt schon viel näher gekommen. Außerdem war man auf dem Weg zur schmuddligen Darbietung einer zweitklassigen und vom Pech verfolgten Balletttruppe in der Avenue Lupin.

»Ich hoffe, ich finde das wieder, falls ich mal wieder herkommen will.«

Das kam von Churchill.

»Brauchst doch bloß jemanden zu fragen.«

Das kam von Bosworth, ohne dass ihm jemand geholfen hätte.

»Sagen Sie doch, Professor«, begann Churchill am Fuß der Treppe eines heruntergekommenen Hauses in der Avenue Kleber, »in welchem Fach sind Sie denn akademisch zugange?«

Gascar blies einen selbstgefälligen Hauch Cognac in Churchills Schwarzheit. »Charakter und Kultur der alten Griechen.«

»Und ob Sie's glauben oder nicht«, erzählte Churchill einige Jahre später einer Gruppe bourgeoiser Haiforscher in Tokio, »beginnt der alte Knabe doch auf der Stelle Thukydides zum Klassenkampf zu zitieren: ›Als die Verschwörer, verzweifelt ob des Gesetzes und der Nachricht, Pythias beabsichtige vor seinem Ausscheiden aus dem Rat das Volk zu einem Angriffs- und Schutzbündnis mit Athen zu überreden, rotteten sie sich mit Dolchen bewaffnet zusammen, drangen in den Rat ein und ermordeten nicht nur Pythias, sondern auch noch sechzig weitere Personen.‹ Großer Gott.

»Herrlich«, sagte ein Biologe aus Australien. »Absolut herrlich. Übrigens, weil wir gerade von der Riviera sprechen, wie wir eben von der Beobachtungsstation in St. Tropez erfahren haben, hat dort ein Hai einen Menschen angefallen. Das Opfer war ein Nachtclubbesitzer mittleren Alters aus Paris, ein gewisser Rastro, glaube ich. Das Erstaunliche daran ist, dass der Hai das Opfer mit fortgeschleppt hat.«

»Ganz außergewöhnlich«, sagte ein Mann aus Wood's Hole. »Dergleichen habe ich noch nie gehört. Man sollte dem Zwischenfall sofort auf den Grund gehen. Kann mir nicht vorstellen, was für eine Spezies das gewesen sein soll.«

Ein anderer, eher ein Außenseiter, schlug einen Mako vor. Eine Forscherin aus London, eine gewisse Frau Dr. Lankenauer, lehnte das ab, ihrer Ansicht nach handelte es sich eher um einen …

Bosworth war dort und dann auch wieder nicht. In gewissem Sinne mühte er sich in Taucheranzug und Messinghelm über den Grund des Comer Sees. In einem anderen Sinne machte er etwas ganz anderes: er befand sich an einer ganzen Reihe von Orten – in einem Schlafzimmer, an Deck, in einer Bar in Bombay, auf dem Schoß seiner Mutter – und beobachtete diese Person – sich selbst – auf dem Grund des Sees. Es war wirklich ziemlich verwirrend. Glücklicherweise verfügte Bosworth über die nötige seelische Kraft – »Es ist die innere Stärke, die zählt, mein Kleiner«, hatte ihm seine alte Tante, auch sie eine Parse, immer wieder gesagt –, und so kam er damit zurecht.

»Ich hoffe, dass der Luftschlauch nicht zu einer Arterienverhärtung führt«, sagte er sich und beobachtete die Blasen, die von seinem Helm aufstiegen. »Ein absolut verrückter Ort für einen Bosworth«, sagte eines der vielen anderen Bosworth-Bewusstseine. Um genau zu sein, es war der Bosworth, dessen überaus aktiver Geist in diesem Augenblick ein Tennismatch in dem Bath and Tennis Club auf Ceylon Revue passieren ließ, in den er als Teenager gegangen war, wann immer es ihm zu langweilig wurde, Pläne für die Zukunft zu schmieden (wie sich das für einen Parsen gehört).

»Irgendetwas stimmt mit der Szene hier nicht«, sagte er, als er einen Schwarm Barsche an sich vorbeiziehen sah. »Ich habe kein Recht, hier unten zu sein. Dieser Ort gehört den Fischen. Das hier geht wider die Natur.«

Oben an Deck eines duldsamen Boots der Wasserpolizei, dessen Kapitän sich ein paar Franken nebenbei verdiente, kümmerten Churchill und Professor Gascar sich um die Tauchmaschinerie. Beide warteten sehnsüchtig auf einen kräftigen Ruck an der Leine mit dem Korb, der bedeuten würde, Bosworth hätte wieder einige antike Leckerbissen für sie.

»Was, meinen Sie, ist der Kram wert, den wir gestern raufgeholt haben?«, fragte Churchill.

»Ein Originalmanuskript von Plinius«, rief Gascar aus. »Ein Dutzend Paar Ohrringe aus dem dritten Jahrhundert. Ein guter Fund. Eine Schwindel erregende Summe, würde ich sagen.«

»Na, dann weihen Sie mich doch ein in den Schwindel, alter Knabe.«

Gascar nahm einen Schluck aus einer Flasche Courvoisier und begann dann mit den Fingern zu zählen (er trug ein altes gestreiftes Matrosenhemd). »Eine halbe Million, würde ich sagen.«

Churchill nickte anerkennend. »Nett. Das nenne ich einen beständigen Wert. An wen wollen wir denn verkaufen?«

Jedem Gelegenheitsdieb der Welt wäre bei Gascars Grinsen einer abgegangen. »Dem Französischen Museum für Klassische Archäologie, zum Beispiel.«

»Was Sie nicht sagen.« Churchill schüttelte den Kopf. »Ein Museum, das krumme Touren macht. Mann!«

»Dann wäre da ein bestimmtes Mitglied der Familie Krupp.«

Churchill starrte auf Schlauch und Leine – Ersterer für den Sauerstoff, Letztere für den Korb –, die hinab zu Bosworth führten. Er hegte geradezu zärtliche Gefühle für Bosworth. Er hoffte, er würde nicht nass da unten bei Krebsen und Kraken. »Was machen die Leute denn mit dem Kram, den wir ihnen verhökern?«

Gascar schob sich ein Stück Pastete in den alternden Gelehrtenmund. Weise kauend blickte er über den wunderschönen italienischen See, auf die exquisiten Villen am Ufer; er machte ganz den Eindruck, als kaue er an einer tief schürfenden fünfstündigen Antwort für Church. »Nichts«, sagte er schließlich.

»Nichts? Wie soll ich das verstehen?«

»Genauso wie's klingt«, sagte Gascar und wählte eine schwarze Olive aus den auf Deck ausgebreiteten Speisen. »Sie besitzen ihn, weiter nichts.« Er spuckte den Kern in den See. »Sehen Sie, mein schwarzer Freund, es gibt auf dieser Welt Leute, die gern Geschichte besäßen. Sie denken, durch den Besitz dieser alten Sachen, dieser – wie soll ich sagen? – greifbaren Augenblicke alten Denkens, werden sie Teil der Geschichte selbst. Es ist, als kauften sie sich einen Seelenersatz. Verstehen Sie?«

Bosworth, von Fischen umschwärmt, verstand in der Tat. Wenn auch nicht unbedingt, was er sah. Zum ersten Mal in der Verschwörung, die er mehr recht als schlecht sein Leben nennen konnte (die Lügen des dementen Spiegels, wie sein lebensmüder Cousin Southwick Mehta hin und wieder meinte), zum ersten Mal war er sich bewusst, wie wenig man mit seinen (oder anderer Leute, wo wir schon dabei sind) Augen eigentlich sieht. Augen, so dachte er, sind dazu da, einen über die Straße zu bringen, ohne überfahren zu werden, und das ist hier unten nicht der Fall. Hier unten sah er mit seinen so lange verschütteten Fischsinnen. Könnten mehr Menschen auf dem Boden eines Sees schweben, sagte er sich, es gäbe weniger Aggression und Hader auf unserer Welt. Er sah sich eins mit dem Leben im See; Jahrhunderte dieses Lebens durchströmten sein Wesen. Wiegende Wellen urzeitlicher Geborgenheit und gänzlichen Allseins durchdrangen sein Jetzt. Und die Fische rund um ihn, die zwar atmeten, das Leben aber sonst recht locker nahmen (hin und wieder schossen sie in das alte

Wrack hier unten und wieder heraus), die Fische wussten, wie ihm geschah. Man brauchte es ihnen nicht erst zu sagen.

Er verspürte ein starkes Verlangen, mit den Fischen zu reden. Ihm fiel jedoch nichts Interessantes ein. »Es wäre ziemlich dumm, eine so einmalige Gelegenheit mit Smalltalk zu vertun«, sagte er sich. Er wollte warten, bis ihm etwas angemessen Tiefsinniges kam, etwas, was dazu angetan wäre, eine gemeinsame Basis für einen Austausch, eine Freundschaft zwischen ihm und seinen schwimmenden Nachbarn zu stellen.

Bos interessierten die exotischen Relikte plötzlich nicht mehr, die rund um ihn im Wrack der verschlammten Galeone lagen (die zahllosen Amphoren – mächtige irdene Vasen! – wirkten schlicht wunderschön wie auf Ewigkeit entschlafene Menschen). Da er sich jedoch in der Pflicht gegenüber Church und Gascar sah, die über ihm warteten, füllte er den Korb mit sachdienlichen, längst vom Joch des Sinns und Zwecks befreiten Symbolen der Gier: hier einen goldenen Pokal, dort einen mit Juwelen besetzten silbernen Reif, einige schimmernde Münzen. Alles mögliche. Und dann, nach einem Ziehen an der Leine, sah er den bedeutungslosen Raub an der Vergangenheit seinen Lauf nehmen. »Zu schade, dass ich nicht den Zahn eines Römers hinaufschicken kann«, sagte Bosworth, »einen Fall von sizilianischem Tripper vielleicht.« Ein großer verantwortungsloser violetter Fisch schwamm in den Korb, nur um ein Stück mitzufahren, schließlich bot sich eine Gelegenheit für so eine Albernheit nicht jeden Tag.

Über ihm, in der von Hader gebeutelten nicht-osmotischen Welt, absorbierte Churchill (oder wenigstens der Teil von ihm, der nicht sichtbar schwarz war) das tägliche Treiben seiner Schwester Ophelia, zum vierten Mal übrigens (Briefe sind wie Eintopfgerichte, sie werden besser, wenn sie ein paar Tage ruhen). »... und ich stehe auf

Borschtsch wie Katzen auf Minze«, hieß es in dem zerknitterten Brief.

»Es gibt ein gutes Dutzend Rezepte, und kluges schwarzes Mädchen, das ich nun mal bin, habe ich sie alle gemeistert. Ich habe mir hier eine Menge Freunde gemacht, zumeist junge Wissenschaftler, und sowohl die schreckliche Einsamkeit als auch die Angst, die in der guten alten Heimat Amerika meine täglichen Begleiter waren, gehören der Vergangenheit an. Die Russen sind das einzige nichteinsame Volk, das ich je kennen gelernt habe. Und sie sind von bemerkenswertem Ernst. Nicht nur was andere Leute angeht, sondern auch ihr Bild von sich selbst. Sie betrügen sich nicht selbst, wenn du verstehst, was ich meine.

Mein Studium macht sich ausgezeichnet. Ich habe gute Chancen, mich im Frühjahr einer Gruppe in Leningrad anzuschließen, die mit der Entwicklung von Raketen beschäftigt ist. Auch Gregor wird sich dorthin versetzen lassen. Er arbeitet mit einigen äußerst brillanten und engagierten Sozialisten aus China. Man kann wirklich sagen, die Weltrevolution nimmt ihren Lauf. Ich frage mich, ob die Machtgruppen der Bourgeoisie wissen, was auf sie zukommt. Die Flüsse der Welt werden auf geraume Zeit blutrot fließen.

Hatte wunderbare Stunden letzten Sonntag am Set eines großartigen neuen Films: *Potemkin*. Der Regisseur ist ein herrlich verrückter Kerl namens Eisenstein, ein Freund von …«

»Ha! Ha!«, rief Gascar und warf ein Stück Wurst in die Luft. »Der gute Bosworth hat wieder einige Kostbarkeiten für uns!« Er begann an der Leine mit dem Korb zu ziehen. »Fassen Sie doch mal mit an, Mein Freund. Wir sind schon wieder reich.«

»Gemach, gemach, Professor«, sagte Churchill und griff nach dem Seil. »Die Vergangenheit läuft Ihnen nicht davon.«

Gascar zog wie wahnsinnig am Seil. »Hihihi! Immer herauf mit dir, du Glanzzeit römischer Kultur!«

»Tja«, sagte Church, der kräftig mitzog, »so kann man's wohl auch sehen.«

Es wäre absurd, um nicht zu sagen langweilig, hier zu behaupten, dass Churchill nicht auch die Gier gepackt hatte, letzten Ende war er ja auch nur ein Mensch. Aber in der Hauptsache galten seine Gedanken Bosworth, der nun schon schrecklich lange da unten war. Es kam ihm wie eine Ewigkeit vor. Churchill hegte, wie gesagt, wärmste Gefühl erster Güte für Bosworth, und so war ihm darum, dass es ihm gut ging – zu Lande, zu Wasser wie in der Luft. Oder in welcher Dimension der Natur er auch immer gerade stecken mochte. Es war ein Geniestreich gewesen, sie an der Universität aufeinander treffen zu lassen. Das Leben dort wäre ausgesprochen gewöhnlich, ja dumpf verlaufen, hätte der Große Arrangeur es nicht so, tja ... arrangiert. (Nein, ich kann hier keine Telefonnummern verraten. Tut mir Leid.) Handball, Lyrik, Alkohol, Spaziergänge, Ästhetik (sie hatten Ruskin zu Boden gerungen, Herrgott noch mal!), Philosophie, Forschungsprojekte (die Geschichte mit den Fischern), die Geheimnisse des anderen Geschlechts – nichts, was sie beide nicht wie ein Herz und eine Seele angegangen wären. Mehr noch. Sie waren beide nicht weiß. Brüder im Pigment sozusagen, ein Neger und ein Inder (oder Tibeter). Wenn sie sich die Hände reichten, knallte nirgendwo eine kulturelle Sicherung durch.

»Den Weißen haben sie nicht nur ins Hirn geschissen, die sind obendrein nicht ganz dicht«, sagte Bosworth eines Tages in Rouen. »Meinst du nicht auch, Church?«

»Daran besteht wohl kein Zweifel. Und Gott sei's gedankt, dass ich keiner bin.«

»Kannst du dir vorstellen, dass die Weißen genug Verstand und Sensibilität zusammenkriegen, um jemanden wie Buddha oder Mohamed zustande zu bringen?«

»Nicht in meinen kühnsten Träumen«, sagte Church und drückte Bos vor den Augen der Leute in Rouen an die Brust.

»Church, weißt du, was wirklich sagenhaft wäre?«

»Wenn ich eine Schwester hätte, die du heiraten könntest.«

Gascar schnaufte. Er zog wie ein altersschwacher Güterzug. »Mon Dieu!«, rief er aus. »Mir ist gar nicht klar gewesen, wie weit weg Bosworth ist.«

»Nur so um die 2500 Jahre, Paps.«

Etwa hundert Meter steuerbords erschien, vielleicht aus dem Nichts, ein kleines Ausflugsboot. Nicht dass es ihre Operation gefährdet hätte. Ebenso wenig wie ihre Ungestörtheit. Die Touristen waren viel zu sehr mit Knipsen beschäftigt. Um es genau zu sagen, das einzige Wesen, das Churchill und Gascar auf dem schwimmenden Jahrmarkt der Eitelkeiten bemerkte, war eine große braune Dänische Dogge, die reglos auf dem albernen kleinen Deck stand. Sie hätte bellen können, aber niemanden hätte es interessiert. Das Bellen eines Hundes bedeutet heute nicht notwendigerweise mehr etwas, und die Leute wissen das.

Gascar hatte die Beute sicher in einer mit Baumwolle ausgelegten Kiste verstaut, und Churchill lag auf dem Rücken und guckte in den italienischen Himmel. Der See leckte schmatzend an ihrem Boot, und seine Reaktion war nicht eben neu. Plötzlich setzte Churchill sich auf. »Mir kommt da gerade der Gedanke, Professor, dass wir schon ein Weilchen nichts mehr von Bos gehört haben.«

»Hm«, murmelte Gascar, der sich gähnend kratzte. »Das stimmt. Ich hoffe, der Prachtbursche ist da unten nicht eingeschlafen. Das italienische Wasser ist ausgesprochen verführerisch. Gerade richtig für das *dolce far niente*.«

Churchill zupfte an der Leine, die sie mit Bos verband. Niemand erwiderte. »Hey, der ist womöglich wirklich eingeschlafen.« Er begann an dem Seil zu ziehen. »Herrgott, ist der leicht.«

Gascar spähte ins Wasser. »Vielleicht hat er etwas abgenommen da unten im Wasser. Vielleicht ist er eingelaufen …«

Es dauerte nicht lange, und Churchill hatte die Leine eingeholt. Nur war kein Bosworth am anderen Ende. »Er ist nicht mehr dran!«

Gascar starrte auf das menschenlose Ende des Stricks, dann auf Churchill. »Nicht mehr dran? Sie meinen, er ist einfach davongelaufen. Auf dem Grund des Sees?«

»Sieht ganz so aus«, sagte Churchill, und ohne weitere Diskussionen sprang er in den See, um seinem guten Freund Bosworth zu folgen. Wo immer der auch sein mochte.

23

Im Augenblick sitzt George in der U-Bahn in Chicago – ach, was soll's! Derselbe George, diese Instantbibliothek weltweiter Selbstbilder, dieses Innerste seines eigenen Äußersten könnte genauso gut in einer U-Bahn in New York dahinrattern – oder in Philadelphia, Paris, Bern oder London, wo wir schon dabei sind. In dieser speziellen U-Bahn in Chicago zu sitzen änderte (jedenfalls wesensmäßig) nichts an seinem üblichen Selbst. So wie Hamlet immer Hamlet war, ob in Kopenhagen oder am Picadilly Circus. Dieselben Macken, dieselben kranken dicken Lippen. Chicago war nur eine von vielen Kulissen hinter der Bühne seines Lebens. Okay … er sitzt also in einer U-Bahn in Chicago und ist absolut in einen der vielen reizenden kleinen Werbesprüche vertieft, die den Zug zieren, und das zu keinem anderen Zweck als dem, die fragmentierten Fahrgäste noch weiter von ihrem gesunden Menschenverstand zu trennen, als sie es ohnehin schon waren. George liest Folgendes: »Verstehen Sie andere wirklich? Verfügen Sie über das Geheimnis der Sensibilität?

Lesen Sie, wie Sie diese unheimliche Fähigkeit erwerben können – den Schlüssel zu dauernder Freundschaft und Ehe – in vier leichten Lektionen ... in der Oktoberausgabe des Reader's Digest.«

Er seufzt, schlägt seine müden Beine übereinander und bemerkt, dass eine junge Frau neben ihm dieselbe Anzeige liest. Kaum hörbar spricht sie die Worte vor sich hin.

»Sie glauben diesen Schwachsinn nicht, oder?«, spricht George sie an.

Ein verängstigter, mulmiger Ausdruck lähmt des Gesicht der jungen Frau. »Ich kenne Sie nicht«, antwortet sie ihm im Aufstehen. Als sie einigen Abstand gewonnen hat, hält sie sich an einem Griff fest, wendet sich ihm wieder zu und sagt: »Sie sollten anständigen Leuten so was nicht sagen. Sie müssen ja krank sein.«

George gibt sich mit einem Lächeln geschlagen und schüttelt den Kopf. Zu schade. Ein weiterer Fehlschlag in Sachen menschlicher Solidarität. Er hofft, die Kleine dreht nicht durch und schreit nach der Bahnpolizei. Wie kommt es nur, dass ausgerechnet so ein wirklich hübsches Ding wie sie, ein Mädel mit rhythmischen Hüften und genau dem richtigen Quäntchen kleines Mädchen um die Lippen, so gottverdammt spießig sein muss, so nervös? Ich meine, Herrgott noch mal. Wir hätten uns doch halbwegs stilvoll austauschen können, aber nein, sie sieht sich auf der Stelle in der Gerichtsmedizin, wo man sie auf Anzeichen weiß Gott welcher abartigen Übergriffe hin obduziert – ich meine, über die üblichen Stichwunden hinaus, die ich ihr beigebracht habe. Ich sehe ihre Mutter – aufgedunsene kleine Patschhändchen – ins Taschentuch weinen, während sie den Reportern sagt, was für eine gute saubere Tochter sie gewesen war. Sie erzählt von ihrer Zeit als Gruppenführerin beim Trailways Nature Club an der Sheboygan High. Was ist nur aus der amerikanischen Seele geworden? Was ist ihr Schreckliches widerfahren?

Er steigt an der nächsten Station aus und erreicht sein Ziel – er hat noch vier Straßenzüge – zu Fuß. Die ganze Gegend riecht penetrant; überhaupt macht sie den Eindruck eines alten billigen Plastikspielzeugs. Es gelingt ihm nur fast, nicht negativ darauf zu reagieren. In der Nummer 1805, einem kleinen schmutzigen Backsteinmietshaus, klopft er an die einzige Tür im Parterre. Eine Frau, die auf eine herbe Art überraschend gut aussieht, öffnet die Tür einen Spalt. »Mrs. Parks?«

»Ja ...«

»Ich bin der Mann von der Staatsanwaltschaft, Bezirk New Batavia«, sagt er. »Ich habe gestern angerufen.«

»Oh«, sagt sie, »kommen Sie rein.«

Seinen Notizblock in der Hand, setzt er sich auf ein chintzbezogenes altes Sofa; sie setzt sich ihm gegenüber, zieht nervös an einer Zigarette.

»Sie waren Tänzerin im Lokal von Jack Ruby, ist das korrekt, Mrs. Parks?«

»Ja. Hören Sie, Sie haben doch wohl keinem gesagt, wo ich wohne, oder?«

»Nein.«

»Weil die mich nämlich im Handumdrehen umlegen würden, wenn sie mich finden«, sagt sie.

»Außer Ihnen und mir weiß kein Mensch, wo Sie sich aufhalten.«

»Gott sei Dank. Und dabei möchte ich es auch belassen. In einer Woche bin ich im Ausland.«

»Und Sie hatten Kontakt mit ...«

»Sie meinen, für wen ich die Beine breit gemacht habe?«, sagt sie lächelnd. »Charlie Bates, von der Kripo in Dallas.«

»Oh. Der Bates, der bei dem Attentat ermittelt hat?«

»Der steckte da genauso mit drin wie 'ne ganze Reihe von den anderen. Aber um zur Sache zu kommen. Alle Welt glaubt, es gäbe kein Protokoll vom Oswald-Verhör gleich nach der Verhaftung. Aber es gibt eins, und ich habe es.

Charlie war bei dem Verhör von dem kleinen Trottel dabei, und er hat sich Notizen gemacht, die er hinterher dem Polizeichef hätte geben sollen. Was er aber nicht gemacht hat. Deswegen hat man ihn umgelegt, um an seine Notizen zu kommen.«

»Und niemand hat gewusst, dass er sie Ihnen gegeben hat?«

Sie lächelt. »Jedenfalls kamen sie nicht sofort drauf, und als sie schließlich drauf kamen, war ich längst auf und davon, hier bei meiner Schwester.«

»Alles klar. Und, äh … wo sind die Notizen jetzt?«

Sie lacht jäh auf und wirft gleichzeitig das blonde Haar zurück. »Das wüssten Sie wohl gern, was?«

George lacht selbst auf. »Okay. Aber ich bin nicht hier, um Sie reinzulegen, Mrs. Parks. Wirklich nicht.« Seine Miene wird ernst. »Staatsanwalt Pitts, ich und die anderen, wir halten es für das Land von größter Wichtigkeit, die Verschwörung hinter dem Präsidentenmord aufzuklären.«

»Das möchte ich annehmen«, sagt sie. »Aber wenn Sie mich fragen, bringen wird es nichts. Es wird alles genauso weitergehen wie bisher.« Sie schlägt die Beine übereinander und streicht sich die Frisur zurecht. »So oder so, sie sind in einem sicheren Versteck.«

»Gut. Darauf kommen wir gleich noch zurück. Haben Sie Oswald und Ruby je zusammen gesehen?«

»Zweimal. Im Club, im Hinterzimmer. Ich habe eines Abends als Kellnerin ausgeholfen und Sandwiches und Drinks nach hinten gebracht. Oswald saß mit Jack beisammen und zwei Typen, die mir nach Latinos aussahen. Sie hatten eine Art von Stadtplan auf dem Tisch, und als ich reinkam, hat Jack rasch die Arme darauf gelegt.«

»Und das andere Mal?«

»Das war etwa 'ne Woche darauf.« Sie kichert verhalten. »Und irgendwie komisch. Ich war grade mit meiner Nummer fertig. Charlie hatte zugeguckt, also hab' ich mir besondere Mühe gegeben, wissen Sie, so 'ne Art kleine Privatvorstellung. Und das hat den vielleicht scharf gemacht! Er hat mich gepackt und wollte mich auf der Stelle flachlegen, da kannte der nichts. Und ich wollte auch. Ich meine, wenn mich je einer scharf gemacht hat. Also habe ich ihn mit nach hinten genommen, weil's da 'ne Couch gab, auf der Jack immer sein Nickerchen hielt. Nur hab' ich vergessen, die Tür zuzusperren.« Sie kichert wieder und schüttelt belustigt den Kopf. »Na ja, da waren wir dann zugange wie nichts Gutes, als Jack mit Oswald reinkam. Sie hätten mal sehen sollen, wie Oswald geguckt hat, als er uns sah! Ich dachte, er fängt zu heulen an. Dann ist er rausgelaufen. Jack war auch ziemlich von der Rolle, aber nicht weil er Angst gehabt hätte. ›Herrgott, Sylvia‹, sagte er. ›Du hättest wohl auch noch Jesus am Kreuz genagelt, bevor sie ihn aufgestellt haben, was?‹«

George ist verlegen; die Geschichte amüsiert ihn, erregt ihn aber auch. Bis dahin hat er sich flink Notizen auf seinen Block gemacht. »Das muss ja 'ne tolle Szene gewesen sein«, sagt er und tastet nach einer Zigarette.

»Allerdings. Charlie hat nicht ein Wort gesagt. Nichts hätte den aus dem Takt bringen können. Der war völlig versunken, wenn Sie so wollen.«

George grinst. »Na schön, Charlie war ein leidenschaftlicher Stecher, aber wie war er in die Verschwörung verwickelt?«

Sylvia zuckt die Achseln. »Na ja, er war bei den Minute Men, und wenn die gepfiffen haben, dann ist der gesprungen. Sie wissen schon: Haltet Amerika sauber und stark! Rettet Amerika vor den Kommunisten.«

George nickt. »Ja, das kenne ich. Zurück zu Streckbank und Scheiterhaufen.« Sie schweigen einen Augenblick.

»Wie wär's mit Kaffee?«, fragt Sylvia, die plötzlich aufsteht. »Oder ein Drink? Wär' vielleicht besser.«

»Okay. Ein Gläschen.« George sieht sich in der kleinen

Wohnung nach Hinweisen auf Sylvias Leben, Charakter, auf irgendwas um. »Ist Ihnen je ein David Ferrie untergekommen?«

»Der komische Pilot, den man neulich in New Batavia umgebracht hat?«, fragt sie, während sie die Eiswürfel aus der Schale bricht.

»Genau der.«

»Ich hab' ihn mal in einer Schwulenbar in Dallas gesehen. Im Adonis Club. Ein paar von uns sind da mal rüber, um uns über die zu amüsieren und äh ...«

»War er allein? Oder hatte er jemanden dabei?«

»Paar spanisch sprechende Schwuchteln. Mann, wenn diese Latinos schwul werden, da gibt's kein Halten mehr.«

»Sonst noch jemand? Jemanden, den Sie ...«

»Hey! Jetzt, wo Sie's sagen«, unterbricht sie ihn und reicht ihm einen Wodka Tonic. »Cullum. Kind reicher Eltern. Er gibt so 'n ekliges kleines Blättchen, den *White Leader*, heraus.« Sie steht vor George, während der seinen Drink kostet. »Der hatte auch irgendwie mit den Kluxern zu tun, die den Bombenanschlag auf das Haus von dem schwarzen Geistlichen verübt haben. Schmeckt's?«

»Gut«, sagt George mit einem lächelnden Blick nach oben. »Einfach gut.« Er überlegt, wie sie wohl als Stripperin ist. Sie lächelt auf ihn herab, die linke Hand auf der Hüfte, lässig. »Den Jungen, diesen Cullum, hat man gestern unter einer Brücke gleich außerhalb von Dallas gefunden.«

»Was?«

»Doch, doch.«

»Mein Gott! Die bringen noch jeden um! Jeden, der auch nur das Geringste weiß ...«

Er nickt. »Sieht jedenfalls ganz so aus.«

Sylvia setzt sich langsam neben ihn auf das alte Sofa. »Großer Gott! Und die arme kleine Margerie haben sie auf dem Highway überfahren.« Sie schüttelt den Kopf und nimmt einen Schluck Wodka Tonic.

»Wenn die den Präsidenten ermorden können, dann schaffen die es bei kleineren Leuten nun sicher mit Links«, sagt er. »Und sie kommen damit auch noch durch, weil die Leute im Grunde nicht wissen wollen, wer so was tut. Dazu würden sie insgeheim selbst gern zu viele Leute umbringen. Die Mörder zu finden käme damit einer Entlarvung ihrer selbst gleich.«

Sylvia beobachtet ihn, verwirrt und fasziniert zugleich. Sie lässt sich seine Worte durch den Kopf gehen. »Ja«, sagt sie dann leise, »da ist wohl was dran.«

George wendet sich ihr zu. »Hören Sie, Sylvia. Wie viel wollen Sie für die Notizen? Sagen Sie's mir.«

Sie nippt an ihrem Glas und überlegt einen Augenblick, bevor sie antwortet. »Hunderttausend Dollar.«

»Das ist furchtbar viel Geld.«

Sie wendet sich ihm zu und legt ihm eine Hand aufs Bein. »Kleine Fische für das, was da drin steht. Es könnte zu einem Aufstand führen, das wissen Sie genau.«

»Sie können Ihnen auch das Leben kosten.«

»Was wollen Sie damit sagen? Dass ich keine Scherereien machen und Geld verlangen soll, weil mein Leben umso kürzer ist, je länger ich im Land bin. Hab' ich Recht?«

George lächelt, ein klein bisschen peinlich berührt. »Genau. Aber hören Sie zu. Ich bin nicht hier, um Sie reinzulegen. Ich rufe in New Batavia an und geb' den Preis durch.«

Sie kneift ihn in die Backe. »Das machen Sie mal, mein Guter.«

»Okay.« Er legt ihr eine Hand aufs Bein (nicht ganz ungeniert). »Und jetzt sagen Sie mal: Wie sind Sie zum Strippen gekommen?«

Sie nimmt ihn spielerisch beim Kinn und blickt ihm direkt in die Augen. »Sagen Sie mir, wie Sie Ermittler geworden sind.«

»Eigentlich aus Langeweile. Ich habe nach dem Jurastudium eine Weile in unserem Antiquitätengeschäft in St. Louis gearbeitet, aber ich hatte keinen Spaß daran. Also habe ich mich im Restaurieren alter Häuser versucht. Schließlich habe ich auf einer Party Staatsanwalt Pitts kennen gelernt. Wir konnten miteinander, und ehe ich mich's versah, habe ich für ihn gearbeitet. Das ist meine Geschichte. Was ist mit ihrer?«

Sie tätschelt sein Knie. »Ganz einfach. Ich bin drauf gekommen, dass ich Spaß dran habe, mich auszuziehen. Und wenn man Geld dafür kriegt, was einem Spaß macht, tja, mein Bester, besser geht's ja wohl nicht.«

»Keine Frage. Und vor dieser Entdeckung?«

Sie nimmt seine Hand und sieht sich seine Finger und Nägel an. »Ach, das Übliche. Serviererin. Zahnarzthelferin. Ich war sogar drei Monate auf dem College. In Miami.«

»Wo sind Sie denn geboren?«

»Sie werden's nicht glauben, aber ich weiß es nicht. Es gibt so einiges, was ich von mir nicht weiß.«

»Ach?«

»Doch. Meine Erinnerungen scheinen erst mit vierzehn anzufangen.«

George sah sie verdutzt an. »Na, wie haben Sie denn dann ...«

»Man hat mich in Los Angeles aufgegriffen. Mitten in der Stadt. Dann war ich drei Jahre bei verschiedenen Pflegeeltern, bis ich's nicht mehr aushielt und ausgerückt bin.«

Sie schlägt ihm auf den Schenkel. »Ah ja, eine lange verrückte Geschichte, mein Freund.«

»Hört sich ganz danach an.«

»Komisch«, sagt sie mit einem verträumten Blick auf den Boden, »aber eines ist mir im Gedächtnis geblieben, und zwar dass ich irgendwann in einem arabischen Land gewesen sein muss. Ich habe da so ein Bild von mir in einem Harem, und im Hintergrund ist da irgendwo dieses merkwürdige schwarze Paar.« Sie schüttelt den Kopf. »Vielleicht habe ich auch alles nur geträumt und der Traum ist mir geblieben.« Sie zuckt die Achseln. »Ich komme ums Verrecken nicht dahinter, was wirklich war.«

George trinkt. »Ich nehme an, so merkwürdige Sachen passieren wohl jedem mal.« Er blickt in sein Glas. »Vielleicht gibt es ja eine andere Dimension im Leben, wer weiß.«

Sylvia zieht die Stirn in Falten und sagt: »Sie sind süß. Überhaupt nicht wie ein richtiger Detektiv.«

»Danke.«

»Die sehen immer aus wie aus einem Taschenbuchroman. Hören Sie, haben Sie für den Rest des Tags schon was vor?«

»Ich muss noch in New Batavia anrufen, das ist alles.«

»Wie wär's, wenn Sie mit mir hier zu Abend essen? Ich habe ein gutes Steak, dazu machen wir Salat. Das wär' doch was. Ich bin hier nämlich verdammt allein. Was meinst du, Sportsfreund?«

Er lächelt. »Sicher. Warum nicht.«

»Toll.« Sie tätschelt ihm das Bein und steht auf. »Ich mach' uns noch was zu trinken. Dann würd' ich mir gern was Bequemeres anziehen.« Sie zwinkert ihm zu. »Das hier ist für draußen. Drinnen trage ich lieber was für drinnen.«

»Hört sich absolut vernünftig an.«

Sie streckt die Hand nach ihm und kneift George noch mal in die Backe. »Vielleicht können wir uns ja später noch zusammensetzen und versuchen dahinter zu kommen, wo ich die Hälfte meines Lebens gewesen bin.«

George lächelt. »Wie heißt es so schön? Summen Sie's, und ich spiel's.«

Ihr Gesicht ist entspannt und zufrieden; keine Spur mehr von der misstrauischen Verspanntheit, als sie ihm in die nach oben gerichteten Augen sieht. »Ich weiß, ich wiederhole mich«, sagt sie und küsst ihn, ihre Lippen offen und feucht, auf den Mund, »aber ich bin einsam, und ich habe schon so lange keinen Mann mehr geküsst« – sie küsst ihn noch mal, sachte, als wolle sie ihn kosten –, »dass mir langsam die Lippen wehtun.«

»Das hat mir jetzt richtig gefallen«, sagt er.

»Geschadet hat's mir auch nicht.«

Sie mixt zwei weitere Drinks, etwas stärkere diesmal, und bringt George sein Glas an die Couch. »Mm«, sagte er, nachdem er daran genippt hat. »Tipptopp.«

Sie nippt an ihrem, lächelt, nickt und sagt dann: »Ich brauch' nur ein paar Minuten. Nicht weglaufen, ja?«

»Ich bin doch nicht verrückt.«

Aus dem Radio im Schlafzimmer kommt Tanzmusik, während Sylvia sich umzieht. George, dessen Geist und Körper vom Alkohol bereits wohlig brummen, sieht sich anmutig und selig mit wunderschönen, geschmeidigen Frauen auf eleganten Tanzflächen drehen. Die Bilder bereiten ihm einiges Vergnügen; er hat sein Lebtag keine Tanzfläche betreten. Das wäre ihm viel zu öffentlich gewesen. Er flüstert eben einer der Frauen eine Nettigkeit zu, als Sylvia wieder aus dem Schlafzimmer kommt.

»Du hast mich doch nicht vergessen, oder?«, sagt sie.

»Ah …«

Sylvia trägt, was Hollywood sich unter einem Nachtgewand vorstellt: ein weißes transparentes Oberteil, das ihr bis auf die Schenkel reicht, worunter George BH und Höschen aus goldener Gaze sieht. Er mustert sie von Kopf bis Fuß, während sie ihren Martini trinkt.

Er stößt einen leisen Pfiff aus. »Das ist unübertroffen. Keine Frage.«

Sie lacht und trinkt ihren Martini ganz aus. Sie ist etwas angetrunken. »Dachte mir schon, dass dir das gefällt. Herrgott! Es kommt mir grade so vor, als wär' ich seit Jahren nicht mehr in so einer Aufmachung gewesen.« Sie dreht eine Pirouette vor ihm, und der Saum des durchsichtigen Fähnchens berührt um ein Haar sein heißes Gesicht.

»Mmm. Ich komm' mir fast vor wie auf der Bühne. Ich frag' mich, ob …«

»Du hast einen phantastischen Körper.«

»Findest du?« Sie grinst. »Du würdest mich doch nicht anlügen, oder?«

»Nie.«

Schlagartig überkommt sie eine leidenschaftliche Heftigkeit. »Küss bitte. Fass mich an. Ich brauche deine Hände auf mir … unbedingt.«

George erhebt sich langsam von der Couch, gerade dass er nicht zittert, so konzentriert er sich auf sie. Er greift unter ihr Hemd und beginnt mit ihren zart gehaltenen Brüsten zu spielen. Sie schließt die Augen und streckt ihm die Zunge heraus. George nimmt sie in den Mund, und sie bewegt sie hin und her. Mit beiden Händen massiert er ihren sachte kreisenden Arsch.

»Ohh«, macht sie und reibt sich an ihm, so fest es nur geht. »Ich hab' das wirklich vermisst. Gott, was habe ich das vermisst.«

Er küsst ihre Brüste, als sie sagt: »Hör mal, du versuchst mich doch nicht etwa zu linken bei unserem Deal, oder?«

George stöhnt. »Großer Gott, nein. Was denkst du denn? Ich meine …« Er fährt mit der freien Hand ihren Schenkel entlang, ohne ihre Brust aus dem Mund zu nehmen.

»Okay, okay«, murmelt sie. Sie knetet ihn mit beiden Händen und reitet dabei auf seiner Hand zwischen ihren Beinen. »Es ist nur so, dass ich mein Lebtag keinen ehrlichen Menschen kennen gelernt habe.« Sie tauschen Zungenküsse; sie massiert ihn zwischen den Beinen, nicht fest oder plump, sondern ziemlich gekonnt. »Mm, fühlt sich wunderbar an. Ich meine, ich bin hier wirklich gestorben so ganz allein. Mmm.«

»Gehen wir doch ins Schlafzimmer«, murmelt George. »Ich glaube nicht, dass ich das noch länger aushalte.«

Sie lässt ein kehliges Lachen hören. »Das hört man gern.«

Sie hat den Reißverschluss seiner Hose geöffnet und umfasst seinen Schwanz.

»Also dann …«

»Erst auf der Couch. Nachher machen wir's auf dem Bett.«

Sie liegt auf die Couch gestreckt und grinst, während er die Hose auszuziehen beginnt. »Nein«, sagte sie, Sie nimmt ihn bei der Hand und zieht ihn auf sich zu. »Lass deine Sachen an. Ich hab's gern so. Ist irgendwie unanständiger, und das macht mir Spaß.«

»Von mir aus.«

Er liegt auf ihr, windet sich, küsst sie; sie hat die Beine um sein Kreuz geschlungen. »Tu ihn noch nicht rein, Schatz. Ich möchte noch 'n bisschen so weitermachen.«

»Okay.«

»Mensch. Du bist ja genauso scharf wie ich. Wann hat's dir denn zum letzten Mal jemand besorgt.«

Er nimmt den Mund von ihrer Brust, die noch immer in dem BH steckt. »Ah … ich weiß nicht mehr.«

»Ich bin die Beste«, sagt sie und zerdrückt ihn schier mit ihren kräftigen nackten Beinen. »Pass nur auf. Im Vergleich zu mir sind diese anderen Weiber nichts.«

»Klasse.« Sie steckt ihm die Zunge ins Ohr, und nach einer Weile flüstert sie ihm etwas zu. »Ich wette, das hast du noch nie gemacht, stimmt's?«

»Nein.«

Sie lacht. »Ist meine Spezialität.«

»Wann …«

»Gleich. Mmm. Der ist ja groß. Ich hoffe, du tust mir nicht weh damit. Du würdest mir doch nicht wehtun wollen, oder? Mmm. Also, jetzt steck ihn rein. Langsam … nicht so schnell. Ohhh! Fick mich! Fick mich!«

Steak und Salat befinden sich seit einiger Zeit in ihrem Magen. Georges Samen ruht in großen Quantitäten wohlig in Sylvias Schoß, und sie liegen beide nackt auf dem Rücken und starren an die Decke des kleinen, aber (für ihre flüchtigen Zwecke) durchaus ausreichenden Schlafzimmers. »Sag doch«, sagt George, »ist dir in Dallas je eine blonde Deutsche und ihr Freund untergekommen, ein Typ mit einem Bart namens Zachary?«

»Wo du schon fragst, ja«, sagt sie. Sie schmiegt ihre warme Nacktheit an George. »Sie hatte ständig einen Riesenköter dabei.«

»Was weißt du über die beiden.«

»Praktisch gar nichts. Ich habe Ruby einmal nach ihnen gefragt, weil sie hin und wieder im Club auftauchten, um sich die Mädchen anzusehen, und sie so eindeutig keine Einheimische waren, und er meinte, sie gehörten zur internationalen Szene, die so nach Dallas pilgert, um die reichen Weißrussen dort zu sehen.« Sie schüttelt den Kopf. »Herrgott, der Hund war vielleicht unheimlich. Fast wie ein Mensch. Wenn ich mich auszog, hat der mich angeguckt und gestöhnt, als würde er jeden Augenblick auf die Bühne springen und mich vergewaltigen.«

»Ich verstehe«, sagt George, und obwohl sein Blick an der Decke hängen bleibt, sieht er sie nicht wirklich an.

Unten in Guatemala City jedoch sieht Zachary sich tatsächlich die Rechnung für das überwältigende Abendessen im Restaurant vom Hotel Luxor an.

»Was ist das denn?«, fragt er den furchtbar übergewichtigen Kellner und deutet auf ein paar Krakel auf dem Papier.

»Junge Aale«, antwortet der Mann durch die glänzenden falschen Zähne. »Aus dem Seenland.«

Zachary schüttelt den Kopf. »Ich hatte keine jungen Aale.«

»Nicht?«

»Nein. Ich hatte nur Suppe, dann das Stückchen gebratenes Lamm und Salat.«

Der Mann lächelt fast irre. »Donnerwetter zur Hölle mit

mir! Die jungen Aale sind so wunderbar, ich muss sie auf die Rechnung gesetzt haben, weil Sie wie ein Mann aussehen, der weiß, was er isst. Wie ein intelligenter Mann mit Bart.«

Zachary mustert den spanisch-indianischen Koloss, der auf ihn herabschnauft. »Haben Sie gedacht. Na ja, ich sage Ihnen was. Ihre Sichtweise sagt mir irgendwie zu, also gehe ich mal davon aus, dass ich die Aale hatte, und bezahle sie auch.«

Der Mann klopft ihm klatschend auf die Schulter. »Señor, wirklich, Sie erkennen guten Geschmack, wenn Sie ihn sehen!«

»Das kannst du laut sagen, Pancho«, sagt Zachary und blättert eine Unmenge alberner guatemaltekischer Scheine hin.

»Großzügigkeit ist mir das Liebste bei euch Amerikanern«, sagt der Kellner, als er die Moneten einstreicht. »Wo ist denn Ihre Frau heute, Señor? Hat sie keinen Hunger?«

»Meine Frau?«

»Die Hundedame, Ihre Frau?«

»Ach die. Die ... äh, die ist einkaufen. Indianerschmuck, irgend so ’n Kram.«

Der Kellner stupst ihn vertraulich an. »Gibt das Geld aus, für das Sie sich Ihren netten amerikanischen Arsch aufgerissen haben bei Ihrer ernsten Arbeit, was?«

»Ja, Pancho. Die Weibsbilder sind alle verschwendungssüchtig. Na, machen Sie’s mal gut. Wir sehen uns.«

Draußen auf der Plaza Santa Cruz bleibt er einen Augenblick stehen, um sich eine Zigarre anzuzünden. Er bläst eben das Streichholz aus, als der aufgedunsene Kellner auf ihn zugestürzt kommt. »Señor! Sie haben Ihr Buch vergessen!« Beflissen schiebt ihm der schwitzende Mann ein Taschenbuch in die Hand, dann eilt er wieder zurück in das Restaurant.

»Mein Buch?«, wiederholt Zachary der dünnen Luft gegenüber. »Ich hatte doch gar keines mit. Schon gar nicht das hier.« Er sieht sich das schmierige alte Ding näher an, das ihm der Kellner aufgedrängt hat. Es handelt sich um einen billigen englischen Roman mit einem erotischen Umschlag, *Die Schande ihrer Schwester*. Er schlägt es auf und findet einen gefalteten weißen Zettel. »Ich könnte Ihnen aufrichtig gut behelfen bei Ihren geheimen Spezialarbeiten hier. Nach 18 Uhr bin ich 267-6370. Pancho. Immer zu Ihrem Diener.«

Zachary schüttelt lächelnd den Kopf und schiebt den Zettel in die Tasche seines weißen Hemds im lateinamerikanischen Stil. Was weiß der Mann? fragt er sich. Er beschließt, ihn später anzurufen, um dahinterzukommen. In dem Taschenbuch blätternd, spaziert er in den scheu belaubten Park. »Emilie warf sich vor den lächelnden Buckligen, Graf Esmeralda, Herr der Mohren. ›Bitte, Eure Lordschaft‹, weinte sie, ›ich tue alles, was Sie sagen! Aber, bitte, verschonen Sie meine teure Schwester!‹

Kichernd vor grausamer Häme wirft Graf Esmeralda eine Handvoll Marshmallows auf ihren zitternden nackten Leib.

›Du dummes mannbares Ding‹, gluckst er. ›Du wirst noch früh genug erfahren, wie das bei uns in Umberland geht.‹

›Oh, Herrgott noch mal‹, sagt Zachary. ›Lassen Sie die Kleine doch in Ruhe, Sie ekliges kleines Ding.‹

›Wer sind Sie denn?‹, ruft Esmeralda. ›Wie sind Sie denn an der Palastwache vorbeigekommen?‹

›Das ist ein Geheimnis, das Sie nie lüften werden. Ich bringe das arme Mädchen hier zurück zu ihren Eltern.‹ Er zieht das Mädchen vom Boden. ›Der König wird von Ihren abartigen Praktiken erfahren, Graf Esmeralda. Da können Sie sicher sein.‹

›Aha!‹, ruft der bucklige Graf. ›Jetzt erkenne ich Sie. Sie sind einer von Suffolks Mietlingen. Der Schurke hasst mich, seit ich ihn als Betrüger entlarvt habe. Wache! Wache!‹

Zachary lacht triumphierend. ›Ihre Wachen werden Sie nicht hören. Sie sind alle tot.‹ Um sie zu trösten, drückt er den Körper des zitternden Mädchens mit den großen Brüsten an sich.«

»Oh mein Gott«, murmelt Zachary und wirft die verrückte abgegriffene alte Schwarte in den nächsten Abfalleimer. Die Lesebedürfnisse der Jugend! Lächelnd nickt er den beiden jungen indianischen Kindermädchen in Weiß zu, die drei feiste kleine Kinder spazieren führen. Sie sehen Zachary verwirrt an. Er setzt sich auf eine Bank unter einem Mahagonibaum und (ein Furz entfleucht ihm, aber diskret mit Rücksicht auf die mondgesichtigen jungen indianischen Kindermädchen; ansonsten hätte er ihm freien Lauf gelassen) beginnt über das Leben ganz allgemein zu sinnieren und im Besonderen über den buntscheckigen Bodensatz dieses Lebens, den er kaum sein Eigen nennen möchte.

Wie konnte ich mich überhaupt mit dieser Wahnsinnigen einlassen? Da bin ich eines Tages in Athen, kümmere mich um meinen eigenen Kram, meine Zeit beim Peace Corps ist praktisch zu Ende, da kommt dieser Wirbelwind mit Töle daher. Sie spürt, dass ich eine Pechsträhne habe, und offeriert mir eine Gelegenheit, ein nettes Sümmchen zu verdienen. Geld für ein Komplott, nüchtern gesagt. Und ausgerechnet in einem oberlausigen Kaff wie Dallas, Texas. Hätte ich gewusst, worum es ging, nämlich um die Ermordung des netten Mannes, dessen einziger Fehler war, dass er seine Familie gern als die amerikanische Königsfamilie gesehen hätte, nun, ich hätte da für nichts auf der Welt mitgemacht. Nein. Absolut nicht. Und dann musste ich noch bei dem Mord an dem schrecklichen kleinen Polizisten dabei sein, sozusagen als Mitglied der Gang. Warum? Ach Gott. Ich möchte einfach nicht mehr an den schrecklichen Tag denken. Und was mache ich jetzt? Ich habe mich zur weiteren Komplizenschaft erpressen lassen. Waffen für die Contras. So was von ekelhaft. Und stehe ich hier in dieser

Ruine aus der Jungsteinzeit, diesem Außenposten des Guajavengelees inmitten der zwergwüchsigen und syphilitischen Abkömmlinge der Inkas, und warte auf die Gräfin, die Inkarnation des Bösen schlechthin … Herrgott noch mal! Mir wird das langsam zu viel. Schlicht und ergreifend zu viel. Hätte ich mich bei den Trotteln vom Peace Corps nur ein bisschen cleverer angestellt. Aber ich doch nicht! Ich musste hergehen und die Spesenabrechnungen für den Dorfbrunnen fälschen. Was wohl noch zu beschönigen gewesen wäre, denke ich, aber dann kam zu allem Überfluss auch noch meine Affäre mit der Tochter des Dorftischlers heraus. Ach Irena, schöne, unglaublich begehrenswerte Irena, warum nur musstest du deinem dummen Vater über unsere herrlichen Treffs in der Höhle erzählen? Warum? Habe ich dir nicht Wonnen verschafft, die du in deinem ganzen einfachen Dorfleben nie gekannt hattest? Hast du mir nicht gesagt, dass die Ekstasen, die wir geteilt haben, dir zum ersten Mal gezeigt haben, was es für deine alten griechischen Vorfahren bedeutete, Dionysos zu huldigen? Oh Gott, wenn ich an dich denke, wie du so vor mir liegst, in deiner schwarzhaarigen nackten Schönheit mit deinen göttlichen Brüsten, draußen das Rauschen des blauen Meeres! Ach! Du und ich, wir wurden zum Meer und zur gesamten Natur. Der Geschmack deines jungen Möschens war der Geschmack des Meeres, und wir kehrten beide zu unserer kindlichen Unschuld zurück, als es uns kam. »Oh, dein Ding ist wie eine Harfe in mir. Wirklich!« Das hast du zu mir gesagt. Und ich habe mich über alle Maßen gefreut. Herrgott! Was mache ich nur in einem Loch wie dem hier? Oh Gott!

Erinnerst du dich noch, liebstes Mädchen, an das erste Mal, an den Geschmack meines pochenden Fleisches in dir? Es war im Garten meiner kleinen Villa auf dem Hügel? Du hast gesagt, es war, als hättest du ein wildes Tier im Mund. Und dann hast du mich gefragt, ob meiner Ansicht nach die Frauen im Dorf dein Geheimnis ahnen würden, wenn sie deinen Mund sahen. Ich dachte, ich würde auf immer in dir verschwinden, als es mir kam. Jetzt wollte ich, ich wäre in dir verschwunden; jedenfalls wäre ich viel lieber in dir als in dem bedauernswerten Zustand oder diesem Ding namens Zachary.

Der kleine Park hier – meine Güte! der grüne Affe da oben in dem Walnussbaum holt sich doch tatsächlich einen runter – erinnert mich an den kleinen Park in New York, in dem ich jenen schrecklichen Sommer saß ... Ich las die Kleinanzeigen. Auf der Suche nach einem Job. Was für ein demütigendes Erlebnis. Als ich seinerzeit bei der Arbeitsvermittlung war – mein Gott, war ich damals noch jung –, ob ich da schon Zachary war?

Er stellte sich hinter zwei Männern an, die bereits warteten. Er sah sich um. Das Büro war ziemlich voll. Sämtliche Sitzgelegenheiten waren besetzt. Vier Leute standen an die Wand gelehnt. Sie warteten, um mit einem der drei Männer an den Schreibtischen zu sprechen. Er wandte den Blick ab von den Menschen im Raum und richtete ihn auf den Rücken des Mannes vor ihm.

»Sind Sie angemeldet?«, fragte die Dame am Schalter ihn. Sie hatte einen etwas kultivierten Akzent.

»Nein«, sagte er. »Nicht angemeldet, noch nicht.«

»Dann müssen Sie vor dem Gespräch ein Meldeformular ausfüllen«, sagte sie. »Füllen Sie das hier aus.« Sie holte ein Formular aus der Schublade. Dann fragte sie: »Was haben Sie denn gelernt?«

»Ich suche was in der Werbung«, antwortete er. Er bemerkte, dass die beiden Leute, die an die Wand gelehnt standen, ihn beobachteten.

»Dann sprechen Sie mit Mr. Green«, sagte sie. »Füllen Sie das hier aus und warten Sie, bis Mr. Green Sie aufruft.« Sie wies auf einen langen Tisch mit Schreibplätzen, an dem drei Leute saßen.

Er bedankte sich, ging an den langen Tisch und setzte sich vorsichtig an einen der Plätze, weil er keinen Lärm machen oder sonst irgendwie auffallen wollte. Er vermied es, die anderen Arbeitssuchenden anzusehen, die bereits an dem Tisch saßen. Das ganze Büro vibrierte in einer tückischen Mischung aus Angst, Schuldgefühlen, Scham und Versteckspielen vor sich selbst. Jeder schien seine Geheimnisse zu haben. Er wünschte, er könnte das alles allein und im Stillen erledigen; es machte alles nur noch schlimmer, dass andere ihn dabei sahen. Außerdem war da noch seine Kleidung – sie war nicht so schick, erfolgreich und arrogant, wie sie hätte sein können; ein Anflug von Schäbigkeit hatte sich über seine physische Erscheinung gelegt, er fühlte sich in der Defensive, wie ein Mensch zweiter Klasse.

Er musste erst sorgfältig einige der Jobs durchgehen, die er gehabt hatte, bevor er die Fragen auf dem Formular beantworten konnte. »Oh Gott«, sagte er sich, »wie in aller Welt bin ich hierher gekommen? Was habe ich nur falsch gemacht?« Allein diese »beruflichen Erfahrungen«, die jüngeren wie die alten, Revue passieren zu lassen, öffnete alte Wunden. Jede Erinnerung stand für einen Fehlschlag. Er dachte an all die Dinge, die er nie gelernt, Befehle, die er verweigert, Regeln, an die andere sich gehalten hatten, um zu überleben, und gegen die er immer wieder verstoßen hatte; ganz zu schweigen von den Leuten, die er wie den letzten Dreck behandelt oder mit denen er sich überhaupt nur abgegeben hatte, wenn sie ihm von Nutzen sein konnten. Die Reise in die Vergangenheit war so schmerzlich, dass er das Gefühl hatte, sie unmöglich mit etwas anderem schreiben zu können als mit seinem eigenen Blut.

Die Hälfte der Jobs, die er aufzählte, existierten nur in der Phantasie des Augenblicks. Er versuchte sich an gewisse Personen bei den Jobs zu erinnern, die er tatsächlich gehabt hatte. Hier und da kam ein Bild aus der Vergangenheit, das ihm nicht zuwider war: drei oder vier Leute, mit denen er kurze Zeit gearbeitet hatte – in einem Abpackbetrieb, einem Warenlager, einem Supermarkt – und die ihm sympathisch waren, nur dass er diese schlichten Gefühle, aus welchen komplexen Gründen auch immer, nie hatte jemandem mitteilen können; er hätte nicht sagen können warum, aber er behielt seine Gefühle und, was immer er an menschlicher Wärme verspürte, für sich. Für ihn waren diese Gefühle gleichbedeutend mit Schwäche: in dem Augenblick, in dem man jemanden wissen ließ, dass man ihn gern hatte, lieferte man sich ihm aus und lief damit Gefahr, jemandem aufzusitzen. »Ich wollte, ich hätte es irgendwie anders gemacht«, sagte er sich. »Ich wollte, mir hätte das jemand gesagt.«

Er musste bis in seine Anfangszeit an der High School, ja bis in die Grundschule zurück, um das Ich zu finden, das warm und liebevoll und wie alle anderen gewesen war. Als er so an diese Zeit zurückdachte, sah er sich plötzlich als Kind mit seinen Freunden und hörte seine fistelige Kinderstimme kreischen aus unbändiger Freude am Spiel. Am liebsten hätte er auf der Stelle losgeheult. Er wünschte, diese ganze leidige Geschichte würde verschwinden und er gleich mit ihr.

Als er eine Seite des Antrags ausgefüllt hatte, nahm er sich jede Frage und Antwort noch einmal vor, bevor er das Formular umdrehte. Diese Seite verlangte detaillierte Angaben über die tatsächliche Arbeit, die er bei seinen Jobs geleistet hatte. Mit einem völlig ungenierten Seufzer machte er sich an die langwierige, bange Aufgabe, Einzelheiten zu erfinden, von denen er wusste, sie würden den Leuten in der kalten, schrecklichen Arbeitsvermittlung gefallen. Er hörte Mr. Green mit einer Frau sprechen. Die Frau tat ihm Leid – sie hörte sich schüchtern an, ihre Stimme war brüchig, und auf eine merkwürdige Art erinnerte sie ihn an die Stimme seiner Mutter, wenn sie einen unangenehmen Zwischenfall in der Familie zu vertuschen versuchte; er kam sich so hilflos vor, er hätte ihr gern die Angst genommen, etwas getan, damit sie sich besser fühlte, stolz auf sich war. Und wenn er ihr nur den Arm um die Schultern hätte legen können: »Ist schon gut. Ich weiß, wie das ist. Wirklich. Ich bin Ihr Freund. Das wird schon wieder, Sie werden sehen.« Er hörte weiter zu, den Blick auf den Tisch gerichtet. Mr. Green sagte: »Ich bin die beste Anlaufstelle für solche Positionen im ganzen Land.« Zach machte sich an seine Details.

Mr. Green sprach mit den anderen in der Schlange vor ihm. Auf dem Tisch lagen ein paar Magazine. Er nahm eines zur Hand und blätterte es durch. Einmal warf er einen Blick durch den Raum und sah sich die anderen an, dann widmete er sich wieder dem Magazin.

»Wer ist der Nächste?«, sagte Mr. Green laut. Seine Stimme war unangenehm. Zach legte das Magazin auf die anderen, stand auf und trat an Mr. Greens Tisch. Mr. Green war ein großer Kerl mit einem Schnurrbart. Er sagte, er solle sich setzen, und bat ihn um das ausgefüllte Formular. Er las die Liste der Jobs, die er gehabt hatte.

»Wie ich sehe, haben Sie eine Menge Erfahrung, Mr. Hobson«, sagte er.

»Vermutlich, ja«, antwortete er, ohne zu laut zu werden.

»Was haben Sie denn seit Ihrer letzten Arbeit getan?«

»Ich bin durch Europa gereist.«

»Haben Sie dort gearbeitet?«

»Nein. Es war mehr ein Urlaub.«

»Sie haben sich umgesehen, meinen Sie?«, sagte Green mit einem Lächeln.

»Genau«, sagte er und deutete ebenfalls ein Lächeln an. »Ich hab' mich umgesehen.«

Green richtete den Blick wieder auf den Antrag. »Da sind Sie genau an der richtigen Adresse, Mr. Hobson. Wir sind Spezialisten auf Ihrem Gebiet. Einige der größten Firmen auf dem Gebiet zählen zu unseren Kunden.«

Zach sagte darauf gar nichts. Er sah, dass ihn ein Mann und eine Frau vom langen Tisch her beobachteten. Er sah sie nicht direkt an. Er richtete den Blick auf seinen Schuh und wartete.

»Welche Arbeit genau haben Sie sich denn vorgestellt, Mr. Hobson?«, fragte Green.

»Ich hätte an etwas bei einer neuen Werbeagentur gedacht.«

»Tja, dummerweise gibt es da im Augenblick nichts«, sagte Green langsam. »Aber in den nächsten Wochen dürfte sich da was ergeben. Die Situation lockert sich zusehends auf.«

»Hört sich gut an.«

»Sie waren nicht beim Militär?«, fragte Green nach einem weiteren Blick auf den Antrag.

»Nein. Beim Militär war ich nicht.«

Green sah ihn an. »Aus einem besonderen Grund?«

»Aus gesundheitlichen Gründen.«

»Irgendwas Ernstes?«

»Nicht unbedingt.«

»Aha«, sagte Green. Er richtete den Blick wieder auf den Antrag. Er drehte ihn um, las den Lebenslauf und ließ den Antrag sinken. »Ihr Lebenslauf ist ja schrecklich. Ein Schulkind würde besseres Englisch schreiben.«

Er starrte ihn an. »Ich glaube nicht, dass Sie wissen, wovon Sie sprechen«, sagte er. »Mein Englisch ist völlig in Ordnung.«

»Der Lebenslauf ist schrecklich«, wiederholte Green mit rauer Stimme. »Ich erfahre nichts, was ich wissen will.«

»Das hat doch nichts mit meinem Englisch zu tun, Mr. Green.« Die Leute, die an dem langen Tisch saßen, beobachteten sie. »Ich bin hier wegen einer Stelle, nicht um mich beleidigen zu lassen.«

»Schon gut, schon gut«, sagte Green und hob eine Hand. »Ich wollte Sie nicht beleidigen. Ich vermisse die Details.

Das hier ist ein Telegramm. Damit könnte ich Sie doch niemandem verkaufen.«

»Warum sagen Sie das nicht gleich?«

»Okay, okay«, sagte Green, immer noch laut. »Tut mir Leid, wenn Sie das Gefühl hatten, ich wollte sie beleidigen. Also, wissen Sie was, Sie schreiben mir jetzt eine ganze Seite darüber, was genau Sie bei all den Jobs hier gemacht haben. Alles. Ich will Details.«

»Wenn Sie unbedingt wollen«, sagte er. »Aber nötig ist es nicht. Man weiß doch, was jemand gemacht hat, wenn man weiß, wo er gearbeitet hat und als was.«

»Hören Sie«, sagte Green und beugte sich über den Tisch. »Ich bin jetzt zehn Jahre im Geschäft und weiß nun mal, dass die Leute ausführliche Lebensläufe bevorzugen. Ich bin Fachmann auf dem Gebiet.«

»Okay, Sie sind der Fachmann.«

»Also«, sagte Green, »ich sehe hier, dass Sie das Feld für Ihre Gehaltsvorstellungen leer gelassen haben. Sie haben in Ihrer letzten Stellung hundert die Woche verdient. Wollen wir mal fünftausendfünfhundert pro Jahr einsetzen?«

Er blickte an Greens Kopf vorbei und durch das Fenster hinüber zum Haus auf der anderen Straßenseite und dann wieder zurück auf Green. »Was das Gehalt angeht, bin ich ziemlich flexibel«, sagte er dann. »Lassen wir das mal offen.«

»Sagen wir ein Minimum von hundert die Woche?«

»Nein. Sagen wir fünfundsiebzig. Es würde mir wirklich nichts ausmachen, einen Job für fünfundsiebzig die Woche anzunehmen, während ich auf was Ordentliches warte.«

»Dann schreibe ich mal fünfundsiebzig«, sagte Green. »Aber eigentlich rate ich den Leuten immer, ihre Gehaltsvorstellungen nicht unter dem letzten Verdienst anzusetzen. Ist einfach nicht gut.«

»Da haben Sie vermutlich Recht.«

Die Dame am Empfangsschalter rief quer durch den vollen Raum: »Anruf für Sie, Mr. Green. Ein Mr. Shuman.«

»Das ist Ted Shuman«, rief Green zurück. »Stellen Sie ihn durch.« Er nahm den Hörer vom Apparat auf seinem Tisch. »Hallo, Ted. Schön, schön. Hören Sie, Ted. Augenblick mal, ja?« Er wandte sich an ihn. »Okay. Schicken Sie's mir doch einfach zu.« Er lächelte und hielt ihm eine Hand hin. Zach nahm sie und stand auf.

»Soll ich Sie von Zeit zu Zeit anrufen?«, fragte Hobson. »Oder melden Sie sich, wenn sich etwas ergibt?«

»Weder noch«, sagte Green. »Kommen Sie montags und freitags vorbei. Wir haben ziemlich zu tun hier.« Dann sagte er noch: »Vergessen Sie nicht, Sie sind nur einer von mehreren hundert Leuten, um die wir uns hier kümmern.«

»Danke.«

»Danke fürs Vorbeikommen.« Damit nahm Green die Hand vom Hörer. »Hören Sie, Ted, ich hätte hier für Sie genau das, was Sie suchen.«

Er ging – um nicht zu sagen kroch – durch das große, fremde Büro. Sorgfältig vermied er jeden Blickkontakt mit den Menschen an den Tischen; jeder Austausch mit den anderen unseligen Antragstellern wäre unter diesen Umständen schockierend gewesen, wenn nicht gar völlig obszön. Er blieb vor dem Schalter stehen. Die junge Frau dahinter war ziemlich nett anzusehen, eine Brünette mit blauen irischen Augen, die ihn an einige längst vergangene Eroberungen an der High School erinnerte. Er korrigierte instinktiv seine Haltung und rückte die Krawatte zurecht in der Hoffnung, zusammen mit dem Lächeln, das er gerade vorbereitete, genügend Selbstvertrauen, Männlichkeit und Charme auszustrahlen, um die junge Frau die Tatsache übersehen zu lassen, dass er sozusagen nicht in bester Verfassung war. Als er sich vorbeugte, nahm er eine sexy Hollywoodstimme an (ganz Gregory Peck) und sagte: »Wann kommt man denn hier am besten vorbei?«

»Früh«, sagte die junge Frau mit einem aalglatten New Yorker Lächeln. »Früh und oft.«

»Ja, da haben Sie wohl Recht«, murmelte er. »Man könnte sagen, das ist der richtige Rat für jede, äh … Unternehmung.«

Die junge Frau lachte sozusagen wissend – ganz so, als durchschaue sie die komplexen Anspielungen seiner geistreichen Bemerkung. »Da gebe ich Ihnen völlig Recht«, sagte sie und begann wieder zu schreiben.

»Arbeiten Sie schon lange hier?«

»Ungefähr ein Jahr«, sagte sie ungerührt.

»Besser als Verkäuferin oder Tippse, was?«

»Das ist aber auch schon alles.«

»Suchen Sie denn was anderes?«

»Tun wir das nicht alle?«, antwortete sie.

Er gab seiner nächsten Frage einen ganz gezielten Effet: »Sagen Sie, wie kommt man denn hier schneller voran?«

»Wie meinen Sie das?«

Er lächelte durchtrieben und einfältig zugleich. »Na, Sie wissen schon, wie man als Erster an die Jobs kommt, die sich auftun?«

Ihr strahlendes kleines Lächeln verlor zusehends an Glanz. »Das richtet sich ganz nach den Qualifikationen und wie lange jemand schon zu uns kommt.«

Er zwinkerte ihr zu, sein Lächeln nach wie vor blendend.

»Ich wette, Sie hören von so manchem der besten Jobs als Erste, hab' ich Recht?«

Sie sah ihn beinahe kalt an. »Es ist völlig unmöglich, hier jemand bevorzugt zu behandeln.«

»Das habe ich nicht gemeint«, sagte er eilig. »Ich meine, es würde doch eine Menge Zeit und so sparen, wissen Sie, wenn ich zum Beispiel einfach Sie anrufen könnte, hören, ob sich was Gutes ergeben hat. Ein Anruf unter Freunden … Sie verstehen.« Er ließ sie ein kleines Lachen hören.

»Ich könnte Ihnen da gar nicht helfen«, sagte sie, und es war klar, was sie anbelangte, war das Gespräch damit beendet.

Ein Anfall von Selbsthass durchzuckte ihn; er kam bei der Kleinen auf keinen grünen Zweig! Er hatte es nicht mehr drauf. »Okay, okay«, sagte er. »Trotzdem danke.« Damit ging er rasch durch die Tür und den antiseptischen, unmenschlich blassen Korridor entlang zu einem Aufzug mit einer schwarzen Tür.

Während er auf den Fahrstuhl wartete, die Hände in der Manteltasche, tastete er nach den Stellenannoncen aus der Zeitung, die er am Morgen ausgeschnitten hatte. Er wollte sie eben herausholen, als ein Mann, der ebenfalls gerade das Büro verließ, auf den Fahrstuhl zukam. Er ließ die belastenden Zettel in der Tasche. Er und der andere Mann sahen einander nicht an.

Vor der Arbeitsvermittlung blieb er einen Augenblick stehen, dann ging er über die Straße auf einen Drugstore an der Ecke zu. Es war dort warm. Er setzte sich in eine leere Ecke, knöpfte langsam den Trenchcoat auf und zog ihn aus. Er bestellte Kaffee. Er warf die Annonce weg, die ihn zu Greens Agentur geführt hatte. Darüber hinaus hatte er noch die beiden Ausschnitte für Jobs in der Marktforschung zweier anderer Agenturen. Er sah nach den Adressen und schätzte, wie lange er wohl zu Fuß brauchen würde, um dorthin zu kommen.

Die Serviererin brachte seinen Kaffee. Er steckte die Ausschnitte rasch weg. Der Kaffee war gut. Er war heiß und man hatte Sahne reingegeben statt Milch. Langsam trank er und überlegte dabei, ob er auch noch bei den anderen Agenturen vorsprechen sollte.

Es war fast schon Mittag. Eine der beiden Agenturen würde er vermutlich noch vor dem Essen schaffen. Er ließ sich das durch den Kopf gehen, nippte an seinem Kaffee und überlegte, wen er uptown wegen des Mittagessens anrufen könnte. Er könnte etwas früher essen, anstatt gleich zur ersten der beiden Vermittlungen zu gehen. Er könnte dann beide nachmittags drannehmen. Durchaus möglich, dass jemand aus seiner alten Gegend mit ihm essen ging. Er kam zu dem Schluss, dass es vermutlich ohnehin besser wäre, nachmittags zu den Agenturen zu gehen anstatt so kurz vor dem Essen, wo womöglich alles husch, husch gehen musste. Er könnte die Zeit vor dem Mittagessen mit einem Spaziergang auf der Fifth Avenue totschlagen.

Sofort ließ die innere Anspannung nach. Er trank seinen Kaffee aus, ließ zehn Cent Trinkgeld für die Serviererin liegen und ging in die Telefonzelle hinten im Drugstore. Geradezu dringlich wählte er die Nummer in der Hoffnung, sich mit irgendjemandem zum Mittagessen verabreden zu können, für den er noch unter den Lebenden weilte oder der noch mit ihm sprach.

»Das diabolische Weibsbild plant im Hotel meine Zukunft. Was mag sie wohl für den alten, auf Abwege geratenen Zachary auf der Pfanne haben? Eh?

Tja …

Die Gräfin schenkt Pater Escobar Tee ein. Der Geistliche mit den behaarten Händen riecht nach alten Beichten und sieht aus wie ein Zweiakter, den man mitten im ersten Akt von der Bühne geholt hat.

»Sie verstehen, Pater«, sagt die Gräfin und gibt ihm zwei Stückchen Zucker in seinen Tee, »dass mein Freund und ich für die nächsten Paar Wochen irgendwo unterkommen müssen.«

»Aber ja, das verstehe ich schon, natürlich«, sagt er. Unter seinem spanischen Namen hat er einen deutschen Akzent. »Die Amerikaner, die nach Ihnen suchen, werden sicher noch eine ganze Weile jede Ihrer Bewegungen beobachten.«

Die Gräfin wirft der Dänischen Dogge einen Zuckerwürfel zu und setzt sich dem Priester gegenüber. »Es gibt eigentlich nur eine Person, die über uns Bescheid weiß – ein schrecklicher kleiner Ermittler der Staatsanwaltschaft, der unsere Pläne zu vereiteln versucht.

Pater Escobar nickt und nippt schlürfend an seiner Tasse. »So einen gibt es immer.«

»Und dabei ist er so dumm«, sagt sie und krault dem Hund den riesigen Kopf. »Er versteht einfach nicht, dass jeder dieses Attentat gewollt hat, die ganze amerikanische Bevölkerung.«

Pater Escobar nickt weiter, schlürft etwas Tee. »Die Ermordung des Königs ist ein tiefsitzendes primitives Bedürfnis, ein Urtrieb der menschlichen Psyche«, sagt er, »und der Mann war eben ihr erster König.«

Sie lächelt ihn fragend an. »Sie verstehen das, Pater?«

»Aber ja, natürlich.«

»Es musste einfach passieren. Sonst hätte sich das kollektive Unbewusste irgendwann in seiner Frustration einen Weg gebahnt und es wäre zu Massakern auf der Straße gekommen.« Sie zündet sich eine lange Zigarette an, die einen merkwürdigen Duft verströmt. »Es war ein Erfordernis ihrer natürlichen Gesundheit. Denken Sie doch nur, Pater, wie sehr die biblischen Massen den Tod von Jesus Christus brauchten.«

Mit einem Nicken faltet er die behaarten Hände über dem feisten Bauch.

»Stellen Sie sich doch nur das Chaos vor, das über ihre Welt gekommen wäre, hätte Jesus weiter gelebt«, sagt sie und bläst Rauch in die Luft.

»Undenkbar«, sagt er.

»Dieser dumme kleine Polizist und der noch dümmere Mensch, für den er arbeitet, gehen mit ihren Ermittlungen wider die Natur. Sie versuchen den Bluttraum ungeschehen zu machen. Ach! Schlecht werden könnte einem von so viel Blindheit!«

Der große Hund hebt knurrend den Kopf, als wittere er irgendwo eine Gefahr.

»Ruhig, Thor«, sagt sie und tätschelt ihn. »Ruhig. Was soll man mit Leuten machen, die ihr Schicksal nicht verstehen?«

Pater Escobar gestattet sich einen kleinen Teerülpser. »Ich denke, da lässt sich schon was arrangieren für Sie und Ihren, äh ... Begleiter«, sagt er. Ein Lächeln, das nur als schmierig zu bezeichnen ist, bemächtigt sich seines Gesichts. »Sie können für, äh ... ein paar Wochen eines der unbelegten Zimmer im, äh ... Pfarrhaus beziehen. Selbstverständlich sind wir für einen Beitrag zu unserem Baufonds unendlich dankbar.«

»Selbstverständlich, Pater. Wären fünftausend genehm?«

Offenbar verfügt er über ein unendliches Reservoir an Schmierigkeit, jedenfalls erscheint eine weitere Portion auf seinem eigentlich bereits gesättigten Gesicht. »Ausgesprochen großzügig, liebe Gräfin. Die guten Bauern von Santa Maria werden es Ihnen auf ewig danken. Mit Ihrer Spende können wir eine Entbindungsstation bauen.« Er erzittert unter einem Anfall jener Sorte Humors, die angeblich allen Geistlichen zu Eigen ist. »Unsere armen Frauen hier können nicht anders, als ständig schwanger zu sein.«

»Die Ärmsten«, sagt die Gräfin mit einem strahlenden Lächeln, das alles mögliche bedeuten kann. »Der Ruf des Fleisches ist ihr Untergang.« Ihr kommt ein Gedanke. »Vielleicht könnte ich ihnen helfen. Ich könnte eine Klinik für Körperhygiene für junge Mädchen einrichten, sagen wir zwischen dreizehn und sechzehn. Das ist ein nettes ... ich meine, ein Alter, in dem man noch zu erziehen ist.«

»Hmm«, macht Pater Escobar, der an einem Butterkeks nagt. »Wir sollten uns das überlegen. Wirklich lecker, diese ...«

»Da bin ich sicher«, entfährt es der Gräfin, bevor ihr Verstand sie daran hindern kann.

»... diese Kekse.«

Kurze Zeit später sitzt er in einem Büro mit einem anderen Priester beisammen, einem hauchdünnen Mann mit blauen Augen, die nichts über sein Innenleben sagen. Auf dem alten spanischen Tisch, einer Antiquität aus dem 17. Jahrhundert, liegen fünftausend druckfrische amerikanische Dollar.

»Nicht schlecht«, sagt er und nimmt ein Bündel nagelneuer Fünfziger in die Hand.

»Das will ich meinen«, sagt Pater Escobar. »Nur dass es jetzt ziemlich eng ist hier. Wir haben ja schon sechs Gäste – die Bankräuber aus Los Angeles, den Mafioso, die beiden Nazigeneräle, die junge Mörderin aus der Schweiz ...«

Der andere winkt ab. »Kein Problem. Wir bringen die beiden neuen in der Weinkellerei unter.«

Pater Escobar nickt. »Ausgezeichnet. Also, Bruder, wie viel haben wir bisher?«

Ton und Klang der Stimme des anderen weisen auf eine lange Tradition, die Welt völlig unsentimental so zu sehen, wie sie nun einmal ist.

»Fünfundneunzigtausend. Noch fünftausend, und wir sind so weit.«

Der andere – dessen Vorrat an Schmieröl unerschöpflich scheint –, klopft sich auf seinen unverschämten Bauch und ruft: »Und dann Paris! Ich kann es kaum erwarten. All die unsäglichen Sünden, die uns erwarten! Die verdorbene Welt Balzacs, Hugos, de Kocks!«

Sein Priesterkollege verströmt blasses Licht. »Der Garten Eden. Ach ja. Aber erst brauchen wir noch ein, zwei Gäste. Ich sage dir, Bruder, schau du mal fleißig in die *New York Times*, damit du keines von den Menschenkindern versäumst, die vor ihrer Kultur fliehen müssen. Schreib ihnen von unserer kleinen Freistatt hier. Und vergiss nicht die saubere Luft zu erwähnen. Und die Hausmannskost.«

Pater Escobar schlägt klatschend die Hände zusammen.

»Eine großartige Idee! Ich werde mich sofort darum kümmern.« Sein Blick wandert ans Fenster. »Ach!«

»Was ist denn?«

»Der Schleicher, dieses atmende Nichts mit der apokryphen Nase ...«

»... auf der man den nächsten Erlöser kreuzigen wird.«

Pater Escobar streckt die Zunge in Richtung des fraglichen Schandflecks. »Womöglich hat er uns belauscht und unsere Pläne gehört.«

Der andere zuckt die Achsel. »Spielt doch keine Rolle. Selbst wenn er jemandem davon erzählt. Wer würde ihm glauben? Kein Mensch hier glaubt, dass er überhaupt existiert. Jeder hält ihn für die Ausgeburt einer abartigen Phantasie. Also mach dir mal keine Sorgen.« Dann ruft er munter: »Komm doch mit in die Beichtkammer. Ich habe einen Ketzer zu bestrafen.«

»Ah ja«, sagt Escobar, der ebenfalls aufsteht. »Ich dachte doch, ich hätte heute Nacht jemanden um Gnade flehen hören.«

»Warte, bis du ihn heute hörst.«

»Wo hast du den aufgetrieben?«

»Vom Bischof in Peru. Ich habe ihn eingetauscht – für eine Kiste Scotch und eines meiner schnellsten Pferde.« Er reißt die knarrende alte Tür zur Beichtkammer auf.

»Sie sind so selten wie Einhörner heutzutage«, sagt Pater Escobar.

»Und viel kostbarer.«

24

Sex. Mord. Krieg. Verbrechen. Politischer Dissens. Landleben. Sport. So in etwa präsentierte sich Mrs. Katz bei der Lektüre der Tageszeitung das zeitgenössische menschliche Sein. Sie saß in der Frühstücksnische mit Blick auf den Potomac. Ein geblümter Hausmantel bedeckte ihren gesamten weichen, nicht mehr ganz so klar konturierten, aber naiv geduldigen 49-jährigen Körper; nur Kopf und Füße – Letztere in Sandalen – guckten heraus. Vor ihr lagen die albernen Überreste eines Bagels mit Frischkäse und Lachs; in ihrem ursprünglichen Zweck nicht mehr erkennbar.

»Schatz«, wandte sie sich an ihren Gatten Eli, »hast du gewusst, dass Emerson gestern in Buenos Aires in einem phänomenalen Match über fünf Sätze Gimeno unterlag?«

Mr. Katz trank etwas Kaffee. »Nein.«

»Tja, hast du gewusst, dass die spanischen Behörden San Sebastián abgeriegelt haben, ein erster Schritt gegen die aufständischen Basken?«

Er spießte etwas Rührei auf die Gabel. »Nein.«

»Mhm. Hast du gewusst, dass es Hinweise darauf gibt, dass Eisbären womöglich jedes Jahr an eine bestimmte Stelle in der Arktis zurückkehren?«

»Nö«, sagte er und knabberte an einem Brötchen.

Sie senkte die Zeitung. »Genau das meine ich. Du interessierst dich für nichts anderes mehr außer für deine Wiederwahl in den Kongress. Du hast nicht das geringste Interesse an dem, was so passiert auf der Welt. Kein Interesse an den Tieren auf dem Planeten, auf dem du ganz zufällig im Augenblick lebst. Und«, sie strich sich geziert das Haar zurecht, »ganz offensichtlich interessiere auch ich dich nicht mehr.«

Er hob den Kopf. »Wie kommst du denn darauf, Bella?«

Ein Ausdruck, der auch Tränen hätte verheißen können, umwölkte ihr Gesicht. »Nun, zum Beispiel schlafen wir morgens nicht mehr miteinander.«

»Oh.«

»Genau. *Oh.* Bevor Clevelands 14. Bezirk dich zum Abgeordneten gewählt hat, haben wir jeden Morgen miteinander geschlafen.« Sie wischte sich über die trockenen Augen. »Ich nehme an, dass ich so alt geworden bin, dass es dich vor mir graust. Ich muss dir wohl morgens wie eine alte Socke vorkommen.«

»Ach, komm schon, Bella. Du weißt, dass ich immer scharf auf dich bin.«

»Nachts vielleicht, aber morgens nicht mehr. Da liegst du bloß noch da und zählst Stimmen. Es ist dir völlig egal, dass ich zitternd in meiner ganzen Weiblichkeit neben dir liege. Erfüllt von warmem weichem Verlangen.«

Er legte eine Hand auf die ihre. »Ah, Bella, das ist nicht fair. Du weißt, dass ich bei dieser Wahl alles geben muss.«

Verdrießlich vielleicht schob sie seine Hand weg. »Du willst mir doch nicht einreden, dass dir ein kleiner Orgasmus, fünf Minuten normaler, gesunder Spaß unter Eheleuten dich um deine Stimmen bringen wird. Nein. Das glaube ich einfach nicht.«

Er stand auf und legte einen Arm um sie. »Verzeih dem alten Eli, wenn er sein Bella-Baby vernachlässigt hat.«

»Schau dich an«, sagte sie, ohne den Blick von den Bagelruinen zu nehmen. »Du hast ja sogar Angst, mich da zu berühren, wo's zählt.«

»Stimmt doch nicht.« Er schob die Hand in ihren Bademantel und umfasste eine ihrer vollen Brüste. »Mm. Hübsche Sachen hast du da.«

Ruckartig stieß sie ihren Stuhl zurück. »Das sagst du doch nur so! Ich spüre nicht das geringste Verlangen bei dir.« Sie blickte zu ihm auf. »Ich wette, du kriegst noch nicht mal eine Erektion.«

»Ah, das stimmt doch nun wirklich nicht. Du weißt genau, du hast so ein bestimmtes Lachen, das macht mich ...«

Sie sprang auf und begann den Hausmantel zu öffnen. »Das wollen wir doch sehen. Gleich kommt der Augenblick der Wahrheit, pass mal auf.« Sie ließ den Mantel sinken und baute sich, eine ehemalige Prinzessin, in ihrer ganzen üppigen Nacktheit vor ihm auf. Sie legte die Hände hinter den Kopf wie ein Model in einem Herrenmagazin und drückte das Kreuz durch. »Okay, Don Juan, lass doch mal sehen. Zieh deinen reinseidenen Mantel aus, dann wollen wir ein für allemal sehen, was dein ach so leidenschaftlicher Schniepel so drauf hat, wenn er vor nackten Tatsachen steht.«

Er tat wie ihm geheißen, wenn auch etwas nervös. Beide betrachteten sie seinen kleinen Mann, der den Kopf hängen ließ.

»Aha«, sagte Bella. »Verrückt vor Verlangen ist er ja nicht gerade, was?«

Er zuckte kleinlaut die Achseln. »Das ist wirklich nicht fair, Bella. Du erwischst mich auf dem falschen Bein.«

»Ich bin doch angeblich die Würze des Lebens«, sagte sie und streckte ihm wie eine Stripperin die Zunge heraus. »Hast du das nicht gewusst, Mr. Lover Boy?« Sie begann langsam mit den Hüften zu kreisen, während sie beide seinen Lümmel im Auge behielten.

»Na so was, Bella. Wo hast du denn das gelernt?«

In einer letzten perfekten Drehung stieß sie ihm ihr Becken entgegen. »Nun werd mir nicht theoretisch, Monsieur Tote Hose. Jetzt wäre ein bisschen Action gefragt.«

Er starrte ihren sich räkelnden Körper an und dann sein widerspenstiges Glied. »Ich gebe mir ja alle Mühe, Bella, wirklich.« Plötzlich schien ihm etwas Angst zu machen. »Was, wenn April hereinkommt?«

»Keine Bange. Die ist unterwegs ... treibt es wahrscheinlich mit irgendeinem Rugbystar.«

Sie begann sich mit beiden Händen über den Körper zu fahren, angefangen von der dichten Behaarung zwischen ihren Beinen bis hinauf zu den Brüsten. »Denk mal scharf nach, Großer. Lass deine Phantasie spielen, stell dir ein paar verbotene zwischenmenschliche Szenen vor.«

»Bella! Du bist ja übergeschnappt!«

Sie fasste sich mit beiden Händen unter die Brüste und

bot sie ihm an; dabei streckte sie ihm die Zunge heraus, so weit es ging. »Nimm die Hand aus der Tasche des Wählers, Eli! Lass deine halbseidene Fairmont Avenue mal hinter dir und komm mit mir in die Kasbah.« Sie begann die Hände über dem Kopf zu drehen wie eine arabische Bauchtänzerin.

Der Blitz wollte nicht einschlagen. Er schüttelte traurig den Kopf. »Ich weiß auch nicht, was los sein könnte. Vielleicht sollte ich mal zum Therapeuten gehen.«

»Du läufst mir jetzt nicht weg!« Bella wurde jetzt etwas vulgärer – sie steckte sich einen Finger in die Möse und bewegte ihn; das Schmatzen war eindeutig zu hören. »Ich werde schon dafür sorgen, dass er dir steht, auch wenn ich drauf geh' dabei!«

»Ich bin ganz bei dir, Schatz. Ehrlich. Ich habe ein Gebirge von Lust in mir, aber er will sich einfach nicht rühren. Vielleicht sollten wir mal was anderes versuchen.«

Bella wandte ihm ihren dicken runden Hintern zu, beugte sich vor und schwenkte ihn. »Gefällt dir das?«

Er nahm sein Ding in die Hand und sah es an wie einen Freund der ihn verraten hatte. »Essen, zum Beispiel. Als Kind habe ich jahrelang Essen mit Sex verbunden. Ich habe immer bei meinem Cousin Max im Deli gegessen. Er hatte zwei furchtbar sexy Kellnerinnen. Polinnen. Mordsschenkel, weißt du, schwere Brüste, leichter Schweißfilm auf dem gesunden Gesicht. So in die Richtung. Jeden Tag saß ich da, aß, bis ich platzte und verzehrte mich nach den beiden. Unter dem Tisch habe ich dabei an mir rumgespielt.«

Bella, die ihm jetzt wieder gegenüberstand (eine Hand am Busen, die andere an der Möse): »Ich verstehe. Das hast du mir bisher nie erzählt.«

»Es ist nicht so, dass ich es vor dir verheimlichen wollte, Bella.«

»Darüber reden wir ein andermal. Jetzt sollten wir uns mit vereinten Kräften auf unser Problem konzentrieren.

Okay, der Herr mit den schmuddligen Erinnerungen. Dann mal los!« sie begann aufs neue mit ihrer Bauchtanznummer, stieß die Hüften vor, wand sich, schüttelte die schweren Brüste. »Kreplach! Derma!«

Eli war einen Augenblick in der Schwebe, während seine Mechanik umzuschalten begann. Dann rief er: »Ich spür's Bella! Ich spüre ihn!«

Sie legte in ihren Bemühungen zu. »Matzenklößchen! Gefüllter Kohl!«

Langsam begann sein Würstchen sich zu heben, eine aus tiefstem Schlummer geweckte prähistorische Kreatur. »Schau doch! Bella! Schau! Ich kriege ihn hoch!«

Sie war ein tanzender Derwisch sexueller Projektion. Ihr Atem ging stoßweise; Schweiß begann auf ihrem wilden Körper zu perlen. »Hühnerfett! Dillgurken!«

Eli stieß einen Freudenschrei aus. »Bella! Er steht! Er steht wie eine Fahnenstange!«

»Was stehst du denn noch rum, du dussliger Kerl!«, rief sie und schob ihm ihren dichten schwarzen Pelz entgegen. »Besorg's mir endlich!«

Eli sprang auf sie zu und schlang die Arme um sie. »Er gehört ganz dir, Schatz. Nimm ihn dir!«

»Salami!«, schrie sie und griff nach seinem wieder auferstandenen Schwengel. »Corned Beef! Rinderbrust!«

In der klassischen Ringerstellung fielen sie auf den dicken Teppich.

»Wow! So war das ja noch nie!«, rief Eli und stieß zu.

»Mach all die verlorenen Jahre wieder wett, Eli!«, rief Bella, die beide Arme um ihn geschlungen hatte und die Beine hochnahm, damit er tiefer in sie eindringen konnte. »Lass alle Vorsicht sausen! Strudel! Borschtsch! Lachs ... und ... *Frisch ... käseeeee!*

»Und was hast du dem Präsidenten darauf gesagt, Papi?«, fragte April.

»Ich habe ihm gesagt, was Sache ist«, antwortete Katz und blickte nach rechts und links, bevor sie die Dumbarton Avenue überquerten. »›Herr Präsident‹, hab' ich gesagt, ›das Land ist in ernsthaften Schwierigkeiten. Unsere Flüsse sind vergiftet. Es gibt nicht einen Bach, nicht einen Fluss mehr, aus dem man trinken könnte, ohne auf der Stelle tot umzufallen.‹«

»Dem hast du's aber gegeben«, sagte April und wandte sich nach einem cremefarbenen Mercedes mit ausländischem Nummernschild um. »Hat er's kapiert?«

Katz schüttelte müde den Kopf. »Das glaube ich nicht. Er ist ziemlich kompliziert und schwierig. Ich hatte kaum ausgesprochen, da ist er praktisch explodiert. Es war furchtbar.«

Sie betraten den Montrose Park.

»Armer Papi«, sagte April und schob ihre Hand in die seine.

»›Katz, Sie hinterfotziger Itzig, Sie!«, schrie er mich an und schmiss einen Briefbeschwerer an die Wand. ›Sie haben die Frechheit, mir mit ein paar beschissenen Flüssen zu kommen, wo Sie doch genau wissen, dass mir die Scheiße der ganzen Welt bis über beide Ohren steht! Die verfluchten Russen besetzen ein armes kleines Land wie die Tschechoslowakei, die verdammten Schlitzaugen vom Vietcong murksen anständige, saubere junge Amerikaner ab, das picklige Langhaargesindel auf unseren amerikanischen Straßen verlangt, dass ich das Land diesen verrückten Niggern abtrete! Katz, kommen Sie mir noch einmal mit stinkigen Flüssen, Redwoods oder Bergziegen, und ich sorge nicht nur persönlich dafür, dass sie Ihren Sitz im Kongress verlieren, sondern schicke Ihren aufgeblasenen Arsch ins polnische Ghetto zurück.‹«

Nach diesem erschöpfenden Vortrag schlang April den Arm um ihren Vater. »Der hört sich ja richtig schrecklich an. Wenn man bedenkt, dass so ein ekelhafter alter Kerl hier das Sagen hat. Großer Gott!« Sie fanden eine leere Bank neben den Tennisplätzen – die meisten Bänke waren von Negerfrauen in weißen Kitteln belegt, die auf putzig gekleidete weiße Babys aufpassten –, und April bugsierte ihren Vater darauf, als hätte ihn seine Erzählung zum Invaliden gemacht.

Der dunkelhaarige junge Mann, der auf dem Platz vor ihnen den Aufschlag hatte, machte einen Doppelfehler und spuckte empört auf seinen Schläger.

»Ich sage es ja nur ungern, April«, begann Katz, »aber die USA sind drauf und dran zu verschwinden.«

April tätschelte ihm die Hand. »Daran gibt's überhaupt keinen Zweifel, lieber alter Papi, aber ich wollte, du würdest aufhören, dich ständig so aufzuregen. Wir können doch jederzeit packen und woanders hingehen.«

Er schüttelte den Kopf. »Das wäre unmoralisch. Wir können die gute Sache doch nicht so einfach hinschmeißen.«

Ein kleines blondes Mädchen kam auf sie zugewackelt und hielt Katz einen angebissenen Keks hin. Er nahm ihn, ohne so recht zu merken, was er machte, und aß ihn auf.

»Hör zu, Papi«, sagte April und sah ihn zugleich lieb und ernst an, »diese so genannte gute Sache ist doch schon lange, lange verloren. Ehrlich. Also vergiss es endlich.«

Verwirrt und ängstlich sah er sie an. »Das ist ja schrecklich, so was darfst du doch nicht sagen, April. Was ist mit der Verfassung? Den Gründervätern?«

»Eine elitäre Bande, die die Öffentlichkeit ganz furchtbar aufs Kreuz gelegt hat.«

Der dunkelhaarige junge Tennisspieler setzte einen Ball ins Netz, ein schlechter Return auf den Aufschlag des anderen, und rief: »Scheiße!« Wieder spuckte er auf seinen Schläger.

»Wo hast du denn solche Sachen aufgeschnappt?«, fragte Katz sie. »Du bist doch wohl keine Kommunistin geworden, oder?«

Eine Purpurwinde von Gelächter kam aus Aprils Mund. »Oh Papi! Du hörst dich an wie Winston Churchill. Natürlich bin ich keine Rote geworden. Was immer das sein soll. Ich hab' nur den Mist nie glauben können, den man uns in der Schule erzählt hat, oder in der Zeitung oder wo immer sonst solcher Schwachsinn verzapft wird.« Sie zündete sich eine Gauloise an.

Ihr Vater seufzte schwer. »Ich weiß nicht. Ich weiß einfach nicht.« Er starrte in Richtung einer Reihe Magnolien, wo ein Mädchen lachend mit einem Jungen rang. »Meinem lebenslangen Dienst an der Öffentlichkeit so einfach den Rücken kehren. Ich meine, versuch dir doch mal vorzustellen, wie's in Cleveland aussehen würde ... Ich habe dafür gesorgt, dass man Fluor ins Wasser gibt, der Fonds für die Unterprivilegierten ...«

Sie blies eine furiose Rauchwolke in die saubere Parkluft. »Ich sag's dir. Nichts wäre anders.«

»April! Ich verbiete dir, deinem Vater gegenüber so zynisch zu sein. Das ist ... ist respektlos.«

»Ach Papi«, sagte sie. Sie nahm seine Hand und küsste sie. »Du weißt sehr gut, dass ich dir gegenüber nicht respektlos sein könnte. Ich bete dich an. Ich versuche dir nur die Augen zu öffnen. Rotkäppchen war eine Lesbe.«

Katz bäumte sich auf. »Was?«

April lachte. »Was ich sagen will ist, fall doch nicht auf dieses Friede-Freude-Eierkuchen-Geschwätz vom Land der Freiheit herein.« Das Klacken von Krocketbällen hallte durch den belaubten, einfältigen Park. Ein uralter Parkwächter schlenderte summend vorbei. »Dem allen den Rücken zu kehren, könnte also im Grunde das Gesündeste sein, was du in deinem stressigen Leben je gemacht hast.«

Ein resigniertes Lächeln mit einem Anflug von Verträumtheit brachte Licht in den grauen Tag auf Katz' Gesicht. „Hmm. Einfach die Zelte abbrechen und herumzigeunern, was?"

»Sag mir nichts gegen die Zigeuner, mein alter Paps. Die sind noch immer groß in Form, und das nach zweitausend Jahren. Und du findest nicht einen von denen in der Klapse.«

Katz stand auf. »Solche Reden machen mich nervös. Gehen wir ein bisschen spazieren.«

»Okay, wenn du meinst.«

April hakte sich bei ihrem Vater unter, und zusammen machten sie sich auf den Weg an den Kinderwagen und schwarzen Nannys vorbei in Richtung des Arboretums. Aus heiterem Himmel segelte ein Tennisschläger über ihre Köpfe hinweg und landete in einigen Pimentbäumen.

»Großer Gott!«, sagte Katz mit einem Blick in den Himmel voller Überraschungen. »Wo kam der denn her?«

»Aus den Tiefen des Wesens des armen Jungen da«, sagte April und lachte herzhaft.

Sie gingen den Krocketplatz entlang und hielten auf die Gewächshäuser zu (die Mrs. Robert Wiggins Lowe 1940 ihrem verstorbenen Gatten zum Gedächtnis gestiftet hatte, der Bankier und Blumenliebhaber gewesen war).

»Wirklich, Papi«, sagte April und pflückte ein Blatt von einem der Büsche, »ich würde an deiner Stelle über die Demokratie noch mal nachdenken, und zwar gründlich.«

»Sie ist alles, was wir haben«, sagte er. »Wir müssen nur dafür sorgen, dass sie auch funktioniert.«

Sie schüttelte den Kopf. »Das ist es ja, was ich sagen will: Sie sollte doch von vornherein nie funktionieren.«

»Was?«

»Sie war eine interessante Idee, ganz amüsant, das ist alles", sagte sie, als sie das erste der Gewächshäuser betraten. „Hör dir mal an, was de Tocqueville zum Thema zu sagen hat.«

»Wer ist das denn?«

»›Deshalb hat die Öffentlichkeit bei einem demokratischen Volk eine einzigartige Macht, wie sie bei aristokratischen Nationen unvorstellbar ist; denn sie überredet andere nicht zu ihren Überzeugungen, sie zwingt sie ihnen auf und sorgt durch eine Art enormen geistigen Druck aller auf die Intelligenz des Einzelnen dafür, dass sie das Denken aller durchdringen.‹ Na, wie findest du das?«

Katz lehnte sich an einen Pfosten neben einem dicht bewachsenen Beet südamerikanischer Farne. »Ich weigere mich, derart subversiv zu denken. Es ist unmoralisch und Hochverrat. Ich bin Mitglied der Legislative der Vereinigten Staaten von Amerika, und ich weiß, es verstößt gegen meinen Amtseid, so etwas überhaupt in meinen Kopf zu lassen.« Er zupfte ein Farnblatt ab und steckte es in die Tasche. »Das moralische Rückgrat des ganzen Landes könnte brechen.«

»Scheiße!", rief April und warf eine Handvoll Heidekraut nach seinem Kopf. »Du solltest zum Film gehen.«

»Washington hat den Delaware doch nicht für nichts und wieder nichts überquert!«, rief er und schleuderte eine afrikanische Lilie nach ihr.

»Dich sollte man nach Afrika zurückschicken!«, rief sie und schlug mit einem jungen Gummibaum nach seinem zurückweichenden Körper.

»Unser Land wird nicht untätig zusehen, wenn irgendwo die Menschenwürde von Millionen mit Füßen getreten wird«, schrie er und stürzte den von Pflanzen gesäumten Weg hinab.

April lief hinter ihm her; sie warf dabei kleine japanische Holzäpfel nach ihm. »Du würdest deine Mutter verkaufen, wenn sie was einbrächte, du herzloser Kriegsgewinnler.«

In einer entfernten Ecke des Gewächshauses saß, in einem Kräuterbeet – einem rohen Lamm, das auf die Taufe mit Basilikum wartet, nicht ganz unähnlich – der dunkelhaarige junge Tennisspieler. Er beobachtete April und ihren Vater; nichts deutete darauf hin, dass er nicht glaubte, was er da sah.

Mrs. Katz und April befanden sich mitten in einer – okay, im Herzen (ist das besser?) –, einer flotten kleinen Szene gradewegs aus dem Leben der besseren Leute. Ort der Handlung ist die Abteilung für Kaschmirpullover bei Garfinkel's, dem einzigen Geschäft in Washington D. C., in dem eine weiße Dame von Stand sich sehen lassen konnte.

»Ich denke, die hier ist furchtbar niedlich, findest du nicht, Schatz?", fragte Mrs. Katz und hielt eine graue Strickjacke hoch.

»Schlicht zum Kotzen", sagte April.

»April! Bitte. Jemand könnte dich hören.«

»Deswegen haben wir ja wohl Sprechwerkzeuge, oder?", bemerkte April. Sie nahm einen leuchtend orangen Rolli zur Hand. »Also der hier, der sagt doch wirklich hallo.«

Mrs. Katz legte eine Hand an den Hals, eine feine Geste, von Millionen draller feiner Damen seit Wilhelm dem Eroberer akzeptiert. »Ist der nicht, äh, ... ein klein bisschen kess, Liebes?«

»Oh Scheiße, Mutter", sagte April und warf sich den Pulli über die Schulter. »Du solltest den Töchtern der Amerikanischen Revolution beitreten, weißt du das?«

»Ich wollte doch nur ...«

April ging in die Umkleidekabine, um den kessen Pulli anzuprobieren. Bevor sie ihn überzog, hielt sie einen Augenblick inne, um sich im Spiegel ihre bloße Brust anzusehen (sie trug nie BHs, weil die ihrer Ansicht nach altmodisch und gegen Gott waren). Beim Anblick des vollen Schwungs ihrer festen Brüste lächelte sie. Nur zum Spaß kniff sie die rosigen Nippel. Die zeigten sich der Situation gewachsen und wurden hart.

Ein grinsender Teenager, der nach einem Spanier aussah, trat in die Kabine. Selig starrte er ihre Brüste an. »Junge, Junge! Sie haben ja vielleicht tolle Möpse.« Er hatte ganz eindeutig einen puertoricanischen Akzent.

April musterte ihn, bevor sie sich wieder ihrem eigenen

Spiegelbild zuwandte. »Tut mir leid, aber ich habe heute keine Zeit für einen Bauernaufstand.«

»Ich hab' meine Brille nicht mit«, sagte der Junge und trat auf sie zu; nur wenige Zentimeter vor ihrem bloßen Busen blieb er stehen. »Da muss ich einfach näher ran, um die Dinger richtig zu sehen.« Er berührte eine ihrer Brüste mit der Nase. »Ja. Jetzt seh' ich sie total scharf.«

Sie drehte sich etwas, um sich im Profil zu sehen, und strich dem Jungen dabei mit der linken Brust übers Gesicht. Anmutig vollzog er ihre Drehung mit.

»Die alte Familienstruktur zeigt eindeutig Risse«, sagte sie und hob das Kinn etwas an.

Der Junge rieb die Backe an ihrer Brust. »Du solltest in spanischen Filmen mitspielen. Die sind absolute Spitze. Die hau'n dich total um.«

Sie nahm den Pulli und zog ihn sich über den Kopf. »Wenn ich die Zeitungen richtig gelesen habe, solltest du doch gerade mit Straßenkämpfen deiner Gang oder Heroinspritzen beschäftigt sein.« Sie steckte die Arme in die Ärmel. Ihr Busen war noch immer zu sehen.

Der Junge rieb die Nase an der anderen Brust. »Mm, Mann, wenn mein Cousin Alfonso mich jetzt sehen könnte.« Er sah Aprils Gesicht im Spiegel an. »Hör mal, weißt du, was mir ein Zahnarzt in der Klinik gesagt hat?«

»Ich frag' mich, wie das wohl wäre, auf einer Insel mit lauter Leuten wie dir zu leben.«

Der Junge legte ihr eine Hand auf die Hüfte, wie um das Gleichgewicht nicht zu verlieren, vielleicht ein Hinweis auf eine ererbte Kreislaufschwäche, wer weiß. »Das einzige Mittel gegen Löcher in den Zähnen, hat er gesagt, ist die Milch von einer Mädchenbrust. Sie würden ja wohl nicht wollen, dass ich Karies bekomme, oder?«

Sie nahm den Blick vom Spiegel und guckte dem Jungen mehr oder weniger in das nach oben gewandte Gesicht. (Um es etwas genauer zu sagen: ihr Blick stand ganz in der uralten menschlichen Tradition; der Mensch benutzt diesen Blick – oder Ausdruck –, wenn er in die Richtung ferner Gebäude von großer historischer Bedeutung späht oder für die Lektüre bedeutsamer, aber aufwiegelnder Menetekel an der Wand.) »Bist du wirklich zehn oder nur zu klein für dein Alter?«

»Dachte mir doch, dass Sie das nicht wollen«, sagte er und begann an ihrer Brust zu saugen. Er hielt sie jetzt mit beiden Händen an den Hüften.

Von außerhalb der Kabine – ein schwerer Vorhang diente als Tür – war ihre Mutter zu hören: »Du brauchst ja furchtbar lange, April. Alles in Ordnung mit dir?«

»Alles klar«, rief sie hinaus. »Alles klar. Mit dem Reißverschluss stimmte was nicht.«

»Mit was für einem Reißverschluss denn?«

»Na mit Reißverschlüssen an sich. Schon erledigt.«

»Ich geh mal rüber zu den Schuhen«, sagte ihre Mutter. »Wir treffen uns da.«

April seufzte nur. Der Junge begann ihre andere Brust zu bearbeiten; mit einiger Begeisterung kaute er an ihrem Nippel. Inzwischen bezog er seinen Halt aus einem festen Griff um ihren runden Hintern. Einige Augenblicke später guckte er zu ihr auf. (Um es genauer zu sagen: sein Blick, bei dem er sich den Hals verdrehte, war der Blick, mit dem Schulkinder in der ersten Reihe der Met sich den Ballettkram auf der Bühne über ihnen ansahen.) »Hören Sie, haben Sie mal was über die puertoricanische Kultur gelesen?«

»Ich dachte, Kinder in eurem Alter wären vollauf mit ihren Identitätskrisen beschäftigt.«

Er begann ihr die Hose aufzuknöpfen. »Also, in der puertoricanischen Kultur halten wir furchtbar viel auf gute Manieren. Vor allem wenn es darum geht, dass Fremde sich bei uns wohl fühlen. Ich hätte gern, dass Sie sich wohl fühlen.« Er begann ihr die Hose über die Hüften zu schälen.

»Ich möchte wirklich nicht, dass jemand sagt, Carlos Randa hat schlechte Manieren.« Er hatte jetzt ihren rosa-schwarzen Slip direkt vorm Gesicht. »Caramba! Die Farben der puertoricanischen Nationalhymne.« Er küsste sie und rieb die Nase an ihrem Höschen. »Ich mach es Ihnen bequem, ja?« Er bugsierte sie auf eine lange Schaumstoffbank. »Legen Sie sich einfach hin, und Sie werden sehen, was wir in Puerto Rico unter Manieren verstehen. Ich bin es wirklich leid, schlimme Sachen über meine Leute zu hören.« Mit bewundernswerter Gewandtheit zog er ihr den Slip aus (und steckte ihn ganz und gar nicht geistesabwesend ein).

April fügte sich seinen Manieren und legte sich hin. »Arbeitest du hier im Lager oder was?« Der Junge kniete nieder und schob Aprils nackte Beine auseinander. »Ich habe erst neulich in der Zeitung wieder was über Puerto Ricaner gelesen, was absolut nicht stimmt. Das ist genau die Art von dummem Zeug, mit dem bald Schluss sein muss.« Er senkte den Kopf und begann sie versuchsweise zu lecken, Vulva und Klitoris ein Ausbund von Manieren. »Solidarität ist nicht anders zu erreichen, das können Sie mir glauben.« Seine Zunge fuhr beide Flanken ihrer Grotte entlang. »Loyalität meiner Rasse gegenüber wird bei mir ganz groß geschrieben, das sage ich Ihnen.« Wieder tauchte er ein, tiefer diesmal, und landet in ihrem Schoß. »Glauben Sie mir, wenn Pancho Villa hier wäre, der würde es genauso machen wie ich.« Wieder taucht er, diesmal nach der Klitoris, wo er verweilt; sie atmet schneller und beginnt rhythmisch mit Hüften und Schambein zu kreisen.

»Das ist das erste Mal, dass man Pancho Villa einen Puerto Ricaner nennt«, sagte sie. Sie ließ das eine oder andere zarte Stöhnen hören, hier und da ein niedliches kleines Keuchen (sie hatte die Augen geschlossen), ihr Körper begann sich zu winden, sie wühlte die Finger in das Auf und Ab seines dicken schwarzen Haars. »Ich … ohh! … verstehe …«

Seine Zunge begann um ihre Klitoris zu rotieren, wie ein Propeller, im Uhrzeigersinn. »Genau, was ich sagen will«, sagte er und hob das Gesicht. »Es gibt eine Menge so richtig toller Fakten, von denen die Weißen keine Ahnung haben.« Seine flinke Zunge ging wieder ans Werk.

Aprils Schenkel erschauerten. »Geschichte ist aber auch wirklich … ohh Gott! … eine schwierige … ahh! … Materie …«

Eine vollschlanke Dame mit einem neuen jungen Kleid zog den Vorhang auf. »Hoppla!«, rief sie. Ihre Augen schlugen Purzelbäume. »Ich dachte, das wäre die Anprobe.«

Damit verschwand sie wieder. (Oder nicht ganz: Sie ging auf die Damentoilette und schrie, was das Zeug hielt.)

Im Keller desselben Gebäudes saßen (na schön, lümmelten) drei Angestellte des Geschäfts an einem langen Tisch und aßen, oder besser entsorgten eher drittklassige Nahrungsmittel (Fritos, Hot Dogs, Schokotörtchen aus der Fabrik). Sie unterhielten sich, wie Insassen gewisser Anstalten schlafwandlerisch verträumt alberne kleine Dinge wie Topflappen, Briefbeschwerer und Ritterburgen aus Pappe fertigen, die man draußen an Idioten mit einem schlechten Gewissen verkauft. Da war etwa Mae Walters, eine Putze, deren Taugenichts von Ehemann, Chuck, ihr dreißig Jahre lang weiß gemacht hatte, er hätte Krebs. Charlie Boscoe und Milt Glaser waren zwei halbseidene Lehrlinge aus dem Verkauf, die ausschließlich weiße Hemden trugen und zielsicher im falschen Augenblick lachten. (Charlie hatte durchaus die Absicht, sich nie von der historischen Tatsache erholen zu wollen, dass er ein Star in der Kinderliga gewesen war.) Diese strahlenden Kinder Gottes lauschten nebenbei dem Radio, das auf einem der Stühle stand – oder saß wie ein Mensch (wer hat schon von Stühlen für Radios gehört?). Und natürlich plapperte das Radio genau so vor sich hin wie ein Mensch. Na jedenfalls, was die Stimme angeht.

Charlie, Milt und Mae hörten freilich nicht wirklich auf das, was das Radio zu sagen hatte (jedenfalls nicht so wie die Wissenschaftler auf die Explosion der ersten Atombombe lauschten oder Johannes der Täufer an jenem furchtbar sandigen Morgen in Nordafrika auf die Stimme des Herrn); hätten sie zugehört, sie hätten abgeschaltet. (Übrigens waren alle drei felsenfest davon überzeugt, dass George Wallace im Land aufräumen würde; der würde es den Hippies und Negern schon zeigen – an jedem Baum Amerikas sollte wenigstens einer verfaulen.) Es war eine Kultursendung am Nachmittag, Dutzendware (Beethovens Kindheit, ein Spaziergang mit Jan Hadich, dem großen finnischen Dichter), und das Tagesgericht dieses Nachmittags hieß Aufregende Entdeckungen der Geschichte.

»… infolgedessen haben wir hier einen wirklich wunderbaren und wichtigen kulturellen Durchbruch«, insistierte die Stimme. (Es war, wie sollte es anders sein, eine abstrakte Stimme, ein verschlagenes, kleines Gewächs – Produkt von Sprechunterricht, der mit elegantem Terror alle Eigenheiten regionaler und damit menschlicher Art ausgemerzt hatte. Es war damit die perfekte Stimme für den Antimenschen. Hätte man aber auch nur eine der ungezählten alten Schrippen gefragt, die in unseren Wohlfahrtsmüllkippen vor sich hin müffeln, sie hätte gesagt: »Der Junge spricht ja so was von schön.«) »Archäologen der Harvard University haben die Tagebücher von Jomo Daga, dem großen schwarzen Philosophen der Goldküste, entdeckt und übersetzt. Man fand die auf speziell behandelten Palmblättern geschriebenen Tagebücher aus dem 14. Jahrhundert in Tonurnen versiegelt in einer Höhle des heutigen Nigeria. Jomo, unter dem Namen Rasender Wind bekannt, war der erste Abendländer, der die Anwendungen natürlicher Halluzinogene systematisch dargestellt hat. Fachleute stellen Jomos Tagebücher auf eine Ebene mit den größten Dokumenten der Menschheit – Augustinus' Bekenntnissen, dem Buch Hiob und den Tagebüchern Jean-Jacques Rousseaus. Eine großartige Entdeckung, meine Damen und Herren.

Der Sender WCAI hat weder Kosten noch Mühen gescheut, für seine Hörer einige Stellen aus diesen Tagebüchern zu dramatisieren. Wir haben den berühmten Negerdarsteller Jomo Johnson, einen Namensvetter des alten Philosophen – ist das nicht ein wunderbarer Zufall? –, für eine Lesung aus den Tagebüchern gewinnen können. Er spielt sich sozusagen selbst in Jomos Selbstdramatisierung. Meine Damen und Herren, wir haben die Ehre, Ihnen Jomo Johnson als Jomo Daga vorzustellen.«

Mae Walters stopfte sich ausdruckslos eine Handvoll Kartoffelchips in den Mund; Milt musterte etwas Schmalz aus dem linken Ohr, und Charlie las zum dritten Mal ein und dieselbe Tabelle mit Baseballstatistiken. Eine tiefe, sonore, unverstellte Stimme voll schwarzem Öl kam aus dem sitzenden Radio.

»Meine Tage sind voll merkwürdiger Geräusche, meine Nächte gehören dem Schakal. Oh Jomo! Was passiert nur mit dir? Der Traum deiner Mutter zerfällt wie welke Blüten. Jomo, lass ab von deinem Tun, bevor es zu spät ist. Bau deine Reiche in dir und überlass die Trümmer der Stammesmacht seelischer Pygmäen wie Miku und Gwombo, deren unendliche Leere sich von den Kniefällen der Sanften und Unglücklichen nährt.

Lass dich von denen nicht in ihre primitiven Spiele ziehen. Dieses unschuldige Land könnte im Blut ertrinken, und kein Falke, kein Kuckuck könnte so hoch fliegen, dass seine Schwingen unberührt blieben von diesem schrecklichen Rot.

Es ist merkwürdig, dass ich mir unter diesem Geröll schwarzer Menschen weiß vorkomme; in unser aller Mund bewegt sich dieselbe Zunge, aber die Worte sind die ihren, nicht die meinen; wenn wir tanzen, sind meine Beine nicht die meinen, sondern Eigentum der Trommeln; der Arm, der den Speer schleudert, gehört meinem Vater und Großvater, der Löwe sieht sich im Augenblick des Brüllens von einer Abstraktion verraten, und als das Tier, das sich mit ihm in tiefster Kommunion vereinen sollte, bitte ich ihn um Vergebung. Nie bin ich mehr ich selbst, als wenn ich nachts nackt auf dem Hügel liege, wenn die Sterne ihre göttlichen Diamanten in meinen Körper werfen und mich zu einem der ihren machen, oder wenn ich in die heiligen Höhlen von Ogona gehe, um mein Bewusstsein mit den uralten Zeichnungen zu exorzieren. Meine Vorfahren wussten, wer sie waren: Sie wussten, das Konzept des Selbst ist eine Lüge, die die Anonymität eines Menschen zu zerstören und ihn zu seinem eigenen ärgsten Feind zu machen vermag.

Gestern war die Zukunft: im Denkerrat diskutierten wir das zentrale Problem des Menschen, das Individuum und seine Beziehung zur Gruppe. Wir wünschen unseren Kindern die besten menschlichen Bedingungen, und wenn wir die morgige Gemeinschaft um unsere Lösung des Problems herum arrangieren können, vielleicht erfüllt diese liebevolle Hoffnung sich ja. Wie kann das Individuum es selbst und gleichzeitig Teil eines Gebildes namens Gruppe bleiben? Oder sollten wir versuchen, unseren künftigen Generationen das Bewusstsein anzuerziehen, außerhalb der Gruppe einfach nicht zu existieren? Oder sollten wir – wie ich das im Rat vorgeschlagenen habe (der wie üblich im Schicksalshain tagte, wo der Schatten unserer Vorfahren uns vor der Sonne schützt) – eine pseudogemeinschaftliche Struktur entwickeln, die es dem Individuum gestatten würde, seinem einzigen und wirklichen Geschäft nachzugehen, während es gleichzeitig die Illusion aller befriedigt, es könne ohne eine Gemeinschaft nicht gehen? Wir haben religiöse Rituale, wir haben magische Rituale, warum sollten wir nicht eine rituelle Gesellschaft einrichten?

Das schreckliche Tier namens Angst behielt die Oberhand. Unser Rat beschloss, es würde zu Chaos und Tod führen, falls die Gemeinschaft im Leben des Individuums nicht an erster Stelle käme. Nur in seinen Träumen darf der Mensch sich selbst gehören, ob er dabei nun schläft oder nicht. Und falls dem so ist, dann hört der Mensch, wie wir ihn kennen, das Selbst, die Person, auf zu existieren. Er kann dann jeder sein – was dasselbe ist wie niemand.«

»Das war einfach wunderbar, Mr. Johnson«, begann der kultivierte Moderator, »und der Sender WCAI möchte Ihnen dafür danken, dass Sie bei uns ... Hören Sie auf! Wieso schubsen Sie mich, Mr. Johnson? Oh! Hören Sie auf! Sie müssen jetzt gehen! Sie haben Ihr Sprüchlein gesagt. Hilfe!«

Aus dem entsetzten Radio kommen die Geräusche kollidierender und berstender Möbel. Schreie. Ein Körper fällt zu Boden. Jemand flucht in einer merkwürdigen ausgestorbenen Sprache. Ein lautes schreckliches Lachen.

»Du lieber Himmel«, sagte Jomos schwarzsamtene Stimme. »Was für ein naiver, alberner Kerl. Der dachte doch glatt, er könnte die Vergangenheit rufen und dann wieder loswerden, wenn er mit ihr fertig ist. Unmöglich, den Fuß in den See zu stecken, ohne nass zu werden. Jedes ordentliche Kind bei den Benga kann Ihnen das sagen. Also, und wo ist er denn nun, dieser Jomo Johnson, der meinte, er könnte mich spielen?« Homerisches Gelächter. »Er ist in seiner eigenen Vergangenheit verschwunden! In mir! Und ich bin jetzt seine Gegenwart und seine Vergangenheit.« Weiteres Gelächter vom Olymp.

Mae streckte die Hand nach dem Radio und schaltete es ab. »Mensch, dusslige Sendungen haben die heutzutage«, sagte sie und schob sich einen weiteren Kartoffelchip in den Mund.

Milt kratzte sich gähnend. »Ich wollte, ich wär' beim Baseball. Mit einem kalten Bier. Anstatt wieder zu den leeren Kartons raufzugehen ...« Er schüttelte seinen Unterschichtenkopf.

Charlie bemerkte als Erster den kräftigen, hoch gewachsenen, merkwürdig gekleideten Schwarzen, der in der Kellertür stand und ein buntes Laken oder eine Toga trug. Ihm wollte nichts Gescheites einfallen, also sagte er gar nichts. Alle Gefühle in Charlies Körper schienen zum Stillstand zu kommen, als er den Mann so anstarrte. Der Schwarze hatte etwas Blut an der Hand. Milt sah ihn an, und aus seinem Hals kam ein merkwürdiges Geräusch: »Agh!«

Jomo kam auf den Tisch zu. Sein schaurig wankender Gang erinnerte Mae an Boris Karloff. Sie strich sich auf der Stelle eingebildete Falten aus dem Kleid und setzte sich kerzengerade auf (ein Versuch, eine gewisse Ordnung in eine ungebärdige Situation zu bringen). »Mr. Macintosh ist der Chef der Abteilung, aber der ist nicht da.« Sie sagte das in einem Atemzug und mit Kinderstimme.

Jomo begann in einer merkwürdigen Sprache zu sprechen. Auf Englisch hätte er Folgendes gesagt: »Mein Verstand und meine Erfahrung sagen mir, dass ihr nicht existiert. Eure Hände können unmöglich dieselben Dinge berührt haben wie die meinen. Eure Füße könnten mir nie und nimmer bei meinen Wanderungen gedient haben. Euer Geruch ist nicht zu riechen. Meine Nase möchte sich nicht zu euch gesellen. Ich glaube nicht, dass ihr den Löwen am Morgen versteht, noch das Krokodil nachts im Schlamm. Ich könnte von euch nicht auf einem Stammesfest singen. Und euer Fleisch wäre nicht herunterzubekommen, würde ich euch verspeisen wollen.«

Charlie hatte neben einem Drang auch einen speziellen Satz in Arbeit gehabt, der Folgendes hätte besagen sollen: »Komm, Milt, ich brauch dich mal. Das Zeug für Bethesda ist noch nicht verpackt. Gehen wir's an.« Jetzt jedoch kam diese Äußerung nicht mehr zustande. Stattdessen kam von ihm: »Ich bin ein braver Junge und mache meine Hausaufgaben, wie Sie's mir gesagt haben. Glauben Sie bloß die Lügen nicht, die die anderen Kinder über mich erzählen.« Seine Stimme war die eines Kindes. Milt nickte (sein Gesicht hatte eine Metamorphose durchgemacht). »Ich auch. Und wenn du willst, kannst du meinen Handschuh nehmen.« Mit Mae passierte dasselbe. Ein sauberes kleines Mädchen in einer katholischen Schule. Sie rutschte auf ihrem Stuhl herum, die Ohren gespitzt, und sagte: »Meine Hausaufgabe war, mir aus der Zeitung was von internationaler Bedeutung auszusuchen. Das lese ich jetzt vor.« Sie setzte sich artig auf dem Stuhl zurecht, hielt die Hände vor den Körper, als hätte sie tatsächlich ein Blatt Papier in der Hand, und rezitierte Wort für Wort, als lese sie vor, den Artikel aus der Morgenzeitung: »Man geht davon aus, dass Vertreter der vom Militär gestützten Regierung Griechenlands morgen, nach einem ersten Schritt hin zu einer Rückkehr zur Demokratie, wie es heißt, die Vereinigten Staaten erneut um Wiederaufnahme der Militärhilfe angehen werden.« Ihr Gesicht war ein einziges schwachsinniges Lächeln.

Jomo blickte von einem zum anderen, schüttelte dann langsam den Kopf und ließ diese Kostprobe aus dem Tiefparterre wieder allein.

Als er nach Hause kam, machte er das einzige, was ihm nicht völlig absurd schien: er duschte heiß, bis er fast ertrank, und ging dann zu Bett. Drei Stunden innerer Reisen war, wie sich herausstellte, alles, was er brauchte. (Es gibt übrigens bei solchen Reisen weder Ticketverkäufer noch Schaffner, was sie vor der schnöden Kommerzialisierung bewahrt.)

Er war mitten in einem Sandwich – mit Schweinekotelett – und einer Tasse Kaffee, als er laut zu denken begann. »Ich hatte in meiner Laufbahn als Schauspieler ja schon einige anspruchsvolle Rollen, aber meine jüngste unter der freundlichen Ägide von WCAI war, wie ich gestehen muss, eine

Herausforderung ganz neuer Art. Als Künstler verkümmert man ohne Herausforderung. Ein Künstler lebt von der Herausforderung.« Er schluckte einen Bissen Schweinefleisch, spülte mit etwas Kaffee nach und sagte dann: »Von wegen. Noch so eine Rolle wie die und ich lande in der Schraubenklinik. Mann, wenn ich nur endlich von diesem popligen Kleinkram loskäme! Eine große Rolle! Einmal so richtig abräumen! Das wär's, was ich bräuchte. *Hamlet. Faust. Die Brüder Karamasow*. Scheiße, ich würde den Präsidenten von Bolivien spielen, wenn die Gage stimmt.« Er begann an dem Knochen zu nagen. »Ich bräuchte einen guten Agenten. So einen richtigen Wühler mit der nötigen Chuzpe, einen, der sich auch was einfallen lässt, einer mit dem Motto: Nichts, was mein Jomo nicht könnte! Einen wie den berühmten Gelb. Das wär' der Mann, um mich groß rauszubringen, in die Unsterblichkeit. So wie der sich abrackert für seine Kundschaft, Tag und Nacht. Nichts, was Gelb nicht tun würde, kein Ort auf der ganzen Welt, wo der nicht hingehen würde, um seinen Leuten die besten Rollen zu verschaffen. Nichts, was für den ein Hindernis wäre, weder Zeit noch Raum. Seine Schauspieler verehren ihn wie einen Gott. Nein, ehrlich! Ich habe sogar den einen oder anderen sagen hören, ohne Gelb würde er einfach aufhören zu existieren. Ich meine, das ist ja wohl eine Hingabe, wie man sie heute kaum noch findet. Gelinde gesagt. Erst neulich wieder habe ich ein Beispiel dafür erlebt. Mir lief Esmeralda über den Weg, ein alter Spezi von mir – was bucklige Zwerge anbelangte, der irrste Kerl aller Zeiten. Er stand vor dem ›21‹, und für einen Augenblick hielt ich ihn glatt für eine der kleinen Statuen vor dem Haus.«

»›Baby, du siehst ja scharf aus‹, begrüßte ich ihn mit einem Finger auf seinen rotsamtenen Paillettenanzug.

›Gelb‹, sagte er grinsend.

›Du verströmst ja geradezu Erfolg und Wohlergehen‹, fuhr ich fort.

›Gelb‹, sagte er noch einmal.

Unsere Konfrontation wurde jäh durch eine Erscheinung – eine Materialisation? – unterbrochen, als plötzlich Miss Amerika bei uns stand, eine Rothaarige mit Kurven, angesichts derer die Katholiken von Glück reden können, dass die Frau Augustinus nicht untergekommen ist, sonst wäre es damals nämlich aus gewesen mit der Kirche, das kann ich Ihnen sagen. Esmeralda verschwendete natürlich keinen Augenblick seiner kostbaren Zeit darauf, uns vorzustellen. Der doch nicht.

»Ich muss bei Gelb unterkommen, mehr gibt es dazu nicht zu sagen. Er weiß es nicht, aber wir sind füreinander bestimmt.« Grimmig warf Jomo den Knochen in den Abfalleimer. »Der Teufel soll ihn holen! Ich brauche den Scheißkerl und kann ihn noch nicht mal leiden! Diese Dreckswelt ist so was von unfair!«

Er schenkte sich noch eine Tasse Kaffee ein und zündete sich einen Zigarillo an. Das Telefon ersparte ihm weiter psychische Pein.

»Jomo«, sagte er zuckrig, weil man ja nie wissen konnte, ob derjenige am anderen Ende der Leitung nicht etwas für einen hatte und somit einem Quäntchen Arschkriecherei nicht abgeneigt war.

»Lucius, Baby!«, rief er. »Wie geht's denn so, Alter? Ja? Die was? Künstler gegen den Krieg in Vietnam? Nie gehört. Ach, was du nicht sagst. Mhm. Ich verstehe. Und du willst, dass ich beitrete und bei der Demo vor dem Weißen Haus mitmache? Als was verkleidet? Als Skelett? Um *was* darzustellen? Ja … ja … Alles klar. Ein mittelalterlicher Aufzug. Sicher, klar doch. Total blöde bin ich auch wieder nicht, Lucius, Schatzi. Und die zahlen hundert Mücken für eine Drei-Stunden-Schicht. Können die nicht noch fünfundzwanzig drauflegen? Hm? Na dann vielleicht hundertzehn und 'n Mittagessen? Schön. Einverstanden, Bruder. Ach, übrigens … du hast nicht zufällig ein paar Tütchen Gras dabei, nein? Meine Connection musste nach Richmond, seine Mutter besuchen und … okay. Schön. Bist ein Schatz, Bruder. Ein absoluter Schatz. Wirf's einfach in den Briefkasten, ich geb's dir zurück, sobald mein Mann wieder da ist. Okay, ich komm' morgen bei dir im Büro vorbei, das Kostüm abholen. Arrivederci, Mann.«

Jomo entschloss sich zu einigen Übungen, um die lebenswichtigen Flüssigkeiten in seinem schwarzen Körper wieder in Schwung zu bringen; er wusste, wenn da erst wieder alles richtig lief, würde sein Verstand den Wink mit dem Zaunpfahl verstehen und schon aus Scham, wenn schon sonst nichts, alle Mitbewohner – wie Fledermäuse, Grillen, Spinnweben, Exkursionen, Hänger und niedere Gedanken ohne Zukunft – vertreiben. Zehn schnelle Liegestütze mit durchgedrückten Knien. Zwölf Kniebeugen. Dreißig Sekunden Imitation eines Kopf stehenden englischen Fahrrads. Mm. Sein Körper brummte, und sein Verstand glich jetzt schon eher einem sauberen, gut beleuchteten Squashcourt als dem müffelnden, vernebelten Stall von vorhin. Außer … dass am Rand des frisch exorzierten Sportplatzes (man hätte dort jederzeit ohne große Einwände von offizieller Seite die amerikanischen Meisterschaften abhalten können), außer dass am Rand jetzt, mit einem anzüglichen Grinsen, Gelb, der kleine Scheißkerl, kauerte. Jomo hätte weinen mögen. »Du tückischer kleiner Lumpensammler!«, heulte Jomo. »Du sechstklassiger Unterhändler vom Wiener Kongress!« Jomo hätte so weiter schimpfen, er hätte Karriere damit machen können, eine Tour durch die Hauptstädte rund um die Welt. Aber er zügelte sich gerade noch (und damit um einiges früher als so manch anderes viel versprechendes Talent). Ihm wurde klar, dass es unter den gegebenen Umständen nur eine Möglichkeit gab, das Problem Gelb anzugehen: er brachte sein Talent als Schauspieler ein. Falls dieser Gelb, so viel wusste er, nicht ein unmenschliches Gerücht war, eine Lüge von Anfang bis Ende, dann musste er einen Charakter haben. Also nahm Jomo unter Einsatz all dessen, was ihn die eigene Erfahrung und Stanislavski gelehrt hatten, Gelbs Charakter an, so wie er andere Charaktere angenommen hätte – Hamlet, Ödipus oder den Kleinen Muck.

Er begann die Gedanken zu denken, von denen er sicher sein konnte, dass Gelb sie dachte – tief schürfende, scharfsinnige, Städte vernichtende Gedanken. Die Eroberung von Paris, der Fall Roms, der Triumph über Sokrates im offenen Dialog. Gelbs Gefühle begannen sich einzustellen – eisige arktische Weiten, Urwälder rasender Geilheit. Er machte die charakteristischen Gesten – ein gebieterisches Winken, eine elegante Positur triumphierender Gerissenheit, eine provokant gehobene Braue. Nach und nach blieb Jomo zurück. Er setzte sich schließlich wieder an den Tisch und begann, nach einer Ankündigung eines gigantischen Love-Ins, ein intimes Tagebuch à la Gelb.

Er hatte gerade genug über das ungewöhnliche Leben des Mannes gehört, um darüber auf Tatsachenbasis zu improvisieren. Er begann selbstverständlich nicht mit Anführungszeichen; es wäre einem Eingeständnis gleichgekommen, doch nicht eins mit dem Mann zu sein. Gestern Abend im Haus des brillanten jungen Schweizer Pianisten Duval Gruchek haben meine Frau und ich uns völlig blamiert, nachdem wir uns mit Piper Heidseck 1957 hatten voll laufen lassen. Immerhin waren wir nicht die Einzigen. Auch alle anderen dort waren betrunken. Aber die Gesellschaft war himmlisch, und Genf im Mai ist einfach unwiderstehlich.

Meine Fresse! Von wegen unwiderstehlich, ich wäre noch nicht mal hingegangen, hätte Sylvia mir nicht praktisch den Arm gebrochen. Und ich habe mich nicht mit Champagner zugeschüttet, sondern mit Gin, gutem altem Genfer Gin, und das obendrein in der Küche, mit den Dienstboten, weil mein empfindlicher Magen diese prätentiösen Arschlöcher nicht aushielt, die dort Schleimspuren zogen. Sylvia, meine Lebenskameradin, war nur eine davon. Die Frau würde Eulenscheiße schlürfen, brächte es ihr eine Einladung zum Jahresball der Naturfreunde ein. Sylvias Saison wäre perfekt, würde der wunderbare Duval Gruchek auf einer unserer Partys in Paris auftauchen und dort für alle spielen. Unentgeltlich, versteht sich. Oh Mann, damit wäre sie Königin von Sykophanz! Aber was will man schon von einer Frau erwarten, deren Mutter Albert Einstein vor dem Komitee für unamerikanische Aktivitäten als Schwuchtel hingehängt hat? Sie fragen sich vielleicht, warum ein plusquamperfekter Bursche wie ich zu einer solchen Schrulle kommt. Ganz einfach: zur Strafe. Weil ich behauptet habe, die Erde sei flach, dass Öl schwerer sei als Wasser und Al Smith haushoch gewinnen würde. Sie denken, ich trage zu dick auf. Okay. Was halten Sie dann von dem Umstand, dass ich in diesem Augenblick eine Anfrage von Dante in der Tasche habe, der meine Lebensgeschichte in einem Buch verarbeiten möchte, das er *Inferno* zu nennen gedenkt?

Seit ihrer Ernennung zur Vizekonsulin an der Amerikanischen Botschaft hier in Paris ist Sylvias Verhalten ekelhafter und ihr Revisionismus penetranter denn je. Ich meine, ich habe wirklich meine liebe Mühe, mich auf meine Arbeit in der Nationalbibliothek zu konzentrieren, wo ich mir den Arsch aufreiße, die erste wahre Geschichte der Familienstrukturen französischer Minnesänger des 14. und 15. Jahrhunderts zu schreiben. (Angesichts der Lügen und Verzerrungen, die gerade dieses Thema verdunkeln, kann der ehrliche Gelehrte nur heulen.) Das Werk ist als Höhepunkt meines lebenslangen akademischen Engagements für die Geschichtsschreibung angelegt und wird, so hoffe ich, das Vertrauen meines Arbeitgebers, das Institut für Französische Geschichte an der Harvard University, vollauf rechtfertigen, das mich seit dem Abschluss meines Studiums vor vielen Jahren ernährt. (Weit länger schon, als die Treuhänder dort wahrhaben wollen, da bin ich sicher.)

Sylvias krankhaftes Bedürfnis, die Szene zu beharken, hat uns allein in den letzten drei Wochen auf vier Kunstausstellungen geführt, in sechs Theateraufführungen und zwei Ballette, eine Oper (es wären zwei geworden, hätte nicht ein Student am Tag davor einen Anschlag auf die Oper verübt), drei Dichterlesungen, zwei Fahrradrennen und achthundertunddreiundsiebzig Dinnerpartys. Um die pathologische Wahrheit zu sagen, wir sind derart oft unterwegs, dass ich einen Schlafsack und für drei Tage Kleidung zum Wechseln im Auto habe. Manchmal weiß ich nicht mal mehr, wo ich wohne.

Und noch was: Sylvia hat sich eine Begleiterin angelacht, der ich lachend in den Arsch treten würde, hätte ich einen eisernen Fuß. Eine nervige Klugscheißerin namens Lola, Frau des finnischen Botschafters Sandor Haldok (ein ganz anständiger Kerl, der letztes Jahr mit der ersten Herzverpflanzung bei Rentieren medizinische Geschichte geschrieben hat). Diese prüde, puritanische Tugendpriesterin ist eine der Säulen des gesellschaftlichen Lebens im diplomatischen Korps. Sie ist völlig skrupellos an diversen Schwindeleien beteiligt, dem Lilies of the Valley Club zum Beispiel, den Frauen für den Internationalen Frieden, CARE, den Pfadfinderinnen und dem Bund für Beschränkte Mutterschaft. Nicht nur steckt diese Lola mit Sylvia den Kopf zusammen, was Kleidung, Frisuren und die Farbe ihrer Monatsbinden anbelangt, sie muss auch ihren Senf dazugeben, was Sylvias spirituelles und Eheleben angeht. Erst gestern zum Beispiel, wir saßen in aller Ruhe bei einem Schluck in der Crillon Bar, da warf diese Schierlingswurzel die Zivilisation um vierhundert Jahre zurück (und sorgte bei mir persönlich für einen bleibenden Hirnschaden), indem sie (Sylvia war gerade Pipi) sagte: »Sylvia ist eine der sensibelsten, intelligentesten Frauen, die ich kenne. Warum behandeln Sie sie nicht besser?«

»Schluck?«

»Die meisten Männer würden ihren rechten Arm geben für eine solche Frau«, fuhr sie fort und steckte ihren Schnabel in ihren Wermut wie eine faschistische Kohlmeise, »wo sie doch nichts als Respekt und Bewunderung für Sie hat. Wie also können Sie Ihr – gelinde gesagt – merkwürdiges Verhalten erklären?«

»Oh Gott«, stöhnte ich, als mein Gleichgewicht zu bröckeln begann.

»Ich will Ihnen mal sagen warum ... Ich denke, Sie sind einfach krank und sollten dringendst mal zum Psychiater.« Seelenruhig blickte sie über das Meer meiner Verzweiflung. »Genau. Und ich kann Ihnen versichern, Sandor, mein Gatte, wäre ganz meiner Meinung, wäre er hier.« Sie nippte wieder. »Ja, warum rufe ich ihn nicht einfach an, wenn's Ihnen recht ist, dann wird er's Ihnen selbst sagen. Freundschaft hält Sandor nicht davon ab, offen und ehrlich zu sein.« Sie betupfte sich die feuchte Oberlippe mit einem rosa Spitzentaschentuch. »Das ist einer der Gründe, weshalb ich ihn geheiratet habe.« Sie schickte Gott ein Lächeln hinauf. »Sandor ist ein tiefer, reiner Gebirgsbach.«

»Erstens«, sagte ich, während ich heftig aus den Ohren zu bluten begann, »sind Gebirgsbäche nicht tief. Sie sind seicht und launenhaft. Und zweitens ...«

Oh Gott! Was soll's! Wollen Sie wissen, mit welchen Aktivitäten die Frau ihre Phantasie sonst noch so infiltriert? Mit dem Ausmerzen des Lasters in der Provinz. Nein, im Ernst. Sie und drei oder vier weitere hochrangige Paradoxa treffen sich mit einzelnen Provinzhäuptlingen – Kriegsherren, weiß der Teufel –, um die Überwachung von Heuschobern, Maismieten und Weinkellern außerhalb von Paris zu organisieren. (Als sie sich an Paris selbst vergreifen wollte, drohte der Minister für Touristik ihr den Pass zu entziehen.) Ihr Problem ist, dass sie Zola beim Lesen verkehrt rum gehalten hat. Sie ist tatsächlich der Ansicht, dass keusche Bauernmädchen bessere Melkerinnen abgeben und Erektionen zu Unfällen bei der Feldarbeit führen. Können Sie sich das vorstellen? Ich sage Ihnen mal was, und das ist jetzt kein Scherz: Leute wie Lola haben schon Ernten verdorren lassen und nächtens für Hagelwetter gesorgt.

Wie auch immer, so dick wie die beiden jetzt miteinander sind, ist es egal, mit welcher von beiden man redet, sie hören sich beide gleich an. Und das ist nun wirklich das Letzte, was ich brauche. Bloß um ihnen ein Beispiel zu geben: »Würdest du mir freundlicherweise erklären, wieso du jedes Mal zum Tier werden musst, wenn wir ausgehen?«, fragte Sylvia mich heute morgen.

»Ich kann mir beim besten Willen nicht denken, wovon du redest«, antwortete ich. (Unsere Wohnung bietet einen Blick auf die Seine – ich meine, man sieht sie vom Fenster aus, die Seine, nicht die Wohnung, und jetzt sehe ich einen alten Mann nach Aalen stechen.)

»Was daran liegt, dass dein Verstand einer löchrigen Sanduhr gleicht. Ich meine, musst du mitten in *Spectre of the Rose* derart schnarchen, dass die Frau vor uns den Platzanweiser ruft.«

»Ach das. Na das lag ja wohl daran …«

»Und was machst du bei der Vernissage von Picassos neuer Skulptur? Du schließt dich zwei Stunden lang auf der Toilette ein!«

Ich setzte mich anders hin. »Es ging mir eben nicht sonderlich. Ich … äh … hatte einen furchtbaren Anfall von Déjà-vu und laut meinem Arzt ist das die einzige Möglichkeit, mit so etwas fertig zu …«

Sie drückte ihre Lucky Strike so aus, als hätte sie mich zwischen den Fingern. »Du machst mich zum Gespött von ganz Paris. Wo immer ich hinkomme, lächeln die Leute und flüstern einander zu: ›Da kommt die Frau von dem amerikanischen Nationalspuk.‹« Ihr Ton wurde zu einem schniefenden Winseln. »Sind dir denn meine Karriere, meine Menschenwürde völlig egal?«

Der Alte erwischte einen Aal. Er griff danach, um ihn aus dem Wasser zu ziehen … und fiel in den Fluss. »Ich bin froh, dass du das ansprichst«, sagte ich und hatte plötzlichen einen gewissen Biss (irgendwo zwischen Oktober und einer Brechbohne) im Auftreten, »weil ich nämlich ganz gern mal meine eigene Würde und Karriere ansprechen würde. In den letzten Monaten habe ich so ein gewisses …«

Peng! Ihre Hand knallte auf den Rosenholztisch aus dem 17. Jahrhundert (Jean de Toulouse). »Das ist doch genau das, was ich sagen will! Schon drehst du wieder alles so, dass es in deine Version der Geschichte passt. Du bist einfach unglaublich. Allein der Gedanke, du könntest nicht der einzige Mensch im Universum sein, ist dir unerträglich.«

(Ich überlegte noch, was ich sagen sollte, als mir die ebenso markigen wie reinen Worte Kierkegaards von meiner morgendlichen Lektüre in den Sinn kamen. »Die Phantasie ist überhaupt das Medium des Unendlichmachenden; sie ist keine Fähigkeit wie die anderen Fähigkeiten – sie ist, wenn man so will, die Fähigkeit *instar omnium* [die so viel gilt wie alle]. Was für ein Gefühl, eine Erkenntnis, einen Willen ein Mensch hat, beruht doch am Ende darauf, was für eine Phantasie er hat.« Mm. Guter Stoff.)

Also, wie jeder, der mich kennt, bezeugen kann, ist mir nichts so zuwider wie ein guter Streit. Es gibt auf der Welt Wichtigeres als diese Jahrmärkte der Galligkeiten. Ich wob also flugs etwas Kaschmir in den Gobelin. »Tut mir wirklich leid, wenn das so aussieht, Sylvia, Liebes. Im Grunde meines Wesens bin ich nämlich ein ausgesprochen großzügiger Kerl. Es ist nur so, dass meine Arbeit ein Höchstmaß an Konzentration verlangt …«

Sie schnäuzte sich, als hätte sie geweint. Da meine Worte sich nicht mit Nasengeräuschen vertragen (sie durchdringen sie noch nicht einmal), verstummte ich. Sie nutzte mein sensibles Schweigen schamlos aus und sprang mit beiden Beinen hinein. (Ganz so wie die winzigen Tölen in die offenen Räume von Renaissancegemälden huschen, kaum dass der Maler mal rasch auf einen Schluck Wein in die Schenke geht.) »All die harten Jahre als Novizin im Außenministerium, im Peace Corps, als politische Beobachterin im Kongo ... jetzt habe ich hier in Paris endlich mein Ziel erreicht ... ein sinnvolles, erfülltes Leben ... und wer weiß, wenn der richtige Mann ins Weiße Haus kommt, vielleicht werde ich sogar Staatssekretärin im Außenministerium oder Botschafterin. Natürlich«, ich wusste in diesem Augenblick noch nicht einmal mehr, ob sie mit mir sprach, »natürlich müssten wir mit unseren Ausgaben etwas kürzer treten. Wie du weißt, muss man ja als Botschafter einen Großteil der Unterhaltung selbst bestreiten. Wir müssten das Gestüt in Irland aufgeben, und höchstwahrscheinlich wäre Schluss mit Neuerwerbungen für unsere Sammlung vorchristlicher Kunst, aber ich bin sicher, die Opfer würden sich auszahlen.«

Ich kam mir vor wie ein gepfropfter Baum – der Birnbaum, der dem Pfropfreis eines Apfelbaums als Wirt zu dienen hat, um eine Frucht zu erzeugen, die es noch nie gegeben hat. Jeder einfache chinesische Bauer in mir schrie vor Empörung auf. »Also wenn du denkst, dass ich mir meine seltenen Handschriften abschminke!«, rief ich. »Meine Existenz hängt davon ab. Man kann die geheimen Wahrheiten der Geschichte doch nicht zu Staub werden lassen.«

Sie lächelte mich an – ein Lächeln ohne Vergangenheit und ohne Zukunft, ein Blick, der sein eigenes Foto war.

»Das bekommen wir schon hin«, sagte sie. »Kein Mensch sagt, dass du Bettler werden und unter einer französischen Brücke leben musst.«

»Nur weil du das Geld eingebracht hast«, begann ich. »Nur weil dein Großvater das Glück gehabt hat, General Motors für zehn Cent die Aktie zu kaufen. Nur weil ...«

Das Mädchen erschien in der Tür. »Entschuldigen Sie, Sir. Da wäre ein Herr für Sie.«

»Oh Gott. Wer ist es denn, und was will er?« Die Leute haben Nerven! Tauchen einfach an der Türe auf und schon soll man vor Freude springen.

»Ein gewisser Monsieur George«, sagte sie. »Ich habe ihn nach seinem Begehr gefragt, und er sagte, Sie wüssten Bescheid.«

»Oh.« Ich spürte mich mühelos aufstehen. Alle Empfindungen, alle Gefühle und Gedanken, die ich eben noch gehabt hatte, waren verschwunden, und ich fühlte mich nicht leer, ich verspürte eher eine endlose Unschuld in mir. Mit einer Stimme von einer Gelassenheit und Schlichtheit, wie sie mir sonst nicht zu Eigen ist, wandte ich mich an Sylvia: »Ich muss jetzt gehen. Ich weiß nicht, wie lange ich fort bin, also warte bitte nicht auf mich.«

Ich folgte dem Mädchen hinaus in das kleine Wartezimmer. Da war er, George. Seine Kleidung war schlicht, so unprätentiös, dass sie geradezu priesterlich schien. Die Milde seiner Züge implizierte ein Lächeln. »Du hast mich nicht erwartet«, sagte er, teils als Frage.

»Das tue ich nie«, antwortete ich.

Er nahm mich bei der Hand, ohne sie zu berühren, und wir gingen nach draußen. »Du gräbst dich immer derart hinein in diese Geschichten«, sagte er, als wir auf die Straße traten. »Weit mehr als funktional nötig wäre.«

»Ich weiß. Du sagst es mir nicht zum ersten Mal.«

»Ja, aber es scheint ja nicht durchzudringen. Schließlich hörst du nicht damit auf.« Ich hörte einen belustigten Laut. »Hast du wirklich gedacht, du könntest dich da auf immer einnisten?«

Ich zuckte die Achseln. »Ich schätze, ich habe mich aus den Augen verloren. Ich habe mich hinreißen lassen. Du weißt ja, irgendwann mal muss jeder zur Ruhe kommen.«

Er legte einen Arm um mich, obwohl ich ihn nicht spürte. »Solche Sprüche sind nichts für deinen Typ. Meine Güte. Ein alter Profi wie du, mit deinem Hintergrund.«

»Na hin und wieder rutschen wir doch alle mal aus«, sagte ich. »Auch einer wie ich.«

Er nickte ernst. »Ich weiß, ich weiß. Ich hatte dieselbe Unterhaltung mit einer gemeinsamen Freundin von uns. Sie wollte einfach nicht gehen. Armes Ding. Aber natürlich macht sie das noch nicht so lange wie du.«

An der Kreuzung Rue de la Paix und Avenue Clément blieb ich stehen. »Hör mal«, sagte ich, »ich kann nicht länger so in der Luft hängen, und das weißt du. Ich zerfalle sonst, verschwinde, löse mich auf. Ich muss wieder irgendwo hinein, und zwar schnell. Also sag mir, wohin wir gehen.«

Er klopfte mir auf die Schulter. »Natürlich. Also, wir – das heißt du – du bist auf dem Weg zu einer netten kleinen Geschichte namens *Rot und Schwarz*. Sie wird dir gefallen, glaub mir.«

Seine Erklärung, wo es hingehen sollte, nahm mir etwas von dem schaurigen Gefühl der Verlorenheit, aber ich wusste, wenn ich noch länger die mich umgebende Luft atmete, würde ich eingehen. »Okay. Sehen wir zu, dass wir hinkommen. Hey. Taxi!«

Mein ausgestreckter Arm verfing sich in seiner sachten Führung: »Nicht so hastig, alter Freund. Du hast wohl das Procedere vergessen. Du kannst nicht so mir nichts, dir nichts in eine derart große Geschichte springen. Das geht doch nicht. Auch ein Tiefseetaucher kann nicht einfach nach oben schießen. Er kann das nicht überleben. Es würde ihn in tausend Fetzen zerreißen. Wir müssen erst mal – ach ja, und übrigens, du weißt sehr gut, dass wir nicht im Taxi von Geschichte zu Geschichte fahren! Was für ein abgedroschener Trick – und außerdem völlig unnötig. Nein, wir müssen erst noch in einen Zwischenakt, an einen Ort mit all den notwendigen Ingredienzien, wenn du weißt, was ich meine.«

Mein Verstand begann zu spekulieren. »Und der wäre?«

Er bugsierte mich jäh in eine zierliche kleine Seitenstraße, wo die alten Häuser zu beiden Seiten einander fast zu berühren scheinen. Der Lärm von der Hauptstraße war kaum noch zu hören. »Ah, das ist schon viel besser«, sagte er und legte mir beiläufig, aber nicht aufdringlich einen Arm um die Schulter. »Also, nun lass uns mal die Köpfe zusammenstecken, ganz und gar, bis keine Trennung mehr möglich ist, mal sehen, ob uns nicht etwas einfällt, wo du reinschlüpfen kannst.«

Die Straße – glaubte sie etwa, ich sei mir ihres puritanischen Verdachts nicht bewusst? – lockerte den festen Griff an ihrer straff gezogenen Hemdbrust. Nach und nach ging es mir etwas besser, ich kam mir weniger verloren vor, die Angst begann zu weichen; aus einiger Entfernung wehte Kinderlachen herüber, einer geradezu schillernden Entfernung, das war mir klar. Ein Fahrrad, das eben noch fahrerlos gegen eine Bäckerei gelehnt stand, hatte plötzlich einen pfeifenden jungen Burschen im Sattel. (Ich mag hier die Zeit nicht preisgeben; es gibt immer Dinge, an die man besser nicht rührt.)

Einige gute Gerüche, die zögernd, vielleicht sogar ängstlich, in den Seitensträßchen gelauert hatten (Gerüche sind nicht immer so aufdringlich, narzisstisch, wie man sie gemeinhin darstellt), waren jetzt ausgesprochen zugänglich, und einige versprachen mehr, als die Nase ahnen konnte. Ein besonders kräftiger Geruch begann sich mit mir zu beschäftigen, und das auf eine Art und Weise, die eine alte Bekanntschaft vermuten ließ; ich grinste. Dieser Geruch kannte eine ganze Reihe meiner Geheimnisse. Kleine Geräusche – pragmatische Realitäten, nicht die Protzigkeiten symbolischen Wahns, die sich einem sonst so entgegenblähen – trudelten aus diesen Bastionen des Kleinbürgertums.

Die Bäckerei, genau. Ja, das Käsegeschäft. Der Tabakhändler (der seinen Krebs gar so anspruchsvoll unter die Leute brachte). Was sonst noch? Mm. Ich kam mir hoch aufgeschossen und drahtig, aber nicht anstoßerregend vor.

»Man kann sich nie sicher genug sein«, riet mir eine ruhige Stimme. »Es sind so viele Möglichkeiten in Betracht zu ziehen.«

Vor dem Wurstladen stand ein vierschrötiger Kerl, der seine unvermutete Nacktheit hinter einer breiten weißen Schürze verbarg; er spuckte kauend Knorpel von sich.

»Ich habe keinerlei Erklärungen abgegeben!«, rief ich und schämte mich auf der Stelle meiner Lautheit. »Ich versuche doch, ein ordentlicher Bursche zu sein.«

Er warf den Zipfel seiner Wurst nach mir. »Du hältst mich nicht zum Narren. Ich weiß, was du vorhast.« Dann war er auch schon im Laden, wo er sich grimmig, aber effizient mit der Masse drängender Kundinnen auseinandersetzte.

Entsetzen sickerte in mich ein, und ich versuchte an so viele starke, liebenswerte Eigenschaften von mir zu denken, wie mir nur einfallen wollten. Aber nichts nahm Gestalt an. Ich merkte, dass ich eine Erektion gehabt hatte, die wieder verschwunden war. Ein Mädchen, das ich eine Weile früher schon mal beim Putzen der Fenster in den oberen Stockwerken gesehen hatte, rieb jetzt Gesicht und Nase an meinem Hals; dann küsste sie mir auf eine irgendwie laszive Art die Ohren. »Du hast doch nicht etwa vergessen, oder?«, flüsterte sie, obwohl es eher den Anschein hatte, als lecke sie die Worte heraus.

»Du musst damit aufhören!«, rief ich, sehr zu meiner eigenen sachten Überraschung. »Wir brauchen einander nicht mehr.« Damit schleuderte ich sie hoch in die mit einemmal riesenhafte Straße. Ihre Schreie kümmerten mich gar nicht, aber ich entschloss mich, später darüber nachzudenken.

Dann saß ich plötzlich in einer uralten Badewanne, zusammen mit einem jungen Paar, das dort Ferkeleien mit seinem Kind trieb. Das Kind kicherte obszön. Die Eltern dagegen zeigten nicht das geringste Gefühl. Irgendetwas sagte mir, dass das junge Paar von großer Bedeutung für mich war, und zwar auf eine Art und Weise, die mir bald klar werden sollte. Ich verspürte ein durchtriebenes und krankhaftes Bedürfnis, mich auf der Stelle mit ihnen anzufreunden. »Was für ein hübsches Kind«, schnurrte ich und mein ganzes Wesen ging in einem verschlagenen Lächeln auf. »Und ich weiß, dass es großen Erfolg im Leben haben wird.«

Die Frau begann in einer Sprache auf mich einzureden, die ich hätte verstehen müssen, eine Sprache, die zwar fremd, aber irgendwie auch schrecklich klar war. Mein Körper absorbierte den ungeheuren und besonderen Sinn dessen, was sie sagte, während er sich meinem Verstand entzog. Ich wusste nicht so recht, was ich machen sollte. Ein plötzlicher warmer Spritzer im Wasser sagte mir, dass ich in die Wanne pinkelte, und das gewaltig. »Und da fragst du dich, wo deine Freunde sind«, sagte der Mann in präzisem Englisch und spritzte mir dann Wasser ins Gesicht. Ich tauchte unter, um Ruhe zu haben. Mein Zeh drang in die Vulva des unheimlich hübschen Mädchens ein. Es schien es nicht zu bemerken. Es hatte zu singen begonnen, offenbar für ein besonderes Publikum, von dem ich sicher wahr, es befand sich in einem anderen entlegenen Dorf.

Ich bewegte mich schnell und ohne allzu große Müdigkeit durch eine bestimmte Art von modernem Dorf. Es schien dort alles in Ordnung, wenn auch nichts besondere Bedeutung zu haben schien. Die mir eigene Gleichgültigkeit hielt mich auf Distanz. »Zwing dich niemals zu einer Reaktion«, sagte ein ganz außergewöhnlich gut aussehender alter Knabe an meiner Seite.

»Ich danke Ihnen, Sir«, sagte oder besser sang ich. »Ich muss weiter, wissen Sie.«

Er zwinkerte. »Ja, ja. Jeder hier weiß das.« Er begann mich auszuziehen, um mich dann in neue Sachen zu stecken. Frauensachen. Ich konnte nicht verstehen, warum ich das für so selbstverständlich halten sollte. »Die wirst du natürlich brauchen«, riet er mir in der schönen Stimme eines Mannes, der zeitlebens ein totaler Versager gewesen war.

»Ich bin nicht so dumm, wie Sie denken«, platzte es aus mir heraus. »Ich habe mich nie gegen mein Schicksal gewehrt.« Eine Lüge, und ich wusste es.

Er wies auf eine Gruppe von Neubauten, die erstaunlich nahe schien. »Kennst du die Frau?«, fragte er mich.

»Das kommt schon noch, glaub mir.«

»Sie ist an sich nicht böse.«

Es bestand kein Zweifel daran, dass er von mir sprach. Ich war mir schon seit sehr, sehr langer Zeit nicht mehr wie ich selbst vorgekommen. Ich lächelte durch ihn hindurch, steckte meine Ohrringe an und fand sie in einem der Häuser, in einer Melodie aus häuslichen Gerüchen und den Schwingungen des täglichen Ringens. Man hatte sie schon immer missverstanden. Ihr Geist war jedoch ziemlich stark. Sie musste an sich selbst denken. Sie versuchte sich selbst zu verstehen, sich und die Bedürfnisse anderer. An diesem speziellen Tag … trank Barbara Dana ihren Morgenkaffee in der Küche; das heißt, sie wachte über ihrem Morgenkaffee auf und versuchte nach und nach den wartenden Tag in den Griff zu bekommen.

Der Prozess, ein täglicher, war ein ziemlicher Kampf; ihre Hände, ja alles an ihr, Arme, Beine, der ganze Körper, wurde von nichts weiter als der Kraft der Erinnerung bewegt. Die blaue Tasse schien sich, aus irgendeiner zarten Noblesse oblige heraus von selbst an ihre Lippen zu heben. Aber Barbara tröstete sich: in etwa zehn Minuten, nach der ersten Leben spendenden Zigarette befände sie sich, auf allen Zylindern brummend, mitten im Tag.

Es gab so viel zu tun heute. Gleich mehrere Besorgungen, und dann was Besonderes fürs Abendessen kaufen. Was Besonderes, weil sie Henry Mothner aus New York besuchen kam, und Barbara wollte natürlich, dass ihm das Essen in Erinnerung blieb. Ihr schwebte etwas Europäisches vor. Seit sie und Phil vor zwei Jahren in diese Vorstadt in New Jersey gezogen waren, weg von Manhattan, ein selbstloses Opfer, um ihre beiden kleinen Kinder gesünder erziehen zu können, hatte ihr gesellschaftliches Leben proportional gelitten; ihre Schwiegermutter hatte es hysterisch genug prophezeit. Deswegen wusste man den Besuch eines alten Freundes aus der Stadt zu schätzen, der hochherzig die blöden fünfundzwanzig Meilen demoralisierender Fahrt auf sich nahm. So wie ein lechzender Mönch in der Wüste den Besuch seines Abtes zu würdigen weiß.

Das Geschrei eines Kindes riss Barbara aus der kleinen Träumerei. Jetzt begann der Tag wirklich. Sie ging zur Küchentür und sah hinaus. Wie immer war es der Kleine von den Dyers, der aus vollem Hals plärrte. Barbaras achtjährige Tochter Mimi war mit ihm draußen im Garten.

»Was ist denn los, Mimi?«, fragte Barbara, nachdem sie die Tür aufgemacht hatte.

»Ich hab' ihm nichts getan!«, rief Mimi, um die Luft von dem Verdacht zu befreien, der sich da zusammenbraute. »Der kleine Blödmann heult wegen jedem Dreck!«

Der Kleine, der etwas jünger war als Mimi, plärrte weiter, und so erschien, ein jähes Ausrufezeichen aus Khakihose, roter Bluse, besorgten dunklen Augen und schwarzem Haar, Janet Dyer in ihrer Küchentür. »Was ist denn passiert?«, wollte Janet wissen. Dann sprang sie hinaus und zog ihren kleinen Billy an sich, um ihn, wenn auch irritiert, zu trösten.

»Mimi hat mich von der Schaukel geschubst!«, greinte der Kleine.

»So ein Lügner!«, rief Mimi. »Wir haben gespielt, und er ist runtergefallen!«

»Mimi«, begann Barbara, die von der Szene, die sich Tag für Tag zu wiederholen schien, sichtlich ermüdet war.

»Blöde Heulsuse!«, sagte Mimi wütend zu dem Jungen. »Warum spielst du nicht in deinem Garten?« Sie überließ die Scherben den erwachsenen Diplomaten und stapfte ins Haus.

»Kinder«, meinte Barbara seufzend und schüttelte dann den Kopf, weil sie wusste, dieses eine Wort umfasste alles weltliche Wissen, alle Gefühle und Diskussionen zur Situation.

»Ich verstehe nicht, warum die nicht miteinander auskommen«, sagte Janet, die dem Jungen die Augen trocknete, bevor sie ihn ins Haus zog.

Ja von wegen, dachte Barbara. Wenn du nur einen Funken Verstand hättest, dann wüsstest du, woran's liegt. Billy ist wie du: ein winselndes Ding, das nie sagen kann, was es will, immer das falsche macht und ständig in anderer Leute Revier wildern muss. Während sich die beiden darauf vorbereiteten, sich um ihre weiteren Pflichten zu kümmern, fragte Barbara sich, welche Form Janets parasitäre Raubzüge wohl an diesem Tag annehmen würden. Sie brauchte nicht lange zu warten.

»Ach, Barbara«, begann Janet in ihrem viel zu vertrauten weinerlichen Bittstellerton, »brauchst du heut' vormittag deinen Trockner? Meiner ist kaputt«, fügte sie hinzu, als bräuchte ihre Krankheit einen rationalen Haken, an dem sie sich aufhängen ließ.

Begonnen hatten die Raubzüge an Barbaras Geist und Eigentum, das Borgen und Gebettel praktisch von dem verhangenen Tag an, an dem Barbara und die ihren in die Gruppe identischer Häuser gezogen waren. Es hatte fast den Anschein, als fehle der Frau jeden Augenblick etwas anderes, als zwinge sie eine brutale höhere Gewalt, bei anderen auf Beutezug zu gehen. (Natürlich waren all die Frauen rundum Ausborgerinnen. Es schien ein für die Gegend typisches Gebrechen zu sein. Aber keine erreichte an Gier Janet Dyer.) Wenn ihre Leere nicht gerade auf ein Glas Marmelade aus war, dann eben nach zwei Zwiebeln oder Barbaras Wagen für einen raschen Abstecher ins Einkaufszentrum. Aber ihr Schmarotzertum blieb nicht auf den materiellen Bereich beschränkt; wahllos fiel sie über Barbaras emotionelles und geistiges Eigentum her. Nachdem Barbara zum Beispiel einen Vortrag Erich Fromms vor der New Yorker YWHA gehört hatte, eilte Janet, kaum hatte sie davon erfahren, hungrig zum nächsten und übernahm Idee und Erfahrung, als wären sie auf ihrem Mist gewachsen; und seither sprach sie von Fromm, als wären sie im selben Viertel geboren. Dann war da Barbaras Idee, alte Bilderrahmen zu sammeln, um Blumendrucke aufzuhängen; auch diese persönliche Ausdrucksform hatte Janet an sich gerissen; jetzt sah es bei ihr wie in einer Kunstgalerie aus.

»Nein«, sagte Barbara und meinte den Trockner. »Ich brauche ihn nicht.«

»Oh wunderbar!«, rief Janet aus. »Ist ziemlich nervig, die Sachen auf die Leine zu hängen, wie ein altes irisches Waschweib. Irgendwie, ich weiß nicht, entwürdigend, findest du nicht?«

»Das hängt wohl vom Standpunkt ab«, antwortete Barbara und dachte dabei: Großer Gott! Was ist nur los mit dieser Frau?

Barbara wollte zurück ins Haus, um sich umzuziehen, ihre Besorgungen zu erledigen, aber Janets eifriger Smalltalk hielt sie fest wie eine Widersee, die einen vor Einsamkeit nicht ans Ufer zurück schwimmen lässt. Sie erfuhr, dass Janets Gatte, ein zurückhaltender Mensch, der im Haushaltswarengeschäft seines Vater arbeitete, drei Tage geschäftlich unterwegs war. Während sie miteinander plauderten, packte Barbara eine eigenartige Unruhe. Sie konnte nicht verstehen warum. Es hatte nichts mit dem zu tun, worüber sie sich unterhielten, dazu war es zu banal. Als sie bewusst nach dem Warum zu suchen begann, wurde ihr plötzlich klar, dass sie Janet bislang nicht von Henry Mothners Besuch am Abend erzählt hatte. Gleichzeitig mit dieser Entdeckung stellte sich die grässliche Erkenntnis ein, dass sie die Information aus reiner Feigheit für sich behielt, aus Angst, Janet könnte ihr auch das noch stehlen.

Als ihr das zu Bewusstsein kam, wurde Barbara noch nervöser, weil sie wusste, dass Janet in ihrer unersättlichen Gier ihre Gedanken lesen würde. Und als das heraus war, wartete Barbara hilflos, wie gelähmt, darauf, dass ihr Geheimnis auf Janets Radar auftauchte.

»Weißt du, was mir hier draußen wirklich fehlt?«, begann Janet frei von der Leber weg mit einem gierigen Funkeln in den Augen.

»Was denn?«, murmelte Barbara und brachte jeden einzelnen Teil von sich in Sicherheit.

»Französische Küche.«

Barbara fuhr zusammen.

»Es kommt mir wie eine Ewigkeit vor, dass ich *Boeuf Bordelaise* hatte oder was raffiniertes wie *Coq au Vin.*« Sie seufzte traurig und hielt einen Augenblick witternd inne. Barbara, die wusste, dass alles nur noch eine Frage der Zeit war, schrumpfte innerlich, bis es schmerzte. »Immer nur Barbecue, einfach grässlich«, fuhr Janet zielsicher fort. »Hast du das nicht auch über?«

»Vermutlich«, sagte Barbara. Sie wollte fliehen, konnte sich aber nicht bewegen. Wie angewurzelt stand sie in der Küchentür.

Ein grelles Leuchten blitzte über Janets Gesicht; ihr Instinkt war tadellos. »Ich sag' dir was. Kochen wir doch heute Abend gemeinsam. Machen wir was Leckeres, Schmorbraten, irgendwas Kompliziertes. Und wir können alle hier draußen essen. Wär' das nicht toll?«

In den entscheidenden Sekundenbruchteilen vor der Antwort schloss Barbara die Augen, sah sich herumfahren und vor Janets unheimlichem Raubtiergesicht die Küchentür zuschlagen. Aber natürlich wusste sie, dass sie das nie tun würde, und Janet wusste es auch. Es gab kein Entkommen. Sie musste ihr Geheimnis preisgeben. »Würd' ich gern«, begann sie, schwach und hilflos in ihrem Zorn, »aber wir haben Besuch.«

»Ach? Wirklich?«, rief Janet aus, und Barbara sah den Triumph, die erwartungsvolle Erregung in ihrem Gesicht.

»Du bist noch immer eine göttliche Köchin, Barbara«, sagte Henry Mothner ihr und spülte den Rest seines Port-Salut mit einem Schluck Beaujolais hinunter, den Barbara wider Erwarten doch noch im Dorf gefunden hatte. »Dein Pot-au-feu stellt ganz Manhattan in den Schatten, glaub mir.«

»Ich bin eine Sklavin Ihrer Artigkeiten, Sir«, sagte Barbara und beugte in scherzhafter Demut den Kopf.

»Bleib mal auf dem Teppich, Henry«, sagte Barbaras Gatte. »Sie klebt noch vier Sterne an die Tür, wenn du so weiter machst.«

Es war reizend gewesen, richtig belebend, Henry zu Besuch zu haben, nicht nur für Barbara, auch für Phil. In dieser Isolation einen ihrer New Yorker Freunde zu sehen – genau genommen ihr einziger, und ganz sicher hatten sie hier draußen keinen wie ihn –, gab den beiden das Gefühl, nicht ganz aus der Welt zu sein, vor allem Barbara, die zuletzt des Öfteren zu verzweifeln drohte bei dem Gedanken, dieser Teil von ihnen, diese Welt sei für immer verloren. Jenes Gefühl des Dazugehörens galt es auszukosten. Henry war Assistent der Geschäftsleitung bei einer Künstleragentur, die viel mit der Werbeagentur, bei der Phil angestellt war, arbeitete. Henry war ein attraktiver Mann, ein Sonnenstrahl am Nachmittag, humorvoll, aufgeweckt, und obwohl er bei den Scharmützeln zwischen den Geschlechtern einige Erfolge zu verzeichnen hatte, war es ihm bislang gelungen, dem Ehejoch zu entgehen. Als sie ihm so zuhörte, während sie ihn über den Tisch hinweg ansah, fragte Barbara sich, wie er das gemacht hatte. Das Baby, das oben im Schlaf weinte, riss sie zurück in den Augenblick. Sie sprang auf. »Dass mir ja keiner was Interessantes sagt, bis ich wieder da bin«, warnte sie die beiden und eilte hinauf. Mit einemmal fiel ihr Janet ein; das heißt, die Angst vor ihr, die ihr den ganzen Abend über im Nacken gesessen hatte, nur unvollständig von der Freude über die gute Gesellschaft verdeckt, bahnte sich jetzt ihren Weg nach oben. Wann wird sie wohl zuschlagen, fragte sie sich grimmig, als sie ins Kinderzimmer trat. Wann? Kaum hatte sie das Baby zu wickeln begonnen, bekam sie die Antwort. Der Gong an der Haustür erklang.

»Henry«, hörte sie Phil von der Küche her rufen. »Schaust du bitte mal, wer zum Teufel das ist? Ich steh bis zu den Knien in Eiswürfeln.«

»Alles klar«, sagte Henry. »Ein Bürstenverkäufer, wollen wir wetten?« Er lachte.

»Bürstenverkäufer sagt er!«, kam es selig von Phil.

Die nächste Stimme war auch schon die von Janet.

»Oh hallo«, sagte sie, geheuchelte Überraschung in der wie immer gehetzten Stimme. »Ich bin Janet Dyer von nebenan. Ist Barbara in der Nähe? Ich wollte nur die Butter zurückgeben, die ich ihr schulde.«

Während Barbara, die rasend vor Zorn Haltung zu bewahren versuchte, insgeheim Scher dich raus, verflucht noch mal! schrie, sagte Henry auch schon: »Butter bringen Sie! Wunderbar. Immer rein damit, Miss oder Mrs. Dyer.«

Als Barbara nach unten kam – sie verzögerte den Abstieg, indem sie noch bei Mimi reinschaute –, hatte Janet sich, ihrem parasitären Charakter gemäß, bereits eingenistet. Sie saß im Wohnzimmer und unterhielt sich mit Henry, in der Rechten noch immer die offenbar rasch zurecht gerollte

Stange Butter, mit der sie sich Eintritt verschafft hatte; sie hatte sie vor so langer Zeit ausgeborgt, dass Barbara längst nicht mehr mit der Rückgabe gerechnet hatte. Henry Mothners Besuch wurde ihr enteignet, und zwar unwiderruflich, indem sie die unverkennbare Art sah, mit der Janet sie zur Kenntnis nahm. Oder nicht zur Kenntnis nahm, denn sie drehte munter den Kopf nach ihr um und sagte: »Oh, hi, Barbara.« Dann nahm sie ihre Unterhaltung mit Henry wieder auf. Sie fragte ihn, wie ihm die Vorstadt gefalle. Und das war noch nicht alles. Noch bevor Barbara auf eine Idee kam, wie sie Janet wieder loswerden sollte – in der Annahme, dass es erstens einen Sinn hatte, etwas zu unternehmen, und sie zweitens überhaupt den Mut dazu aufbrachte –, gab Phil, nichts ahnender Komplize, ihr auch schon etwas zu trinken und besiegelte damit die tückische Invasion.

»Meinst du nicht, ich sollte die Butter wegräumen, bevor sie schmilzt?«, bekam Barbara, wenn auch nicht so sarkastisch, wie es hätte klingen sollen, heraus. »Aber ja, natürlich!«, rief Janet. »Wie dumm von mir.« Des Beweisstücks ledig, nahm sie ihre Diskussion über die Vorstadtkultur mit Henry — und inzwischen auch Phil – wieder auf.

Wie eine Pflanze, der man Sonne und Wasser entzieht, begann Barbaras Geist zu welken und starb den Rest von Janets Herrschaft über ihr Wohnzimmer einen langsamen Tod. Janets Konversation schwankte blitzartig zwischen heiter-oberflächlichen Bemerkungen über alles, was ihr nur einfallen wollte – stereophone Schallplatten, die Kennedys, die jüngsten Broadwayerfolge. Barbara, die zornig schwelend verging, fragte sich, wie es nur möglich war, dass jemand absolut nichts zu sagen, auch nicht ein Gefühl auszudrücken hatte, das persönlich gewesen wäre, das ihm selbst und sonst niemandem gehört hätte. Barbara wusste natürlich, dass Phil und Henry, insbesondere Henry, sozusagen alles andere als überwältigt waren; nichtsdestoweniger machten sie mit. Barbara schauderte bei dem Gedanken daran, wie Janet, dieser Parasit, diese Trittbrettfahrerin, diese diebische Elster, sich am Morgen darauf benehmen würde, wenn sie im gemeinsamen Niemandsland aufeinander trafen. Sie hörte sie schon säuseln: »Was ist dieser Henry charmant! Also so was von gescheit und aufgeschlossen!« Und schon landete er, Barbaras Freund, auf Janets wachsendem Beuteberg.

Es überraschte nicht weiter, es war einfach nur unerhört, als Janet, nachdem Henry mit einem Blick auf die Uhr gesagt hatte, er müsste in einer halben Stunde oder so einen Bus zurück in die Stadt erwischen, ihn fragte, ob er nicht, wo er doch soviel von Kunst verstand, noch rasch mit zu ihr hinüberkommen wolle, um sich die zwei »alten französischen« Vogeldrucke anzusehen, die sie erst kürzlich für einen Spottpreis erstanden hatte; sie würde sich riesig freuen.

»Sicher, mit Vergnügen«, sagte Henry mit einem freundlichen, wenn auch nicht ernst gemeinten Lächeln. Er war eben ein höflicher Mensch.

»Gehen wir doch alle«, platzte Barbara heraus und kam aus dem Sessel. Sie gestand den Verlust von Henrys Besuch und der Privatsphäre des Abends ein, aber dieser Gnadenstoß, ihn ihr auch noch physisch wegnehmen zu wollen, das war einfach zu viel.

»Oh, natürlich«, sagte Janet, konnte aber nicht verhindern, dass ihr ein Schatten der Irritation übers Gesicht fiel.

»Es geht nichts über ein bisschen Kunst, um einen Abend zu beschließen«, scherzte Phil auf dem Weg zur Tür hinaus.

Als sie schließlich Janets Wohnzimmer betraten, wo die Drucke zu bewundern waren, kochte Barbara vor Zorn. Nie in ihrem Leben war sie so empört gewesen, und sie wollte, oh Gott, unbedingt etwas dagegen zu tun.

»Sind sie nicht wunderbar!«, plapperte Janet an Henry gewandt los, während sie auf ihre Anschaffungen wies.

Henry beugte sich vor, um eine unter die Lupe zu nehmen, und Barbara warf einen genaueren Blick auf die zweite. Sie standen Schulter an Schulter. Plötzlich, ohne so recht zu wissen, was sie eigentlich machte oder sagte, explodierte Barbara. »Ach du Ärmste!«, heulte sie, während sie sich zurückbeugte und gleichzeitig Henry als Komplizen anstieß. »Die sind ja falsch!« Wie verrückt zwinkerte sie Henry zu, der ihren Blick belustigt, aber völlig verdutzt erwiderte.

Janet schien am Boden zerstört. »Tatsächlich?«, fragte sie ungläubig.

»Keine Frage«, fuhr Barbara fort und versuchte neben herablassendem Bedauern auch schiere Freude in ihrem hysterischen Ausbruch unterzubringen. »Es gibt da in Kalifornien eine Druckerei, die schlicht berüchtigt ist für ihre ›alten französischen‹ Drucke.«

Janet sah Henry an, einen flehentlichen Blick in den Augen. »Ist das wahr?«

»Tja«, begann Henry mit einem raschen Blick auf Barbara, dann auf die Drucke, »es würde mich jedenfalls nicht überraschen. Echte Drucke sind furchtbar selten. Fast unmöglich, einen zu kriegen.«

»Oh«, sagte Janet. Gerade dass sie nicht den Kopf hängen ließ.

»Was aber nicht heißt, dass sie nicht hübsch sind«, fuhr Barbara eilig fort. »Und ausgesprochen dekorativ.«

Henry warf einen Blick auf seine Uhr und sagte, er müsse sich beeilen, wenn er seinen Bus zurück nach New York noch erwischen wolle. Phil pflichtete ihm bei und sagte, er würde noch zum Bahnhof fahren.

Als Phil zurückkam, war Barbara gerade mit der Küche fertig. Während er den Knoten seiner Krawatte löste, um sich für die Nacht fertig zu machen, fragte Phil: »Was ist, Barbara, waren das wirklich Imitationen?«

»Ich weiß nicht«, antwortete sie ausdruckslos, weil sie ziemlich ermattet war.

Er verstand nicht. »Na, warum hast du dann …«

»Oh bitte! Ich möchte darüber nicht reden. Das langweilt nun wirklich.«

Phil zuckte philosophisch die Achseln. »Wenn du meinst, Schatz. Vielleicht weihst du mich ja morgen ein.«

»Vielleicht«, sagte sie und machte das Licht in der Küche aus. Aber sie wusste, sie würde es ihm nicht sagen. Konnte es ihm nicht sagen. Die ganze Geschichte war einfach viel zu kompliziert, viel zu schrecklich.

Auf dem Weg nach oben ging es in Barbaras Gefühlswelt derart drunter und drüber, dass sie am liebsten mit dem Kopf gegen die Wand gegangen wäre. Teils freute sie sich, es Janet heimgezahlt und den totalen räuberischen Exzess vereitelt zu haben. Aber die Methode passte ihr nicht.

Das beherrschende Gefühl jedoch, war die Untröstlichkeit über den Diebstahl von Henrys Besuch. Und dagegen konnte sie jetzt nichts mehr tun.